中华传世藏书

【图文珍藏版】

诸子百家

王艳军◉主编

线装书局

第五飞箝术　对人才的识别与控制

"飞"者,指使人敞开心扉自由言论的方法;"箝"者,本意指夹住,引申为"控制",指使人不能自由活动的方法。飞箝之术,即先用动听诱人的话套住对方,从其言谈中察知真实意图,最后使对方为我所用或制服对方。古往今来,任何人要成就大业,都必须有人才辅佐。选用人才的关键,就在于能准确权衡人的智能、才干和气质,并坚持正确的用人方法。

招募近处的人才,吸引远处的人才

【原文】

凡度权量能,所以征远来近。立势而制事,……其有隐括,乃可征,乃可求,乃可用。引钩箝之辞,飞而箝之。

【译文】

凡是揣度人的智谋和测量人的才干,就是为了吸引远处的人才和招来近处的人才,造成一种声势,进一步掌握事物发展变化的规律。……如果还有不清楚的地方,就要进行研究,进行探索,使之为我所用。借助用引诱对手说话的言辞,然后通过恭维来钳住对手。

【鉴赏】

公元前 687 年,齐襄公不理朝政,荒淫无道,以致民怨沸腾,国家大乱。为了避难,鲍叔牙随公子小白流亡莒国,管仲随公子纠逃往鲁国。不久,公孙无知杀襄公自立,后被杀,造成齐国君位空缺。

公子纠和公子小白听到这个消息都想赶回齐国争夺君位。管仲为了让公子纠当上国君,就带兵埋伏在莒国通向齐国的必经之路上,见到小白乘车而来,就用箭射倒车上的小白。他以为小白必死无疑,就放下心来,带领公子纠慢慢向齐国进发。

实际上,管仲的箭只射在小白的衣带钩上,小白灵机一动,咬破舌头,口吐鲜血,装死骗过了管仲。当管仲离开后,他急忙同鲍叔牙抄近路返齐,昼夜兼程,抢先赶回齐国都城,登上君位,是为桓公。

齐桓公于是准备拜鲍叔牙为相,但鲍叔牙极力推辞,并极力推荐管仲。他说:"管仲从小就是我的好朋友,他有经天纬地之才,如果拜他为相,齐国很快就能强盛。"

齐桓公不高兴地说:"管仲差一点射死我,我怎能重用仇人呢?"

鲍叔牙说:"当初,管仲是为了让公子纠登上君位才这样做的。国君不可只记私仇,而忘掉齐国的大业,失掉这位难得的人才。"

諸子百家

纵横家

2219

齐桓公见他说得有道理，决定重用管仲。他派人到鲁国，向鲁庄公说："我们国君要报管仲一箭之仇，请把他交给齐国处治。"

鲁国大臣施伯知道管仲回齐后会被重用，将来肯定对鲁国不利。就极力劝阻鲁庄公不要交人。鲁庄公害怕得罪齐国，便命人把管仲装进囚车，送回齐国。

管仲坐在囚车内，归心似箭。他深知自己返回齐国是好友鲍叔牙的主意，施展才能的机会就要来了。可是押解囚车的士兵行走速度非常慢，管仲心里着急，担心鲁庄公醒悟过来，派兵追赶，他就想了个主意，编了一首名叫《黄鹄》的歌曲，唱给士兵们听。唱了两三遍后，他又教士兵一起唱。士兵们边听边唱，忘记了疲劳，行军速度逐渐加快，只一日半就到了齐国。

就在齐国君臣迎接管仲入境的同时，鲁国公子偃也带兵追来了。

原来，鲁庄公突然醒悟，放管仲归齐，等于放虎归山，急忙下令追杀，但已经晚了一步。

飞箝是一种制人之术，"制人"又可以分为两种：一是识人为己所用，这是国君与谋臣必须掌握的基本功；另一种就是利用对方的弱点把其铲除，扫清前进道路上的障碍。在此，齐桓公便是运用"制人"的前一种：识人为己用。所谓"度权量能"，就是要根据每个人的能力大小、所善专长来量才而用，使人尽其才，才尽其用。而不是大材小用，或小材大用。

齐桓公不因一箭之仇而心怀怨恨，其胸襟实在宽广，同时他又能听取鲍叔牙的意见，将管仲封为相国，更是难能可贵。后来管仲一心一意辅佐齐桓公，改革变法，励精图治，最终使齐桓公成为春秋霸主。

为统帅者，必须得到人才的辅佐，才可能成就大业。要得人才，首先要识人才，这就需要有鉴人之术，正如鬼谷子所言，"凡度权量能，所以征远来近"。为统帅者若不能鉴人识人，便是身边人才济济，也会视而不见。

人们常说，"千里马常有，而伯乐不常有"，说明伯乐难找，其实伯乐也难当。如果祁黄羊不从社稷利益出发，他就很难做到唯才是举了。因此，当好伯乐，必须先做品德高尚的人。人才问题是关系国家兴衰之大事，墨子云："国有贤良之士众，则国家之治厚。贤良之士寡，则国家之治薄。"可见人才的重要性。人才是一种资源，更是一种财富。

古代杰出的政治家大都是善于用人的高手，唐太宗李世民就深谙此道。唐太宗认为，"致安之本，唯在得人"，所以他很重视选官用人。他求贤若渴，为了改善吏治，争取各地主集团的支持，选拔任用了许多有才能的人担任要职。这些人出身不同，代表了各种势力，有原秦王府的臣僚，有追随李建成反对他的政敌，有关中军事贵族和南北士族，也有出身低微的寒门人士。由于唐太宗在一定程度上能够"拔人物不私于党"，以才取人，甚至破格用人，所以贞观时期人才济济，出现了一批对国家的治理有杰出贡献的著名将相，如房玄龄、杜如晦、魏征、李靖、李勣等。这些谋臣猛将为李唐王朝贡献了自己的聪明才智，保证了唐朝的政治稳定和各种政策的施行。这与"贞观之治"局面的形成是密切相关的。

无论一个国家还是一个企业,若要取得进步和发展,都要善于发掘和运用各种人才。作为领导者,要想取得成功,都必须善于发现人才,网罗人才,礼待人才,并且大胆使用,因才授职,尽其所长。如果不善用才,即使人才多如过江之鲫,对国家和企业也是起不到作用的。

人尽其能,物尽其用

【原文】

其用,或称财货、琦玮、珠玉、璧帛、采色以事之,或量能立势以钩之,或伺候见涧而箝之……

【译文】

想要重用某些人时,或者先赏赐财物、珠宝、玉石、白壁和美丽的东西,以便对他们进行度探;或者通过衡量才能创造态势,来吸引他们;或者通过寻找漏洞来控制对方……

【鉴赏】

三国时期,曹操带领 80 万大军,进攻江东孙权。不料初次交锋,便被周瑜杀败,他心里忧闷,便召集文武官员,商量进兵之策,其手下蒋干和周瑜是同学。蒋干自告奋勇要求去东吴说服周瑜投降,曹操答应了他。

蒋干过江,直奔周瑜的营寨。周瑜正在帐中议事,听说蒋干来见,心中暗道:"曹操的说客到了,我要做好准备。"接着,周瑜压低声音,把他的计划告诉众人,各位将领听完后就去执行命令。

周瑜迎接蒋干进账,让文、武官员和他相见,接着大摆酒席,招待蒋干。周瑜将盔甲和宝剑交给属下,并告知所有人,蒋干是他的同窗好友,今天只叙友情,不谈军事。如有人违犯,定斩不饶。蒋干一听,吓出一身冷汗,哪里还敢提劝降的事!

宴会结束后,周瑜留蒋干同宿。周瑜脚步踉跄,没脱衣服,就上床睡觉了。只一会儿,便鼾声如雷。蒋干心中有事,望着桌上灯烛,哪里睡得着。三更时分,他悄悄起床。只见桌上放着许多来往的信,里面竟有一封"蔡瑁、张允寄"的信。蒋干大吃一惊,打开一看,竟是曹营水军都督蔡瑁、张允暗中勾结东吴,并打算割了曹操的头来献给周瑜。

这时,周瑜翻了个身,蒋干连忙把信藏在怀里,周瑜含糊地说着梦话。下半夜时,蒋干听到有人进来小声地唤醒周瑜,周瑜迷迷糊糊地问:"谁睡在我床上?"来人说:"都督自己请蒋先生一起睡的,怎么倒忘了?"来人又低声说了一句:"江北有人来了。"周瑜连忙喝住,回头轻声叫唤蒋干,蒋干不应,周瑜就悄悄下床,走出屋子和那人说话。蒋干假装睡着,却竖起耳朵,隐隐约约地听到有人说:张、蔡两都督说,一时还不能下手……以后声音越来越低,他就听不清楚了。

一会儿,周瑜回来,又唤了几声"蒋干",蒋干仍装睡不应。周瑜见蒋干睡得正香。才放心地上床睡了。蒋干怀揣书信，哪里还睡得着，暗想："周瑜心细，天亮发现书信不见，必然怀疑我。"于是蒋干连夜渡江向曹操复命，拿出信向他报告。

曹操听过报告，看完信，大怒："叫蔡瑁、张允进来见我。"蔡瑁、张允两人进来后。曹操问道："我想让你们领兵攻打东吴。"蔡瑁、张允说："水军还没有训练好，不能轻易出战。"曹操厉声说："等水军操练好了，我的脑袋就要搬家了！"曹操不等他们答话，就下令杀了他们。等刀斧手捧着两人脑袋上来，曹操才突然醒悟，知道中了周瑜的反间计。但他死不认错，又令毛玠、于禁做水军都督，代替蔡瑁、张允统领水军。

消息传到东吴，周瑜非常高兴，对众人说："蔡瑁、张允久住江东，熟悉水战，不除掉他们。是我的心腹大患啊！"

周瑜在此运用的便是飞箝制人术的另外一种：铲除前进道路上的绊脚石。欲破曹操80万水军，必须先除掉水军都督蔡瑁、张允这两个心腹大患。从飞箝术的运用方法来看，周瑜运用的是引诱法，其计谋成功的关键引诱人物便是蒋干。周瑜先以同学之情留蒋干同宿，引诱其"偷看"书信，而后又在半夜引诱蒋干"偷听"军情，进一步使其对"情报"深信不疑，并最终借曹操之手杀了蔡瑁与张允。

鬼谷子认为，是否能够让各种各样的人才为己所用，是评判一个领导者是否合格的重要标准。而"箝"——也就是以正确的方法控制人才，则是使用人才的有效手段。欲成大业，人才的重要性是不言而喻的。能收揽人才，并且能驾驭驱使之，那么就有可能成就大业。若无人才相助，或有人才而不能用，最后必然成不了大事。

知其所好，以诚相待

【原文】

用之于人，则量智能、权材力、料气势，为之枢机以迎之、随之，以箝和之，以意宜之。此飞箝之缀也。

【译文】

如果把"飞钳"之术用于他人，就要揣摩对方的智慧和能力，度量对方的实力，估计对方的势气，然后以此为突破口与对方周旋，进而以"飞钳"之术达成议和，以友善的态度建立邦交。这就是"飞钳"的妙用。

【鉴赏】

秦朝末年，农民起义风起云涌。其中武信君率领的起义军攻下赵国的10座城池，继续向前攻取范阳等其他城池。范阳县令死守范阳，誓与武信君抗衡到死。

蒯通前去拜见范阳令，躬着腰说道："听说您就快要死了，所以我特来吊丧！"

范阳令大怒，命令手下将他拉出去砍头。蒯通大叫道："等我把话说完，你再碎我尸体也不迟！"

范阳令便叫他快说理由。

蒯通说："您当范阳令已有 10 年了。这 10 年里,由于秦朝法律严酷,所以您依照法律杀死的人已不计其数。虽然您使这么多人成了寡妇、孤儿,但 10 年里,却没人敢用刀子捅你的肚子,这并不是因为你肚皮厚,而是因为法律严,他们害怕秦法罢了。现在天下大乱,谁曾见秦法的实施? 那些被你杀害过亲人的人会甘心让你活吗? 他们一定会拿刀子来杀你的,这就是我来吊丧的原因。"

范阳令听完,忙叫侍卫退下,让蒯通坐下,恳求道:"我又何尝不知呢? 可又有什么办法呢?"

蒯通说道:"现在各诸侯都背叛朝廷,武信君的大兵即将临城,而您却想坚守范阳。以羸弱之卒,抗百万雄师。您不知道吧,县里有许多人都想杀了你,拿你的人头来投降武信君,谋一份奖赏呢!"

范阳令面露忧色,当即痛哭流涕,请求蒯通帮忙。

蒯通说:"幸好您遇见我,可以不用死了。您现在马上派人随我去见武信君,您就可以转危为安了。"

范阳令立即命人保护蒯通去武信君驻地。蒯通到了武信君的面前,对武信君说道:"您如果听我的计谋,不发一兵一卒,便可轻易占领许多城池。"

武信君忙问他有什么计策。蒯通小声说道:"您只需传递战书便可平定千里!"

武信君听后不大相信。然后蒯通又大声说道:"现在范阳令胆怯怕死,贪图富贵,想赶在别人前面先投降,却又怕您像攻下前面 10 座城那样把他杀了。您为什么不让我带着侯印,去拜见范阳令并封他为侯呢? 如果他被封侯,那其他城池的守将知道后,都会来投降的。所以,仅靠封一人为侯便可以轻取数城。"

武信君虽不太相信,但还是照他说的去做了。

果然,赵国的人们听到范阳令被封侯的消息后,纷纷不战而降。

蒯通在此游说范阳令运用的便是量能立势法,仔细分析到对方单薄的实力无法与武信君抗衡,便向范阳令提出自己劝谏的合理性,从而使其欣然接受了自己的建议。要想成功做到这一点,需要准确判断当前形势,分析各方利害,如果没有准确的信息,是不可能做到的。

对待不同的人才,要揣摩其心理,用不同的方法,以吸引他们前来投奔你,对有些人要用自己的气度去感化他,对有些人要用自己的诚意打动他。

三国时期,刘备心怀大志,一心想复兴汉室,灭曹吞吴,进而统一天下。他出身低贱,原是一个贩卖草鞋的乡村农民,但他努力进取,终于在蜀汉之地建立了属于自己的政权。

一开始,他还能克制自己贪图享受的心理,但是越到后来他就越安于现状,没有了以前的斗志。谄媚之徒也都围绕在他身边。这一切都被他的妻子甘夫人看在眼里。

甘夫人是刘备驻守徐州时纳的小妾。刘备对她十分宠爱,一方面因为她貌美异常,身姿优美,肌肤如玉;另一方面,甘夫人知书达理,通晓人情世故。刘备的原配糜夫人去世后,刘备就把甘夫人带在身边,舍不得和她分开。

刘备盘踞在巴蜀之后,把里里外外的事务交由丞相掌管,也不再考虑兴复汉室基业的目标。那些小人见刘备丧失了往日的斗志,便想出各种花招讨他欢心。

一次,一位地方官吏给刘备送来一个用玉雕琢而成的人像。人像有四尺高,质地精良,熠熠生辉;精雕细琢,栩栩如生。刘备一见欣喜不已,拥着甘夫人,指着玉人说:"你的肌肤可以和这个玉人相提并论啊!"

从此,他把玉人安放在自己的卧室里,一边欣赏冰清玉洁的甘夫人,一边把玩玉人,两相对照,爱不释手。

甘夫人见刘备玩物丧志,还为自己寻找冠冕堂皇的理由,心中甚是着急。如果长此以往,刘备就会沉溺于安逸之中,不思进取,最终英雄会沦为平庸之辈。可她自己是一个妇道人家,如果向他直言进谏,似有参与政务之嫌;如果摔碎玉人,恐怕刘备又会怨恨自己,破坏夫妻关系。这天,甘夫人在房中看着玉人,想起了"子罕不以玉为宝"的故事。

等到晚上,刘备回来,甘夫人柔声说:"你这样喜欢玉,我来给你讲个有关玉的故事吧!"

刘备也很有兴致,于是催促道:"好啊!快讲!"

"春秋时期,宋国的正卿子罕收到了别人送来的一块宝玉,那玉浑然天成,和你的玉一样,也是人的形状。但是子罕断然拒绝了,说:'你送来的宝物委实罕见。你以玉为宝,而我以廉为宝。如果我接受了,你和我都丢失了各自心爱的东西,你还是拿回去吧!'那个人对子罕敬佩不已,逢人就说'子罕不以玉为宝',这个故事一直流传到今天。"

刘备听后若有所思。甘夫人接着说:"同样是玉石,子罕不以为宝,而你却爱不释手,抚玩不止,玩物必丧志。居安要思危,现在还有两大对手尚未除,你任重而道远啊!"

刘备惭愧不已。当着夫人的面就把那玉人摔碎了。他从此远离那些奸佞之徒,勤于政务。

甘夫人在劝说刘备之前充分考虑到了自己的智能,怕直言相劝有参与政务之嫌。在权衡利弊的情况下,借故事启示刘备,不但达到了目的,还进一步加深了夫妻间的感情。由此可见,在劝谏别人时,不仅要注意说话的方式,还要讲究策略。在别人不经意间,抓住有利时机,或借用比喻,或委而婉之,或反面论说,都可达到进谏的目的。

第六忤合术　在进退中进行合纵与连横

"忤"是忤逆、反忤的意思,也就是违背了事物发展的要求,与其规律背道而驰的;"合"则是符合、顺应的意思,即遵循事物的发展要求和变化规律。本篇忤合术讲述的就是关于分合与向背的问题,强调要善于把握两者间相互转化的态势,只要顺势而行,便可纵横自如。

把握"双赢"的奥秘

【原文】

凡趋合倍反,计有适合。化转环属,各有形势。反复相求,因事为制。

【译文】

凡是有关联合或对抗的行动,都会有相应的计策。变化和转移就像铁环一样环连而无中断。然而,变化和转移又各有各的具体情形。彼此之间环转反复,互相依赖,需要根据实际情况进行控制。

【鉴赏】

平原君,名胜,是赵惠文王的弟弟,以喜欢养士而闻名诸侯。他曾在赵惠文王和孝成王时为相,三次被罢相,又三次官复原职,历经三起三落而不倒。

赵胜出身王室,家财充盈,个人又喜欢交友,所以他就散财养士,其门客多达几千人,每天到他家来的门客络绎不绝。一天,他家来了一位奇怪的门客要见他。这人跛脚驼背,人称"跛子",就住在赵胜家的旁边。每天早晨他都经过赵胜家门口,一瘸一拐地到城东的井里提水。赵胜把他请进正屋,让到正座上,问道:"高邻找我有何见教?"

跛子怒气冲冲地说:"听说公子礼贤下士,重友轻色,天下寒士皆蜂拥而至。而我与公子近邻多年,却发现公子沽名钓誉,徒有虚名。我现在向公子讨一颗美人头,不知可否?"

赵胜有点莫名其妙,摸不着头脑,便问:"愿听先生详说仔细。"

跛子说:"我自幼患病致残,驼背跛脚。每每路过公子家门,皆受公子美姬艳妃的取笑,使我蒙受耻辱和精神折磨。可我虽然驼背跛脚,却未曾有损公子名利。今请公子杀了美人,为我补偿名誉和尊严。"

赵胜说:"原来如此! 先生暂且息怒,明日即送美人头向先生谢罪。"

跛子一走,赵胜即对门客说:"一个跛子,竟因一笑换人头,也未免太过分了!"说完,就把这事置之脑后。

事情过去不久,就有门客陆续离开赵胜,另投他处。到了年底,门客走掉了一半。

赵胜甚觉奇怪,便对剩下的门客说:"我对门客未曾失礼,为什么都纷纷离我而去呢?"

一位门客说:"先生还记得那位跛子吗?"

赵胜连说:"记得,记得。"

门客说:"当初跛子请您杀了美人,维护尊严,可您舍不得。门客们以为您重色轻友,在您门下不会有什么前程,因此生离去之心,另择明主。若先生不能忍痛割爱.过几天,我们也要走了。"

诸子百家——纵横家

赵胜如梦初醒,心想,我不能因为一个美人而失去众多才士,坏我一世美名,于是下决心把取笑跛子的美姬杀了,并提了美人头亲自到跛子家登门道歉。

跛子见赵胜杀了美姬,非常感动,自动投到赵胜门下为他效劳。

原先走了的门客听说赵胜杀姬买士,重才尚义,又纷纷回来了。赵胜斩姬留士的名声不胫而走,前来投奔的人比以前更多了。

良禽择木而栖,贤臣择主而事,有远见的谋臣善于观察眼前的形势对己是有利还是有弊,从而选择适合自己的君主,这样才有可能使自己得到重用,成就大事。平原君开始没把跛子的请求落到实处,而失信于手下谋士,使诸多门客离他而去。在得知原因后,他提美人之头向跛子道歉,又重新赢得人心,从而招来了更多的门客。这个由"忤"转"合"的过程正是平原君的信誉造就的。

在现代商业社会中,凭个人的单打独斗,很难取得事业上的飞跃。因此,学会与人合作则显得至为关键。那么,该怎样选择合作者呢? 借用一句名言来说:没有永远的朋友,也没有永远的敌人——凡事要根据形势来判断。这也是鬼谷子思想的精髓。

上海某鞋厂与日本株式会社做成一笔布鞋生意,价值达 160 万日元,但因日方市场预测失误,加上运期长,布鞋抵日后已错过销售季节,造成大量积压,日方请求退货。按惯例这显然是行不通的,但中方却原则上同意了。

消息传开,有关部门哗然,不少人表示不理解,然而中方同意退货的考虑还是颇有道理的。首先。货退回后,在国内销售并不赔钱,"出口转内销"还是具有一定吸引力的,而且日方支付所有退货运杂费用,中方没受任何损失。其次,这批货虽退回,但可用同等价值的一批畅销货替代,于是重新做成一笔买卖。再次,日方答应,以后再购货首先考虑此鞋厂产品。中方借以稳定了贸易伙伴。第四,日方如不退货,该会社就要破产,其不利影响必然波及并损害中方利益。日方对中方的合作十分钦佩与感谢,鞋厂又保质保量地很快出口了替代的一批货,使日方大赚其钱,名声大振。中方的信誉也由此传播开去,日本几家客户纷纷来人、来函洽谈,鞋厂于是身价倍增,产品供不应求。

后来,这家株式会社还要求充当中方在国外销售的总代理,包销合同一订就是几年,并主动向中方提供国际市场的有关信息,两家合作得很好。

"反复相求,因事为制",是指谋臣在制订策略时,应该根据循环往复的实际情况的变化,反复寻求最佳的计策,并且制订不同的措施去适应不断变化的情况。即所谓"文无定法,计无长施"。所以,在商业往来中,只要摒弃"你败我胜,你输我赢"的争斗心理,双方都遵循互惠互利原则,就可以找到一条共同受益、长期合作的途径。

为无不为,灵活多变巧制胜

【原文】

世无常贵,世无常师。圣人常为无不为,所听无不听,成于事而合于计谋,与之为主。合于彼而离于此,计谋不两忠,必有反忤。

【译文】

世界上的万事万物也没有永远占据高贵地位的,世界上的万事万物也没有永远居于榜样地位的。圣人常常是无所不做,无所不听。办成要办的事,实现预定的计谋,都是为了自己的主人,合乎那一方的利益,就要背叛这一方的利益。凡是计谋不可能同时忠于两个对立的君主,必然违背某一方的意愿。

【鉴赏】

春秋初期,周天子的地位实际上已经架空,群雄并起,逐鹿中原。郑庄公在此混乱局势下,巧妙地运用"远交近攻"策略,取得霸主地位。当时,郑国的近邻宋国、卫国与郑国积怨很深,矛盾十分尖锐,郑国时刻都有被两国夹击的危险。

于是,郑国在外交上采取主动,接连与较远的邾、鲁等国结盟,不久又与更远的实力强大的齐国签订盟约。

公元前719年,宋、卫两国联合陈、蔡两国共同攻打郑国,鲁国也派兵助战,将郑都东门围困了5天5夜,虽未攻下,但郑国已感到本国与鲁国的关系存在问题,便千方百计地想与鲁国重新修好,共同对付宋、卫两国。

公元前717年,郑国以帮邾国雪耻为名,攻打宋国。同时,向鲁国积极发动外交攻势,主动派使臣到鲁国,商议把郑国在鲁国境内的一块地方交归鲁国。果然,鲁国与郑国重修旧谊。齐国当时出面调停郑国和宋国的关系。郑庄公又表示尊重齐国的意见,暂时与宋国修好。齐国因此也对郑国加深了"感情"。

公元前714年,郑庄公以宋国不朝拜周天子为由,代周天子发令攻打宋国。郑、齐、鲁三国大军很快地攻占了宋国大片土地。宋、卫军队避开联军锋芒,乘虚攻入郑国。郑庄公把占领宋国的土地全部送与齐、鲁两国,迅速回兵,大败宋、卫大军。郑国乘胜追击,击败宋国,卫国被迫求和。这样,郑庄公努力扩张,霸主地位形成了。

下面还有一则以远交近攻为计来忤合离间的例子。

赵匡胤上台后,杯酒释了老战友们的兵权,驯服了节度使"十兄弟",杀了兵变时为他开门放行的封邱守门官,这一些均为近攻。

与近攻同时,赵匡胤也十分善于注重远交。他很注意发现人才,起用了很多没有资历但很有才学的人担当重任。

陈桥兵变时,陈桥守门官忠于后周,闭门防守,不放赵军通过。赵军改走封邱,封邱守官开门放行。赵匡胤当皇帝后,杀了封邱守门官,起用了陈桥守门官。

一次,赵匡胤宴请群臣,翰林学士王着喝醉了酒,当众痛哭后周故主。有人上奏说应当严惩。赵匡胤说:"在世宗时,我和他同为朝臣。一个书生,哭哭故主,没有什么问题.让他哭吧!"

一次,赵匡胤乘驾出游,突然,有人向他射来一箭,正中黄龙旗。禁卫军大惊,有人上奏追捕杀手。赵说:"谢谢他教我箭法。"下令不准禁卫军追捕射箭人。

杯酒释兵权

　　赵匡胤的近攻,有效地抑制了功臣和皇亲国戚的势力的不良发展;远交网络了大批人才,营造了宽松的政治气氛与社会环境,促进了国家的发展。

　　"合与彼而离于此,计谋不两忠"的意思是说运用的计谋使双方的利益产生了冲突,在维护一方利益的同时,就会损害到另一方的利益,这时就要运用忤合离间术,其特点就是表面上合于此方,为此方作打算,其实得利的是彼方。郑庄公远交鲁、齐,表面是合好,好像有利于齐、鲁两国的发展,其实是在为自己能够一心一意地"近攻"创造条件,其计谋的使用还是更有利于自己,在使自己强大的同时,相对削弱了远交之国。

　　赵匡胤近攻巩固皇位,但远交曾经对自己不利的人,这是为何? 表面仍是打着"合"的旗号,实际上又网络了一批对自己忠心耿耿的人才,使他们为己所用,其利还是更多地在自己一方。

　　有时候,若自己的力量柔弱,做不了大事,就应暂时依附于人,借此权宜之时好好培养自己的能力,相机而动。

　　秦国在统一六国的进程中,首先是对邻国魏、韩大肆攻伐。夺取土地后,经过精心谋划,开始了对赵国的攻伐。公元前261年,秦攻取赵国上党;公元前260年,秦将王龁率军攻打赵国长平。长平是秦军进入赵国的门户,地理位置十分重要,两国对此都十分清楚,因此都派出了主力和精锐军队参战。赵国派经验丰富的老将廉颇镇守长平,无论秦军怎样攻打,就是不出战。尽管开始秦军取得了一些小胜,斩杀了几名赵将,夺取了几座城池,但始终无法取得决定性的胜利。

　　战局的发展引起赵国内部的争论,一方主张求和,一方坚持主战。最后主战派占了上风。赵国派人前往魏国,劝魏王与赵国合纵抗秦。秦国也怕魏国与赵联合,也派人到魏国连横。魏国这时候大耍两面派,表面上答应援赵,实际上是挑动赵国与秦国一战再战,试图待双方元气大伤后,自己坐收渔翁之利,以操纵关东局势。赵国人自以为魏国真会帮助自己,于是下定决心与秦国血战到底。

　　秦国发誓要拿下长平,在国内征召15岁以上男子从军上前线,摆开与赵国决战到底的阵势。从历史上可以得到证明,长平之战实际上是秦国与关东诸侯命运的大决战。这年七月,秦军又夺取了赵国的许多土地。足智多谋、能征善战的老将军廉颇看准秦国锐气日益消耗,战斗力大不如前的时机,便突然发动反击,夺回部分失地,然后选择有利地形坚守不出。秦军数次挑战,廉颇仍坚壁固守,秦军无法前进半步。战役进入相持阶段,呈胶着状态。时间一久,毕竟对补给线太长的秦军不利。秦王急忙召集群臣商议对策。

秦国此时听说赵王对廉颇据守不出十分不满,多次派人到前方督战,而廉颇以"将在外,君命有所不受",坚持固守。听到这个消息,范雎觉得机会来了。他立即向秦王进献反间之计,派奸细潜入赵国,散布流言蜚语,说廉颇害怕秦国,担心失败会毁了自己一世声誉,所以只是坚守不出。还说,秦国人不怕廉颇,只怕饱读兵书的赵奢的儿子赵括。奸细还用重金收买赵国大臣。让他们请求赵王派赵括接替廉颇,速战速决。这一招儿果然奏效,赵王在亲秦大臣的煽动下,撤回廉颇,而任命赵括为大将,率兵迎敌。

赵括的母亲听说了,赶到宫中对赵王说:"赵括的父亲在世时,常说赵括只会纸上谈兵,不能用于实战,不宜用他为将。"赵王以为赵母惜子,不愿让儿子上前线。所以仍坚持用赵括。

赵王中计之后,赵括便来到长平指挥军队,他立即更换将吏,另立规矩,使赵军人心大散。秦王得到这个消息,立即任久经沙场的名将白起为主将,王龁为副将,并严密封锁消息,有泄露者斩首。

经过紧锣密鼓的暗中安排,秦军准备一举取胜。赵括一改廉颇的坚壁固守战术,尽起全军攻秦。白起诈败,有意让赵括尝到一点甜头,使他的军队取得几次小胜。而自己败退时兵分三路,左右两路布下"口袋阵",中路诱敌深入,待赵括军追赶至秦军阵地前,白起又坚壁固守,只等合围形成。赵括完全为眼前的胜利冲昏了头脑,根本不知道自己已成瓮中之鳖。白起待"口袋阵"形成后,立即反攻。三路军一起出动,将赵军断为两截,绝其粮道。形势急转直下,赵军坚守待援。与此同时,秦国内新军源源不断开到长平参战,将赵军围得水泄不通。可怜赵军被围46天,粮草用尽,杀人而食。赵括无奈,领兵强行突围,没有成功,竟被秦军乱箭射死。主将一死,兵败如山倒,40万赵军全部投降。白起怕赵国降兵作乱,也借此威慑诸侯,下令将240名15岁以下的童子军放回赵国,其余全部活埋,成为历史上最残酷的大屠杀。这个赵括,只会"纸上谈兵",在真正的战场上,一下子就中了敌军"关门捉贼"计,损失40万大军,使赵国从此一蹶不振。

长平之战,前后历时3年之久,以赵国的惨败而告结束。自此,关东诸侯再也无力抗击秦国了。

纵观长平之战的全过程,其根本败因便是赵王听了秦国所散布的流言,用只会"纸上谈兵"的赵括代替了经验丰富的老将廉颇。其中决定战役成败的一个关键人物便是范雎,虽然此中很少提及,但他以离间之计蒙蔽赵王更换主将可以看作是战争的转折点。散布流言表面好像是在为赵国出谋划策,实际上还是在为秦国取胜创造条件,这也就是所说的"计谋不两忠",计谋的使用只会有利于一方,而有害于另一方。

俗话说的"同行是冤家"这句话并不是绝对的。企业在处理与竞争对手的关系时,应尽量主动创造良好的竞争氛围。那些破坏良好关系的不正常做法,其实于竞争双方都是有百害而无一利的。

美国最大的百货公司——纽约梅瑞公司的购物大厅里,有一个小小的咨询服务亭。它的服务有一项内容是令人感到奇怪而很不寻常的。如果你在梅瑞公司没有买到,自己想要的商品,它会指引你去另一家有这种商品的商店,也就是说,它会把你介绍到自己的"竞争对手"那里。

梅瑞公司之所以这样做,除了是为满足顾客需求以便更多招徕顾客外,主要是向竞争对手表示一种友谊,以此协调竞争关系。这种一反常态的做法取得了意想不到的效果,既获得了顾客的普遍好感,又争取了许多竞争对手的友谊与回报。因此,该公司生意日趋兴隆。

"世无常师",是说做事没有可以永远师法的榜样;"圣人常为无不为,所听无不听"是说圣人所常做的事就是"无所不作",所常听的事就是"无所不听"。在商战中不要拘泥于某种既定的策略,取胜的关键在于依据现实环境,依据对方的计谋,制订一种控制对方的措施,改变斗争形势,变被动为主动,争取有利时机,从而一举克敌制胜。

探求事物本质,避其锋芒

【原文】

非至圣达奥,不能御世;非劳心苦思,不能原事;不悉心见情,不能成名;材质不惠,不能用兵;⋯⋯故忤合之道,己必自度材能知睿。量长短、远近孰不如,乃可以进、乃可以退;乃可以纵,乃可以横。

【译文】

对于一个纵横家来说,如果没有高尚的品德,超人的智慧,不可能通晓深层的规律,就不可能驾驭天下;如果不肯用心苦苦思考,就不可能揭示事物的本来面目;如果不会全神贯注地考察事物的实际情况,就不可能功成名就;如果才能、胆量都不足,就不能统兵作战;⋯⋯所以,"忤合"的规律是:要首先自我估量聪明才智,然后度量他人的优劣长短,分析在远近范围之内还比不上谁。只有在这样知己知彼以后,才能随心所欲,可以前进,可以后退;可以合纵,可以连横。

【鉴赏】

曾国藩的老家在湖南。太平天国起义爆发后不久,他在家乡的母亲就去世了。于是曾国藩回家安排老人的后事,尽孝守丧。

当时,清朝政府编练的八旗兵和绿营兵正在镇压太平军,却连连败北。无奈之下,清政府命令各省组织地方团练,成立地方武装,用来镇压太平军。

曾国藩得知这一命令后,立即组织湖南团练。他起用自己的亲朋好友、同乡、同学和门生做营官,然后由营官亲自选募哨官,哨官再选拔士兵,这样逐层选募,创建了湘军水师和陆师。两军皆由曾国藩掌管,兵为将有,不接受政府的调遣,只服从曾国藩一个人的命令。因此,湘军具有强烈的封建个人隶属关系,清政府很难拥有军权。

但是,湘军军纪严明,操练所用的军械都是洋枪、洋炮,战斗力比较强。与朝廷的八旗兵和绿营兵相比,富有生气和活力。在曾国藩的指挥下,湘军攻占了太平天国的部分地区。

清朝政府看到曾国藩团练有功,为鼓励他继续镇压太平军,就把江苏、安徽、江西和浙江四省的军务都委托给曾国藩。从 1861 年 11 月起,曾国藩管辖四省的巡抚、提督及其以下的文武官员。这是清政府有史以来给予汉族官员最大的权力,以往汉族督抚最多辖制三个省。当曾国藩的亲朋好友纷纷向他表示祝贺时,曾国藩并未得意扬扬,他深谙仕途变幻莫测,因此常常如履薄冰,一直怀着戒慎戒惧之心。

咸丰帝得知湘军攻占了湖北武昌城后,喜形于色,对曾国藩大加赞赏:"曾国藩一介书生,没想到还有这等军事上的才能! 他立下大功,等太平军镇压完毕,我一定要好好犒赏犒赏他!"

但有一位大臣却上前提醒咸丰帝说:"在他家乡,曾国藩以在籍侍郎的身份竟能振臂一呼,应者云集,从者万人,皇上您还是多多提防。是福是祸,恐怕一时之间难以判断。"

咸丰帝听着,脸色渐变,沉默良久,再也没有在大臣面前夸奖过曾国藩。

曾国藩很快镇压了太平天国起义。咸丰帝遵守诺言,封他为一等毅勇侯,并且可以世袭。曾国藩的家人和亲朋好友都欣喜不已,以为曾氏家族从此可以一劳永逸。但曾国藩并没有因此春风得意,反而担心树大招风,招致其他人的嫉妒和皇上的怀疑,落得兔死狗烹的下场。因此曾国藩只想如何明哲保身、急流勇退,以免落得前功覆没、名声受损。

他立刻写信给弟弟,嘱咐他见机抽身而退,以免招致不必要的排挤。他也察觉到咸丰帝已心生芥蒂,为了表明自己无心揽权,他上折给皇上说:湘军成立的时间很长了,已经沾染上一些军队的恶习,有些混乱。现在镇压太平军的目的已经达到,奏请朝廷裁兵,遣散自己编练的湘军。

对自己的去留,曾国藩却左右为难。如果说明要留在朝廷效力。恐怕皇上以为贪恋权位;如果请求告老还乡,皇上会以为不愿为国效力,甚至还会招来自组军队、图谋皇位的嫌疑。因此在奏折上,他对这个问题避而不谈。

由于裁汰湘军是咸丰帝首要处理的,因此,他一边感叹曾国藩"善解人意",一边立即下令解散部分湘军,让他仍担任两江总督。

"非至圣达奥,不能御世",意思是如果不能像圣人那样穷尽世理,探求事物本质,就不能立身处世、治理天下。

曾国藩在功成名就后,以裁汰湘军明哲保身,运用的时机与方法恰到好处,不仅避免了被皇帝猜疑,还进一步得到了"善解人意"的信任。

在现代社会激烈的竞争中,只有全面了解事物全貌,不断增强自己的实力,才能使自己立于不败之地。

网景通讯公司是 1994 年 4 月由当时还是伊利诺伊大学刚毕业的学生吉姆·克拉克

和马克·安德里森创立的。

在 1994 年初,网景航海家 1.0 版也许是市场上最好的浏览器,但其优势不是很明显,但是几项行动一下子把网景推上了顶峰。

网景的第一个行动是瞄准一个被所有的竞争者都忽略了的市场。大多数早期的浏览器都提供一套完整的互联网工具,包括拨号上网、一个浏览器和一个电子邮箱。设计者们坚信最大的需求就来自于产品能牵住消费者的手,引导他们迈开上网的第一步。相反,网景提供了一个初始时只能通过互联网获得的简单的、单独的浏览器。这一行动使得网景瞄准了早期的用户——相对高级的已有上网经验的电脑用户。同时,网景干净利落地回避了它在建立完整的互联网产品体系方面经验不足的缺陷。

网景的第二步行动是设计了一个创新性的定价模式,马克·安德里森将它称为"免费又不免费"的定价模式,航海家 1.0 版的正式定价是 39 美元,但它对教育和非营利性用途是免费的,而且任何人都可以下载它免费试用 90 天。网景的管理层对这一策略并没有抱多大幻想。有些消费者也许会在试用期满后付钱购买,但大多数不会。但是"免费又不免费"的策略使得网景迅速确立起它的市场份额,而且如公司所愿,有助于使市场标准化。"免费又不免费"的策略也使网景成功地敲开了许多企业的大门,这些企业一旦发现功能良好的软件最终就会购买它。同时,网景的网络服务器分别定价为 1500 美元和 5000 美元,可以补偿其中的费用。

网景的第三步行动是探索出了产品测试和销售的新途径。作为一个起步者。网景缺乏足够的资金来雇用大量的质量维护方面的工程技术人员,或是一次性地为一个企业或地点建立备用的测试服务人员。庞大的、富有经验的销售队伍和共同的营销基金的缺乏会作为不利条件妨碍企业占领传统的销售渠道,因此,网景通过把测试和销售搬到网络上,从而开拓出一个新的天地。在 1994 年 10 月,网景通过它的主页推出了航海家的第 2 版。经过对第 2 版的下载、试用,然后提出他们的意见,消费者就充当了——有时是不知不觉地——网景实质上的质量保证队伍。以网络为载体的测试和销售方式如今应用得相当普遍了,但网景是第一个以这种方法充分开发网络优势的公司。

网景的竞争对手们发现很难对抗这些行动。因为许多公司的经营模式严重依赖于各自浏览器的收入,所以,很多经营者认为使高昂的零售价格显得合理的唯一途径就是把他们的浏览器捆绑进一个多样的产品包里。但由于他们的产品都要求较大数额的前期投资,这样他们就更加不可能是免费的了,更不用谈什么"免费又不免费"。另外,网景的大部分对手要为他们在推出的每一个浏览器中使用了"马赛克"代码而支付许可费。而网景公司本身就是"马赛克"的开发商,所以,当网景生产浏览器时,其边际成本几乎为零。

一些企业试图通过在网上提供免费的浏览器来与网景对抗。但由于担心与零售环节发生冲突,这些努力最多也是半心半意的,等到大多数企业意识到网景模式的力量时,想阻止网景的飞跃也已经为时太晚了。

正如一个当时的竞争者回忆的:"我们机警地发现了浏览器是一个不可思议的工具,

诸子百家——纵横家

很早就涉足了这个领域,然后设计了一个进入市场的有力途径。但是我们无法想象把它泄露出去,让它可以通过网络免费下载。回过头去再看,我深悔自己没有具备这种远见去说:'现在我们确实需要打破这一模式了'。"

网景在浏览器大战的第一回合中成功地使得大多数公司的竞争行动丧失了功效。然而,在接下来始于 1995 年的回合中,网景不得不面对一个更加强硬的对手:微软。微软可以与网景采取的任何一个关键行动相对抗。微软于 1995 年 8 月发行的浏览器 IE,是一个与 Windows95 捆绑在一起的免费产品。而且也可以通过网络下载。实际上,微软看到了网景设下的赌局,并通过使 IE 对包括企业在内的所有用户都免费来加大赌注。

微软的挑衅行为进一步加剧了网景已经面临的问题;"免费又不免费"的策略意味着网景从消费者那里能够获得的利润是微乎其微的。在充分考虑自身情况后,网景的管理层认为不宜与对手进行直接的对抗,把战场转移到对手的优势相对较小的、防守较弱的领域,闯进企业市场。

网景认为微软的真正实力是集中在消费者和企业的桌面系统市场上的,但企业的办公支持系统市场是脆弱易攻的,所以,网景试图在那里确立它的企业市场基础。网景一开始是瞄准内部网市场,后来就逐渐将重点扩展到外围的外部网和电子商务的相关产品和服务上。最近,网景已经探索出一条支撑其电子商务战略的途径,就是在万维网的主要终端上建立中心网站。

通过不断地向新领域的转移,网景找到了避免直接对抗的方法。英特尔公司的总裁安迪·格鲁夫把网景比拟成一个与集团军作战的游击队:"他们的优势来自他们能够在丛林中生存,远离陆地而又非常机动灵活,而且能做出一些对职业军队来说永远无法想象的举动。考虑到这些,网景已经构成了对微软的有力挑战……问题是,他们缺乏活动空间、装备和食物。"正如格鲁夫所指出的,快速行动时起步者的帮助也就仅限于此了。最后,大多数队伍和企业都被迫停下脚步。但是在大约三年的时间里,网景对竞争的诠释就是向新的无人争夺的市场转移。

"非劳心苦思,不能原事"就是说如果不费心苦思,就不能了解事物的本来面目。网景公司通过对市场的深入洞察,发现并占领了无人占领的领域,从而占得先机。在市场竞争中,面对实力强大的对手,是直接与之对抗,还是避其锋芒,企业需要根据自身的实力灵活机动地加以考虑,不能不假思索,不考虑自己的情况胡干蛮干。网景公司的可贵之处即在于"自度材能知睿,量长短、远近孰不如",成功地另辟蹊径,培育新的市场和发展空间。

第七揣情术　审时度势,权衡利弊得失

"揣"是指揣摩、估计、推断,等等,通过这些方法对游说对象做出较为准确的判断,以达到自己的目的。在揣测游说对象时,要眼耳并用,从对方的言辞中,从对方的表情变化上,细细揣摩,加以思考,同时还要在谈话过程中注意诱导和试探,使对方表现朝着自己需要的方向深入。有了切实可行的游说之策,把握住游说的时机,再加上具体的揣情方

诸子百家

——

纵横家

法,我们便可成功揣摩到对方的心理变化。

审时度势,权衡利弊

【原文】

古之善用天下者,必量天下之权,而揣诸侯之情。量权不审,不知强弱轻重之称;揣情不审,不知隐匿变化之动静。何谓量权?曰:度于大小,谋于众寡;称货财之有无,料人民之多少、饶乏。有余不足几何?辨地形之险易,孰利孰害?谋虑孰长孰短?

【译文】

上古时代善于治理天下的人,必定要权衡天下的形势。并且要揣摩各地诸侯的实情。假如衡量权势而不够详细,就不能知道诸侯的强弱虚实。假如揣摩实情而不够详细准确,就无法洞悉全天下的时局变化。什么叫作"衡量权势"呢?答案是:要测量大小,要谋划众寡,衡量物质财富的有无与数量的多少;估料民众的多少及其富足还是贫乏、有余还是不足的程度如何;辨别地形的险要与平易,以及对谁有利,对谁有害;谋略运筹方面,哪一方高明,哪一方拙劣。

【鉴赏】

三国时期,曹操在官渡之战中击败袁绍,统一了北方,而后兴兵向南。在强敌压境、存亡未卜的危急关头,孙权和刘备为了避免彻底覆灭,终于结成了联合抗曹的军事同盟。

公元208年,周瑜率兵沿长江西上到樊口与刘备会师。尔后继续挺进。在赤壁与曹军遭遇,曹军受挫,退回江北,屯军乌林,与孙、刘联军隔江对峙。

孙、刘联军虽占有天时、地利、人和方面的优势,但毕竟力量弱小,要打败强大的曹军谈何容易!当时曹军疾病流行,又多是北方人,不习水性,只好把战船用铁环首尾相接起来。周瑜的部将黄盖针对敌强我弱、不宜打持久战及曹军士气低落、战船连接的实际情况,建议采取火攻,奇袭曹军战船。周瑜采纳了这一建议,制订了"借助风势,以火佐攻",因乱而击之的作战方略。

周瑜利用曹操骄傲轻敌的弱点,先让黄盖写信向曹操诈降,并与曹操事先约定了投降的时间。曹操不知是计,欣然应允。于是,黄盖率蒙冲(一种快速突击的小船)、斗舰数十艘,满载干草,灌以油脂,并巧加伪装,插上旌旗。同时预备快船系挂在大船之后,以便放火后换乘,然后扬帆出发。当时,江上正猛刮着东南风,战船迅速向曹军阵地接近。曹军望见江上船来,均以为这是黄盖如约前来投降,皆"延颈观望",丝毫不加戒备。

黄盖在距曹军不到一里时,下令各船同时点火。一时间火烈风猛。船往如箭,直冲曹军战船。曹军船只首尾相连,分散不开,移动不得,顿时曹军的战船便成了一片火海。这时,风还是一个劲地猛刮,熊熊烈火一直向岸上蔓延,烧到了岸上的曹军营寨。

曹军将士被这突如其来的大火烧得惊慌失措、鬼哭狼嚎、溃不成军,烧死、溺死者不

诸子百家——纵横家

计其数。在长江南岸的孙、刘主力舰队乘机擂鼓前进,横渡长江,大败曹军。

曹操被迫率军由陆路经华容道向江陵方向仓皇撤退,行至云梦时曾一度迷失道路,又遇上大风暴雨,道路泥泞不堪,以草垫路,才使得骑兵得以通过。一路上,人马自相践踏,死伤累累。孙、刘联军乘胜水陆并进,穷追猛打,扩大战果,一直追击到南郡。曹操留曹仁、徐晃驻守江陵,乐进驻守襄阳,自己则率领残兵败将逃回到北方。这场赤壁大鏖兵至此以孙权、刘备大获全胜而宣告结束。

"辨地形之险易,孰利孰害?"提到的是如何辨别地形的利弊,从而为自己谋划策略创造有利条件。赤壁之战是历史上著名的以少胜多的战役。分析曹操失败的原因,除了个人的骄傲轻敌之外,更重要的一个原因就是对地形分析不够。北方人不善水战的致命弱点被孙、刘联军加以利用,从而以火攻导致了魏军的惨败。

我们说一件事的成败要考虑"天时、地利、人和"。战场上不仅要善于观察"地利",还要重视"人和"的作用。

李膺是南朝宋时涪县(今四川绵阳市)的县令,公元 501 年,萧衍在襄阳起兵讨伐南齐,立萧宝融为帝。此后,萧衍又联合邓元起进攻郢州城。不久便攻下郢州,萧衍便让邓元起任益州刺史,代替原益州刺史刘季连。

刘季连原是南齐皇帝萧宝卷任命的,萧衍起兵讨伐萧宝卷时,刘季连犹豫不定,左右摇摆。当他得知自己将被取代时,就征召士兵,誓守益州。

邓元起得到刘季连誓守益州的消息后,便先进兵巴西(今四川绵阳),太守禾士略开城投降。于是他开始招兵买马,一时间便使自己手下增至三万人。可是四川长期战乱频繁,人们大多逃亡,田地荒芜,无人耕种,三万人马的粮草供应竟成为问题。邓元起对此一筹莫展,不知如何是好。

这时有人出主意说:"蜀地政治混乱,连年争战,很少有人想在这获取东西。他们认为这里的百姓已所剩无几,即使有,也是伤残带病的,没有丝毫用处。实际上并非如此,老百姓往往趁政治混乱、管理松懈的时机,在户籍上假装残疾,以欺骗官府、逃避赋税,这种情况在巴西郡尤为严重。如果您现在下令核实户籍,把那些假装残疾的人给以重罚,粮草之事,几天便可解决。"

邓元起听从了这个意见,准备派人核查户籍,以筹备粮草。

涪县县令李膺知道了这个消息后,连忙拜见邓元起说:"请大人先不要这样做,我对巴西的情况很熟悉,让我来告诉您怎么办吧。"

邓元起见李膺相貌堂堂,一股浩然正气,便下令先不要核查户籍,看看这位涪县县令有什么高明之策。李膺说:"刘季连拥兵誓守益州,又派出强将准备来讨伐大人,现在您是前有强敌,后无增援。如今又处在粮草短缺的境地,巴西人们刚刚依附于您,正在观望您的德政如何。这时候如果核查户籍,对隐瞒的人,施以重罚,则会造成他们的不满。他们忍无可忍,便会趁机作乱,对您有百害而无一利。万一离心离德,您后悔都来不及了。孟子说过'为渊驱鱼者,獭也;为丛驱雀者,鹯也;为汤武驱民者,桀与纣也。'大人该不会不懂这个道理吧!"

邓元起听了之后高兴地说:"我差点听信小人之言啊!既然你能分析透这件事情,又对巴西很了解,那粮草之事,就交给你去办吧!"

于是李膺答应邓元起,五天之内筹备齐粮草。他命人把当地的富户找来,对他们说道:

"如今形势朝不保夕,谁能预料到第二天还能不能活!难道你们不想过太平日子吗?现在邓元起将军领兵接任益州刺史,而原益州刺史刘季连却陈兵反对。邓元起将军一心要为民造福,却因粮草短缺不能实现。我劝各位往长远处着想,帮邓灭刘,如果到时天下太平了,我们巴西也可沾光;如果死守财物,说不定哪天就会被乱兵抢夺一空啊!"

众人听了,都连声说:"正应如此,正应如此。"

不到三天,李膺便将粮草如数交给邓元起。

"称货财之有无,料人民之多少、饶乏、有余不足几何"说的就是在制订策略时要考虑到百姓钱财的多少、民众的反应如何。在战乱纷纷的年代,百姓深受其害,所以才假装残疾以逃避征兵和纳税。这是他们谋求生存的最后一道防线,如果把它也打破了,后果不堪设想。李膺深明此理,所以不向穷苦的百姓筹粮,只从富户身上想主意。富户虽然爱钱,但是毕竟性命重要,为了保住生命,就只能拿钱来换了。

有的时候,成功需要的是当局者付出一定的代价,并且善于运用"天时"的作用。

托尼·怀特在辞职后不久,出人意料地选择了接管濒临倒闭、惨淡经营多年的实验仪器制造企业——帕金艾默公司。

怀特入主帕金艾默首先面临的是公司董事们一致的诘问:"世界上有那么多前景看好的公司你不去,怎么选择了帕金艾默?"的确,帕金艾默已每况愈下,产品造价高昂,销售已成为最大的难题。然而,怀特看好这家公司的理由是:帕金艾默拥有极具开发价值的聚合酶链反应技术专利,即 PCR 技术,这是一种已广泛应用于法医鉴定和研究领域的DNA 复制技术,此外,基因分析仪器在生物制药领域已得到越来越广泛的应用,该公司可转型生产用于基因和糖精核酸(DNA)的编码分析仪。在其他企业家都没有看到生物技术正处于方兴未艾,是一个潜力巨大的朝阳行业时,怀特使公司悄无声息地进入了这一领域并从另一破产的公司手中买下了一个实验设备厂。

怀特开始大刀阔斧地改革。他首先招兵买马,笼络技术领域的人才。为降低费用,他聘用退休技术人员,辞退 80% 的非研究人员。他甚至将帕金艾默的商标卖掉,以补足急需的项目资金。他将总公司更名为"PE 生物技术控股公司",对企业内部进行了改组和资产置换,筹集到大笔资金,然后把帕金艾默一分为二,即 PEBio 和塞雷拉公司,使其双双上市筹集资金。消息不胫而走,投资者蜂拥而来,他们如发现新大陆一样看好其发展前景。PEBio 和塞雷拉公司的股票开始双双攀升,许多职员一夜之间成为百万富翁。

塞雷拉公司与 PEBio 就像两匹战马一样并驾齐驱。塞雷拉以绘制基因编码图谱为主,向所有的生物制药企业提供基因编码信息;PEBio 生物系统仪器公司为塞雷拉提供绘制所需的成套设备,它号称拥有世界上运行最快。能绘制所有生物共生群种基因图谱的BEl3700 系统,不仅如此,它还能为多种类基因编码排序,因此受到众多生物公司的青睐。

诸子百家
——
纵横家

这两匹"战马"相辅相成,共同完成绘制基因编码图谱的任务。

塞雷拉公司的商业动机是不言而喻的,他们将向制药商索取巨额资金,以向其提供重要的基因数据。如今,诸如辉瑞公司、诺威蒂斯公司等世界知名制药商每年要向塞雷拉支付至少 500 万美元才能获取生物制药急需的基因编码数据。而原来对塞雷拉持否定态度的批评家们发现,怀特看中的是基因编码市场切入口的潜在价值,他投下的"赌注"是不无道理的。

"善用天下者,必量天下之权,而揣诸侯之情",就是说做大事的人,一定要善于把握天下局势的变化,并善于揣测各路诸侯的发展趋势和需求。而在做事时,必定要先了解自己所处的具体环境,自己的优势是什么,有没有"王牌"可握。怀特正是看中基因编码市场切入口的潜在价值,才敢于投下巨大的赌注的。

人是社会性的动物,社会环境对于个人和企业的发展具有重要的影响。人们一般用"天时、地利、人和"来对社会环境加以概括。对于渴望成功的人而言,这三者都是需要加以考虑的因素。鬼谷子这里所说的"量权""揣情",是需要下大功夫的。

有所为有所不为

【原文】

君臣之亲疏,孰贤孰不肖?与宾客之知睿,孰少孰多?观天时之祸福,孰吉孰凶,诸侯之亲,孰用孰不用?百姓之心,去就变化,孰安孰危?孰好孰憎?反侧孰便?能知此者,是谓权量。

【译文】

考察君臣之间的亲疏关系如何,以及谁更贤能。谁更不肖;还有宾客幕僚的智慧,哪一方少,哪一方多;观察天时的祸福,何时吉利,何时凶险;与诸侯之间的关系亲疏远近,哪些诸侯可以效力,哪些诸侯不能利用;天下百姓的人心向背变化,哪些地方平静,哪些地方有危机,哪些人受人拥戴,哪些人受人憎恶,如果发生反叛,如何察知?能做到以上这些的统治者,就可以称作是善于权衡天下形势的政治家。

【鉴赏】

宋仁宗时期,富弼采用了李仲旦的计策,从澶州的商胡河开凿六漯渠流入横陇的故道,以增加宋朝的水利灌溉渠道。贾昌朝素来憎恨富弼,于是暗地勾结宦官武继隆,想置富弼于死地。正在这时候,宋仁宗生病,不能上朝理政,贾昌朝便密令两个司天官趁朝中官员商讨国事时上奏道:"国家不应该在北方开河,以致皇上身体不安。"众大臣听了,都不以为然。宰相文彦博知道他们是别有用心,但当时却无法制止。

数天之后,那两个司天官又上疏请皇后一同听政,并罗列许多理由来证明皇后听政是上策。

史志聪把他们的奏疏交给宰相文彦博,文彦博看后默不作声,把它藏在怀中,没有给任何大臣看,脸上却露出得意的神色。诸大臣都很奇怪,问他上面写的是什么,他只字不提,只是命人把那两个司天官招来责问:"你们两人的职责是静观天象,只要略有动静,应马上上报朝廷,可是现在你们怎么想干预国家大事啊?你们的所作所为按法律应当灭族!"

两人听后非常害怕,脸色惨白,浑身发抖。

文彦博又说:"我看你们只不过是自作聪明,所以不想治你们的罪,从今以后不准再如此狂妄了。"

两个连忙退出,文彦博这才取出奏疏让诸位大臣观看。

大臣们看后全都愤怒地说:"这两个人如此大胆滥讲,为什么不斩首呢?"

文彦博说:"把这两个人斩首,事情就会张扬开来,对皇后和在宫中养病的皇上都不是好事,一定会影响他们。"

诸位大臣连忙说:"你说得有道理。"

接下来他们一同商议派遣司天官去测定六漯渠方位,文彦博便指名让那两人前去。

武继隆请求把他们留下,文彦博说道:"他们只不过是小小的司天官,竟敢如此胆大妄为,议论国事,这其中一定是有人在暗中教唆!"

武继隆铁青着脸,一言不发。

那两个人到了六漯渠以后,恐怕朝廷治他们的罪,于是就改口说:"六漯渠在京师的东北方向,不是正北方向,开河之事根本没有什么害处。"

后来宋仁宗的病渐渐好了,精神也渐渐地恢复,这件事就这样化于无形之中。

"君臣之亲疏孰贤、孰不肖。"文彦博不但明察秋毫,还有一双善辩忠奸的眼睛。为了平息这场风波,他尽量把大事化小,小事化了,以免事态扩大而导致无可挽回的损失。面对两个司天官的无理,他丝毫没有动怒,而是在平静中制止了一场争斗,同时又让皇上、皇后得到了安宁,而武继隆也受到了震慑,真可谓一箭三雕。

商场如战场,想要获得成功,必定要先付出一定的代价。

辛亥革命前,是山西大德通票号最兴盛的时候,但总经理高钰没有得意忘形,而是冷静处事,凡重大进退总是三思而后行。当时,三岁的小儿溥仪被扶上了皇帝宝座,高钰就看出天下将不安的苗头,于是在经营上采取保守的做法。稍后,革命党人在南方的活动加剧。高钰便觉得事必大变,所以采取了急流勇退的方式,迅速收敛业务。高钰的这一举措,与当时票号界的隆盛局面极不相称,受到世人的讥讽。很快,他的收敛之计刚刚就绪,辛亥革命就爆发了!于是,绝大多数票号由于准备不足,猝不及防,在挤兑风潮的袭击下纷纷关门!而在这些票号遭受这场灭顶之灾时,大德通票号却有备无患,安然渡过了这场金融风暴!

高钰的聪明之处,就在于他知道票号的经营与政局关系极大,一有大的政变,就可能引起灾难性的后果。因此,他密切关注时局的变化,以此为根据决定自己的经营策略,显然这是一种十分明智的做法。

諸子百家 —— 縱橫家

以"石油大王"的名号著称于世的洛克菲勒,当初也是靠着料事如神的绝招打开了巨大财富的大门。1859年,当美国宾夕法尼亚州出现了第一口油井时,洛克菲勒就看到了这项风险事业的前景。在别人畏缩不前的时候,他凭借非凡的冒险精神与合伙人争购了安德鲁斯—克拉克公司的股权。当他所经营的标准石油公司在激烈的市场竞争中控制了美国出售全部炼制石油的90%时,他并没有就此止步。到19世纪80年代,有人在利马地区发现了一个大油田,因为含碳量很高,人们称之为"酸油"。当时没有人能找到一种行之有效的方法提炼它,因此只卖一角五分一桶。而洛克菲勒认为这种石油总有一天会找到方法提炼,所以执意要买下这个油田。当时他的建议遭到董事会大部分人的反对,而他却说:"我将冒个人风险,自己拿出钱投资这一产品。如果必要,拿出200万或300万美元。"他的决心终于取得了董事们的同意,得以实行这一决策。结果,才过了两年时间,洛克菲勒就找到了炼制"酸油"的方法,于是这个油井打出来的石油价格一下子从一角五分涨到了一元,标准石油公司在那里建造了全世界最大的炼油厂,赢利猛增到了几亿美元。

有的时候,成功需要的是当局者丢卒保车的举动和具有远见的眼光。有所为有所不为,是一个大将应该具有的能力。

从薄弱环节入手,打开突破口

【原文】

揣情者,必以其甚喜之时,往而极其欲也,其有欲也,不能隐其情;必以其甚惧之时,往而极其恶也,其有恶也,不能隐其情。

【译文】

所谓揣情,就是必须在对方最高兴的时候,去加大他们的欲望,他们既然有欲望,就无法按捺住实情;又必须在对方最恐惧的时候,去加重他们的恐惧,他们既然有害怕心理,就不能隐瞒住实情。

【鉴赏】

战国时期,魏国发兵大举进攻中山国。魏文侯的弟弟任主帅仅用三个月,便把中山国消灭了。

魏文侯于是大摆宴席,热烈庆贺,并决定由自己的儿子去管理中山国的土地。众大臣们惊愕不已,面面相觑,不做一声。因为按照当时魏国的惯例,中山国应该交给文侯的弟弟管理,这是对功臣的一种奖励。文侯的弟弟听了这个宣布后,也起身拂袖而去。

魏文侯做了这件事后,自己心虚,害怕人们议论自己,就召集大臣们故意问:"我是个什么样的君主呢?请大家直说无妨。"

许多大臣都恭维地说道:"大王功在千秋,百姓们爱戴,当然是仁君了。"

諸子百家——縱横家

2239

魏文侯听了，半信半疑，瞅着各位大臣笑着说道："是吗？难道我就没有一点过错吗？"

众大臣又附和着说："大王英明神武，哪里会有过错呢？"

大臣任座说道："国君夺取了中山国之后，不封给有功的弟弟，却封给了自己的儿子，这怎么可以称为仁君呢？"

魏文侯一听，正好触到自己的痛处，顿时满脸生出愤怒之色，任座见文侯恼羞成怒，急忙离座而去。

"你认为我是一个什么样的君主呢？"文侯又问身边的大臣翟璜。

翟璜平静地施了一礼说道："我认为您是仁君。"

"你为什么这样认为呢？"

翟璜知道大王必有这一问，于是把准备好的回答全盘托出："我听说，哪个国家的君主贤明仁厚，哪个国家的大臣就正直不二，从不隐瞒自己的观点。刚才任座说话十分坦率，句句在理，所以我认为您是位贤明仁厚的君主。"

魏文侯

魏文侯听完，方才悔悟，便立即派人把任座请回，又亲自下堂迎接，待为匕宾。

翟璜在此劝谏文侯时并没有直接指出他的过错，而是顺着任座的言辞与其展开交流，以赞扬之语去警示魏文侯，让其从内心深处认识到自己的错误，并及时改正。可见翟璜巧托他语，委婉劝诫，深得迂回之精髓。

鬼谷子是见缝插针的行家，他强调游说要抓住对方"甚喜""甚惧"两个时机，以此作为突破口。同样，我们在做事时，也要事先寻找突破口，使自己获得更快速、更完美的成功。

俗话说：打蛇要打七寸。在古代战争中，聪明的将帅总是能从失利中总结经验教训，找到敌人的弱点，并对其实施毁灭性的打击，从而使自己一战而胜。明朝末年，后金汗努尔哈赤率大军进攻宁远，宁远守将袁崇焕身先士卒，奋勇抗敌，用大炮击伤努尔哈赤。努尔哈赤自起兵以来首尝败绩，又身受重伤，羞愧愤懑而死。皇太极继位后，又率师与袁崇焕交手，再次兵败而回。又经过几年的准备，皇太极再次攻打明朝。他为避开袁崇焕的守地，由内蒙古越长城，长驱而入，直逼京师。袁崇焕立即率部入京勤王，日夜兼程，比满兵早三天抵达京城广渠门外，做好迎敌准备，满兵刚到即遭迎头痛击。皇太极视袁崇焕为生平劲敌，又忌又恨。为了除掉袁崇焕，皇太极绞尽脑汁，定下借刀杀人之计。皇太极深知崇祯帝猜忌心重，难以容人，于是秘密派人用重金贿赂明廷宦官，向崇祯告密，说袁崇焕已和满洲订下密约，故此满兵才有可能深入内地。崇祯大怒，将袁崇焕下狱问罪，并不顾将士吏民的请求，将袁崇焕残酷杀害。皇太极除掉心腹之患后，从此更加肆无忌惮，而明朝至此气数已尽，不久即亡于李自成之手。

袁崇焕是我国古代罕见的军事天才，他接连击败努尔哈赤和皇太极，将清军死死地拦截在山海关以外，被视为明王朝最后一道坚固的"长城"。可是，睿智的皇太极却找到了这道长城的突破口，即崇祯皇帝的猜忌心。于是他略施小计，就达到了在战场上无法实现的目标，使得崇祯帝自毁"长城"，加速了明王朝的灭亡。

不仅仅是在历史中如此，在现代商业中，若能掌握人性的弱点，也不难打开生意的突破口。

有个商人到小镇去推销鱼缸，尽管鱼缸做工精细、造型精巧，但问津者寥寥无几。商人采取了很多促销手段，都没有什么效果。有一天，他突发奇想，跑到花鸟市场以低价买了500条小金鱼，来到穿镇而过的水渠上游，把这500条小金鱼都投了进去。小渠里有了一条条漂亮、活泼的小金鱼，这条消息很快就传遍了小镇！

镇上的人们争先恐后拥到渠边，许多人跳到渠里，小心翼翼地捕捉小金鱼。捕到小金鱼的人，立刻兴高采烈地去买鱼缸；那些还没捕到的人，也纷纷拥上街头抢购鱼缸。大家都兴奋地想："既然渠里有了金鱼，虽然自己今天没捕到，但总有一天会捕到的，那么鱼缸早晚能派上用场。"卖鱼缸的商人把售价抬了又抬，但鱼缸还是很快就被人们抢购一空了。

寻找突破口，多少有点剑走偏锋的意思，说白了就是钻空子。不过，在以正常方式难以奏效的情况下，偶尔"钻钻空子"，略施小计就能推动某件事的发展。这种本小利大的事情，何乐而不为呢？

善于调动对方的情绪

【原文】

感动而不知其变者，乃且错其人勿与语，而更问所亲，知其所安。夫情变于内者，形见于外。故常必以其见者，而知其隐者。此所谓测深揣情。

【译文】

对那些已经受到感动之后，仍看不出有异常变化的人，就要改变游说对象，不要再对他说什么了，而应改向他所亲近的人去游说，这样就可以知道他安然不为所动的原因。那些感情从内部发生变化的人，必然要通过形态显现于外表。所以我们常常要通过显露出来的表面现象来了解那些隐藏在内部的真情。这就是所说的"测深揣情"。

【鉴赏】

自唐末以后，数十年之间，换了八姓的帝王，争战一直不停，直到宋太祖赵匡胤重新统一中国。

一天，宋太祖召见赵普，有意问道："天下自唐末以来，朝代频繁更迭，帝王换了八姓，一直战乱不止，生灵涂炭。我想罢息干戈，为国家作长久的打算，应当怎样做呢？"

赵普沉思了一会儿，乘机回答："向来方镇之权太重，所以天下不安。现在应削夺其权，削其钱谷，收其精兵。如此天下自然就安定了。"

赵普还以大树为喻，说如果树枝过大就应修剪，应始终保持强干弱枝。树干支配树枝，大树自然越长越繁茂。他还向赵匡胤提出了朝廷集中政、军、财权的三大纲领。

太祖听罢，良久不语。原来，赵匡胤做了皇帝后，在陈桥兵变中支持他并出了大力的结拜兄弟石守信、王审琦等人各自分典禁军。赵普出于对他们手握重兵的忧虑，建议赵匡胤削夺他们的兵权。

赵匡胤认为这些结拜兄弟多年来与自己出生入死，情同手足，怎么会背叛自己呢？于是，赵普委婉而振振有词地对他说："我并不是怕他们本人背叛，只是石守信、王审琦等人没有统御部下之才，万一军中有作孽煽动之人要拥立他们做皇帝，到那时他们也身不由己了。陛下当年不也是这样吗？"

他的话锋利无比，正触到赵匡胤的痛处，使他下定决心削夺石守信等人的兵权。

不久，赵匡胤召集石守信等人宴饮。君臣无间，好不畅欢。在酒醉耳热之际，赵匡胤长吁短叹，显得忧心忡忡，很不开心。他屏退左右随员，对石守信等人说："我没有你们这般兄弟的力量，不会有今天这个地位。然而，天子非常难当，还不如当个节度使快活；当天子每天担惊受怕，连睡觉都睡不安稳。"

石守信等人大惊，忙回其故。赵匡胤说："这并不难知，天子这个职位，谁不想谋取呢？"

石守信等人一听，酒意去了大半，连忙叩头跪拜说："陛下怎么说这样的话呢？如今天下已安定，谁还敢再有异心！"

赵匡胤面带醉意回答说："你们当然不会，但假如你们的部下有贪图富贵的，一旦把黄袍披在了你们身上，你们虽不想当天子，但能办得到吗？"

石守信等人听了心惊肉跳，痛哭流涕，跪求赵匡胤替他们指点迷津。赵匡胤附耳低语道："你们为什么不放弃兵权，外出做一地方大员，买些良田美宅，为子孙多办些家业，再多弄些歌妓舞女，每日饮酒作乐，以终天年呢？我再与大家结成儿女亲家，君臣之间没有猜疑，上下相安，不是很好吗？！"石守信等人听罢感恩拜谢。

第二天，石守信等人都称病交出了兵权。这就是历史上著名的"杯酒释兵权"。通过这种方法，赵匡胤解除了石守信等人统领禁军的职务，并命他们到外地去做官。以后，他又以同样的手段将一批节度使免去职务，给以无实权的"奉朝请"之类的闲散职务。这样，赵匡胤就牢牢控制了军队的权力，消除了将领拥兵自大、谋求皇位的后患。

赵普在此劝谏宋太祖解除手下大将的兵权，用的就是旁敲侧击的言辞。他不急于直接进言，而是以大树为喻，让太祖自己去领悟。虽然赵普读书不多，但却是以"半部《论语》巧治天下"出名的。他的"巧"，在于他善于思索，为了使宋太祖的统治得以巩固，他以史为鉴，联系实际，触动往事，促使宋太祖做出了"杯酒释兵权"的决策。

明宪宗时，有一个在宫中唱戏的小太监，名叫阿丑。他善于幽默，聪明灵活，常常逗

諸子百家——纵横家

得看戏的皇亲国戚捧腹大笑。虽然他只是一个为皇族演戏解闷的小太监，但却秉性耿直、疾恶如仇。

宪宗当时昏庸无道，信任欺上瞒下的太监汪直，并任命他为西厂的总管。汪直掌握了大权后，不分昼夜地刺探官民的动向，还常常牵强附会，胡乱定罪，被他投进大牢的人不计其数。一时间民怨沸腾，朝廷诸臣却敢怒而不敢言。

宪宗不但觉得汪直对自己忠心耿耿，极力重用，而且对巴结汪直的左都御史王越和辽东巡抚陈钺两人也宠爱有加。这两个官员依仗汪直的权势专横跋扈、尖酸刻薄，不但不择手段地排挤和他们意见分歧的朝臣，还陷害了不少正直刚烈的大臣。由于这三个人，上至朝廷官员，下至黎民百姓，个个人心惶惶，国家一片纷乱。

许多一心为国的正直大臣向明宪宗进谏，揭露汪直三人的专横，陈说他们权势过重的危害和仇怨众多的严重性。可是宪宗对此却充耳不闻，觉得是其他大臣对自己的忠臣心生嫉妒、蓄意诽谤。因此只要有前来劝谏的大臣，他都断然拒见，或者厉声呵斥。

阿丑早就对汪直等人心存不满，但见到诸大臣直谏不行，反而碰一鼻子灰。他于是决定寻机委婉地劝谏宪宗。他费尽心思编排了两出戏目，一直等着皇上前来观看。

一天，宪宗正为大臣们上奏弹劾汪直的事情心烦，为了散心就前来看阿丑演戏。阿丑兴致勃勃地表演第一出戏，转眼间他就从一个太监变成了一个酗酒者。他表演的这个醉鬼跌跌撞撞地四处走动，指天指地地漫骂。另外一个演戏的上台了，他扮演的是一个过路人。只见"过路人"慌忙上前，搀扶着"醉鬼"，说："某官到了，你还在这儿游荡，是大不敬啊！"

"醉鬼"置若罔闻，依然我行我素。"过路人"又对他说："御驾到了！我们赶快让道吧！""醉鬼"依然漫骂不止，不理不睬。"过路人"又说："宫中汪大人到了。""醉鬼"立即慌了手脚，酒也醒了大半，紧张地环顾四周。"过路人"好奇地问："皇帝你尚且不怕，还怕汪太监？""醉鬼"慌忙捂住"过路人"的嘴巴，低声说："不要多嘴！汪太监可不是好惹的，我怕他！"宪宗看到这里不禁紧锁眉头，若有所思。一会儿就离开了。

第二天，皇上又来看戏，并且点明要看阿丑的戏。阿丑按照自己的计划把排练好的第二出戏搬上了戏台。

这一次，阿丑竟然装扮成汪直，穿上西厂总管的官服，昂首挺胸，左右各拿一把锋利的斧头。只见"汪直"在路上行走，其态如螃蟹，四处横行。又有"过路人"问："你走个路还拿两把斧子，不知有何用处？""汪直"立即露出不屑一顾的表情说："你何以连钺都不认识，这哪儿是斧！分明是钺！""过路人"又问："就算是钺，你持钺何故？""汪直"洋洋得意地笑道："我今日能大行其道全仗着这俩钺呢，它们可不是一般的钺！""过路人"好奇地问："不知它们有何特殊之处？您的两钺为何名？""汪直"哈哈大笑道："你真是孤陋寡闻，连王越、陈钺都不知道吗？"

宪宗听后哈哈大笑，心中暗自讥笑自己："你也是孤陋寡闻啊！"看罢戏，宪宗立即下达诏书，撤去汪直、王越和陈钺的官职，谪贬外地。

对于不通情理的游说对象，有时采用旁敲侧击的方法比直接进言更有效。阿丑在此通过事先排练好的两出戏触动了曾经一直亲小人、远贤臣的明宪宗，给了他一个深深的警告，并最终除掉了奸臣。

第八摩意术　用适当的方法探测人心

"摩"可视为揣的一种具体运用。本篇列举了不少摩的具体方法，如责以正义、诱以利益、施以威吓，等等。我方通过"揣情"，明确了对方的意图之后，方可择法而行之，称为"摩意"。善于摩意者，必具有较强的思维能力，他们能根据同气相求的规律，将心比心，将事比事，从而准确察知对方的内心欲求。

善于使用"诱饵"，因敌制胜

【原文】

古之善摩者，如操钩而临深渊，饵而投之，必得鱼焉。故曰：主事日成而人不知，主兵日胜而人不畏也。

【译文】

古代善于"摩意"的人，就像拿着钓钩在水潭边钓鱼一样。只要把带着饵食的钩投入水中，不必声张，悄悄等待，就可以钓到鱼。所以说：主办的事情一天天成功，却没有察觉；主持的军队日益压倒敌军，却没人感到恐惧，只有做到这样才是高明的。

【鉴赏】

战国中期，齐、魏两国因向外扩张势力而引发了桂陵之战，结果齐军在孙膑和田忌的指挥下打败了魏军。魏军虽在桂陵之战中严重失利，但并未一蹶不振。到公元前342年，魏国又发兵攻打韩国，韩国危急中遣使向齐国求救。

齐威王答应救援，他抓住魏、韩皆疲的时机，任命田忌为主将，孙膑为军师直趋大梁。魏惠王得知后，转将兵锋指向齐军，任命太子申为上将军，庞涓为将，率雄师十万，扑向齐军，企图同齐军一决胜负。

这时齐军已进入魏国境内纵深地带，魏军尾随而来，一场鏖战不可避免。孙膑胸有成竹，指挥若定。他针对魏兵强悍善战、素来蔑视齐军的情况，判断魏军一定会骄傲轻敌、急于求战、轻兵冒进，决定示形误敌，诱其深入，尔后予以出其不意的致命打击，并定下减灶诱敌、设伏聚歼的作战方针。

战争的进程完全按照齐军的预定计划展开。齐军与魏军刚一接触，就立即伴败后撤，并按孙膑预先的部署，施展了减灶的计策。第一天挖了十万人煮饭用的灶，第二天减为五万灶，第三天又减为三万灶，造成在魏军追击下，齐军士卒大批逃亡的假象。庞涓认定齐军斗志涣散，士卒逃亡过半，于是丢下步兵和辎重，只带着一部分轻装精锐骑兵，昼

诸子百家——纵横家

夜兼程追赶齐军。

孙膑根据魏军的行动,判断魏军将于日落后进至马陵。马陵一带道路狭窄,树木茂盛,地势险阻,是打伏击战的绝好处所。于是他就利用这一有利地形,选择齐军一万名善射的弓箭手埋伏于道路两侧,规定到夜里以火光为号,一齐放箭,并让人把路旁一棵大树的皮剥掉,上面书写"庞涓死于此树之下"几个大字。

庞涓的骑兵于孙膑预计的时间进入齐军预先设伏区域,庞涓见剥皮的树干上写着字,但看不清楚,就叫人点起火把照明。字还没有读完,齐军便万弩齐发,给魏军以迅雷不及掩耳的打击,魏军顿时惊恐失措,大败溃乱。庞涓智穷力竭,眼见败局已定,遂愤愧自杀。齐军乘胜追击,又连续大破魏军。前后歼敌十万余人,并俘虏了魏军主帅太子申。马陵之战以魏军惨败而告终结。

孙膑在此也是成功运用了诱敌深入的计谋,他以佯败后撤的方法引诱庞涓深入,设下"鱼饵",待到魏军完全进入自己的伏击圈后,便全力以赴地消灭敌人.这便是"钓"。从运用方法上看,孙膑采用的便是引诱法(飞箝术中曾提到过),在预测到魏军骄傲轻敌、急于冒进的弱点后,便抓住这一弱点,采用诱敌深入的方法,一举歼灭了敌人。

马陵之战是我国历史上一场典型的"示假隐真"、相机诱敌、设伏聚歼的成功战例。齐军取得作战胜利,除了把握时机得当,将帅之间的密切合作,正确预测战场和作战时间以外,善于相敌诱敌,把握敌情,因敌制胜乃是关键性的因素。

接下来是关于我们大家都熟知的纪晓岚巧答乾隆皇帝的故事。

纪晓岚是翰林院大学士,能言善辩,机智过人,被誉为"铁齿铜牙"。

有一天,纪晓岚陪乾隆在御花园里散步。乾隆忽然问纪晓岚:"纪爱卿,忠和孝到底应该怎么解释呀?"

纪晓岚答道:"君要臣死,臣不得不死,此为忠;父要子亡,子不得不亡。此为孝。"

乾隆一听,说:"我现在以君王的身份,要你立刻去死!"

"这——"纪晓岚慌乱了一下,随即想出一个好主意,便说:"臣遵旨!"乾隆于是好奇地问:"那你打算怎样死?"

纪晓岚显得又害怕、又紧张地小心回答:"跳河。"

乾隆一挥手,说:"好! 你现在就去跳吧!"等纪晓岚走后,他便在花园里踱着步,心想纪晓岚将会如何解脱这道难关。

不一会儿,纪晓岚便跑了回来。乾隆很奇怪,就板起脸来问道:"纪爱卿,你怎么还没有去死呢?"

纪晓岚说:"我刚刚走到河边时,不料碰到了屈原,他不让我跳河寻死。"

乾隆感到更加奇怪了:"你这话是什么意思?"

"刚才我站在河边,正想跳下去。河里突然涌起了一个大漩涡。好像要有东西从水里冒出来一样。我一看,竟从中出来了一个人——投江自沉的楚国忠臣屈原。"纪晓岚一板一眼地说。

"真的吗? 那他对你说了些什么呢?"乾隆明知他故弄玄虚,但仍想看看他如何作答。

纪晓岚不慌不忙地回答道:"屈原指着我问为什么要跳河,我就把刚才皇上要臣尽忠的事情告诉了他。他说:'这就不对了!当年楚王是昏君。我不得不跳河。可是我看当今皇上是个圣明之人,不应该再有忠臣要跳河啊!你应该赶紧去问问皇上,他是不是也是昏君?如果他自认是,那时我们再作伴也不迟!'因此臣只得跑回来。"

乾隆听了,忍不住哈哈大笑:"好一个巧舌如簧的机智人物!朕算服你了。"

善于运用"摩术"的人,就如同拿着渔竿在水边垂钓一般,只要运用得当,必有鱼儿上钩。乾隆本想以"君叫臣死,臣不得不死"来为难纪晓岚,却没想到纪晓岚将计就计,以碰到屈原为饵下了钩。如果乾隆确实让其投河,就证明了他的昏庸;如果就此作罢,那为难纪晓岚的计谋就以失败告终。权衡利弊,乾隆也只能暗自认输。

在现代商场中,很多企业都会使用"诱饵"以满足更多消费者的需求。

"世界红茶大王"——英国的里甫顿,以高明的营销才能而誉满天下。

有个冬季,一位乳酪制造商请里甫顿替他在圣诞节前的商品特卖期销售乳酪。思考了一阵后,里甫顿定下了"投李索桃"的策略,准备以50:1的比率在乳酪里装入一块金币。此前,他用气球在空中广发传单,大肆宣传,接着在蜂拥而至的人群面前当众装入金币。这50:1的金币使整个苏格兰沸腾了。因为在欧美曾流行这样一种说法:谁若在圣诞节前后所吃的糖果中吃到了一枚六便士的金币,他将大吉终年,万事如意。当地的报纸对于这样一个奇特的消息自然大登特评。甚至有的剧团也以此为题进行表演。于是里甫顿"得到"了一大批免费宣传员。

在金币的诱惑下,等到了销售日,凡是卖里甫顿乳酪的商店门前都是人山人海,挤满了争购的人群。成千上万的消费者涌进该店购买乳酪,使其乳酪销售量剧增。令里甫顿的同行们嫉妒不已。于是就有人偷偷到苏格兰当局告发里甫顿,说他的经营做法有赌博嫌疑,当局派警察干涉,新闻机构马上跟踪全方位报道。而里甫顿仍然我行我素,仍是大力销售其乳酪,并根据当局干涉的内容,发布这样有针对性的广告:亲爱的顾客,感谢大家喜爱里甫顿乳酪,但如发现乳酪中有金币,请您将金币送回,谢谢合作。消费者不但没有退还金币,反而更在乳酪含金币的声浪中踊跃购买,而苏格兰当局的警察认为店主已有悔改之意,即已着手收回金币,便不再加以干涉。

一招不灵,那些同行们并不灰心,反而促使他们采取进一步的行动。他们联合起来,以食用不安全为理由要求警方取缔里甫顿的危险行为。在警方的再度调查下,里甫顿又在报刊上登一大页广告:根据警方的命令,敬请各位食用者在食用里甫顿乳酪时,一定要注意里面有个金币,不要匆忙,应十分谨慎小心,以免误吞金币造成危险。

这则表面上是应付警察和同行们的说明,而实际上又是一则更生动具体的广告,无形中又掀起了一次购买里甫顿乳酪的热潮。

据经营专家们推测,里甫顿的气球广告、当局的警察的干涉、同行的抗议以及后两次的广告说明,都是里甫顿在"炒作"。他把这件事"炒"得一波三折,富有戏剧性,堪称"炒作"之典范。

操钓而临深渊,饵而投之,必得鱼焉。里甫顿深知钓鱼时要投入香饵,无饵者门可罗雀,有饵者门庭若市,有无诱饵给销售带来的是天壤之别。里甫顿利用金币的诱惑作用使乳酪的销量突飞猛进。牺牲了一点金币,换回的却是"日进斗金"的收益。真是"钓者露饵面藏钩,故鱼不见钩而可得"。加之同行们的围追堵截、当局警察的积极干涉、新闻机构的全方位报道。都渲染了乳酪销售的空前盛况。里甫顿游刃有余地进行大肆炒作,终使其推销的奶酪声名鹊起。

"香饵钓鱼"在广告宣传中是司空见惯的谋略。恰当地使用该方法,确实可以做到:"主事日成而人不知,主兵日胜而人不畏也"。

谋之于阴,成之于阳

【原文】

圣人谋之于阴,故曰"神";成之于阳,故曰"明"。

【译文】

那些有很高修养和智慧的人谋划的什么行动总是在暗中进行的,所以被称为"神",而这些行动的成功都显现在光天化日之下,所以被称为"明"。

【鉴赏】

唐懿宗咸通年间,江阴县令赵和遇到了一起诬财案。

楚州(今江苏淮安一带)淮阴县(今江苏淮阴)有两户邻居世代通好,关系密切。某日,东邻欲外出贩卖,本钱不足,便以田契为抵押,向西邻借钱一千缗(每缗为一千丈),约好借期一年,连本带利归还后赎回田契。

第二年归还期近,东邻不失约,先取八百缗交与西邻,说好第二天送余下的两百缗及利钱,再取回田契。因两家关系好,东邻便没要收钱单据。哪知第二天去还钱取田契,西邻矢口否认收过八百缗钱。东邻气急败坏,便到县衙告状。可县令没看到收到钱的单据,也无法判案。上告到州衙,同样没有结果。西邻洋洋得意。东邻苦思良策,听说相隔数县的江阴县令赵和是位明断如神的青天大老爷,于是东邻便告到他那里。赵和接案后。很是为难。淮阴与江阴是平级县,怎好越俎代庖? 于是苦思良策,心生一计。

第二天江阴县赵和发公文到淮阴县,说本县拿获一伙江洋大盗,供出一同伙是你县某某人。唐朝有法令,凡是大盗案件,所牵涉之县都得尽力协助。故淮阴县令派捕快将西邻捉来,交与江阴公人带走。西邻到了江阴县,自恃与江洋大盗案无关,并不害怕。赵和威胁一番,令他将自己所有家产浮财写明,并注上钱物来源,以备查验。西邻一一写明,其中有"八百缗,东邻所还"一款。赵和见后,拍案而起,唤出东邻与其对质,西邻方知原委,于是又羞又悔,退款服罪。

"圣人谋之于阴,故曰神;成之于阳,故曰明。"就是说智者善于在暗中运用"摩意"之术,并且在光天化日之下实施谋略。此案处理是"事在此而意在彼"的"谋阴成阳术"的典型作法。

鬼谷子所说的"圣人谋之于阴",说的是圣人言行谨慎,做事不张扬,只有如此,才能"主事日成""主兵日胜"。很多成大事者都擅长韬光养晦,因为一个人锋芒太露,很容易招致他人的嫉恨,并最终为自己带来祸患。

古语有云:"木秀于林,风必摧之。"太过招摇了,不是什么好事情。俗话"人怕出名,猪怕壮"说的也是这个道理!深藏不露的人,表面上看来好像他们都是庸才,胸无大志,实际上只是他们不肯在言语上露锋芒,不在表面行动上露锋芒而已。因为他们有所顾忌,言语露锋芒,便要得罪旁人。得罪旁人,旁人便成为阻力,成为破坏者;行动露锋芒,便要惹旁人的妒忌,旁人妒忌,也会成为阻力,成为破坏者。表现本领的机会不怕没有,只怕把握不牢,只怕做出的成绩不能使人满意。

当然,深藏不露的"藏"也是为了"露",在时机成熟时,要毫不含糊地表现自己。就像当年毛遂向平原君自荐时说的:"吾乃囊中之锥,未曾露锋芒,今日得出囊中,方能脱颖而出。"

战国时,秦国大军攻打赵都邯郸,赵孝成王命平原君赵胜去楚国求救。平原君打算带二十名文武兼备的人跟他同行。他手下虽有三千门客,但挑来挑去只挑中了十九人。这时,坐在末位的门客毛遂站了起来,向平原君自荐同行,他说的就是上述一番话。平原君于是答应他同去。来到楚国,平原君跟楚王谈合纵的事,毛遂和其他十九个门客都在台阶下等着。从早晨一直到中午,平原君也没有说服楚王。毛遂于是带着宝剑快步上了台阶,说:"当年楚怀王当了秦国的俘虏,死在秦国,这是楚国最大的耻辱。秦将白起只带几万人就夺了郢都,逼得大王迁都,这些就连我们赵国人也替你们感到羞耻。今天我主人跟大王来商量合纵抗秦,既是为了赵国,也是为了楚国。"毛遂这一番话像锥子一样,句句戳在楚王的心上。于是,楚王与平原君当场歃血结盟。随后,楚王派大军奔赴赵国救援。平原君回赵后,待毛遂为上宾,很感慨地说:"毛先生一到楚国,楚王就不敢小看赵国了。"

是金子总会发光,但也不能老把金子埋在地里。把握机遇的能力也很重要,一旦机会来临,千万不要错过。真人不露相,这是千真万确的。但永远都不露相的,肯定不是真人。

香港国泰城市股份有限公司是一家市值不足3亿港元的小型上市公司,而出生于世家的公司主席罗旭瑞却是一位充满斗志的商界新秀,他的最大特点便是敢于冒险。下面这场国泰城市股份有限公司收购市值比它大十倍以上的大酒店集团的"蛇吞象战役",便充分地说明了这一点。

1988年10月18日,"国泰城市"通知香港上海大酒店,以现金及国泰新股(即每股6港元)向香港上海大酒店提出全面收购建议,其中4.5元付现金,1.5元以国城股份作价支付,总共涉及资金约66亿港元。

当日香港上海大酒店董事局立即表示谢绝收购建议,而"国泰城市"则表示不希望提出敌意收购计划。香港上海大酒店又马上对此向"国泰城市"表示谢意。似乎一场大收购在一天之内轰然而起又悄然而息,使人们有意犹未尽的感觉。但是,明眼人一看便知,"国泰城市"决不会虎头蛇尾。试想,罗旭瑞已经花了几百万收购费用,岂有一句"对不起"便告收手的。他发动的蛇吞象式的大型收购,若非有备而来,怎会草草善罢甘休?!何况,"国泰城市"只表示过"不希望"以敌意形式进行收购,而不曾表示过"不会"。它只表明"国泰城市"先礼后兵的态度而已。

果然,10月21日,"国泰城市"宣布已持有香港上海大酒店1.1%股权并正式提出全面收购,并将收购价提高为除现金4.8元及"国泰城市"股价1.5元(即每股6.3元)外,认股证每份出价1.8元,一共涉资64亿港元。

香港上海大酒店已有130年历史,经营着全球最优秀的半岛酒店和九龙酒店。香港上海大酒店是英资老牌大集团之一,大股东嘉道理家族控股35%。另外华资的信和与丽新两大集团共持有10%。对于"国泰城市"的收购建议,嘉道理指出其低估了酒店的资产值,属"敌意收购,不受欢迎,带有破坏性",忠告股东不可接纳收购建议,香港上海大酒店董事总经理更形容"国泰城市"此举"企图将资产分拆出售",声明"'国泰城市'的财务顾问曾表示对半岛集团的五星级酒店并无真正兴趣,实际只想得到九龙酒店和港岛的物业。他们承认收购将使'国泰城市'资产负债比率达到100%,一旦如此,便须出售酒店资产,否则将不堪重负",暗示"国泰城市"一旦收购成功,便会将半岛酒店进行出售。而这一点最不讨香港上海大酒店大股东们的欢心。显然,这场收购将遇到已有一次被收购经验教训的嘉道理家族的强大阻力,难度极大。

嘉道理家族接到罗旭瑞于21日下达的挑战书后,于10月25日提出反收购建议,每股普通股出价5.8元现金,认股证1.3元,共动用36亿元进行全面收购,并于当日在市场购入2000多万股,使控股量增至37%以上。如此一来,"国泰城市"的机会便小了。

那么,难道罗旭瑞不知道收购的难度吗?除了实力因素之外,香港上海大酒店还有30%的股份掌握在各大基金之中,每股成本为6.15元以上,收购价对这些基金根本缺乏吸引力。但似乎罗旭瑞并非完全虚张声势,这从"国泰城市"发行9.8亿新股以应付收购,又同时发行10亿新股给"国泰城市"的母公司,使其增持"国泰城市"股权至50%,以确保"国泰城市"不会反过来被香港上海大酒店控股,这一切天衣无缝的安排,说明"国泰城市"的确是经过一番精心筹划的。

于是,有证券界人士认为:罗旭瑞做了两手准备,一旦收购成功,则名利双收,入主香港上海大酒店;如果收购不成,则"蛇吞象"的新闻已轰动海内外,罗旭瑞"国泰城市"的大名不胫而走。收购费用只当是一笔宣传费,对公司长远业务有利。更何况还可获得一笔可观的狙击收益呢!

果然,11月20日,罗旭瑞在正式收购建议文件中,承认成功机会极小,收购香港上海大酒店一如预料地"失败了",也"成功了"。之所以这么说,是因为当时已小有成就的罗旭瑞,其实心中有更大的雄才大略,其志向并不局限于香港,于是演出"蛇吞象"一幕,以与香港上海大酒店之争扬罗旭瑞之名,果然一战而使其声名鹊起,闻名于海内外。这才是当时轰动香港大收购战的真正目标所在。从这一点说,罗旭瑞收购战是非常成功的。

"谋阴成阳术"主要表现在,表面上注意力集中在这里、为这件事行动,但实际目的却在那里,是为了办成那件事,即"事在此而意在彼"。香港国泰城市股份有限公司主席罗旭瑞演出的收购市值比它大十倍以上的大酒店集团的"蛇吞象"战役,以大酒店之争来扬己之名,果然一战而声名鹊起,闻名于海内外。这才是这场大收购战的真正目标所在。

知己知彼,于无形中取胜

【原文】

"主兵日胜"者,常战于不争、不费。而民不知所以服,不知所以畏,而天下此之神明。

【译文】

那些主持军队而日益压倒敌人的统帅,坚持不懈地与敌军对抗,却不去争城夺地,不消耗人力物力,因此老百姓不知道为何邦国臣服,不知道什么是恐惧。为此,普天下都称这种"谋之于阴、成之于阳"的军事策略为"神明"。

【鉴赏】

公元 218 年,刘备领兵 10 万围困汉中,曹操闻报大惊,起兵 40 万亲征。定军山一役,蜀将黄忠计斩曹操大将夏侯渊。曹操大怒,亲统大军抵汉水与刘备决战。誓为夏侯渊报仇。蜀军见曹兵势大,退驻汉水之西,隔水相拒。刘备与诸葛亮到营前观察两岸形势,谋划破敌之策。

诸葛亮见汉水上游有一土山,可伏兵千余。回营后命赵云领兵 500,带上鼓角,伏于土山之下,或黄昏,或半夜,只要听到本营中炮响一次,便擂鼓吹角呐喊一通,但不出战,诸葛亮自己隐在高山上观察敌军动静。

第二天,曹兵到阵前挑战,见蜀营既不出兵,也不射箭,叫喊一阵便回去了。到了深夜,诸葛亮见曹营灯火已灭,军士们刚刚歇息,便命营中放炮,于是赵云的 500 伏兵也鼓角齐鸣,喊声震天。曹兵惊慌,疑有蜀兵劫寨,赶忙披挂出营迎敌。可出营一看,并不见有什么蜀兵劫寨,便回营安歇。待曹兵刚刚歇定,号炮又响,鼓角又鸣,呐喊又起。一夜数次,弄得曹兵彻夜不得安宁。

一连三夜如此,曹操惊魂不定,寝食不安。有人对曹操说:"这是诸葛亮的疑兵计。不要理睬他。"可曹操说:"我岂不知是孔明的诡计!但如果多次皆假,却有一次真来劫营,我军不备,岂不要吃大亏!曹操无奈,只得传令退兵 30 里,找空阔之处安营扎寨。

诸葛亮用打草惊蛇之计逼退曹兵,便乘势挥军渡过汉水,背水扎营,故意置蜀军于险境,这又使曹操产生了新的疑惑,不知诸葛亮将使什么诡计。曹操深知诸葛亮一生谨慎,认为他如果不是胜券在握,是决不会走此险棋的。

为探听蜀军虚实,他下战书与刘备约定来日决战。战斗刚开始。蜀军便佯败后退,往汉水边逃去,而且多将军器马匹弃于道路两旁。曹操见此,急令鸣金收兵。手下将领都疑惑地问曹操:"为何不乘胜追击,反令收兵?"曹操说:"看到蜀兵背水扎寨,我原本就有怀疑,现在蜀兵刚交战就败走,而且一路丢下许多军器马匹,更说明是诸葛亮的诡计,必须火速退兵,以防上当。"

正当曹兵开始掉头后撤时,诸葛亮却举起号旗,指挥蜀兵返身向曹兵冲杀过来。曹兵大溃而逃,损失惨重。这是诸葛亮用计设险局、临阵佯败、打草惊蛇的计策置曹操于疑惑、惊恐之中,再次巧妙地击溃了曹兵。

"不争、不费"的意思是不经过激烈战争、不耗费财力与物力,从而取胜于无形之

诸葛亮

中,与《孙子兵法》中"不战而屈人之兵"是一个道理。从打草惊蛇的计谋考虑,其运用条件必须是知己知彼,敌方兵力没有暴露或者意向不明时,切不可轻敌冒进,应当查清敌方主力配置和运动状况后再做打算。

李欢在纽华城的一家百货公司买了一套衣服,这套衣服穿起来实在令人太失望了,上衣褪色,且把衬衫领子弄得很黑。于是,他把这套衣服拿回那家百货公司,找到那个当时跟他交易的店员,告诉他真实的情形。事实上,他是想要把经过情况告诉给那个店员,可是他办不到,刚想要说话,就被那个似乎很有口才的店员打断了。店员说:"这种衣服,我们卖出去有几千套了,这是第一次有人来找茬。"这个店员说了这样的话,而且声音大得出奇,话中的含意就像是:"你在说谎,你以为我们是可以欺侮的吗?哼!我就给你点儿颜色看看!"

正在双方争论激烈的时候,另外一个店员走了过来,说:"所有黑色的衣服,开始都会褪一点儿颜色的,那是无法避免的。这种价钱的衣服,都是这种情况,那是料子的关系。"

听了这话,李欢先生气得直冒火,刚想要发怒,这家百货公司的负责人走了过来,接下来,他的行为使李欢这个恼怒的人变成了一个满意的顾客。他是怎么做的呢?他把这件事分成了三个步骤:

第一,他让李欢从头到尾说出事情的经过,他则静静地听着,没有插过一句话。

第二,当李欢讲完那些话后,那两个店员又要开始与李欢争辩,可是那位负责人却站在李欢的角度跟他们辩论,他说李欢的衬衫领子很明显是被这套衣服染污的,他坚持表示:这种不能使顾客满意的东西,是不应该卖出去的。

第三,他承认他不知道这套衣服是这样差劲,而且坦率地对李欢说:"您认为我该如

何处理这套衣服？您尽管吩咐,我可以完全按照您的意思办。"

早在几分钟前,李欢还想退掉这套讨厌的衣服,可是现在的他却这么回答:"我可以接受你的建议,我只是想知道,褪色的情形是否是暂时的。或者你们有什么办法,可以使这套衣服不再继续褪色。"

于是,这位负责人建议李欢把这套衣服带回去再穿一个星期,看看情形如何,并说:"如果到时您仍然不满意的话,就请拿来换一套满意的。给您添了麻烦,我们感到非常抱歉。"

最后,李欢满意地离开了那家百货公司,一个星期后,那套衣服没有发现任何毛病,而李欢也恢复了对那家百货公司的信心。同时,他发表了一番感慨,他认为,那位先生之所以能成为那家百货公司的负责人,就是因为他能够倾听顾客的心声;而那些店员,之所以一直停留在店员的位置上,就是因为他们从来都没想过听完顾客要说的话,总是半路就把对方给打断了。

由此可见,开始挑剔的人,往往会在一个具有耐心的倾听者面前软化下来。注重实际的学者伊利亚说过:"一个成功的人际交往并没有什么神秘的诀窍,专心地静听他人对你讲的话,那是最重要的,再也没有比这个更重要的了!"

计谋贵在周密,游说贵在合理

【原文】

故谋莫难于周密,说莫难于悉听,事莫难于必成……

【译文】

谋划策略,最困难的就是周到缜密;进行游说,最困难的就是让对方全部听从自己的说辞;主办事情,最困难的就是一定成功……

【鉴赏】

清朝末年,有一名知县叫陈树屏。他机智灵活,才思敏捷,尤其擅长为别人调解纠纷。他所言不多,却字字切中要害。只要他出面,不论什么事情,不消一会工夫,保证大事化小,小事化了,所以人们都夸赞他的口才和机敏。

这一年的春天,阳光明媚,水光潋滟。陈树屏不由诗兴大发,兴致勃勃地邀请了一帮文人朋友到黄鹤楼上游玩。当时的湖北督抚张之洞和抚军大人谭继询是他的上司,两个人也乘兴而来。大家相互寒暄后,一边欣赏着黄鹤楼下的美妙春光,一边把酒谈笑。清风拂面而来,裹挟着花的芬芳;远处的长江风景秀丽,在阳光的照射下,闪烁着粼粼的波光,江面上也帆来帆去。大家兴致高涨,宴席气氛非常融洽。

忽然,有个客人问:"你们看这江水浩浩荡荡,气势宏大,却不知这江面有多宽?"

大家都讨论起来。有的引经据典,有的猜测估计,还有的等着倾听别人的回答。张

諸子百家

——

纵横家

之洞和谭继询两个人是死对头,表面上合得来,心里却谁也不服谁。两个人很快就因为这件事情针锋相对起来了。

谭继询清清嗓子,说:"我曾经在一本书上看到过有关长江的记载,我记得是五里三分。"

张之洞听后,故意说:"不对,我记得很清楚,怎么会是五里三分呢?书上明明写的是七里三分,你说的那么窄,江水怎么会有这样大的气势呢!"

谭继询见对方和自己又是意见相左,而且明摆着说自己引用有误,一时觉得面子下不来,就梗着脖子和对方争执起来,两个人闹得脸红脖子粗。

陈树屏眼看着这场争执就要破坏宴会的气氛了,心里看不起他们的这种行为。他知道两个人是互相拆台,借题发挥。因为这个问题本来就是说不清楚的,即使说清楚了也没有多大意义。为了不扫其他来客的兴致,他灵机一动,不紧不慢地拱拱手,谦虚地说:"水涨时,江面就宽到七里三分,落潮时就降到五里三分。二位大人一个说的是涨潮时分,一个是指落潮而言,可见你们说的都有道理。这是没有什么好怀疑的!"

陈树屏放下手,端起自己的酒杯,高举着说:"这个问题暂时不用再说了。今日难得大家赏脸,也难得这么好的天气,来来来,为了今天的好景致我们喝一杯。"

众人听完这不偏不倚的圆场话,都会心地笑了。张之洞和谭继询都知自己是一派胡言,只是和对方较劲。两个人一看东道主给自己台阶,赶紧顺势而下,举起酒杯。一场争辩就这样不了了之。

"故谋莫难于周密"是说谋划策略最困难的就是周到缜密,但在此,陈树屏却以不偏不倚的言辞解决了张之洞和谭继询的纷争。如果劝说的话语不当,只顾及一方,就会伤害另一方的感情,只有两全其美的言辞才可以让双方接受。

凡办事要想取得成功,必须有适当的方法,所以说:方略、方法与天时互相依附。凡游说的人要想让人家对自己言听计从,必须使说辞合乎情理,所以说:合情合理才有人听。

战国初年,楚惠王想重新恢复楚国的霸权,准备先攻打宋国。楚惠王请来鲁班,请他设计了一种攻城的工具,叫作云梯。墨子代表宋国去劝说楚惠王。楚惠王自恃有云梯,认为灭宋很有把握。于是墨子当场解下皮带,在地上围成一个圈当作城墙,再拿几块小木板当作攻城的工具,让鲁班和他一起演习攻城。鲁班采用一种方法攻城,墨子就用一种方法守城。一个用云梯攻城,一个就用火箭烧云梯;一个用撞车撞城门,一个就用滚石檑木砸撞车;一个用地道,一个就用烟熏。鲁班始终赢不了墨子。楚惠王和鲁班见墨子守城胸有成竹,认为宋国必然有所准备,只好放弃了原来的打算。

墨子以合乎情理的方法给楚惠王演示若楚国攻打宋国是不能取胜的,从而使其放弃了攻打宋国的想法,可以说,墨子通过周密的考虑后,进行合情合理的游说,从而取得了胜利是一种必然,这也告诉我们,只要我们在做事时能够周详地分析、考虑事情,并一步步按部就班地做,且合情合理,则我们往往会使事情按照我们的想法发展,并最终使问题得以圆满解决。

第九权术　掌握说话和倾听的技巧

"权"的本意是秤锤。在古代是称量砝码，在此篇中引申为衡量、比较、权宜、变通等意思。在本篇中，鬼谷子全面阐释了"权"术的原则和方法。他认为，对游说对象的度量乃是游说之本。通过对方的言谈，可权衡出对方的智能、品性和欲望，找出其弱点作为游说的突破口，以实现自己的游说意图。

善于灵活运用多种言辞

【原文】

佞言者，谄而于忠；谀言者，博而于智；平言者，决而于勇；戚言者，权而于言；静言者，反而于胜。

【译文】

说奸佞话的人，由于会谄媚，反而变成"忠厚"；说阿谀话的人，由于会吹嘘，反而变成"智慧"；说平庸话的人，由于果决，反而变成了"勇敢"；说忧伤话的人，由于善权衡，反而变成"守信"；说平静话的人，由于习惯逆向思维，反而变成"胜利"。

【鉴赏】

魏文侯在位时，西门豹治理邺都严肃法纪，刚正廉明，铁面无私。他不仅把装神弄鬼的大巫小巫投入漳河，祭了河神，还从重惩治了地方上几个贪官污吏。邺都百姓拍手称快，都赞叹他的德政。在他的带领下，人们兴修水利，务农经商，很快使这个荒凉的地区呈现出繁荣昌盛的景象。

西门豹勤政爱民，为官清廉，既不逢迎上司，也不奉承魏国君主，所以虽然政绩显著，却并没有受到魏文侯的赏识。

相反，魏文侯左右的一些大臣因西门豹触及其私党的利益，总想方设法诋毁诬陷他，以至于魏文侯听信了，准备把他召回京城，罢免他的官职。

西门豹拜见国君后，魏文侯当面责备他，大臣也添油加醋地批评他。西门豹却一句怨言也不说。他只请愿道："从前臣才疏学浅，不知该如何治理地方，现在大王和诸位大臣的教诲，使我学会了治理的方法。请求再给我一个机会，换一个地方治理一年，如果还是治理不好，大王可以砍掉我的脑袋以泄民愤。"

魏文侯答应了他的请求。

于是，西门豹到新地方上任后，一改往日清廉，大肆盘剥百姓，弄得地方怨声四起。他又不断地贿赂魏文侯的亲信大臣，让他们在魏文侯面前多说好话。

一年任期届满，他进京晋见国君。魏文侯满面笑容地赞美他治理有方，左右大臣同

诸子百家——纵横家

样交口称颂。

西门豹听了,怒气冲冲地说道:"臣以前忠心为大王治理地方,有政绩,深受百姓拥戴,大王却要罢去我的官职。这一年,臣实际上是压榨百姓,欺上瞒下,大王却夸奖赞美我。这不是很愚蠢的行为吗?我不能屈节求荣,愧对百姓!请大王恩准我辞官回家!"

说罢,他当场交上官印,等候发落。

魏文侯这才省悟过来,惭愧地扶起西门豹,说道:"寡人如今才明白事情的真相。请你原谅,我保证从今亲贤臣,远小人,任贤用能,就请你继续为我尽心尽力吧。"

西门豹劝谏文侯的言辞就是以"佞言"为主。当魏文侯听进谗言时,便反其道而行之,以表白自己的忠心耿耿。在此西门豹用反证法来表明自己的清廉,并最终使文侯亲贤臣,远小人,足见其用心良苦。

佞言、谀言其实就是奉承话。自古以来,对于喜欢说奉承话的谄媚之徒,人们一般都比较反感。但是奉承话有时并不是毫无用处。

朱元璋当上皇帝以后,忽然心血来潮,要去皇觉寺参习,因为他幼年时曾在皇觉寺做过僧人,想起当年信口所做的几首打油诗,他便想去看看是否还写在墙上。他想重温旧梦,重新体验一下当年的感受。解缙是当时文渊阁侍读大学士,很有才华,所以这样的事少不得要他陪王伴驾。

皇觉寺的方丈听说当年的小沙弥成了如今的圣上,而且还要光临本寺,自然是高兴万分,急忙把庙里里外外打扫得干干净净,之后才开门亲自迎接皇帝。

朱元璋也不说话,而只是四处寻找当年所题之诗,但怎么也找不到,就严肃地问方丈:"当年我题在寺院墙上的那些诗,现在怎么一首也找不到了?"

方丈一听,顿时吓傻了眼,才知皇上千里迢迢而来,竟然是为了这个。原来的题诗早已被擦洗干净了,但又不能如实地回答,急得他只知用手在空中四下瞎比画,却说不出话来。于是便用眼睛瞅着解缙,希望他能够帮助自己摆脱窘境。

解缙和老方丈原本就是一对文友,空闲之余经常在一起吟诗作对,现在方丈有难,自然要帮他一把了。

解缙见朱元璋一脸茫然、迷惑不解的样子,就急忙出来打圆场说:"陛下,方丈一见圣上的面,神情紧张,急得连话也说不出来了,他用手比画是在作诗呢,您没看出来吧?"

"什么,有这等事?"

朱元璋很有兴味地问:"那他在比画些什么呀?你说给我听听。"

解缙随口答道:"圣上题诗不敢留。"

朱元璋拦住话头惊问道:"为什么?"

"诗题壁上鬼神愁。"

朱元璋见自己的诗有这么大的威力,就挥挥手说:"那就擦掉得了。"

"掬来法水轻轻洗,"

"难道一点痕迹也没留下吗?"朱元璋仍然对当年的题诗念念不忘。

解缙不慌不忙地说:"犹有龙光照斗牛。"

诸子百家——纵横家

一番话说得朱元璋开怀大笑。他知道解缙这是在奉承自己，也就作罢，不再追究什么了。

还有一次，解缙陪朱元璋在御花园的池塘里钓鱼，解缙对垂钓很在行，一会儿工夫就钓了半篓。而朱元璋戎马出身，钓鱼沉不住气，频频拉钩看有没有鱼，结果一条鱼也没能钓着。

朱元璋看解缙那里一会儿一条，当下就来了气，把钓鱼竿一甩，起身走了。

解缙一看这下可坏了，万岁爷一旦动了怒，可不是闹着玩的，所谓"伴君如伴虎"，要是把皇上惹恼了，自己可能就要有麻烦了。为了平息皇上的火气，他就对着朱元璋的背影轻松悠闲地吟了一首打油诗：

"数尺丝纶落水中，金钩一抛影无踪。凡鱼不敢朝天子，万岁君王只钓龙。"

朱元璋一听，顿时一腔怒气全消，连夸解缙是一个奇才。

解缙在此运用的就是"诿言"，在面对"私自涂掉皇上笔迹"和"钓技远在皇帝之上"这两件事，他以"拍马屁"法，把这两道"难题"轻而易举地给化解了，足以表明了他灵活多变、机智敏捷的头脑，同时也把握了"诿言"的时机，才让朱元璋转怒为喜。

赞美的语言永远是人际关系的润滑剂，现代紧张枯燥的生活中，赞美的语言可以缓解一个人紧张的神经，给生活带去一份美丽。赞美话让人自信，但如何来说好赞美话，就要看自己如何把握了。

罗杰斯是某皮革公司的销售经理，一次，他向客户介绍完他们的一种新产品后，微笑着问对方："您认为我们公司的产品如何？""啊，我非常喜欢，但是我想它是非常贵的，我应该为它付出一个非常高昂的价格，在您之前我就听说过。"罗杰斯微笑着说："看来您是一个非常有贸易经验的人，而且懂得皮革和兽皮。您猜想它的成本是多少？"那人受到赞美，回答说他认为可能是45美分一码。"您说得对。"罗杰斯用惊奇的眼光看着他说："我不知道您是怎样猜到的？"结果，罗杰斯以45美分一码的价格获得了他的订货单，双方对事情的结果都很满意。而罗杰斯绝不会告诉他的客户，公司最初给产品的定价是39美分一码。

在生意场上，赞美话有说不尽的妙用。在销售产品的过程中，适当地赞美别人，让别人觉得他自己很聪明，就可能做成生意。罗杰斯的故事就告诉了我们这一点。

在现代商业社会中，为了争取更大的利益或避免更大的损失，有时难免要有一番唇枪舌剑。善于措辞的人，无疑会占据先机。

众口铄金，积毁销骨

【原文】

古人有言曰："口可以食，不可以言。"言有讳忌也；"众口铄金"，言有曲故也。

【译文】

古人有这样的说法："口可以用来吃饭，但不能用它讲话"。因为说话容易犯忌。"众人的口可以熔化金属"，这是说凡是言论都有复杂的背景和原因。

【鉴赏】

鬼谷子认为，即便是有雄辩之才，也应该谨言慎行。有些话说出来没有效果，根本没必要说。有些话说出来犯忌讳，容易伤害别人，一定不要说。

三国时期，曹操手下有位才子，名叫杨修。他不仅才华出众，而且反应机敏，聪颖过人。最初，曹操非常看重他。不过，杨修一向恃才傲物，锋芒太露，不但使曹操渐渐生出反感，而且最终引来杀身之祸。

杨修善于揣摩曹操的心思。有一次，曹操命人新修了一座花园，修好后，他带人来参观，曹操觉得很满意，只是临走时在花园门上写了一个"活"字。等曹操走后，杨修对修园人说："主公嫌花园的门太宽阔了，请你把它改窄点。"

修园人不解其意，杨修便说："你没看见主公刚才在门上写的'活'字吗？门与'活'合在一起，正是一个'阔'字。这就是告诉你们，花园的门太宽了，必须改小。"众人听了，都说有道理。于是，修园人按照杨修所说的去办。过了几天，曹操再次来参观时，发现花园门改小了，连连称好。

又有一次，有人送曹操一盒酥饼。曹操在饼盒上写了"一合酥"三个字，便放在桌子上。恰巧杨修进来看见了，便把大家叫来，想分吃酥饼。

可是，这盒酥饼是送给曹操的，谁敢轻易品尝？看到人们迟疑不动。杨修就说："主公在盒子上面写了'一合酥'三字，分开来念就是'一人一口酥'。所以你们尽管放心吃好了，出了事由我来承担。"

大家觉得他说得对，便纷纷上前将酥饼一抢而光。曹操知道此事后。虽然没说什么，但心里却对杨修的自作主张有些反感。

后来曹操率军攻打刘备，在定军山大败。曹操感到进退两难，但却不愿轻易撤兵。一天晚上，大将夏侯渊走进帐来，向曹操询问当晚夜巡的口令。曹操正在吃饭，手中拿着一块鸡肉，就随口说了"鸡肋"二字。

夏侯渊出账后，就把这个口令告诉了夜巡的将士。杨修听到后。便吩咐手下人赶快收拾行囊，准备撤退。有士兵把此事报告了夏侯渊，他有些迷惑，赶忙问杨修。

杨修说："鸡肋，鸡肋，食之无味，弃之可惜！主公是不想在此恋战了。他虽然没有直接说出来，但心里已经准备要班师回朝了。"

对于杨修在此方面的聪明才智夏侯渊早有耳闻，因此对他的话深信不疑。回到帐中后，也命令手下人收拾物品为撤军做准备，并派人通知了其他将士。

这一消息很快便传到了曹操的耳朵里。曹操听后，不禁勃然大怒，他早就对杨修的恃才之举有厌恶之心，于是立刻命人以蛊惑军心为由将他推出斩首。

"口可以食，不可以言"，原意是说口可以用来吃东西，却不可以用来说话，这是因为说话有很多顾忌和隐讳。以此来提醒谋士应该在不利时刻隐藏自己的才干，而不是自作聪明、四处张扬，这样才能保证成就事业而无祸患。杨修之死，正是由于锋芒太露，处处

诸子百家——纵横家

显示自己比主人高一等，最终祸从口出，死于此。

一个人若要获得别人的赏识和器重，就不能个性孤僻，独守一隅，而要敢于表现自己的才华。不过，在表现自己时仅有大胆是不行的，更重要的是必须把握好表现的时机。过分张扬，锋芒太露，不会有好结果。如果给人以自以为是、爱出风头的感觉，必将招致他人的反感。

三人成虎的典故很好地说明了"众口铄金，积毁销骨"。

战国时期，魏王和赵王订好条约，魏王送儿子去赵国作人质，派大夫庞葱陪同，定于某日起程赴赵都邯郸。

临行时，庞葱向魏王提出一个问题，他说："如果有一个人对您说，我看见闹市熙熙攘攘的人群中有一只老虎，君王相信吗？"魏王说："我当然不信。"庞葱又问："如果是两个人对您这样说呢？"魏王说："那我就半信半疑了。"庞葱紧接着追问了一句道："如果有三个人都说亲眼看见了闹市中的老虎，君王是否还不相信？"魏王说道："既然这么多人都说看见了老虎，那证明肯定确有其事，所以我不能不信了。"

庞葱听了这话以后，深有感触地说："果然不出我的所料，问题就出在这里！事实上，人虎相怕，各占几分。具体地说，某一次究竟是人怕虎还是虎怕人，要根据力量对比来论。众所周知，一只老虎是决不敢闯入闹市之中的。如今君王不顾及情理，不深入调查，只凭三人说有虎来到闹市，您就确认无疑，要是等我到了比闹市还远的赵国，您要是听见三个或更多不喜欢我的人说我的坏话，岂不是要断言我是坏人吗？临别之前，我向您说出这点疑虑，希望君王一定不要轻信人言。"

庞葱走后，一些平时对他心怀不满的人开始在魏王面前说他的坏话。时间一长，魏王果然听信了这些谗言。当庞葱从邯郸回魏国时，魏王再也不愿意召见他了。可见，"众口"的力量是多么大啊！

"'众口铄金'，言有曲故也"，原意是说众口一致的言辞可以把金属熔化，其原因是语言的偏差和曲解造成的。如此看来，妖言惑众，流言蜚语多了，确实能够毁掉一个人。随声附和的人一多，白的也会被说成黑的，真的也会被说成假的。真可谓"众口铄金"。所以我们对待任何事情都要有自己的分析，最好不要轻信于人，更不可人云亦云，否则就可能会被假象所迷惑。

在企业管理中，巧用"众口铄金"也是获得巨大利润的一种方式。

1899 年，岛井信治朗正值 20 岁，开始了独立创业。他最先从事的行业是葡萄酒的制造。他希望能制造出真正合日本人口味的葡萄酒，经过不断研究，终于成功地制造出赤玉葡萄酒。

他生产的这种葡萄酒有一个很时髦的名字，它不同于一般日本名字的酒——如蜂香鼠葡萄酒，而是以英文命名，这在当时来说可以算是较为特殊的命名方式。

除此之外，信治朗为了促销，真可以说是花招百出。例如在报上刊登广告，甚至于每天晚上骑着自行车到卖酒的店中询问："请问你们这里有没有 Portwine（赤玉）葡萄酒卖？""赤玉？没有啊！""哦，真可惜！那种酒实在很好喝，等你们进了货，我再来吧！"他就这样一遍又一遍,一家又一家地做着宣传,无畏寒暑、不怕困难。夏天,信治朗就准备30个两米长的灯笼,上面印有"Portwine 赤玉"的字样,雇来穿着寿屋制服的人背着它到处走动打广告。甚至在发现火警时,他会派人提着印有"赤玉"的灯笼立即赶到火灾现场,展开宣传活动。真可谓奇招百出。

此后,公司业绩得到飞跃性发展,大规模地出产赤玉葡萄酒。此时,他又创立了"赤玉歌剧团",足迹遍及全国,表演方式极为特殊,同时将印有以团员为模特儿的海报,分送到各地。这个方式标新立异,收到热烈回应。大家争要海报,这使赤玉声名大噪。

信治朗使赤玉葡萄酒的经营步入正轨后,就开始制造威士忌酒。业绩因此蒸蒸日上。

广告是宣传企业、宣传产品的突出手段。信治朗深知广告的重要性。创造出各种各样的广告方式。当然,"赤玉"后来的销量大增的先决条件是品质好,只有这样,奇招宣传才可以奏效。

显然,信治朗这些"先声夺人"的招数有了效果,"赤玉"的知名度大大提高了。信治郎也赢得了丰硕的成果。

众口铄金之计的本质是无中生有:"无"是迷惑对手的假象,"有"则是假象掩盖下的真实企图,此计在激烈的市场竞争中常常被引申采用,当然,在运用此方法时一定要合情合理,要积极地使用此方法,若将此法用至歧途,则必定不会成功,还会招致骂名,以致身败名裂。

扬长避短,虚实结合

【原文】

是故智者不用其所短,而用愚人之所长;不用其所拙,而用愚人之所巧,故不困也。

【译文】

所以聪明的人不用自己的短处,而宁可用愚人的长处;不用自己的笨拙,而宁可用愚人的技巧,因此才不至陷于困境。

【鉴赏】

南北朝时,刘宋的某位太子笃信佛教,便命工匠在自己舍身的瓦官寺(今江苏南京城外)铸造了一尊高一丈六尺的佛像。工匠们费了好多时日,终于将大铜佛铸造出来了。可是立起来一看,才发现佛脸铸得瘦了些。这可怎么办呢?脸是佛像的最关键部位,重新铸作吧,时间来不及了;修补吧,脸上耳目口鼻俱全,皆有比例,牵一发而动全身,怎么修补呢?工匠们愁得吃不下饭。有人出主意说,有位叫戴仲若的隐士,才智超群,善出奇招,可请他来出出主意。

戴仲若被请到瓦官寺,他端详了铜佛一会儿,说:"铜像的脸其实并不瘦。而是肩胛肥大了些。"建议将铜像的臂胛削减一部分。照他的话处理后。铜佛的脸看上去果然不觉瘦了。

欲掌握"取长补短术",理解其精髓,还要用辩证观点去认识问题、研究问题、解决问题。在这里,智者戴仲若并没费太多力气,只是依据比例关系进行指点,发挥工匠之长"技"而收到奇效。

说到别人有利的地方,就要顺从其所长。说到别人的短处,就要避其所短。甲虫自卫时,一定是依靠坚硬和厚实的甲壳;螫虫攻击时,一定会用它的毒针去螫对手。所以说,连禽兽都知道用其所长,游说者也应该知道运用其所擅长的进行游说。

公元前204年,韩信背水一战消灭赵国后,想乘胜北击燕国,东伐齐国,乃问计于李左车。李左车说:"你一日内大破赵国军队二十万,闻名天下,这是你的长处。然而,你的军队苦战疲劳,以劳军攻坚,必然挫败,不能速决。燕国攻不下来,齐国就可以加强防御,这是你的短处。会用兵的人,不以短击长,而以长击短。现在最好一面休整军队,一向摆出要进攻燕国的样子,同时派人宣扬你的军威,去招降燕国,燕国不敢不投降。燕国一投降,齐国就不得不屈服了。"韩信权衡利害,感到此计甚妙,因此听从了李左车的建议,燕国果然投降。

韩信听从李左车的建议,在充分考虑利害关系的基础上,扬长避短,最终招降燕国,达到了不战而屈人之兵的目的。

"扬长避短"的原则在言谈论辩当中也常常能发挥很大的效用。林肯任总统后在参议院发表演说,一位参议员站起来说:"林肯先生,在你开始演讲之前,我希望你记住,你是一个鞋匠的儿子。"林肯说:"我非常感激你使我想起我的父亲,他已经过世了,我一定会永远记住你的忠告,我永远是鞋匠的儿子,我知道我做总统永远无法像我父亲做鞋匠做得那么好。"他又转头对那个参议员说:"就我所知,我父亲以前也为你的家人做鞋子,如果你的鞋子不合脚,我可以帮你改正它。虽然我不是伟大的鞋匠,但是我从小就跟随父亲学到了做鞋子的手艺。"林肯的话得到了一片掌声,那位出言不逊的参议员惭愧地低下了头。

林肯出身贫寒,在美国上层社会的一些名流眼中,这绝对是一个短处,甚至是一个污点,因此,即便林肯已贵为总统,还是难免遭到别人的嘲讽。林肯没有就出身问题与对手辩论,更没有以同样的语气向对手回击。而是深情款款地回忆了自己的父亲,以自己的气度和真情打动了所有的人,使他的反对派们都为之折服,完全忽略了他出身贫寒的事实,达到了扬长避短的效果。

扬长避短是一种智慧。在生活中,人人都需要这种智慧。

"智者不用其所短,而用愚人之所长。"所谓智者和愚者是相对的,并非说智者所有方面都会超过、优于愚者。只有认识到这一点,才会在做事中去发现别人的工巧之处和优长之处,借以为自己成事服务。

诸子百家
——
纵横家

取其所长,避其所短

【原文】

言其有利者,从其所长也;言其有害者,避其所短也。故介虫之捍也,必以坚厚。螯虫之动也,必以毒螫。故禽兽知用其长,而谈者亦知用其用也。

【译文】

说到别人有利的地方,就要顺从其所长,说到别人的短处,就要避其所短。甲虫自卫时,一定是依靠坚硬和厚实的甲壳;螯虫的攻击,一定会用它的毒针去螫对手。所以说,连禽兽都知道用其所长,游说者也应该知道运用其所该运用的一切方法。

【鉴赏】

某年,在睢阳(今河南商丘南)境内开挖汴堤冲积淤田。可是由于上游连日大雨,汴水突然暴涨,大水骤至,堤坝开口处发生了连锁反应,把汴堤冲垮了一大段。河水越来越汹涌,决口越来越大,眼看要发生灾难了。前来指挥堵堤的都水丞侯叔献心中十分着急。他发现上游几十里处有一座废弃的古城,于是灵机一动,马上派人在古城处扒开汴堤,汴水就势向古城中倾去。下游水势减缓后,侯叔献命人抓紧时机堵堤加固。第二天,古城灌满之后,汴水又向下流奔涌,可这时堤坝的缺口已补好并加固完毕。侯叔献又命人来堵古城处扒开的口子。由于口子内外水位一般高,所以很容易就修好了。把废弃不用的古城借为泄洪区,开创了治水史上分洪抢险的先例。

巧借人力、巧用物力的"取长补短术",有时往往表现为统筹学问题。

宋真宗大中祥符年间,京都(今河南开封)皇宫着火被毁,需重新建设、修葺。右谏议大夫、权三司使丁谓负责此事。皇上限期紧,而挖土烧砖瓦、运送材料、外运旧皇室垃圾却需要花费大量人力、物力,会拖延工期。这可怎么办?丁谓依据《鬼谷子》的"取长补短术",设计了一套三连环的"取补"方案。他先命人将通往皇宫的大街挖成河沟,把土取出来烧砖烧瓦。又把官堤挖开,将汴水注入这条沟中,再编起木筏来运送砖瓦木石等建筑材料,等皇宫建完,命人排干大沟的水,将建筑垃圾和旧宫室垃圾统统运入沟中填平,又修成街道。这样,不但节省了大量人力、物力,还提前完成了任务。

依据"取长补短术"的精神,在处世中除了要借助别人之力外,还可以借助物力。智者所做,往往是物尽其用,让手中的"物"发挥它的最大效能。

"香港环球玩具集团"能从一个小作坊发展到如今的跨国公司,这和集团主席叶仲午推行的独特战略是分不开的。

叶仲午在创业时资本仅有一万美金,那是 1960 年代中期的事。他租借了 14 架缝纫机。雇用了十几个人,缝制洋娃娃小衬衫。那时他只根据客户的订货单生产,一手交货,一手取款,周转迅速顺利,于是第一年底就积累了 20 万美金。两年后,叶仲午成立了环

诸子百家 —— 纵横家

球机制有限公司,开始制造锌合金玩具。接着又在台湾设立东圆木业有限公司,制造木制玩具,后来又开发了塑胶玩具产品。这是"环球"发展的第一阶段。

叶仲午的玩具事业能够顺利发展,是因为他能认真研究儿童的心理和生理,不断开拓有时代气息的新潮玩具。同时,他又将安全放在第一位。为了确保儿童身心健康,他不惜工本,在厂里设立安全检测站,按国际玩具安全标准,对玩具进行严格的安全测试。由于"环球"的玩具安全可靠,从未出过事,所以深受儿童和家长的信任。

"环球"发展的第二阶段是向国际市场进军。在这一阶段,叶仲午最了不起的壮举是收购英国"火柴盒"玩具公司。这家公司已有 39 年历史,"火柴盒"商标的玩具举世闻名,原有的销售网络遍及欧美各国。叶仲午收购这家公司后,可以利用它的名牌和原有销售网推销本厂玩具,在这一阶段,叶仲午还收购了美国的两家玩具公司,利用那些公司的技术和设备,设计制造了外星球太空人、卡通人物等现代化玩具,并就地取材,既降低了成本,又提高了质量。"环球"逐渐成为从设计、制造到销售一条龙的大型全能的玩具厂。

环球公司发展的第三阶段是成为全世界生产锌合金玩具最大的公司之一。在欧美、日本、澳大利亚等二十多个国家都有其工厂和销售机构。1984 年,环球集团的股票涌入纽约证券交易所,这是第一家在美国上市股票的香港公司,并开门大吉,第一天,环球股票就被预购了 4 倍。每股升值 2 美金,"环球"公司确实成了"玩具王国",叶仲午也就随之成为一个传奇式的人物。

"玩具王国"集团主席叶仲午重视借助"外脑"的作用,多方面聘请专家、学者,共商企业战略。在市场竞争中采取的战术是你无我有、你有我优、你优我廉、你廉我转。由于他能在每个环节上及时观察世界玩具的流行趋势,把设计和制造紧跟上去,所以总是能够出奇制胜。当公司发展到一定规模时,他能及时地跨越国界,向各国进行探索、设计、开发和制造产品,并在那里取得原材料,从而争取到优势,打开国际市场。

说话办事,因人而异

【原文】

故与智者言,依于博;与博者言,依于辨;与辨者言,依于要;与贵者言,依于势;与富者言,依于豪;与贫者言,依于利;与贱者言,依于谦;与勇者言,依于敢;与愚者言,依于锐。

【译文】

因此与聪明的人谈话,就要依靠广博的知识;与知识广博的人谈话,就要依靠善于雄辩;与善辩的人谈话要依靠简明扼要;与地位显赫的人谈话,就要依靠宏大的气势;与富有的人谈话,就要依靠高屋建瓴;与贫穷的人谈话,就要以利益相诱惑;与卑贱的人谈话,要依靠谦敬;与勇猛的人谈话,要依靠果敢;与愚昧的人谈话,要依靠敏锐。

战国时赵惠文王(公元前 298 ～ 前 266 年)非常喜好剑术,甚至达到了痴迷的地步。他的王宫内供养有 300 多名剑客,昼夜在他面前表演击剑,一年下来,剑客死伤的就有 100 多人。

赵惠文王没有认识到自己的这些过错,还依旧命令剑客相互打斗,以取悦自己。又过了数年。剑客的死伤更是不计其数。

正是由于赵惠文王沉迷于剑术,而荒废了国事,使赵国一天天衰落下来。

其他的诸侯国见到赵国的衰落,觉得有机可乘,便趁机想吞并它。

太子悝见赵国如此,便召集左右的人说:"有谁能够说服国王,使他停止观看击剑。我便赏赐他千金。"

左右亲信异口同声对太子悝说:"庄子可以使国王命令剑客停止击剑。"

太子悝久闻庄子之名,又见左右一致推荐庄子,可谓英雄所见略同,便派人带着千金去请庄子。

庄子了解了太子悝所派之人的来意,辞金不受,和使者一起来到赵国。太子得知后,喜不自省。亲自出门迎接,以上宾之礼接待他。

庄子对太子说:"太子有什么事指教于我呢?"

太子回答说:"听说先生睿智聪明,才奉送千金。先生却不肯接受,我怎么敢说您呢?"

庄子说:"听说太子请我的目的。就是想让我劝国王放弃他的喜好。假使我向上劝谏大王,违背了大王,不能成功,下又不能迎合太子的旨意,就会被处死,那么要千金有什么用呢?如果我上能说服大王,下能迎合太子,那时我要求什么,还有什么不能得到呢?"

庄子

太子见庄子这么说,也就不再提起奉送千金的事了。于是便对庄子说:"大王所接见的,都是剑客,你怎么才能够见到大王呢?"

庄子回答说:"我扮作剑客就可以了,因为我也会用剑。"

太子说:"国王所接见的剑客,都是帽子低垂,冠缨粗实,蓬头垢面,穿着短小的衣服,怒目圆睁,出口相互谩骂,这样国王才喜欢。如果您穿着一身儒服去见国王,恐怕不太妥当吧。"

庄子便对太子说:"请您准备好剑客的服装。"

太子准备好服装,庄子穿上后,便同太子一起去宫内见惠文王,国王拔出宝剑来等待着庄子。

庄子昂首挺胸，走进殿门，见到惠文王并不下拜。

惠文王问道;"你有什么话可以指教我?"

庄子说:"我听说大王喜欢剑客，所以以剑术来与大王切磋。"

惠文王说:"你的剑法有何独到之处，怎样能够制服对手?"

庄子说:"我的剑法，十步以内便可击败对手，横行千里不会受到阻拦。"

惠文王听了，高兴地说:"这么说来，您是天下无敌了。"

庄子说:"用剑的方法应先示以虚空，给人以可乘之机，而后抢先出手，制服对方。请大王允许我试一试。"

惠文王说:"请先生先到馆舍休息，等我安排好击剑比赛，再来请先生。"

惠文王把选出的剑客持剑侍立于殿下，再派人请来庄子。

惠文王对庄子说:"今天准备请您和剑客对剑。"

庄子回答说:"我已经盼望很久了。"

惠文王问道:"先生所用何剑? 长短怎么样?"

庄子说:"我长剑、短剑都可以用。我有三种剑，任凭大王选用，请大王听我说完，然后再试剑也不迟。"

惠文王说道:"那你就先介绍一下三种剑吧。"

庄子回答说:"我的三种剑，乃是天子之剑、诸侯之剑、庶人之剑。"

惠文王问道:"天子之剑是怎么回事?"

庄子说:"天子之剑，以燕国的燕羚石城作为剑端，齐国的泰山作为剑刃，晋国、卫国作为剑背，周朝、宋国作为剑口，韩国、魏国作为剑把;以四夷包裹，以四时相围，以渤海环绕，以恒山为系带，以五行相制，以刑德来判断，以阴阳为开合，以春夏来扶持，以秋冬来运作。这种剑，直之无前，举之无上，案之无下，上可决断浮云，下可绝断地维。这种剑一旦使用，便可以匡正诸侯，降服天下，这就是天子之剑。"

惠文王听了，茫然失意，神情呆滞，问道:"诸侯之剑，是怎么回事?"

庄子说:"诸侯之剑，以智勇之士作为剑端，以清廉之士作为剑刃，以贤良之士作为剑背，以忠贤之士作为剑口，以豪杰之士作为剑把。这种剑，直之亦无前，举之亦无上，案之亦无下，运之亦无旁，上效圆天以顺应日、月、星三光，下效方地以顺应四时，中央和睦民意以安顿四乡。此剑一用，如雷霆般震撼四方，四境之内，无不臣服而听奉于王命，这就是诸侯之剑"。

惠文王听了，又沉思了良久，接着问道:"庶人之剑，又是怎么回事?"

庄子回答说:"庶人之剑，低垂帽子，冠缨粗实，蓬头垢面，穿着短小的上衣，怒目相视，相互谩骂。然后，你来我往，争斗不已，上斩颈项，下刺肝肺。这就是庶人之剑，就与斗鸡相似，一旦丧命，对国家没有任何好处。如今，大王拥有天子之位，却偏偏喜好庶人之剑，连我都替大王感到不值得。"

惠文王听罢，恍然大悟，亲自牵着庄子的手步入殿堂，向庄子表示敬意。庄子对惠文王说:"大王请休息吧，关于三种剑我已经叙述完了。"

于是，从此以后，赵惠文王再也没有出宫观看过斗剑。

庄子在此用到了"与智者言，依于博"和"与过者言，依于锐"两种言辞。赵惠文王不是一个昏君，他能从庄子的话中听出三种剑指的是什么。当他明白话中另有乾坤后，毅然决然地放弃了那些曾经喜好的剑客，重新理政，实在难能可贵。这与庄子博学多识的能力与雄辩的口才是分不开的。

鬼谷子认为，与智者、拙者、辩者、贵者、富者、贫者、贱者、勇者这些不同类型的人交谈，所使用的方式是截然不同的。现实生活中，说话不光要看一个人的贫贱、富贵、智拙，还要根据他的生活环境、性格特征来综合考虑。

春秋时，孔子周游列国，走累了，在路上休息。他的马逃脱了束缚，吃了别人的庄稼，农民把马牵去了。子贡请求去说服那个农民，孔子同意了。子贡是当时著名的雄辩家，可他把什么话都说了，农民就是不理他那一套。有个刚刚跟随孔子学习的郊野之人，请求孔子让自己去。他对那个农民说："您不是在东海种地，我不是在西海种地，我的马怎么可能会不吃你的庄稼呢？"那农民很开心，对他说："说话都像你这么清楚就好了，怎么能像刚才那个人那样！"说完，解开马的缰绳就给了他。

不同生活背景和文化背景的人会有不同的思维定式，对于圈内的人来说，相互理解起来更容易，但对于圈外的人来说，却几乎无法沟通。因此，交谈之前要先了解对方，才能达到有效的沟通。

电话机的发明人贝尔有一次来到他的朋友、大资本家许拜特先生的家里，希望他能够对他的新发明投点资。但他知道许拜特脾气古怪，向来对赞助电气事业不感兴趣。怎么能让他产生兴趣，并热心于对此投资呢？两人见面寒暄一阵之后，贝尔并没有立刻向许拜特解释他的发明，也没有说明预算和预期利润。他坐下来，轻松地弹起了客厅里的钢琴。弹着弹着，他忽然停了下来，对许拜特说："你知道吗，如果我踏下这块脚板，向这钢琴唱一个声音，这钢琴便会跟着我学。譬如我唱一个 DO！这钢琴便会应一声 DO！你看这事有趣吗？"许拜特放下手中的书本，好奇地问："这是怎么回事？"于是，贝尔详细对他解释了一些科学原理。结果，许拜特非常乐意为贝尔提供一部分实验经费，令贝尔如愿以偿。

鬼谷子所说的"与富者言，依于高"，在贝尔对许拜特的游说过程中得到了验证。假设贝尔一上来就大谈他的发明能带来多少利润，可以想象，这很难引起许拜特的兴趣。因为成功的商人都有自己的原则，他们只投资于自己所熟悉的领域，对于自己不了解的领域，一般不会贸然投资。而贝尔巧借科学的魅力征服了许拜特，让他慷慨解囊。

第十谋术　运用谋略取得成功

"权"是"权衡"；"谋"是"计谋"。"谋"与"权"相连，意思是施展谋略计策，其主旨是如何针对不同的人或事去设立和使用计谋，以达到自己的目的。在谋略的运用中，除了掌握技巧方法外，还应懂得公开运用不如暗中实施、遵循常理不如出奇制胜，因为谋的目

诸子百家——纵横家

的在于控制游说对象,而不是受制于人,使人在出乎意料、不知不觉中便达到自己的目的。这才是运用智谋的高明之处。

循序渐进,获得成功

【原文】

故变生事,事生谋,谋生计,计生议,议生说,说生进,进生退,退生制,因以制于事。

【译文】

因此,事情的突变都是由于事物自身的渐变引起的,而事物又生于谋略,谋略生于计划,计划生于议论,议论生于游说,游说生于进取,进取生于退却,退却生于控制,事物由此得以控制。

【鉴赏】

魏景元元年,姜维听说司马昭杀了曹髦,立了曹奂,便借机第七次出兵征伐中原。大军刚在祁山下寨,便听说敌将王瓘率兵来投降。姜维令军兵阻住降兵,只放降将入账来见。

王瓘对姜维说:"我是魏国尚书王经的侄儿王瓘。我叔父一家因曹髦而受牵连被司马昭杀害。今听说将军又出师伐中原,我要借将军之威。为叔父一家报仇雪恨。"姜维一听,高兴地说:"将军来降我十分高兴,昔日夏侯霸将军降我,被我军重用,卿也同样。现在我军中粮草转运是件大事,你可率本部军马三千人,去川口把几千车粮草运到祁山寨中。我用你两千军马做向导,去攻邓艾营寨。"王瓘本来是行诈降计的,知道姜维借魏朝中有变,来伐中原。王瓘便投其所好,诈称自己是王经的侄子,来投降姜维,企图使姜维像信任夏侯霸那样信任他。现在见姜维这样安排,不答应吧,恐怕姜维会产生疑心。答应吧,带来的五千军兵一下子就分出去近一半。为了大计只好痛快地答应了。

王瓘出营后,夏侯霸入账对姜维说:"我听说魏将王瓘来投降,将军怎么能信任他的话呢?我在朝中多年,未听说过王经有这样一个侄子,其中必然有诈。"姜维大笑说:"我已经看出其中有诈了。司马昭的奸诈不亚于曹操。他既然在朝中杀了王经一家,怎么会让他的亲侄子在边关统兵呢?我所以允许他投降。是要将计就计而行,你未见我已把他的兵马分开了吗?"夏侯霸知道姜维有了防备,便放心出营而去。

姜维在王瓘率兵走后,派军兵多在途中布暗哨设伏,切断王瓘与邓艾之间的联系。果然不到十天,巡哨的军兵捉到王瓘派往邓艾大寨的信使。姜维见王瓘在书中约邓艾八月二十日运粮到魏营。请他在坛山谷中接应。姜维把情况盘问仔细后,杀了信使。把书中八月二十日改为八月十五日,另派人扮成魏军把书信送给邓艾,同时做好在坛山谷伏击邓艾的准备。

邓艾得到王瓘的书信后,仔细盘问了信使,见信无伪。便如期率五万精兵向坛山谷

诸子百家——纵横家

中进发。到了谷口，邓艾登山一看，果然见远谷中有千余辆粮车，慢慢而来。邓艾见天色已晚，未敢贸然率兵入谷，便在谷口安营，准备在谷口处接应王瓘。

姜维见邓艾不率兵入谷，便又遣人扮作魏兵向邓艾报告说："现在粮车已经过界。被后面蜀军发现，正在追赶，王将军请邓将军速去接应。"邓艾听后，正犹豫不决，这时却听到谷中鼓声阵阵，杀声隐约传来。他以为这必是王瓘与后面追兵在厮杀，于是率军入谷去接应。

当邓艾深入谷中后，谷口顿时被截断，谷内草车瞬间燃起，伏兵一齐杀出，邓艾听到蜀军内大喊"捉住邓艾的可封万户侯"的悬赏令后，忙弃马丢盔，混在步兵中，爬山而逃，其余数万军马皆降。

这时王瓘在川口还等着准备二十日举事呢，突然闻讯邓艾中计大败的消息，已知诈降行间败露，于是趁夜烧了蜀军粮草，见无路可走，便率兵向汉中方向杀去。

姜维正要继续搜寻邓艾，却听说王瓘见势不妙，往汉中杀去了。姜维怕汉中有失，立即率兵抄小路截阻王瓘。王瓘见四面受敌，无路可逃，便跳江自尽了。

姜维知道了司马昭杀曹髦、立曹奂之事，便决定兵伐中原，这就是"变生事"；王瓘以诈降之计到蜀军，却被姜维识破。姜维便将计就计设下圈套，灭掉了邓艾的大军，取得胜利，这便是"事生谋，谋生计"。

在第一步还没有迈出去的时候，不要幻想最后的结果。否则美梦破灭，甚至连迈出第一步的机会都会永远丧失。所以做事要循序渐进，方能最终取得胜利。

后周显德七年，赵普派人散布谣言，上奏朝廷说北汉和契丹会师南下，派兵进犯。后周宰相范质、王溥等仓促之中不辨真伪，急派赵匡胤率兵从大梁（今河南开封）出发，北上防御。当大军行至开封东北40里的陈桥驿时，赵匡胤便驻足不进。

军中有一个通晓星象的人叫苗训，他指点门官楚昭辅等人观察天象，看见"日下复有一日，黑光摩荡者久之"，似乎两个太阳正在搏斗。（古时候，人们认为太阳是皇帝的象征，另外出现一个太阳，就预示要出现一个新的皇帝）。于是谣言不胫而走。当晚五更，军中将士们聚集在陈桥驿前，议论纷纷。赵匡胤于是派亲信煽动将士们说："现在皇帝年幼，不能亲政，我们冒死为国家抵御外敌，又有谁知道！不如先立将军为天子，然后再北征也不晚。"

这时，一直在幕后策划的赵普、赵光义等出来假言规劝将士们不要这样做。他们名为劝阻，实为激将，这一下果然群情汹汹。赵普等人见时机成熟，就派人连夜赶回通知大梁城内的守将石守信、王审琦等人，让他们在京城领兵策应。

黎明时分，北征的将士们披甲执刃，团团围住赵匡胤的军帐。此时，赵匡胤正悠闲地卧于帐中饮酒，佯作不知。赵普与赵光义进来禀告外面的情况，赵匡胤这才慢慢起身出来。

将士们一见便高呼："诸军无主，愿奉将军为天子！"

赵匡胤未及开口，就有人把象征着皇权的黄袍裹在他身上，高呼万岁。参加兵变的将士们不等他分辨，就簇拥他上马。赵匡胤手揽缰绳对众将士说："我有号令，你们能听

从吗?"众将士纷纷表示愿听号令。赵匡胤接着说:"太后和皇上,我一直对他们称臣,你们不能冒犯;诸位大臣,都是与我在一起的同僚,你们不能侵凌;朝廷中普通的家庭,你们不能强行掠夺。听从我命令的重赏,违反命令的一律处置。"

众将士听到这些话,都下马跪拜。于是,赵匡胤就整肃军队进入大梁。

赵匡胤进城后,命令将士们各归营帐。片刻之后,手下将领簇拥着宰相范质等群臣前来。赵匡胤一见之下就痛哭流涕,对他们说道:"我违抗了上天的旨意,当作叛军首领,都是诸位将士们下命令逼迫我的缘故,我不得不这样做啊!"但还没等范质等开口说话,一个名叫罗彦环的将领随即手按利剑对范质等人厉声怒喝:"我们诸位将士没有首领,今天我们奉赵匡胤为天子。"范质等人面面相觑,无计可施,只好承认赵匡胤为皇帝。于是赵匡胤择日登基,是为宋太祖。

从散布北汉与契丹进犯的谣言,到观天象、唆使将士拥立赵匡胤为帝,而后里应外合。兵不血刃进入都城大梁,赵普等人将整个兵变过程安排得丝丝入扣、细致入微,甚至连加身黄袍和禅代诏书都已事先准备好。赵匡胤对将士们的约法三章,也是赵普等人谋划兵变的既定策略,既有利于稳定局势,巩固统治,也有利于日后北宋的统一事业。可见,谋大事贵在循序渐进,一气呵成,这就是所说的"变生事,事生谋,谋生计"。

为将帅者,急于求成是其大忌。在现代商业社会中,一个企业的发展壮大是不可能一蹴而就的。企业领导人也应持有循序渐进的思想,不断积累经验,持之以恒,就一定能赢来企业的腾飞。

犹太富商蒙德学生时代就读于德海德堡大学,在学习研究中,他发现了一种从废碱中提炼硫黄的方法。后来他移居英国,想找一家公司合作开发。但当时很多公司都认为这一方法没有什么实用价值。蒙德费尽周折,才找到一家愿意投资的公司。有了资金以后,蒙德开办了自己的化工企业,随后买下了一项专利技术,但这项技术当时还很不成熟,没有人愿意去投资,蒙德就自己建立厂房,反复研究解决了技术上的难题,终于投入生产。起初,生产情况并不理想,企业连续几年亏损。但蒙德一直不气馁,终于在 6 年后取得了重大突破,不仅弥补了亏损,还大赚了一笔钱。蒙德的企业后来成了全世界最大的从废碱中提炼硫黄的生产企业。

蒙德的成功,得益于他循序渐进的严谨方式,虽然他的成功之路走得比较艰辛,但只有这样的企业才能经历风雨。

轻易得来的东西,总是很容易失去。只有坚持循序渐进,才能获得真正的成功。

因人因事以谋事

【原文】

夫仁人轻货,不可诱以利,可使出费;勇士轻难,不可惧以患,可使据危;智士达于数、明于理,不可欺以诚。可示以道理,可使立功。

【译文】

那些仁人君子必然轻视财货，所以不能用金钱来诱惑他们，反而可以让他们捐出资财；勇敢的壮士自然会轻视危难，所以不能用祸患来恐吓他们，反而可以让他们镇守危地；一个有智慧的人，通达礼教，明于事理，不可假装诚信去欺骗他们，反而可以给他们讲清事理，让他们建功立业。

【鉴赏】

郑板桥在潍县当县官时，遇到一个大灾之年，为了救济穷苦的老百姓，他不顾个人的身家性命，打开官仓，救济了当地灾民。

事后被皇帝怪罪下来，革了官职，把他放还老家。

郑板桥其实早就厌倦了官场生涯，有归隐之意，当下就雇了一条民船，载着自己的家小和行装，沿着运河向家乡驶去。

有一天，郑板桥见江面上冷冷清清，来往的行船不是停靠在码头，就是搁浅在岸边。后来通过打听才知道，原来是因为有一条官船要在此经过，于是通知所有的民船都要回避。

郑板桥一向孤傲，哪里管这一套，仍是吩咐船工照常行驶，不必理睬。前行了一段路程之后，果然看见迎面来了一艘官船，排场甚是浩大。桅杆上挂着"奉旨上任"的旗子，随风摆动。

郑板桥心想。好汉不吃眼前亏，这条官船大，载量大，一旦让它撞上可就太不值了。但是，又不能畏缩地躲避它。正在紧张地思索如何应付时，他忽然想到了一个办法。让家人赶紧找出一块绸绢，他亲笔写下"奉旨革职"四个字。也让船工高挂到桅杆顶上。

官船的人一见迎面开来的船，不仅不回避，还占据江心主道，照常行驶，顿生疑虑，抬头一看。只见那只船上也挂着一面高高飘扬的旗幡，还以为也是奉旨上任的官船，正好借此机会攀附一番。于是放慢速度，待两船靠近时，官船上出来个大官人，一见是只不起眼的民船。桅杆上挂的是"奉旨革职"的旗帜，便大呼小叫起来。

郑板桥道："你有什么可神气的！你奉旨上任，我奉旨革职，都是'奉旨'，我为什么要给你让路呢？"

这官人气得无话可说，钻回船舱里，几经了解才知对方就是当今名士书画大家郑板桥。于是他立即改变态度，派手下的人携带一点礼物，登船道歉。其实道歉是假，取郑板桥的字画是真。

郑板桥听说此人刚用钱买了个县令，正要上任，而且这个人名叫姚有财，除了吃喝嫖赌，没有别的本事，于是便想借机羞辱他一番，所以佯装答应，手书一诗相赠。派来的人自是十分高兴，乐得不得了，拿到郑板桥的手迹便回到船上交给县官。那县官小心翼翼地展开欣赏，就像什么奇珍异宝似的，但见上面写道："有钱难买竹一根，财多不得绿花盆，缺枝少叶没多笋，德少休要充斯文。"等到县官把每句诗的首字连起来一读——"有财

諸子百家 —— 纵横家

2269

缺德"，不禁气得昏了过去。

"仁人轻货，不可诱以利"，意思是说仁德君子视钱财利益如粪土，这样的人用金钱和好处是无法引诱的，更何况是两袖清风的郑板桥，连当朝权贵尚且不放在眼里，如何又会在乎眼前这个小县令呢？想以小的恩惠收买郑板桥，实在是选错了对象，不但事无所成，还遭到了羞辱！

对于不同的人要用不同方式去接近他、感化他，不能千篇一律。

春秋时期，齐国国君齐景公即位后非常敬重相国晏婴（晏子）。有一天，他问晏子："治理国家最担心的是什么？"晏子回答说："治理国家最担心的是社鼠。"

齐景公觉得很奇怪，愣愣地皱着眉头盯着晏子，好半天才说："这是什么意思呢？"

晏子说："大王，您见过土地庙吗？土地庙就是由许多木头排在一起，而后外面涂上泥土做成的。社鼠最喜欢到那里去做窝了，这样便很不容易捕杀它们。如果我们用火去熏，会担心烧坏了里边的木头；如果用水去灌，又害怕冲坏了泥墙。只好让其逍遥自在地在里边生活了。所以，土地庙里的老鼠是最可怕的。君主左右也常常有类似社鼠的一些人，他们在君主面前夸耀自己，把自己说得天花乱坠，无与伦比，同时又攻击别人，经常说他人的坏话。在百姓那里，他们作威作福，自命不凡，把坏事做尽。如果不除掉他们，他们就会越来越胆大妄为，乃至祸国殃民。惩罚他们吧，又怕有碍于君主的面子。国君，您看这些人不就与土地庙里的老鼠一样吗？"

晏子说完，见齐景公还是似懂非懂的样子，又继续说："曾经有这么一个故事：有一个卖酒的，他酿的酒味道非常醇美，价钱也很公道。而且，酒店前面是一条小河，后面靠着青山，店旁还有绿水环绕，环境十分幽静。店门口挂着长长的酒幌子，酒幌子迎风飘扬，以招揽顾客。酒店的酒十分好，但生意却非常差，没有一个人来这里品尝美酒，店主人非常着急，却又不知道是怎么回事，就跑去问村里的人。有一个老者告诉他：'你门前养的那条狗太凶了，有人拿着酒壶去打酒，你的狗就迎头乱咬，谁还敢再去你的酒店呀？这就是你的酒卖不出去的原因啊！'老板听了，回去后把狗牵走，结果上门买酒的人络绎不绝。一个国家也有这样的恶狗，就是那些不学无术却又野心勃勃，一心想占据高位的人。有道德、有才能的人想要晋见国君，提出好的治国方略，他们恐怕这些人被重用后自己被排斥，就像疯狗似的对这些人迎头乱咬。您想那些占据高位的坏人不就像凶狗一样吗？君主左右藏着那么多土地庙的'老鼠'，又有那些'凶狗'占据着高位堵在门口，有德有才的人怎么能够得到重用呢？国家怎么能兴旺呢？国君得不到贤能之人的辅佐，怎么能不让天下百姓担心呢？"

齐景公听了晏子的谏言，觉得心悦诚服，从此便更加敬重晏子了。

"明于理，不可欺以诚。可示以道理，可使立功"的意思是说对通达事理之人，不能用言行相欺骗，而应该向他们说明道理，以使其建功立业。历史上有很多谏臣，晏子在其中堪称魁首。他的进谏没有一丝不敬，以老鼠和凶狗来比喻那些朝中的庸人和奸臣，把道理讲得极为透彻明白。齐景公既听了故事，又得到了良好的建议，自然心悦诚服，而在政绩上有所作为。

森达集团只不过是位于江苏一个并不富裕地区的小企业,但为什么不过十几年的时间就创造了一个庞大的"森达帝国",击败了许多原来名声显赫的国有企业,成为中国皮鞋第一品牌,就是因为两个字:人才!"森达"能够用年薪 300 万元聘用一名人才。全国著名的乡镇企业家、森达总裁朱湘桂偶然得知台湾著名的女鞋设计师蔡科钟先生莅临上海,并有在大陆谋求发展的意向。他听到这个信息后十分高兴,决定效仿当年刘备三顾茅庐,于是他第二天即赶往上海。

经过促膝长谈和多方了解,他确信蔡先生是不可多得的人才,打算聘用他。但蔡科钟先生要求年薪不少于 300 万元。朱湘桂尽管有足够的思想准备,但还是吃了一惊,聘用一个人,年薪 300 万元可不是个小数目。但最终他还是下了决心,他认为值!

这一消息传回森达集团总部,顿时掀起轩然大波,上上下下一片反对声。有的说,他是有能力,但年薪太高,我们的员工等于替他挣钱,不合算;有的说,蔡先生是台湾人,以前只是听说很厉害,但到底怎么样,适不适合大陆情况,也不好说,等他的本事显出来再谈年薪也不迟;还有的说,东河取鱼西河放,实在不必要。但朱湘桂认为,要想留住一名人才,必须给他提供有竞争力的薪酬。他向员工解释说,聘请蔡先生这样的国际设计大师,能够不断推出领导消费潮流的新品种,占领更大的国内外市场,使森达品牌在国内、国际"叫"得更响。

蔡先生上任后,以其深厚的技术功底、创新的思维和对世界鞋业流行趋势的敏锐感觉。把意大利、港台和中国内地女鞋融为一体,当年就开发出 120 多个品种的女单鞋、女凉鞋和高档女鞋等新品种。这些式样各异的产品一投放市场,立刻成为顾客争相购买的"热货"。一年中,蔡先生设计的女单鞋为森达赚回 5000 万元的利润。一些开始议论蔡先生年薪要价太高的人,在事实面前,连连点头。

员工之间的差异在任何组织或企业内都是存在的,且是任何管理者不可忽视的一项管理认知。如果管理者面对这些客观存在的差异视而不见,而一再强调对员工一视同仁,则有可能在企业内部造成管理层与员工之间的鸿沟,使企业的人力资源白白浪费,丧失企业应有的竞争优势。身为管理者只有真正了解这些差异,分析差异,进而加以取舍和运用,采取对症下药方式予以激励,则往往能事半功倍。

因人制宜方能成功

【原文】

故愚者易蔽也,不肖者易惧也,贪者易诱也,是因事而裁之。

【译文】

因此说,愚者容易被蒙蔽,一个不肖之徒容易被恐吓,贪图便宜的人容易被引诱,所有这些都要根据具体情况做出判断。

诸子百家——纵横家

张仪是鬼谷子的得意门生,他在家闲居了两个月后,决定外出谋事。但到哪里去施展自己的才华呢?他细想了半天,觉得魏国比较方便,因为父亲曾在魏国任职,现虽去世多时,但总归有些世交可以托庇。但他又听说,魏惠王不怎么重视人才,许多魏国能人都离开魏国而在别的国家成就了大事。想到这里,张仪又想起了魏惠王与齐威王"论宝"之事。魏王问齐威王:"上方大国必有重宝。"威王说:"没有。"魏王得意地说:"我们魏国虽小,却有十枚直径一寸多的大珍珠。这种珍珠能把前后24辆车映照得清清楚楚。你们齐国是万乘大国,怎么会没有宝贝呢?"齐威王笑了笑说:"对于什么是宝贝,我与你有不同的看法。我有一位大臣叫檀子,我只要派他守南城,楚国人便不敢在边界挑衅惹事;我还有一位大臣叫盼子,我派他守高唐,赵国人连到黄河里捕鱼都不敢;我有一位官吏叫黔夫,我派他守徐州,燕、赵两国竟有七千多家甘愿随他迁到徐州;我的大臣种首,负责国内治安,结果夜不闭户,路不拾遗。这些人就是我国的宝贝,能光照千里,岂止24辆车啊!"魏惠王听了,十分惭愧。这消息传开,士人见魏王重财不重人,都各自打算,准备去他国发展。张仪想:"如此形势,自己怎能留在魏国呢?"经过反复思量,张仪决定离开魏国,去投奔日益强大的西部大国——秦国。

于是张仪风餐露宿,紧走少歇,途经周王朝的都城洛邑。他原想在洛邑稍事停留,拜访几个鬼谷先生的故交亲朋,再继续他的行程。不知怎的,张仪来洛邑的消息被昭文君的一个门客知道了,于是忙对昭文君通报说:"魏国人张仪,当年是鬼谷先生的门生,今已来到洛邑。要西游秦国。此人有治国安邦之才,愿君能以礼相待。"昭文君赶忙派人去请,热情接见了张仪,很诚恳地对他说:"听说先生要到秦国去,我东周小国,不足以留住先生,可是秦国有赏识您才华的人吗?如果在秦国不如意,就请先生回来帮我恢复天下吧。我国家虽小,但情愿与先生共享。"张仪深为昭文君的诚意所感动,忙拜谢道:"知遇之恩,当永世不忘。"但他未改初衷,还是离开了东周。临走时,昭文君又送了他一辆马车及许多财帛、衣物,这使张仪很感激。

张仪在东周受到昭文君礼遇之事,使他人还未到秦国,风声早已传到。当时秦国的外相是陈轸,也曾跟随鬼谷先生学习智谋权术,说起来是张仪的师兄,只是二人从未见过面。那时的游说之士只为个人求取名利,出人头地,并不看重师兄弟关系。陈轸的门客田莘为保住陈轸,预先对秦惠文君说:"今秦国业已强大,能与秦国抗衡的是楚国。楚国深知秦国有善于用兵的公孙衍和善于用智的陈轸,因此故意向其他国家抬高张仪。张仪此来,必说二人坏话,请君上不要听他胡说八道。"秦惠文君听后点了点头。

却说张仪来到咸阳,见这里市井繁华,人丁兴旺,宫殿盖得比周王宫还气派,越发觉得自己到这里寻发展是正确的。他先向人们打听一个人,这人名叫寒泉子,是鬼谷先生的好友,现在是秦国的重要谋臣。

见到寒泉子,张仪先行弟子之礼,后送上老家特产。寒泉子老先生谢后,同张仪谈起与鬼谷先生的友情。张仪的谈吐,深得寒泉子老先生好感。寒泉子问明张仪的来意,对他说:"你的师兄陈轸,现在是秦国的外相,他可不见得欢迎你来呀。他也很有才华,君上很信任他。但你们两个的思路不合,君上只能用一个,你看怎么办呢?"张仪道:"还请老先生指教。"寒泉子略想一想,便把陈轸亲楚的事告诉了张仪,于是张仪心领神会。自此,张仪暂且在寒府住了下来。

这一天,寒泉子归来,告诉张仪:"君上近日兴致很高,接连几日外出打猎。此时晋见再好不过。"

第二天一早,张仪沐浴更衣,求见秦惠文君。秦惠文君漫不经心地问道:"先生千里迢迢来到敝国,有何见教啊?"张仪拜复道:"微臣张仪只慕君上圣名而来,愿为君上效犬马之劳。我来咸阳已有数日,今日求见,只禀报君上一件机密事。此事路人皆知,只瞒得君上一个。为君上计,微臣不敢不报。"惠文君一听,问道:"何等机密事,但说无妨。"张仪顾左右而不语,惠文君会意,令左右退下。张仪近前一步道:"臣闻陈轸是楚国间谍。"惠文君想起田莘语,非常生气,不等张仪再言,就把他逐出宫去。

张仪不肯善罢甘休,隔了几日又对惠文君说:"臣明察暗访,得知陈轸早有离秦事楚之意,早在前年陈轸出使楚国时,即已动心。此后,他暗中奔走于秦楚之间。做着双重间谍的勾当。难道君上没发现楚国对秦国很不友好,而对陈轸却非常友善吗?陈轸这个人非常聪明,但也非常自私,只为个人,不为国家。若君上不信,可亲自问他本人。"惠文君将信将疑,待张仪一走,即召陈轸入宫,问陈轸:"寡人听说你有意去楚做事,可有此事?"陈轸矢口否认。秦惠文君说:"寡人素知楚王对你友善。秦国地小,你还是到楚国去施展才华吧。"陈轸见惠文君对自己生了疑心,再待下去也没什么好结果,也就没再争辩。起身离秦去楚,成为"朝秦暮楚"第一人。

张仪逼走陈轸的同时,也赢得了秦惠文君的信任。从此以后,他便在秦国施展出了自己的才华,为秦统一六国立下了汗马功劳。

张仪被秦惠文君任用后,便开始他的"连横"策略,他"连横"的首选对象便是魏国,于是他只身前往魏国去游说。当见到魏襄王时,他先是轻松地聊了一段家常:"启禀大王,先王在世时,微臣曾竭力促成秦魏联合,先王不愧是圣明的君主,对我本人也是恩重如山,仪,从不敢忘怀。"

只这几句,张仪就已让襄王觉得张仪是个知恩重义的君子了。张仪继续说道:"正因先王听从微臣所言,魏国不曾受强秦攻伐,其他诸国也不敢随意袭扰魏国。若坚持与秦合作,哪会有今日之祸!如今,魏国面积不过方圆千里,士卒也只有30来万,粮草刚刚够用,这些条件与韩国相差无几。可是魏国的地理位置却不如韩国有山河凭据。魏国无险可守,说起来就像一个大战场,四面受敌,极易被各国四分五裂。诸侯相约为纵,不都是指望能安社稷、尊君主、富国强兵而名扬天下吗?可是所谓合纵,是想让天下皆为兄弟,于是杀白马在洹水之滨歃血为盟。这看上去像亲兄弟一般团结了,而事实上呢,就是同父同母的亲兄弟,还为钱财而互相争夺甚至互相残杀呢,何况这么多利害不同的国家杂聚在一起!所以,微臣向来不主张搞什么多国合纵。合纵都是暂时的,长不了,也靠不住,这是显而易见、不言自明的道理。事实不也证明了这一点吗?公孙衍放弃与秦联合,而与其他国家约纵,魏国不是照样遭攻伐、受侵扰吗?若大王不事秦国,秦兵就会越过黄河。拔取衍、燕,攻占晋阳。这样的话,就把赵国与魏国分割开了。赵不能南下,魏不能北上;赵不南,魏不北,合纵也就断了;合纵既已名存实亡,那么大王之国想求无危无患则是不可能的了!如今韩国已事秦,假如秦人扶持韩国而进攻魏国。韩国有太子在秦国做人质,不敢不听。秦、韩合二为一,魏国的灭亡只在眨眼之间!这正是微臣为大王所忧虑的事啊!因而,为大王着想,不如顺事秦国,有秦国做后盾,楚国和韩国必不敢轻举妄动。与秦和好,又无楚、韩之患,大王您就可以高枕无忧、睡个安稳觉了,您的国家也没什么后患了!"

说到这里,张仪举杯呷了口茶,润了润口唇,清了清嗓子,偷眼看了看魏王。见魏王不知是太专注了,还是被唬住了,有些发呆。他一转话锋继续说道:"其实,秦国一门心思只想削弱楚国,楚国强大起来,对秦国不利,对魏国威胁更大,而能助秦弱楚者,莫如魏国。若大王愿与秦'连横',秦乃泱泱大国,将归还所占魏国土地。关于这一点,我已得秦王授权,敢拿性命担保。损楚而益魏,攻楚而从秦,既可嫁祸于别人,又可安邦保国,岂不是两全其美的善事!若大王不听臣言,秦兵将跨过黄河,向东进犯,魏国又如何阻挡得了?到那时,秦王已恼,魏国就是再想与秦和好,恐怕也不可能了!大王周围那些主张合纵的人,都脱离了现实。多说些意气用事的奋激之辞,实不可信,更不可用。愿大王深思。"

听张仪说完,襄王心动。但为慎重起见,并未马上答复张仪,只约期相告。张仪没得到魏王明确表态,就先回秦国禀报去了。

待张仪走后,襄王召集群臣入宫议事。面对当前秦兵长驱直入的形势,群臣也大都苦无良策:打又打不过,事秦又不甘心。于是陷入两难境地。

魏相公孙衍打破沉闷,仍然坚持己见,老调重弹:"启禀大王,张仪之言不可信,我们上他的当、吃他的亏还少吗?他名义上说秦不想攻魏,只想弱楚。可秦国向来就有吞并天下的野心。常言道:'贪心不足蛇吞象。'况秦国本就是猛虎恶狼,贪天下之心永无止境。若一味忍让,委曲求全,只会助长秦人势力。秦取楚国后,必吞魏国,正好似'累石之下,安有完卵'?秦国虽强,也并非神兵天将。依臣之计,不如一面派使臣前往齐国,陈明利害,以求外援;一面举国动员,倾力抗秦,只有抗秦,才有出路。愿大王慎思之。"

襄王再看看其他大臣,皆愁眉紧锁,大眼瞪小眼,不置可否,只好先依公孙衍之计下令备战,实在不行再贿赂秦国以求和。

却说张仪回来以后,只等魏国派人传来佳讯。不想到了约定日期。仍不见魏人来报,料到是公孙衍等人从中捣鬼,便请秦王下令出兵伐魏,迫其就范。两军交战,魏军大败,被斩首数万。秦自此按兵不动,只等魏国主动前来求和。

张仪所言纵约之不可靠,的确不无道理。旧年刚过,新年伊始,齐国就只顾扩张,不顾约誓,出兵伐魏,在观津这个地方大败魏军。这一闹,对魏国来说,就如落井下石,雪上加霜;对魏襄王来说,犹如当头一盆冷水,从头凉到脚,更加坚定了事秦的决心。公孙衍等人再说,也苍白无力,于事无补了。

看到这般情况，张仪再次入魏，大模大样地去见魏王。魏王这次见张仪，惭愧至极，诚惶诚恐，就像落水人捞到一根稻草，不等张仪开言，就惭愧地说："寡人实在是愚蠢之极，悔不该当初不听先生之言，轻信了公孙衍等人之计，这是寡人是非不辨，用人不当啊！是寡人的过失！请先生代告秦王，魏国愿西向事秦。自称东藩。"

张仪窃喜，却依然若无其事地说："微臣都是为大王着想，为魏国着想呵！毕竟秦强魏弱，不如此，也实在没有别的办法呵！"

魏王表示十分感谢，张仪就告辞回到了秦国。公元前313年秦惠王与魏襄王相会于临晋，襄王依秦王言，立亲秦派公子政为太子，两国"连横"成功。

"不肖者易惧也，贪者易诱也"主要说的是针对不同的人，使用恐吓与引诱的方法进行说服。而张仪在"连横"游说魏襄王时就把这两种方法灵活地结合到了一起。先把魏国与秦国的实力作了一下对比，如果与秦为敌，无异于以卵击石，自取灭亡，其恐吓之意溢于言表。接着又以利诱之，说到连横只为弱楚，而弱楚便可使魏得利，得到秦国的庇护，否则，就可能会有亡国之患。最后，又以兵伐魏国使其就范，再次恐吓威慑，加上齐国攻魏之机。魏国终于答应了"连横"之事。

在不同的环境见到不同的人应该用不同的语气讲不同的话。不过要以平常心对待，否则会得不偿失。"见什么样的人说什么样的话"，凡事要因人制宜，做人处世要会"方"，也要会"圆"，要有心眼，要学会变通。

把握时机，出奇制胜

【原文】

符而应之，拥而塞之，乱而惑之，是谓计谋。计谋之用，公不如私，私不如结，结而无隙者也。

【译文】

符验之后加以响应；拥堵之后加以阻塞；搅乱之后加以迷惑。这就叫作"计谋"。至于计谋的运用，公开不如保密，保密不如结党，结成的党内是没有裂痕的。

【鉴赏】

战国时期，楚国有王后名为郑袖，美丽聪明而又狠毒，怀王对他十分宠爱。可是，某年魏国为讨好楚国.又给怀王送来一位更加年轻、漂亮的女子，夺去了郑袖之宠。郑袖恨得牙根发痒，决定用计除去此女人，夺回宠爱。

郑袖不像一般女人那样，用找丈夫大吵大闹的做法来解决问题，而是反其道而行之。自从那个新来的女子来了之后，怀王对郑袖有点冷落，于是怀王担心郑袖心怀怨言，对新人发难，让他为难。但郑袖好似一点儿也不放在心上，安排新人在最好的宫室中住，给新人做与自己同样的衣服，分给新人最好的首饰。怀王见状，对郑袖更加信任，觉得她是一

诸子百家——纵横家

位大度、善良的女人。新人也很是感激,于是对郑袖的戒心也放下来。认为她是大好人,她在怀王身边多年,深得怀王喜爱,应多向她学习。郑袖见把二人迷惑住后,便施展第二步"迷乱"之计。

一天,她告诉新人:"大王对你太好了,直夸你漂亮,不过——""不过什么?"新人急切地问。"算了吧!一点小毛病。"郑袖假作欲言又止。"不!请告诉我。"新人为了"碧玉无瑕",缠着郑袖哀求。郑袖看四周无别人,便压低声音说:"大王只是嫌你的鼻子稍微尖了些……""那怎么办呢?"新人忧虑地说。郑袖笑了笑,装作轻松地说:"这个容易。你再见大王,就把鼻子掩起来。这样,既掩饰了不足,又表现得含蓄,多好啊!不过——"郑袖顿了顿,又看了看四周,说:"您千万别说是我说的,别告诉大王是我出的主意。大王这人最讨厌别人传话了。"新人感激地点点头说:"你放心吧!"

从此以后,新人见了怀王,便以袖掩鼻。怀王大惑不解,追问原因,新人笑而不答。怀正更加疑惑,某日,见了郑袖,便问原因。郑袖假装迟疑了一下,说:"大王,您别生气,这个……""快讲!"怀王性情暴躁,急催道。郑袖又装着迟疑了一番。才说:"她说您身上有一股让她厌恶的气味,鼻子嗅到便难受!""岂有此理!"怀王气得一拍桌子,"我身上有味让她的鼻子难受,那好,把鼻子割去,就不难受了!来人——"怀王拖长声音高喊:"去把那贱人的鼻子割下来!"新人容貌被毁,自然失宠,郑袖的目的也就达到了。

"符而应之,拥而塞之,乱而惑之"是弱者对付强者、制服强者的"三步制君术"。在这里,郑袖第一步用毫不忌妒的假象迷惑了怀王和新人,为第二步施计打下基础。第二步她用假出主意的方法迷惑住新人,使其按自己授意行事;接着,第三步,她又用假解释迷惑并激怒怀王,终于达到自己的目的。

"三步制君术"在战场上同样适用。

公元756年,安禄山反唐,肆虐华北。颜真卿举兵抗击,把义军队伍集中起来,正准备训练时,清河人李萼代表本郡前来借兵。

他对颜真卿说:"您首先倡导大义,号召大家来反抗叛军,河北地区的郡县都把您当作长城依靠。清河是您的西邻,国家平常把江、淮以及河南的金钱布帛都集中在那里供给北方的军队,被人们称为'天下北仓库'。现在那里有布300余万匹,帛80余万匹,钱30余万缗,粮30余万斛。过去征讨突厥默啜可汗时,把兵器盔甲都贮藏在清河郡的武库中,现在还有50余万件。清河郡有户数7万,人口10余万。我估计它的财物可以顶三个平原郡,兵马足可以顶两个平原郡。您如果能够借兵给清河郡,以平原、清河二郡为腹心,那么周围的州郡就会如四肢一样,无不听您的指挥。"

安禄山

諸子百家
——
纵横家

颜真卿说:"平原郡的兵是新近才集结的,没有经过训练,自保还恐怕兵力不够,哪里还顾得上邻郡呢! 如果我答应了您的请求,那又将怎么样呢?"李萼说:"清河郡派我来向您借兵,并不是兵力不足,而是想看一看您这位大贤士是否深明大义。现在看您还没有下定决心,我怎么敢随便说出下一步的计划呢?"颜真卿听后很惊奇,就想把兵借给他。但其他人都认为李萼年轻轻敌,借兵会分散兵力,将会一事无成。颜真卿不得已只好拒绝。

李萼住到馆舍后,又给颜真卿写信,认为:"清河郡脱离叛军,归顺朝廷,奉献粮食、布帛和武器来资助官军,您不但拒绝接受,而且还心存怀疑。清河郡不能孤立,必定要有所依靠,我回去复命说您不肯借兵后,清河郡如果投向叛军,就会成为您西面的强敌,您不后悔吗?"颜真卿大为震惊,立刻到馆舍去见李萼,答应借给他 6000 兵卒,一直把他送到边境,握手而别。颜真卿又问:"所借给的兵已经出发。你可以告诉我你下一步的计划吗?"李萼说:"听说朝廷派程千里率精兵 10 万出嶂口讨伐叛军,敌人占据险要抵抗,使之不能前进。现在应当先率兵攻打魏郡,抓住安禄山所任命的太守袁知泰,恢复原太守司马垂的职位。让他做西南的主将,分兵打开嶂口,让程千里的军队出来,共同讨伐汲郡、邺郡以北。一直到幽陵我方未攻下的郡县。平原与清河二郡率其他的同盟郡兵,合兵 10 万,向南进逼孟津,然后分兵沿着黄河占领战略要地,控制叛军北逃退路。估计官军向东讨伐的军队不少于 20 万,河南地区忠于朝廷的义兵不少于 10 万。您只要上表朝廷请求东征的军队坚守不出战,用不了一个月,叛军必然会发生内乱而互相攻击。"

颜真卿听后点头称是,于是他把这些军队交与平原县令范冬馥,会同清河兵 4000 及博平兵 1000,驻军在堂邑县西南。袁知泰派部将白嗣恭等率兵 2 万余人来迎战,三郡兵与魏郡兵苦战一天,魏郡兵被打得大败,被杀 1 万多人,被俘 1000 多人,缴获战马 1000 匹,缴获的军用物资也非常多。袁知泰逃往汲郡,于是官军攻克魏郡,军威大振。

"私不如结,结,比而无隙者也",意为同心相结,之后便可亲密无间,从而做到无懈可击。李萼在此便是运用"私不如结"的方法。由于身处劣势,独木难支,他便在分析双方情势的情况下,以软硬兼施的方法说服颜真卿与之联合作战,才保全自己的势力,并壮大起来,其眼光高远又切合实际,从而把计谋运用得恰到好处。

在商战中,运用"三步制君术"制人的例子也很多。

1973 年,苏联人放话说,打算挑选美国的一家飞机制造公司为苏联建造一个世界上最大的喷气式客机制造厂,该厂建成后,将年产 100 架巨型客机。如果美国公司的条件不合适,苏联就将同德国的公司合作这笔价值 3 亿美元的生意。

美国三大飞机制造商——波音飞机公司、洛克希德飞机公司和麦克唐纳·道格拉斯飞机公司闻讯后,都想抢这笔大生意。

三家公司背着美国政府,分别同苏联方面进行私下接触。

苏联方面在他们之间周旋,让他们互相竞争,以更多地满足自己的条件。

波音飞机公司为了抢到生意,首先同意苏联方面的要求:让 20 名苏联专家到飞机制造厂参观、考察。

諸子百家——纵横家

苏联专家在波音公司被敬为上宾。他们不仅仔细参观飞机装配线,而且钻到了机密的实验室里"认真考察"。他们先后拍了成千上万张照片,得到了大量资料。最后还带走了波音公司制造巨型客机的详细计划。

波音公司热情送走苏联专家后,满心欢喜地等他们回来谈生意、签合约。

岂料这些人有如肉包子打狗,一去不回了。

不久,美国人发现了苏联利用波音公司提供的技术资料设计制造了伊尔新式巨型喷气运输机。使美国人不解的是,波音公司在向苏联方面提供资料时特意留了一手。没有泄露有关制造飞机的合金材料的秘密,而苏联制造这种宽机身的合金是怎么生产出来的呢?

波音公司的技术人员一再回忆,苦思冥想,才觉得苏联专家考察时穿的鞋似乎有些异样,秘密果然在这种鞋里。

原来,苏联专家穿的是一种特殊的皮鞋,其鞋底能吸住从飞机部件上切削下来的金属屑,他们把金属带回去一分析,就得到了制造合金的秘密。

这一招,使得故作精明的波音公司叫苦连天,有口难言。

在商业谈判中,常见卖主先标低价或买主先标高价,让对方觉得有利可图而同意交易,以此排除竞争对手,取得垄断交易的实际地位。而到最后成交的关键时刻,突然寻找机会制造种种借口,大幅度提价或降价,逼迫对方在措手不及、求助无门、无可奈何的情况下忍痛成交。

日本一些商人常以此计向第三世界国家推销商品。他们先以低廉的价格诱使对方与之达成交易,可是交货以后,对方常感到还缺少点什么零件,只好又向他们购买。这时,他们便顺势漫天要价,买方欲退无"梯",只得答应。

有家公司拍卖旧设备,底价20万美元。在竞争的几位买方之中,一位愿出30万美元的高价,并当场付1%的订金,卖主没想到好事这么容易就成了,就同意不再与其他买主商谈。几天后买方来人,说当时出价太高,由于合资方不同意,难以成交,如果降到10万美元,可以再做商量。由于卖方辞掉了别的买主,只好继续与之谈判,经过一番讨价还价,最后以12万美元的低价成交了。

制人智谋有多种多样,要想制人而不受制于人,就要善于思考,善抓时机,善借对方漏洞,从而制定出良谋佳策去"制人"。

正不如奇,轻松取胜

【原文】

正不如奇,奇流而不止者也。

【译文】

正规策略不如奇策,奇策实行起来可以无往不胜。

诸子百家 —— 纵横家

【鉴赏】

唐宪宗时期,令狐楚被任命为兖州太守。在他上任的时候,兖州正遭受一场严重的旱灾,粮食颗粒无收,民不聊生。兖州到处都是一片凄凉破败的景象:干枯的禾苗,乞讨的百姓,整个兖州没有一丝生机。令狐楚看着,心情十分沉重。

到了兖州城,他看到街市上的粮店却照样挂着招牌,价格奇高。穷人们哪能买得起呢!令狐楚不禁恼怒,心想原来是这帮粮商趁机发不义之财,涨高物价啊!难怪当地百姓背井离乡,乞讨逃荒。于是他决心降低粮价,让百姓吃上廉价的粮食,同时严厉惩处奸商。

令狐楚还没有走到州府,那些官吏就前来迎接,争先恐后地和他打招呼、套近乎,于是令狐楚便趁机同他们寒暄起来。他把话题引到旱灾上,不慌不忙地问:"现在兖州城内有多少粮库?大约存了多少粮食?"

一旁的官吏大献殷勤,为了表明自己对州内事务的熟悉,他们毕恭毕敬地回答:"粮仓一共有 20 个,平均一个存粮 5 万担,应该没有后顾之忧。"

"那粮价多少?"令狐楚接着问。

这次大家都绝口不提,陷入了沉默之中。这时令狐楚已经明白了几分,料定其中肯定有鬼,一定是他们和奸商勾结起来,从中作梗,谋取暴利。

令狐楚仍然不紧不慢地说:"现在旱灾把百姓害苦了,这些粮食本来就是取之于民,也应该用之于民。明天就把粮仓打开以最低价出卖,救济百姓,你们觉得这个主意怎么样?"

众官吏见新太守主意已定,都附和着点头。说:"大人仁慈,这样不仅可以救灾,还能树立朝廷爱民的形象,好主意!好主意啊!"

令狐楚立即命令随从张贴告示,安抚民心。这个消息一传出,百姓都欢呼雀跃,奔走相告,而那帮趁火打劫的奸商却开始愁肠百结了。如果州里的粮食价格低廉,自己囤积的粮食就会无人问津,时间一长,就会受潮霉烂,岂不是要赔钱?他们索性清仓处理自己的粮食,而且价格比州里定的价格还低。百姓看到粮价一个比一个低,都拍手称快。令狐楚只几句话,一个告示,就轻而易举地安定了民心,稳定了形势,其"手段"可谓高矣!

"正不如奇"。用"奇"贵在出人意料,使人防不胜防,其优点是经常以微小的投入换来巨大的收获。令狐楚在此以小"手段"惩罚了贪官奸商,拯救了一方百姓。

在商场中,"正不如奇"也是必不可少的技巧。

1955 年,索尼公司研制出一种小而实用的半导体收音机。为了开辟美国市场,盛田昭夫副总经理带着样机来到纽约。

经过了几轮的洽谈,终于有一家公司愿意销售这种收音机,他们开口就要 100000 台。盛田昭夫惊呆了,100000 台!这个数字远远超出了公司的生产能力。如果接受订单,那么公司就得扩建工厂,添置设备,招收工人,要投入大笔资金,等生产出这 100000 台收音机之后,如果没有后续订货的话,公司就会落入破产的境地。

盛田昭夫没有为这 100000 台订货兴奋不已,而是冷静地考虑到公司未来的发展,努力寻求制胜之方。

　　盛田昭夫仔细思索后,分别开出了 5000 台、10000 台、30000 台、50000 台和 100000 台收音机的报价单,然后以 5000 台的单价为基准,画了一个 U 字形曲线。当订货达 10000 台时,其单价最低,到 50000 台时,其单价反而超过 5000 台的价格,如果订货达 100000 台时,单价更高。虽然这个报价方式是罕见的,但盛田昭夫自有道理。他认为如果接受大量订货,就必须在订货有效期内创造足够多的利润,用于扩大再生产。另外,如果 100000 台的单价报低的话,对方会先按 100000 台的单价签合同,而只订 10000 台的货,以后也许就不再订货了。

　　第二天,盛田昭夫拿着这份罕见的报价单去见该公司的采购部部长。对方惊异地看着报价单说:"我干了 30 年的采购工作,你这种报价还是头一次见到。怎么订货越多,单价反而越高了呢?"

　　盛田昭夫耐心地解释了报价的道理,这位采购部长终于同意了他的解释,签订了 30000 台收音机的销售合同,当然是按 30000 台时的单价。这个数字无论对该公司还是索尼公司,都是最合适的。就这样,索尼公司以这种报价方式开始打入美国市场。

　　以变应变,立足现实,以异乎寻常的销售方针,出奇制胜,既可力免己方风险,又兼顾了对方利益。巧施奇正之术,敢于标新立异,反其道而行之,往往成为权谋家、商家获取成功的好方法。

阴道而阳取之

【原文】

人之有好也,学而顺之;人之有恶也,避而讳之。故阴道而阳取之。

【译文】

如果对方有某种嗜好,就要仿效以迎合他的兴趣;如果对方厌恶什么,就要加以避讳,以免引起反感。所以,要进行隐秘的谋划和公开的夺取。

【鉴赏】

　　明武帝正德年间,宁王朱宸濠谋反,很快就被王守仁擒获。可武宗本有意亲自征伐,以显示其武功,使其名垂青史,所以他对王守仁的所做很不满意;再加上武宗宠臣江彬、张忠等人对王守仁心怀成见,不时向武宗进几句谗言,故王守仁十分担忧。

　　事过不久,武宗有两名心腹太监到王守仁驻地浙江公干,王守仁亲自出面招待两人。并在有名的镇海楼(今杭州城内吴山东麓)设宴款待两位太监。酒至半酣,王守仁让手下人撤去上下楼的木楼梯,屏退左右,然后取出两箱子书信给两位太监看。太监们一翻,原来是缴获的宫中太监、包括他们两人与朱宸濠的来往信件。其中不乏通风报信的词句。

諸子百家

——

纵横家

两人见后大惊,心想:王守仁把这些呈给皇上,我们还有命吗? 于是脸色蜡黄,瞅着王守仁。王守仁却哈哈大笑,把两箱子书信全送给了两位太监。两位太监当然感激不尽,自此回宫后,明里暗里给王守仁说好话。

后来,王守仁终能逃脱江彬、张忠等政敌的陷害和武宗的猜忌,全靠这两位太监从中斡旋维护。这就是"阴道阳取"权谋术的效力。

"人之有好也,学而顺之;人之有恶也,避而讳之。"顺人之意,迎合别人的心愿去做事,就可以为自己留条后路,多个朋友;别人有所厌恶,就可以加以回避或提前做下"手脚",以免引起不快,或许会收到公开的回报。这就是"阴道阳取术",是智谋权术之士常用的方法。

下面来看看关于现代企业的故事。

柏特利出生在美国犹他州的盐湖城,家境困难,一家5口人靠父亲几十元的月薪吃力地维持着生活。当他初小毕业时,父亲便让他找工作,以增加收入,资助家里。

柏特利经朋友介绍,来到一家家庭用品制造厂当了推销员。由于柏特利的口才不错,加上他面孔和善,笑口常开,因而推销成绩很不错,两年中他跑了不少地方。在克利夫兰城,他认识了一家袜子制造厂的老板,名叫查理斯,他很欣赏柏特利的推销才能,千方百计地把他"挖"了过来。

柏特利跟查理斯工作了几个月后,发现老板另有打算:准备待存货卖掉后,结束制袜生意,转入新行业。

"袜子生意不是也很赚钱吗? 为什么要结束它?"柏特利提出了疑问。查理斯听了柏特利的话。突然想到:何不把生意整个让给他? 这不但对柏特利有好处,自己也可以早一点脱身。

当柏特利了解到查理斯的打算后,笑着说:"你别开玩笑了,我哪里有这么多钱?"

"只要你把存货的钱拿出来,我把机器卖给你,你再用机器作抵押,到银行去借钱还给我,问题不就解决了吗?"

这笔生意很快成交,25岁的柏特利拥有了自己的小工厂。

接手之后,柏特利便下决心改变经营方针。经过苦心策划,他制订出两个与以前不同的经营方针:首先,采取"单一多样化"的生产方式——他专做女人的袜子。他想,凡是女人穿的袜子,应该做到应有尽有,式样、配色要不断变化更新,要经常研究新产品,领先于同行业,这样才能搞出名气来。其次,是设立门市部,直接经营。这样可以节省一部分推销费,也可以主动向各地扩展。

于是,柏特利在克利夫兰设立了第一个门市部,专门销售女袜。口号是:凡是女人想买的女袜,我这里都有;如果我现有的袜子你都不喜欢,那么,只要你能把你喜欢的样子、花色说出来,我就能满足你的要求,专门为你定做。

柏特利认识到,这一口号是与众不同的"绝招",也是他经营的特色。因此,他买了几部小型针织机,请了几位手艺很好的家庭主妇作为他的特邀工人。有人定做,就请她们立即加工,论件计酬,两边都不吃亏。虽说这种定做的生意不多,但却是一个很好的经营

诸子百家——纵横家

方式。因此，不到半年时间，柏特利的女袜就在克利夫兰轰动一时，随之名声大噪。

为了增强公司在市场上的竞争力和树立起不同凡响的形象，柏特利采取了与众不同的经营原则：首先，重用女性人才，使每个分公司都由女性来经营；其次，选择适当地点，设立分厂，设置仓储中心，以方便货物的供应；第三，配合时令，推出自己特制的产品，以加强消费者的印象。

柏特利亲自奔赴各地设立分公司，并挑选经理人才。在一年内，他就在克利夫兰等大城市成立了5家分公司。柏特利在美国工商界的崛起，被认为是轰动一时的奇迹。

"人之有好也，学而顺之"就是说别人有所喜爱，就可以学习并迎合顺从他。柏特利接手制袜厂后，确立了迎合女人的经营方针：即采取"单一多样化"的生产和销售方式。专做女人的袜子，专销女人的袜子，还可以根据其所好为她们专门定做，甚至还重用女性人才，使每个分公司都由女性来经营，从而一步步赢得客户，取得成功。

用于众人之所不能知，用于众人之所不能见

【原文】

故圣人之道阴，愚人之道阳……智用于众人之所不能知，用于众人之所不能见。

【译文】

所以圣人运用谋略的原则是隐而不露，而愚人运用谋略的原则是大肆张扬。智慧是用在众人所不知道的地方，用在众人所看不见的地方。

【鉴赏】

秦朝末年，匈奴内部政权变动，人心不稳。邻近有一个强大的民族——东胡，借机向匈奴勒索，要匈奴献上国宝千里马。匈奴的将领们都反对，单于冒顿却决定："给他们吧！不能因为一匹马与邻国失和嘛。"匈奴将领们都不服气，冒顿却若无其事。东胡见匈奴软弱可欺，竟然向冒顿要一名妻妾。众将见东胡得寸进尺，个个义愤填膺，冒顿却说："给他们吧，不能因为一个女子与邻国失和嘛！"东胡连连得手，料定匈奴软弱，根本不把匈奴放在眼里。不久，东胡看中了匈奴的一片荒原，派使臣去向匈奴索要。匈奴众将认为冒顿一再忍让，这荒原又是杳无人烟之地，恐怕只得答应割让了。谁知冒顿断然说道："此乃我匈奴的国土，怎可随便让人？"于是，下令集合部队进攻东胡。匈奴将士受够了东胡的气，这次人人奋勇争先，锐不可当。东胡做梦也没想到那个"软弱"的冒顿会突然发兵攻打自己，所以毫无准备，仓促应战。结果，东胡王被杀于乱军之中，东胡被灭。

堪成大事者都能刚柔并济。俗话说："咬人的狗不叫，爱叫的狗不咬人。"整天夸夸其谈聪明外露的人难成大事。赵括纸上谈兵无人能敌，却只能败兵疆场；宋朝的张浚组织"花腿军"，大言扫敌，却一事无成。而刘备在曹操面前唯唯诺诺，尽掩英雄之气，所以能安全离开曹营，重振汉室基业，三分天下。智慧是深藏在心中的，很多流露在脸上的聪明

不是智慧,而是浅薄。一个才德兼备的人,很容易招致旁人的忌恨,总会处于危险的境地。因此,保护自己的最好方法是深藏不露,像老子所说的那样"大智若愚",如此才能成就大事。

在商业竞争中,更应多想一些别人想不到的方法,多使用一些别人思索不出的招数去打败对手。

香港有一家小食品厂,专为一家大企业员工提供工作餐,两家合作多年,另几家小食品厂也想抢这一"肥肉",但总抢不过去。原因何在? 原来这家小食品厂善于暗中用计谋,那家大企业近千名员工的生日,这家小食品厂都掌握着,到某人生日那天,保准有份"生日工作餐"送到那个人面前。这样,谁还愿意放弃这家小食品厂供应的工作餐呢?

克罗克原先是美国的一个穷人,没读完中学就出来做工以养家糊口。后来,他在一家工厂当上了推销员,一方面收入有了一定的提高,生活有了明显的改善;另一方面,也是更主要的,他在推销产品过程中走南闯北,结识了不少人,交了许多朋友,增长了见识,积累了大量有关经营管理方面的宝贵经验。一段时间后,他开始越来越不满足于给别人当雇员了,一心想创办自己的公司。可选择哪一行呢?"民以食为天",随着人们工作、生活节奏的加快,他通过市场调查,发现当时美国的餐饮业已远远不能满足已变化了的时代要求,亟须改革,以适应亿万美国人的快餐需求。想归想,要将其变成现实就不是那么容易的事情了,必须为之付出一定的代价。克罗克面临的首要问题就是资金问题,要实现鸿鹄之志没有启动资本就如同"水中月""镜中花",可望而不可即。"一分钱难倒英雄汉"这话一点不假。对于一贫如洗的克罗克来说,自己开办餐馆又谈何容易呢? 思来想去,他终于想出了一个好办法,他在做推销员工作时,认识了开餐馆的麦克唐纳兄弟,自己倒不如凭双方交情先打入其内部学习,以最终实现自己的伟大抱负。主意已定,一天他找到麦氏兄弟,对其进行了一番赞美后,话锋一转,开始讲述自己目前的窘境,待博得对方的同情后,便不失时机地恳请麦氏兄弟无论如何要帮他这个忙——答应留他在餐馆做工,哪怕是做一名跑堂的小伙计也行,否则,他的日常生活将面临危机。在过去一段时间的接触中,克罗克深知这两位老板的心理特点。为尽早实现自己的远大目标,他又主动提出在当店员期间兼做原来的推销工作,并把推销收入的5%让利给老板,麦氏兄弟见有利可图且又考虑到眼下店里确实人手不足,便十分爽快地答应了他的要求。

克罗克进入快餐店后,很快就掌握了快餐店的运作方式。为取得老板的信任,他工作异常勤奋,起早贪黑,任劳任怨。他曾多次建议麦克兄弟改善营业环境,以吸引更多的顾客,并提出配制份饭、轻便包装、送饭上门等一系列经营方法,以扩大业务范围,增加服务种类,获取更多的营业收入。他的每一项改革都使老板感到满意,因为,他的言谈举止总是表现得那么坦诚,那么可信赖,给人留下谦虚谨慎的极好印象。由于他经营有道,为店里招徕了不少顾客。生意越做越好,老板对他更是言听计从、百依百顺了。餐馆名义上仍是麦氏兄弟的,但实际上餐馆的经营管理、决策权完全掌握在克罗克的手中。这一切正是其通向其最终目的的铺路石,可怜的两位老板一直被蒙在鼓里,对此并无丝毫戒心,甚至还在暗自庆幸当时留下克罗克的决定是对的,多亏他的有效管理和辛勤治店,餐

诸子百家——纵横家

馆的生意才这么兴隆,财源滚滚而来,大有"伯乐相识千里马"之自豪与快慰。

不知不觉,克罗克已在店里干了6个年头。他的羽翼渐渐丰满。翅膀越来越硬,展翅腾飞的时机日趋成熟,于是克罗克暗暗加快了行动步伐,他通过各种途径筹集到了一大笔贷款。该与麦氏兄弟摊牌了,他想事到临头,不容再难为情继续拖延下去了,他谙熟两位老板素来喜欢贪图眼前利益,为一时的需要常常会忘记原来最基本的要求。为此,克罗克充分做好了谈判前的思想准备。1961年的一个晚上,克罗克与麦氏兄弟进行了一次很艰难的谈判。起初,克罗克先提出较为苛刻的条件,对方坚决不答应,克罗克稍做让步后,双方又经过激烈的讨价还价,最终克罗克以270万美元的现金,买下麦氏餐馆,由他独自经营。麦氏兄弟尽管有种种忧虑与不安,但面对如此诱人的价格,他们终于动心了。

第二天,该餐馆里发生了引人注目的主仆易位事件。店员居然炒了老板的鱿鱼,这在当时可以说是当地一特大爆炸性新闻,引起了巨大的轰动,而快餐馆也借众人之口,深入人心,大大提高了其在美国的知名度。到此为止,克罗克的"瞒天过海"之计也基本达到了预期目的。克罗克入主快餐馆后,经营管理更加出色,很快就以崭新的面貌享誉全美,在不长的时间内,270万美元就全部捞了回来。又经过20多年的苦心经营,其总资产已达42亿美元,成为国际十大知名餐馆之一。

克罗克实施"瞒天过海"计的成功,就在于他了解麦氏兄弟的脾气、性格。仅以让利5%就轻易打入了麦氏快餐馆。随后通过长时间的努力,换取了两位老板的信赖,使兄弟俩认为克罗克处处替自己着想,并感到他们双方的利益是一致的,于是愉快地接受了他的多种建议。经过逐步渗透、架空,"老板"本已"名存实亡",最后一场交易全部吃掉了麦克唐纳快餐馆,双方谈判以克罗克的"瞒天过海"计大功告成而宣告结束。

"尼西奇尿布"是日本福冈市一家名叫尼西奇的公司生产的。

尼西奇公司原来是一家生产雨衣、游泳帽、防雨篷等橡胶制品的综合性企业。第二次世界大战后,尼西奇公司面对越来越激烈的市场竞争,自身深感无所适从,由于订货不足,公司面临倒闭的危险。

尼西奇公司的老板多川博在一个偶然的机会,从日本政府发布的人口普查资料中获悉,日本每年大约出生250万名婴儿。由这条不显眼的信息,多川博突发奇想,如果每个婴儿每一年要用两块尿布,那么全日本一年就要500万条。此外,再加上国际潜在市场,数量一定非常可观!

接着,多川博进一步考察了国内生产尿布的厂家,发现大企业根本不屑生产这类产品,连小企业也嫌弃,转产尿布一定大有可为!

多川博立即行动,他首先将公司更名为尼西奇公司,在生产上不断采用新技术、新材料、新设备,推出深受怀孕妇女欢迎的多模式的"尼西奇"尿垫。到了20世纪80年代,该企业年产尿布已达1000多万条,老板多川博更博得了"尿布大王"的美誉。

尼西奇公司在雨衣市场竞争激烈的情况下,毅然转产尚无人生产的婴儿尿布。可谓是有战略眼光的。这说明虽然是小产品,只要有广阔的潜在市场,也是可以赚大钱的。

诸子百家——纵横家

要发现商机,就要在小、新、奇等几个方面去开动脑筋。跟在别人后面是发现不了机会的,也很难掘得人生的第一桶金,对于一些创业有成的人来说,要想在竞争中立于不败之地,也得靠不断地发现、挖掘,才能在财富之都更上一层楼。

哈默是美国著名的企业家,曾经营着一个药厂,然而,一次小小的发现让哈默以壮士断腕的气概将自己的药厂卖掉,向新的财富领域进军。1921 年,哈默在莫斯科的报纸上看到当时的苏联将进行一次全国扫盲运动,当时他并没有往心里去。但当他准备回国的时候,意外发现商店中的铅笔很少,而且价格很贵。哈默产生了一个大胆的想法,在当时的苏联办一个铅笔生产厂。他的举动令朋友们大感不解,他们都不明白哈默怎么会想到去生产只需 2 美分一支的铅笔。但哈默认准了这是一个极好的机会,他从德国法伯铅笔公司高薪聘请了技术人员,很快就生产出了铅笔。第一年他就获得了 250 万美元的纯利润,第二年达到了 400 万美元。哈默名声大振,并积累了最初的资本。

小商品可以赚大钱。尼西奇公司选择尿布这一小商品作为生产目标,主要是看准了日本每年新出生的 250 万婴儿;哈默选择生产铅笔,主要是看到了苏联的巨大市场。这正是应用了"用于众人之所不能见"的思想,因为一般企业对这些小商品是不太注意的。此外,单一的小商品生产也有本身的优势:第一,由于是单一化经营,厂家可以获得技术优势和规模效益,有利于降低成本;第二,由于小商品一般为生活必需品,需求相对稳定,市场较为广阔,商品虽小,市场并不小;第三,由于是小商品,竞争者一般为小工厂,大公司一般不愿涉足,只要产品质量、管理过硬,就容易在竞争中克敌制胜。

"舍博求微",即舍弃博大、流行、引人注目的产品市场,选择微不足道、易被人忽视及用途独特的那部分产品市场。它是一种利用人们见大不见小、忽视小商品心理的市场开发策略。

第十一决术　关键时候进行关键的抉择

在本篇,鬼谷子提出"决情定疑,万事之机",从谋士的角度出发,论述如何帮助统帅进行决断。决的形式,或是对疑点进行分析,或是对利弊进行权衡,或是对方案进行取舍,其目的都是为了廓清思路,以展开下一步的行动。决的前提是认清事物的性质,杜绝偏见,以使决断无误。一个善于决断的人,在慎重的原则之下,应能做到当机立断,绝不拖延。

善于把握决断的技巧

【原文】

善其用福,恶其有患,善至于诱也,终无惑。偏有利焉,去其利则不受也,奇之所托。

【译文】

一般说来,人们都希望遇到有利的事,不希望碰上祸患和被骗诱,希望最终能排除疑惑。在为人做决断时,如果只对一方有利,那么没有利的一方就不会接受,这是因为依托的基础不平衡。

【鉴赏】

秦军攻打赵国,平原君去楚国求援,虽然楚王答应了出兵救援,但援兵迟迟不到。赵国都城邯郸的形势迫在眉睫。秦军攻势日甚一日,步步紧逼,赵国军民奋力抵抗,终因寡不敌众,不得不收缩防线。邯郸城外尸横遍野,赵军战死者不计其数,负伤者得不到及时治疗。百姓倾家荡产,涕泣哀告,全城笼罩在一片哀伤、忧郁的气氛中。久战不决对赵国十分不利:在内乏粮草、外援未到的情况下,不出几日,赵国就得投降。国人忧心如焚,可又无计可施。

危急之际,平原君的门客李谈对平原君说:"赵国也是公子之国,赵国将亡,公子不为之忧虑吗?"

平原君说:"赵亡,我也不能独存,就要做秦人的俘虏了,我怎么能不忧虑呢? 我曾往楚国搬救兵。可至今援兵未到,我正为此忧心忡忡呢!"

李谈说:"现在邯郸的百姓,易子而食,濒临绝境;而公子的后宫累金积银,嫔妃婢妾衣食有余。前线将士刀剑用钝,削木为矛;而公子府库里钟磬如山,秋毫无损。如果邯郸失守,公子还能拥有这些东西吗? 而如果邯郸解围,赵国保全,公子还担心得不到这些东西吗? 现在公子若能把家人编入士卒。与百姓共同抗敌,把家中财物拿出来供应血战将士,前线将士会大受鼓舞,必誓死保卫邯郸,与敌军血战到底,公子以为然否?"

平原君本是慷慨之人。当即对李谈说:"先生所言极是! 为救邯郸,我愿尽遣家人为军,尽散家财助战。"

平原君听从李谈的建议,很快组织起3000人的"敢死队",李谈也在其中。这支由男女老少组成的队伍,在与秦军作战中,不怕牺牲,奋勇拼杀,大乱秦军,使秦军不得不后退30里。秦军后撤,为赵国赢得了喘息的机会。

平原君又数次写信请求魏国援助。魏国公子信陵君率8万精兵侧击秦军。楚国公子春申君也派大将景阳领兵杀到。赵、魏、楚三国联军内外夹击,秦军大败。秦将郑安平被围困数日,最后带两万人投降赵国。秦国统一天下的进程由此而减慢。

邯郸解围,赵王封赏将士。由于平原君功勋卓著,策士虞卿为平原君向赵王请赏。他面见赵王说:"公子平原君国难之际,出使不辱使命,搬来楚、魏援兵,解邯郸之围;又编家人入伍,散私财助战,击退秦军进攻。其心耿耿,其功无量,大王不可用其力而忘其功。请大王为赵公子加封。"

赵王听从虞卿之言,打算封平原君为相,赐给东武城。

平原君的门客公孙龙听说此事,对平原君说:"舍下听说赵王要赐封公子,舍下以为公子不宜受封。"

平原君说:"愿听先生细说。"

公孙龙说:"在保卫邯郸的战役中,赵国将士伤亡惨重,连一些王公大臣都参加了战斗。公子为赵王出使楚、魏,不辱使命,当然功不可没。但论功行赏,许多人都应当受封赏,论才能也有像公子这样智勇双全的人。而赵王封公子为相,赐封公子土地,外人则会认为您是沾了王室的光。您若受封,必然损害您在赵国人心中的形象;您不受封,其他人也不好请求加封。这对大战后赵国的复兴有利,所以我认为公子还是不受封为好。"

平原君高兴地说:"先生说得极有道理,就依你之言吧。"

平原君辞功谢赏的仁义之举赢得了国人的尊重,从而使自己的威望得到了进一步提高。

"善其用福,恶其有患"可以看作替人出谋划策的评定标准,因为每个人都是趋利避害的,平原君也不例外。他之所以接纳了李谈的建议,就是看到了赵国被灭自己也不能独活。如果舍财救赵成功,自己就可以获得更多的好处,所以才接受了李谈的建议。保卫邯郸成功后,平原君又依公孙龙之言拒绝受封,那是为了更长远的利益,暂时地放弃也是为了更长久地拥有,吃点小亏却能在以后得到更多的便宜。

当我们处于两难境地时,要善于做出有利于自己的决断。

战国时,楚国上柱国昭阳带兵攻打魏国,在襄陵打败魏军,得到八座城池。昭阳大喜之下又欲移兵攻打齐国,齐王得到消息后,召群臣商议。

当时齐国的军队战斗力还很薄弱,若与楚兵交战,必是惨败,但固守城池不出,也不是长久之计,所以齐王为此很担心。群臣也没什么好办法来阻挡楚兵的进犯。

齐王正在一筹莫展之时,忽有人报说秦国使臣陈轸前来拜见。

陈轸上殿后见齐国君臣皆面有难色,问其原因,才知道楚国上柱国昭阳在得了魏国八座城池后,又来攻打齐国,他便对齐王说道:"大王不必担忧,待我去叫他罢兵回国。"

齐王无法,只好抱着试一试的态度让陈轸去见昭阳。

陈轸见到昭阳后开口问道:"请问按楚国的赏制,对那些击败敌军、杀死敌将而得城池的人,应给予什么奖赏呢?"

昭阳回答说:"官封上柱国、爵封上执。"

陈轸又问道:"还有比这更高的奖赏吗?"

"那要数令尹了。"

"您回国后,能封令尹吗?"

昭阳哈哈笑道:"当然没问题了!因为我马上就能当令尹了。"

陈轸也仰头哈哈大笑。

昭阳奇怪地问:"您笑什么呢? 难道您认为我在说谎吗?"

陈轸摇头道:"我没有丝毫怀疑之心,只是我觉得您既已是令尹了,又何必自取降职杀身之祸呢?"

昭阳听了,气愤地问道:"您这是什么话?"

"将军请莫动怒,让我给您讲这样一个故事:有个人送给他的门客一杯酒,门客们商量说:'一杯酒,这么多人饮用,毫无趣味可言。不如我们每人画一条蛇,谁先画成,那杯酒就让他一人饮用如何?'众人皆称好,于是取来笔墨即画起来。有一个人顷刻便画完了,于是便拿起酒杯欲喝,他见众人还没有画完,便自以为是地给蛇画起脚来。另一人画完,抢过酒杯一饮而尽,讥笑那人道:'你见过有脚的蛇吗?它穿不穿鞋呢?'先画完的人后悔不已。

"现在您攻打魏国取城八座已是画成蛇了,若再进攻齐国,打下来,你的官职还是令尹,若打不下来,身死爵位被夺,不亦悲乎?况且还有损于楚国的威望。两下皆不讨好,与那个画蛇添足的人有什么区别呢?您不如带兵回国,功德圆满。得楚王及全民的欣赏和赞颂,何乐而不为呢?"

昭阳仔细地想了想,觉得陈轸说得有理,果真连夜撤兵回楚国了。

陈轸在此的游说之法中并不显其高明之处,却能够达到最终的目的,其原因也不外乎陈说利弊。陈轸从昭阳的角度仔细分析昭阳所处的位置,指出其伐齐纯属多此一举,并用寓言的形式点明其利弊,使昭阳不得不服。打了胜仗,自己已身居显位,也不会得到更高的地位了;打了败仗,还可能会受到惩罚,更何况自己又没有必胜的把握,权衡利弊,当然择利己者而从之。

对于企业的管理,领导人的决断尤为重要。

亨利·福特不但首创了福特 T 型车,还首创了大批量生产方式,所以,他制造的汽车价廉物美。

福特有他独特的经营思想。他认为,浪费和贪求利润妨碍了买方的切身利益。浪费是指在完成某一工作时花费了多于这项工作所需的精力,而贪求则是由于目光短浅。应该以最小的物力和人力的损耗来进行生产,并以最小的利润将货销出。以达到整个销售额的增加,即"薄利多销"。

为了实现这一经营理念,福特运用不同的经营手段,对产品的标准化、生产过程、劳资关系、成本核算等进行了一系列改革,开辟了一个独特的"薄利多销"的经营途径。而大规模装配线是实现大批量生产的主要手段。

福特的构想是:建立一条输送带。把装配汽车的零件和敞口的箱子装好,放到转动的输送带上。送到技工的面前。换言之,负责装配汽车的工人,只要站在输送带的两边,所需要的零件就会自动送到面前,用不着自己再费事去拿。

这一设计非常好,节省了技工们来往取零件的时间,装配速度自然加快了。可是,实际使用之后,他却发现了一个很大的缺陷。由于输送带是自动运输的,在前半段比较简单的装配手续上非常适用,可到了后半段,向车身上安装零件时,由于手续比较麻烦,技工们赶不上输送的速度,往往把送过来的零件错过了。而这些在输送带上没有来得及取下的零件,都堆积在后面的地板上,妨碍了输送带的转动。

没有多久,福特想出了改进这一局面的办法,建立了一种新的生产线。

他挑选一批年轻力壮的人,拖着待装配的汽车底盘,通过预先排列好的一堆堆零件。负责装配的工人就跟在底盘的两边,当他们经过堆放的零件前面时,就分别把零件装到汽车底盘上。

这一改进使装配速度大大地提高。以前要 12 个半小时才能装配好一部车,现在则

诸子百家——纵横家

只需要 83 分钟就完成了。福特被誉为"把美国带到轮子上的人"就是从这时候开始的。他改进了汽车的装配速度,降低了成本,各公司的廉价车不久都纷纷出笼。这是造成美国汽车工业真正起飞的重要因素。

输送带的设立,使任何一个负责装配的工人都没有偷懒的机会。因为经过多次的试验,福特把输送带转动的速度固定好了,在两边的工人,每人只负责一件工作,只要不停手地做,一定可以做得好。可是你稍微一偷懒,要用的零件就转过去了,只好等下一个。如果你负责的零件与下一个人的工作有关联性,由于你没有装上零件,下面的人也就无法工作。在这种情形下。走上生产线的人都要全神贯注,所以他们都自称"机械人"。实际上,他们也真像输送带两边的机器,配合转动的节奏,把零件装到车上,动作是千篇一律的,时间快慢也是一定的。

"善其用福,恶其有患,善至于诱也,终无惑。"就是说人之常情是有了福祉就高兴,有了祸患就厌恶。善于决断的人,首先诱得实情,然后加以定夺,自然不会产生困惑而只会使其受益。福特认为,浪费和贪求利润妨碍了买方的切身利益,应该以最小的物力和人力的损耗来进行生产,并以最小的利润将货销出,以达到整个销售额的增加,即"薄利多销"。正是在这种经营思想的指导下,他才下决断建立一条输送带,首创了大批量生产方式,实现了汽车的价廉物美。

全面考虑,权衡利弊

【原文】

若有利于善者,隐托于恶,则不受矣,致疏远。故其有使失利者,其有使害者,此事之失。

【译文】

任何决断本来都应有利于决断者的,但是如果在其中隐含着不利的因素,那么决断者就不会接受,彼此之间的关系也会疏远,这样对为人决断的人就不利了,甚至还会遭到灾难,这样决断是失误的。

【鉴赏】

宋仁宗当政时期,朝廷腐败,官员贪婪,群盗并起,百姓苦不堪言,大臣富弼请求宋仁宗惩治匪徒。

仁宗皇帝叹息道:"各地盗匪多如蚁群,一时蜂拥而至,我哪有这么多的财力、兵力来对付他们呢?"

富弼说道:"难道就任他们在各个州郡横行霸道、涂炭生灵吗? 百姓本来就难以生存,现在又遭此厄运,天理何在啊? 皇上您尊贵,岂能任他们胡作非为? 应该替天行道啊!"

宋仁宗满脸愁容地对富弼说："我的臣民受苦，我怎么能不心痛呢！你有什么好的计策，不妨告诉我，替我分担忧愁啊！"

富弼想了想回答道："世间的凶恶险诈之徒，并不是天生如此。起初他们也是寒窗苦读，胸中有一番抱负的。他们期待参加科举考试，大展宏图。怎奈长大后，却发现自己并未学业有成，最后名落孙山，仕途之路原是南柯一梦！于是他们开始眼中厌世，胸中嫉俗，郁郁不得志，彻底毁了自己。这种人往往学富五车，经史子集兵书无所不通、无所不融。他们略微知道一些朝代兴亡的缘由，于是便转而习武，潜心钻

宋仁宗

研兵法，由此寻找出路。于是他们结党成群，煽动民众，扯起大旗，占山为王，行事狡诈。这些人虽然成不了什么气候，却给朝廷带来了危害。"

仁宗皇帝见富弼分析得非常有道理，便试探地问道："你既然分析得如此透彻，一定有平定他们的好办法吧？"

富弼摇头道："对待这样逆天而行的人，不能强行消灭他们，只能采取亲和的办法。"

"什么是亲和的办法？"仁宗皇帝问道。

"所谓亲和的办法即以柔克刚。水乃天下之至柔，看似无力，却可以冲刷万物，遇山绕山，逢石避石，而山石都作为它的陪衬存在。所以，臣请求皇上命令有关官员以朝廷的名义拜访这些人，把他们当作被朝廷遗忘的草泽英雄，重新推荐给朝廷。然后根据这些人的能力，适当地给予官职任用。"

宋仁宗半信半疑道："他们肯为朝廷效力吗？"

富弼笑道："他们之所以落草为寇，还不是为了让自己有权有势！既然给他们封官，哪有不效力的道理？"

于是宋仁宗依照富弼的办法通令全国。

不久，朝廷发出了数千份招降的书信，不到半年，盗寇竟消失了大半。

"善至于诱也，终无惑"，人人都喜欢做对自己有利的事，更何况是匪徒呢。由此可知，只要是朝政腐败，吏路不畅，有才能的人无用武之地，只得聚众生事，另谋出路。这些人多半是为了自己的私利，并没有什么报国爱民的理想，只要有当官发财的机会，他们就会放下"替天行道"的大旗。富弼建议采用招安的方法，以利诱之，可谓对症下药。

当我们面前只有一条路的时候，可以毫不犹豫地走下去。然而，人生难免要走到三岔路口或十字路口，从而面临一系列新的选择，我们该何去何从？这个问题，是对我们每一个人的最大考验。

夏天天气炎热，池塘里干得一滴水也没有了。有两只住在池塘里的青蛙不得不离开那里，寻找新的住处。它们走啊走，终于来到一口井边。它们小心地趴在井口，探头往井

下看。井水清澈见底,清凉的气息一股股地涌上来。其中一只青蛙没有细想,就高兴地跳了下去,对他的伙伴说:"喂,朋友,快下来吧。这口井水多好啊,我们就住这里吧。"另一只青蛙回答说:"这井这么深,如果它里面的水也干了,我们怎样爬上来呢?"

在做出决定之前,必须权衡利弊,否则就会像第一只青蛙那样,只图一时痛快而换来终身痛苦。

公元1115年,女真族首领阿骨打建立金国。辽国皇帝非常愤怒,立即亲率七十万大军前往讨伐,阿骨打率领两万人前去迎战。当金军进至瓦剌时,阿骨打亲自带领骑兵去侦察,却发现敌军已经撤走。为防止中计,他又进一步调查,得知辽国发生内乱,辽主迫不得已撤回军队。阿骨打探知这些情况后,决定变守为攻,日夜兼程,不久就追上了辽军。阿骨打没有立即下令进攻,而是细心观察敌军阵式,看到中军队伍整齐,士兵威武,从而判断出辽主必在中军。于是他断然决定调整兵力,集中力量攻击辽军所在的中军。几十万大军顿时乱作一团,首尾不能相顾。就这样,阿骨打以两万人马大败七十万辽军,真正达到了"敌虽众,可使无斗"的境界。

在现代企业经营中,领导人也经常会遇到需要决断的事情。决断得好,就会获得良好的经济效益,使企业赢得腾飞的良机;决断得不好,就有可能给企业带来损失,甚至带来生存危机,所以不可不慎重。

20世纪60年代初,日本的日立公司为扩大企业规模,发展生产,投入了大量资金,购买新建厂房的建筑材料,添置一些新设备。这时,正赶上整个日本经济萧条时期,现有产品滞销,扩大企业规模的后果就可想而知了。面对这一严峻情况,日立公司有两条路可供选择:一条路是继续投资;另一条路是停止投资。日立公司经过认真讨论、分析、研究,最后果断决定走后一条路,停止投资,实行战略目标转移,把资金投放到其他方面,积蓄财力,待机发展。实践证明,日立公司的决策是正确的。从1962年开始,日本三大电器公司中的东芝和三菱的营业额都有明显下降,但是日立则一直到1964年仍在继续上升。进入60年代后半期,一个新的经营繁荣时期来到了,蓄势已久的日立公司不失时机地积极投资,取得了经营上的巨大成功。

处事时多方权衡利弊,是"谋";做出最终的决定,是"断"。"谋"与"断"相辅相成,缺一不可,都是人生的"大功课"。

谋略分行,方法不一

【原文】

圣人所以能成其事者有五:有以阳德之者,有以阴贼之者,有以信诚之者,有以藏匿之者,有以平素之者。

【译文】

圣人所以能完成大业,主要有五个途径:有用阳道来感化的;有用阴道来惩治的;有用信义来教化的;有用爱心来庇护的;有用廉洁来净化的。

【鉴赏】

春秋战国时期,齐国的宰相管仲深谋远虑,富有远见。在他的辅佐下,齐桓公获得了军事上的巨大胜利,陆续消灭了散布在各个地方的割据势力,只有强硬的楚国还没有臣服齐桓公。

连战皆捷的几位大将建议齐桓公:"您为什么不一鼓作气,出兵讨伐楚国,一统江山呢?我们随时为您效劳!"

这番话说到了桓公的心上,他看着手下将领主动请战,心中甚是欢喜,于是决定出兵。管仲得知齐王要出兵,马上前去阻止,劝道:"现在不是攻打楚国的好时机,大王您千万不要草率行事!"

"为什么?你没有看到现在士气大振吗?而且我国粮草充足,我实在找不出时机不成熟的理由!"齐桓公有些不解。

"我们连续征战数次,兵马早已疲惫不堪。再说楚国和其他诸侯国不一样,它实力雄厚,国力强盛,现在进攻实在很危险!"

"那我们就眼看楚国继续强盛下去吗?难道等着它把我们消灭了不成!"齐桓公急了。

管仲笑着说:"我自有办法,而且保证您一年之内不动一刀一枪,不伤一兵一卒,就让他降服!"

齐桓公半信半疑,但看着管仲胸有成竹的样子,便放手让他实施既定的计划了。于是管仲命人铸造不计其数的铜币,然后派一百名商人去楚国买鹿,临走时嘱咐他们说:"齐桓公特别喜欢观赏鹿,愿以重金购买活鹿。"

商人们到了楚国后,四处悬赏购买活鹿。梅花鹿在楚国很普遍,不值钱,两枚铜币就能买到一头,人们大都把它们宰杀了吃肉。楚国人一听有人重金购买活鹿,于是纷纷到山上捕获。随着猎鹿人的增多,鹿越来越少,而鹿的价格也一涨再涨,从开始的 5 枚铜币到 10 枚铜币。几个月之后,商人又抬高了价格,40 枚铜币一头。在当时,40 枚铜币可不是小数目,能买 2000 斤粮食。楚国上下见有利可图,都放弃自己的行当去寻找野鹿。农民变成了猎人,战士也不顾纪律,上山捕鹿。

不知不觉,一年就快到了。管仲对齐桓公说:"您现在可以召集人马,出兵楚国了。现在楚国只有数之不尽的铜币!农民因为猎鹿荒废了田地,没有充足的粮草供应;士兵因为猎鹿而无心操练,丧失了作战的技巧和能力,成熟的时机已经到了!"

齐桓公听从管仲的意见,放出发兵的消息。楚王见粮源短缺,人民因为饥荒而四处逃亡,士兵也都无心恋战,如果自己勉强打下去,只有死路一条。他连忙派使臣向桓公求和,心甘情愿地归顺了齐国。

齐桓公在成其霸业中,征服楚国的方式就是利用的"阴贼术"。他采用管仲的诡计,以"买鹿之谋"让楚国在不知不觉中受到削弱。楚国人多势众,楚王绝不会料到一年后,

诸子百家——纵横家

竟没有人愿意种粮,使曾经号称铁甲雄狮的军队变成了病猫。

大到一个国家,小到一个团体,都会有一些战略性的规划。在制定决策的时候,必须要服从于整体战略。用战略的眼光去看待问题,才能做出正确的决断。

周襄王二十五年(公元前627年),秦穆公趁晋文公病逝、晋国上下无暇他顾之机,派孟明视、西乞术、白乙丙三人出兵伐郑,结果在崤山遭到伏击。全军覆没,三将均被生擒。晋襄公的嫡母文嬴是秦穆公的同宗之女,后来她为他们说情,三人才幸免一死,逃回秦国。

孟明视等三人逃回国内的消息一传出,立即有人向秦穆公进谏:"孟明视、西乞术和白乙丙身为秦将,作战不利,丧师辱国,应立即杀掉以平民愤。"

还有的大臣说:"他们三人统率秦国子弟出关,只有他们三人生还,其余全部抛尸崤山,实在可恶,理应斩杀以慰国人。"

更有人说:"当年城濮之战,楚军战败,楚国国君杀元帅以儆三军,您也应当效法此举。"

一时间大臣议论纷纷,众口一词,要求秦穆公杀掉三人。

秦穆公听了,对大家说:"这次出兵,是因为我不听蹇叔、百里奚的劝告,才导致失败。所有后果都由我一个人引起,所有责任都应由我一人承担,同其他人毫无关系。"

众大臣听后都瞠目结舌,说不出话来,不知道秦穆公心中到底是怎么想的。

秦穆公深深知道,孟明视等三人是秦国不可多得的勇将。秦、晋争霸中原的战争刚刚开始,自己正在用人之际,杀掉三人,肯定有百害而无一益。况且晋襄公放回三将,显然想借刀杀人,既要除掉仇人,又要获得秦国的好感。胜败乃兵家常事,凭三人的本领,将来总有一天能打败晋国,洗雪耻辱。

于是,他不顾群臣的反对,身穿白衣,到郊外迎接孟明视、西乞术和白乙丙。一见面就哭着向他们表示安慰,并对死去的将士表示悼念。孟明视三人非常感激,发誓要忠心效命秦穆公。

不久,秦穆公又任命孟明视、西乞术和白乙丙三人为将,统率军队。三人都感激国君宽宏大量,纷纷竭尽所能,辅佐秦穆公整顿军备,加强军队的训练。

经过一段时间的精心准备,三人在公元前631年的战役中一举大败晋军,不仅报了被俘之仇,而且使秦穆公成为中原霸主。

秦穆公在此以"信诚术"使孟明视三人深受感动,他代将受过,取人以信,示人以诚。其高明之处有三:一是勇于承担责任,不诿过于人;二是能分清形势,不随便让有用之人错过;三是懂得如何笼络人才,以自己无人敢降罪来换取三人的罪行,既保全了自己,又获得了将心,并最终成就霸业。

下面是古代时的另一则利用"隐匿术"的故事。

五代时期,后蜀国国君孟昶于公元934年即位。他在危机四伏、烽烟迭起的混乱年代里做了三十多年的"偏安之王",实属不易。

孟昶即位时才16岁,将相大臣都是老臣旧将。这些人自恃资历深厚,并不把这个年幼的皇帝放在眼里。他们骄恣放肆，为所欲为，公然逾越国家制定的法律。建造豪华房舍，规模巨大，靡费钱财，引起了人们的不满。其中以李仁罕、李肇、张业、赵廷隐最为过分。

孟昶刚继帝位，大将李仁罕便提出要主管六军的要求，他的言词充满了威胁。他不但派人到枢密院提出明确的要求，还到学士院让人按照他的要求起草命令，根本就不通过孟昶，这不仅是目无幼主，实际上是犯上作乱。

这一咄咄逼人的举动深深地刺激了孟昶，他知道这样下去的后果是什么。他当然不愿意就此受到别人的摆布，可是他又怕张扬出去会引起叛乱，无法控制局面。于是，他隐忍不发，请李仁罕吃饭，表面上接受了他的条件，任命李仁罕为中书令，主管六军。然后，等李仁罕进宫朝见时，孟昶命令武士将他捉住，当场处死。

李仁罕一死，曾假称有病不跪的侍中李肇才知道新君的厉害。他吓得魂不附体。当再次见孟昶时，他扔掉拐杖便跪了下去。孟昶因为他过去对自己十分倨傲。勒令他退官隐居，李肇便由此徙居邛州（今四川省邛崃市）。

李仁罕的外甥张业在李仁罕被杀时，正执掌禁军。禁军的军队虽然不多，但直接掌管皇帝宫廷的守卫，如果他以替舅报仇为名而造反，那后果将不堪设想。所以，孟昶怕他反叛，当时不敢动手处置他，而是千方百计加以笼络。他甚至把这个武夫任用为宰相，又兼判度支。

张业在家里私设监狱，关押欠债的人。他滥施酷刑，制订了一种"盗税法"，规定税官吞没赋税的，照吞没的数目十倍罚款。税官受了罚，无处筹钱，自然如数从百姓身上勒索。这种苛刻的税法使得百姓难以承受，都怨声载道。身为一国之君的孟昶闻知后，当即废除此法。

到了后蜀广政十一年（公元948年），孟昶觉得自己已经积聚了一定的势力，认为诛杀奸臣的时机已到，就与禁军将领官思廉密谋，用诛灭李仁罕的办法，把张业在都堂上捉住处死。

卫圣都指挥使兼中书令赵廷隐见势不妙，急忙以老为由还乡。至此，故将旧臣基本上被除尽，剩下的也都不敢觊觎这位新主，孟昶这才真正掌握了蜀国的大权。

孟昶在稳固自己政权的过程中运用的多是"蔽匿术"。先以请李仁罕吃饭将其铲除，对其他大臣起到了一定的震慑作用，后来又对张业进行笼络。当时机成熟时，再故技重施，在都堂上又将其处死。所有的这一切，都施展得滴水不漏，让人防不胜防，这也正是"蔽匿术"的独到之处。

在现代商业生活中，大凡成功的企业家，在决策时也都会着眼于企业发展的战略目标，而不是斤斤计较于眼前利益。"犯傻"船王包玉刚，就为我们树立了这方面的榜样。

1955年，包玉刚成立了环球航运公司，开始了经营船队的生涯。当时，世界航运界通行按照船只航行里程计算租金的单程包租办法，单程运费收入高，一条油轮跑一趟中东可赚500多万美元。而包玉刚却不为所动，坚持他一开始就采取的租金低、合同期长的稳定经营方针，避免投机性业务。这在当时被认为是"愚蠢之举"。许多同行都劝包玉刚改跑单程,包玉刚却不以为然,因为他明白,靠高额运费收入的再投资根本不可能迅速扩充船队。要迅速发展,必须依靠银行的低息长期贷款,而要取得这种贷款,必须使银行确信你的事业有前途,有长期可靠的利润。于是他把买到的第一条船以很低的租金长期租给一家信誉良好、财务可靠的租船户,然后凭着长期租船合同向银行申请长期低息贷款。正是靠这种稳定经营方针,包玉刚只用了20年时间,就发展了一支拥有总吨位居世界之首的远洋船队,一举登上世界船王的宝座。究其成功,还真得归功于当初的远见卓识。

俗话说:"站得高,看得远。"要想持续地获得成功,必须更上一层楼,以战略性的眼光来俯瞰社会与人生。

当机立断,绝不拖延

【原文】

故夫决情定疑万事之机,以正治乱、决成败,难为者。

【译文】

澄清动乱,预知成败,这是一件很难做到的事。

【鉴赏】

刘邦的军队驻扎在灞上,没有能跟项羽相见。刘邦的左司马曹无伤就派人去告诉项羽说:"刘邦想占领关中称王,让子婴做他的国相,珍珠宝器都归为自己所有。"项羽听了非常生气地说:"明天用酒肉犒劳士兵,要让他们打败刘邦的军队。"在这时,项羽的军队有40万人,驻扎在新丰县鸿门;刘邦的军队有10万人,驻扎在灞上。范增劝告项羽说:"刘邦在山东时,贪图财物,喜爱美女。现在进入关中,财物一点都不要,妇女一个也不亲近,这表现他的志向不小。我叫人去看过他那里的云气,都是龙虎形状,成为五彩的颜色,这是天子的云气啊。你赶快攻打他,不要失掉时机!"

楚国的左君项伯,平时和留侯张良友好,张良这时候跟随着刘邦。项伯就连夜骑马赶到刘邦军中,私下会见了张良,详细把事情告诉张良,想叫张良和他一起离开刘邦,说:"不跟我走将会一起被项羽所杀。"张良说:"我替韩王护送沛公入关,沛公现在有急难,我逃跑离开是不讲道义的,我不能不告诉他。"

于是张良进入刘邦的营帐,把情况详细告诉了刘邦。刘邦听后大吃一惊,说:"那怎样应付这件事呢?"张良说:"是谁替大王献出这个计策的?"刘邦回答说:"浅陋无知的人劝我说:'把守住函谷关,不要让诸侯进来,秦国所有的地盘都可以由你称王了。'所以我听信了他的话。"张良说:"大王估计自己的军队能够抵挡住项王的军队吗?"刘邦沉默了一会儿说:"本来不如对方的军队,那该怎么办呢?"张良说:"请让我去告诉项伯,说沛公不敢背叛项王。"刘邦说:"你怎么和项伯有交情的?"张良说:"在秦朝的时候,项伯和我有交往,项伯杀了人,我救活了他;现在有了紧急的情况,所以他来告诉我。"刘邦说:"他

诸子百家 —— 纵横家

和你谁大谁小?"张良说:"他比我大。"刘邦说:"你替我把他请进来,我得用对待兄长的礼节待他。"张良出去,邀请项伯。项伯立即进来见刘邦。刘邦奉上一杯酒为项伯祝福,并约定为亲家,说:"我进入关中,极小的财物都不沾染,我会登记官吏、人民,然后封闭收藏财物的府库,以等待将军的到来。所以派遣官兵去把守函谷关的原因,是为了防备其他盗贼的进出和意外变故。我日日夜夜盼望着将军的到来,怎么敢反叛呢! 希望你对项王详细地说明,我是不敢忘恩负义的。"项伯答应后,跟刘邦说:"明天你不能不早些来亲自向项王谢罪。"刘邦说:"好。"于是项伯又连夜离开,回到项羽军营里,详细地把刘邦的话报告给项羽,还趁机说:"刘邦不先攻破关中,您怎么能进来呢? 现在人家有大功你却要打人家,这是不仁义的。不如就趁机友好地款待他。"于是项羽答应了。

刘邦第二天带领一百多人马来见项羽,到达鸿门,谢罪说:"我和将军合力攻打秦国,将军在黄河以北作战。我在黄河以南作战,然而自己没有料想到能够先入关攻破秦国,能够在这里再看到将军您。现在有小人的流言,使将军和我有了隔阂……"项羽说:"这是你左司马曹无伤说的,不然的话,我怎么会这样呢?"于是项羽留刘邦同他饮酒。项羽、项伯面向东坐;亚父范增面向南坐;刘邦面向北坐;张良面向西陪坐。范增多次使眼色给项羽,举起他所佩带的玉玦向项羽示意多次,可项羽默默地没有反应。范增站起来,出去招来项庄,对项庄说:"君王为人心肠太软,不忍下手。你进去上前祝酒,祝酒完了,请求舞剑助兴,顺便把刘邦击倒在座位上,杀掉他。不然的话,你们都将被他所俘虏!"项庄答应后就进去祝酒。祝酒后,随即说:"君王和沛公饮酒,军营里没有什么可以用来娱乐,请让我舞剑助兴吧。"项羽说:"好。"项庄就拔出剑舞起来。项伯也拔出剑舞起来,并常常用自己的身体,掩护刘邦,项庄始终得不到机会刺杀刘邦。

于是张良到军门外去见樊哙。樊哙说:"今天的事情怎样?"张良说:"非常危急! 现在项庄拔剑起舞,他的用意常常在沛公身上。"樊哙说:"这太紧迫了! 让我进去和他们拼命!"于是樊哙带着剑拿着盾牌进入军门。樊哙揭开帷幕面向西站立,瞪眼看着项羽,项羽手握剑柄跪直身子说:"来者是干什么的?"张良说:"他是沛公的卫士樊哙。"项羽说:"壮士! ——赏他一杯酒。"其左右的人就给他一大杯酒。樊哙拜谢,立起,站着一口气把酒喝了。项羽说:"赏给他一只猪腿。"其左右的人就给了他一只半生的猪腿。樊哙把盾牌反扣在地上,把猪腿放在盾牌上,拔出剑切着吃起来。项羽说:"壮士! 能再喝点酒吗?"樊哙说:"我死尚且不怕,一杯酒又哪里值得推辞! 秦王有像虎狼一样凶狠的心肠,杀人唯恐不能杀尽,处罚人唯恐不能用尽酷刑,因此天下老百姓都背叛了他。沛公进入咸阳,一丝一毫财物都不敢占有动用,封闭了官室,退军驻扎在灞上,以等待大王到来,特意派遣将士把守函谷关,是为了防备其他盗贼的出入和发生意外的事变。像沛公这样劳苦功高的人。您没有封侯的赏赐,反而听信小人谗言,要杀有功劳的人,这是灭亡的秦国的后续者啊! 我自己认为大王不应该采取这样的做法。"项羽听后无话可答,只得说:"坐吧。"樊哙便挨着张良坐下。

坐了一会儿,刘邦起身上厕所。顺便招呼樊哙一道出去。刘邦出来后对樊哙说:"刚才出来没有告辞,这怎么办呢?"樊哙说:"做大事情不必顾虑细枝末节,讲大礼不必讲究小的礼让。现在人家正像切肉的刀和砧板,我们是鱼和肉,为什么还要告辞呢?"于是就走了。沛公叫张良留下向项羽辞谢。张良问道:"大王来时带些什么礼物?"刘邦说:"我拿一对白玉璧,准备献给项王,一对玉酒杯,要送给范增。正赶上他们发怒,不敢献上去,你替我献吧。"张良说:"遵命。"于是刘邦丢下随从的车辆、人马,离开了那里。刘邦独自一人骑马,同持剑拿盾徒步跑着的樊哙、夏侯婴、靳强、纪信等4人一起。顺着骊山脚下,取道芷阳,抄小路逃走。刘邦行前对张良说:"从这条路到我军营不过20里罢了。请你估计我到了军营,你再进去见项王。"

待张良估计刘邦已抄小道回到军中,于是张良进入项羽账中辞谢,说:"沛公不能多喝酒,已经醉了,不能前来亲自向大王告辞。谨叫我奉上白玉璧一对,敬献给大王;玉杯一对,敬献给大将军。"项羽说:"沛公在哪里?"张良说:"听说大王有意责备他,他离开鸿门,已经回到了军中。"中后,项羽只得接受了白玉璧,放到座位上。范增接过玉杯便丢在地上,拔出剑砍碎了它,说:"唉! 夺走项王天下的一定是沛公。我们这些人就要被他俘虏了!"

刘邦回到军营,立即杀掉了曹无伤。

项羽鸿门宴错失除掉刘邦的最佳时机,可以说是当断未断,以致最终让刘邦逃走,而自己最后却落得个四面楚歌、垓下自杀的结果。刘邦逃走之后,首先便是杀掉了曹无伤,与项羽形成了鲜明对比。观鸿门宴的整个过程,项羽有许多杀掉刘邦的机会,但都一一错过,这与他的优柔寡断是分不开的;刘邦回营立即杀掉曹无伤,展现了其果敢的作风,这其中无不显露出些许他们各自成败的原因。

决情定疑对于现代企业的成长和发展也有着相当重要的意义。

一提起芬兰的诺基亚,许多人都非常熟悉,当年它与美国的摩托罗拉、瑞典的爱立信同为世界移动电话的三巨头。然而就在1997年,当新任总经理鲁玛·奥里拉刚上任时,诺基亚还是债台高筑,业务混乱,其经营状况尚陷于空前的困境之中。

由于传统大市场快速崩溃,芬兰的经济深受打击,诺基亚公司也一落千丈。从1991~1993年,该公司仅电子工业一个部门就亏损27亿美元。面对残酷的现实,奥里拉痛下决心,做做出了"最无情的决断":舍弃公司的其他产业,全力投入以移动电话为主的通信市场。

这一明智的决策让他们抓住了千载难逢的好机会。那几年正是世界移动电话通信市场发展势头迅猛的年代,而性能卓越的数字式移动通信电话正取代固有的蜂窝式便携电话,这恰恰是诺基亚的技术优势所在。

事实证明奥里拉的决策是对的。

诺基亚公司首先被调整的是家电产业,诺基亚卖掉了长期亏损的显像管厂,一下子就辞退了2000名员工。接下来奥里拉又拿设在赫尔辛基的总部开了刀,那些上了年纪而又业绩平庸的老职员全部被请走,取而代之以充满活力的年轻人。奥里拉还积极采纳了年轻职员的革新建议,使诺基亚公司迅速摆脱了困境。

"决情定疑万事之机,以正治乱、决成败,难为者。"就是说决情定疑,是一切问题的解决起点,用它可以来整顿朝纲,治理百姓,可以来决定成败、断定疑难。面对残酷的现实,诺基亚公司痛下决心,做出了"最无情的决断":舍弃公司的其他产业,全力投入以移动电话为主的通信市场,终于抓住时机获得了迅猛的发展。

灵活变通,谨慎决断

【原文】

故先王乃用蓍龟者,以自决也。

【译文】

所以古代先王就用筮草和龟甲来决定一些大事。

【鉴赏】

隋朝末年,李渊起兵反隋,终于推翻了隋炀帝的统治。随着战争的结束。李渊之子李世民被封为秦王,他的地位已不同往日,而李建成则利用太子的优越地位,频频向李世民发难。

武德九年(公元 622 年)某日晚,李世民应邀到太子府赴宴,饮酒数杯。突然感到心口剧痛,连连吐血,他连忙命人把自己扶回府中,总算保住了性命。还有一次皇家打猎时,太子让部下给秦王备马,结果,秦王骑马差点被摔死。

秦王频频遇险,王府上下极为震骇。房玄龄觉察到事态的严重,他认为,太子与秦王的嫌隙已经形成,公开的较量在所难免。一旦两人兵戎相见,刚刚统一的国家又要陷于战祸之中,这与他治国安民的理想是相违背的。他希望李世民能先发制人,力挽狂澜,从而达到天下的长治久安。于是他劝李世民:"事势如此,不如向周公学习,对外安抚周围各国,对内安抚社稷,先下手为强。否则国家沦亡,身名俱灭,您应早做决断,绝不能再迟疑!"

此时的朝中,太子与秦王两派已是剑拔弩张。为了打击李世民,李建成想方设法瓦解他的谋士勇将。他告诉李元吉,秦府中最有谋略的人是房玄龄和杜如晦。因此,他们在李渊面前极力中伤房玄龄、杜如晦二人,并最终通过李渊的圣旨把他俩逐出了秦王府。接着,他们又利用调兵遣将的机会,设法调动秦王的部将。程咬金原是秦王府统军,是秦王的得力干将,李建成奏请父皇让程咬金出任康州刺史。程咬金却借故拖延,滞留长安。

李世民看到这种情况,知道再等下去,只有死路一条,于是他决定按房玄龄的计谋,先下手为强,发动政变,杀掉太子,逼父禅位。于是,他派长孙无忌秘密召见房玄龄、杜如晦。房玄龄、杜如晦二人不清楚秦王究竟是否下定决心,他俩故意激将,对长孙无忌说道:"皇上敕旨命令我们不再为大王办事,我们如果私自见大王,就是死罪,不敢奉召。"

李世民得知后大怒:"怎么连你们都不愿忠诚于我!"当即取下佩刀,对尉迟敬德说:"你再去一次,如果他们无心见我,就拿他俩的人头来见我!"

诸子百家——纵横家

尉迟敬德和长孙无忌又秘密召见房玄龄、杜如晦二人，对他俩说："大王决心已下，你们快来谋划大事吧。"房玄龄和杜如晦便穿上道袍，乔装打扮，秘密进入秦王府，同秦王密谋对策。

　　武德九年六月三日，李世民进宫密奏太子李建成、齐王李元吉淫乱后宫以及试图谋害自己的事情。李渊听了，便命令他们明日一同进宫对质。次日清晨，李世民率领尉迟敬德等人在宫城北门玄武门事先设下埋伏，趁李建成、李元吉入朝没有防备的时候，将他们射死，这就是历史上有名的"玄武门之变"。

　　政变后，李渊被迫以秦王李世民为太子，并交出大权，李世民成为实际上的皇帝。两个月后，全国局势稳定，李渊便把皇位传给了李世民，自己退为太上皇。李世民终于登上皇帝的宝座，改年号为贞观，从此，翻开了唐朝历史新的一页。

　　"决情定疑万事之机"，意思是说判断实情、解决疑难是成就万事的关键，直接关系着事业的兴衰与成败。正所谓当断则断，否则就会反受其乱。李世民抓住时机，当断则断，才成功登上了帝王的宝座。

　　其实在面临重大选择的关口，任何人都不可避免会出现焦虑或紧张情绪，这就要看是否能够自我调节、自我克制了。淝水之战时，谢安和谢玄下棋时神闲气定，其心中未必不忐忑或激动。这一点在客人告辞后他的反应中便可看出：当时的谢安抑制不住心头的喜悦，舞跃入室，把木屐底上的屐齿都碰断了。由此看来，危急时刻自我调节，使自己保持果敢、沉着、镇定的态度，才能最终走出危机，尽显英雄本色。

李世民

　　汉景帝即位后，鉴于藩王势力太大，采用了晁错的削藩之策，削夺藩王们的封地。吴王刘濞是刘邦的侄子，一直阴谋叛乱。景帝听从晁错的建议，决定先削夺吴的会稽和豫章两郡。刘濞不愿束手就擒，联合各地诸侯王，打着"诛晁错，清君侧"的旗号，揭开了"七国之乱"的序幕。叛军声势浩大，很快占领了大片土地。这时，平日和晁错有怨的大臣趁机劝说景帝杀掉晁错，以保国家安全，平息叛乱。景帝此时也乱了方寸，他竟听信谗言，将晁错腰斩于长安东市。同时，景帝下诏书招降吴王刘濞，刘濞笑道："我现在已经是东方的皇帝了，谁还有资格对我下诏书?!"此时，景帝才对错杀晁错悔恨不已，赶忙调派周亚夫等将领率兵平定叛乱。周亚夫采用截断叛军的粮道然后坚守不出的战略，最终击溃了叛军，仅用三个月便将叛乱彻底平定。

　　汉景帝是缔造了"文景之治"盛世局面的一代明君。他在位期间平定"七国之乱"，在历史上写下光辉的一笔。但他错杀晁错一事实属决断失误，留下了永远抹不去的污点。

重大关头做出决断,要求决断者胆大心细,能准确抓住对方的心理,有的放矢。

朝鲜战争后期,在停战谈判过程中,面对美方从一开始就在谈判桌上提出无理要求、在军事上接连制造事端的行为,指导谈判工作的周恩来通观全局,精辟地分析道:"美国在朝鲜问题上不能不谈判停战。由于内政外交原因,他不能不拖一下,但不能破裂,而只能破坏。"

"目前谈成的可能性增长,但拖的可能性还存在,全面破裂的可能性不大。"正是在这种科学判断形势的前提下,周恩来提出了正确的谈判方针——"不怕破裂,也不怕拖。愿和,但也不急。"正是在这一正确决策的指导之下,谈判最终取得了成功。

可见,在重大关头,除保持冷静、恪守原则外,也要懂得变通,以灵活的方式处理问题,事情才会向有利于自己的方向发展。

第十二符言 明察秋毫,奖惩分明

符,本指我国古代朝廷调兵遣将所用的特殊凭证,具有很高的权威。这里的"符言",可引申为执政者明察秋毫、奖惩分明必须奉行的准则。本篇所讲到君主理应掌握的为政之道,不但没有涉及儒学所说的君臣平等之说,也没有法家所提到的君臣如虎狼的利害关系,而是注重如何使用谋略驾驭臣民,以维护自己的统治,这就是本篇的奇特之处。

虚心平意,谦恭温和

【原文】

安、徐、正、静,其柔节先定。善予而不争,虚心平意,以待倾损。

【译文】

如果身居君位的人能做到安详、从容、正派、沉静,既会顺又能节制,愿意给予并与世无争,这样就可以心平气和地面对天下纷争。

【鉴赏】

乾隆皇帝当政时,以宽仁为本,对南部新疆问题,他一直报以和平解决的愿望,但最后他不得不使用军事力量来解决。

在平定准噶尔后,回部何去何从?起初,清朝希望和平解决,采取措施,减轻贡赋,给予其较大自治权力和优惠政策。但后来的发展事与愿违,由于和卓兄弟发动叛乱,阴谋分裂,清廷不得不诉诸武力。

乾隆二十三年,朝廷以雅尔哈善为靖逆将军,率满汉官兵一万余人,向库车进发。征讨之前,乾隆下谕宣示大小和卓的罪状,其文至情至理,赢得了老百姓的拥护和支持。

諸子百家

——

纵横家

谕旨中这样对维吾尔族百姓说，"布拉尼敦、霍集占兄弟在噶尔丹策动时被拘禁，我们第一次平定伊犁时，放出二人，并命令他们做了你们的首领。朝廷正要对和卓二兄弟加恩赐爵、授予良田时，没料到二人乘厄鲁特变乱之机，率领伊犁人逃往叶尔羌、喀什噶尔，拥兵自重。朕原以为他二人或许是惧怕厄鲁特的骚扰，暂时避开，休养生息，因此没有发兵责难。后来见他二人仍然没有回归之意，就派遣使节前去招抚，没想到二人竟戕杀使臣，僭称巴图尔汗，情节尤其可恶。"

乾隆帝在谕旨中还说："朕以为，倘若朝廷听之任之，不擒拿主犯，那么回族百姓终不得安生。因此，特发大兵，声罪致讨。这次兴师，只为霍集占一人。因朕听说霍集占起义倡乱，布拉尼敦是被迫从行的，所以朕已命分别处理。像大小和卓兄弟至亲，朕尚且视其情节轻重，加以处理，更何况你们全无涉及，岂有被株连之理？朕是不会将尔等无罪之人与叛逆之徒一并诛戮的。"

谕旨最后说："你等若将霍集占缚获献上，自会安居乐业，永享殊恩。若执迷不悟，听从逆贼指使，大兵所至，即不再分善恶，全被剿除，悔之晚矣！希望你们熟思利害，不要贻误终生。"

从这道谕旨中，可以清楚地看出乾隆顺应民意的基本策略。在谕旨中，乾隆帝依据情理，对准极少数，保护大多数。一方面指责和卓兄弟忘恩负义，尤其是霍集占，申明这次征伐的正当理由；一方面解除各方面的忧虑，说明平回的矛头只对准霍集占一人，绝不株连扰害维吾尔族一般人民，连大和卓布拉尼敦也会宽大处理。

这道谕旨的发布，有利于瓦解叛军的意志，分化了叛军内部的凝聚力，为最后平定回部大、小和卓叛乱的胜利打下了坚实的基础。

乾隆在平定大、小和卓叛乱的过程中，以审时度势的眼光分析其利弊关系。为了趋利避害，不但以宽容之心对待叛逆者，还以最小的投入取得了最佳的效果，真可谓事半功倍。其成功之处与乾隆帝敏锐的观察力、正确的判断力和英明的决断力是分不开的。

乾隆下达的谕旨既解除了百姓的顾虑和担忧，又大大鼓舞了受压迫百姓反抗的决心，达到了分化敌军营垒，争取维吾尔族群众，减轻进军阻力的目的。可以说，这道谕旨的作用绝不亚于单纯的军事进军，为最终的胜利奠定了基础。

领导者的人格魅力实际上是领导者的一种吸引力和凝聚力，领导者的人格魅力是通过领导者的美德表现出来的，领导者的人格魅力是非权力影响力，高尚的品格是领导者人格魅力的核心。领导者有比较强的人格魅力，就会赢得组织成员的敬重和信任，从而增强团队的凝聚力和战斗力，同心同德为实现组织目标而努力奋斗。

日本本田技研工业总公司的创始人本田宗一郎每当遇到棘手的事情时，总是自己率先去干。因此，公司里的年轻人非常佩服他的这种身先士卒的作风。

1950 年的一天，为了谈一宗出口的生意，本田和藤泽在一家餐馆里招待外国商人。

外国商人兴致挺高，喝了许多酒，不久便跑到卧室呕吐起来。

过了一会儿，服务员满脸沮丧地报告说："本田先生，我不小心，把客人的金假牙倒进厕所里了，您说怎么办？"

諸子百家——纵横家

本田一听。二话没说，跑到楼下，掀开粪池石板，脱掉衣服，纵身跳入了粪池，并用一双筷子打捞起来。那些粪便、便纸在水面上浮着，臭气熏天，令人作呕，但本田却像没事人一般，用筷子拨弄粪便、纸屑，细心寻找，找了好一阵才把那颗金假牙找到。

本田回到卧室卫生间，冲洗干净身子，穿上衣服，再将假牙冲洗干净，并对假牙消了毒。然后悄悄地放到外商的床边。

"您是怎么找到的?"服务员惊奇地问。

"是本田先生亲自跳下粪池寻回来的。"不待本田回答，藤泽激动地抢着说。

"啊?"服务员的嘴巴张得很大，"本田先生，真是太谢谢您了! 您真伟大! 您帮了我大忙，我一辈子也不会忘记。"服务员深受感动。

这件事让那位外国商人也很受感动，生意自然获得了圆满的成功。藤泽武夫目睹了这一切，感慨不已，认为自己可以一辈子和本田宗一郎合作下去。

后来，他们并肩"战斗"几十年，在几十年中，他们把其他人用来内斗的精力都用于各自领域内的"对外战斗"，战胜了技术、经营上的敌手。

老话说:上行则下效。又说:上梁不正下梁歪。作为领导，只有自我严格要求，并以身作则，做出表率，才具有号召力。

一个优秀的领导，要执行、贯彻自己提出的政策方案，必须愿意吃苦耐劳，要能急人所急，组织内部有了困难要能身先士卒，一马当先，解决问题。

人们因为很多理由跟随一个领导。越是野心勃勃想成为领导的人反而越不能成为合格的领导者，真正的领导者会谦卑温和，富有自我牺牲精神。一句话，优秀和杰出的领导基于自身的人格而赢得人们对他们的尊重。人们跟随某位领导往往是因为该领导的人格和其所代表的价值观。

目明耳聪，集思广益

【原文】

目贵明，耳贵聪，心贵智。以天下之目视者。则无不见;以天下之耳听者,则无不闻;以天下之心虑者,则无不知。辐辏并进,则明不可塞。

【译文】

对眼睛来说，最重要的就是明亮;对耳朵来说，最重要的就是灵敏;对心灵来说，最重要的就是智慧。人君如果能用全天下的眼睛去观看，就不会有什么看不见的;如果用全天下的耳朵去听，就不会有什么听不到的;如果用全天下的心去思考，就不会有什么不知道的。如果全天下的人都能像车辐条集辏于毂上一样，齐心协力，就可明察一切，无可阻塞。

【鉴赏】

汉武帝去世的时候，他所立的太子即后来的汉昭帝，年龄才8岁。汉武帝并不放心,就把他托付给霍光、金日磾、上官桀、桑弘羊四位大臣,让四人辅佐昭帝。四人之中,霍光是大司马、大将军,掌握着朝廷军政大权,地位最高。

霍光为人正直,又忠心耿耿辅佐汉昭帝,把国家大事处理得有条不紊,因此,威望日益增高。但是霍光为人耿直,做事不讲情面,得罪了不少人,其中就有上官桀、桑弘羊、盖长公主等人。

当时燕王刘旦(汉昭帝的哥哥)因为自己没有做成皇帝,一心想废掉昭帝,但又畏惧霍光,于是他便和上官桀勾结起来,想设计除掉霍光。

于是,在汉昭帝14岁那年,上官桀趁朝廷让霍光休假的机会,伪造了一封刘旦的亲笔书信,又派人冒充刘旦的使者,把这封信送给了汉昭帝。

汉昭帝打开信一看,只见上面写道:"霍光外出检阅御林军时,擅自使用皇上专用的仪仗。而且他经常不守法度,不经皇上批准,擅自向大将军府增调武官,这都有据可查。他简直是独断专行,根本不把皇上放在眼里!我担心他有阴谋,对皇上不利,因此我愿意辞去王位,到宫里保护皇上,以提防奸臣作乱。"

送完信后,上官桀等人做好一切准备,只等汉昭帝发布命令。就把霍光捉拿起来,谁知汉昭帝看完信后毫无动静。

第二天,霍光前去上朝,听说了这件事,就坐在偏殿中等候发落。

汉昭帝在朝堂上没有看见霍光,便问道:"大将军在哪里?"

上官桀回答道:"大将军因为被燕王告发,所以不敢进来。"

于是,汉昭帝派人请霍光上殿。霍光来到殿前,摘掉帽子,磕头请罪。

汉昭帝说:"大将军只管戴上帽子。我知道那封信是假的,你没有罪。"

霍光既高兴又迷惑不解,问:"皇上是怎么知道的啊?"

汉昭帝说:"大将军检阅御林军只是最近几天的事情,增调武官校尉到现在也不过10天,燕王远在北方,他怎么知道得如此之快啊?如果将军要作乱,也不必依靠校尉。"

上官桀等人和文武百官听了都大吃一惊。

汉昭帝又说:"这件事只需问问送信人就可以弄明白!不过,我想他肯定早已逃跑了。"

左右下属连忙命人去找送信人,送信人果然逃跑了。

一计不成,上官桀等人又生一计,他们经常在汉昭帝面前说霍光的坏话。最后,汉昭帝大怒,对他们说:"大将军是忠臣,先帝嘱托他辅佐我,以后谁敢再诬蔑大将军,我就治谁的罪!"

上官桀等人看到这个方法不行,就密谋让盖长公主出面请霍光喝酒,然后借机杀掉他,废掉汉昭帝,立燕王刘旦为帝。但他们的阴谋还没来得及施行,就被汉昭帝和霍光发觉,将其蓄谋之人全部杀死。

"主明术"说的就是君主只有耳聪、目明、心智,才能做到明察秋毫,而不至于被事物的外在假象蒙蔽了眼睛。霍光如果碰上一个昏庸的皇上,恐怕早已被斩首了。而昭帝从信中的时间准确地推算出燕王不可能知道近期发生的事,而且又令人去追查送信之人,他这样做的目的只是想给诬陷霍光的人一个威吓，上官桀果然吓得半死。更为可悲的是，上官桀等人仍不死心，意图谋反，最终落得身首异处的下场。

没有人不愿意听到赞美之词，所以很多人容易被过多的赞美所蒙蔽，看不到隐藏的真相。因此一个富有智慧的领导者，要善于听取各方面的意见和建议。

康熙和乾隆掌政时期，国家呈现出太平盛世的局面。康熙时期的繁荣得益于康熙治理天下有方，然而康熙晚期，国家却一直走下坡路。一方面是他晚年多病，不能勤政；另一方面是确立皇储的问题搅得朝中一片混乱。因此，在他统治晚年，朝中官员渐渐疏于政事，因循敷衍、懒散拖沓、贪污行贿，把官场弄得乌烟瘴气，一直蔓延到雍正初年。

雍正登基后，决心全面整顿，改变朝廷大臣玩忽职守的态度和消极懒散的作风。他清楚这种作风已经有很长时间了，彻底废掉不是轻而易举的事情。但如果对他们仅仅宣传一些大道理，恐怕收不到较好的效果。雍正想来想去，觉得不如来个杀鸡儆猴，说不定能产生大的影响，震住其他大臣。但是，到哪儿去找这只"鸡"呢？不久，雍正就找到了突破口。

一天，雍正让手下趁别人不注意时，把刑部大门上的匾额拿回来，藏在屏风后面。然后雍正耐心地等待，看看刑部有什么反应。

一天过去了，刑部没有什么异常。两天过去了，刑部依然像什么事都没有发生一样。第七天，雍正再也沉不住气了。他命令召见刑部主管官员。一见面，雍正突然问道："你们主管衙门外的大匾额还在吗？"

官员不知雍正有何用意，毕恭毕敬地回答说："在！"

可是当他们抬头看皇上时，只见雍正脸色阴沉，不知自己说错了什么，慌忙补充说："应该在吧！"说罢，不敢言语。

雍正向近旁的侍从招招手，两个内侍便把刑部大门外的匾额从屏风后抬出来。刑部主管官员一看，吓得直哆嗦，一时不明白究竟怎么回事。

雍正指着放在大殿中央的匾，厉声说道："这块匾额已经放在这里七天了，可你们却没有任何人发现！这么大的缺陷你们居然都没有注意到，不知你们平日会疏忽多少事务！堂堂一部之首尚且玩忽职守到如此地步，又怎么能以身作则、教导下面的人勤于公务呢？"

雍正大发脾气，刑部主管吓得双腿发软，连连叩头，俯首请罪。他在皇上面前立下誓言，决心痛改前非，整顿吏治，提高效率。

雍正对其他部门什么都没说，但自从这件事传开后，朝廷六部拖拖拉拉的办事作风很快就有了改观。

面对因循敷衍、懒散拖沓、贪污行贿等劣行，雍正帝心知肚明，一时难以解决。于是便想到了杀鸡儆猴的招数，这也是历来古代官吏乐此不疲的行事策略。为什么呢？因为与各个击破相比，杀一儆百的影响更为深远，而且要省时省力得多。可见，雍正帝的高明之处贵在其心智。

大到一个国家，小到一个企业，在做一件事情需要决断的时候，都必须充分发挥其成

诸子百家——纵横家

员的能量,集思广益。

当全美短帮皮靴成为一种流行时尚的时候,每个从事皮靴业的企业几乎都趋之若鹜地抢着制造短皮靴,以供应给各个百货商店,他们认为赶着大潮流走要省力得多。

罗宾当时经营着一家小规模皮鞋工场,只有十几个雇工。他深知自己的工场规模小,要挣到大笔的钱诚非易事。自己薄弱的资本、微小的规模,根本不足以和强大的同行相抗衡。而如何在市场竞争中获得主动权,争取有利地位呢?

罗宾考虑了两条道路:一是在皮鞋的用料上着眼,就是尽量提高鞋料成本。使自己工场的皮鞋在质量上胜人一筹。然而,这条道路在白热化的市场竞争中行走起来是很困难的,因为自己的产品本来就比别人少得多,成本自然就比别人高了,如果再提高成本,那么获利有减无增。显然,这条道路是行不通的。二是着手皮鞋款式改革,以新领先。罗宾认为这个方法不失妥当,只要自己能够推出新花样、新款式,不断变换,不断创新,招招占人之先,就可以打开一条出路,如果自己创造设计的新款式为顾客所钟爱,那么利润就会接踵而至。

经过一番深思熟虑,罗宾决定走第二条道路。他立即召开了一个皮鞋款式改革会议。要求工场的十几个工人各竭其能,设计新款式鞋样。为了激发工人的创新积极性,罗宾规定了一个奖励办法:凡是所设计的新款鞋样被工场采用的设计者。可立即获得1000美元的奖金,所设计的鞋样通过改良可以被采用,设计者可获500美元奖金,即使设计的鞋样不能被采用,只要其设计别出心裁。均可获100美元奖金。同时,他即席设立了一个设计委员会,由五名熟练的造鞋工人任委员,每个委员每月额外可取得100美元作为报酬。

这样一来,这家袖珍皮鞋工场里马上掀起了一阵皮鞋款式设计热潮,不到一个月,设计委员会就收到40多种设计草样,采用了其中3种款式较别致的鞋样。罗宾立即召集全体大会,给这三名设计者颁发了奖金。

罗宾的皮鞋工场就根据这3个新款式来试行生产。第一次出品是每种新款式各制皮鞋1000双,立即将其送往各大城市推销。顾客见到这些款式新颖的皮鞋。立即掀起了购买热潮。两星期后,罗宾的皮鞋工场收到2700多份数量庞大的订单,这使得罗宾终日忙于出入于各大百货公司经理室大门,跟他们签订合约。

因为订货的公司多了,罗宾的皮鞋工场逐渐扩大起来,3年之后,他已经拥有18间规模庞大的皮鞋工场了。不久,危机又出现了,当皮鞋工场一多起来。做皮鞋的技工便显得供不应求了。最令罗宾头疼的情形是,别的皮鞋工场尽可能地把工资提高,挽留自己的工人,即便罗宾出重资,也难以把其他工场的工人拉出来。缺乏工人对罗宾来说是一道致命的难关,因为他接到了不少订单。如果无法给买主及时供货,将意味着他得赔偿巨额的违约损失,罗宾忧心忡忡。

他又召集18家皮鞋工场的工人召开了一次会议。他始终相信,集思广益,可以解决一切棘手的问题。罗宾把没有工人可雇用的难题告诉大家,要求大家各尽其力地寻找解决途径,并且重新宣布了以前那个动脑筋有奖的办法。会场一片沉默,与会者都陷入思

諸子百家 —— 縱橫家

考之中,搜索枯肠想办法。过了一会儿,有一个小工举起右手请求发言,罗宾嘉许之后,他站起来怯生生地说:"罗宾先生,我以为雇请不到工人无关紧要,我们可用机器来制造皮鞋。"

罗宾还来不及表示意见,就有人嘲笑那个小工:"孩子,用什么机器来造鞋呀?你是不是可以造一种这样的机器呢?"那小工被其他人的嘲笑窘得满面通红,悄悄不安地坐了下去。罗宾却走到他身边,请他站起来,然后挽着他的手走到主席台上,朗声说道:"诸位,这孩子没有说错,虽然他还没有造出一种造皮鞋的机器,但他这个办法很重要,大有用处,只要我们围绕这个概念想办法,问题定会迎刃而解。我们永远不能安于现状,思维不要局限于一定的桎梏中,这才是我们永远能够不断创新的动力。现在,我宣告这个孩子可获得 500 美元的奖金。"

经过四个多月的研究和实验,罗宾的皮鞋工场的大量工作就已被机器取而代之了。

集思广益的做法表明:个人的认识总是有限的,再高明的领导也不能单靠自己的智慧,他必须集中众人的智慧,遍采众人之长方可成事。

虚心听取他人意见

【原文】

许之则防守,拒之则闭塞。

【译文】

如果能听信人言,就使自己多了一层保护,如果拒绝别人进言就使自己受到了封闭。

【鉴赏】

公元前 636 年,晋公子回国当上国君,是为晋文公。他当上国君后,开始征发百姓,组织军队,训练作战。两年后,晋文公便准备用训练的百姓称霸诸侯。

大臣子犯劝阻说:"百姓虽然经过训练,身体强健,但还不懂得义,还没能各居其位,不能用。"

晋文公觉得有道理,他便想办法让百姓懂得义。正在这时,周朝发生了"昭叔之难"。

昭叔是周惠王的儿子,他和他的哥哥襄王之后狄隗密谋叛乱。襄王知道后,便将狄隗废掉。这件事触怒了狄隗的娘家,他们派重兵进攻周朝,周襄王被迫逃到郑国。

周朝在当时名义上是各诸侯国的宗主,晋文公决定帮助周襄王返回周朝并用此事教育晋国的百姓什么是义。

他派出左右两军,右军攻打昭叔,左军去郑国迎接周襄王返国。事成后,周襄王为表彰晋文公的功劳,以天子的礼仪迎接文公。

晋文公却推辞说:"这是臣下分内之事。"

晋文公帮助襄王返国后,又回国致力于便利百姓,使百姓安居乐业。这时他认为可

诸子百家——纵横家

以使用百姓了。可子犯又出来阻拦说："百姓虽然懂得了义，但还不知道信是什么，还不能用。"晋文公听后，觉得有道理。于是他率领军队攻打原国，命令士兵携带三天的口粮。军队围困原国城池整整三天，士兵们的粮食全部吃完了，而原国还坚守城池不出。于是晋文公下令退兵，正当晋军刚退兵时，间谍从城里出来报告说："原国已经准备投降了。"有人主张再坚持一下，等待原国投降。晋文公坚决地说："当初带三天军粮，就是准备攻打三天的；如今已下令退兵，就应该说话算数。如果不退兵，即使得到原国，也会失去信用，得失相比哪个多呢？"

由于晋文公利用攻打原国教育百姓懂得何为信，所以国内民风大变，凡事以信为本。晋国百姓做生意不求暴利，不贪不骗。

做完这些后。晋文公问子犯："这回行了吧？"子犯回答："百姓虽知信、义，还不知道礼，还没有养成恭谦礼让。"

于是，晋文公又在让百姓在知礼方面下苦功。他举行盛大的阅兵仪式，每个环节都依照军礼执行。使百姓看到礼仪；他又规定百官的等级及职责，使百姓知道对什么职官行什么礼仪。百姓们不但如此，还知道根据礼来判断一件事的是非。这时，子犯笑着说："可以用民了。"

于是，晋文公开始伐曹、攻卫，取得齐国之地，大败楚军于城濮，成为春秋五霸之一。

"主听术"中说的就是君主如何在明察秋毫的基础之上去听取、采纳臣子的劝谏。春秋五霸之一的晋文公，虽时刻想着称霸，但他并不冒进，而是虚心三次听从子犯的建议，并且不遗余力地去完成。其结果不但教化百姓明白了信、义，还使百姓懂得了礼仪，最终使之成为春秋五霸之一。

做事时要向有经验的人虚心请教，不听忠言，最终会自食恶果。

西晋末年，南北分裂。南方司马睿在建康称帝，建立东晋王朝；在北方，匈奴、鲜卑、羯、氐、羌等少数民族首领也纷纷称王称帝，占据关中一带的氐族统治者以长安为都城，建立了前秦政权。公元357年，符坚即位，他重用汉族知识分子，推行一系列改革措施，在一定程度上使前秦国实现了兵强国富的局面。

在这基础上，符坚积极向外扩张势力，初步统一了北方地区。接着攻打江南，企图统一南北。东晋太元八年（383年）八月，符坚亲率百万大军，水陆并进，南下攻晋。东晋王朝在强敌压境、面临生死存亡的紧急关头，决意奋起抵抗。他们一方面缓解内部矛盾，另一方面积极部署兵力，制订正确的战略战术，以抗击前秦军队的进犯。

十月十八日，符融率领前秦军前锋攻占寿阳，幕容垂部攻占了郧城，接着攻打硖石。胡彬困守硖石，粮草乏绝，难以支撑，便写信请求谢石驰援。可是此信却被前秦军所截获，符坚决定迅速开进，以防晋军逃遁，便把大部队留在坎城，亲率骑兵八千驰抵寿阳，并派遣原东晋襄阳守将朱序到晋军中劝降。朱序到了晋军营阵后，不但没有劝降，反而向谢石等人密告了前秦军的情况，并建议谢石乘前秦军各路人马尚未集中的机会，主动出击。

谢石及时改变作战方针，决定转守为攻，派刘牢之率精兵5000迅速奔赴洛涧，与前秦梁成军相遇。刘牢之大败梁成，取得洛涧遭遇战的胜利，这挫抑了前秦军的兵锋，极大地鼓舞了晋军的士气。谢石乘机命诸军水陆并进,直逼前秦军。苻坚站在寿阳城上,看到晋军布阵严整,又望见淝水东面八公山上的草和树木,以为也是晋兵,心中顿生惧意,对苻融说:"这明明是强敌,你怎么说他们弱不堪击呢?"

前秦军洛涧之战失利后,沿淝水西岸布阵,企图从容与晋军交战。谢玄知己方兵力较弱,利于速决而不利于持久,于是便派遣使者激将说:"将军率领军队深入晋地,却沿着淝水布阵,这是想打持久战,不是速战速决的方法。如果您能让前秦兵稍稍后撤,空出一块地方,使晋军能够渡过淝水,两军一决胜负,这不是很好吗?"

前秦军诸将都认为这是晋军的诡计,劝苻坚不可上当。但苻坚却说:"只引兵略微后退,待他们一半渡河,一半未渡之际,再用精锐骑兵冲杀,便可以取得胜利。"于是苻融便答应了谢玄的要求,指挥前秦军后撤。前秦军本来就士气低落,内部不稳,阵势混乱,指挥不灵,这一撤更造成阵脚大乱。朱序乘机在前秦军阵后大喊:"秦军败了!秦军败了!"前秦军听了信以为真,遂纷纷狂跑,争相逃命。

东晋军队在谢玄的指挥下,乘势抢渡淝水,展开猛烈的攻击。苻融被杀,前秦军全线崩溃,完全丧失了战斗力,晋军乘胜追击,一直到达青冈。前秦军人马相踏而死者,满山遍野,堵塞大河。活着的人听到喊杀声,以为是晋兵追来,更没命地拔脚向北逃窜。淝水之战,前秦军被歼灭的十有八九,苻坚本人也中箭负伤,仓皇逃至淮北。

苻坚在位时励精图治,不但开创了前秦的盛世,还统一了北方,是少数民族政权中较为有实力的。然而使人遗憾的是他过于好大喜功、崇尚武力,由于刚愎自用,不能虚心听取群臣的建议,而最终导致了兵败淝水,遗恨千古。

现在,一些世界知名企业为了更好更快地发展,也欢迎不同的声音出现。2004年,温家宝总理会见了前美国通用汽车公司总经理斯隆。在谈到公司决策的时候,斯隆说出了通用汽车公司的决策理念。那就是:听不到不同意见不决策。很多人都希望在做事情的时候能够有一致的意见,这样就可以顺利地实施计划,为什么通用汽车公司背道而驰,必须听到不同意见才做出决策呢?事实上,这正是通用汽车公司长期立于不败之地的一个重要原因。任何人做事都不可能面面俱到。尤其是当今时代,各种信息充斥在我们的周围。一个人不可能掌握所有的信息,那么,在决策的时候就难免会出现考虑不周全甚至错误的地方。这个时候,学会从别人那里借用智慧、听取不同的意见就显得十分重要了。

善于倾听不同的意见,也就是善于从不同的人那里"借脑",对具有采纳价值的意见进行必要的吸收,没有采纳价值的也不会影响最终的决策,何乐而不为呢?

赏罚分明,公正守信

【原文】

用赏贵信,用刑贵必,刑赏信必,验于耳目之所见闻……

【译文】

运用奖赏时,最重要的是守信用。运用刑罚时,贵在坚决。处罚与赏赐的信誉和坚决,应验证于臣民所见所闻的事情……

【鉴赏】

"信"与"正"是赏与罚的关键所在。有功不赏,则无人思进取;有过不罚,则恶人将肆虐。赏、罚都要取信于民,使社会形成良好的风气。

战国时期,一到冬天,鲁国都城南门附近的人们就会到芦苇荡子里打猎。由于那里湿度适宜,生长着肥美的野草,数不清的鱼虾在嬉戏。许多飞禽猛兽也栖息在这块风水宝地,过着惬意的生活。

人们都说这里动物的肉鲜嫩,不仅肉好吃,而且皮毛还能卖钱,所以来这里打猎的人络绎不绝。一天,不知谁为了一时之利,竟然放了一把火来捕杀猎物。火借风势,很快蔓延开来,马上要烧到鲁国都城了,但却没有一个人救火,大家仍然兴高采烈地追逐着四处逃窜的动物。

鲁哀公在宫中听到火灾的消息,大吃一惊,赶忙派人去救火。但是被派去的人也跟着众人追逐火海中逃出来的猎物。看到这乱糟糟的情形,鲁哀公不知所措,担心再延误下去,都城就要化为灰烬了。

这时,宫中一位大臣说:"在这样危急的情况下,我们没有设置任何奖赏和惩罚,人们当然不愿意冒险去灭火。更何况趁机捕杀猎物不仅有利可图,也有趣味,人们自然就趋之若鹜。出现这种情况也是在所难免的。"

鲁哀公心中十分焦急,听到这句话后,突然茅塞顿开,于是传令下去,凡是救火的人就是为挽救都城立下功劳的人,一定会得到重重赏赐的!

那位大臣赶忙说:"这样也不太好,现在一团糟,不清楚谁在救火,谁在追逐猎物。至于谁的功劳大、谁的功劳小,也没有办法评定。况且还有一个重要的问题,现在人这么多,用这么多的财富赏赐实在是不划算啊!"

鲁哀公想想觉得也对,又开始发愁,说:"那该怎么办呢?"

大臣回答道:"既然奖赏不行,那为什么不惩罚呢? 我们可以规定,捕杀猎物者视同玩忽职守,不救火的人等同于战场上的逃兵。如果被发现,不管是谁,都要以军纪处罚,不留半点情面! 这样不用花一分钱,就能达到目的。您觉得怎么样?"鲁哀公一听赞不绝口,立即传令下去。在场的人听到传令都害怕了,纷纷救火。有的脱下自己的衣服扑灭火苗,有的拿工具切断向四周蔓延的火,有的铲土掩盖即将复燃的灰烬。不一会儿,大火就被扑灭了。

"主赏术"说的就是君主如何运用赏罚的手段来激励他人为自己服务。鲁哀公采用宫中大臣的赏罚之法,其成功之处就在于时机得当,通过对运用对象的分析,抓住了人们害怕受到惩罚的心理,以法治事,灵活地制订赏罚策略,最终团结人心,扑灭了大火。可见,赏罚分明不仅可以作为制度来遵循,还可以通过变通的手段为自己所利用。

说起"赏"的艺术,其实并不像赏功那么简单。有时候,为了招贤纳士,即便无功也要赏。

诸子百家 —— 纵横家

燕国被齐国打败后,不久国君就死去了,太子继位,是为燕昭王。他在收拾残破燕国的时候,决定用厚礼聘请有才能的人,准备报败齐之仇。他对谋士郭隗说:"齐国趁着我国内乱而打败了我们,现在,我们燕国势单力薄,无力复仇。所以,我要得到贤明之人与我共商国是,以雪先王的耻辱,那是我最大心愿。您觉得如何才能招到贤能的人呢? 如何才能让燕国繁荣昌盛,打败齐国呢?"

郭隗说:"成就帝业的君主以贤者为师,成就王业的君主以贤者为友,成就霸业的君主则以贤者为臣,而亡国的君主就以低贱的小人为臣。"

"您如果能恭敬地对待贤者,那么就能招来超过自己才能百倍的人才;您如果先于别人劳动,后于别人休息,先去请教别人,然后再深思默想,那么就能招来超过自己才能十倍的人才;您如果与别人一样辛勤劳动,并且能够平等地对待别人,那么就能招来和自己才能差不多的人才;您如果对人态度蛮横,随便发怒,任意呵斥,那就只能招来奴隶那样的人。这就是自古以来的经验和教训啊! 大王如果真想广泛选任贤者,就应该亲自去拜访,让天下人知道大王亲自拜访自己的贤臣,那么天下的贤士,一定都会到燕国来。"

燕昭王听了郭隗话,问道:"我应该首先去拜访谁呢?"

郭隗说:"我先给您讲个故事。古代有个国君,想用千金买千里马,三年也没买到。宫中有个侍者对国君说:'请让我去买千里马!'国君就派他去了。三个月后,这个人找到了千里马,但那匹马已经死了。于是他就用五百金买了马骨,回来向国君报告。国君大怒:'我要买的是活马,哪能用五百金买个死马呢?'侍者镇定地回答:'买死马尚且用五百金,何况活马呢? 天下的人都以为大王真要买马,千里马很快就会送来。'果然,不到一年,就有三匹千里马送上门来。"

郭隗接着对燕昭王说:"如今大王要想招揽人才,就请从我开始。我尚且被任用,更何况比我更有才能的人呢?"

燕昭王听从了郭隗的话,筑起高台,拜郭隗为师,并筑黄金之台以待贤者。一时间,乐毅、邹衍、剧辛这些人才纷纷从自己的国家奔向燕国。

经过许多贤人智者20多年的努力,燕国终于强大起来,军队的战斗力也大大加强。于是燕昭王拜乐毅为上将军,与秦、楚及三晋联合谋划进攻齐国。经过几场大战,齐军大败,齐闵王逃到国外,燕昭王终于报了败齐之仇。

重赏之下,必有勇夫。燕昭王运用金钱招贤纳士,最终使燕强盛起来,报了败齐之仇。总结其成功的原因有三:一是会用人,他首先想到的是以厚礼招请人才;二是善纳谏,听从了郭隗的建议并重用他;三是不惜财,以高筑黄金台招贤纳士,使人才都能够各尽其用。

要正确运用赏罚之术,赏罚有度,才能使人信服。

郭子仪是唐代的中兴名将,当朝重臣。因平定安史之乱有功,被朝廷封为汾阳王,其子郭暧被代宗招为驸马,可谓权倾朝野,显赫一时。

不久,郭子仪过寿,家人和亲朋好友纷纷拜贺,唯有儿媳升平公主仗着自己是当朝公主,不肯给公公拜寿。郭暧不由得勃然大怒,与升平公主发生争吵,大打出手,给了公主一记耳光。他盛怒之下,指着升平公主的鼻子说:"你如此无礼,不就是仗着你父亲是天

诸子百家——纵横家

子吗? 我的父亲功高盖世,他根本不愿意做天子!"这句话,无疑可能招致杀身灭门之祸。

升平公主本是唐代宗的掌上明珠,做丈夫的不但没有把自己放在眼里,而且也不把自己的父亲、当朝天子放在眼里,这还了得! 公主万分恼怒地跑回皇宫。向父亲告状,痛斥郭暖的"犯上作乱"罪行。

郭子仪

唐代宗听完女儿的哭诉后,却一团和气地说:"郭暖说的话,不是你能懂得的。他父亲确实是不想做天子,否则的话,天下哪里会归到我们家所有呢?"说完,他就叫公主赶快回家去,并要她向公公赔罪。

此时,郭子仪听说儿子打了升平公主并口出狂言一事后,不禁大惊失色,早已把郭暖囚禁起来,随后自己入朝请求皇上治罪。

唐代宗见到前来谢罪的郭子仪后哈哈一笑,说:"俗话说'不痴不聋,不做家翁',小两口在闺房中吵架时说的气话,怎么能当真呢? 你这样做也太小题大做了!"

就这样,一件本来可能酿成大祸的事情,最后不了了之。

赏罚的尺度要灵活把握,且不可一概而论。在这件事中,唐代宗显示了十分高明的御臣手段和处世谋略。他以和气浑圆的容忍态度对待郭暖的口出狂言,并没有给予惩罚。因为作为君主的唐代宗深知郭子仪对自己忠心耿耿。而且事发之后又绑着儿子前来请罪,实在不必小题大做。唐代宗此举不但保全了郭子仪一家的性命,更使郭子仪一家对他感激不尽,今后会更加忠于代宗皇帝,为国家效力。

实事求是,名实相生

【原文】

循名而为,按实而定;名实相生,反相为情。名实当则治,不当则乱。实生于德,德生于理,理生于智,智生于当。

【译文】

依照名分去考察实际,根据实际来确定名分。名分与实际互为产生的条件,反过来又互相表现。名分与实际相符就能得以治理,不相符则易产生动乱。名分产生于实际,实际产生于意愿,意愿产生于分析,分析产生于智慧,智慧则产生于适当。

【鉴赏】

著名的世界十大名牌之一的奔驰汽车,其创始人卡尔·奔驰生于 1844 年,他是世界上最早的汽车发明人之一。

1866 年 7 月 3 日,他发明的汽车第一次开上马路,1893 年起正式投入生产与销售。一百多年来,奔驰汽车以无可匹敌的质量优势,成为地位、权力的象征。奔驰车的质量体现在奔驰车的方方面面,甚至每一颗螺钉。以其座椅用料为例,用来制造该车座椅的羊毛是专门从新西兰进口的,其粗细必须在 23~25 微米之间,细的羊毛用来织造高档车的坐椅面料,以保持柔软舒适;粗的羊毛则用来织造中档车的坐椅面料。纺织时,根据各种面料的不同要求,还要掺入从中国进口的真丝以及从印度进口的羊绒。而制造皮革座椅则选用全世界最好的皮子。为此,他们先后到世界各地考察、选择。最后,认为南德地区的公牛皮质最好。确定皮革供应点后,奔驰公司又要求该处饲养的牛应在饲养过程中防止出现外伤和寄生虫,既要保持饲养场地良好的卫生状况,又要防止牛皮受到伤害。座椅制成后,还要由工人用红外线照射器把皮椅上的皱纹熨平。

管中窥豹,奔驰公司为了保持其长盛不衰的世界名牌地位,真是煞费苦心,一丝不苟。

"循名而为,按实而定"就是说圣智之人若遵循名分去行事,按照事实来采取行动,一切就会安好无恙。奔驰公司采取的种种举措,使得产品质量与其名牌地位名副其实,确保了其优秀的企业品质,展现了世界名车的风范,从而保持了其长盛不衰的世界名车地位。

民众是历史前进的推动力,是国家稳定、社会和谐的基础。同样的,在现代商业领域中,一个企业的管理者如果管理手段简单粗暴,不注重企业和品牌在社会公众当中的形象,也会导致管理的混乱和失控,从而影响企业的生存和发展。

中国香港地区著名实业家曾宪梓先生创造了"金利来"领带这一著名品牌。但鲜为人知的是,这一品牌开始并不叫"金利来",而是叫"金狮"。一次,曾宪梓拿出两条"金狮"领带送给他的一位亲戚。不料,亲戚非但不领情,反而满脸不高兴地说:"我才不戴你的领带呢,金输、金输,什么都输掉了。"原来。香港话"狮"与"输"读音相近,加上香港参与赌博的人多,很忌讳"输"字。亲戚的不满给曾宪梓以极大的启迪。经过一夜绞尽脑汁的思考,他终于巧妙地将"金狮"的英文 GOLDLION 改为意译与音译结合,即 GOLD 意译为"金",LION 谐音读为"利来",便成为今天无人不知的"金利来"。这个名字一上市就为消费者认同、接受,竟一叫即响。

如今,"金利来"不仅成了领带大王,而且陆续推出了皮带、皮包、钱夹、衬衫、运动套装、西装、袜子以及领结、领带夹、钥匙链等男士服装及饰品、用品,甚至还推出了男士皮鞋。

正如曾宪梓先生所言:"事实上,'金利来'不需要为每一个品种开设一间工厂,从而投入大批资金。我们有一大部分品种是委托欧洲名厂生产的,出了名的牌子再加上名厂的精工制作,照样受到市场的欢迎。创了一个名牌,不论你推出何种品种,只要你保证质量,就会同样受到欢迎。一个名牌的价值,真是难以衡量。"这便是经营无形资产的硕果。

"名实相生,反相为情"就是说当名实相互助长之后,就会因合乎情理而做大做强。许多世界著名企业深谙"名实相生"之理,都善于经营自身以品牌、包装、企业形象为主要内容的无形资产。这样,不但提高了企业及其产品的知名度、美誉度,而且以事半功倍之效使市场份额不断扩大。

第九章　阴阳家

第一节　阴阳家史话

一、夏周时期：阴阳家的渊源

阴阳家是战国至西汉时期重要学派之一，西汉司马谈在《论六家要旨》中论述他以前的学术流派时，列"阴阳家"为六大学派之首。因为这个学派以阴阳五行学说为核心，所以又称为阴阳五行学派或者阴阳五行家。阴阳说认为任何事物内部都存在着阴阳两个方面的对立统一，而且其发生和发展变化也是阴阳对立统一的结果；五行说认为万物皆由金、木、水、火、土五种元素组成，并通过它们的相生相克来说明宇宙万物的起源和变化。后来，阴阳家又运用阴阳五行学说来比附人事的吉凶祸福和社会消长兴衰。

司马谈

术数是要运用阴阳五行学说的，因而到了商周之际，从夏代便已经流行的五行思想此时便向"五材"说转化并发展。阴阳思想在八卦中成形并确立，降至春秋，儒家、道家对阴阳思想都有所发展和完善。到战国时代，阴阳说和五行说逐渐合流，形成一种新的观念模式。术数的成分有所消减，但是阴阳家在这样的基础上便孕育而成了。

从发生学考察，巫术方技、五行说和阴阳说，是阴阳家的三大来源。

巫术方技

巫术方技是巫祝术数和方士方技的合称。虽然一般来说巫术方技是今天一切科学文化艺术的源头，但是对于阴阳家而言，其渊源可能更为亲密。首先，巫祝方士的技术不仅给阴阳家提供了比附、推演等实践论证的具体方法,更为阴阳家的衍化和蜕变埋下了带本质性的基因。其次,巫术方技所隐含的万物有灵的观念,天人相通的法则,为阴阳家以后吸取五行说和阴阳说提供了融合点和基础。

巫祝术数

巫祝术数的"巫祝"本来是有区别的:在上古时期称那些"以舞降神"的女神职人员为"巫",巫是象形字,"象人两裦舞形"(《说文解字·巫部》),如果是男的则通常称"觋";"祝"为会意字,"从示从人口"(《说文解字·示部》),所以称那些祭祀时主赞词的为"祝"。巫祝合称,可能始于《庄子》,其《人间世》篇:"解之以牛之白颡者,与豚之亢鼻者,与人有痔病者,不可以适河。此皆巫祝以知之矣,所以为不祥也。"

巫祝产生于原始社会的拜物教,到殷商时盛行鬼神崇拜,巫祝更加活跃起来。《周易·观卦象辞》说:"观天之神道,而四时不忒(不差错),圣人以神道设教而天下服矣。"巫祝史最初的职能虽然主要是"以舞降神",但同时还运用卜筮吉凶、画符念咒等替人治病。后来巫祝以至于能够代君主沟通天、地、人、神,《尚书》中就有"成汤既受命,时则有若伊尹,格于皇天。在太甲,时则有若保衡。在太戊,时则有若伊陟、臣扈,格于上帝;巫咸父王家。在祖乙,时则有若巫贤。在武丁,时则有若甘盘"(《君奭》)和"时予之辜。佑我烈祖,格于皇天"(《说命下》)等记述。

术数本来指巫祝卜筮吉凶、画符念咒等法术,实际是他们神秘其事的方式方法,因此巫祝也称之为巫术,与后来广义的术数有所不同。司马迁记述了殷商晚期巫祝术数的一些情况:

择建立卜筮人。乃命卜筮,曰雨,曰济,曰涕,曰雾,曰克,曰贞,曰悔,凡七。卜五,占之用二,衍贷。立时人为卜筮,三人占则从二人之言。女则有大疑,谋及女心,谋及卿士,谋及庶人,谋及卜筮。女则从,龟从,筮从,卿士从,庶民从,是之谓大同,而身其康彊,而子孙其逢吉。女则从,龟从,筮从,卿士逆,庶民逆,吉。卿士从,龟从,筮从,女则逆,庶民逆,吉。庶民从,龟从,筮从,女则逆,卿士逆,吉。女则从,龟从,筮逆,卿士逆,庶民逆,作内吉,作外凶。龟筮共违于人,用静吉,用作凶。(《史记·宋微子世家》)

这段记述了巫术在社会生活中的重要作用:"女则有大疑,谋及女心,谋及卿士,谋及庶人,谋及卜筮",并详细介绍了巫祝卜筮吉凶的情形。

广义的术数又称数术,数,指理数、气数(运用方法时的规律),即阴阳五行生克制化的运动规律;术,就是运用理数、气数的方法与技巧。诸如天文、历法、数学、星占、六壬、太乙、奇门、运气、占候、卜筮、命理、相法、堪舆、符咒、择吉、杂占、养生术、房中术、杂术等等,都属于广义术数的范畴。《四库术数类丛书·出版说明》说:"术数为阴阳家、占筮家之术,用阴阳五行生克制化的数理,来推断人事吉凶;即以种种方术观察自然界可注意的现象,用以推测人和国家的气数和命运,对我国古代政治、军事、文化、科技曾产生过广泛影响"。

从狭义的术数到广义的术数,证明了巫祝术数与阴阳家渊源十分密切的关系,而且两者的传承脉络也十分清晰。

方士方技

什么是方士，1989 年版的《辞海》是这样解释的："方士，中国古代好讲神仙方术、从事巫祝术数的人。起源于战国燕齐一带近海地区，以修炼成仙和不死之药等方术上邀统治者的信任。"对这个解释，我们认为至少有两点值得商榷：既然方士是从"从事巫祝术数的人"演变而来的，那么，方士与巫祝就有源的相同和流的变异，既然方士与巫祝有同异，那么方技与巫术也必然有同异，其一；方士与巫祝的同和方术与巫术的同，决定了方士方技起源就不能是战国时期了，此其二。

方士始见于《史记》，其中《历书第四》是"至今上即位，招致方士唐都，分其天部；而巴落下闳运算转历，然后日辰之度与夏正同。"这个"方士"显然是巫祝"占日"的工作；而"方士欲练以求奇药"（《秦始皇本纪第六》）和"天子始亲祠灶，而遣方士入海求蓬莱安期生之属，而事化丹沙诸药齐为黄金矣"（《孝武本纪第十二》）中的"方士"则成了"修炼成仙和不死之药等方术"的术士了。这两类方士，对阴阳家的产生是前一类，后一类则是阴阳家的流变。我们要说的就是前一类。

司马迁有前一类方士的相关记述："昔之传天数者，高辛之前：重黎；于唐、虞：羲和；有夏：昆吾；殷商：巫咸；周室：史佚、苌弘；于宋：子韦；郑则裨灶；在齐：甘公；楚：唐昧；赵：尹皋；魏：石申。"（《史记·天官书》）从巫祝到前一类方士之间有一个职司的分工，这个分工的时间大约也在商周之际，到春秋战国时期，巫祝与前一类方士的职司便明确多了。这个我们可以从司马迁所列这些人物中得到印证：

重黎亦作"重藜"，简称黎，祝融即又称祝诵，祝和。相传帝喾高辛氏时，他在有熊氏之墟（今新郑）担任火正之官，能昭显天地之光明，生柔五谷材木，为民造福，帝喾命曰祝融，后世尊为火神。章炳麟论中国祆教时说："中国重黎司火，於火教本有因缘，郊之为祭，大报天而主日，此明以火为最上之神。"（《答铁铮》）《尚书·吕刑》认为重黎能够"绝地天通，罔有降格。"（也有认为重黎是重与黎，羲、和二氏之祖先，即羲是重子孙，和是黎之子孙，欠妥。）

羲和已经见引言，从略。

昆吾情况比较复杂。袁珂先生《山海经校注·大荒南经》说昆吾"传说是上古时的一个诸侯，名叫樊，号昆吾"。江晓原教授认为他"似为一与通天巫觋无关之神话传说人物"，相对于重黎、羲和而言，昆吾的巫祝色彩很淡，不过，与方士还是有关的。《姓纂》是这样说的："颛顼祝融之后，陆终生昆吾，封苏，邺西苏城是也。"那么，昆吾就是祝融（重黎）之后，而且有火正转而为掌管铸造之官，《吕氏春秋·说文》说他是陶正，作陶器，《逸周书·大聚》有"乃召昆吾，冶而铭为金版，藏府而朔之"的记述。苏洵《族谱·后录》记载："当夏之时，昆吾为诸侯伯，历商而昆吾之后无闻。至周有忿生为司寇，能平刑以教百姓，周公称之，盖书所谓司寇苏公者也。"这或许是昆吾多分歧而不够明朗的原因之一。可能因为铸造离不开火，所以《山海经·大荒西经》云："有三泽水，名曰三淖，昆吾之所食也。"《大荒南经》也记载："白水山，白水出焉，而生白渊，昆吾之师所浴也。"

巫咸其人也有分歧：《世本》认为"尧臣也，以鸿术为帝尧之医"，《路史·后纪三》说

"神农使巫咸主筮",《尚书》记载,巫咸是商太戊帝身边的一位贤臣。他的儿子巫贤,在太戊帝孙子祖乙登基后,任宰相,也有贤臣之誉。另外《外国图》的"殷帝太戊使巫咸祷于山河"和《楚辞·离骚》王逸注的"巫咸,古神巫也,当殷中宗之世"认为是殷商时期的巫祝。如果要定个年代,按少数服从多数的原则,司马迁是对的。不过,三代以及以前的各代都有一个巫咸,司马迁所列的只是殷商的而已。据北宋的《太平寰宇纪》,陕州(陕西)夏县有巫咸山,山下有巫咸祠。更有夏县的历代县志,都将巫咸父子载入邑内的"贤才"之列,其居所名"巫咸里""商相坊",除此还有巫咸的祠、墓、庙、山、河、谷,均以巫咸命名。

史佚其人虽然《左传》《国语》都提到,但是有关方士方技方面却没有记述。他是西周文王、武官职,佚一作逸才是名,王、成王时的史官。史是亦称做册(亦为史官名)逸、尹(史官之长)佚、尹逸。史佚既任太史,其本职自然与"天文"有密切关系,此当为司马迁列之于"传天数者"名单之故。倒是《书林纪事》中有史佚作书法的记述:"文王仁及草木,有虎不害,名曰驺虞,白质玄章,驯于灵囿,佚乃错综其体而为虎书。及武王观兵盟津,渡河中流,白鱼跃入王舟中,武王俯取以祭,命佚纪瑞,作为鱼书。又文王时,赤雀衔书集户,至武王复感丹鸟流室,佚又纪此二瑞,作为鸟书,势若翔羽。"三书——"虎书""鱼书"和"鸟书"既可以理解为象形,也可以理解为符篆,有神秘的意味。

史佚可以当作由巫祝向前一类方士过渡的一个标志。他之前的重黎、羲和、昆吾都是巫祝的身份,巫咸身份虽然复杂,曾是鼓的发明者、贤相等,但他是用筮(一种草)占卜的创始人,也有传说他测定过恒星,是个占星家,并具有"能祝延人之福,愈人之病,祝树树枯,祝鸟鸟坠"(《世本》)法术,无疑是地道的巫祝。苌弘以后,司马迁没有按时序而是以国别来列举,为了体现由巫祝向前一类方士的发展,我们补充卜偃、梓慎并以时序来介绍:

郭偃是春秋中期晋国的掌卜大夫(占卜师),先秦文献记述人物往往采用职业加名字的方式,所以有的文献袭用这种方式而称"卜偃"。他主要生活在晋献公、惠公、文公时期(前676~前628年),事迹保存在《国语》和《左传》里。他有影响的事件是"郭偃之法"、郭偃论国、预言虢亡、谏惠公改葬和释鬼求食梦。"郭偃之法"、郭偃论国是关于政治经济的,从略。预言虢亡、谏惠公改葬和释鬼求食梦就属于方士的言行了。

预言虢将亡在晋献公十九年(前658年)。虢公在桑田打败了戎人,举国欢庆,晋国也很高兴,可是郭偃说:"虢一定会亡国!"大家很惊奇问他的理由,郭偃回答说:"下阳(虢地名)被晋国所夺而不担心,现在又战胜戎人,这其实等于是上天要灭亡虢国的鉴戒,而特别加重他的病情。往后虢公一定不把晋国的威胁放在眼里而不抚爱百姓。我想,不超过五年虢国一定灭亡。"五年后,晋国灭虢。

谏惠公改葬发生在晋惠公元年(前650年)。惠公即位,想将共世子改葬,有人反对,一时相持不下,尸体臭气熏天。国人更加议论纷纷,于是郭偃谏惠公:"甚哉,善之难也!君改葬共君以为荣也,而恶滋章。夫人美于中,必播于外,而越于民,民实戴之。恶亦如之。故行不可不慎也。必或知之,十四年,君之冢嗣其替乎?其数告于民矣。公子重耳其入乎?其魄兆于民矣。若入,必伯诸侯以见天子,其光耿于民矣。数,言之纪也。魄,

诸子百家

——阴阳家

意之术也。光,明之曜也。纪言以叙之,述意以导之,明曜以昭之。不至何待?欲先导者行乎,将至矣!"(《晋语三》)

　　释鬼求食梦事在晋文公八年(前 629 年),晋文公率齐、宋、鲁、蔡、陈、秦、莒、邾八国讨伐暗地里与楚国联络的曹、卫。当时曹国君曹共公还被拘留在羁五鹿(即五鹿墟,又名沙鹿,晋国属地,在今河北省大名县东。晋文公流亡时经过曹国,曹共公不能礼遇竟偷看他洗澡,晋文公称霸后将他拘留),为了脱身,曹共公派小臣侯獳携重赂去向晋文公求宽恕。晋文公此时因为积劳而因染寒疾,在病中做了个噩梦:一个面目狰狞的衣冠之鬼向晋文公求食,吓得他病势愈加,卧不能起,正准备召太卜郭偃占问吉凶。侯獳趁机用金帛一车贿赂郭偃,请求郭偃借恶鬼求食的梦为曹求解。郭偃向晋文公解释说,布封得"天泽"之象,阴变为阳。又献词:"阴极生阳,蛰虫开张;大赦天下,钟鼓堂堂。"晋文公问这词怎么说呢,郭偃回答:"以封合之于梦,必有失祀之鬼神,求赦于君也。"晋文公沉思了一下,说:"寡人于祀事,有举无废。且鬼神何罪,而求赦耶?"郭偃回答:"以臣之愚度之,其曹乎?曹叔振铎,文之昭也。晋先君唐叔,武之穆也。昔齐桓公为会,而封邢、卫异姓之国。今君为会,而灭曹、卫同姓之国。况二国已蒙许复矣。践土之盟,君复卫而不复曹,同罪异罚,振铎失祀,其见梦不亦宜乎?君若复曹伯,以安振铎之灵;布宽仁之令,享钟鼓之乐,又何疾之足患?"晋文公一听豁然开朗,觉病势顿去其半。即日派人放了曹共公归本国。

　　梓慎是春秋中晚期鲁国的大夫,他生活在鲁襄公、昭公时期(前 572~前 510 年)。它最有名的事是"无冰有饥"解说。鲁襄公二十八年(前 545 年)春,鲁国没有结冰,梓慎说:"今年宋国和郑国大概要发生饥荒了吧!"人们认为这是风马牛不相及的事,梓慎因而解释:"今年岁星应走在十二次的星纪位置上,实际上却超前走到了玄枵的位置上,这是不正常的,必然会发生灾害。阴气在冬天本应强盛而实际不强,阴气被阳气压倒,所以会发生不结冰的反常现象。"人们又问为什么宋国郑国又会发生饥荒呢?他进一步解释:木星(岁星)属木为青龙,但却走得太快提前来到玄枵的位置。而玄枵位置上的星宿为女、虚、危,属于蛇。龙在蛇的位置之下,这叫蛇乘龙。这是反常的现象。按照分野说,宋国和郑国的主星为岁星,即被蛇所乘的龙,因此星象反常就会在地上相应的区域内表现出来。人们又问,你根据什么判断这场灾害是饥荒呢?他说:玄枵的名称表明了其灾为饥荒。因为玄枵之次有三个星宿:女、虚、危,三者的位置是虚宿处于中间,这就是虚中(中间空虚)的意思。枵的意思是耗。虚中表示土地空虚没收成,耗指人民消耗已空,因此判定为饥荒。据《左传》记载,后来宋、郑两国果然发生了饥荒。

　　苌弘(前 575~前 492 年)字叔,又称苌叔,古资中县人。周景王、敬王的大臣刘文公所属大夫。刘氏与晋范氏世为婚姻,在晋卿内讧中,由于帮助了范氏,晋卿赵鞅为此声讨,苌弘被周人杀死。传说死后三年,其血化为碧玉。事见《左传·哀公三年》。《庄子·外物》:"人主莫不欲其臣之忠,而忠未必信,故伍员流于江,苌弘死于蜀,藏其血三年,而化为碧。"后人用"苌弘化碧""碧血化珠""碧血丹心"借指屈死者的形象。其实苌弘博学多才,知音律,精星象、地理,《左传》有苌弘的星占预言:前 531 年"今兹诸侯何实吉,何实凶?"对曰:"蔡凶……"(《昭公十一年》);前519年"周之亡也,其三川震"(《昭公二十三年》)。

裨灶是与梓慎同时的郑国大夫,主要生活在郑简公、定公时期(前565~前514年)。他精通象纬学,能够根据天象预断各类事情。单是《左传》就有六则,大约可以归纳为三个方面的预断:

根据天象预断人的生死:郑简公二十一年(前545年),岁星不在星纪位次,却跑到了玄枵位次。裨灶说:"岁星失次,跑到了明年位次,祸及南方朱鸟,周王、楚子都身受其害。今年周、王楚子都会离开人世。"不久周王楚子就驾崩了。又晋平公二十六年(前532年)正月,有客星在婺女座出现,裨灶对子产说:"七月戊子日,晋君就要去世了。今年岁星在玄枵。姜氏任氏守玄枵的土地,婺女宿为玄枵的首位,而切妖星出现,进而诉诸邑姜。上天以七为法度,齐地以前的诸侯逢公就是戊子日去世的,当时妖星也出现过。今年又有同样情况出现,因此我卜晋君就要去世了。"果然,晋平公在七月戊子日去世了。

根据天象预断自然灾害:郑定公五年(前525年),有星星祸乱心宿,向西直达银汉。裨灶对子产说:"宋卫陈郑将要同一天出现火灾。如果我用瓘、斝、瓒斝酒祭天,郑国就会避免遭遇火灾。"子产没有答应。第二年夏天,祝融氏果然在同一天驾临宋、卫、陈、郑等国。裨灶又对子产说:"不采用我的意见,郑国又要遭受火灾。"子产最终也没有同意,郑国也没有出现火灾。

根据天象预断邦国兴衰:郑简公三十三年(前533年)四月,陈国受灾。裨灶说:"五年后陈国将会重新封国,封国五十二年后灭亡。"子产问其中的原因,裨灶回答说:"陈国属水,水是火的嫔妃,楚国又属火。如今火星两次出现而陈国发生火灾,这就预示着只有追随楚国才能重建陈国。阴阳五行,用五配伍,所以说是五年。这一年岁星在星纪,五年在大梁,陈国复封。自此四年后又出现鹑火。此后四十八年,五次出现鹑火,火盛水衰而后陈国灭亡,楚国拥有了它。这是天道,所以说五十二年。"这个预言后来也被证实了。

子韦主要生活在宋景公之世(前516~前476年),所以又称宋子韦,他家世代司掌天部。他与宋景公论三徙火星,是备受古籍称颂的事,如《史记·宋世家》《淮南子·道应篇》《说苑·尊贤》《新序·杂事四》《抱朴子·辨问》《拾遗记》《太平广记·方士一》等。但是最早见于《吕氏春秋·制乐篇》,具体记述如下:

宋景公之时,荧惑在心,公惧,召子韦而问焉,曰:'荧惑在心,何也?'子韦曰:'荧惑者,天罚也;心者,宋之分野也:祸当于君。虽然,可移于宰相。'公曰:'宰相,所与治国家也,而移死焉,不祥。'子韦曰:'可移于民。'公曰:'民死,寡人将谁为君乎?宁独死。'子韦曰:'可移于岁。'公曰:'岁害则民饥,民饥必死,为人君而杀其民以自活也,其谁以我为君乎?是寡人之命固尽已,子无复言矣。'子韦还走,北面载拜曰:'臣敢贺君,天之处高而听卑,君有至德之言三,天必三赏君,今夕荧惑其徙三舍,君延年二十一岁。'公曰:'子何以知之?'对曰:'有三善言,必有三赏。荧惑必三徙舍,舍行七星,星一徙当一年,三七二十一,臣故曰君延年二十一岁矣。臣请伏于陛下以伺候之,荧惑不徙,臣请死。'公曰:'可。'是夕荧惑果徙三舍。

对于这事，刘向从儒家的角度认为子韦是值得尊敬的大贤，葛洪从道家、道教的角度认为子韦是"占候之圣也"。只有王充不以为然，他说："如子韦之言，则延年审得二十一岁矣。星徙审，则延命（刘盼遂先生认为此处脱一"明"字），延命明，则景公为善，天佑之也。则夫世间人能为景公之行者，则必得景公佑矣。此虚言也。何则？皇天迁怒，使荧惑本景公身有恶而守心，则虽听子韦言，犹无益也。使其不为景公，则虽不听子韦之言，亦无损也。"（见《变虚》《无形》二篇）科学地考察，宋景公的生命是否延续，与火星运行无关，因而听不听子韦就更没有关系了。《汉书·艺文志·诸子略》阴阳类共 21 家，为首即《宋司星子韦三篇》，这本书虽然散佚，但是由此可见子韦在阴阳家中的地位。

与重黎、羲和、昆吾、巫咸、史佚不同，郭偃、梓慎、苌弘、裨灶、子韦五人可以说是标准的前一类方士了，他们的行为由一般星象历法至预断自然灾害、预断邦国兴衰以及人的生死，已经为阴阳家的理论和实施都打下了基础。对此，班固说："数术者，皆明堂羲和史卜之职也。史官之废久矣，其书既不能具，虽有其书而无其人。《易》曰：'苟非其人，道不虚行。'春秋时鲁有梓慎，郑有裨灶，晋有卜偃，宋有子韦。六国时楚有甘公，魏有石申夫。汉有唐都，庶得粗觕。盖有因而成易，无因而成难，故因旧书以序数术为六种。"（《汉书·艺文志》）由巫祝到前一类方士的身份变化，导致了由武术到方技的法术变化。至于"在齐：甘公；楚：唐眛；赵：尹皋；魏：石申"，这四人都在邹衍之后，我们将在《星占术》中作相关叙述。

"威侮五行"之谜

"威侮五行"出自《尚书·甘誓》，所谓"甘誓"就是在甘（《吕氏春秋》作甘泽，陕西鄠邑区西南）作战时的临阵誓词。按理《甘誓》应该是不需要讨论的。可是，主持讨伐有扈氏的甘泽之战究竟是禹还是启，"威侮五行"的"五行"的内涵究竟是什么，则至今仍然是个谜！

主持甘泽之战究竟是禹还是启：认为是禹的如《庄子·人间世》"禹攻有扈，国为虚厉"，《吕氏春秋·召类》"禹攻曹、魏、屈骜、有扈以行其教"，《说苑·政理》"昔禹与有扈氏战，三陈（即阵）而不服"，《墨子·明鬼篇下》则直称《夏书·禹誓》；认为是启的代表是《尚书·甘誓序》和《史记·夏本纪》，其次有《论衡·儒增篇》"夏启有扈叛逆"，《金楼子·兴王篇一》："启即位，伐有扈氏"等。除了禹、启外，还有说是相的（《吕氏春秋·先己》："夏后相与有扈战于甘泽而不胜"），甚至说是舜的（《孙膑兵法·见威王》："舜击讙兜，放之崇；击鲧，放之羽；击三苗，放之危；亡有扈氏中国"）。造成这种状况的原因，当然有传闻异词的因素，同时也有历史演变的因素。中国的分封制始于夏，司马迁说："禹为姒姓，其后分封，用国为姓，故有夏后氏、有扈氏、有男氏、斟寻氏、彤城氏、褒氏、费氏、杞氏、缯氏、辛氏、冥氏、斟戈氏。"有扈氏是夏的十二诸侯之一（《史记·夏本纪》）。有氏的"扈"又作户、鄠，是启庶兄的封地，大约辖有今陕西鄠邑区境左右。所以舜没有伐有扈氏的可能，但禹、启、相三王则都有这个可能。首先，《庄子·人间世》等关于禹伐有扈氏的记述，应该是没有错的，只是对这个记述的理解有误，刘向记述的原文是："昔禹与有扈氏战，三陈（即阵）而不服。禹于是修教一年而有扈氏请服。"禹伐有扈氏也可能在甘泽，只是有扈氏最终还是顺服了禹，也是说有扈氏在禹时没有被消灭。到了启接位，有扈氏又不服起来，不过这个"不服"与前一个"不服"的内涵不同：不服禹可能是因为政见不同；不服启则是因为政权该由谁掌握的问题。因此，禹用"教化"就是改变了执政方略，有扈氏立即"请服"。可是政权问题就是你死我活的冲突，不能调解。从《甘誓》"剿绝其命"的最终目的和"予则孥戮汝"的极端处罚看，甘泽之战属于政权的争夺战，应该出自启之口。最终是有扈氏被灭绝了。有扈氏被灭绝了，那么，相同舜一样，没有讨伐有扈氏的可能。《孙膑兵法·见威王》的记述无疑是传闻失误。因此，主持讨伐有扈氏的甘泽之战是启，时间据《夏商周年表》推算是前2024年。

"威侮五行"的"五行"的内涵究竟是什么，有学者认为"现在已难以考定。虽然后世的注疏之人多以这里所说的五行为金、木、水、火、土，但是《甘誓》本文并没有明说。同样，也不能由此断言五行观念起于夏初，它可能更早，也可能更晚。"（陆玉林、唐有伯《中国阴阳家》）就五行观念而论，的确是"可能更早"，但似乎不能"更晚"。"威侮五行"既然是启灭有扈氏的第一条天理，说明五行观念已经在启时存在了，而且产生要"更早"，因为观念不是一下子可以形成的，尤其是足以令人坚信不疑的观念。其次，虽然《甘誓》本文并没有明说"五行的具体内涵，但我们认为这个"五行"应该是"金、木、水、火、土"，这不仅仅因为历代注家都这么注释，而且在现有的中国先秦古代文献里，"五行"不是"金、木、水、火、土"就是"仁、义、礼、智、信"——"五常"，然而"仁、义、礼、智、信"是西汉董仲舒将孟子提出"仁、义、礼、智"扩充而成的，先秦根本没有这个意义的合称。因此，"威侮五行"的"五行"就只能是"金、木、水、火、土"了，《尚书》里的《洪范》也就是这么说的。

我们所说的"威侮五行"的"五行"的内涵不是指哪五"行"，而是指"金、木、水、火、土"，这个"五行"究竟是五种物质、五种元素、五种性质或五种其他什么。在《甘誓》里，启的原话是："有扈氏威侮五行，怠弃三正，天用剿绝其命，今予惟恭行天之罚！"（有扈氏轻慢五行这一大法，废弃正德、利用、厚生三大政事，因此，上天要断绝他的国运。现在我只有奉行上天对他的惩罚！）可见"威侮五行"是违背"天理"（除了神圣的意味外，还包含了自然的本性、规则），"怠弃三正"则是违背"人理"——人情、世故、治理。如果再将"天理""人理"具体指明，那么违背"人理"，《吴子·图国第一》认为是："有扈氏之君，恃众好勇，以丧其社稷。"《韩非子·说疑第四十四》："昔者有扈氏有失度，讙兜氏有孤男，三苗有成驹，桀有侯侈，纣有崇侯虎，晋有优施，此六人者，亡国之臣也。"从国君看"恃众好勇"，用人则是宠用失度这种"亡国之臣"。违背"天理"则除了违背上天对自然的安排，实际就是不敬上天，这在尊天敬祖的夏代，当然是最严重的。所以"威侮五行"的"五行"是以金、木、水、火、土五种气的运行来泛称天象，同时兼指神圣的上天。班固说："五行者，五常之形气也。"（《汉书·艺文志》）当代学者进而认为："五行"是一年阴阳二气消长的五个时段（五节），是古代司历的必备要素。"三正"是以天、地、人为参照物而确定年首的司历方法。司历者必须同时掌握三正五行的理论，才能制定出合乎人事活动规律的历书来。据史载，这种理论似可上溯到尧帝之时。《甘誓》源于夏史官所记，非伪。（刘俊男《三正五行本义辨》）

"初一五行"之解

"初一五行"出自《尚书》里的《洪范》篇。《洪范》创作的背景在篇头就有说明:周文王十三年(文王称王的第13年,实际是武王即位后的第4年,前1046年),武王访问被孔子尊为"段之三贤"的箕子,咨询国是。箕子就把禹的"洪范九畴"——九种人君治理国家的大法赐给了他,其中第一条便是"初一五行"。箕子自己对"初一五行"的解释是:

五行:一曰水,二曰火,三曰木,四曰金,五曰土。水曰润下,火曰炎上,木曰曲直,金曰从革,土爰稼穑。润下作咸,炎上作苦,曲直作酸,从革作辛,稼穑作甘。

这段话的大意是:最初的第一件事便是遵循五行。所谓"五行"是:一是水,二是火,三是木,四是金,五是土。水向下润湿,火向上燃烧,木可以弯曲、伸直,金属可以顺从人意改变形状,土壤可以种植百谷。向下润湿的水产生咸味,向上燃烧的火产生苦味,可曲可直的木产生酸味,顺从人意而改变形状的金属产生辣味,种植的百谷产生甜味。但这是从形而下的层面作语言解释,至于"初一五行"形而上层面的内涵,却还没有一致的解释。有学者尖锐地指出:"不说《洪范》一文的来历是否足够早,其文是否确凿可据,就连它说的是不是五行说还是大成问题的。因为,五行说之为五行说,在于它是一个具有内在结构和动力机制的体系,而不在于它把金、木、水、火、土五材或别的五种什么东西如此这般地凑合在一起。五行体系之精义,一在它是一个把世间众品分门别类地形态学分类体系,二在它是一个解释世间万象相生相克的动力学功能系统。但是,《洪范》中五材的排列顺序一水、二火、三木、四金、五土,却与五行说体系中五材的排列顺序大相径庭,既非五行相生的顺序木、火、土、金、水,亦非五行相胜的顺序土、木、金、火、水,《洪范》之阐述,又只言及五材各自单独的属性和功用,而于五行各要素之间的对立统一关系未及一词,也就是说,从《洪范》五行说根本不可能引申出五行生克的奥义。因此,《洪范》之所谓五行,虽有五行之名,其所指是否就是作为形而上学体系的五行说,实难骤断,就像思孟五行说,虽有五行之名,但其所谓五行,实指仁、义、礼、智、信五种道德品性,与作为形而上学体系的五行说全不相干。"(刘宗迪《五行说探源——从原始历法到阴阳五行》)这里提出两个问题:第一,"《洪范》一文的来历是否足够早,其文是否确凿可据";第二,"初一五行""说的是不是五行说还是大成问题的"。我们简要回答如下:

关于第一个问题。众所周知,《洪范》是古文和今文都有的名篇,自古至今没有人怀疑,即便要怀疑,也没有拿出证据来,所以《洪范》是可以"确凿可据"的。至于时代,学者李守力有《论〈尚书·洪范〉的形成年代》的专论,其结论是:"《尚书·洪范》形成的年代很早,其雏形应在夏商时代。……《洪范》虽在夏代有了雏形,但不一定和大禹有直接联系。夏代已有了文字,孔子就曾说过:'殷因于夏礼,所损益,可知也;周因于殷礼,所损益,可知也。'(《论语·为政》)孔子尚能掌握一些由文字记载传下来的夏礼,可见殷人有册有典,夏人也是有册有典的。不光是《洪范》,《尚书》的其他一些篇章也是由历代陆续积累汰选形成的。到周代初年,《洪范》才基本定型。"这个结论应该可信。再考察《洪范》的对话者——周武王和箕子,如果对他俩没有怀疑的话,那么《洪范》的时间再晚也在武王即位之初。所以从现有的文献来说,《洪范》是"足够早"的。

关于第二个问题。"初一五行"的"五行"是否为五行说，如果以"具有内在结构和动力机制的体系"的形而上学来衡量，它的确不能算五行说。但是，从五行说的发生发展来考察，说它是五行说似乎不"大成问题的"。将"五行"视为《洪范》的核心，应该是到了汉代伏胜的《洪范五行传》，此后历代正史《五行志》都接受了这个观点，"五行"是《洪范》的核心才深入一般人的观念里。再考察"初一五行"本身，事物的"内在结构和动力机制"是由事物本身的性能决定。箕子对水、火、木、金、土各自的性能所做的解释是："水曰润下，火曰炎上，木曰曲直，金曰从革，土爰稼穑。润下作咸，炎上作苦，曲直作酸，从革作辛，稼穑作甘。"只有万物从各有的本性出发，然后各物之间才可能发生相应的联系，相互生克，具有"规律性"。要充分认识事物的本性及关系，然后调和治理起来就会有明确的方向性，效果自然也就明显。这也才可能形成"具有内在结构和动力机制的体系"的五行说。至于排列，倒不是区别"五行"的本质问题。不可否认，"《洪范》之阐述，又只言及五材各自单独的属性和功用，而于五行各要素之间的对立统一关系未及一词"，但却不能因此得出"从《洪范》五行说根本不可能引申出五行生克的奥义"。《洪范》篇说："箕子乃言曰：'我闻在昔，鲧堙洪水，汨陈其五行。帝乃震怒！'箕子认为鲧用土堵塞洪水，是胡乱处理了水、火、术、金、土"五行"的关系，实际也是批评鲧没有真正明白"水曰润下""土爰稼穑"的特性及其相互关系，显然孕育了后来"五行生克的奥义"。也可能因为这层内涵，刘向注《洪范·五行志》时，就把五行生克说的根据定为《洪范》。不仅把五行生克说归源于《洪范》，甚至还把阴阳源起也归功于《洪范》："《乾》《坤》之阴阳，效《洪范》之咎征，天人之道粲然著矣。"(《汉书·艺文志》)

由此说来，箕子的"五行"与"作为形而上学体系的五行说"是"完全不相干"。因为《洪范》是现存古代文献最早完整列出"五行"的可信篇章，"初一五行"是最早解说"五行"特性及其相互关系的论述，它孕育了后来"五行生克的奥义"。也基于此，"初一五行"实际成了阴阳家思想的重要来源。

五行化百物说

五行学说经过夏、商两朝和西周的发展，到春秋时期出现了五行化百物说，有代表性的是周史伯论五行"成百物"、鲁展禽论五行生殖、郑子产论"用其五行"和晋史墨论"地有五行"。依次述论于下：

周史伯论五行"成百物"见《国语·郑语·史伯为桓公论兴衰》章。郑桓公三十三年（前774年），周太史伯阳父（有人认为史伯和伯阳父是两人，实际应该是一人。伯阳父论"三川地震"在论五行"成百物"前6年，即前780年，我们会在《地理阴阳》一节中介绍。）出使郑国，郑桓公趁机向他提出了比较敏锐的问题："周朝将会衰败吗"，伯阳父没有回避，做了如下回答：

殆于必弊者也。《泰誓》曰："民之所欲，天必从之。"今王弃高明昭显，而好谗慝暗昧；恶角犀丰盈，而近顽童穷固。去和而取同。夫和实生物，同则不继。以他平他谓之和，故能丰长而物归之；若以同裨同，尽乃弃矣。故先王以土与金木水火杂，以成百物，是以和五味以调口，刚四支以卫体，和六律以聪耳，正七体以役心，平八索以成人，建九纪以立纯德,合十数以训百体。出千品,具万方,计亿事,材兆物,收经入,行姟极。故王者居九姟之田,收经入以食兆民,周训而能用之,和乐如一。夫如是,和之至也。于是乎先王聘后于异姓,求财于有方,择臣取谏工而讲以多物,务和同也。声一无听,物一无文,味一无果,物一不讲。王将弃是类也而与剸同,天夺之明,欲无弊,得乎?

郑桓公

伯阳父首先肯定周朝"殆于必弊者也!"(一定要衰败了,而且时候差不多!)然后用《尚书·泰誓》"民之所欲,天必从之"的思想、"和与同"的哲学和五行"以成百物"的原理,作了充分的论证。属于政治的民本思想和属于哲学的"和与同"我们姑且不加讨论,只简要说说"以成百物"的五行。周史伯五行"成百物"论在这里是从"和与同"的哲学前提下进行的,他说:"以他平他谓之和,故能丰长而物归之;若以同裨同,尽乃弃矣"。按照五行理论,"以他平他谓之和,故能丰长而物归之"是"以土与金、木、水、火杂",通过这种方式或途径,五行才可能"成百物"。这个论述包含了五行学说中几个意思:(1)土、金、木、水、火五行中,土是最具融合的一行;(2)五行中任何一行都不可能独自成物,所以五行必须"杂"(即"和",五行互相结合);(3)伯阳父虽然只提出"以土与金、木、水、火杂"的一种五行融合的方式或途径,但是从"以他平他"可以推出金、木、水、火四行中任何一行,也能够与其他四行"杂"。这些意思,直接开启了五行学说中"五行相生"说。其次,对"同则不继"和"以同裨同,尽乃弃矣",伯阳父虽然没有直接用五行例证,我们完全可以根据"和实生物"和"以他平他"而"成百物"得出五行"同性相杂"就必然不仅不能产生新的事物,而且世界的一切也就变得平淡无味,没有生气了。因此,周史伯论五行"成百物"也隐含了五行学说中"五行相克"说。

鲁展禽论五行生殖见《国语·鲁语上·展禽论祭爰居非政之宜》。展禽(前720~前621年)姓展,名获,字禽,一字季,春秋鲁国大夫无骇之后,采食柳下(今山东新泰宫里镇西柳村),谥号"惠",故称柳下惠。展禽既有治国安邦之才,正人君子之风,又知五行。鲁僖公三十一年(前629年),有只名叫"爰居"的海鸟,停留在鲁国都城东门外已经三天了,臧文仲让都城里的人去祭祀它。展禽知道后,就此发表一通非同寻常的议论,他认为:鲁国执政大臣臧文仲让都城里的人去祭祀"爰居"实在太迂阔了!因为祭祀,是国家的重要制度,而制度又是行政得以成功的保证。臧文仲这样草率地增加祭典,不是处理政事的适宜的做法。在解释为什么要祭祀社稷山川之神时说:

加之以社稷山川之神,皆有功烈于民者也;及前哲令德之人,所以为明质也;及天之三辰,民所以瞻仰也;及地之五行,所以生殖也;及九州名山川泽,所以出财用也。

大意是在禘(古代帝王或诸侯在始祖庙里对祖先的一种盛大祭祀)、郊、祖、宗、报者五种国典祀之外再加上祭祀土地、五谷和山川的神,因为都是对人民有功德的;以及祭祀前代的圣哲、有美德的人,因为都是人民所崇信的;祭祀天上的日、月、星辰,因为都是人民所瞻仰的;祭祀大地的金、木、水、火、土,因为都是人民所赖以生存繁衍的;祭祀九州的名山大川,因为都是人民财用的来源。如果从"地之五行,所以生殖"的字面意义,这里的"五行"似乎与五行学说无关。因为金、木、水、火、土就是"大地",而大地是人类休养生息的场所(即"所以生殖也")。其实并非尽然,问题的关键在"大地"为什么就是"金、木、水、火、土"。毫无疑问,展禽论五行生殖的观念实际就是五行学说中的本体论,换句话说,它是承周史伯"成百物"的五行思想而来的。同时也证明,周史伯五行"成百物"到展禽时已经成为公理。如果从五行学说发展来说,鲁展禽论五行生殖使五行学说出现了具体化的倾向,开郑子产论"用其五行"和晋史墨论"地有五行"的先声。

郑子产论"用其五行"见《左传·昭公二十五年》。鲁昭公二十五年(前517年)夏,赵简子命令中原诸侯准备粮食和卫戍人员,次年好向周天子输送,郑国公孙吉知道后到晋国见赵简子,说"是仪也,非礼也!"赵简子很奇怪问"敢问,何谓礼?"公孙吉因而做了一个仪与礼之辨,其中引用了子产"用其五行"的论述,原文是:

夫礼,天之经也,地之义也,民之行也。天地之经,而民实则之。则天之明,因地之性,生其六气,用其五行。

大意是说礼是上天的规范,大地的准则,百姓行为的依据。天地的规则,百姓就应该切实遵照执行;宇宙按照上天光明的规范,顺应大地的本性而生出六气(阴、阳、风、雨、晦、明,后来演化为风、热(暑)、湿、火、燥、寒等六种气候),人们就应该使用大地的五行。很显然,郑子产的"用其五行",也就是鲁展禽"五行生殖"的延续,只不过展禽强调的是大地五行的生殖性能,而子产强调的是大地五行的使用价值。两者前后承续,构成了五行化百物说中一个由生到用的完整过程。

晋史墨论"地有五行"见《左传·昭公三十二年》。史墨姓蔡,名墨,生卒年不可考。官为晋太史,故称史墨。长于天文星象、五行术数与筮占。周敬王十年(前510)年,鲁昭公被季平子赶出鲁国,在流亡中死于乾侯。晋国赵简子就此事问史墨:"季氏出其君而民服焉,诸侯与之,君死于外,而莫之或罪也?"史墨回答说:"物生有两,有三,有五,有陪贰。故天有三辰,地有五行,体有左右,各有妃耦,王有公,诸侯有卿,皆有贰也。天生季氏,以贰鲁侯,为日久矣。"史墨从具体事物中看到了"物生有两"的矛盾,分析了鲁君与季氏君臣关系发生变化的必然性与合理性,得出"社稷无常奉,君臣无常位,自古以然"的结论。这是政治现实,历史规律,也含有阴阳思想。"天有三辰,地有五行",就从大地五行的本体论出发,整合了展禽、子产由生到用五行说和周史伯阳父五行"成百物"特性关系说,出现五行相生相克的基因。可能正是在这样五行观念的影响下,史墨还提倡设置"五行之官",即木正、火正、望正、水正、土正。他认为,五行之物都有其官,"官宿其业,其物乃至",有利于国家和人民的财用。另外,史墨还根据自己筮占与星占之术来推究人事的变化的实践,曾提出"火胜望""水胜火"之类的预言,开了"五行相胜"说的先河。

"五行化百物说"在春秋发展的总体趋势是由伯阳父的抽象到展禽、子产的具象,最

诸子百家——阴阳家

后归结到晋史墨的整合。

一般来说，从夏启的"威侮五行"到箕子的"初一五行"，再到春秋时期的"五行化百物说"，虽然已经有较为具体而丰富的五行思想内涵，但是从整体来看，这应该是五行学说一个孕育时期，也是阴阳家五行学说的孕育时期。五行学说的完善和确立，还有赖于墨家学派提出了交胜、相丽说、阴阳家邹衍的"五德终始"说、作为阴阳家董仲舒的"五行相生"说等。阴阳家五行学说则除了这些外，更需要黄老学派、吕览派和淮南派。

地理阴阳

阴阳学说的这些抽象的内核，是从日、月等具体事物及其现象提炼出来的。最初的起点就是日、月。"阴"繁体是"陰"，由"阜""今""云"三字组成的会意字，是月亮的意思，所以月亮又称"太阴"；"阳"的繁体是"陽"，由"阜""易"组成的形声字，就是日，与"阴"相对称"太阳"。根据日、月高悬普照，大地气氛蕴腾，阴阳家先驱从《尚书·禹贡》的"九州划分"进而提出"大九州"等地理阴阳学说；同时又利用《周易》及其经传的阴阳观念，阴阳二气说提出了宇宙演化论，进而形成了充满抽象、理性意味的哲学阴阳学说。并充分运用"对立，互根，消长，转化"的阴阳学说，广泛地用以解释自然和社会的演变法则，甚至成为规定人们行为的规范，在中国古代科学史、政治史、宗教史、伦理学史等广阔领域和现实生活，都发生了深远影响。

阴阳学说的生发，大约就是从地理阴阳到哲学阴阳的。地理阴阳就是阴阳家关于地理方面的学说。

地理阴阳的产生主要基于以农立国的文化背景。上古先民"仰则观象于天，俯则法类于地。天则有日月，地则有阴阳。"（《史记·天官书》），从"太阴"和"太阳"普照大地时，认识到大地受光面明显出现了明与暗的差异，而且确定山的北面、水的南面常阴暗，而山的南面或水的北面常明亮。殷周之际，人们从农业实践中，进一步认识到向阳者丰收、背阴者减产，总结出"相其阴阳"的生产经验。不仅如此，这种地理阴阳还直接影响到人们的居住环境，甚而至于关系到社会的治乱与安危。这种理念，我们可以从周公刘相豳和周太史伯阳父论"三川地震"得到印证。

公刘相豳见《诗·大雅·公刘》篇。公刘的"公"是谥号，姓名是姬刘，北豳（今甘肃庆阳）人，古代周部落首领，约前1147~约前1113年在位。公刘是周先祖不窋孙，鞠陶子，周文王的祖先。鞠陶死后，公刘继其位。他"复修后稷之业，务耕种，行地宜"，带领族人开垦荒地，兴修水利，制造农具，整修田园，种植五谷，发展畜牧，传播农耕文化，对庆阳川原地带农业区域的形成与发展做出了很大贡献。尔后，公刘将其活动扩展到宁县。合水、正宁、镇原一带，并移居温泉附近居住。22岁时，他将首府迁移至南岗（今宁县城西庙嘴坪），史称"公刘迁豳"，大大地开拓了周的基业，其势力范围包括今庆阳市和陕西省的旬邑、彬县。长武、淳化、耀县、宜君。黄陵及径川、灵台等16个县城。司马迁认为："公刘虽在戎狄之间，复修后稷之业，务耕种，行地宜。自漆沮渡渭，取材用。行者有资，居者有蓄积。民赖其庆，百姓怀之，多徙而保归焉。周道之兴自此始，故诗人歌乐思其德。"《公刘》诗把公刘的这些业绩描述如下：

笃公刘,匪居匪康。迺埸乃疆,迺积迺仓;迺裹糇粮,于橐于囊。思辑用光,弓矢斯张;干戈戚扬,爰方启行。

笃公刘,于胥斯原。既庶既繁,既顺迺宣,而无永叹。陟则在巘,复降在原。何以舟之? 维玉及瑶,鞞琫容刀。

笃公刘,逝彼百泉,瞻彼溥原;迺陟南冈,乃觏于京。京师之野,于时处处,于时庐旅。于时言言,于时语语。

笃公刘,于京斯依。跄跄济济,俾筵俾几。既登乃依,乃造其曹。执豕于牢,酌之用匏。食之饮之,君之宗之。

笃公刘,既溥既长,既景乃冈,相其阴阳,观其流泉。其军三单,度其隰原,彻田为粮。度其夕阳,豳居允荒。

笃公刘,于豳斯馆。涉渭为乱,取厉取锻,止基乃理,爰众爰有。夹其皇涧,溯其过涧。止旅乃密,芮鞫之即。

徐培均先生的译诗是:

忠厚我祖好公刘,不图安康和享受。划分疆界治田畴,仓里粮食堆得厚,包起干粮备远游。大袋小袋都装满,大家团结光荣久。佩起弓箭执戈矛,盾牌刀斧都拿好,向着前方开步走。

忠厚我祖好公刘,察看豳地谋虑周。百姓众多紧跟随,民心归顺舒畅透,没有叹息不烦忧。忽登山顶远远望,忽下平原细细瞅。身上佩带什么宝? 美玉琼瑶般般有,鞘口玉饰光彩柔。

忠厚我祖好公刘,沿着溪泉岸边走,广阔原野漫凝眸。登上高冈放眼量,京师美景一望收。京师四野多肥沃,在此建都美无俦,快快去把宫室修。又说又笑喜洋洋,又笑又说乐悠悠。

忠厚我祖好公刘,定都京师立鸿猷。群臣侍从威仪盛,赴宴入席错觥筹。宾主依次安排定,先祭猪神求保佑。圈里抓猪做佳肴,且用瓢儿酌美酒。酒醉饭饱情绪好,推选公刘为领袖。

忠厚我祖好公刘,又宽又长辟地头,丈量平原和山丘。山南山北测一周,勘明水源与水流。组织军队分三班,勘察低地开深沟,开荒种粮治田畴。再到西山仔细看,豳地广大真非旧。

忠厚我祖好公刘,豳地筑宫环境幽。横渡渭水驾木舟,砺石锻石任取求。块块基地治理好,民康物阜笑语稠。皇涧两岸人住下,面向过涧豁远眸。移民定居人稠密,河之两岸再往就。

有关地理阴阳的是"行地宜":首先是对地理环境的考察:"既溥既长,既景乃冈,相其阴阳,观其流泉";然后是生活环境的考察:"陟则在巘,复降在原。何以舟之?","迺陟南冈,乃觏于京。京师之野,于时处处,于时庐旅";最后才是生产环境的考察:"度其隰原,彻田为粮。度其夕阳,豳居允荒"。公刘"行地宜"是以"相其阴阳"为原则的。

公刘造福后代的业绩从古至今都受到了后人的崇拜。每年古三月十八,庆阳及长

诸子百家——阴阳家

武、彬县四方百姓赴公刘庙拜谒祭奠,缅怀这位华夏农耕文化的开拓者。

周太史伯阳父论"三川地震"在《五行化百物说》一节已经提到,现在略为叙述。周幽王二年(前 780 年),镐京发生大地震:"烨烨震电,不宁不令。百川沸腾,山冢崒(险峻)崩。高岸为谷,深谷为陵"(《诗经·小雅·十月之交》),强光刺目,霹雳震响,岐山崩塌,泾、渭、洛三条河流一时枯竭! 伯阳父发出比地震更为可怕的惊叹:"周将亡矣!"人们不仅要问,地震与周亡有什么关联呢? 伯阳父的论述是:

夫天地之气,不失其序;若过其序,民乱之也。阳伏而不能出,阴迫而不能烝,于是有地震。今三川实震,是阳失其所而镇阴也。阳失而在阴,川源必塞;源塞,国必亡。夫水土演而民用也。水土无所演,民乏财用,不亡何待? 昔伊、洛竭而夏亡,河竭而商亡。今周德若二代之季矣,其川源又塞,塞必竭。夫国必依山川,山崩川竭,亡之征也。川竭,山必崩。若国亡不过十年,数之纪也。夫天之所弃,不过其纪。(《国语·周语上·西周三川皆震伯阳父论周将亡》)

在伯阳父看来,地震是"阳失而在阴"——天地阴阳二气失去了平衡,即失去了正常的自我运行秩序,这就会导致民众的大乱,民众的大乱又必然会导致国家的灭亡。这样一来,地理阴阳也就具有社会和历史阴阳的性质了。

从公刘相豳到周太史伯阳父论"三川地震",我们不难发现:地理阴阳是循着"太阴"和"太阳"照射的明暗走向"相"地理环境的"阴阳",由"相"地理环境的"阴阳"走向"相"生活环境的"阴阳",由"相"生活环境的"阴阳"走向"相"生产环境的"阴阳",由"相"生活环境和生产环境走向"相"社会的"阴阳"——治乱与安危,这个走向为以后阴阳家的地理阴阳学规定了理念和实施的方向及其程序。

哲学阴阳

哲学阴阳就是高度抽象、理性化的阴阳学说。

哲学阴阳是在地理阴阳的基础上产生并发展起来的,《秘书》云:"日月为易,象阴阳也。"(许慎《说文解字》引)。大致而言,哲学阴阳最早形成于商周之际,其概念首见于《周易》及其《十翼》。

《周易》就是今天的《易经》,又简称《易》。《周易》是谁作的呢,这是令人困扰的一个问题。因为《周易》除了与其他书一样时代久远、焚书散佚等难考的因素外,它还得先画卦,然后重卦,才能有卦辞和爻辞。谁画的卦? 谁重的卦? 传统说法是伏羲氏、神农氏,但是伏羲、神农等是战国以后才产生的传说人物,所存至今的战国以前的文献却没有确凿的证明资料,目前只能存而不论。好在哲学阴阳需要的卦辞和爻辞,则大致可以考定,司马迁说:"盖文王拘而演《周易》;仲尼厄而作《春秋》;屈原放逐,乃赋《离骚》;左丘失明,厥有《国语》;孙子膑脚,《兵法》修列;不韦迁蜀,世传《吕览》;韩非囚秦,《说难》《孤愤》。《诗》三百篇,大抵圣贤发愤之所为作也。"(《报任少卿书》)《系辞》下也有这样的揣测:"《易》之兴也,其当殷之末世、周之盛矣? 当文王与纣之时耶?"前者说周文王"演《周易》",后者说"当文王与纣之时",因而"《易》之兴"的时间应该是在商周之际。所谓"演",似乎包括了重卦和卦辞、爻辞的撰写。杨伯峻先生再根据"它所载的内容有殷商祖

先的故事,也有周代初年的史事,却没有夹杂后代的任何色彩",断定"《卦辞》《爻辞》作于西周初年。"(《经书浅谈·周易》)

《周易》是一部占筮书,就是提供占筮者用的专著。占筮是用蓍草(民间通称的蚰蜒草或者锯齿草)卜卦。占筮用蓍草的茎作占筮工具,大概用蓍草茎五十根,又抽去一根,得四十九根,分别数它们的数目,把它们分为几份,这叫作"揲",然后成卦。要揲好几次,由原先的卦再变成什么卦,然后参考占筮书,来预测吉凶。

《周易》演和占卜的基础就是"阴"(— —)、"阳"(—)两个符号,由这两个符号,连叠三层,组成八卦:乾、坤、坎、震、巽、离、艮、兑。这八个卦,互相重叠,又组成六十四卦。六十四卦中,每卦六爻,从下往上数,第一爻叫"初"爻,第二、三、四、五爻仍用"二""三""四""五"为名,最上一爻叫"上"爻。那一焰若是阳爻"—",便叫"九";阴爻"—",便叫"六"。初爻叫"初九"或"初六",最上一爻叫"上九"或"上六",其余的便是"九二"或"六二","九三"或"六三","九四"或"六四","九五"或"六五"。每卦有卦辞,每爻有爻辞。六十四卦的卦辞和三百八十六爻的(本三百八十四爻,再加上《乾·用九》《坤·用六》二条爻辞)爻辞。由此可见,"阴""阳"不仅是《周易》的基础,也是《周易》的核心和灵魂。哲学阴阳也就从这里发生了。

《十翼》是解释《周易》卦象及《卦辞》《爻辞》的,它们好比《周易》的羽翼,所以叫作"翼"。司马迁的父亲司马谈曾引《系辞》,称为《易大传》,所以后人称《十翼》为《周易大传》。相传为孔丘所作,今天已经考证出不是一人所作,而且不是一时所作。《十翼》共7种10篇,其内容和撰写时间分别是:

一、《象传》,解释六十四卦的卦名、卦义和《卦辞》的,分上下两篇。象即断也,断定一爻之义。以时代论,近于战国;以地域论,近于南方。

二、《象传》,解释六十四卦的卦名、卦义和《爻辞》的,也分上下两篇。很大可能是战国中到晚期作品。

三、《文言》,只解释《乾》《坤》二卦的卦辞和爻辞。在《左传》流行以后,最早也不过战国晚期。

以上三种,本来是和"经"分离各自单独为篇的,后人因为它和"经"文关系较为密切,便附在各有关"经"文之下。"经"分为上、下,因此《象传》《象传》也分为上、下。《文言》,只各附于《乾》《坤》两卦《象传》之后,这两卦都在上篇,不能再分为上下了。

四、《系辞》,它是《易经》的通论,内容比较庞杂,篇幅也较长,所以也分为上、下两篇。作于《乐记》之前,至迟当为战国晚期的作品。

五、《说卦》,主要记述乾、坤、震、巽、坎、离、艮、兑八卦(这八卦也叫"八经卦",因为是由它组成六十四卦的。六十四卦,经过"经卦"的重叠,又叫"别卦")所象的事物。《说卦》说:"乾为天,坤为地,震为雷,巽为风,坎为水,离为火,艮为山,兑为泽。"这是原始卦象。《说卦》又加引申,一个卦可以代表多种事物。写作时间或许在汉初。

六、《序卦》,解说六十四卦的顺序。作于汉初到汉宣帝时。

七、《杂卦》,解说六十四卦的卦义,却不依照六十四卦的顺序,错杂解释,所以叫"杂

卦"。约与《序卦》同。（这些论述主要采用杨伯峻先生的意见）

《周易》及其《十翼》的哲学阴阳思想以及对后世阴阳说、阴阳家的影响,学者陆玉林概括为四点:(1)将阴阳与气勾连起来:《乾·大象》"潜龙勿用,阳在下也",《坤·象》"阴始凝也。驯致其道,至坚冰也";(2)将阴阳视为两种对立互补的属性:《泰·彖》"内阳而外阴,内健而外顺";(3)把阴阳作为立卦的根基:《说卦》"观变于阴阳而立卦";(4)认为卦画隐含着阴阳变易的法则,是以有形之象彰显无形的阴阳之义(《中国阴阳家》)。这四点是切实而精辟的。我们认为,还有更为重要的一条:《易传》在总结前人思想的基础上第一次提出"一阴一阳之谓道"(《周易·系辞上》)的原则,把阴阳上升为"范围天地""曲成万物"的最高哲学范畴,用阴阳二爻的错综变化来"效天下之功",来观察、解释、反映事物的矛盾运动。它一方面说"分阴分阳,迭用柔刚",强调差别、对立在错综变化中的作用;另一方面又说"阴阳合德,而刚柔有体",强调综合、统一在物体形成中的作用,认为在这种分合关系中,阴阳两种势力"相推""相摩""相荡",造成了无穷变化。所以《素问-阴阳应象大论》总结为:"阴阳者,天地之道也,万物之纲纪,变化之父母,生杀之本始,神明之府也。"阴阳家的阴阳学全部吸取了哲学阴阳的这些因素。

二、周汉时期:阴阳家的确立

一般认为,阴阳家是由邹衍确立的,其实并非如此。阴阳家的确立有如阴阳家的渊源一样,也有一个过程。

这个过程大约是:邹衍以"大九州说"和"五德终始说"草创;之后,稷下派的黄帝《阴符经》和《管子》等又有所发展;接着吕不韦及其所主编的《吕氏春秋》从阴阳气数与天象、五行与物候和人事、世界图式的初步整合等方面予以完善;最后是刘安及其主编的《淮南子》,再将道分阴阳的宇宙图式与五行生克的社会体系进行整合,这样阴阳家才正式确立。

阴阳家从草创到确立的时期,同时也是阴阳家的兴盛时期,时间从东周战国中期起到西汉末止(约前305~22年)。

邹衍草创

邹衍对阴阳家确立的贡献无疑是不能否定的。他首次将五行说和阴阳说结合起来,并在地理阴阳方面提出了著名的"大九州"思想,在社会与历史阴阳方面,提出了影响深远的"五德终始"的思想,在哲学阴阳方面形成了"以小推大、以今推古"的方法论。

不过,邹衍的生平事迹文献记述很少,他的著述也基本失传,现在所见他的这些阴阳家思想,并不是阴阳家思想的全部,而且还不够完善,因而只能说是草创。

阴阳家祖师邹衍

邹衍是古代阴阳家中影响最早而且深远的草创人物,尊他为阴阳家的祖师,一点也不过分。然而令人意外的是,这样一位思想家,在以纪传体为主的史学以及史传文学很盛的古代,竟然没有一篇完整的传记! 这使我们来研究他的时候,只能从列御寇《列子·汤问》、司马迁《史记》、刘向《别录》、刘歆《七略》、桓宽《盐铁论·说邹》、王充《论衡·感类》等书中,获得只言片语的材料,根据这些材料,我们对邹衍的生平及事迹粗略陈述一个梗概。

邹衍(约前305~前240年,一说前340~前260年),又作驺衍,齐国人,曾游学于稷下学宫,为著名的稷下先生之一。早年学习儒术,不见用,后创阴阳变化终始之论,名声显要。有附传曰:"王公大人初见其术,惧然顾化,其后不能行之。是以邹子重于齐;适梁,梁惠王郊迎,执宾主之礼;适赵,平原君侧行撇席;如燕,昭王拥彗先驱,请列弟子之座而受业,筑竭石宫,身亲往师之。"(《史记·孟子荀卿列传》)邹衍"重于齐"和"梁惠王郊迎,执宾主之礼"两件事,除此以外,没有其他记述。邹衍在赵令"平原君侧行撇席"的事,刘向《别录》的记述如下:

齐使邹衍过赵,平原君见公孙龙及其徒綦毋子之属,论"白马非马"之辩,以问邹子。邹子曰:"不可。彼天下之辩有五胜三至,而辞正为下。辩者,别殊类使不相害,序异端使不相乱,抒意通指,明其所谓,使人与知焉,不务相迷也。故胜者不失其所守,不胜者得其所求,若是,故辩可为也。及至烦文以相假,饰辞以相惇,巧譬以相移,引人声使不得及其意。如此,害大道。夫缴纷争言而竞后息,不能无害君子。"坐者称善。

由记述可知,以质实的道理破解了公孙龙及其徒綦毋子的"白马非马"这种诡辩,使平原君茅塞顿开,所以才在众人的赞美声中"侧行撇席"的。不过这件事只是表现了邹衍的机智和辩才,与阴阳家的本事没有干系。这可能是他早年学习儒术时事,刘向也许因此把他看成稷下一般的"谈说之士"了。到燕国后,"昭王拥彗先驱,请列弟子之座而受业,筑竭石宫,身亲往师之",这就显示了阴阳家的本色。据佚名的《方士传》记载:邹衍隐居燕国时,外出周游列国之际,各国诸侯都十分敬畏,所到之处,各国都拥彗而郊迎他。为什么会如此呢? 这可能有两个原因:一是因为燕国有一个地美而寒、不生五谷的山谷,邹衍隐居之后,吹奏五律协和的音乐,这个山谷就变了,温气上升,黍子丛生,因而取名为黍谷;二是这时邹衍的《邹子终始》等著述已经传播天下,再加上弟子邹奭、邹赫子等宣扬,阴阳之学一时盛行。因为邹衍的著述主要讨论天事,因而他在当时便有"谈天"或"谈天衍""谈天邹"的雅号。

邹衍的事迹目前只知道这些了。他的著述,司马迁认为有《主运》《始终》《大圣》等篇十余万言,《汉书·艺文志》著录有《邹子》49篇、《邹子终始》56篇,皆亡佚。他的遗说载清代马国翰所编《玉函山房辑佚书》,其实也不够400字。邹衍有关阴阳学说,我们主要介绍"大九州说"和"五德终始说"。

"大九州说"

邹衍之前的先贤已经有不少对中国以及世界的认识。比较早的保存在《尚书》里:首先是舜"肇十有二州,封十有二山,浚川"(《舜典》),这是说舜分中国为十二州;尧时洪水滔天,负责治水的共工、鲧由于违背了阴阳五行,相继失败,后来共工为诸侯之共主时,分封诸侯并重新区划天下:"共工氏之伯九有也,其子曰后土,能平九土"(《国语·鲁语

诸子百家——阴阳家

上》），所谓"九土"，或许是从人皇氏"依山川土地之势，财度为九州，谓之九囿"（宋刘恕编、清胡克家注补《通鉴外纪·包牺以来纪》）的"九囿"（文中的"九州"是刘恕使用后起的术语）而来，为什么会有"九囿"的区划呢，相传人皇氏兄弟九人，称九头纪，大概每人一囿，所以才是"九囿"，《逸周书·尝麦解》在叙述蚩尤追击黄帝这一惨烈战斗时提到"九隅无遗"，《诗经·玄鸟》"方命厥后，奄有九有"，《诗经·长发》"帝命式于九围""九有有截，韦顾既伐，昆吾夏桀"，这些记述中的"九隅""九有""九围"和"九土""九囿"等，与司马侯所说的"四岳、三涂、阳城、太室、荆山、中南：九州之险也"（《左传·昭公四年》）的"九州"是相同的，都是所谓"小九州"，即中国，因为"四岳"就是今天人人皆知的东岳泰山、西岳华山、南岳衡山、北岳恒山，"三涂"是嵩山的三涂山，"阳城"是今河南登封的告成镇，"太室"是嵩山主峰，"荆山"在河南灵宝西，"中南"就是终南山，这些地方主要在河南西部与陕西东南部，是早期夏人活动的中心地带，相当于后世的"中原"，还不是现代中国的全部。

《尚书·禹贡》所载的"九州"说是邹衍之前影响最大的，我们节选相关记述于下：

禹敷土（分别九州的土地），随山刊木，奠高山大川：冀州（郑玄说："两河间曰冀州。"）；既载壶口，治梁及岐。既修太原，至于岳阳（不是湖南岳阳市，是今山西霍县东太岳山的南面，汾水所经之地）。覃怀（今河南武陟、沁阳一带）厎绩（获得成功）……济、河惟兖州……海、岱惟青州……海、岱及淮惟徐州……淮、海惟扬州……荆及衡阳惟荆州……荆、河惟豫州……华阳、黑水惟梁州……黑水、西河惟雍州……九州攸同：四隩（可以定居的地方）既宅，九山刊旅（开除道路），九川涤（疏通）源，九泽既陂（修筑堤坊），四海（《尔雅·释地》："九夷八狄七戎六蛮，谓之四海。"）会同。六府（水、火、金、木、土、谷）孔修（很好地整合治理），庶土交正（征、赋贡），厎慎财赋，咸则三壤成赋。……东渐于海，西被于流沙，朔南暨声教讫于四海。

《禹贡》的冀州、兖州、青州、徐州、扬州、荆州、豫州、梁州、雍州"九州"，是以尧时的政治中心——冀州为中心，向北兖州（今河北、山东境）向东青州（今山东半岛）和东南徐州（今江苏北部、安徽北部，山东南部）、扬州（今江苏西部、安徽南部）、荆州（湖南、湖北），再回到靠冀州的豫州和北边的梁州、雍州，这基本包括了现代中国的全部，我们姑且称之为"中九州"。需要说明的是，这种"中九州"说还有两个不同的记述：《周礼·夏官·职方氏》以幽州、并州取代徐州、梁州，而《尔雅·释地》则以幽州、晋州取代青州、梁州，这种分歧可能主要是因为历史不同时期的不同区划造成的。

在邹衍前也有个"大九州"，清代马骕"自神农以上有大九州：柱州、迎州、神州之等。黄帝以来，德不及远，惟于神州之内分为九州。黄帝受命，风后受图，割地布九州，置十二国"（《绎史·黄帝纪》）。这个"大九州"是神州、迎州、戎州、合州、冀州、柱州、玄州、咸州、扬州，其中冀州、扬州不是"小九州"和"中九州"中的冀州、扬州了，"小九州"和"中九州"都在神州之内。那么，这个"大九州"也就具有世界的意味了。

邹衍的"大九州"说是：

儒者所谓中国者，于天下乃八十一分居其一分耳。中国名曰赤县神州。赤县神州内自有九州，禹之序九州是也，不得为州数。中国外如赤县神州者九，乃所谓九州也。于是有裨海环之，人民禽兽莫能相通者，如一区中者，乃为一州。如此者九，乃有大瀛海环其外，天地之际焉。（马国翰《玉函山房辑佚书·邹子》）

　　这一论说认为：（1）儒者以及其他有关"九州"是"赤县神州内"的"九州"，即禹分布的"中九州"，这个"九州"即"赤县神州"；（2）除了"中国外如赤县神州者"还有个"九州"，这个"九州"大于"神州"，所以可以称"大九州"；（3）如"神州"的"大九州"中的每一州，"如一区中者"，即一个大海环绕的陆地区域；（4）"大九州"之间"人民禽兽莫能相通"；（5）如果说"小九州"和"中九州"都在"赤县神州内"，那么，"大九州"则在"天地之际"。除了这些"大九州"观点外，邹衍还提出"中国者，于天下乃八十一分居其一分"的论断。

　　邹衍的"大九州"说既有对"小九州"中"九州"数量以及单位的继承，也有对"中九州"中"东渐于海，西被于流沙，朔南暨声教讫于四海"开拓理念的影响，"中九州"虽然在地域上似乎没有超出"神州"的范围，但是它却以甸服（在天子领地外围，每500里为一服役地带，地带内的主与民都有供奉王事的义务，这叫"服"，甸服就是为天子耕田准备粮食）、侯服（在君主身边处顺、逆情境的服侍，兼听候命令）、绥服（替君主做安抚的事）、要服（接受王者约束并服事）、荒服（替天子守边远之区）的形式，将实际影响扩大到边远方国，再由这些方国把"声教"传布到"四海之外"。更为重要的，邹衍"大九

邹衍

州"说以"'中国名山大川，通谷禽兽，水土所殖，物类所珍'这些可经验的事物为基础，'因而推之及海外，人之所不能睹'（《史记·孟子荀卿列传》）。这就彻底打破了原来狭隘的地域观念，大大开阔了人们的视野，启迪了人们对世界的新看法。邹衍的这些思想不仅对以后航海通商事业的发展起到了促进作用，而且对鼓励秦汉统治者开疆拓土，促进中国的统一起了积极的作用"（蔡德贵《中国哲学流行曲》）。邹衍"大九州"说也印证了中国先民早就分布到世界各地，以北亚、东南亚、太平洋诸岛和美洲为最多等历史论断，通过对世界各地文物、语言、民俗的考察，从新石器时代、青铜时代起，中国先民就已经把中国文化传播到了海外。这些可能就是各种"九州"的先决条件。

　　"大九州"说是邹衍对地理阴阳学的一个重大发展。有学者甚至认为"'大九州'不只是一种地理观念，而且是一种天地观念，具有宇宙论的意义"（刘文英《中国哲学史史料学》）。

　　"五德终始说"

　　与地理阴阳学上的"大九州"说相应，邹衍在社会与历史阴阳方面，提出了影响深远的"五德终始"说。他是这样论述的：

诸子百家——阴阳家

凡帝王者之将兴也,天必先见祥乎下民。黄帝之时,天先见大螾大蝼。黄帝曰:"土气胜。"土气胜,故其色尚黄,其事则土。及禹之时,天先见草木秋冬不杀。禹曰:"木气胜。"木气胜,故其色尚青,其事则木。及汤之时,天先见金刃生于水。汤曰:"金气胜。"金气胜,故其色尚白,其事则金。及文王之时,天先见火赤乌衔丹书集于周社。文王曰:"火气胜。"火气胜,故其色尚赤,其事则火。代火者必将水,天且先见水气胜。水气胜,故其色尚黑,其事则水。水气至而不知数备,将徙于土。(马国翰《玉函山房辑佚书·邹子》)

这段被命名为"五德终始"说的论述,却没有"五德",那么这"五德"是怎么回事呢?我们引的《吕氏春秋·应同》中的转述(但是很多学者都认为这很可能为《邹子》佚文,马国翰就是其中的一个),《邹子》原文是有"五德"的:"五德之次,从所不胜,故虞土、夏木。"(《淮南子·齐俗训》高注引)"五德所从不胜,虞土、夏木、殷金、周火。"(《文选·故齐安陆昭王碑》李注引)等,这是准确的,我们可以从《史记·封禅书》"今其书有《五德终始》,五行各行所胜为行。秦谓周为火德,灭火者水,故自谓水德"和刘歆《七略》:"邹子有终始五德,从所不胜,木德继之,金德次之,火德次之,水德次之"得到印证。由此类推,上述引文显然符合邹衍的思想。

"五德"既然依次是土德、木德、金德、火德、水德,"五"是五行,"德"是德行,"五德终始"说就是渊源于五行学说的阴阳家理论了。在《阴阳家的渊源》中我们已经提到,中国雏形的五行思想是从夏启的"威侮五行"到箕子的"初一五行",再到春秋时期的"五行化百物说"。夏启的"威侮五行"只是首次指明哪五种物质或元素,对"五德终始"说没有直接影响,但是箕子的"初一五行"中的"五行"特性及其相互关系的论述,伯阳父"和实生物"和"以他平他"而"成百物",史墨提出的"火胜望""水胜火",显然就是"五德终始"说的源头了。邹衍正是根据这些思想来建构"五德终始"说的。他认为,这种五行的特性及其相生、相胜的特点,不应该仅仅表现在自然界的四时变化和万物生息之中,而且还应该体现在人类社会之中。其次,当时的儒者普遍以为一年之中五行的势力轮流当盛。在某行当盛时,帝王除了需穿颜色与它相配的衣服外还有许多应做和不应做的事项。而且在某德轮值的时代须有某种特殊的服色,某种特殊的制度(关于正朔、数度和礼乐的制度)和某种特殊的政治精神和它相配。邹衍综合五行家和儒家的这些思想、礼制,运用到社会与历史上,提出了"五德终始"循环相生的观点:自"天地剖判以来"的历史,按照"五德转移"的顺序,经过了黄帝(土德)、夏(木德)、商(金德)、周(火德)的更替过程,并预见以后的发展是"代火者必将水"。张岂之先生总结说:"'五德终始'说……以五德相胜关系说明王朝更替,先后顺序为:一、土德,二、木德,三、金德,四、火德,五、水德。水德之后又是土德,开始另一个周期,循环无穷。每一个王朝代表一德,当一个王朝衰落后,必然被代表另一德的王朝取代。而新王朝兴起的时候,在天意支配下自然界必定出现某种符应。某个君主认识到符应的含义,便成为受命者,取得统治天下的资格。他又自觉地效法符应显示的那一德的性质为新王朝制定各种制度。"(《中国思想史》)

邹衍"五德终始"说一出,在当时产生了很大的经济效益和社会效益:"邹衍明于五德之传,而散消息之分,以显诸侯。"(《史记·历书》)社会的分割动乱已经持续了很长时间,百姓都盼望统一。邹衍的五德说正好给即将兴起的新朝制造符命。后来的秦始皇首先采用邹衍的学说,宣布自己就是水德,从而证明自己新王朝的出现符合天意。唐君毅先生对"五德终始"说的正负面效应做了精辟分析:"此中,以五行之相克或相生为序,谓当今之人王,应在天上何帝之德以兴,因与实际上之政治权力之争,互相夹杂,固多穿凿附会之论。然观此数百年之中之帝王,皆必托诸此五德终始之说,乃能自固其王位,而聚讼之多又若此;则想见此时代人宗教思想之笃,正无殊于耶稣降世前后之数百年中之西方人。此时在印度,亦即部派佛教,与印度各派之宗教哲学大盛之时代。人类东西之思想之步履,盖有其不谋而合者在。"(《中国哲学原论》)

应该说,邹衍用变化发展的观点来说明历史的发展是有规律的,改朝换代是人类历史发展不能违反必然的规律,这无疑是正确的。但是,他将这种规律用五行学做硬性的比附,又加上方士巫术式的预言,使"五德终始"说最终陷入"神秘的历史循环观念"(张岂之《中国思想史》)。

但是邹衍"五德终始"说的影响极为深远,吕不韦及其所主编的《吕氏春秋》的五行与物候和人事模式,刘安及其主编的《淮南子》五行生克的社会体系,董仲舒的天人感应神学体系,都是从这个基础建构起来的。而且"五德终始"说形成了一种中国人及其传统思维的不良定式:新登基的皇帝都要自命为"奉天承运"的皇帝,普通百姓也都以五行来测定自己的命运,每个人都被认为受五行之德中的某一德的支配,一直到今天也还有这种算命现象的存在。

稷下发展

稷下学派实际是稷下学宫众多派别的总称,由于儒家、道家、法家、阴阳家、名家、兵家等家的各类学人,都聚集在这里展开争鸣,所以各家学术都在争鸣中不断自我完善并发展,共同创造了先秦学术的繁荣。

同各家学派一样,阴阳家也在这个时期得到长足的发展。这个发展除了邹衍及其弟子成功地完成草创外,其他学家也纷纷投入阴阳五行学的探讨和研究中,长沙马王堆出土的佚名的帛书《黄帝四经》和署名管仲的《管子》,就是其中的佼佼者。

稷下学派论阴阳五行

稷下学宫设在齐国都城临淄稷门之下,它既是战国中后期百家争鸣的主要场所,又是战国中后期的一个文化中心。稷下学派就是稷下先生(到稷下来访学或讲学的名家和士子)——包括他们本人的著作和该学宫内百家之学的总称。

由于稷下学宫主要是适应战国时期的百家争鸣而形成的,各诸侯国的学问家、教育家都云集到稷下,如田过、列精、子高、匡倩、能意、闾丘、孔穿、徐劫、公孙固、接子、季真、黔娄子、彭蒙、唐易子、淳于髡等;稷下学宫允许并鼓励各家争鸣,孟子、告子、荀子等儒家代表,庄子、环渊、尹文、宋钘等道家代表,慎到、韩非等法家代表,田骈、儿说等名家代表,鲁仲连、颜斶、王斗等纵横家代表,邹衍、驺奭、邹赫子等阴阳家代表,还有司马穰苴、孙膑等兵家代表,都在这里讲学、论辩,这即使各家在学术上进一步专业化,同时又使各家学派融会贯通。所以稷下学派首先而且主要是学术群体，又是教育、文化团体。

但是，学术观点是和政治有关的，离不开当时的政治。再加上稷下学宫本身是由齐国国君皇家官办的，因而稷下先生这一学术群体，又常常是齐国国君的询议机构或智囊团。稷下先生主要从事五种活动：（1）借鉴历史经验，整理大批文物典籍；（2）担任行政官吏，为齐国封建化改革效力；（3）为齐国制定典章制度，甚至为齐国统一天下设计蓝图；（4）担负重要的外交使命；（5）在关键时刻游说齐王，使齐王决定或改变重大决策。

稷下先生在这种宽松的政治环境下，完全可以自由地发展学术，在草创之中的阴阳家及其思想，得到了其他学派的广泛关注，阴阳五行学说一时成为最热门的学术点。

儒家荀子认为"天地合而万物生，阴阳接而变化起"（《荀子·礼论》）。在他看来，万物是由天地合和而形成的，天地就是自然，而构成自然的总根源则是阴阳之气，所以气就是世界的本原。无论是无生物的水、火，还是有生命的植物、动物，即便是人，也都是由气构成；不过，人要比禽兽、草木、水火更高级，这是因为"水火有气而无生，草木有生而无知，禽兽有知而无义，人有气有生有知亦且有义"（《荀子·王制》）。这就进一步肯定和明确了阴阳二气不仅是宇宙万物的本原，而且也是世界万事万物的活性基因。他还进一步发现，自然界中万物的变化、发展，也都是来自于"天地之变，阴阳之化"（《荀子·天论》）的。这直接开启了阴阳家阴阳学的法门。

名家公孙龙说："青骊乎白而白不胜也，自足之胜矣而不胜：是木贼金也。木贼金者碧，碧则非正举矣。"（《公孙龙子·通辩论》）意思是：如果一匹黑色的马与一匹白色的马比赛，那么，白色的马一定会胜出。原因是青色在五行中属木，白色在五行中属金，在五行中是金克木。本来是白色的马胜出可是事实却没有，那么就是出现了"木贼金"的情形，这种情形是反常的——"非正举矣"！公孙龙本来是借助五行学说作支点来进行诡辩的，却为阴阳家五行学提供了确信地帮助，也为五行说的生克理论提供了反思——"木贼金"。

稷下先生中也不乏墨家人物，他们的学术结晶就包含在《墨经》中。后期墨家在五行相生相胜的旧说上，提出了"五行毋常胜"的新主张："五行毋常胜，说在宜。"（《墨子·经下》）所谓"宜"，就是从量的角度来分析，量的因素在五行胜负中所起的重要作用，又从质的角度分析："金、水、土、木、火、离。然火烁金，火多也。金靡炭，金多也。金之府水，火离木。若识麋与鱼之数，唯所利。"（《墨子·经说下》）谭戒甫先生解释说："'金、水、土、木、火五者，皆彼此相附丽，并非相生，故曰金水土木火离。何以故？以水聚藏于金而火附丽于木耳。'正如同'麋之所利，于山之林；鱼之所利，在川之水。故林盛而麋赴焉，水大而鱼藏焉。若能识别此道，则水非生于金而木非生于火，可以恍然悟矣。'"（《墨辩发微》，有人把这个论述称作"相丽说"）总之，后期墨家认为五行相胜是随着矛盾双方质与量的变化而变化，并没有一套僵化的发展程序。墨家的这种辩证的五行学说，不仅批判了邹衍等人的循环、凝固的"五行常胜说"，也是对五行相胜说的发展，更给后世五行说在一个更高的逻辑水平上的拓展奠定了理论基础，可以说中医五行说对哲学五行说的许多修正都来源于这种认识和启发。在道教内，无论是汉唐之际的外丹派，还是宋元时期的内丹派,他们都吸收了墨家的这种辩证的思想。

稷下学派论阴阳五行学说并非只儒家、名家、墨家三家,道家、法家、阴阳家、纵横家和兵家等,几乎都有相关的论述,限于篇幅,略举数例作为一斑而已。阴阳家以外的所有阴阳五行学说论述,无疑对阴阳家的发展产生了很大的影响,这是不容忽视的。

帛书《黄帝四经》阴阳论

帛书《黄帝四经》是 1973 年长沙马王堆 3 号汉墓出土的《老子》乙本卷前的古佚书,共有 175 行,约 11120 字,已经分为 4 种 26 篇(或 4 篇 26 章):《经法》包括《道法》《国次》《君正》《大分》(原来作《六分》,据李学勤先生改)、《四度》《论》《亡论》《论约》《名理》9篇,《经》包括《立命》《观》《五正》《果童》《正乱》《姓争》《雌雄节》《兵容》《成法》《三禁》《本伐》《前道》《行守》《舜道》《名刑》15 篇,《称》和《道原》各为 1 篇。经过今人唐兰、高亨等先生考证后,确认帛书《黄帝四经》不是伪书,是几千年来出土的轩辕黄帝第一本书。这就为海内外黄帝子孙重新认识黄帝、黄帝思想提供了可靠的史料依据。轩辕黄帝不再是传说人物,而是实实在在的历史人物,他是"因地以为资,因民以为师"(《称经·以民为师》)、把百姓称为"上民"、具有民主思想的文明始祖、人文始祖。因此,帛书《黄帝四经》的出土不仅是 20 世纪 70 年代的一件惊天动地的大事,也是轰动世界文化的一件大事!

然而 35 年过去了,人们对帛书《黄帝四经》写定的时间和学术性质还没有形成一致的意见。我们认为,帛书《黄帝四经》不是传说中的黄帝所著,而是黄帝及黄老学派的著述总集,其成书大约是在战国中期,约公元前 4 世纪左右(据唐兰《马王堆出土〈老子〉乙本前古佚书研究》、龙晦《马王堆出土〈老子〉乙本前古佚书探源》以及余明光《黄帝四经与黄老思想》文中的意见),而不是在秦、秦汉之际或汉代。这种意见应该是对的。司马迁在追述先秦学术时说:"慎到,赵人。田骈、接子,齐人。环渊,楚人。皆学黄老道德之术,因发明序其指意。"(《史记·孟子荀卿列传》)还多次提到"申子之学本于黄老而主刑名",韩非"喜刑名法术之学,而其归本于黄老"(《史记·老庄申韩列传》);从《汉书·艺文志》可以知道,宋碱、尹文二人也是黄老学者:《宋子》十八篇下有班固自注:"孙卿道宋子,其言黄老意",《尹文子》一篇,颜师古注云:"刘向云,与宋碱俱游稷下。"黄老之学在稷下兴起,与战国时期流行的所谓黄帝之言有很大关系。黄帝作为古史传说中的著名人物,最早见于《逸周书》《国语》和《左传》。战国中后期的百家争鸣中,黄帝为诸子百家所乐道,但多是些神话传说和寓言故事,或假托黄帝之言以伸张自己的学说,所以司马迁特意指出:"百家言黄帝,其文不雅驯,荐绅先生难言之。"(《史记·五帝本纪》)大家知道,《汉书·艺文志》著录各类书籍时都有成书或写定时间的考证,在《道家类》中,《黄帝四经》排在"起六国也"或"六国时贤者所作"的《黄帝君臣》《杂黄帝》之前,紧接是"《力牧》二十二篇,六国时所作,托之力牧。力牧,黄帝相。《孙子》十六篇,六国时。《捷子》二篇,齐人,武帝时说。《曹羽》二篇,楚人,武帝时说于齐王"。帛书《黄帝四经》就产生于稷下,写作时间也就是"六国时",而不是"武帝时"。

帛书《黄帝四经》的学术定位,历来是个问题,如《汉书·艺文志》中著录了托名黄帝的书多达20余种,分散在道家、阴阳家、小说家和兵书、数术、方技等类中,可见至迟在汉代就对黄老之言本身的认识很不一致。许抗生先生说:"黄老学是大约在公元前4世纪中叶,从老子学说中分化出来的一个道家学派","在政治上继承了道家的无为政治,同时又吸取了儒家的礼义仁爱的思想、名家的刑名思想、法家的法治思想等。"(许抗生《〈黄老之学新论〉读后的几点思考》)正是由于这种复杂性,对帛书《黄帝四经》,有学者以《道法》《成法》《三禁》等篇认为属法家著作(康立等先生),有学者认为属于"义政学说"的儒家(孙景坛《关于道家研究中的几个关键问题》),也有学者认为"阴阳思想是其学说的主导思想"——阴阳家等等(李夏《〈黄帝四经〉阴阳思想研究》)。但是,更多的学者按照班固的道家说,白奚先生则认为:"在道法两家学说为主体的基础上,广泛吸取了儒、墨、名、阴阳四家学说的长处。"(《〈黄帝四经〉与百家之学》)我们认为,帛书《黄帝四经》是出于道家却又有很大拓展的黄老家。它的思想首先是道家,然后依次是阴阳家、法家、儒家、墨、名以及兵家的思想都是次要的。因为本书是《阴阳家简史》,不能对这个问题作翔实的讨论,只简要论述一下帛书《黄帝四经》的阴阳家思想。

帛书《黄帝四经》在"凡论必以阴阳明大义"(《称》)的总的原则下,阴阳思想贯穿了《经法》《经》《称》和《道原》,单"阴阳"就出现了43次,其他论述也都或明或暗与阴阳相关。

第一,帛书《黄帝四经》吸收了早期阴阳思想的精华——"敬顺昊天""敬授民时"的思想,并对这种思想做了更具体的阐述和发展。首先是要"敬顺昊天"就必须掌握"天地之道"。所谓"天地之道"是"四时有度,天地之理也;日月星辰有数,天地之纪也;四时成功,一时刑杀,天地之道也"(《经法·论约》)。要实施"天地之道"就必须做到:"天执一,明三定二,建八正,行七法,然后以尽天地四极之中,无不应顺矣。"(《经法·论》)因为"天地之道"使日月星明亮,阴阳确定,从而可以建立八正(即内外之位、动静之化与四时之度),实行七法(明以正、适、信、极而反、必、顺、常七种天性),然后才可以尽天地四极之中,与天地合一。其次是"敬授民时",它是"敬顺昊天"的人间化。"天地有恒常"才使人间"万民有恒事"。所谓"天地之恒常"是"四时、晦明、生杀、柔刚"。这是说阴阳二气制约了"四时"季节和"晦明"的气象,植物等"生杀"——生长与凋零,《四度》篇对此中原因的解释是:"极阳以杀,极阴以生,是为逆阴阳之命。"至于"万民之恒事"则是"男农、女工"(《经法·道法》)。也就是古老农业文明中的男耕女织。

第二,帛书《黄帝四经》依据阴阳大义区分并确立了阴与阳的两大属类:自然属类是"天阳地阴;自然春阳秋阴,夏阳冬阴;昼阳夜阴"(《称》);社会属类是"大国阳小国阴,重国阳轻国阴;有事阳而无事阴;伸者阳而屈者阴;主阳臣阴,上阳下阴;男阳女阴,父子阴,兄阳弟阴,长阳少阴;贵阳贱阴的达阳穷阴;娶妇生子阳,有丧阴;制人者阳,制于人者阴;客阳主人阴;师阳役阴;言阳默阴;予阳受阴"(《称》)。这是按阴与阳自身的柔与刚的特性为依据来区分并确定的,基本思路与从"敬顺昊天"到"敬授民时"相同:从自然到社会。两大属类的渊源可能是《周易》八卦,但是两大属类各自三小类的明确区分,又影响了《周易》十翼的相关论述,后世相关的论述则是帛书《黄帝四经》和《周易》十翼的继

諸子百家——阴阳家

2337

承和发展，如北宋张载的"一物两体"论，南宋叶适的"一两相济"论，都进一步阐发了阴阳既对立又统一及其相互转化的思想；明清之际的王夫之总结哲学思辨的成果，把阴阳消长说发展为"太虚本动"说，形成了比较彻底的矛盾发展观。阴阳家阴阳学说的基本内容——"对立，互根，消长，转化"的根也扎在这里。

第三，帛书《黄帝四经》将阴阳思想应用于社会政治时，首创了阴阳刑德思想。关于这一点，白奚先生认为"第一次把法治与德治两种对立的学说结合起来，提出了刑德并用的政治主张，而这种政治主张正是以阴阳思想为其理论根据的。《四经》认为，为政之所以要刑、德相辅并用，是因为人事必须效法天道，天道有阴有阳，为政就要有刑有德，并根据宇宙间最基本的自然现象——阴阳四时的运行流布，为刑与德的施行确立了根据和法式"（《〈黄帝四经〉与百家之学》）。帛书《黄帝四经》的具体论述是："宿阳修刑，重阴而长夜气，闭地孕者，所以继之也。不靡不黑，而正之以刑与德。春夏为德，秋冬为刑。先德后刑以养生。"（《经·观》）这种思想，后来韩非子吸收了："何谓刑德？曰：杀戮谓之刑，庆赏谓之德。"（《韩非子·二柄》）他把"刑德"作为法制的"二柄"。不过，他又有所改造，把先用德后用刑改成先用刑后用德甚至于不要德，产生了恶劣的影响。

第四，帛书《黄帝四经》把阴阳思想哲学化。我们认为阴阳思想哲学化主要体现在两个方面：一是用阴阳思想解释"道"的本源。因为出于道家，帛书《黄帝四经》也认为道就是宇宙的本源，并运用《老子》所谓"万物负阴而抱阳"的理念，具体用阴阳解释"道"是万物的本源："道虚无形，其裻（衣服背面中缝，这里指之间结合处）冥冥，万物之所从生。"（《经法·道法》）这实际是把"道"理解为"无形"而"冥冥"的阴阳二气，阴阳二气无边无际也没有结合处，但却是万物产生的所在。这在《道原》中还有明确的论述："恒先之初（一作'恒无之初'），迵同大虚。虚同为一，恒一而止。湿湿梦梦，未有明悔。神微周盈，精静不熙。故未有以，万物莫以。故无有形，大迵无名。天弗能覆，地弗能载。小以成小，大以成大，盈四海之内，又包其外。在阴腐，在阳不焦。一度不变，能适蚑蛲。鸟得而飞，鱼得而游，兽得而走；人皆以之，莫知其名。人皆用之，莫见其形。"大意是：最初的世界是太虚之气同道，天不能覆盖它，地不能容载它，小便成小，大便成大，盈满四海之内，又包容四海之外，阴时不腐，阳时不焦，但"万物得之以生，百事得之以成"。二是运用阴阳二气的特性和阴阳转化的思想来阐述事物的运动变化。事物的运动变化的形式是："有晦有明，已有阴阳，道纪。因以为常，其明者以为法，而微道是行。行法循之于牝牡，牝牡相求；会刚兴柔，柔刚相成……下会地，上会于天"，"草苴复荣"（《经·观》）；事物的运动变化的规律是："诸阳者法天，天贵正，过正曰阴，阴极失当，祭乃反；诸阴法地；地之德安徐正静；柔节先定；善予不争。"（《称》）事物的运动变化的原因是："相与则成，阴阳备，物化变乃生。"（《经·果童》）

总之，帛书《黄帝四经》既用阴阳观念解释自然现象，又将阴阳观念引入社会领域，对前人的阴阳观念做了充分的继承和发展，更为阴阳家提供宝贵而丰富的思想营养。尤其是"王天下者之道，有天焉，有人焉，有地焉"（《经法·大分》）为阴阳家思想体系的确立给予直接的借鉴。

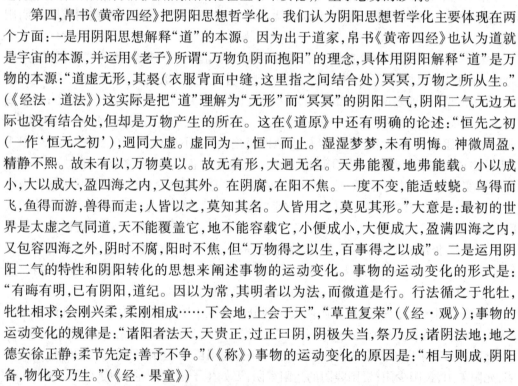

诸子百家——阴阳家

《管子》阴阳五行说

《管子》是古代子书中最为重要的几部基本元典之一,传说是管仲的著作。

管仲(? ～前645年),名夷吾,字仲,春秋时期著名的思想家、政治家。齐桓公时由鲍叔牙荐任齐国相国,在职期间,主持对齐国的政治、经济和军事进行了一系列的改革:整顿了行政区划,改革了军队建制,改变了租税方式,保障了工商业的发展。经过改革,齐国的力量日渐强盛。与此同时,又以"尊王攘夷"为名,协助齐桓公吞并了临近小国,征服了晋、楚、宋、郑等大国,终于使齐桓公成为春秋时期的第一个霸主。

《管子》一书,如同帛书《黄帝四经》一样,是管仲及管仲学派的著述总集。成书大约略晚于帛书《黄帝四经》。《管子》最初由刘向编定,当时共86篇,现存《管子》实存76篇,其余10篇仅存目录。一般认为这76篇分为8类:《经言》9篇,《外言》8篇,《内言》7篇,《短语》17篇,《区言》5篇,《杂篇》10篇,《管子解》4篇,《管子轻重》16篇。其中《牧民》《山高》《乘马》等篇,《韩非子》、贾谊《新书》和《史记》都曾经引用过,学术界因而认为是管仲遗说;《立政》《幼宫》《枢言》《大匡》《中匡》《小匡》《水地》等篇,学术界认为是记述管仲言行的著述;《心术》上下、《白心》《内业》等篇另成体系,当是管仲学派或齐国法家对管仲思想的发挥和发展,学术界也有人认为是宋钘、尹文的遗著。实际《管子》带有总集性质,所论广泛涉及春秋战国时代的政治、经济、文化、军事等方方面面,不仅保存了极为丰富的学术史、文化史料,而且反映了法家、儒家、道家、阴阳家、名家、兵家和农家等诸多学派思想以及相互之间的对立与交流,弥足珍贵。

管仲学派的阴阳家思想,则保存在《幼官》《四时》《五行》《形势解》《轻重己》等篇章中。《管子》中反映阴阳家思想的这些篇章,其共同点就是将阴阳学说与五行学说相结合,改变了帛书《黄帝四经》以前那种阴阳自阴阳,五行自五行,两者不相涉的格局。如帛书《黄帝四经》主要是前一节所述的阴阳思想,但也涉及了五行:"黄帝问阉冉曰:吾欲布施五正,焉止焉始? 对曰:始在于身。中有正度,后及外人。"(《经·五正》)对于黄帝问阉冉"吾欲布施五正"这个"五正"理解颇有分歧,主要有"五官正"(尹知章、池田知久等)、"五政"(李学勤、廖名春等认为是为君主自身与四方的正)、"五法"(魏启鹏认为即君道,指规、矩、绳、权、衡的五政或曰五法,这是渊源颇为久远的黄帝五法)等,这些应该都有一定的道理。但是,学者刘彬通过翔实的考证,认为"'五正'一词,乃为古代易学讲君道的特定术语。其内容是帝王取度于身所建立的规、矩、绳、权、衡五种法度,与八卦中的某些卦、四时和五方等相配纳,而形成的易学模式。此配纳模式说明,君主布施规、矩、绳、权、衡五正,其旨在因顺阴阳、谐和四时、理顺五行,以达致天人祥和的理想政治境界。此古《易》'五正'的要义,是君道合于天地、阴阳之道"(《帛书易传〈要〉篇"五正"考释》)。这个阐述应该符合原意。帛书《黄帝四经》和《要》篇同出土于马王堆3号汉墓,有相同的思想文化背景,二书所说的"五正"在含义上应更为接近。再从学术上的渊源看,鹖冠子说:"天地阴阳,取稽于身,故布五正,以司五明。十变九道,稽从身始。五音六律,稽从身出。五五二十五,以理天下。六六三十六,以为岁式。"(《鹖冠子·度万》)这个"五正"与"五音""五明"和"五五二十五"都是因五行而来的,《鹖冠子》的一些内容由

诸子百家 —— 阴阳家

帛书《黄帝四经》衍化而来,二者在思想上密切相关,两书的"五正"应该相同,至少也应该相似。《管子》将阴阳学说与五行学说相结合是从两个方面进行的:

第一,将阴阳五行相互转化。首先将五行阴阳化:"阴阳者,天地之大理也。四时者,阴阳之大经也。刑德者,四时之合也;刑德合于时则生福,诡则生祸。"(《四时》)把五行中的"四时"纳入"阴阳"中,并统摄于"阴阳"这个"大理"或"大经"之下。其次将阴阳五行化:在《四时》篇中论秋政事说:"其气曰阴,阴生金与甲,其德忧哀、静正、严顺。"把"阴"气纳入五行的"金",并把"金"德"忧哀、静正、严顺"赋予给"阴"。通过这样阴阳五行的相互转化,阴阳学说与五行学形成了一个有机融合的阴阳五行学说。

第二,将结合起来的新阴阳五行学说又与人事、政教等结合。管仲及管仲学派认为:"日掌阳,月掌阴,星掌和,阳为德,阴为刑,和为事。"(《四时》)世界万物都要受阴阳五行的支配。因此,人类只要掌握了阴阳五行学说的理论,就既可以编排出"务时而寄政"(《幼官》)的月历,又可以使人的行为"合于天地之行"(《四时》),从而做到"人与天调"(《五行》)。如农事往往是"春夏生长,秋冬收藏",因为"春者,阳气始上,故万物生;夏者,阳气华上,故万物长;秋者,阴气始上,故万物收;冬者,阳气华下,故万物藏。"(《形势解》)

从上述两个方面的结合中,我们不难发现,《管子》中的阴阳五行思想包含了两个值得注意的对五行学说的改进:其一是调整了五行的顺序,将土置于中央,使原有的五行顺序水、火、木、金、土改为木、火、土、金、水。这种改变是有意为之的。这固然有配合四方、四时需要的一面,使土"辅四时入出"(《四时》),又有对周史伯"以土与金、木、水、火杂"的继承,体现了鲜明的以农立国的深厚文化传统意识。其二是开始了五行的精气化。《管子》试图从五行之中也抽象出气,提出"天地精气有五"(《侈靡》)的观点。这样不仅使五行有了一定的抽象度,而且使五行与阴阳之间有了统一的基础,那就是气,气因而成了天地之间错综复杂的万物统一的基础,这自然为人类找到了开启天地奥秘的钥匙。

经过《管子》上述的结合和改进,阴阳家的阴阳五行学说得到了新的发展,也为《吕览》完善、《淮南》确立直接吸收。

《吕览》完善

《吕氏春秋》(因为有"八览"的文类,所以也省称《吕览》),是中国文化史上一部不同凡响的巨著,东汉高诱称赞它"大出诸子之右",司马迁称它"备天地万物古今之事"。可是,正是由于它记载了不少古史旧闻、古人遗语、古籍佚文及一些古代科学知识,保存了儒、道、墨、法、兵、农、纵横、阴阳家等各家思想,所以《汉书·艺文志》等将它作为一个特例,取名"杂家"。不料这一"杂"便引来后世不少分歧和争议,最重要的是《吕氏春秋》在编著上有没有系统,在内容上有没有体系与其主导究竟是什么?

吕不韦与《吕氏春秋》

我们认为,《吕氏春秋》以纪、览、论三位一体的体例结构,系统而较为合理地整合了众多复杂的诸子学说和思想理论。《吕氏春秋》认为当时各家的特点是:"老聃贵柔,孔子贵仁,墨翟贵廉,关尹贵清,子列子贵虚,陈骈贵齐,阳生贵己,孙膑贵势,王廖贵先,儿良贵后。"虽然各有特点,同时也说明各有不足,因而上述任何一家思想都不能解决学术及社会问题,必须做一番"齐万不同,愚智工拙,皆尽力竭能,如出一穴"的工作(《不二》)。又因为"一则治,异则乱;一则安,异则危。"(《不二》)所以必须选一家最具兼容性的学说为基准,通过扬弃后吸取各家之精华,以成一家之思想。从全书考察,《吕氏春秋》从阴阳气数与天象人手,再把五行与物候、人事关联起来,并进行了阴阳家世界图式的初步整合,就这样用阴阳、五行的思想构造起一个辉煌庞大的理论框架,为阴阳家的最后确立奠定了宽厚的基石。

当然,《吕氏春秋》承前启后继往开来的贡献,不仅仅在阴阳家,它还是先秦思想文化的总结者和汉后思想文化的开拓者。在秦国思想文化的发展史上,它是一次秦文化对以齐鲁文化为主的东方文化的自觉整合。

要论《吕氏春秋》就离不开吕不韦。

吕不韦(约前292~前235年)本来是卫国人,开始在故乡阳翟(今河南禹县)经商,由于他采用了"奇货可居"的经营策略:往来各地,以低价买进,高价卖出,所以积累起千金的家产。然而,使吕不韦真正大富大贵的并不是经济上的买卖,而是一个政治买卖!大约在前262年,吕不韦为求发展,来到繁华的赵国国都邯郸。初到邯郸,吕不韦就听说有一位秦国公子在邯郸作人质。凭他多年经商的经验,觉得这个公子对他而言不仅有大利可图,还能够施展自己一番抱负。于是他多方探听这个秦国公子的身世、家庭关系、目前处境等等。到前259年,情况基本清楚:原来这个秦国公子叫嬴异人(过继后更名子楚),他是秦昭王嬴稷的孙子,秦孝文王嬴柱的儿子,秦始皇嬴政的养父。可是,嬴异人当时处境很不好:父亲嬴柱虽然在太子哥哥死了后被继立为太子,但是他的母亲夏姬,不受宠爱,自己是庶出又不是长子,所以才出来当人质。更倒霉的是,他当人质时,秦国经常攻打赵国,因此赵国只好给他难堪。吕不韦又知道嬴柱非常宠爱的妃子是华阳夫人,可是她没有儿子。在这样的情景下,吕不韦主动见嬴异人,劝说他去结交华阳夫人,借助于她便可以成为父亲安国君的继位者,并资助嬴异人千金,答应帮助他逃回秦国。嬴异人很感动,说:"必如君策,请得分秦国裕军共之。"吕不韦果然帮嬴异人回到秦国,又以500金购珍宝献与华阳夫人。华阳夫人见嬴异人身穿楚服(华阳夫人是楚国人),潇洒有礼,非常高兴,当作亲生儿子一般,改名子楚,劝安国君嬴柱立子楚为嫡嗣。为嬴子楚登上君王宝座奠定了不可动摇的基础。

前251年,秦昭王嬴稷驾崩,安国君嬴柱即位为秦孝文王。刚一年,秦孝文王嬴柱又驾崩,嬴子楚即位为庄襄王。富有韬略的吕不韦为了稳固自己的地位,早在谋划嬴异人立嗣的同时,还献给了嬴异人一个非常漂亮而又善于跳舞却已暗有身孕的邯郸姬。这个邯郸姬于前259年正月生下一子,取名嬴政,可她和嬴异人在一起还不到8个月。嬴异人却没有细想,也非常高兴。庄襄王嬴子楚一即位,邯郸姬就由正夫人转为太后,任吕不韦为丞相,封文信侯,食河南洛阳10万户。到秦始皇嬴政即位(前246年),因吕不韦前朝元勋而尊之为相国,号称仲父,再增蓝田(今陕西蓝田县西)12县为食邑。致使他门下宾客达 3000 人,家僮 10000 人。秦始皇嬴政十一年(前 236 年),吕不韦因嫪毐事被贬入蜀,他专秦国政 13 年。

在这 13 年里,吕不韦虽然常与太后私通,私荐嫪毐并擅权,但是他曾策划并指挥过一系列重大的军事活动,出兵灭东周,攻取韩、赵、魏三国土地,建立三川、太原东郡,为秦统一六国奠定了基础。但是,吕不韦能够永垂不朽却不是因为这些功业,更不是现在许多人津津乐道的私生活,而是那部"一字千金"的巨著《吕氏春秋》。

《吕氏春秋》本来冠以"吕氏",又署名"吕不韦",但是后世学者由于鄙弃吕不韦的商人出身和嫪毐、"邯郸姬"的艳史,总是把吕不韦与《吕氏春秋》割裂开来,这不是实事求是的态度。考之《史记》和《汉书》,《史记》的记述是:"吕不韦者,秦庄襄王相,亦上观尚古,删拾《春秋》,集

吕不韦

六国时事,以为《八览》《六论》《十二纪》为《吕氏春秋》。"(《十二诸侯年表》)《汉书·艺文志·杂家》《吕氏春秋》目下班固特意注明:"秦相吕不韦辑智略士作。"根据这样可靠的史料,有学者做出的结论是:"直接作者是吕不韦的门客,但提出编写此书与其指导思想,及其书最后的审定都是吕不韦。《序意》云:'朔之日,良人请问十二纪,文信侯曰……'则是明证。吕不韦的作用,犹今人所谓'主编'。"(刘文英《中国哲学史史料学》)这大致符合事实。

《吕氏春秋》作于何时,也是一个没有统一的问题:一般据《序意》"维秦八年"定在秦始皇嬴政八年(前 239 年),经孙星衍考证,此"八年"为秦灭周后八年(前 241 年),非秦始皇八年;又根据司马迁说"不韦迁蜀,世传《吕览》",认为是在吕不韦迁蜀之后撰成的(前 236~前 235 年),可是张岱年认为这句话决不能这样理解,"司马迁只是说,吕不韦虽然被迫迁蜀,他所编纂的《吕氏春秋》却流传下来。并不是说《吕览》成于迁蜀之后。"(《中国哲学史史料学》)又因为《吕氏春秋》的编次出现了《史记》《八览》《六论》《十二纪》与今本《十二纪》《八览》《六论》的不同,认为《吕氏春秋》原来只限《十二纪》,《八览》《六论》都是迁蜀之后撰成的。这些推测都只局限在某一年或迁蜀事件,所以容易产生分歧。我们认为,《吕氏春秋》应该始于秦灭周后八年(前 241 年),完成并初步定稿在秦始皇嬴政八年(前 239 年),同年便在咸阳公布。这可以从两个方面考察:

从吕不韦主动编撰《吕氏春秋》的意图看,明显是为秦统一天下后的立国大政提供指导思想,元代陈澔的分析可以证明:"吕不韦相秦十余年,此时已有必得天下之势,故大集群儒,损益先王之礼而作此书,名曰《春秋》,将欲为一代兴王之典礼也。"(《礼记集说》)《吕氏春秋》中也有主张拥护新"天子",即建立封建集权国家:"今周室既灾,而天子已

绝,乱莫大于无天子。"(《谨听》)"天下必有天子,所以一之也,天子必执一,所以抟之也。一则治,两则乱。"(《执一》)

再看吕不韦制定的编写原则:"尝得学黄帝之所以诲颛顼矣,爰有大圜在上,大矩在下,汝能法之,为民父母。盖闻古之清世,是法天地。凡十二纪者,所以纪治乱存亡也,所以知寿夭吉凶也。上揆之天,下验之地,中审之人,若此则是非可不可无所遁矣。天曰顺,顺维生;地曰固,固维宁;人曰信,信维听。三者咸当,无为而行。行也者,行其理也。行数,循其理,平其私。夫私视使目盲,私听使耳聋,私虑使心狂。三者皆私设精则智无由公。智不公,则福日衰,灾日隆,以日倪而西望知之。"(《序意》)正是以阴阳家阴阳五行的思想来"上揆之天,下验之地,中审之人",通过综合百家九流之说来筹建一个统一的学术和思想,通过畅论天地万物古今之事,筹建一个统一的治世纲领。这与战国时期人们在长期的战乱中渴望统一的时代政治需求,与儒墨先起,黄老继之,进而有名、法、岳、农各家,各执一端,争论不休,"百家争鸣"的文化局面,要求思想统一的倾向都是适应的。

也许正是在这样的指导思想下,《吕氏春秋》以"法天地"为总的原则来编辑,其十二纪是象征"大圜"的天,所以,这一部分便使用十二月令来作为组合材料的线索:《春纪》主要讨论养生之道,《夏纪》论述教学道理及音乐理论,《秋纪》主要讨论军事问题,《冬纪》主要讨论人的品质问题;八览的内容从开天辟地说起,一直说到做人务本之道、治国之道以及如何认识、分辨事物、如何用民、为君等;六论则杂论各家学说。正因为如此,刘蔚华先生认为:"吕不韦不仅是一个有作为的政治家,而且也是一位有所建树的思想家。……《吕氏春秋》指导思想明确,体例统一,总体结构严整,是中国历史上第一部有系统的著作。在内容上,它汇集了先秦时儒、墨、道(老庄与黄老)、阴阳、名、法、农等各家之说并有所发展,涉及政治、经济、军事、哲学、历史、文学、音乐及天文、地理、历法、农、医等多学科的知识,可以说是继《管子》之后的又一部百科全书式的著作。它是春秋战国时代'百家争鸣'的总结,较全面地反映了战国后期人们的思想精神面貌及在科学文化方面所能达到的水平。它的出现标志着先秦文化的终结,对秦以后的思想文化的发展产生了深刻的影响。"(《稷下学史》)

尽管《吕氏春秋》吕不韦没有亲自写几篇,但是可以毫不夸张地说,没有吕不韦就没有《吕氏春秋》。

阴阳气数与天象

《吕氏春秋》继承了邹衍、《易传》等的阴阳五行思想,阴阳家思想因而是《吕氏春秋》一书的主导和核心,所以它的阴阳家思想建构的起点也就是"敬顺昊天,历象日月星辰"的"阴阳消息",具则是阴阳气数与天象。《吕氏春秋》在《十二纪》每一纪的首篇文章中,具体地论述了阴阳二气的"消息"(衰退和生长)、交合,同一年四季及与之相联系的"历象日月星辰"之间的关系。为了精要醒目,我们先将有关"阴阳消息"——阴阳气数与天象的内容列成下表:

諸子百家——阴阳家

阴阳气数与天象		
季节	阴阳气数	天象
孟春	天气下降,地气上腾,天地和同	日在营室,昏参中,旦尾中
仲春	日夜分,雷乃发声,始电	日在奎,昏弧中,旦建星中
季春	生气方盛,阳气发泄	日在胃,昏七星中,旦牵牛中
孟夏	某日立夏,盛德在火,阳气继长增高	日在毕,昏翼中,旦婺女中
仲夏	日长至,阴阳争,死生分	日在东井,昏亢中,旦危中
季夏	凉风始至	日在柳,昏心中,旦奎中
	寒气不时	日在柳,昏心中,旦奎中
孟秋	凉风至,白露降,行冬令,则阴气大胜	日在翼,魂斗中,旦毕忠
仲秋	凉风生,日夜分,雷乃始收声;阳气日衰	日在角,昏牵牛中,旦觜巂中
季秋	霜始降,寒气总至	日在房,昏虚中,旦柳中
孟冬	天气上腾,地气下降,天地不通,闭而成冬	日在尾,昏危中,旦七星中
仲冬	日短至,阴阳争,诸生荡	日在斗,昏东壁中,旦轸中
季冬	数将几终,岁将更始	日在婺女,昏娄中,旦氐中;日穷于次,月穷于纪,星回于天

气数就是"阴阳消息",是阴阳二气运动变化的规律;天象就是日月星辰在天空分布的状况。从《吕氏春秋》的这个《阴阳气数与天象》表可以看出,它是以阴阳五行学说的"阴阳消息"思想来认识阴阳二气与"历象日月星辰"的:由于阴阳气数——"阴阳变化,一上一下,合而成章"(《大乐》),产生了四时的季节与月份;又由于"阴阳变化,一上一下,合而成章"(《大乐》),日月星辰也发生了与四时的季节和月份相应的运行位置图像。我们以春季中的孟春为例对阴阳气数与天象及其关系做个简要阐述:

春季孟春这个月的阴阳气数是"天气下降,地气上腾,天地和同"。孟春是每年春季的第一个月,即夏历的正月。"天气"和"地气"就是阳气和阴气。在孟春月,由于阳气下降,阴气上升,阴阳发生交感沟通,从而使天地之间相互交合贯通。天象因而出现了"日在营室,昏参中,旦尾中"。"昏"就是月亮。营室、参、尾就是二十八宿中的四宿。为了更好地理解,分别做如下介绍。

营室即室和壁两个相连的两宿,古有营室、东壁之称。营室原为四星,成四方形,有东壁、西壁各两星,正如宫室之象。《周官·梓人》:"龟蛇四游,以象营室也。"其后东壁从营室中分出,成了室、壁两宿。曾侯乙墓漆箱盖上称这两宿为"西紫"与"东紫"。东壁和西壁四星合起来就是著名的飞马座。四星分别是:室宿一(飞马)和室宿二(飞马)是西壁,也称为定,《诗经·鄘风·定之方中》:"定之方中,作于楚宫。"春秋时期室宿在秋末冬初的傍晚出现在南方中天,此时是农闲时节,人们利用这段时间建造房屋为冬天做准备,因此有营室之称。壁宿一(飞马)和壁宿二(仙女)是东壁,这二星的赤经都非常接近于零度,从壁宿二(仙女)向壁宿一(飞马)连线并约延长一倍,就可找到目前春分点的大概位置。

参即参宿,在西方称为猎户座,这两个名字在中外都是响当当的。明代李之藻《经天该》:"参宿七星明烛宵,两肩两足三为腰,参伐下垂三四点,玉井四星右足交,玉井下方日军井,屏星二点井南标,四颗厕星屏左立,屎星一点厕下抛,丈人子孙各连二(原俱属井),老人最巨南望遥。"参宿在夜空中的夺目程度由此可见一斑。从冬季到次年的初夏,参宿都是夜空中最醒目的一个星座。《诗经·唐风·绸缪》:"绸缪束楚,三星在户。今夕何夕? 见此粲(同"灿")者。"这"三星"就是参星。参星由参宿一、二、三(猎户座相应是)3颗星组成了猎人的腰带。"参"是象形字,象征了腰带三星。《左传》上载:"昔高辛氏有二子,伯曰阏伯,季曰实沈,居于旷林,不相能也。日寻干戈,以相征讨。后帝不臧,迁阏伯于商丘,主辰。商人是因,故辰为商星。迁实沈于大夏,主参。"(《昭公元年》)辰即心宿,参宿一和心宿二的赤经相差约180度,同一地方的人们不能在同一时间看到它们,因此民间有"参商不相见"的说法。参宿四(猎户)是猎人的右肩,参宿五(猎户)是左肩,参宿六(猎户)是右足,参宿七(猎户)是左足,它们都是亮星。

尾即龙尾,《左传·僖公五年》:"童谣云:丙之晨,龙尾伏辰。"郑玄注释:"龙尾者,尾星也。日月之会曰辰,日在尾,故尾星伏不见。"孔颖达也疏解说:"日月聚会为辰,星宿不见为伏……丙日将旦之时,龙尾之星伏在合辰之下。""伏辰"本来是说星宿隐伏在日月交会处,后来也指隐伏的星辰。尾星在中国属于东方苍龙七宿,角、亢、氐、房、心、尾、箕组成了一条苍龙状的形态,角星在龙头,尾星在龙尾。尾星又属于天蝎座,也正是在蝎子的尾巴。尾星由尾宿一、尾宿二、尾宿三、尾宿四、尾宿五、尾宿六、尾宿七、尾宿八、尾宿九这九颗较亮的星组成,明代李之藻《经天该》:"接心是尾九点曲,卓如衣角飘风前,神宫一星尾内坐,傅说独立尾之尖,天江六点当河隙,鱼星一黑浮江边,龟星有五三略见,西去三星河外缘,巨人侧身向西北,其上正当天市垣。"其中位于蝎子尾巴尖端的尾宿八亮于二等。《观象玩占》曰:"尾九星苍龙尾也,一曰析木。"所谓"析木",意为拦截天河的木栅。

从《吕氏春秋》所陈述的二十八宿显示的天象可以看出,在孟春由于阴阳气数的影响,日月星辰在天空的运动是循着由营室到参宿、再到尾宿的次第进行的,即由北方经西方再转向东方运行的。因为在二十八宿中,室(营室)、壁(东壁)属于北方七宿,参宿属于西方七宿,而尾宿如上所述属于东方七宿。日月星辰在天空中由北方经西方再转向东方运行的天象与"天气下降,地气上腾,天地和同"——阳气下降,阴气上升,阴阳发生交感沟通的阴阳气数正好相应,这就是阴阳家的阴阳气数与天象的关系。《吕氏春秋》对这种关系的总结是:"天地有始,天微以成,地塞以形,天地合和,生之大经也。以寒暑日月昼夜知之,以殊形殊能异宜说之。夫物合而成,离而生。……中央曰钧天,其星角、亢、氏;东方曰苍天,其星房、心、尾;东北曰变天,其星箕、斗、牵牛;北方曰玄天,其星婺女、虚、危、营室;西北曰幽天,其星东壁、奎、娄;西方曰颢天,其星胃,昂,毕;西南曰朱天,其星觜巂、参、东井;南方曰炎天,其星舆鬼、柳、七星;东南曰阳天,其星张、翼、轸。"(《有始览》)其中"天微以成"是邹衍的思想,"物合而成,离而生"是伯阳父"和实生物,同则不继"五行思想的阴阳化处理,因而"天地合和"的总体思想由此形成,它也成了观测天文气象的总纲。合,是交并,与其相反的概念是离异;和,是和谐,与其相反的概念是乖戾;合为一体,和非一体。天地气合,而生万物,这是生成万物,物的"合而成,离而生"包含了物质不灭的道理。《吕氏春秋》是从物质运动、变化的角度来说明寒暑、日月、昼夜,从而阐明"天地合和"的总规律。

　　受管仲学派精气说的影响,《吕氏春秋》还提出了"精气四时"的运动,是指阴阳之气的周年运动。精是天地之精气,阴阳之气。"大寒、大热、大燥、大湿、大风、大霖、大雾,七者动精则生害矣。"(《尽数》)这七种灾害性天气都是由于"动气"而产生的,就是说,是在天地的精气运行中发生变动而产生的。

诸子百家——阴阳家

　　《吕氏春秋》把阴阳气数与天象的互动称之为"圆道":"天道圆,地道方。圣王法之,所以立上下。何以说天道之圆也? 精气一上一下,圆周复杂,无所稽留,故曰天道圆。"(《季春纪第三·圆道》)这里讲了月球昼夜的循环,太阳在二十八宿中的循环,阴阳精气在四季的循环,生物十命周期的循环,云气的循环等五种循环运动。自然界这五种循环运动中,有三种与气象直接有关:其中日、月的循环运动用于确定历法与季节,制定节气。阐述气象规律;生物生命循环则受气象条件制约。另两种循环运动,乃是大气本身的规律。

　　《吕氏春秋》在这种阴阳气数与天象思想指导下,发现了太阳运行到不同的地方,地上日影的长度不同,地上的风向也发生变化:从春天的炎风、滔风、夏天的熏风、飔风,秋天的凄风、飔风,到冬天的厉风、寒风,四时八节各有其风。这就是季风。由"天极不移""极星与天俱游"和"冬土日行远直","差至日行辽道"(均见《吕氏春秋·有始览》)的认识,明确了黄道、黄极的概念,并发现了地球绕黄道运行,2.58万余年一周,因此每年春分点沿黄道西退502/10秒,这就是岁差(上述论述采用了谢世俊先生《中国古代气象史稿》的成果)。

　　刘蔚华先生更认为,《吕氏春秋》肯定宇宙间的一切事物都是运动变化的,没有一成不变之物。宇宙处在"太一"状态,就是离而复合、合而复离地运动变化着,分化为天、地。天、地也是运动的,"阴阳变化,一上一下,合而成章"。天地间的事物无不处在运动之中。这就把阴阳气数与天象的互动上升到哲学层面,并就此做了科学的评估:"总起来看,阴阳二气通过消息盛衰和交感互合这两种运动形式,决定并制约着一年四季的交替、万物的生衰变化。《吕氏春秋》把事物运动变化的根本归结为阴阳两种物质力量的对立和转化,而不是从超自然的上帝、天神等神秘力量那里寻找动因,这是一种朴素唯物主义的自然观,并且有辩证法的合理成分。"(《稷下学史》)

　　正是在这样的前提下,《吕氏春秋》由阴阳气数与天象的互动进而拓展到五行与物候、人事的互动。

五行与物候、人事

有学者认为，《吕氏春秋》利用阴阳家学说来为以秦代周制造舆论，它对阴阳家的最大的改造，便是在《月令》图式之下，加入了各家的思想，使人事政治与天道运行结合在一起（修建军《〈吕氏春秋〉与中国文化》）。《吕氏春秋》认为："天生阴阳、寒暑、燥湿、四时之化，万物之变，莫不为利，莫不为害。圣人察阴阳之宜，辨万物之利以便生，故精神安乎形。"（《尽数》）阴阳气数与天象的互动必然带动五行与物候、人事的互动。五行与物候、人事的互动，《吕氏春秋》在《十二纪》中有非常详尽的论述，我们把它简化成为下面的《五行与物候、人事表》：

尽管"天斟万物，圣人览焉，以观其类。解在乎天地之所以形，雷电之所以生，阴阳材物之精，人民禽兽之所安平"（《吕氏春秋·有始览》）。但是，"天地之所以形"，"阴阳材物之精，人民禽兽之所安平"还取决于五行的德行。这种五行德行的基础就是箕子"洪范"中"水曰润下，火曰炎上，木曰曲直，金曰从革，土爰稼穑"。《吕氏春秋》正是根据这个原理来阐述五行与物候、人事的互动的：

"木曰曲直"，意思是木具有生长、升发的特性。所以太史在立春的前三日，必须进谒天子，告诉天子："某日立春，盛德在木。"天子因而在迎春之后，"亲载耒耜，率三公、九卿、诸侯、大夫，躬耕帝籍田"，再布置农事，劝蚕事；同时省刑罚，安抚国内公民；并周天下，勉诸侯，聘名士，礼贤者；循行国邑，不可以称兵；百工咸理，大合乐，创造一个安定和谐的社会环境。在春天，草木繁动，蛰虫始振，生者毕出，萌者尽达，自然界出现了一派勃勃的生机，因此必须"禁止伐木；无覆巢，无杀孩虫、胎夭、飞鸟、麛卵"创造一个良好的生态环境。因而整个春天是"盛德在木"。

"火曰炎上"，"炎者"，热也；"上"者，向上：表明火具有发热、向上和热情豪迈、积极上进的特性。所以太史在立夏的前三日，必须进谒天子，告诉天子："某日立夏，盛德在火。"孟、仲夏之际，万物旺盛，百官要清静无为，在人事方面不可以兴土功，不可以合诸侯，不可以起兵动众，无举大事。

"土爰稼穑"，播种为"稼"，收获为"穑"，是指土能载物具有种植庄稼，生化万物的特性，所以在长夏收割之时，要"四鄙入保；其器圜以揜"。

五行	季节	物候	人事
木	孟春	东风解冻；草木繁动；蛰虫始振，鱼上冰，獭祭鱼，候雁北	天子亲载耒耜，率三公、九卿、诸侯、大夫，躬耕帝籍田，王布农事；禁止伐木；无覆巢，无杀孩虫、胎夭、飞鸟、麛卵；不可以称兵；命祀山林川泽，牺牲无用牝
	仲春	始雨水：桃李华；蛰虫咸动，苍庚鸣，鹰化为鸠	安萌牙，养幼少，存诸孤；命有司，省囹圄，去桎梏，无肆掠，止狱讼；无作大事以妨农功；习乐，祀不用牺牲，用圭璧
	季春	生者毕出，萌者尽达：桐始华，萍始生	命有司发仓廪，赐贫穷，振乏绝，开府库，出币帛，周天下，勉诸侯，聘名士，礼贤者；循行国邑，修利堤防，开通道路；田猎罝弋，置罘罗网；劝蚕事；百工咸理，大合乐，天子乃荐鞠衣于先帝，命舟备具
火	孟夏	蝼蝈鸣，蚯蚓出；王菩生，苦菜秀	天子始絺；命野虞劳农劝民，无或失时；命司徒循行县鄙，命农勉作，无伏于都；断薄刑，决小罪，出轻系；无起土功，无发大众，无伐大树；命乐师习合礼乐；天子乃以彘尝麦，先荐寝庙；后妃献茧以给郊庙之祭服
	仲夏	螳螂生，蝉、鸡始鸣，鹿角解；半夏生，木堇荣	百官静，事无刑，挺重囚，益其食；令民无刈蓝以染，无烧炭，无暴布，门闾无闭，关市无索；命乐师修鞀鞞鼓，均琴瑟管箫，执干戚戈羽，调竽笙埙篪，饬钟磬柷敔，命有司为民祈祀山川百原，大雩帝，用盛乐；乃命百县雩祭祀百辟卿士有益于民者，以祈谷实
	季夏	蟋蟀居宇，鹰乃学习，腐草化	令渔师伐蛟取鼍，命虞人入材苇，无或斩伐；令四监大夫合百县之秩刍；不可以兴土功，不可以合诸侯，不可以起兵动众，无举大事；祀皇天上帝、名山大川、四方之神，宗庙社稷之灵；命妇官染采，黼黻文章，以给郊庙祭祀之服，以为旗章
土	长夏	鹰隼早鸷	四鄙入保；其器圜以揜

金	孟春	白露降,寒蝉鸣,鹰乃祭鸟	命将帅选士厉兵,简练桀俊,专任有功,以征不义,巡彼远方;命有司修法制,严断刑;天子尝新,先荐寝庙,命百官始收敛,完堤防,谨壅塞,以备水潦:修宫室,附墙垣,补城郭;无以封侯、立大官,无割土地、行重币、出大使
	仲秋	蛰虫俯户;候雁来,玄鸟归,群鸟养羞	筑城郭,建都邑,穿窦窌,修囷仓;平权衡,正钧石,齐斗甬;易关市,来商旅,入货贿;命祝宰巡行牺牲
	季秋	草木黄落,菊有黄华;蛰虫成俯在穴;宾爵入大水为蛤	申严号令,命百官贵贱无不务入,以会天地之藏;命冢宰,农事备收,举五种之要;合诸侯,制百县;教于田猎,以习五戎狝马;八学习吹;命主祠祭禽于四方
水	孟冬	雉人大水为蜃,虹藏不见	命百官谨盖藏;命司徒循行积聚,附城郭,戒门闾,修楗闭,固封玺,备边境,完要塞,营丘垄之小大、高卑、薄厚之度;命将率讲武,疑射御、角力;工师效功,陈祭器,必功致为上,物勒工名,以考其诚;命水虞渔师收水泉池泽之赋;命太卜祷祠龟策,占兆审卦吉凶;大割,祠于公社及门闾,飨先祖五祀
	仲冬	芸始生,荔挺出;蚯蚓结,诸蛰则死;麋角解,师鵙鴡不鸣,虎始交	发盖藏,起大众,"畅月";命阉尹申官令,审门闾,谨房室,必重闭;省妇事,毋得淫;命大酋,秫稻必齐,麹糵必时,湛炽必洁,水泉必香,陶器必良,火齐必得,无有差忒:农有不收藏积聚者,牛马畜兽有放佚者,取之不诘,山林薮泽,有能取蔬食田猎禽兽者,野虞教导之:罢官之无事者,去器之无用者.命有司祈祀四海、大川、名原、渊泽、井泉
	季冬	雁北乡(向),鹊始巢,雉雊鸡乳	命渔师始渔,命司农计耦耕事,修未耜,具田器;命乐师大合吹而罢:命四监收秩薪柴,饬国典,论时令:命太史次诸侯之列,赋之牺牲

諸子百家 —— 阴阳家

"金曰从革"，是说金具有能柔能刚、延展、变革、肃杀的特性。所以太史在立秋的前三日，必须进谒天子，告诉天子："某日立秋，盛德在金。"在秋天，草木黄落，寒蝉鸣，蛰虫咸俯在穴；天子则"申严号令，命百官贵贱无不务入，以会天地之藏；命冢宰，农事备收，举五种之要；合诸侯，制百县"，教田猎，命将帅选士厉兵，简练桀俊，命有司修法制，严断刑：自然与社会都是一片"肃杀"的气象。

"水曰润下"，是说水具有滋润向下，钻研掩藏的特性。所以太史在立夏的前三日，必须进谒天子，告诉天子："某日立冬.盛德在水。"到了冬季，诸蛰则死，麋角解，鹖鴠不鸣，虹藏不见。天子因而命百官谨盖藏；罢官之无事者，去器之无用者；人们的日常生活也必须谨房室，必重闭，省妇事，毋得淫。凸现出水"掩藏"收敛的德行。

这种五行与物候、人事的互动在《管子》的《幼官》《四时》《五行》《轻重己》等篇和《礼记·月令》也有所体现，五行与时空观念、与历法月令制度是难分难解的。如《月令》中我们也可看到这样的情形：仲夏"日长至，阴阳争"，"百官静，事毋刑，以定晏阴之所成"；仲冬"日短至，阴阳争"，"安形性，事欲静，以待阴阳之所定"；仲春行冬令，"则阳气不胜"；孟秋行冬令"则阴气大胜"，行春令，则"阳气复还"；季春"生气方盛，阳气发泄"；仲秋"杀气浸盛，阳气日衰"。不过，管仲学派和《月令》"因时行政"的历法色彩要更浓厚些；《吕氏春秋》的五行意味要强烈一些，因而陈奇猷认为不仅《十二纪》每纪的首篇就是阴阳家说"，而且《八览》的首篇《有始》《六论》首篇《开春》也是，就像报纸的头版头条一样，"阴阳家的学说是全书的重点"。(《吕氏春秋新校释》)

基于五行与物候、人事互动的认识，《吕氏春秋》在《应同》篇中赞同邹衍的"五德终始说"和"阴阳主运说"。《吕氏春秋》随吕不韦的失败也一度被打入冷宫，但秦统一中国之后，秦始皇也马上利用"五德终始说"，立秦为水德，以确认秦王朝名正言顺的正统地位："始皇推终始五德之传，以为周得火德，秦代周德，从所不胜。方今水德之始，改年始，朝贺皆自十月朔。衣服旄旌节旗皆上黑，数以六为纪，符、法冠皆六寸，而舆六尺，六尺为步，乘六马，更河名曰德水，以为水德始。"(《史记·秦始皇本纪》)

有了阴阳气数与天象和五行与物候、人事的紧密关联这样坚实的基础，《吕氏春秋》接下来便要描绘阴阳家的世界蓝图了。

阴阳家世界图式的初步整合

学者余治平指出："《吕氏春秋》用阴阳、五行的思想构造起一个辉煌庞大的理论框架，把天文、岁时、农事、政教、职官、乐律、祭祀等，几乎人们日常生活的全部都囊括了进去。"(余治平《汉初时代：学术的复苏与繁荣》)这就是说，阴阳家世界图式的初步整合，是在《吕氏春秋》中完成的。这种推论应该是正确的。《吕氏春秋》在用阴阳气数关联天象，用五行关联物候、人事之后，采用同样的方式，用阴阳、五行的思想与"天文、岁时、农事、政教、职官、乐律、祭祀"数术等加以整合，阴阳家的世界图式初步显示出来。

《吕氏春秋》中阴阳家的世界图式，李家骧先生认为："《十二月纪》建筑一个包容万物的系统网络，把五行、四季、方位、天文、历象、天干、神祇、动物、音律、序数、五味、五臭、祭祀、君主起居、政事、禁忌、节气乃至修心修性等等一网收罗，正是吸取《管子》的《四时》诸篇的四时五行和诸般事物的配备法,基于邹衍阴阳五行学说而扩展,成为周严的图表。"(《〈吕氏春秋〉与先秦百家的思想渊源关系》)作为一个"周严的图表",它整合的总体思路已经在上面论述了,它的两个方面的具体整合思路大约是:

(1)关于宇宙事物的纵向次第是由具体而抽象的:五日、季节、五方、五色、五音、吕律、五虫、五臭、五味、五祭先、五帝、五帝居等具体,到五祀、五神、五数等抽象的。而且,在具体的宇宙事物中,五日、季节源于天象,五方属于地理,由土地的色相、音响,推出五色、五音、吕律;再由地上的昆虫等及其嗅味,推出人类,又由具有五脏的普通人推出帝王及其居处;抽象的由五祀而五神,这是由日常生活之小神到创造万物的大神,充满了宗教的意识,由五祀、五神而五数,则体现了由宗教而哲学的萌芽意念。

阴阳五行 / 宇宙事物	阴气腾阳气发	阳气继长	阴阳争	阳气日衰	阳气腾阴气降
	木	火	土	金	水
五日	甲乙	丙丁	戊己	庚辛	壬癸
季节	春	夏	长夏	秋	冬
五方	东	南	中	西	北
五色	青	赤	黄	白	黑
五音	角	徵	宫	商	羽
吕律	太蔟、夹钟、姑洗	仲吕、蕤宾、林钟	黄钟、正宫	夷则、南吕、无射	应钟、黄钟、大吕
五虫	鳞	羽	倮	毛	介
五臭	膻	焦	香	腥	朽
五味	酸	苦	甘	辛	咸
五祭先	脾	肺	心	肝	肾
五帝	太皞	炎帝	黄帝	少皞	颛顼
五帝居	青阳	明堂大庙	太庙太室	总章	玄堂
五祀	户	灶	中霤	门	行
五神	句芒	祝融	后土	蓐收	玄冥
五数	八	七	五	九	六

要说明的是,有学者把"八、七、五、九、六"这五数当作律数,我们认为似乎不妥。在表中已经列有"黄钟、大吕、太蔟、夹钟、姑洗、仲吕、蕤宾、林钟、夷则、南吕、无射、应钟"作十二吕律。我国古代乐律有阳律、阴律各六,合为十二律。阳六曰律,阴六曰吕;合称律

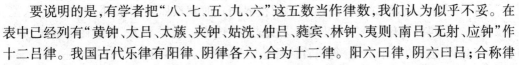

吕或吕律。郑文焯《鹤道人论辞书》："声调从吕律而生,依永和声,声文谐会,乃为佳制。"关于律数的记载可以说《管子·地员篇》是最早的,原文是:"凡将起五音,几首,先主一而三之,四开以合九九,以是生黄钟小素之首以成宫。三分而益之以一,为百有八,为徵。不无有三分而去其乘,适足以生商。有三分而复干其所,以是生羽。有三分去其乘,适足以成角。"其产生程序的计算过程如表。而三分损一(2/3)所发之音高纯五度,三分益一(4/3)所发之音比原长所发之音低纯四度。而宫声的律数所以为81,据说是用长九寸,内圆九分,可容八十一颗黑黍米的竹管所发出的声音而得出的。后来东汉京房改为用弦长定音律的长度,更趋准确(但是最早创造有严格律数的笛律学家是荀勖,故称"荀勖笛律",又叫"晋太始笛律")。司马迁说在《史记·律书》中按三分损益规则,再按大小重整顺序,即宫81、商72、角64、徵54、羽48。再是与易的阴阳之数也不符合:《易经·系辞上》说:"天数五,地数五。五位相得而各有合,天数二十有五,地数三十,凡天地之数五十有五,此所以成变化而行鬼神也。"所谓"天数二十有五"就是1+3+5+7+9＝25,而"地数三十"则是2+4+6+8+10＝30。因此,我们姑且把"八、七、五、九、六"这五数当作富有哲学意味的易数。

(2)关于阴阳五行的横向次第是由阴阳而五行。如《阴阳家的渊源》所述,本来阴阳与五行的产生是先五行而后阴阳的,但是《吕氏春秋》在整合世界图式时是按阴阳家的思路进行的。受《周易·系辞上》"天数五,地数五。五位相得而各有合"及《周易·系辞下》"三才(天、地、人)之道"的影响,《吕氏春秋》以"法

《周易》书影

天地"以行人事为指导思想,十二纪配天时,按"上揆之天"建构,是纲领性的政论书,每纪五篇符合天之中数。八览配人事,按"中审于人"建构,主要围绕为君之道展开,每览八篇符合八卦之数。六论配地利,按"下验之地"建构,大体是讲为臣之理,治国之本的,每论六篇也符合地之中数。古人认为天道、地道与人纪相通,揆天验地是为了人事。所以,《吕氏春秋》是先用阴阳之道在合"五位相得而各有合"的五行之数的。

明白了这两个思路,我们便把世界图式整合的具体情形略加描述。《吕氏春秋》阴阳与五行整合的核心理念是:"天地有始,天微以成,地塞以形,天地合和,生之大经也。以寒暑日月昼夜知之,以殊形殊能异宜说之。夫物合而成,离而生。"(《有始览第一·有始》)这种理念表明,《吕氏春秋》运用了阴阳家的思想(如"天微以成""物合而成,离而生"等)对《易传》进行了改造,所以在建构世界图式时就按照阴阳家"阴阳,四时、八位、十二度、二十四节各有教令"(《汉书·艺文志》表述为:"敬顺昊天,历象日月星辰,敬授民时")具体进行的,《十二纪》每纪首篇都是如此,请看《孟春纪第一·孟春》:

孟春之月，日在营室，昏参中，旦尾中。其日甲乙，其帝太皞，其神句芒，其虫鳞，其音角，律中太蔟，其数八，其味酸，其臭膻，其祀户，祭先脾。东风解冻，蛰虫始振，鱼上冰，獭祭鱼，候雁北。天子居青阳左个，乘鸾辂，驾苍龙，载青旗，衣青衣，服青玉，食麦与羊，其器疏以达。

　　是月也，以立春。先立春三日，太史谒之天子曰："某日立春，盛德在木。"天子乃斋。立春之日，天子亲率三公、九卿、诸侯、大夫，以迎春于东郊；还，乃赏公卿、诸侯、大夫于朝。命相布德和令，行庆施惠，下及兆民。庆赐遂行，无有不当。乃命太史，守典奉法，司天日月星辰之行，宿离不忒，无失经纪。以初为常。

　　是月也，天子乃以元日祈谷于上帝。乃择元辰，天子亲载耒耜，措之参于保介之御间，率三公、九卿、诸侯、大夫，躬耕帝籍田。天子三推，三公五推，卿、诸侯、大夫九推。反，执爵于太寝，三公、九卿、诸侯、大夫皆御，命曰"劳酒"。

　　是月也，天气下降，地气上腾，天地和同，草木繁动。王布农事，命田舍东郊，皆修封疆，审端径术。善相丘陵阪险原隰，土地所宜，五谷所殖，以教道民，以躬亲之。田事既饬，先定准直，农乃不惑。

　　是月也，命乐正入学习舞。乃修祭典，命祀山林川泽，牺牲无用牝，禁止伐木；无覆巢，无杀孩虫、胎夭、飞鸟，无麛无卵；无聚大众，无置城郭，掩骼霾髊。

　　是月也，不可以称兵，称兵必有天殃。兵戎不起，不可以从我始。无变天之道，无绝地之理，无乱人之纪。

　　这段详细的论述简化为阴阳与五行世界图式的关联思绪理路则是：

　　阴阳（阴气腾阳气发）→五行（木）→宇宙事物（五日—甲乙、季节—孟春、五方—东、五色—青、五音—角、吕律—太蔟·夹钟·姑洗、五虫—鳞、五臭—膻、五味—酸、五祭先—脾、五帝—太皞、五帝居—青阳、五祀—户、五神—句芒、五数—八）

　　《吕氏春秋》阴阳家的世界图式就是如此整合的。一般来说，这个图式的系统性和严密性都超出了管仲学派和黄老学派，更不用说邹衍了。在阴阳家思想的发展上，《吕氏春秋》通过对阴阳五行思想广博地解释和运用，使得阴阳五行理论从以往略带局部性的学术流派进而成为整个社会的一种主要的哲学思想。在学术上，《吕氏春秋》首次将儒、法、阴阳、五行结合，程千帆先生称赞它是"先秦诸子书最完备之形式"。但是，这个世界图式中的阴阳与五行、阴阳五行与宇宙事物的关联比较生硬，内在的逻辑性不强甚至没有必然性，即便是阴阳家的世界图式本身，它也不及后来的《淮南子》，所以是"初步"的。

《淮南》确立

　　刘安与吕不韦、《淮南子》与《吕氏春秋》，都有惊人的相似。这种相似，除了被逼自杀的最后下场、主持编书、悬赏千金等外，更重要的是在阴阳家思想的发展上。我们给它们的定位是在阴阳家的世界图式的建构方面，《吕氏春秋》是初步整合，而《淮南子》是基本确立。

　　《淮南子》全面地继承和发展了《吕氏春秋》的阴阳五行思想，它对阴阳家思想的确立主要体现在为阴阳家作了本体论的论证,其次是在《吕氏春秋》的基础上,完善并确立了道分阴阳的宇宙图式和五行生克的社会体系,这是一种包容宇宙万物、四时人事的现象和制度的系统网络,也向人们展示了一幅天人感应的世界起始和变化图。

刘安与《淮南子》

与《吕氏春秋》一样,没有刘安就没有《淮南子》。但是,与吕不韦不同,刘安是光明正大的皇亲国戚。刘安(前179~前122年),汉高祖刘邦之孙,淮南厉王刘长之子。文帝八年(前172年),淮南厉王刘长因"谋取"获罪,被废王位,但他4个年仅七八岁的儿子没有受牵连,都被封为列侯:长子刘安封阜陵侯,次子刘勃封安阳侯,三子刘赐封阳周侯,四子刘良封东城侯。文帝十六年(前164年),刘长在流徙途中绝食而死,文帝把原来的淮南国一分为三,封给刘安兄弟三人:刘勃晋封为衡山王,刘赐晋封为庐江王,刘安以长子身份袭封为淮南王,时年16岁。只有东城侯刘良早死无后,便没有封王。

刘安才思敏捷,好读书,善文辞,乐于鼓琴。他还好黄白之术,召集道士、儒士、郎中以及江湖方术之士炼丹制药,最著名的有苏非、李尚、田由、雷被、伍被、晋昌、毛被、左吴,号称"八公",在寿春北山筑炉炼丹,偶成豆腐。刘安因之被尊为豆腐鼻祖,八公山也因此而得名。这些爱好,既成就了他的事业,也酿成了他的悲剧。

先说悲剧。尽管刘安的治国思想是"无为而治",对道家思想加以改进,不循先法,不守旧章,遵循自然规律制定了一系列轻刑薄赋、鼓励生产的政策,善用人才,体恤百姓,使淮南国出现了国泰民安的景象。但是,"无为而治"在学术上显然与汉武帝强力推行的"罢黜百家、独尊儒术"的思想不一致(本书后面在关于《淮南子》的部分还有论述),有人因此屡进谗言,使得他与汉武帝本来还密切的关系出现了裂痕。再加上父亲刘长之死,在刘安心中形成了一个不解的"死结"!因此,刘安在广置门客进行"学术研讨"的同时,也在不断地积蓄力量,为有朝一日的谋反做着准备。据《史记·淮南衡山列传》记载,刘安在王位时发生了4次有"谋反"意向的事件:

(1)汉武帝建元二年(前139年),时年40岁刘安入朝,"武安侯(田蚡)时为太尉,乃逆王霸上,与王语曰:'方今上无太子,大王亲高皇帝孙,行仁义,天下莫不闻。即宫车一日晏驾,非大王当谁立者!'淮南王大喜,厚遗武安侯金财物。阴结宾客,拊循百姓,为叛逆事。"

(2)建元六年(前134年),离前一事约两年,"彗星见,淮南王心怪之。……以为上无太子,天下有变,诸侯并争,愈益治器械攻战具,积金钱赂遗郡国诸侯游士奇才。诸辩士为方略者,妄做妖言,谄谀王,王喜,多赐金钱,而谋反滋甚。"

(3)由于"谋反滋甚",刘安竟把自己的女儿刘陵也派到长安卧底,为谋反搞侦探、联络活动:"淮南王有女陵,慧,有口辩。王爱陵,常多予金钱,为中诇长安,约结上左右。"

(4)刘安内外实施这些"谋反"意向的事,也很担心被发现,如用计谋赶走了与汉武帝刘彻有亲戚关系的儿媳妇事就是:"王后生子迁,迁娶王皇太后外孙修成君女为妃。王谋为反具,畏太子妃知而内泄事,乃与太子谋,令诈弗爱,三月不同席。王乃佯为怒太子,闭太子使与妃同内三月,太子终不近妃。妃求去,王乃上书谢归去之。"

令刘安没有先想到的是他的"谋反"意向是因内部自攻而崩溃的：由于门客雷被的告状，以及门客伍被、孙子刘建的告密，汉武帝元狩年（前122年），武帝以刘安"阴结宾客，拊循百姓，为叛逆事"等罪名派兵入淮南，刘安被迫自杀。

说到刘安的事业，当然不是没有实施的"谋反"，也不是"豆腐鼻祖"，不是"旦受诏，日食时上"（《汉书·淮南王安传》）的《离骚传》（书已经失传，但却是中国最早对屈原及其《离骚》作述评的著作），而是永垂不朽的《淮南子》！

刘安好读书立说，爱贤若渴，礼贤下士，淮南国聚集当时天下文人学士以及江湖方术之士等宾客数千人，国都寿春成了仅次于长安的文化中心。刘安和他的众门客有不少著述，单是《汉书·艺文志》著录有：《诗赋略》录有《淮南诗歌》4篇、《淮南王赋》82篇（另有《群臣赋》44篇）；《数术略》录有《淮南杂星子》19卷（新、旧《唐志》还录有《淮南王万毕术》，这书虽然《汉书·艺文志》没有著录，但《史记·龟策列传》提到此书："又有《中篇》八卷，言神仙、黄白之术，亦二十余万言"，《汉书·刘向传》记载："淮南有《枕中鸿宝苑秘书》，书言神仙使鬼物为金之术，及邹衍重道延命方，世人莫见。"《中篇》和《枕中鸿宝苑秘书》都是"神仙使鬼物为金之术，及邹衍重道延命方"，显然属于阴阳家及其术数类著作，原书在当时就保密，所以已经流传稀罕，现在只有辑本了）。《经籍略·易》类录有《淮南道训》2篇，班固在书目下自己注释说："淮南王（刘）安聘明《易》者九人，号九师说。"此书早已佚失，具体情况难以明了；《诸子略·杂家》著录的就是《淮南内》21篇和《淮南外》33篇，所谓"内""外"，颜师古解释为："内篇论道，外篇杂说"，大致不错。这些著述内容涉及政治学、哲学、伦理学、史学、文学、经济学、物理、化学、天文、地理、农业水利、医学养生等领域，是汉代前期学术代表。

关于《淮南子》，《汉书·艺文志》包括《淮南内》21篇和《淮南外》33篇，共计20余万字。可是现存的《淮南子》21篇，实际只是《汉书·艺文志》中的《淮南内》，高诱注本的《叙》说："刘向校定撰具，名曰《淮南》。"是说《淮南内》这一篇名由刘向所定。然而《汉书·马融传》中列举马融所注的书中已有《淮南子》之名，后来葛洪的《西京杂记》曰："淮南王安著《鸿烈》二十一篇。鸿，大也；烈，明也，言大明礼教。号为《淮南子》。一曰《刘安子》。"这表明了几点：一是《淮南子》之名东汉时就已经有了；二是除了《淮南子》一名外，还有《鸿烈》的原名，东汉时注家的注释已经注明，如高诱注说："鸿，大也；烈明也，以为大明道之言也。"许慎注也说："鸿，大也；烈，功也。凡二十篇，总谓之鸿烈"，这与葛洪大同小异，应该是准确的；三是仿子书命名的惯例，也可以称为《刘安子》。后来《唐书·艺文志》著录有《淮南鸿烈音》2卷、《宋书·艺文志》著录有《淮南鸿烈解》21卷，《淮南子》由此"淮南鸿烈"合称。不过自《隋书·艺文志》正式著录为《淮南子》后，还是通称《淮南子》。不过令人遗憾的是，《淮南外》33篇、《淮南道训》2篇等都已散佚。

《淮南子》在什么时候编撰，也是个不大不小的问题，一般说是刘安在做淮南王时，"招致宾客方士数千人"撰写而成的。这等于白说，刘安16岁即被封为淮南王，直到58岁被迫自杀，整整作了42年的淮南王，《淮南子》不可能写那么久。金春峰等先生认为约在武帝建元二年（前139年）成书（《汉代思想史》），其根据或许是《汉书·淮南衡山济北王传》，原文是："时武帝方好艺文，以安属为诸父，辩博善为文辞，甚尊重之。每为报书及赐，常召司马相如等视草乃遣。初，安入朝，献所作《内篇》，新出，上爱秘之。使为《离骚传》，旦受诏，日食时上。又献《颂德》及《长安都国颂》。每宴见，谈说得失及方技赋颂，昏莫然后罢。"这里虽然有"时武帝方好艺文，以安属为诸父，辩博善为文辞，甚尊重之"，但是这个"初，安入朝"，有可能是汉文帝时，"上爱秘之"亦应指文帝。高诱注的《叙》也是这么说的："孝文皇帝甚重之，诏使为《离骚赋》，自旦受诏，日早食已。上爱而秘之。天下方术之士多往焉。"如此这般，刘安献《内篇》和赋《离骚》都是对文帝而言。然而，汉文帝去世时刘安才22岁，本身的素养还不够编撰《淮南子》，"招致宾客方士数千人"的局面也还没有完全形成。《淮南子》究竟著于武帝时还是文帝时、景帝时，虽然难以确断，但是按《汉书》惯例，在同一帝时记载同一事件不再表明，这段原文只提武帝而未及文帝，也该是武帝。从汉文帝、汉武帝与刘安的关系看，汉文帝过多的是因为与刘长亲密才怜悯刘安的，汉武帝则主要因为刘安同他一样有"好艺文"雅趣以及才华而"甚尊重"的。汉武帝即位时，刘安38岁，已经作了12年的淮南王。这时无论刘安自身修养以及威望都基本达到了主持编撰《淮南子》的条件。不过，在汉武帝时刘安作了18年的淮南王，《淮南子》应该完成于汉武帝与刘安关系还比较亲密的前面，大约在建元年间（前140~前133年）。汉武帝初登基志在尊王攘夷，削诸藩，破匈奴，实施"大有为"之政。刘安则主张因循旧范，无为而治。由此引申为政策，也就是要坚持汉初旧制，从而保护刘氏诸王集团裂土称王的既得利益。《淮南子》中有"主术训"一篇，专讲帝王之术。刘安这些思想与实际主持朝政的太皇太后窦氏以及诸窦、诸刘列王贵戚思想是一致的。冯友兰先生就认为刘安主持编撰《淮南子》是反对统一，反对统一思想，认为各家都有所长，不可专要一家（《三松堂全集》第六卷）。建元六年（前134年）太皇太后窦氏驾崩，刘彻终于主持了大政。次年元光元年（前133年），他召见名儒董仲舒，董仲舒向他提出著名的"天人三策"，汉武帝决心由此而推行全面改革——"元光决策"。新政的首要方针是改革国家意识形态，即"罢黜百家，独尊儒术"，而所罢黜的百家言中，重点一为主张搞阴谋政治的纵横家言，一为黄老之道也。因而，《淮南子》不可能在"元光决策"之后献出。

　　《淮南子》编撰的情形以及全书的主导思想与《吕氏春秋》也有相似之处。首先，《淮南子》虽然为集体合作完成的，如"苏非、李尚、左吴、田由、雷被、毛被、伍被、晋昌等八人，及诸儒大山、小山之徒"（高诱注）但"为人好书""善为文辞"的刘安，则一直被公认为是名副其实的"主编"，其书的整体框架、指导思想及最后之定稿都是刘安，而且《淮南子》中还有他亲自撰写的文章，所以也大体上反映出了他本人的思想，这也是《淮南子》又可以名为《刘安子》的原因。至于《淮南子》的主导思想，《汉书·艺文志》也把它列入"杂家"，冯友兰先生很赞同："这部书有杂家的倾向……它兼有各派的长处；这就是杂家的倾向"，这是因为"这部书是许多人采集许多书拼凑成的"，并认为如果把它当作道家那么"汉朝的道家，本来有杂家的倾向"（《三松堂全集》第六卷），不出杂家范围。总之《淮南子》是部不能自成体系的名副其实的"杂家"书。但较多的学者赞同高诱"其旨近老子淡泊无为，蹈虚守静"之说，如胡适说的最有代表性："道家集古代思想的大成，而《淮南王书》又集道家的大成。"(《淮南王书》)范文澜先生的看法略微不同:"《淮南子》虽以道为归,但杂采众家,不成为一家言。战国秦汉诸子百家学说,因汉武帝独尊儒学,散佚甚多,《淮南子》保存一些百家遗说"。(《中国通史》第2册)仍表现出一定的融合倾向。综合考察各家意见,《淮南子》是以融会各家见长,所以才会出现分歧。如果若要来个主导,我们认为近人刘文典的意见比较可取,他说:"《淮南王书》博极古今,总统仁义,牢笼天地,弹压山川,诚眇义之渊丛,嘉言之林府,太史公所谓'因阴阳之大顺,采儒、墨之善,撮名、法之要'者也。"(《淮南鸿烈集解·自序》)他引用司马迁对阴阳家的学术特征来概括《淮南子》的主导思想,比较得当。书中自述总体指导思想是:"若刘氏之为书,观天地之象,通古今之事,权事而立制,度形而施宜。"而"作为书论者,所以纪纲道德,经纬人事,上考之天,下揆之地,中通诸理。"(《淮南子·要略》)完全是"因阴阳之大顺",这个"阴阳之大顺"就是"和阴阳之气,理日月之光,节开塞之时,列星辰之行,知逆顺之变,避忌讳之殃,顺时运之应,法五神之常,使人有以仰天承顺,而不乱其常者也。"(《淮南子·要略》)全是阴阳家言论,每篇大旨都基本围绕这个总的指导思想展开的。

　　总之,《淮南子》全面地继承和发展了邹衍、黄老学派、管仲学派以及《吕氏春秋》等阴阳家前贤的阴阳五行思想,尤其以道分阴阳的宇宙图式和五行生克的社会体系,对阴阳家作了最后确立。

　　道分阴阳的宇宙图式

　　说《淮南子》"以道为归"其实也没有错,美国的中国哲学史专家安乐哲(Roger T. Ames)说:"在《淮南子》中,作为基本元素的道家哲学,被杂以其他不同学派的观点,从而形成了一种更加灵活而具有实用性的哲学。"(彭国翔译:《自我的圆成:中西互镜下的古典儒学与道家》)由于"杂以其他不同学派的观点"而"更加灵活",因而对这个"道"作如何理解便成为关键。

　　《淮南子》的"道"与有浓厚阴阳家气息的帛书《黄帝四经》《管子·内业》4篇都近似:首先,它们有太多相似的言论,如《诠言训》:"圣人不为始,不专己,循天理,不豫谋,不弃时,与天为期,不求得,不辞福,因天之则",《称》:"圣人不为始,不专己,不豫谋,不为得,不辞福,因天之则",《管子·心术上》:"因也者,无益无损也……因也者,舍己而以物为法者也。感而后应,非所设也,缘理而动,非所取也";《泰族训》:"阴阳所呕,雨露所濡,化生万物",《经·果童》:"相与则成,阴阳备,物化变乃生",《管子·内业》:"凡道,无根无茎,无叶无荣,万物以生,万物以成,命之曰道"等等。其次,《原道训》与《道原》都是论"道"专篇,言辞极为一致。这些形似说明,《淮南子》的"道"渊源于黄老学派、管仲学派以及《吕氏春秋》,而不是老庄,而且还强化了阴阳家的因素。正因为此,《淮南子》的"道"的内涵及其特征都是阴阳家的。

　　《淮南子》"道"的内涵是:"(道)始于一,一而不分,故分而为阴阳。"(《本经训》)所谓"阴阳"就是阴阳二气,在《精神训》中又称"有二神混生"。这与《老子》"道生一,一生二,二生三,三生万物。万物负阴而抱阳,冲气以为和"(第42章)不同。老子认为"道"是万物唯一的本原,而阴阳二气如同万物一样,都是"道"所"生";《淮南子》的"道"则是

諸子百家

——

阴阳家

2357

内含阴阳二气的矛盾统一体。在哲学上分属性,则《老子》是唯心主义(至多也不过是客观唯心主义),《淮南子》则是唯物主义了。《淮南子》对黄老学派、管仲学派的"道"也有所发展并完善,帛书《黄帝四经》把"道"直接作为"一":"恒无之初,迥同大虚。虚同为一,恒一而止。"(《原道训》)从这个"一"所具有"湿湿梦梦,未有明悔。神微周盈,精静不熙。故未有以,万物莫以。故无有形,大迥无名。天弗能覆,地弗能载。小以成小,大以成大,盈四海之内,又包其外"的物理外在形态看,无疑是气,这与管仲学派把精气作万物的本原相同。《淮南子》继承了把气作万物的本原的思想:"道者,一立而万物生矣。"(《原道训》)进而在一气中分出阴、阳两种属性来,这便使作万物的本原的气具有无限的活性与活力。我们把《淮南子》这种"道"的界定与本体论,称之为"道分阴阳"说。

"道"的特征是:"道者,覆天载地,廓四方,拆八极;高不可际,深不可测;包裹天地,禀授无形;原流泉浡,冲而徐盈;混混滑滑,浊而徐清。故植之而塞于天地,横之而弥于四海,施之无穷而无所朝夕;舒之幎于六合,卷之不盈于一握。约而能张,幽而能明;弱而能强,柔而能刚;横四维而含阴阳,纮宇宙而章三光;甚淖而滒,甚纤而微;山以之高,渊以之深;兽以之走,鸟以之飞;日月以之明,星历以之行;麟以之游,凤以之翔。"(《原道训》)如果说"道"的内涵及其本体性强调是"道"的至上性和独一性,那么"道"存在的基本特征则重在"道"的包容性和活性。"道"的包容性是建立在"禀授无形"的基础上的,体现在"覆天载地"或"包裹天地";"道"的活性则基于那"原流泉浡,冲而徐盈;混混滑滑,浊而徐清"的内在激素和"约而能张,幽而能明;弱而能强,柔而能刚"的原动力,从而产生"廓四方,拆八极",并使万物获取无穷的活力:"横四维而含阴阳,纮宇宙而章三光;甚淖而滒,甚纤而微,兽以之走,鸟以之飞;日月以之明,星历以之行;麟以之游,凤以之翔。"

《淮南子》以"道分阴阳"的"道本论"为依据,进而对宇宙的起源做了探讨。《本经训》指出:"阴阳承天地之和,形万殊之体……终始虚满,转于无原。"因为阴阳囊括了自然界的一切事物及其变化,而且使一切事物及其变化无穷无尽。在《俶真训》中将宇宙的演化分成三阶段:在第一个阶段中:"天气始下,地气始上,阴阳错合,相与优游,竞畅于宇宙之间,被德含和,缤纷茏苁,欲与物接而未成兆朕……"即万物处于积聚状态,虽已呈现出萌发之兆,但还没有发展完善,没有最终形成。第二个阶段有了进一步的发展:"天含和而未降,地怀气而未扬,虚无寂寞,萧条霄霏,无有仿佛,气遂而大通冥冥者也",宇宙更加空灵透明,天地阴阳二气互相交合,宇宙中和气氤氲,处处酝酿着生化之机、但有形有质的物体还没有生化出来,只有生化的征兆,而没有生命的形态。从这一阶段继续往前上溯,便进入到宇宙创化的原初阶段,即篇中所说的"有未始有夫未始有有始者"。此时的宇宙虚无寂寥,萧条冷清,"天合和而未降,地怀气而未扬",一片寂静。但这种寂静并不是死亡的寂静,而是蕴涵着生化之机。对这三个阶段中的物质存在的状态,作者也分别进行了描述。这就是与上述三个阶段相对应的三种状态:"有有者、有无者,有未始有无者,有未始有夫未始有有无者。"其中第一阶段包括有有者与有无者两方面。在第一个阶段中,万物参差错落,青翠茂盛,可以捉摸度量,除了各种各样的物质之外,还有物质赖以存在的空间。这种空间"视之不见其形,听之不闻其声,扪之不可得也,望之不可极

诸子百家——阴阳家

也", 浩浩瀚瀚, 漫无边际, 各种各样的物质都在其间繁衍生息。在第二个阶段, 物质与空间尚未分化, 宇宙还处于混沌鸿蒙的状态, 它深宏广大, 但却没有内外的区分。由第二阶段再向上追溯, 就是所谓"有未始有夫未始有有无者"。此时"天地未剖, 阴阳未判, 四时未分, 万物未生, 汪然平静, 寂然清澄, 莫见其形", 宇宙万物处于最初的原始状态(这段论述借鉴了《中国传统文化读本》编纂委员会《淮南子·导读》)。

《淮南子》的宇宙计划图式实际是由宇宙演化到宇宙创生, 《俶真训》详于宇宙的演化, 关于宇宙的创生则在《天文训》中才予以描述。如同宇宙的演化一样, 宇宙的创生也有一个过程, 即从宇宙创化的基础上, 阴阳开始化生宇宙万物。所谓"阴阳化生", 就是"吐气者施, 含气者化, 是故阳施阴化"(《天文训》)。有了"阴阳化生"才出现了宇宙的创生。在宇宙创化之时, 整个世界是"天墜(地)未形, 冯冯翼翼, 洞洞濁濁, 故曰太昭。道始于虚霩, 虚霩生宇宙, 宇宙生气"。这是说道在"冯冯翼翼, 洞洞濁濁"的"虚霩"中孕育着, 实际即气开始在"冯冯翼翼, 洞洞濁濁"之中准备着宇宙的创生。而宇宙正是在气分出具有阴、阳二性后开始:"气有涯垠, 清阳者薄靡而为天, 重浊者凝滞而为地。清妙之合专易, 重浊之凝竭难。故天先成而地后定。"阴阳化生为土地后, 再化生日月星辰:"积阳之热气生火, 火气之精者为日; 积阴之寒气为水, 水气之精者为月。日月之淫为精者为星辰", 再化生四时及其气候:"阴阳之专精为四时","天之偏气, 怒者为风; 地之含气, 和者为雨。阴阳相薄, 感而为雷, 激而为霆, 乱而为雾。阳气胜则散而为雨露, 阴气胜则凝而为霜雪"; 最后是"四时之散精为万物"。到此, 宇宙的创生工程全部完成。有学者认为:"这种对宇宙万物创生过程的解释极有见地, 其基本观点与现代宇宙学关于宇宙创生的假说暗合, 这充分反映了我国古人的智慧以及对自然的探索精神。"(《淮南子·导读》)

《淮南子》用一句话概括了这个宇宙起始和变化图式:"(道)始于一, 一而不分, 故分而为阴阳, 阴阳合和而万物生。"(《本经训》)也同时把"道本论"与"生成论"贯通, 这样使《吕氏春秋》整合的阴阳家的宇宙图式有了本原和过程, 阴阳家的宇宙图式从此确定。董仲舒的"天地之气, 合而为一, 分为阴阳, 判为四时, 列为五行"(《五行相生》)和"天意难见也, 其道难理。是故明阴阳入出、实虚之处, 所以观天之志。辨五行之本末、顺逆、小大、广狭, 所以观天道也"(《天地阴阳》)等, 阴阳五行都是气, 也是从《淮南子》道分阴阳的宇宙图式而来。董仲舒以后的阴阳家以及其他学派论宇宙起始和变化, 也基本没有超出这个图式。

五行生克的社会体系

《淮南子》的五行生克社会体系同道分阴阳的宇宙图式一样, 也是从黄老学派、管仲学派和《吕氏春秋》相关的论述而发展并确立的。

与其说《淮南子》建构五行生克社会体系, 还不如说《淮南子》将道分阴阳的宇宙图式向人类社会拓展。这个拓展的总体规则是"上考之天, 下揆之地, 中通诸理"(《要略训》)或"仰取象于天, 俯取度于地, 中法于人"(《泰族训》), 这实际就是《吕氏春秋》的"上揆之天, 下验之地, 中审之人, 若此则是非可不可无所遁矣"(《序意》)思想。因为"天道圜, 地道方, 圣王法之, 所以立天下"(《圜道》)。五行生克社会体系的具体拓展主要从以下方面进行：

首先是把天道的区划拓展到地道（地理）和人道（主要是行政区划）。"天有九野，九千九百九十九隅，去地五亿万里；五星……"，这个"九野"实际是"九天"："中央曰钧天，其星角、亢、氐。东方曰苍天，其星房、心、尾。东北曰变天，其星箕、斗、牵牛。北方曰玄天，其星须女、虚、危、营室。西北方曰幽天，其星东壁、奎、娄。西方曰颢天，其星胃、昴、毕。西南方曰朱天，其星觜嶲、参、东井。南方曰炎天，其星舆鬼、柳、七星。东南方曰阳天，其星张、翼、轸。"（《天文训》）与此对应，"天地之间，九州八极。土有九山，山有九塞，泽有九薮，风有八等，水有六品。"其中"九州"是"东南神州曰农土，正南次州曰沃土，西南戎州曰滔土，正西算州曰并土，正中冀州曰中土，西北台州曰肥土，正北泲州曰成土，东北薄州曰隐土，正东阳州曰申土。"（《地形训》）很显然，这是《禹贡》、邹衍、《吕氏春秋》等小、大"九州"说的完善，也是古代"九州"说的确定。

诸子百家——阴阳家

其次，用天道"五星"将人道中的事物分配并组构起来："东方，木也，其帝太皞，其佐句芒，执规而治春，其神为岁星，其兽苍龙，其音角，其日甲乙。南方，火也，其帝炎帝，其佐朱明，执衡而治夏，其神为荧惑，其兽朱鸟，其音徵，其日丙丁。中央，土也，其帝黄帝，其佐后土，执绳而制四方，其神为镇星，其兽黄龙，其音宫，其日戊己。西方，金也，其帝少吴，其佐蓐收，执矩而治秋，其神为太白，其兽白虎，其音商，其日庚辛。北方，水也，其帝颛顼，其佐玄冥，执权而治冬，其神为辰星，其兽玄武，其音羽，其日壬癸。"（《天文训》）这里的"五星"实际等同五行，用它把五灵、五帝、五神、五音、五日、五灵、季节等人道中的事物分配并组构。

再次是以上面的人道中的事物为基点，再拓展到社会、家庭的治理等："昔者，五帝三王之莅政施教，必用参五。何谓参五？仰取象于天，俯取度于地，中取法于人，乃立明堂之朝，行明堂之令，以调阴阳之气，以和四时之节，以辟疾病之曹。俯视地理，以制度量，察陵陆水泽肥墩高下之宜，立事生财，以除饥寒之患。中考乎人德，以制礼乐，行仁义之道，以治人伦而除暴乱之祸。乃澄列金木水火土之性，故立父子之亲而成家；别清浊五音六律相生之数，以立君臣之义而成国；察四时季孟之序，以立长幼之礼而成官；此之谓参。制君臣之义，父子之亲，夫妇之辨，长幼之序，朋友之际，此之谓五。乃裂地而州之，分职而治之，筑城而居之，割宅而异之，分财而衣食之，立大学而教诲之，夙兴夜寐而劳力之。此治之纲纪也。"（《泰族训》）至于具体的社会人事，《时则训》中有非常详细的论述，读者可以阅读，不必多说。

《淮南子》运用阴阳五行之道拓展、完善并确立的这个社会体系，还要求社会体系的主持者像圣人治天下一样，"非易民性也，拊循其所有而涤荡之，故因则大，化则细矣"（《泰族训》）。所谓"因则大，化则细"，就是强调这个体系的运作必须遵循五行生克的法则。法则的表述当然不外乎"水生木，木生火，火生土，土生金，金生水"（《天文训》）和"木胜土，土胜水，水胜火，火胜金，金胜木"（《地形训》）；不过在阐明了规律之后，并对五行生克具体循环过程作了完整而具体的说明："木壮、水老、火生、金囚、土死，火壮、木老、土生、水囚、金死，土壮、火老、金生、木囚、水死，金壮、土老、水生、火囚、木死，水壮、金老、木生、土囚、火死。"(《地形训》)五行的属性及其生克变化对自然生物起决定作用："禾春生秋死,菽夏生冬死,麦秋生夏死,养冬生中夏死"(《地形训》),社会体系当然也必须遵循："禹凿龙门,辟伊阙,决江濬河,东注之海,因水之流也。后稷垦草发菑,粪土树谷,使五种各得其宜,因地之势也。汤、武革车三百乘,甲卒三千人,讨暴乱,制夏、商,因民之欲也。故能因,则无敌于天下矣。"(《泰族训》)这里有邹衍、《吕氏春秋》的"五德终始说"的继承,但更重要的是《淮南子》没有像邹衍等那样把人事和社会的进展绝对地依附阴阳五行,而且还注意并突出人的因素："夫物有以自然,而后人事有治也。"这不仅是对"五德终始说"的重大纠正,也是古代关于自然、社会发展理论的重要突破。所以《淮南子》希望社会体系的主持者"怀天气,抱天心,执中含和,德形于内,以莙凝天地,发起阴阳,序四时,正流方,绥之斯宁,推之斯行"(《要略》)。尤其要懂得"遍知万物而不知人道,不可谓智;遍爱群生而不爱人类,不可谓仁"的道理(《主术训》)。

　　《淮南子》之所以能够完成阴阳家的确立,除了刘安及其淮南学者本身的原因外,还得助于汉初实行的黄老政治与汉代学术思潮。汉初自高祖起就很注意吸取秦国因实施法家的"专任刑罚"、残暴不仁、横征暴敛、穷奢极欲而骤亡的惨痛教训,改弦易辙,采用"文武兼备""刑德并用""以法为符""与民休息""轻徭薄赋"的黄老政治,终于出现了被后人称道的"文景之治"。《淮南子》就是在"文景之治"的大政治背景下孕育而成的。至于汉代学术的思潮,顾颉刚先生早已指出:"汉代人的思想的骨干,是阴阳五行,无论在宗教上,在政治上,在学术上,没有不用这一套方式的。"(《汉代学术史略》)黄老政治的理论基础就是黄老之学,而黄老之学本身包含的并不是老庄道学,而是以阴阳五行之学为主导、兼容各家的新学:"因阴阳之大顺,采儒墨之善,撮明法之要,与时迁徙,应物变化,立俗施事,无所不宜,指约而易操,事少而功多。"(司马谈《论六家要旨》)因此,两家虽然同以"道"名家,但其"道"不同。所以汉代学术思潮的主导与其说是黄老之学,还不如说是阴阳之学。汉武帝亲政,从政治到学术才发生重大转变。

三、汉清时期:阴阳家的衍化

　　汉代是阴阳家发展的一个重大转型时期,造成这个转型的关键人物是汉武帝。在汉武帝即位之初,政权实际掌握在继续推行黄老政治的窦太后手中,阴阳家由于刘安及其《淮南子》而确立,而兴盛。建元六年(前135年)五月,窦太后死而汉武帝亲政,次年改元(即元光元年,前134年),汉武帝又令郡国举孝廉,策贤良,而董仲舒以贤良对策。汉武帝连问三策,董仲舒亦连答三章,其中心议题是天人关系问题,史称《天人三策》(或《贤良对策》)。在《天人三策》中董仲舒建议"罢黜百家,独尊儒术",为汉武帝所采纳。因此,被司马谈排名一、二的阴阳家和儒家两家的地位,发生了天翻地覆的改变:儒家从此以后"独尊",阴阳家从此以后便"衍化"。元狩元年(前122年),淮南王刘安与其追随者"数千人"以"谋反"罪被杀,则标志着"阴阳之学"作为一个学派在汉代的终结!

　　阴阳家的衍化是沿着两个方向进行的:一是学术衍化,或将阴阳五行之学分开论述,避免以阴阳家的面目出现。如刘向《洪范五行传》、萧吉《五行大义》等；或被其他学派改造，如道家道化、儒家儒化、医家原理化等。二是方术衍化，阴阳家的理论被方士转化为方术，如星占术、堪舆术、占梦术、测字术，相术，算命术、杂占术等。而且，方术化现象以至于成为唐宋以后阴阳家的主流，而且这些方士不仅自称做"阴阳家"，一般人也真的把他们当成阴阳家了，即便在学术界，也给他们以"实践阴阳家"的雅号。

汉武帝

道家道术化

因为道家和阴阳家有很深的关系，道家很早就对阴阳家进行了道化。道家对阴阳家的道化在学术上又可以分为道家化和道教化。所谓道家化就是吸取阴阳家中与道家相近的学术元素来加强、突出自己的个性，如《阴符经》道性化；所谓道教化就是把阴阳家中那些巫术性元素加以宗教改造，为道教理论及其道术服务，比较突出的是将《太平经》神化、《老子想尔注》仙化和《周易参同契》丹术化。

在先秦诸子九流十家中，道家与阴阳家的渊源最深，关系因而也最密切。不过，早期两家的区别相对明朗，班固论述比较清楚："道家者流，盖出于史官，历记成败存亡祸福古今之道，然后知秉要执本，清虚以自守，卑弱以自持，此君人南面之术也"，"阴阳家者流，盖出于羲和之官，敬顺昊天，历象日月星辰，敬授民时，此其所长也。"起源上的区别是：道家"出于史官"而阴阳家"出于羲和之官"；学术重点及归宿的区别是：道家"历记成败存亡祸福古今之道，然后知秉要执本，清虚以自守，卑弱以自持"（《汉书·艺文志》），以史学为起点归结到自我的完善之道，阴阳家"敬顺昊天，历象日月星辰，敬授民时"，是以天文历法为起点而求社会人事的规律与顺应。但是随着社会的由分而合，学术也有"争鸣"而"独尊"，因而秦汉之际出现了空前的所谓"杂家"化现象，这在道家与阴阳家的相互吸取交融表现最为明显，两家除了"采儒墨之善，撮明法之要，与时迁徙，应物变化，立俗施事，无所不宜"的共同特点外，在核心学术质素上也相似：阴阳家"序四时之大顺"和"因阴阳之大顺"（《论六家要旨》），其本质就是阴阳五行之学。这些共同性实际在起源的时候就决定了，所谓"史官"和"羲和之官"即是巫师分工而成的。由于这些共性，使得精通诸子之学的司马谈也难截然区分了。

《阴符经》道性化

《阴符经》，最初称《阴符》，全名《黄帝阴符经》或《轩辕黄帝阴符经》，又名《黄帝天机之书》，因为托名黄帝，才成为"经"。书名既然是"阴符"，那就表明书的核心也是"阴符"。什么是"阴符"呢，唐代李筌认为："阴者暗也，符者合也。天机暗合于行事之机，故称阴符。"(《黄帝阴符经疏》)宋代任照一在《阴符经》的注解中也认为:"阴者,暗也;符者,合也。故天道显而彰乎大理,人道通乎妙而不知,是以黄帝修《阴符经》,以明天道与人道,有暗合大理之妙,故谓之《阴符》焉。"这些解释,对"阴符"本身的内涵揭示,应该差不多了,但是,《阴符经》是什么人、在什么时候写的,在学术上它究竟属于哪一家,至今仍然众说纷纭,难以遂定。

现存《阴符经》及其注本集中在道家和道教经籍总汇《道藏》之中,经书 2 种,注本 19 种(宋郑樵《通志·艺文略》中所载书目有 39 种之多)。注本中较为有名的如汇集伊尹、太公、范蠡、鬼谷子、诸葛亮、张良、李筌等人的《黄帝阴符经集注》,张果、黄居真、沈亚夫、蔡氏、唐淳、刘处玄、侯善渊、俞琰等分别而又同名的《黄帝阴符经注》,任照一、邹欣分别注解的《黄帝阴符经注解》,还有李筌疏《黄帝阴符经疏》、夏元鼎撰《黄帝阴符经讲义》、胥元一《黄帝阴符经心法》等,最有影响的当推《黄帝阴符经集注》。这些注本都有关于作者的说法:有的说该经是黄帝受之于广成子,有的说西王母遣玄女授帝《阴符》300 言(李筌疏本还只有 263 字,《道藏》中的白文本为 467 字),又有的说黄帝与风后玉女论阴阳六甲之后自撰而成,还有的说黄帝由虚天坛石洞内的一石匣中得到,李筌则言其书由寇谦之封存传留后世。这些说法无论正确与否,可以看出道教界普遍认为此书传自黄帝。但是这毕竟是道教界的说法,人们因为它是宗教言论不能尽信。世俗的古籍则通常把《阴符经》列入兵家,如《隋书·经籍志》中有《太公阴符钤录》1 卷,《周公阴符》9 卷,这个根据是《战国策·秦策一·苏秦始将连衡》中载苏秦得"太公《阴符》之谋,伏而读之",《史记·苏秦传》又说是"得周公《阴符》,伏而读之"。有人因为两书有"太公"(齐姜太公吕尚)和"周公"(周公姬旦)的不同,认为《阴符经》作者的不同,其实这可能是误解,写在书前的人可能是作者,也可能是注者甚至抄写、刻印者等。现在学界一般认为:《阴符经》当为唐以前古籍。我们认为再晚也不过秦汉之际,经文格调有些像《鬼谷子》,又有些像《周易·系辞》(如果根据战国时代有道家、术数家、方技家等撰著,每每喜欢加上一个"黄帝"称号这样的风气,《汉书·艺文志》所列各家书目中有 21 种书托名于黄帝的情况,《阴符经》可能产生于阴阳家草创之时或稍晚),也不可能是一人的伪作,因为注文与经文常多悖谬。

《阴符经》的作者大致有五说,按倒计时依次是:余嘉锡认为是杨羲、许谧所作;朱熹认为是唐李筌所作;王明认为成书年代的上限为公元 531 年之后,下限为唐初,作者大抵是北朝一位久经世变的隐者,而姚际恒、全祖望等认为是北魏寇谦之所作;邵雍、程颐、梁启超等认为是战国时无名氏所作。我们倾向于最后一种意见,似乎是战国末至秦汉之际的黄老学者所著。

《阴符经》的内容究竟属于哪一家,上面的注本介绍已经涉及:因为它所谈有克敌制胜之道,如《强兵战胜演术章》《隋书·经籍志》等毫不犹豫地列入兵家;有的认为它所谈都是权谋术数,如"愚人以天地文理圣,我以时物文理哲。人以虞愚,我以不愚圣"等,认为它是纵横家的书等。但是,从《道藏》的大量采入看,尤其是谈修养的方法有"悟道"和"内丹"之分,谈"悟道"时主要是"观天之道,执天之行",并要求按照"天性人也,人心机也"的原理做到"立天之道以定人也"，就可以"宇宙在乎手，万化生乎身"，也就是掌握了长生久视的自主之权，这无疑属于黄老道家的言论，而且这些言论的分量比兵家、纵横家要多而鲜明。

《阴符经》既然属于黄老道家，它就必然与阴阳家交融，吸取阴阳家中与道家相近的学术元素来加强、突出自己的个性，实施道性化。具体而言，它是从两个方面来实施道性化的：一是将阴阳五行做全经的灵魂并统摄全部思想。突出阴阳思想是"阴阳相推，而变化顺矣"，因此"日月有数，大小有定；圣功生焉，神明出焉"。并说"自然之道静，故天地万物生，天地之道浸，故阴阳胜"，朱熹在注释《阴符经》时，对这几句话就非常赞赏："四句说的极妙。"妙就妙在"阴阳胜"，唐代柳公权对此也很喜爱。高氏《纬略》说："蔡端明云：柳书《阴符经》之最精者，善藏笔锋。"这"善藏笔锋"就是"阴阳胜"在书法中的充分体现。强调无行思想是把传统的五行说成"五贼"，突出了五行相克的一面，指出"五贼在心，施行于天。宇宙在乎手，万物生乎身"，并警诫人们："火生于木，祸发必克；奸生于国，时动必溃。"二是借鉴阴阳家将天道与人道结合的思想来结构全经并论述道理。这一点上面引述的任照一注解已经说到了："阴者，暗也；符者，合也。故天道显而彰乎大理，人道通乎妙而不知，是以黄帝修《阴符经》，以明天道与人道。"李筌把《阴符经》分为《神仙抱一演道章》《富国安人演法章》《强兵战胜演术章》三章：所谓"演道"就是强调"观天之道，执天之行"，所谓"演法"则是要求执政者"日月有数，大小有定；圣功生焉，神明出焉"，所谓"演术"其实并不只是"强兵战胜"的兵家学说，而且是在乎"愚人以天地文理圣，我以时物文理哲"，讲究"阴阳相胜之术，昭昭乎尽乎象矣"。

从道性化的实施我们可以得知：《阴符经》虽然运用阴阳家的思想，但它不是在为阴阳家立论或推扬，而是在黄老之"道"强化，即运用阴阳五行思想、贯通天道与人道，最终仍归结到顺应天道，随时应物，天人合一的个体修养。这与阴阳家追求的"敬顺昊天，历象日月星辰，敬授民时"，从而建立和谐的社会体系，显然不同。

《太平经》神化

学过历史的大约都知道，汉代曾经流传 3 种《太平经》：西汉成帝时齐人甘忠可造《天官历包元太平经》12 卷；东汉顺帝时宫崇上其师于吉（或称干吉，可能是形近字引起分歧）于曲阳泉水上所得《太平清领书》170 卷；张陵《太平洞极经》144 卷。可惜，这 3 种《太平经》都没有完整地流传。现在，我们所见到的《正统道藏》太平部收入的《太平经》，实际是宫崇所上的于吉《太平经》的残卷，仅 57 卷，不足原书的 1/3，以及唐末闾丘方远的《太平经钞》10 卷及《太平经圣君秘旨》。当今学者王明先生以《正统道藏》本《太平经》为底本，又辑录《三洞珠囊》《上清道类事相》，《道德真经广圣义》等 27 种书中的引文，编成《太平经合校》，大体上恢复了《太平经》的面貌。《太平经》分甲、乙、丙、丁、戊、己、庚、辛、壬、癸 10 部，每部 17 卷，共计 170 卷，366 篇。每篇都有标题，行文以"真人"与"天师"相问答的形式阐述经义，篇末都附有总摄篇旨大意的小结。

由于宫崇所上《太平经》当初很流行，因此有人认为经书是于吉或宫崇所作。但王明先生研究认为："《太平经》一百七十卷不是一时一人所作。东西两汉的著述，书多至一百七十卷的，实在太少见了。所以我相信太平经先有'本文'若干卷，后来崇道的人继续扩增，逐渐成为一百七十卷。不能简单地说这书就是于吉、宫崇或帛和个人所著作。现存的经书里，固然不免有后人改写增窜，可是大体说来，它还保存着东汉中晚期的著作的本来面目。"(《太平经合校·序》)这应该近乎实际。《太平经》不是一时一人所作，而是西汉末至东汉顺帝时期逐渐增益而成，于吉、宫崇、帛和等仅是其中的编撰人之一，或者是集大成者。

《太平经》卷帙浩繁，内容丰富而复杂。东汉襄楷说："前者宫崇所献神书。专以奉天地、顺五行为本，亦有兴国广嗣之术。其文易晓，参同经典，而顺帝不行，故国胤不兴，孝冲、孝质频世短祚。"(《全上古三代秦汉三国六朝文·全后汉文·卷六十七·复上书》)所以《太平经》杂采先秦阴阳五行家、道家、墨家及儒家谶纬之学以成经书，除了主要宣扬神仙信仰方术外，还触及世俗的社会政治问题。世俗的社会政治问题最重要的是"太平世道"的社会政治思想。《太平经》之所以用"太平"名书，是因为"太平"具有特殊的内涵："太者，大也。乃言其积大行如天，凡事大也，无复大于天者也。平者，乃言其治太平均，凡事悉理，无复奸私也。"(《太平经·卷四十八·三合相通诀》，文章采用《太平经合校》本)《太平经》追求的理想世界是无灾异、无病疫、无战争，君明臣贤，家富人足，各得其乐的太平世道。《太平经》还主张选贤任能，广开言路；反对贱视和残害妇女，提倡人人应力作以获衣食；反对为富不仁，提倡救穷周急；反对以智欺愚，以强欺弱；提倡孝忠诚信，主张断除金兵武备等。这些都有积极的社会意义。

《太平经》是原始道教——五斗米道和太平道共同遵奉的经典。在于吉等人布道的同时，巴蜀一带兴起了张道陵开创的五斗米道。其时间是在东汉顺帝年间（126～144年）。《三国志·张鲁传》和《后汉书·刘焉传》中说：顺帝时，张道陵在四川鹤（鹄）鸣山中学道，"造作符书，以惑百姓，从受道者，出五斗米"，故世称为"五斗米道"。道教自家经籍《云笈七签》卷六则说："汉末，有天师张道陵精思西山，太上亲降，汉安元年五月一日授以'三天正法'，命为'天师'，又授'正一科术要道法文'，其年七月七日又授'正一盟威妙经'、'三业六通诀'，重为三天法师正一真人。"可见，张道陵创教后自称"天师"，所以后世道教徒又称五斗米道为"天师道"。张道陵死后，其子张衡及其孙张鲁继续传教。但五斗米道在当时尚未形成教团，影响也仅在巴蜀一隅。直至东汉建宁、熹平（168～178年）年间，巨鹿（今河北宁晋）人张角为组织黄巾起义，始创太平道。张角"以善道教化天下，而潜相联结，自称黄天泰平"(《三国志·孙坚传》)。表明"太平道"又是张角"潜相连接"起义时的口号。从道家渊源看，太平道与五斗米道都出自黄老道；从学术主导看，太平道与五斗米道则如同黄老道学一样，以阴阳家为根基。然后再加上神仙崇拜及方术以强化道教的宗教性。于是，提出了善恶报应思想与承负说，而且发展了长寿、成仙、祈禳、治病等方术。但是五斗米道出现于巫觋盛行的区域，与巫道有所融合，因而巫术祭礼色彩更浓一些，即更偏重于宗教仪礼。而太平道由于领导的黄巾起义被镇压，不能在社会上公开传播，张道陵创立的五斗米道不断发展壮大，遂成为道教正统。

《太平经》既然是五斗米道和太平道共同遵奉的经典，它的思想如同五斗米道和太平

諸子百家 —— 阴阳家

道一样以阴阳家为根基。关于这一点，范晔早已指出："《太平清领书》其言以阴阳五行为家，而多巫觋杂语。"(《后汉书·卷六十下·郎颉襄楷列传第二十下》)当今学界也基本一致，认为"太平道以阴阳五行、符箓咒语为根本教法，与《太平经》所谓奉天地、顺阴阳五行而杂以巫术的思想基本吻合"(卿希泰主编《中国道教》第一册)。不过，为了使阴阳家思想能够适应道教，《太平经》对阴阳五行思想进行了改造，其改造的方式，我们认为主要是神化。具体从两个方面进行：

一是神化作者。《太平经·卷九十八·男女形诀说》："天师前所赐予愚生本文"。将作者的创作置于"天师"赐予的"本文"之下，表明非凡人所能著作。此后，晋葛洪《神仙传》直接把于吉师徒作为神仙："宫崇者，琅邪人也。有文才，著书百余卷。师事仙人于吉。汉元帝时，崇随吉于曲阳泉上遇天仙，授吉青缣朱字太平经十部。吉行之得道，以付崇。后上此书，书多论阴阳否泰灾眚之事，有天道，有地道，有人道，云治国者用之，可以长生，此其旨也。"为了加强与原始道教的关系，天台山道士王松年在《仙苑编珠·卷中》提出"天师正一，于吉太平"，并作注："《正一经》云：张天师讳道陵，学道于蜀鹤鸣山。时蜀中人鬼不分，灾疾竞起。感太上老君降授正一盟威法，以分人鬼，置二十四治，至今民受其福。有戒鬼坛见在。《神仙传》：于吉，北海人也。息癞疮数年，百药不愈。见市中有卖药公姓帛名和，因往告之。乃授以素书二卷，谓曰：此书不但愈疾，当得长生。吉受之，乃太平经也。行之，疾愈。乃于上虞钓台乡高峰之上演此经成一百七十卷，至今有太平山干溪在焉。"由于是神化，两个《神仙传》虽然有区别，但是所谓"素书""本文"，都含有神书传授的玄谈，将张道陵和于吉连在一起，将作者神化是一致的。

《太平经》将作者于吉等神化既有道教的经说，也有民间的传说，《三国志·卷四六·吴书一·孙破虏讨逆传·孙策传》裴注引《江表传》：

时有道士琅邪于吉，先寓居东方，往来吴会，立精舍，烧香读道书，制作符水以治病，吴会人多事之。策尝于郡城门楼上，集会诸将宾客，吉乃盛服杖小函，漆画之，名为仙人铧，趋度门下。诸将宾客三分之二下楼迎拜之，掌宾者禁呵不能止。策即令收之。诸事之者，悉使妇女入见策母，请救之。母谓策曰："于先生亦助军作福，医护将士，不可杀之。"策曰："此子妖妄，能幻惑众心，远使诸将不复相顾君臣之礼，尽委策下楼拜之，不可不除也。"诸将复连名通白事陈乞之，策曰："昔南阳张津为交州刺史，舍前圣典训，废汉家法律，尝著绛帕头，鼓琴烧香，读邪俗道书，云以助化，卒为南夷所杀。此甚无益，诸君但未悟耳。今此子已在鬼箓，勿复费纸笔也。"即催斩之，县首于市。诸事之者，尚不谓其死而云尸解焉，复祭祀求福。

又引《志林》：

初顺帝时，琅邪宫崇诣阙上师于吉所得神书于曲阳泉水上，白素朱界，号太平青领道，几百余卷。顺帝至建安中，五六十岁，于吉是时近已百年，年在耄悼，礼不加刑。又天子巡狩，问百年者，就而见之，敬齿以亲爱，圣王之至教也。吉罪不及死，而暴加酷刑，是乃谬诛，非所以为美也。喜推考桓王之薨，建安五年四月四日。是时曹、袁相攻，未有胜负。案夏侯元让与石威则书，袁绍破后也。书云："授孙贲以长沙，业张津以零、桂。"此为桓王于前亡,张津于后死,不得相让,譬言津之死意矣。

由于东汉谶纬大兴,鬼神思想流行,民间此类传说甚多,到了魏晋,更为发展,干宝把这些传说采入《搜神记》,神仙的色彩更加突出:"策欲渡江袭许,与吉俱行。时大旱,所在熇厉。策催诸将士使速引船,或身自早出督切,见将吏多在吉许,策因此激怒,言:'我为不如于吉邪,而先趋务之?'便使收吉。至,呵问之曰:'天旱不雨,道涂艰涩,不时得过,故自早出,而卿不同忧戚,安坐船中作鬼物态,败吾部伍,今当相除。'令人缚置地上暴之,使请雨,若能感天日中雨者,当原赦,不尔行诛。俄而云气上蒸,肤寸而合,比至日中,大雨总至,溪涧盈溢。将士喜悦,以为吉必见原,并往庆慰。策遂杀之。将士哀惜,共藏其尸。天夜,忽更兴云覆之;明旦往视,不知所在。策既杀于吉,每独坐,仿佛见吉在左右,意深恶之,颇有失常。"《三国演义》第 29 回《小霸王怒斩于吉,碧眼儿坐领江东》也将于吉描绘成"身披鹤氅,手携藜杖,立于当道,百姓俱焚香伏道而拜",孙策将他关入大牢,"吉在狱中时,尽去其枷锁;及策唤取,方带枷锁而出",于是"叱左右将于吉扛上柴堆,四下举火,焰随风起,忽见黑烟一道,冲上空中,一声响亮,雷电齐发,大雨如注。顷刻之间,街市成河,溪涧皆满,足有三尺甘雨。遇雨之吉,群疑亡也。于吉仰卧于柴堆之上,大喝一声,云收雨住,复见太阳。"杀他后,"只见一道青气,投东北去了"。于吉超凡外表,超常法术,羽化而去,神化也到了顶!

神化于吉等作者,并不在于吉等人,毛宗岗批于吉事说:"孙策不信于神仙,是孙策英雄处。英明如汉武,犹且惑神仙、好方士,而孙策不然,此其识见诚有大过人者。其死也,亦运数当绝、适逢其会耳,非于吉之能杀之也。世人不察,以为孙策死于于吉,然则张角所云'南华老仙授以《太平要术》',亦将谓其有是事否? 若于吉能杀孙策,何以南华老仙不能救张角乎? 孙策之怒,非怒于吉,怒士大夫之群然拜之也。……若于吉果系神仙,杀亦不死,何索命之有? 其索命者,或孙策将亡,别有妖孽托言,必非于吉。正史但曰:'孙策为许贡之客所刺,伤重而殒。并不载于吉一事,所以破世人之惑也。予今存而辨之,亦以破世人之惑云。'"所以,神化的实际是道列列祖:"太平金阙帝晨后圣帝君师辅历纪岁次、平气去来、兆候贤圣、功行种民、定法本起。"(《太平经·甲部》)所谓"太平金阙帝晨后圣帝君",就是道教尊神李曜景,所谓"师辅"就是道教帝君的老师和四位辅臣——太师、上相、上保、上傅、上宰,所谓"历纪岁次",就是道教帝君降生至位登后圣,修道传道的灵迹,以及太师、上相的略历。追溯神化于吉等作者的渊源,当然也有阴阳家的份儿,阴阳家的羲和等是气祖源。正因为如此,《太平经》在神化道教帝君的同时,也非常注意神化阴阳五行思想。

二是神化阴阳五行。上引《甲部》"平气去来",气在阴阳家那儿是阴阳二气,《太平经》将它改为"平气"——太平气,"平气去来"是指太平气出没的周期性循环变动。可是在具体论述这个"去来"时,则仍然不离阴阳家家法:其《合阴阳顺道法》说:"道无奇辞,一阴一阳,为其用也。得其治者昌,失其治者乱;得其治者神且明,失其治者道不可行。"一阴一阳之理遍于天地,视道运用之本。所以阳安即万物自生,阴安即万物自成。阴阳之关系可互生互变,阴极生阳,阳极生阴,阴阳相得,道才可以施行。万物生长都是如此:

诸子百家 —— 阴阳家

"夫天地之生凡物也,两为一合。今是上天与是下地为合,凡阳之生,必于阴中,故乃取于此地上人也。又人含阴阳气之施,必生于土泉,故皆象其土而生也。"(《太平经·天乐得善人文付火君诀》)但是,《太平经》把阴阳之道作了神化:

首先是把这些阴阳家思想通过道教人物道出:经书主要采用的是真人问天师的对答体式,涉及的主要人物也都是如后圣李君上相方诸宫青童君、后圣李君上保太丹宫南极元君、后圣李君上傅白山宫太素真君、后圣李君上宰西城宫总真王君(《太平经·甲部》)等完全神化的道教神仙;有的还是真人与神人的直接对话,如"真人问曰:'何为天经,何为地经,何为人经,何为道经,何为圣经,何为贤经,何为吉经,何为凶经,何为生经,何为死经?'神人曰:'然修积真道,道者,天经也。天者好生,道亦好生,故为天经。修积德者,地经也。地者好养,德亦好养,故为地经。修积和而好施与者为人经,和气者相通往来,人有财亦当相通往来,故和为人经也。修积上古中古下古道辞为道经,修积上古中古下古圣文为圣经,修积上古中古下古贤辞为贤经。其师吉者为吉经,其师凶者为凶经,其师生者为生经,其师死者为死经也。'法由圣显,道寄人弘。"(《太平经·卷七十三·阙题》)

其次以"法"或"诀"为标志命题来强化神性:请看卷18至34的题目:合阴阳顺道法、录身正神法、修一却邪法、以乐却灾法、调神灵法、守一明法、行道有优劣法、名为神诀书和三气兴帝王法、安乐王者法、悬象还神法。经书题目基本是这种神"法"秘"诀",充满了神圣的色彩。

最后则把阴阳五行直接神化:以《太平经·斋戒思神救死诀》为例,先看"天地自有神宝,悉自有神精光,随五行为色,随四时之气兴衰,为天地使,以成人民万物也","此四时五行精神,入为人五藏神,出为四时五行神精。"这里把阴阳之气当作"神宝",把精气当作"神精光",因而再把四时五行当作"神精",所以"五藏神能报二十四时气,五行神且来救助之"(《太平经·以乐却灾法》)。通过如此改造,阴阳家的"自然之术"就转化为道教的"神仙之术"了。又如"六方真文悉再拜问:'前得天师言,太平气垂到,调和阴阳者,一在和神灵,归俱分处,深惟天师之语,使能反明洞照者,一一而见之,其人积众多,何以能致此,诸道士能洞反光者,能聚之乎?''噫!大善哉。天上皇气且至,帝王当垂拱而无忧。故天遣诸真人来具问至道要,可以为大道德明君悉除先王之流灾承负,天地之间邪恶气,鬼物凶奸尸咎殃为害者耶?故真人来,一一口口问此至道要也,诸弟子亦宁自知不乎?'"这里把"天上皇气"移作人间的"帝王"之气,因此,"帝王,天之子也。皇后,地之子也,是天地第一神气也。"(《太平经·安乐王者法》)正是在这样的前提下,《太平经》把邹衍、吕不韦、刘安等建构的立足的阴阳五行社会体系也转化由神、人、鬼组成的太平天国:"吾欲使天下万神和亲,不复妄行害人,天地长悦,百神皆喜,令人无所苦。帝王得天之力,举事有福,岂可间哉?(起)故圣人能守道,清静之时旦食,诸神皆呼与语言,比若今人呼客耳。(止)百神自言为天吏为天使,群精为地吏为地使,百鬼为中和使。此三者,阴阳中和之使也。助天地为理,共兴利帝王。"(《太平经·和三气兴帝王法》)人类在"百神""群精"和"百鬼"的主宰下,才能享有"太平":"春,青童子十,夏,赤童子十,秋,白童子十,冬,黑童子十,四季,黄童子十二。二十五神人真人共是道德,正行法,阳变于阴,阴变于阳,阴阳相得,道乃可行。天须地乃有所生,地须天乃有所成。春夏须秋冬,昼须夜,君须臣,乃能成治。"(《太平经·以乐却灾法》)与此相适应,道家把阴阳家的大、小"九州说"改造为十州三岛、十大洞天、三十六小洞天、七十二福地,神化为三十六重天等。《西游记》虽然讲述的是佛教徒唐僧等四人去西天取经的故事,但全书中使用了大量道教专有的概念如心猿、意马、姹女、元神等,还构筑了一个以玉皇大帝为核心的道教神祇、神官系统和天庭、地狱、人间三界世界。

从上述两个大的方面可知,《太平经》神化主要是把阴阳家的世俗性淡化,把阴阳家的巫术和天人感应因素强化,这样同时也促使了道家向道教转化。

《太平经》为什么能够把阴阳家思想神化成功呢,我们觉得学者李养正的分析可取,他认为"战国齐威宣时,邹衍的五德终始说曾喧嚣一时,引起社会的注目。阴阳五行说固然含有辩证法因素以及朴素唯物论成分,但它的确含蕴有'天人一体'、'天人感应'的神秘主义思想,与方士、神仙家的神仙信仰有相类相通之处,都认为天道是有意志的宇宙最高主宰者。因此,先秦时期的方士们,便已自然地、逐渐地与阴阳五行说结合,使其道术有了理论的解说。到了汉代,统治者为了加强全国政治上的统一,在宗教上也由祀三皇五帝而渐趋于独尊天神太一,利用'天人感应'说来加强人们对天神的畏惧,实际上是加强地上帝王的权威,以强化其统治。这种宗教意识在统治者的渲染、推广下,便逐渐成为人们较为普遍的宗教观念。在这样的社会影响之下,倡导太平道的甘忠可、于吉等,自然更紧密地将黄老道与阴阳五行说结合起来。不过,经《太平经》作者们按自己的信仰改造过的阴阳五行说,与本来面貌也不尽相同,宗教色彩更浓厚、更鲜明,形成了太平道术说的重要组成部分"。(《〈太平经〉与阴阳五行说、道家及谶纬之关系》)《太平经》对阴阳家思想的神化直接带来了道教终极追求的强化,这就是《老子想尔注》的仙化。

《老子想尔注》仙化

如同《太平经》一样,《老子想尔注》产生时间差不多也是原始道教的经典,思想多与《太平经》相同,不过《老子想尔注》不是著述而是注释。

《老子想尔注》全名《老君道德经想尔训》,二卷。但是《隋书·经籍志》《旧唐书·经籍志》《新唐书·艺文志》均未著录,即便是《正统道藏》也没有收录。直到清末,才在敦煌莫高窟发现六朝的写本《老子道经想尔注》残卷,但原件已为英国人斯坦因掠走,现藏于伦敦博物馆。

书既然名《老子想尔注》,当然是老子《道德经》的注释本,书名虽然已经标明"想尔注",可是在古今典籍中没有有关"想尔"的资料,因而"想尔"是谁,究竟是谁作的注,自六朝起就不是很清楚了。佚名《传授经戒仪注诀·序次经法第一》:"《隐注》云:读《河上》一章,则彻太上玉京诸天,仙人义手称善,传声三界,魔王礼于空中,酆都执敬,稽首于法师。人生多滞,章句能通,故次于大字。系师得道,化道西蜀,蜀风浅末,未晓深言,托遣《想尔》,以训初回。初回之伦,多同蜀浅,辞说切近,因物赋通,三品要戒,济众大航,故次于《河上》。"《隐注》一书已经不存,可能是《洞玄隐注经》。而"系师得道,化道西蜀,蜀风浅末,未晓深言,托遣《想尔》,以训初回",则是说张鲁在西蜀创五斗米道是托名想尔而作的，但唐陆德明《经典释文·序录》存《老子想尔》二卷，他自注就说："不详何人，一云张鲁或云刘表"，元代列大彬《茅山志》卷九《道山册》引用陶弘景《登真隐诀》，说明的有关张鲁所注的五千文本的具体情况，正好与今敦煌《想尔注》残卷情形完全相合，现在学术界由此确认是张鲁所作；唐玄宗《道德真经疏外传》、杜光庭《道德真经广圣义》及中唐僧人法琳《辨正论》等又认为注者为东汉张道陵，宋代谢守灏《老君实录》、彭耜《道德真经集注杂说》、董思靖《道德经集解》都承袭此说；《云笈七签》卷三十三孙思邈《摄养枕中方》曾引《想尔》的话，注称"想尔盖仙人名"，当今也有学者认为可能是张陵开其端，陵孙张鲁最终完成并托称其祖所作。我们认为，《老子想尔注》应该是张家三代人在传道时不断完善的结果。东汉末年，五斗米道以《老子五千文》为主要经典，教中祭酒宣讲《老子》时，不能各自信口而说，而是都依据张家注释。并且《老子想尔注》是五斗米道授道演教的秘典，只在教内传授，未在社会公开流传，知者甚少："张陵受道于鹄鸣，其书多有禁秘，非其徒不得辄观。"（《魏书·释老志》）这就很容易散失。这一宝籍虽然散失很久，但是经过学者饶宗颐的努力，将敦煌残卷连写的经文与注释分别录出，按《老君道德经河上公章句》的次第，分别章次，并作考证而成《老子想尔注校证》，终于成为完璧！

《老子想尔注》虽然是对《老子》做的注解，要求人们信行"真道"，奉守"道诫"，将"积善"与"积精"相结合，以达"仙寿天福"的境界。但是"《老子想尔注》是中国思想史上第一部站在宗教立场上用神学注解《老子》的书，它开创了道教系统改造利用道家著作的传统"（饶宗颐《老子想尔注校笺》）。而且更"是以神仙炼养之说解释《老子》，杂以巫术，故颇多隐秘，特别是多处谈及'实髓受精'之方术"（李养正《老子想尔注》与《五斗米道》），促使《老子》的道教化和阴阳方术化。在阴阳家的衍化方面，主要是仙化，即道教的神仙化——"托奉老子之道，而实演五斗米道（天师道）之宗教。"（李养正《老子想尔注》与五斗米道》）主要采用如下途径：

（1）将"道"仙化：《老子想尔注》将有阴阳家色彩黄老道的"道"改造为"真道"，并作为注的根本。《老子想尔注》："当求善能知真道者，不事邪伪伎巧。"又说："是故绝诈圣邪知，不绝真圣道知也。""真道"即"真圣道知"。从由来已久的儒、道相绌入手，《想尔注》中说："其五经半入邪，其五经以外，众书传记，尸人所作，悉邪也"，毁儒家为"诈圣邪知"，责备道家的"绝真圣道知"，抽演出"真圣道知"，或称"真道"。"真道"的内容是什么呢？那就是两道：一是"天道"，二是"生道"。

（2）将"天道"仙化为"神道"：《想尔注》将《道德经》中作为哲学范畴的"道"和阴阳家具有自然科学因素的"道"神格化。具体手法是将"道"解释为第一人称的"吾""我"，使抽象的"道"具体为有欲有言，有喜怒哀乐，对人有教导、遣使、诫禁、主人生死，赏善惩恶，镇邪制顽的人格神，还将"道"等同于"一"，认为：一散形为气，聚形为太上老君，常治昆化，或言虚无，或言自然，或言无名，皆同一耳，今布道诫教人，守诫不违，即为守一矣；不行其诫，即为夫一也。这样，"道"或"一"，既是宇宙本原，又是太上老君，哲学家老子就成为五斗米道所信奉的神。当然老子成为神仙老君，张道陵也就可以成仙："张陵受道于鹄鸣，因传天宫章本千有二百，弟子相授，其事大行。齐祠跪拜，各成法道。有三元九府、百二十官，一切诸神，咸所统摄。又称劫数，颇类佛经。其延康、龙汉、赤明、开皇之属，皆其名也。及其劫终，称天地俱坏。其书多有禁秘，非其徒也，不得辄观。至于化金销玉，行符敕水，奇方妙术，万等千条，上云羽化飞天，次称消灾灭祸。故好异者往往而尊事之。"(《魏书·释老志》)由此，《想尔注》进而强调："天察必审于人，皆知尊道畏天神"，因为上天在察审着世人，所以必须知道"尊道畏天神"。"天道"就完全仙化为"神道"了。

当然，在推尊太上老君为崇高之神时，《想尔注》也崇敬黄帝为神："黄帝仁圣知后世意"，"人不解黄帝微意……而恶心不改，可谓大恶也"。但黄帝不如太上老君尊高，《想尔注》中说："道使黄帝为之。"如果老子被尊崇为神是源于道家，那么黄帝被尊为神则显然受到阴阳家的影响。

（3）将一般的养生之道仙化为"生道"：《想尔注》把道家的养生主、阴阳家的阴阳生化和五行相生无限化。所谓"生道"，即求长生仙寿之道。《汉书·艺文志》将道教的终极追求总结为："神仙者，所以保性命之真，而游求于其外者也。聊以荡意平心，同死生之域，而无怵惕于胸中。然而或者专以为务，则诞欺怪迂之文弥以益多，非圣王之所以教也。"《魏书·释老志》认为这种追求"出于老子。其自言也，先天地生，以资万类。上处玉京，为神王之宗；下在紫微，为飞仙之主。千变万化，有德不德，随感应物，厥迹无常。授轩辕于峨嵋，教帝喾于牧德，大禹闻长生之诀，尹喜受道德之旨。至于丹书紫字，升玄飞步之经；玉石金光，妙有灵洞之说。如此之文，不可胜纪。其为教也，咸蠲去邪累，澡雪心神，积行树功，累德增善，乃至白日升天，长生世上"。其实并非只有道家的影响，也有阴阳家的份。《想尔注》将《老子》第16章中"公乃王，王乃大"和第25章中"故道大天大地大王亦大，域中有四大，而王居其一焉"的"王"字，都改为"生"字，认为"能行道公正，故常生"。改变文字以利提出"生道"，以便突出养生。这种贵生的思想就源于《吕氏春秋》："圣人深虑天下，莫贵于生。"(《贵生》)《想尔注》有个明确地表示："不知长生之道，身皆尸行耳"，"归志于道，唯愿长生"，"道人求生"，"夫天道恶杀好生"等，不一而足。不过，在如何贵生和养生的问题上，有了区别：由于《吕氏春秋》认为："始生之者，天也；养成之者，人也。能养天之所生而勿撄之谓天子。天子之动也，以全天为故者也。此官之所自立也。立官者，以全生也。今世之惑主，多官而反以害生，则失所为立之矣。譬之若修兵者，以备寇也。今修兵而反以自攻，则亦失所为修之矣。夫水之性清，土者抇之，故不得清。人之性寿，物者抇之，故不得寿。物也者，所以养性也，非所以性养也。"(《本生》)《想尔注》强化仙道，把《吕氏春秋》的"立官者，以全生也。今世之惑主，多官而反以害生，则失所为立之矣。譬之若修兵者，以备寇也。今修兵而反以自攻，则亦失所为修之矣"等社会现实因素舍弃了，并将"始生之者，天也；养成之者，人也"作了改造，认为"阴阳之道，以若结精为生"，精结才能有生命，故"仙士实精以生，今人失精以死"；又"精气自然与天不亲，生死之际，天不知也"。这些有"养成之者，人也"的意思，却又不同，《吕氏春秋》是以政治伦理来"成"，而《想尔注》是以道术的"结精"来"成"。

另外，《想尔注》的"生道"在方法论上受到邹衍的"必先验小物，推而大之，至于无垠"启迪，还具体运用了"五行生胜"的观点。《想尔注》主张"五藏皆和同相生，与道同光

诸子百家——阴阳家

2371

尘也"，和五脏五行之气，"和则相生，战则相克"，要求仙士必须"学生，守中和之道"；阐述房中术要领："精结为神，欲令神不死，当结精自守"，最终"奉道诫，积着成功，积精成神，成神仙寿，以此为身宝矣"。《西升经》将"生道"又有强调："形神合同，固能长久"，为了追求永恒不灭的肉体长生，就必须捐弃促使形体灭亡的欲望，绝欲是为了养生而非扼制生命。

《想尔注》把道家和阴阳家仙化后，道教重生恶死，追求长生不老，认为人的生命可以自己做主，而不用听命于天；认为人只要善于修道养生，就可以长生不老，得道成仙等观念完全确立下来。同时其"生道"还确立了道教成仙或成神的炼气与导引、内丹修炼这两个主要方法，在后世常见的神仙也多得功于内丹修炼和炼气与导引。这些虽然属于内丹修炼，却也给外丹（是指烧炼丹砂铅汞等矿物以及药物，制作能够使人长生不老的丹丸）以启迪。《周易参同契》的丹术化就在这个方面有了长足的继承与发展。

《周易参同契》丹术化

学者赞扬《周易参同契》"是一部奇书"，"在中国乃至世界文化史上都占有一席地位。它以《周易》在两汉时代的表现形式，以气功的开创性理论阐释，以化学的原始原理建树，以三者的巧妙结合，在文化史上发挥着别具一格而又不容忽视的文献源头作用。"（孟乃昌、孟庆轩辑编《万古丹经王〈周易参同契〉三十四家注释集萃·自序》）从它诞生以来，便受各家学派推崇，为之作注者甚多，主要注本有后蜀彭晓《周易参同契分章通真义》3卷，宋朱熹《周易参同契考异》一卷，陈显微《周易参同契解》3卷，以及俞琰《周易参同契发挥》9卷等。可是，我们对《周易参同契》的作者、命名以及它的思想渊源，还有需要澄清的。

我们今天虽然都知道《周易参同契》的作者是魏伯阳，名翱，字伯阳，号云牙子，以字行于世。但是关于他的籍贯及生平事迹，正史却没有记载，因而出现了不同的意见，《中国道教》第二卷《魏伯阳》条介绍如下：

魏伯阳为东汉炼丹理论家。生卒年不详。其事迹最早见于晋葛洪《神仙传》，称："魏伯阳者，吴人也，高门之子，而性好道术，不肯仕宦，闲居养性，时人莫知其所从来，谓之治民，养身而已。"曾与弟子"入山作神仙丹"，丹成，"服丹，丹入口即死……"又记"伯阳作《参同契》《五相类》凡二卷"。

迨及五代后蜀彭晓著《周易参同契分章通真义序》指出："真人魏伯阳者，会稽上虞人也，世袭簪裾，唯公不仕。修真潜默，养志虚无，博赡文辞，通诸纬候，恬淡守素，唯道是从，每视轩裳如糠秕焉。不知师授谁氏，得《古文龙虎经》，尽获妙旨，乃约《周易》撰《参同奏》三篇。"至南宋曾慥《道枢》卷三十四《参同契》下篇，又记有关魏氏之事云："魏翱，字伯阳，汉人，自号云牙子。"又"云牙子游于长白之山，而遇真人告以铅汞之理、龙虎之机焉，遂作书十有八章，言大道也。"关于《参同契》之行世，南朝梁陶弘景在其所著《真诰》卷十二有一注云："《易参同契》云：桓帝时上虞淳于叔通，受术于青州徐从事，仰观乾象，以处灾异，数有效验，以知术故，郡举方正，迁洛阳市长。"对此，余嘉锡《四库提要辨证》认为："弘景所引，盖《参同契》序中之文……今本《参同契》无此篇，殆传写佚脱，否则后人

諸子百家——阴阳家

以其非本文而削之也。"并说："弘景此注叙《参同契》源流本之旧序,最明白可靠。"又《开元占经》卷一百二十引《会稽典录》:"淳于翼字叔通,除洛阳市长。桓帝即位,有大蛇见德阳殿上,翼占曰,以蛇有鳞甲,兵之应也。"可知上虞淳于叔通即淳于翼,乃魏伯阳之同郡人。而淳于翼占蛇妖事,屡见于其他典籍中,故余嘉锡再次指出:"叔通深通方术,能占知蛇妖,仰观乾象,以处灾异,故又从徐从事受《参同契》。陶弘景所引必汉魏人旧序,非无稽也。"

魏伯阳

不少学者赞同彭晓的意见,都认为他是"会稽上虞人"(今浙江绍兴上虞人),但是有学者根据他在《五相类》一文中说:"邻国鄙夫,幽谷朽生;挟怀朴素,不乐权荣。"认为"这是魏伯阳的自我介绍,明确地述说了他的籍贯、身份地位和志趣"。并考证"邻国",说邻国的南邻,有一个小国叫密国,这里三面群山(有大隗山、梅山、径山等)围绕,山谷丘陵多,平原少,起伏不平的浅山丘陵区,正是魏伯阳所描绘的"幽谷朽生"之处,得出"魏伯阳当为东汉河南尹密人,也就是洛阳密县人"的结论(赵荣珦《九都释道·魏伯阳》)。综合考察,还是以"会稽上虞人"确切。"邻国鄙夫"在《参同契》第88章,地名二字有三种意见,除了"邻国"外,还有"会稽""鲁国"。作"鲁国"的见阴长生注本,作"邻国"的见朱熹本、俞琰本,其余则都是作"会稽",如果从众或少数服从多数,"会稽"说胜。当然,学术不能完全如此!"鲁国"注说:"乃谓北海徐从事。《参同契》起于徐公之作矣",东汉时的"北海"郡治在营陵(今山东昌乐东南),如果"鲁国"确实"乃谓北海徐从事",当然就不是魏伯阳了。在阴长生看来,"《参同契》起于徐公之作",所以"鲁国鄙夫"章说的当然是徐从事。因为这个说法太勉强,没有学者赞同。至于"邻国"说,朱熹、俞琰自己已经作了修正:《考异·附》载:"朱子曰:魏君实上虞人,当作会稽,或是魏隐语作邻。"俞琰还不止一次,"魏公生于东汉,名伯阳,号云牙子,会稽上虞人也。"又为此做解释:"'邻国鄙夫',魏公自谓也。魏公乃会稽上虞人。今不曰会稽,而曰邻国者不欲显言其本贯也若直谓之会稽,则是后人改之之辞,非魏公本文也。"(《释疑》)至于魏伯阳的身份、地位和志趣,没有多少分歧,不需多说。

关于《周易参同契》的书名,历来也有不同解释。这是因为《参同契》把周易卦爻、黄老养性、炉火炼丹三者掺杂,融为一体,以说明炼丹、养性之理,并常用譬喻来表达其意,故使得文意晦涩,难以确切理解。宋陈显微《参同契解》认为,大易、黄老、炉火三者相通,合乎于道;俞琰却认为:"参,三也;同,相也;契,类也。谓此书借大易以言黄老之学,而又与炉火之事相类,三者之阴阳造化殆无异也。"现代学者孟乃昌教授的解释最为翔实,提出了"十层次"说:第一层次,《周易参同契》以《周易》为总的指导思想;第二层次给出了三个字本质上的语义来源,即《韩非子》的"不知其名,复修其形,形名参同"(《扬权》)、

"形名参同"，"参同阅焉"，"同合刑名"，"符契之所合"（《主道》），"参同"是"经过检验，证明其表现和所说相符，不同于单纯思辨"；第三层次，在于"参同契"三字合用，实有汉代纬书名称的特征；第四层次，采用时代的用法；第五层次是据《易乾凿度》把"参合"和"三"巧妙地结合起来，不仅贯通搞活了五字或四字标题的整体，也为书中"三圣""三君""三道""三物""三性"的结合，立下了根基，书题紧扣内容；第六层次对"参"字做出反训，取"参商"之义，这是根据唐代托名阴长生的《金碧五相类参同契·序》"参者，离也；同者，通也；契者，合也。八十一章傥有学人欲传于妙道"而来，体现了"契者，上合天仙诀，下合阴阳造化变转，谓之上契合也"；第七层次是《参同契》应当分释，这是当时风尚，如"周者，乃常道也；易者，变改之易，言造大还丹，运火皆用一周天，故曰周易者……参，杂也，杂其水、土、金三物也；同，为一家；如符若契，契其一体，故曰《参同契》"（《正统道藏》容字号无名氏注本）；第八层次，自彭晓、朱熹以下诸家注本，均合参沿用第六、七层次之义；第九层次，在彭（晓）、朱（熹）之后，把魏伯阳撰的《参同契》和《五（三）相类》两部书名，逐字对比所得的结论，无形中显示了魏伯阳作为传注作者的地位；第十层次，综括全书，视为整体，提炼种种"三（参）"，举其主要，得出全书抒写和展示了它具有的汉《易》学、原始化学和道家气功内容，作为丹经典籍的丰富、模糊而神秘的内容。（《周易参同契·题解》）这个解释可以给我们很多的启迪。《参同契》的确是"汉《易》学、原始化学和道家气功"三合一的书，虽然有烧炼金丹以求仙药的外丹说，靠自身修炼精气神的内养术，或二者兼而有之，是对以往炼丹术、养生术的综合性概括，并有所发展。但是"万古丹经王"已经得到公认。

倒是《周易参同契》的思想渊源，指周易、黄老、炉火（原始神仙方术）三事，我们觉得还不够完整，《参同契》还吸取了阴阳家的思想成分，首先在稷下黄老、墨家的见解中吸取。

《周易参同契》对稷下黄老思想及其中的阴阳家思想的吸取比较容易把握，我们仅以墨家略予阐述。《周易参同契》说："丹砂木精，得金乃并，金水合处，木火为侣。"这显然是应用两墨家的五行附丽说。在此基础上，《周易参同契》进一步提出了"五行错王"的学说。书中说："五行错王。相据以生，火性销金，金伐木荣。"元俞琰解释说："金生水，木生水，此常道之顺五行也。今以丹法言之。则木与火为侣，火反生木；金与水合处，水反生金。故曰五行错王，相据以生也。"（《周易参同契发挥》卷中）也就是说，五行的变化既有一般规律，即"常道"；亦有特殊规律，即"错王"。而修炼丹道的关键，正是在于掌握运用五行变化的特殊规律。这种特殊规律又被叫作"五行颠倒术"。张伯端《悟真篇》说："震龙汞自出离乡，兑虎铅生在坎方，二物总由儿产母，五行全要入中央。"宋翁葆光解释说："汞为震，龙属木，木生火，木为火母，火为木子，此常道之顺也。及乎朱砂属火，火为离，汞自砂中出，却是火返能生木，故曰儿产母也。太白真人歌曰：'五行颠倒术，龙从火里生'……铅为兑，虎属金，金生水，金为水母，水为金子，此常道之顺也。及乎黑铅属水，水为坎，银自铅中生，却是水返能生金，故曰儿产母也。太白真人歌曰：'五行不顺生，虎向水中生。'"（《紫阳真人悟真篇注疏》卷4）所谓"五行顺兮，常道有生有灭；五行逆兮，丹体常灵常在"，正是高度地概括了内丹修炼的一个基本原则。虽然"五行错王说"和"五行颠倒术"都是直接取自墨家的五行毋常胜说，但是，墨家的五行毋常胜说则又是从阴阳家那里吸取过来的。

《周易参同契》对阴阳家思想的吸取，除了这种间接的还有不少直接的，如"则水定火，五行之初"，"应四时，五行得其理"，"雌雄错杂，以类相求。金化为水，水性周章，火化为土，水不得行"，"施化之精，天地自然，火动炎上，水流润下，非有师导，使其然也"，"上察河文，下序地形流，中稽于人心，参合考三才"等等。《周易参同契》将这些阴阳五行学说，全部用于解释炼丹术现象，所以我们把这种对阴阳家思想的应用，称之为"丹术化"。

一般来说，道教是一种既追求彼岸世界之理想，又注重当下现实之生活的宗教，但是从它对阴阳家思想的道化看，主要是出于第一种追求，《太平经》神化、《老子想尔注》仙化和《周易参同契》丹术化都说明了这一点。

儒家儒学化

因为道家和阴阳家有很深的关系，道家很早就对阴阳家进行了道化。道家对阴阳家的道化在学术上又可以分为道家化和道教化。所谓道家化就是吸取阴阳家中与道家相近的学术元素来加强、突出自己的个性，如《阴符经》道性化；所谓道教化就是把阴阳家中那些巫术性元素加以宗教改造，为道教理论及其道术服务，比较突出的是将《太平经》神化、《老子想尔注》仙化和《周易参同契》丹术化。

《礼记》礼制化

论及《礼记》，没有系统学过经学的，往往会以为是一本书，这样认为的大方向是不错的。不过，细究起来，并非尽然。因为，在经学史上，有《大戴礼记》《小戴礼记》两种。所谓"大戴""小戴"就是西汉礼学家戴德和他的侄子戴圣。他们叔侄二人及庆普等人，都曾师事经学大师后苍，也都潜心钻研礼学。各有所得，逐步形成自己的学说体系，"由是《礼》有大戴、小戴、庆氏之学"（《汉书·儒林传》），一并成为今文礼学大师。他们的著作，都是取名《礼记》。由于"庆氏之学"早已失传，具体情况已经难以叙述。《大戴礼记》和小戴礼记在《汉书·艺文志》《隋书·经籍志》《旧唐书·经籍志》《新唐书·艺文志》《宋史·艺文志》等都有著录，所以流传到了今天，大致情况是：

《大戴礼记》据郑玄（127~200年）《六艺论》记载，原有85篇，由于受《小戴礼记》盛传等因素的影响，可能在汉末和隋之间出现了严重的流失，因而现在的版本不超过39篇。据推测《隋书》著录的文本就已是如此。通行本卷1的第1篇被认定为第39篇；第2卷始于第46篇，而不是始于第43篇；第7卷始于第62篇，而非第61篇，全书结束于第81篇。可能总共有46篇较早编定的文本已经亡佚。《大戴礼记》中有些篇章的撰写可能在《礼记》已经编纂成书之后，如第46篇篇首有一《礼记》第30篇的摘要；第41篇录自《礼记》第27篇；第52篇也包含《礼记》第24篇的部分文字。但是多数篇章都是种种汉代以前和西汉文献中一些段落的仿制拼贴，如第71篇（《诰志》）的内容以不同的形式见于

《逸周书》第58篇;第42、64、65、66篇等可能来自《荀子》的片段;第46、48篇则主要依据了贾谊(前201~前169年)的作品;第49~58篇或者在篇题中出现孔子门徒曾子的姓名,或者在篇中记述他的教导和对话,可能已经失传的源于《曾子》;《淮南子》卷3和卷4的部分内容也为《大戴礼记》的第58、81篇所借用。《大戴礼记》相对而言虽然将《周礼》和《仪礼》并重,但在《仪礼》和《周礼》的观点相左时,则往往总是赞同《仪礼》而弃《周礼》,这可能与后苍重《仪礼》对大戴的影响有关。据《隋书·经籍志》的注解,刘熙大约在200年为《大戴礼记》做过注,可惜已经失传,现存的注据说是始于魏和北周的卢辩(519~557年)所作。到了清代,孔广森(1752~1786年)作了《大戴礼记补注》,孙诒让(1848~1908年)也在《大戴礼记》中选择了一些文句,加以校注,编成了《大戴礼记斠补》。

《小戴礼记》较为人所知,由戴圣在西汉宣帝甘露三年(前51年)以后至汉成帝阳朔四年(前21年)以前的30年中编成,全书49篇完整地保存至今。戴圣采集的来源十分广泛:春秋末期至战国前期的文献有《哀公问》《仲尼燕居》《孔子闲居》《儒行》《曾子问》《大学》《学记》《坊记》《中庸》《表记》《缁衣》《乐记》《曲礼》《少仪》等14篇,其中《哀公问》《仲尼燕居》《孔子闲居》《儒行》4篇是孔子的著作,《曾子问》《大学》是曾子的著作,《坊记》《中庸》《表记》《缁衣》4篇是子思的著作,《乐记》是公孙尼子的著作。战国中期的文献有《奔丧》《投壶》《丧服小记》《大传》《杂记》《丧大记》《问丧》《服问》《间传》《三年问》《丧服四制》《祭法》《祭义》《祭统》《王制》《礼器》《内则》《玉藻》《经解》等19篇,其中《奔丧》《投壶》是《礼古经》之逸篇,《丧服小记》《大传》《杂记》《丧大记》《问丧》《服问》《间传》《三年问》《丧服四制》9篇是专门论述丧葬礼之作,《祭法》《祭义》《祭统》3篇是论述祭祀礼之作,《王制》《礼器》《内则》《玉藻》《经解》5篇泛论先秦礼制。战国中晚期和晚期的文献有《深衣》《冠义》《昏义》《乡饮酒义》《射义》《燕义》《聘义》《文王世子》《礼运》《郊特牲》《檀弓》《月令》《明堂位》等13篇,其中《深衣》《冠义》《昏义》《乡饮酒义》《射义》《燕义》《聘义》7篇是战国中晚期的文献,《文王世子》《礼运》《郊特牲》3篇是战国晚期整理成的文献,《檀弓》《月令》《明堂位》是战国晚期的文献。但是在传抄流传过程中,《王制》《郊特牲》《乡饮酒义》《燕义》等个别文献,有秦汉人增加的文字,但其主体部分,是先秦之作。目前所知最早研究《礼记》的著作是戴圣弟子桥仁的《礼记章句》49篇,因而有了"桥、杨氏之学"(《汉书·儒林传》),可惜已经失传。东汉马融、卢植曾经对《礼记》进行过"去其繁重"的整理工作。郑玄作《礼记注》时,就是依据马融整理的"定本"。《礼记注》是目前所知完整保存到今天的《礼记》最早注本。(主要参考王锷博士毕业论文《〈礼记〉成书考》)

这两种书本来各有侧重和取舍,也各有特色。但是到了东汉末年,著名学者郑玄为《小戴礼记》做了出色的注解,后来这个本子便盛行不衰,并由解说经文的著作逐渐成为经典,到唐代被列为"九经"之一,到宋代被列入"十三经"之中,成为士人必读之书。这样以来,后人说到《礼记》,实际上指的是《小戴礼记》。

为了照顾这个约定俗成,我们的论述也只就《小戴礼记》而言。《小戴礼记》是一部先秦至秦汉时期的礼学文献选编,也是一部礼仪家关于古代礼节习俗、规定、界定和逸事的文集,同时也是一部儒家思想的资料汇编。关于它的主要内容,梁启超认为可分为五类:第一类是《礼记》中最精彩的,属于通论礼的意义或探讨学术的,如《礼运》《经解》《乐记》《学记》《大学》《中庸》《儒行》《坊记》《表记》《缁衣》等;第二类是解释《仪礼》的专篇,如《冠义》《昏义》《乡饮酒义》《射义》《燕义》《聘义》《丧服四制》等;第三类为记录孔子言行或孔门及当时人杂事的,如《孔子闲居》《仲尼燕居》《檀弓》《曾子问》等;第四类为记载古代制度礼节,带有考证性质的,如《王制》《曲礼》《玉藻》《明堂位》《月令》《礼器》《郊特牲》《祭统》《祭法》《大传》《丧大记》、《丧服大记》《奔浪》《问丧》《问传》《文王世子》《内则》《少仪》;第五类为《曲礼》《少仪》、《儒行》等篇的一部分,是古代格言的记录。(《礼记解题》)王锷博士再简化为四类:(1)记礼节条文,补他书所不备,若《曲礼》《檀弓》《玉藻》《丧服小记》《大传》《少仪》《杂记》《丧大记》《奔丧》《投壶》等;(2)阐述周礼的意义,若《曾子问》《礼运》《礼器》《郊特牲》《内则》《学记》《乐记》《祭法》《祭义》《祭统》《经解》《哀公问》《仲尼燕居》《孔子闲居》《坊记》《中庸》《表记》《缁衣》《问丧》《服问》《间传》《三年问》《儒行》《大学》《丧服四制》等;(3)解释《仪礼》之专篇,若《冠义》《昏义》《乡饮酒义》《射义》《燕义》《聘义》等;(4)专记某项制度和政令,若《王制》《月令》《文王世子》《明堂位》等。(《〈礼记〉成书考》)相对而言,《孔子闲居》《仲尼燕居》《檀弓》《曾子问》等是以记述事实作行礼之标本的。

　　《小戴礼记》的思想一般都认为是儒家,这也没有错。书中编选的是儒家弟子传授"礼"的不同"记",记述的是以周王朝为主的秦汉以前的典章、名物制度和自天子以下各等级的冠、婚、丧、祭、燕、享、朝、聘等礼仪及家庭、社会人际关系交往中的各种礼俗,所以反映的也必然是儒家学派的思想观念。《庄子·渔父》中有一段对儒家的评论也是如此:"性服忠信,身行仁义,饰礼乐,选人伦,以上忠于世主,下以化于齐民。将以利天下。"但是,我们认为,应该是儒家为主导,同时也有其他各家思想的影响,其中就有阴阳家的。一般认为,它的阴阳家思想集中在《月令》,冯友兰甚至把《月令》当作"阴阳家的第二篇重要文献"(《中国哲学简史》)。

　　由于《月令》的内容分别出现在《明堂月令》《管子·四时》《吕氏春秋·十二纪》《淮南子·时则》等书中,因而《月令》究竟出于何人之手,自汉以来便在探讨:贾速、马融、鲁恭周代或周公所作,郑玄、卢植、高诱等认为出于《吕氏春秋》,晋束皙认为是夏代,隋牛弘认为是虞、夏、殷、周的整合,清汪鋆认为是周、秦成书又经过汉人的修改,杨宽先生认为是战国时期晋人之作。我们认为《月令》应该有个完善的过程,明方以智说:"周公《月令》因《夏小正》,《吕览》因《月令》,《淮南》因《吕览》,记有异同,非后人笔也。"(《通雅》卷 12)除了作者值得商榷外,这个沿革完善大致不错,《小戴礼记》应该是因《淮南》。如果从儒家和阴阳家的吸取考察,应该是儒家对阴阳家吸取,重点是对它作礼制方面的强化和条理化,这就是我们说的"礼制化"。

　　如果《月令》因为难以断定而不能作为《小戴礼记》对阴阳家的"礼制化",那么《礼运》则比较典型了。《礼运》首先把阴阳五行作为制定礼制的依据:"故圣人作则,必以天地为本,以阴阳为端,以四时为柄,以日星为纪,月以为量,鬼神以为徒,五行以为质,礼义以为器,人情以为田,四灵以为畜。以天地为本,故物可举也;以阴阳为端,故情可睹也;以四时为柄,故事可劝也;以日星为纪,故事可列也;月以为量,故功有艺也;鬼神以为徒,故事有守也;五行以为质,故事可复也;礼义以为器,故事行有考也;人情以为田,故人以为奥也;四灵以为畜,故饮食有由也。"在《礼运》看来,阴阳为"天道"之端,也是根本;五行为人道之质,也是型器。因而,"圣人作则"必须以阴阳五行为据。正因为如此,"夫礼,必本于大一,分而为天地,转而为阴阳,变而为四时,列而为鬼神。其降曰命,其官于天也。夫礼必本于天,动而之地,列而之事,变而从时,协于分艺,其居人也曰养,其行之以货力、辞让、饮食、冠昏、丧祭、射御、朝聘。"明白这个道理的"先王秉蓍龟,列祭祀,瘗缯,宣祝嘏辞说,设制度,故国有礼,官有御,事有职,礼有序"。

其次,礼制是针对人而立的,人的本质也是源于阴阳五行,由人及其行事组成的社会也自然根基于阴阳五行:"故人者,其天地之德,阴阳之交,鬼神之会,五行之秀气也。故天秉阳,垂日星;地秉阴,窍于山川。播五行于四时,和而后月生也。是以三五而盈,三五而阙。五行之动,迭相竭也。五行四时十二月,还相为本也。五声六律十二管,还相为宫也。五味六和十二食,还相为质也。五色六章十二衣,还相为质也。故人者,天地之心也,五行之端也,食味别声被色而生者也。"正因为如此,礼对于人及其国家都极其重要:"礼义也者,人之大端也,所以讲信修睦而固人之肌肤之会,筋骸之束也。所以养生送死事鬼神之大端也。所以达天道顺人情之大窦也。故唯圣人为知礼之不可以已也,故坏国、丧家、亡人,必先去其礼。"历代圣明的君主就必须"修义之柄、礼之序,以治人情。故人情者,圣王之田也。修礼以耕之,陈义以种之,讲学以耨之,本仁以聚之,播乐以安之"。

《礼运》运用阴阳家的思想,把人的本质和礼的根本置于阴阳五行之上,同时,又依照阴阳五行将人伦、社会次第规范:"礼时为大,顺次之,体次之,宜次之,称次之。尧授舜,舜授禹。汤放桀,武王伐纣。时也。《诗》云:匪革其犹,聿追来孝。天地之祭,宗庙之事,父子之道,君臣之义,伦也。社稷山川之事,鬼神之祭,体也。丧祭之用,宾客之交,义也。"又要求"先王之立礼也,有本有文。忠信,礼之本也;义理,礼之文也。无本不立,无文不行。礼也者,合于天时,设于地财,顺于鬼神,合于人心,理万物者也"(《礼器》)。儒家的礼制,同时也是中国封建时代的礼制,因此奠定了基础。

《春秋繁露》伦理化与谶纬化

儒学从先秦到汉代有一个内在的学术转变,即由先秦的"儒道"转变成了汉朝的"儒术",而实行这一转变的关键人物是董仲舒。梁启超曾经说,中国古代的阴阳五行学说与儒学的结合,负主要责任的就是董仲舒。意思是董仲舒运用儒学来改造阴阳家的思想。

董仲舒(前179~前104年)是汉广川(今河北省景县河渠乡大董故庄村,但有学者据明代嘉靖《枣强县志》"汉世,枣强广川,离合废置,本为一也"的记载,认为是枣强县旧村)人,《汉书·匈奴传赞》称"仲舒亲见四世(孝惠、文帝、景帝、武帝)之事",即董仲舒一生经历了文景之治和汉武盛世。他"少治《春秋》,孝景时为博士。下帷讲诵,弟子传以久次相授业,或莫见其面","进退容止,非礼不行,学士皆师尊之。"(《汉书·董仲舒传》)但是,真正确立他崇高学术地位是在汉武帝之世。武帝元年(前140年)"冬,十月,诏举贤

诸子百家——阴阳家

良方正直言极谏之士,上亲策问以古今治道,对者百余人。广川董仲舒对曰:'……《春秋》大一统者,天地之常经,古今之通谊也。今师异道,人异论,百家殊方,指意不同,是以上无以持一统,法制数变,下不知所守。臣愚以为诸不在六艺之科、孔子之术者,皆绝其道,勿使并进,邪辟之说灭息,然后统纪可一而法度可明,民知所从矣!'天子善其对,以仲舒为江都相"(《资治通鉴·汉纪》)。其后,任江都易王刘非的国相10年;元朔四年(前125年),任胶西王刘端的国相,4年后辞职回家。此后的情况《汉书·董仲舒传》载:"及去位归居,终不问家产业,以修学著书为事。仲舒在家,朝廷如有大议,使使者及廷尉张汤就其家而问之,其对皆有明法。"可见在他居家著书的18年里,仍受武帝尊重。如前所述,董仲舒是以著名的《天人三策》(或《贤良对策》)和《春秋繁露》建立他不朽的事业:

论述董仲舒的思想及其贡献,一般认为他以《公羊春秋》为依据,将周代以来的宗教天道观和阴阳、五行学说结合起来,吸收法家、道家、阴阳家思想,建立了一个新的思想体系,成为汉代的官方统治哲学,对当时社会所提出的一系列哲学、政治、社会、历史问题,给予了较为系统的回答,而他的"大一统"和"天人感应"思想,为后世封建统治者提供了统治的理论基础。我们认为,董仲舒的学术和思想事业,是在田蚡"绌黄老、刑名、百家之言"的基础上,重点运用儒家思想对阴阳家进行了两个方面的转化:一是伦理化,二是谶纬化。我们根据《春秋繁露》,分别简述如下:

(1)将阴阳家思想伦理化。《春秋繁露》吸收阴阳五行思想,建立了一个以阴阳五行为基础的宇宙图式,但却把自然现象的属性赋予了道德的属性,确立了"三纲""五常"的封建道德观,为封建等级制度和伦常关系的合法性制造舆论。阴阳家运用阴阳、五行思想,次第四时、五物、五事(具体见《吕氏春秋》《淮南子》两节的相关论述),从而构建宇宙和社会。阴阳家的次第着眼于事物的"相生相克",立意于天道、地道和人道的和谐与发展。但是,《春秋繁露》却不同,在《阳尊阴卑》篇中论阴阳说:"阳气出于东北,入于西北,发于孟春,毕于孟冬,而物莫不应是;阳始出,物亦始出;阳方盛,物亦方盛;阳初衰,物亦初衰;物随阳而出入,数随阳而终始;三王之正,随阳而更起;以此见之,贵阳而贱阴也。"这里把阴阳循环的阴阳家思想转化为"贵阳而贱阴"分离与对立的思想,在这种前提下,又列举史实来类比伦理:"是故春秋之于昏礼也,达宋公而不达纪侯之母,纪侯之母宜称而不达,宋公不宜称而达,达阳而不达阴,以天道制之也。丈夫虽贱皆为阳,妇人虽贵皆为阴;阴之中亦相为阴,阳之中亦相为阳,诸在上者皆为其下阳,诸在下者皆为其上阴,阴犹沈也,何名何有?皆并一于阳,昌力而辞功,故出云起雨,必令从之下,命之曰天雨,不敢有其所出,上善而下恶,恶者受之,善者不受,土若地,义之至也。是故春秋君不名恶,臣不名善,善皆归于君,恶皆归于臣。臣之义比于地,故为人臣者,视地之事天也;为人子者,视土之事火也,虽居中央,亦岁七十二日之王,傅于火,以调和养长,然而弗名者,皆并功于火,火得以盛,不敢与父分功,美孝之至也。是故孝子之行,忠臣之义,皆法于地也,地事天也,犹下之事上也,地,天之合也,物无合会之义。是故推天地之精,铉阴阳之类,以别顺逆之理,安所加以不在?"这类比实际就是把阴阳家的"推天地之精,铉阴阳之类"自然之道,转化为儒家的立"三王之正"、倡"孝子之行,忠臣之义"而"别顺逆之理"的儒家伦理。与此相似，论五行说："天有五行：一曰木，二曰火，三曰土，四曰金，五曰水。木，五行之始也，水，五行之终也，土，五行之中也，此其天次之序也。木生火，火生土，土生金，金生水，水生木，此其父子也。木居左，金居右，火居前，水居后，土居中央，此其父子之序，相受而布。是故木受水而火受木，土受火，金受土，水受金也。诸授之者，皆其父也；受之者，皆其子也；常因其父，以使其子，天之道也。是故木已生而火养之，金已死而水藏之，火乐木而养以阳，水克金而丧以阴，土之事火竭其忠。故五行者，乃孝子忠臣之行也"。（《五行之义》）这里也把阴阳家的"木生火，火生土，土生金，金生水，水生木"的"天次之序"，转化为"因其父，以使其子"的儒家"父子之序"，从而倡导"孝子忠臣之行"的伦理。这种"父子之序"在《基义》篇里说得更为明确："天为君而覆露之，地为臣而持载之，阳为夫而生之，阴为妇而助之，春为父而生之，夏为子而养之。"

既然实施了由"阴阳相生"到"阳尊阴卑"的理念的大转变，进而把阴阳家的求得阴阳化生的原则，也改变成"阴"必须"顺"（或"服"）"阳"的硬道理："是故天数右阳而不右阴，务德而不务刑；刑之不可任以成世也，犹阴之不可任以成岁也；为政而任刑，谓之逆天，非王道也。"（《阳尊阴卑》）如"春秋列序位，尊卑之陈，累累乎可得而观也，虽闇至愚，莫不昭然，公子庆父罪亦不当系于国，以亲之故，为之讳，而谓之齐仲孙，去其公子之亲也，故有大罪不奉其天命者，皆弃其天伦。"（《顺命》）"弃其天伦"就是"弃其人伦"，因为"天子受命于天，诸侯受命于天子，子受命于父，臣妾受命于君，妻受命于夫，诸所受命者，其尊皆天也，虽谓受命于天亦可。天子不能奉天之命，则废而称公，王者之后是也；公侯不能奉天子之命，则名绝而不得就位，卫侯朔是也；子不奉父命，则有伯讨之罪，卫世子蒯聩是也；臣不奉君命，虽善，以叛言，晋赵鞅入于晋阳以叛是也；妾不奉君之命，则媵女先至者是也；妻不奉夫之命，则绝夫不言及是也；曰不奉顺于天者，其罪如此。"（《顺命》）违背这个硬道理的庆父（鲁庄公庶兄，庄公去世，他派人先后杀死继位的子般和闵公，制造内乱。后他所逃奔的莒国受鲁贿赂，将其送回，途中自缢而死。孟孙氏是其后裔。后人常把制造内乱的人比之为"庆父"，"庆父不死，鲁难未已"之成语即源于此）、公子朔（卫宣公晋的弟弟，卫宣公晋废长立少在前，就引起了卫国朝野的不满；公子朔又谋兄夺位在后，更是激起了国人的愤怒。这愤怒终于在卫宣公死后，卫侯朔即位的时候爆发了！刚刚即位的卫侯朔，只得狼狈地出走，逃亡到了齐国）、蒯聩（卫庄公，当太子的时候，曾经想刺杀灵公的夫人南子，失败后出奔晋国，后回卫国，被良夫、孔悝立为卫君。后为晋军所破，被杀）等，没有一个有好下场！

不过反过来看，《春秋繁露》对阴阳家思想的伦理化，其实也是以儒家学说为基础，引入阴阳五行理论，建成新的思想体系："王道之三纲，可求于天""天不变，道亦不变"，并宣称：帝王授命于天，是秉承天意统治天下的，因此成为"天子"。按照这个说法，帝王自然就具有绝对的统治权威，这是汉武帝最需要的精神武器。儒家"纲常"学说是有渊源的，早在战国以前的思想家已经有了论述，如孔子便提出了"君君、臣臣、父父、子子"（《论语·颜渊》）的思想，后来师从荀子的由儒入法的韩非子，发展了儒家的这个思想，并为"三纲"画出了一个明晰的轮廓："臣事君，子事父，妻事夫，三者顺则天下治，三者逆则天下乱,此天下之常道也。"(《韩非子·忠孝》)《春秋繁露》把这些学说阴阳五行化,提出:"王道之三纲,可求于天。"(《基义》)并给予了伦理的界定:"立义以明尊卑之分。"(《盟会要》)"礼者……序尊卑贵贱大小之位,而差内外、远近、新旧之级者也。"(《奉本》)这些为《白虎通德论》正式提出"三纲六纪"提供了前提,"三纲六纪"条文是:"三纲者何谓也? 谓君臣、父子、夫妇也。六纪者,谓诸父、兄弟、族人、诸舅、师长、朋友也。故君为臣纲,夫为妻纲。"又曰:"敬诸父兄,六纪道行,诸舅有义,族人有序,昆弟有亲,师长有尊,朋友有旧。何谓纲纪? 纲者,张也;纪者,理也。大者为纲,小者为纪,所以张理上下,整齐人道也。"并且也点明了"三纲六纪"的本质:"君臣,父子,夫妇,六人也,所以称三纲何? 一阴一阳谓之道。阳得阴而成,阴得阳而序,刚柔相配,故六人为三纲。"而且"三纲法天、地、人,六纪法六合。君臣法天,取象日月屈信归功天也。父子法地,取象五行转相生也。夫妇法人,取象人合阴阳有施化端也。"

　　(2)将阴阳家思想谶纬化。《汉书·董仲舒传》论述董仲舒治国的理论基础时说:"仲舒治国,以《春秋》灾异之变推阴阳所以错行。故求雨,闭诸阳,纵诸阴;其止雨,反是。行之一国,未尝不得所欲。"如果仅从"求雨"而论,董仲舒自是儒家本色,但是其中的《春秋》并非孔子的《春秋》"经",而是公羊高的《春秋》"传"(虽然《穀梁传》到宣帝时才立于官学,但是,毕竟经、传有别)。戴宏序述公羊派春秋传授顺序说:"子夏传予公羊高,高传予其子平,平传予其子地,地传予其子敢,敢传予其子寿。至景帝时,寿及其弟子齐人胡毋子都,著于竹帛。"(徐彦《公羊注疏·何休序疏》引)《汉书·儒林列传》又说:"胡毋生字子都,齐人也。治《公羊春秋》,景帝时为博士。与董仲舒同业,仲舒著书称其德。年老,归教于齐,齐之言《春秋》者宗事之,公孙弘颇受焉。而董仲舒为江都相,自有伶。弟子送之者,兰陵褚大,东平嬴公,广川段仲,温吕步舒。"董仲舒既与胡毋子都"同业",那么所治之《春秋》即《公羊春秋》又因此发生一段公案:所谓"同业"除了同"治《公羊春秋》"外,是否还包括了同受公羊寿《公羊春秋》的学业? 据本文,似乎不是。虽然胡毋子都长于董仲舒,并"著书称其德",即:"胡毋子都贱为布衣,贫为匹夫,然而好乐义好礼,整形至死,故天下尊其身而俗慕其声。甚可荣也。"(见清儒教唐晏撰《两汉三国学案》卷8引东汉李固引董子语)看来胡毋子都是民间学者,而董仲舒是官办学者。没有师事的记载和可能,而且是分别叙述各自的弟子。董仲舒没有师承的记述,是自学成才的,而且成就斐然:"汉兴至于五世之间,唯董仲舒名为明于《春秋》。"(《史记·儒林列传》)所谓"明",虽然都是初传公羊的始师,但是细分起来,胡毋生限于说经,是学问家,是经师;董仲舒则长于论事,搞实用经学,是鸿儒。(舒大刚:《公羊大师董仲舒》)而这个"实用经学"在实践就是"求雨"之类,在理论上则是"天人感应"说的谶纬化。董仲舒及其《春秋繁露》把阴阳家的思想谶纬化主要做了两点:

　　首先,董仲舒运用阴阳家的思想把自己专业所攻的《公羊春秋》说成一部神书:"天人之徵,古今之道也。孔子作春秋,上揆之天道,下质诸人情,参之于古,考之于今,故春秋之所讥,灾害之所加也,春秋之所恶,怪异之所施也,书邦家之过,兼灾异之变,以此见人之所为。其美恶之极,乃于天地流通,而往来相应。"(《天人三策》)这当然有《公羊春秋》

的基因,郑玄在总结《春秋三传》的特色时说得很分明:"左氏善于礼,公羊善于谶,榖梁善于经。"(《六艺论》)何休认为《公羊春秋》"本据乱而作,其中多非常异义可怪之论",(《春秋公羊传注疏·序》)。不少学者根据两人的话,认为《公羊春秋》是"多非常异义可怪之论"的谶纬传解。其实是错误的。所谓"异义可怪之论"何休指的并不是谶纬,而是违背礼义和世之常情的事,他说得很清楚:"由乱世之史,故有非常异义可怪之事也。'非常异义'者,即庄四年,齐襄复九世之雠而灭纪;僖(元缺)年,实与齐桓专封是也。此即是非常之异义,言异于文、武时。何者?若其常义,则诸侯不得擅灭诸侯,不得专封,故曰非常异义也。'其可怪之论'者,即昭三十一年,邾娄叔术妻嫂而《春秋》善之是也。"春秋学家赵伯雄先生也认为《公羊春秋》:"解经涉及的面很广泛,释人、释物、释天、释地、释制度、释语词、释书法,当然更释经义",但"主要是着眼于《春秋经》中的'义'"。赵先生还归纳出 10 种"义":(1)尊王。这是贯穿《公羊传》全书的一条最重要的经义。尊王就是尊奉周王、周天子,视周天子为天下土地、人民的最高所有者;(2)大一统。此义与上述尊王之义并行不悖,可以看作是自尊王之义衍生而来。一统就是指政令、思想、制度的高度统一;(3)尊君抑臣。此义与尊王之义在本质上是相同的,只是运用的层次有异;(4)讨伐"乱臣贼子";(5)维护等级秩序;(6)讥世卿;(7)大复仇;(8)贬斥夷狄;(9)大居正;(10)表彰信义。(《春秋学史》)可见,《公羊春秋》的思想直承《春秋》,侧重于从《春秋》尊王思想延伸而成的"大一统""拨乱反正"观点。只是到了董仲舒,才把阴阳家的"天人感应"与"阴阳灾异"思想,运用于《公羊春秋》的传解,《公羊春秋》的"谶纬"之学一时兴盛起来。何休、郑玄所说的《公羊春秋》的谶纬,就是指董仲舒的公羊学。

其次,运用这种儒化的阴阳家思想解释灾异并形成谶纬理论。元光元年(前 134)七月,京师雨雹。鲍敞问董仲舒曰:"雹何物也?何气而生之?"仲舒曰:"阴气胁阳气。……雹,霰之流也,阴气暴上,雨则凝结成雹焉。太平之世,则风不鸣条,开甲散萌而已;雨不破块,润叶津茎而已;……此圣人之在上,则阴阳和,风雨时也。政多纰缪,则阴阳不调。风发屋,雨溢河,雪至牛目,雹杀驴马,此皆阴阳相荡,而为祲沴之妖也。"董仲舒的这一应对,就是运用儒家圣王仁政思想来把阴阳家"阴阳和""风雨时"思想转化为谶纬。所谓"谶纬"这里偏义作"谶",《说文解字》曰:"谶,验也。"即通过隐语、符、图、物等形式,来作为上天的启示,向人们昭示未来的吉凶祸福、治乱兴衰。谶有谶言、图谶等形式。董仲舒这里所谓"圣人之在上,则阴阳和,风雨时也。政多纰缪,则阴阳不调"就是谶言。在《春秋繁露》中,有不少具有谶纬性质的言论:"王正,则元气和顺,风雨时,景星见,黄龙下。王不正,则上变天,贼气并见。五帝三王之治天下,不敢有君民之心,什一而税,教以爱,使以忠,敬长老,亲亲而尊尊,不夺民时,使民不过岁三日,民家给人足,无怨望愤怒之患、强弱之难,无谗贼妒疾之人,民修德而美好,被发衔哺而游,不慕富贵,耻恶不犯,父不哭子,兄不哭弟,毒虫不螫,猛兽不搏,抵虫不触。故天为之下甘露,朱草生,醴泉出,风雨时,嘉禾兴,凤凰麒麟游于郊,囹圄空虚,画衣裳而民不犯,四夷传译而朝,民情至朴而不文。"(《王道》)这里说"王道""正"与"正"和天给予的征兆与吉凶是不同的:如果为政得人心则元气和顺,风雨适时,景星出现,黄龙下降;如果为政不得人心,则天变色,贼气并出。这是缘于如今推崇的五帝三王思想,五帝三王治天下之时,天就有甘露、朱草、醴泉、凤凰、麒麟之类的祥瑞出现。再如《春秋繁露·必仁且至》篇:"凡灾异之本,尽生于国家之失。国家之失乃始萌芽,而天出灾害以谴告之",又《郊语》篇:"天下和平,则灾害不生。今灾害生,见天下未和平也"等。后世《易纬》《书纬》《诗纬》《礼纬》《乐纬》《孝经纬》和《春秋纬》也对《春秋繁露》的谶纬思想继承并发扬。如《春秋纬·感精符》就说:"王者,上感皇天,则鸾凤至,景星见。德下洽于地,则嘉禾兴。德下洽于地,则醴泉出焉。王者德下洽于地,则朱草生,食之令人不老","王者德化,旁流四表,则麒麟臻其囿。"几乎与《王道》等篇相同。以致《四库全书总目提要·易类六·附录易纬·案语》竟然要把《春秋繁露》当作纬书:"盖秦汉以来,去圣日远,儒者推阐论说,各自成书,与经原不相比附,如伏生《尚书大传》、董仲舒《春秋》阴阳,核其文体,即是纬书,特以显有主名,不能托诸孔子。"(余治平先生《董仲舒的祥瑞灾异之说与谶纬流变》一文对此论述翔实独到,有意的可以阅读)

《汉书·董仲舒传》说到董仲舒把阴阳家思想谶纬化时有这样的记述:"中废为中大夫。先是辽东高庙、长陵高园殿灾,仲舒居家推说其意,草稿未上,主父偃候仲舒,私见,嫉之,窃其书而奏焉。上召视诸儒,仲舒弟子吕布舒不知其师书,以为大愚。于是下仲舒吏,当死,诏赦之。仲舒遂不敢复言灾异。"余治平先生由此得出结论:"极为有趣的是,董仲舒在这里所遭遇的个人命运,正好与由感应之学到祥瑞灾异之说、再到谶纬神话的学术历程相一致。天人在内心本体处的彼此感应一旦渗透到现象世界就不得不与现实的政治活动相联系。感应之学因为政治炒作而显赫,'士之赴趣时宜者,皆驰骋穿凿,争谈之也。'(《后汉书·方术列传》)同时也因为现实利害而衰微,历经禁谶之后,中国古代的绝大多数文人士大夫都'不敢复言灾异',甚至连敢在学说层面上议论感应问题的也寥若晨星。"如果从阴阳家的学术发展理路来看,董仲舒及其《春秋繁露》也与《吕氏春秋》《淮南子》等有关联。

易学象数化

在儒家易学的发展史上,历来有"人更三圣,世历三古"的说法,也就是《周易》成书经历了上古、中古、下古三个时代(即所谓"三古"),是由伏羲、文王、孔子三个圣人完成的(即所谓人更三圣)。孔子虽然不是《周易》的创作者,却是易学发展的一个重要的转折。

在孔子之前,《周易》由天子的卜筮之官世代掌管并应用,主要用于占筮,在《春秋左传》和《国语》中就有这两个方面的记述:"晋侯使韩宣子来聘,观书于太史氏,见《易象》与《鲁春秋》,曰:'周礼尽在鲁矣!'"(《左传·昭公二年》)即便如韩宣子那样的人,也只有到了鲁国,才能在"太史氏"那里见到《易象》,这一记述说明,《周易》在各国并不都有,而且保存在太史氏(兼卜筮)手里;至于占筮的事例,《春秋左传》和《国语》有 22 条,也以《春秋左传》为例录一条如下:

齐棠公之妻东郭偃之姊也。东郭偃臣崔武子。

棠公死,偃御武子以吊焉,见棠姜而美之,使偃取之。偃曰:"男女辨姓,今君出自丁,臣出自桓,不可。"武子筮之,遇《困》之《大过》。史皆曰"吉"。示陈文子,文子曰:"夫从风,风陨妻,不可娶也。且其'繇'曰:困于石,据于蒺藜,入于其宫,不见其妻,凶。困于石,往不济也;据于蒺藜,所恃伤也;入于其宫,不见其妻,凶,无所归也。"崔子曰:"嫠也何害! 先夫当之矣。"遂取之。(《襄公二十五年》)

这就是说,东郭偃的姐夫齐棠公死了,他的主公崔武子(崔杼)来吊丧,见东郭偃的姐姐(齐棠公的妻子)棠姜长得很漂亮,就要娶棠姜,东郭偃以同姓不能婚配("男女辨姓")拒绝(因为崔武子的祖先是齐丁公吕伋,东郭偃的祖先是齐桓公姜小白,都是出自姜姓)。崔武子于是用占卦来决定,本来是困卦,结果第三爻由阴变阳,便成了大过卦。所以史官因为"困"卦是上兑下坎,依《说卦》:"兑为少女,坎为中男",少女是妻,中男是夫,有夫妻相配之象,认为吉利。但陈文子因为《大过》"困"卦的坎变为巽,是夫变为风,上兑下巽的《大过》是风吹掉其妻,所以陈文子说:"夫从风,风陨妻,不可娶也。"这是根据卦象来论断吉凶。其次,陈文子又引《六三》爻辞而加以解释,"困于石,往不济也;据于蒺藜,所恃伤也;入于其宫,不见其妻,凶,无所归也。"这是说,人走路,竟被石头绊倒,前进也无益处;绊倒而两手抓在蒺藜上,是受到所依靠者的伤害;像这样,回到家中,将要看不见妻子,人亡家破,无可归宿。当然很不吉利。由此可见,当时的"君子居则观其象而玩其辞,动则观其变而玩其占,是以自天佑之,吉无不利"(《系辞》)。人们行事也往往求助于筮占。

孔子晚年曾经韦编三绝,刻苦攻读《周易》,对《周易》有了新的认识,这些认识保存在《易传》里,一般认为,以"子曰"为称的大概就是他的阐释了,在《系辞》中尤其多,摘录几条于下:

子曰:"易,其至矣乎。夫易圣人所以崇德而广业也。知崇礼卑,崇效天,卑法地,天地设位,而易行乎其中矣。成性存存,道义之门。"

子曰:"君子居其室,出其言善,则千里之外应之,况其迩者乎! 居其室,出其言不善,则千里之外违之,况其迩者乎! 言出乎身,加乎民。行发乎迩,见乎远。言行,君子之枢机。枢机之发,荣辱之主也。言行,君子之所以动天地也,可不慎乎?"

子曰:"君子之道,或出或处,或默或语,二人同心,其利断金。同心之言,其臭如兰。"

子曰:"苟错诸地而可矣。藉之用茅,何咎之有? 慎之至也。夫茅之为物薄,而用可重也,慎斯术以往,其无所失矣。"

子曰:"劳而不伐,有功而不德,厚之至也,语以其功下人者也。德言盛,礼言恭,谦也者,致恭以存其位者也。"

子曰:"贵而无位,高而无民,贤人在下位而无辅,是以动而有悔也。"

子曰:"乱之所生也,则言语以为阶,君子密则失臣,臣不密则失身,几事不密则害成,是以君子慎密而不出也。"

这些都摘自《系辞上》,非常明显,孔子在《周易》中读出的是自己的儒家言论:"知崇礼卑,崇效天,卑法地,天地设位",核心是"知崇礼卑"的伦理和"君子慎密"的慎独。所以,杨伯峻先生指出:"孔子把《周易》看成一部哲学书,并不曾看成一部占筮书。"(《经书浅谈》)这样一来，原本单纯占筮的《周易》，由此赋予了深刻的人生哲理。这形成了《周易》后世的两大发展方向：一是由孔子的人生哲理形成的义理派，到宋代就演化成了程朱理学；一是《周易》自身的占筮，经汉代儒家的广泛吸取和偏执发展，形成了象数派，进而出来了术数家。我们要讨论的就是象数派。

我们认为象数派是儒家对阴阳家的儒化方式之一。它由汉代的孟喜、京房、郑玄、荀爽等开创。孟喜倡导"卦气"学说，以卦爻配二十四节气与三百六十日，以卦的阴阳消息配合一年之阴阳消长，从而推算历纪、占卜阴阳灾变。京房发明较多：有"纳甲"说，以八卦与天干、五行、五方相配以占说灾异（见八卦纳甲图表）；又有"世应"说，把将六十四卦依八纯外分为八组（八宫），每组八卦，分别称为一世至五世卦、游魂、归魂卦，定出世爻、应爻，企望能够透解《周易》，对后世占卜影响巨大；京房还发明了"飞伏"说，以卦见者为飞，不见者为伏，飞为未来，伏为既往，借以占断人事。郑玄创"爻辰""纳子""纳音"说，将六十四卦的六爻配以地支、十二时辰、十二音律、十二次星象，通过取象解释《周易》的卦义。荀爽创"乾升坤降"说，以乾坤为基本卦，认为乾坤两卦爻位的升降是八卦和六十四卦的基础，以解释各卦，又发展为虞翻卦变说，认为某一卦通过其爻位的变化可以成为另一卦（如崔武子的由"困"卦变成"大过"卦，就是因为第三爻的由阴变阳造成的）。

八卦纳甲图表

八卦 爻位	乾	坤	震	巽	坎	离	艮	兑
上爻	壬戌	癸酉	庚戌	辛卯	戊子	己巳	丙寅	丁未
五爻	壬申	癸亥	庚申	辛巳	戊戌	己未	丙子	丁酉
四爻	壬午	癸丑	庚午	辛未	戊申	己酉	丙戌	丁亥
三爻	甲辰	乙卯	庚辰	辛酉	戊午	己亥	丙申	丁丑
二爻	甲寅	乙巳	庚寅	辛亥	戊辰	己丑	丙午	丁卯
初爻	甲子	乙未	庚子	辛丑	戊寅	己卯	丙辰	丁巳

虞翻五世家传孟喜《易》学，因而得集孟喜等人之成，曾作《周易注》，《释文叙录》说十卷，最具特色的是其"纳甲"说与"卦变"说。他的"纳甲"说，是以月亮之晦朔盈亏以象八卦，再纳以天干，以此显示八卦消息，使其"不失其时，如月行天"（《周易集解》之《坎》卦虞注）。朱震在其《周易卦图说》称："纳甲何也？举甲以该十日也，乾纳甲壬，坤纳乙癸，震巽纳庚辛，坎离纳戊己，艮兑纳丙丁，皆自下生，圣人仰观日月之运，配之以坎离之象，而八卦十日之义著矣！"就是以十干分纳于八卦，而举十干之首"甲"以概其余，故名"纳甲"。具体如据"八卦"和月象来显示八卦的阴阳"消""息"：震示初三月象，兑示初八上弦，乾示十五满月，巽示十七日月圆而缺，艮示二十三日下弦，坤示三十日月晦（见月体纳甲图）。卦变说主要是通过"旁通"与"消""息"等方式来据象解释经传。"消息"是指

一个卦体中,凡阳爻去而阴爻来称"消",阴爻去而阳爻来称"息"。所以"消息"与"进退""往来""升降"等含意类同,体现卦爻的阴阳消长变化。虞翻注《周易》常"消""息"以解释卦变。如注复卦:"阳息坤,与姤旁通。"注姤卦:"消卦也,与复旁通。"注临卦:"阳息至二,与遁旁通。"消息卦共十二,前人以此分主一年十二月,谓十二消息卦变通而周于四时。"旁通"语出《周易·乾·文言》:"六爻发挥,旁通情也。"东汉陆绩释曰:"乾六爻发挥变动,旁通于坤;坤来入乾,以成六十四卦,故曰旁通情也。"是指本卦阳爻变为阴爻、阴爻变为阳爻,转化为其对立的卦,本卦与转化的卦可以相通。虞翻用此来解说《周易》经、传。如解释离卦辞:"坤二五之乾,与坎旁通。于爻遁初之五。柔丽中正,故利贞亨。"解释大有卦:"大有与比旁通。柔得尊位大中,应天而行时,故元亨也。"(《周易集解》引)由本卦引出旁通卦,又引出变卦,小畜与豫旁通,履与谦旁通,同人与师旁通等等。旁通是一种卦变的方法。六十四卦共有三十二对旁通卦(见四阴四阳之卦卦变图)。借象解经,不自觉地启发了人们从对立面进行思考。清顾炎武评曰:"荀虞之徒,象外生象,穿凿附会,十翼中无一语不求其象,而《易》之大旨荒矣。"

诸子百家

——

阴阳家

对于虞翻的易学成就,刘大钧先生认为:"观虞氏《易》注,其依象解辞虽有牵强附会之处,但他说'九'、'六'变化、'卦气'、'消'、'息'等,恐怕必有师承,可能确有西汉古法。"(《周易概论》)

因为他们的不同,则为后来所谓的易学十宗,分化出其中的占卜宗、灾祥宗、谶纬宗、医药宗、丹道宗、堪舆宗、星相宗七宗!然而,虽然他们各自不同,但无不利用《周易》八卦原理和框架,结合阴阳五行、日月星辰四季物候变化来创立象数派,其立足点和起点,应该还在儒家的范围,《周易》本身是儒家的第一经,号称"群经之首"。这就是说,象数派是把阴阳家的阴阳五行等思想运用到儒家的易学思想上——易学象数化。

象数派到宋代才真正完善。因为"象数"的"象"有二种:一是卦象,包括卦位,如《左传·昭公五年》叙述鲁叔孙穆子初生时,庄叔用《周易》给他占筮,得"明夷(离下坤上)之谦(艮下坤上)"。卜楚丘有这样的话:"离,火也;艮,山也。离为火,火焚山,山败。""离火,艮山",这是卦象。又如《左传·僖公十五年》秦穆公征伐晋惠公,秦国卜徒父筮之,得蛊卦(巽下艮上),说:"蛊之贞,风也;其悔,山也。"内卦(下体)叫贞,外卦(上体)叫悔,这是占筮术语。所谓"贞"和"悔"便是卦位,"山"和"风"便是卦象。"象"的另一意义是爻象,就是阳爻和阴爻所象的事物,可不再举例了。"象数"的"数"的意义,一是阴阳数,奇数是阳数,如乾卦三画为阳卦,坤卦六画为阴卦。以爻数论,因为"一"是一画,所以叫阳爻;"_ _"有二画,所以是阴爻。又以爻位论,以爻的位次论,除爻、第三爻、第五爻,若是阳爻"_",叫"当位",二、四、上(六)爻若是阴爻"_ _",也是"当位"。不然是"不当位"。总之,奇数为阳,偶数为阴;阳位当阳爻,阴位当阴爻,说这是正常(或者"合理")情况。这不过是个大概。又有讲"爻辰"的,就是用阳爻和阴爻配合子、丑等十二辰来论断吉凶。还有讲"互体"的,即在六十四别卦中,二到四爻,三到五爻,两体相交,各成一卦。简单地说,象数派就是运用这样的"象"和"数",把宇宙万事万物符号化、数量化。

数量化是列数为学,则有"数技""数术""数法"。所谓"数技"是确定"数"的定义、定位、定序、定律、定向，如上下前后中，先后左右中，东南西北中等；所谓"数法"则是指《周易》的大衍数，是宇宙大数，只用十位数字，如《河图》《洛书》，一用十数，一用九数，《周易》承《河图》也用十数；从哲学本体来论"数"，则阴阳家用数在"一"，儒家易学用数在"二"，玄学家用数在"三"。将"数法"转化为"数术"，其数式运用则相应地是阴阳家为"二五"（阴阳五行），儒家易学为三五（三为天数：指循环，也指气象、力象、星象三种天象；五为地数，指稳定，是五行）。象数派就是根据《系辞》："天一，地二；天三，地四；天五，地六；天七，地八；天九，地十。天数五，地数五，五位相得而各有合。天数二十有五，地数三十，凡天地之数五十有五。此所以成变化而行鬼神也。大衍之数五十，其用四十有九。分而为二以象两，挂一以象三，揲之以四以象四时，归奇于扐以象闰，五岁再闰，故再扐而后挂。乾之策二百一十有六，坤之策百四十有四，凡三百有六十，当期之日。二篇之策，万有一千五百二十，当万物之数也。是故四营而成易，十有八变而成卦。八卦而小成，引而伸之，触类而长之，天下之能事毕矣。显道神德行，是故可与酬酢，可与佑神矣。"用八卦与阴阳之数（奇偶变化数），来预言灾变的。象数派的易数指《周易》中数的思想和占筮方法。《易传》中数主要运用于占筮定卦，数以定象、数以象显。棋筮之法即用大衍之数确定阴阳，画爻成卦。《周易·系辞上》"极数知来谓之占"，《周易·系辞下》"参伍以变，错综其数……极其数，遂定天下之象"。《周易·说卦》："参天两地而倚数"，宋人创图书之学，则注重以数言《易》，运数比类。如邵雍的数学派即在奇偶之数的基础上讲卦象的变化，主张"数生象"。易数范围主要有卦数（指卦所代表的数）、爻数（指各爻所处位置）、天地数、大衍数（这两数均见上引《系辞》语）及河数（即《河图》数，同大衍数）、洛数（《洛书》数，一至九之和，为 45）、生成数（一、二、三、四、五这生数和六、七、八、九、十这成数的合称）、体用数（邵雍认为卦数有体有用。体数指本来具有之数，如八卦之体数为八，六十四卦之体数为六十四；用数指发挥其功能或作用之数。如六十四卦，乾坤坎离四正卦为不用之卦，其用数则为六十。八卦震巽或兑艮为不用之卦，其用数为六。他在《观物外篇》说："天体数四而用三，地体数四面用三。"）等。

　　当然，邵雍发明的这种占筮的方法，依据"万物皆数时""万物类象"的原理，根据人、动物、时间、字、尺寸、可数之物、可数之声等数或象，就可以起卦，并综合《周易》卦爻辞、体用、互变、五行生克等诸多因素断卦。如可数之声起卦：凡听到声音，如动物鸣叫声、敲击声、叩门声等等，以声音数（如敲门几下）起作上卦，时数配作下卦。卦数加时数被六除取动爻。将这种偶然因素当作必然因素，来断事物，显然如同儿戏。但是这种法灵活变通，应用范围很广，影响颇大。最有趣的是梅花易数的发明：据说有一天，邵雍闲着观梅，忽然看见有二雀争枝坠地，便设卦布算。真是偶然得来却要必然行事，难以情理断。邵雍将数"量"化转化为数"理"化，是不足为法的。

　　如果邵雍是宋代数量化的代表，那么周敦颐则是宋代符号化的代表。

　　周敦颐（1016～1073 年）原名敦实，因为避宋英宗讳而改名的，字茂叔，道州营道（今湖南省道县）人，因在庐山莲花峰下小溪旁筑书堂，并以故居濂溪命名，所以后世学者尊称为"濂溪先生"。一生主要在郴县令、桂阳令、南昌令、合州判官、虔州通判等县州地方官重度过。晚年才开始讲学,主要讲授太极图说。朱熹总结他的学术事业时说:"周子立象于前,为说于后,互相发明,平正洞达,绝无毫发可疑。"(《朱文公文集》卷四十二)"盖先生之学之奥,其可以象告者,莫备于太极之一图。若《通书》之言,盖皆所以发明其蕴,而《诚》《动静》《理性命》等章为尤著。"(《太极图说·通书书后》)现代学者林忠军由此评价说:"周敦颐改造儒家,建立一个全新的体系,主要表现在他的《太极图》的绘制。《太极图》是其思想的精髓,集中体现了他的易学观及儒家的价值理想趋向。而其他著作皆是训释和阐发《太极图》之义的。"(《周敦颐〈太极图〉易学发微》)

　　宋代易象数派的突出表现是创立各种图式(包括格)以解易,这种符号化易学派(通常称图书派)创始人为陈抟,陈抟传于种放。到了种放,分为三传:一传先天图给邵雍,二传《河图》《洛书》给刘牧,三传太极图给周敦颐(朱震《汉上易传》),因而又衍出三个支派,代表了北宋时期符号化易学派发展情况,南宋蔡元定、蔡沉、薛季宣等人有所继承。周敦颐的太极图,据易象专家郭彧先生考证:"就《周氏太极图》的流变而言,有朱熹改造之图;有见于《正统道藏·周易图》之图;有见于杨甲《六经图·大易象数钩深图》之图;有见于朱震《汉上易传卦图》之图……毫无疑问,朱熹改造之《周子太极图》是'流变'最大的图式,而杨甲《六经图》所列《周氏太极图》,虽图说与朱震《周易图》所说同,然其图式又与朱震所列有所不同,是自朱震所列图与图说中演变而出。依其顺序,朱震所列周子《太极图》当为最接近周子《太极图》本来面目之图。然而,我们从朱震所列周子《太极图》中又看到了相互矛盾的地方:子位的'动阳'与午位的'阴静'相互矛盾。既有矛盾,就说明周子《太极图》在流传过程中有所演变。"(《周子〈太极图〉原图考》)那么周敦颐《太极图》原貌图究竟是什么样子呢,郭彧先生认为如下:

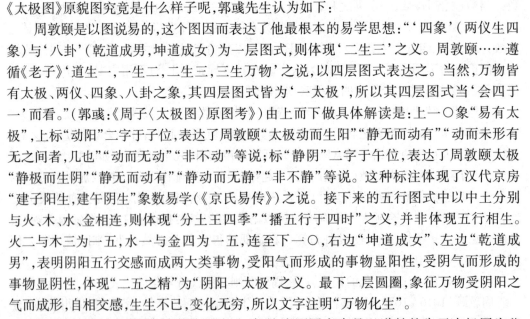

　　周敦颐是以图说易的,这个图因而表达了他最根本的易学思想:"'四象'(两仪生四象)与'八卦'(乾道成男,坤道成女)为一层图式,则体现'二生三'之义。周敦颐……遵循《老子》'道生一,一生二,二生三,三生万物'之说,以四层图式表达之。当然,万物皆有太极、两仪、四象、八卦之象,其四层图式皆为'一太极',所以其四层图式当'会四于一'而看。"(郭彧:《周子〈太极图〉原图考》)由上而下做具体解读是:上一〇象"易有太极",上标"动阳"二字于子位,表达了周敦颐"太极动而生阳""静无而动有""动而未形有无之间者,几也""动而无动""非不动"等说;标"静阴"二字于午位,表达了周敦颐太极"静极而生阴""静无而动有""静动而无静""非不静"等说。这种标注体现了汉代京房"建子阳生,建午阴生"象数易学(《京氏易传》)之说。接下来的五行图式中以中土分别与火、木、水、金相连,则体现"分土王四季""播五行于四时"之义,并非体现五行相生。火二与木三为一五,水一与金四为一五,连至下一〇,右边"坤道成女"、左边"乾道成男",表明阴阳五行交感而成两大类事物,受阳气而形成的事物显阳性,受阴气而形成的事物显阴性,体现"二五之精"为"阴阳一太极"之义。最下一层圆圈,象征万物受阴阳之气而成形,自相交感,生生不已,变化无穷,所以文字注明"万物化生"。

　　对于周敦颐《太极图》易学的源流,一般认为原图大半是以道教的先天太极图为蓝本,参照陈抟的无极图。并受禅宗虚无说的影响而制成。将道家和道教的无极观念引入

諸子百家——阴阳家

儒家的解易系统始于周敦颐,其《太极图说》认为"无极"和"太极"是宇宙万物的本原,"无极而太极,太极动而生阳,动极而静,静而生阴"。阴阳生出金木水火土五行,五行生成万物,万物变化无穷,但都是阴阳二气和五行相互作用的结果。以阴阳动静解释太极和两仪的关系是周敦颐的创见。《太极图说》为儒家宇宙论提供了一个完整的体系。论天地万物的形成演变过程为:无极→太极→阴阳二气→五行之气→万物和人类。此说是对汉唐易学的宇宙论和李觏的太极元气说的发展(张其成《易学大辞典》)。但仔细考察就会发现,周敦颐在以象说易中包含了对阴阳家思想的改造。从图形看,与太极图、无极图大同小异,不过符号所指则不同了:"无极"本来出自《老子·二十八章》"复归于无极"语,"太极"本来出自《周易·系辞上》"易有太极,是生两仪,两仪生四象,四象生八卦"语。从各家相互吸取看,"无极"是儒家的周敦颐从道家老子那儿借来的,但"太极"则是出于道家的道教从儒家的《系辞》那儿借来的。正如道教的"太极"不同于儒家的一样,周敦颐的"无极"也与老子不同,老子所指是无形无象的宇宙原始状态,他是取其虚静的性质,以静止为"无极"的本性,太极的运动,来于"无极"的静止,归于"无极"的静止,太极的运动是暂时的,相对的,而"无极"才是永恒的:以"无极"为先天地而存在的实体,"无极"作为万物之本原。进而明确指出:"无极之真,二五之精,妙合而凝。"(《太极图说》)周敦颐的改造是借用阴阳家的数在"一"、数式运用为"二五"的思想,最后归结则是:"立天之道曰阴与阳,立地之道曰刚与柔,立人之道曰仁与义。"(《太极图说》)《通书》将这一理念体现更为鲜明,阐明"诚"("仁与义")贯穿在万物化生的元、亨、利、贞各个阶段中,又在仁、义、礼、智、信的五常之性中。所以学者林忠军认为:"宋初的周敦颐以《太极图》为中介,援道入儒,开了理学之先河……《太极图》是其思想的精髓,集中体现了他的易学观及儒家的价值理想趋向。"(《周敦颐〈太极图〉易学发微》)是易象数派中对阴阳家思想符号化的典型。

诸子百家 —— 阴阳家

　　儒家易学中对阴阳家思想的象数化,其源流情形十分复杂,《易纬·乾凿度》载:"孔子曰:'易始于太极,太极分而为二,故生天地,天地有春秋冬夏之节,故生四时,四时各有阴阳刚柔之分,故生八卦。'"这大概可以归于儒家;帛书《易之义》说:"《易》之义谁(唯)阴与阳,六画而咸章。曲句焉柔,正直焉刚。六刚无柔,是谓太阳,此天之义也。六柔无刚,此地之义矣。天地相卫(率),气味相取,阴阳流刑(形),刚柔成口。万物莫不欲长生而(亚)恶死,会心者而台(以)作《易》,和之至也。"韩国学者金晟焕根据这些论述认为:"易学早已吸取阴阳五行的数术,以及黄老、方技理论。引人注目的就是,马王堆帛黄老书与方技书中,对'阴阳'的描述是十分普遍,却看不到五行学说的痕迹。"所谓"早已"的时间及其情形,他认为:"自战国末至汉初,黄老、方技学与邹衍以来的阴阳五行说并未彻底合流。然而,易学早就吸取自阴阳五行之气运动的角度来说明自然规律以及人事的吉凶的数术观念,这是由于二者本来就有着不可分解的联系的。"(《阴阳五行说与中国古代天命观的演变——兼论阴阳五行说对易学发展的影响》)这个结论大致近乎阴阳家对儒家等影响以及儒家对阴阳家反映的实际情形。有时阴阳家与儒家究竟是谁影响谁,甚至于难以明断,如《易传》关于大衍之数的论述,阴阳家也是这样说:天之数,一、生水;地之数,六,成之。地之数,二,生火;天之数,七,成之。天之数,三,生木;地之数,八,成之。地之数,四,生金;天之数,九,成之。天之数,五,生土;地之数,十,成之。这样,一、二、三、四、五都是生五行之数,六、七、八、九、十都是成之之数(见《礼记·月令》孟春之月"其数八"的郑玄注、孔颖达疏)。用数把五行与阴阳联系起来很难说是谁影响谁。

兵家与阴阳家的相互融通,在汉代表现就很清楚:汉初张良、韩信"序次兵法",共得兵书182种,"定著35家";至东汉初虽然流失不少,但《汉书·艺文志》一次著录兵家著述,数量仍然可观,班固《序录》说:"凡兵书53家,790篇,图43卷。省10家271篇重,入《蹴鞠》1家25篇,出《司马法》155篇入礼也;兵权谋13家,259篇;兵形势11家,92篇。图18卷;兵阴阳16家,249篇,图10卷;兵技巧13家,百99篇。省《墨子》重,入《蹴鞠》也。"其中所谓"兵形势""兵权谋"和"兵阴阳",实际就是兵家对阴阳家的策略化。班固界定"兵形势"为"形势者,雷动风举,后发而先至,离合背乡,变化无常,以轻疾制敌者也";界定"兵权谋"为"权谋者,以正守国,以奇用兵,先计而后战,兼形势,包阴阳,用技巧者也";界定"兵阴阳"为"阴阳者,顺时而发,推刑德,随斗击,因五胜,假鬼神而为助者也"(都引自《汉书·艺文志·序录》)。这些界定中的"包阴阳""因五胜"便是"阴阳五行"原理,不需论述,"离合背乡(即'向'),变化无常",其实就是阴阳家的阴阳互生、五行生克的辩证原理。

兵家策略化

除了许多术数的形式及其相应的活动外,兵家对阴阳家的策略化主要就是将阴阳家的原理转化为军师谋略,还有就是运用于具体的战术。在战略方面表现突出的是"兵无常势",在战术方面以五行阵最明显。

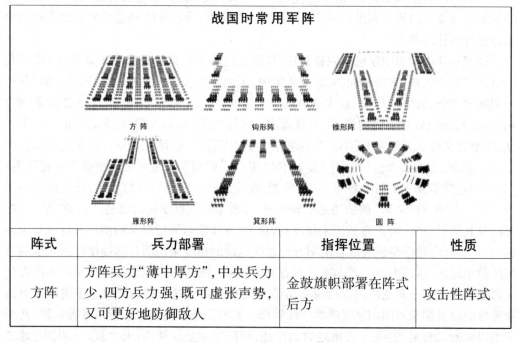

战国时常用军阵

方阵　钩形阵　锥形阵

雁形阵　箕形阵　圆阵

阵式	兵力部署	指挥位置	性质
方阵	方阵兵力"薄中厚方",中央兵力少,四方兵力强,既可虚张声势,又可更好地防御敌人	金鼓旗帜部署在阵式后方	攻击性阵式

圆阵	兵力均衡,环形布阵	金鼓旗帜部署在中央	防御性阵式
雁形阵	横向展开,左右两翼向前或者向后梯次排列,左右两翼形成迂回包抄阵式,后卫进行主力冲杀		攻防兼备阵式
钩形阵	正面为方阵,两翼向后弯曲成钩形,可保护侧翼安全	金鼓指挥部署在后方	攻击性阵式
锥形阵	布阵如锥形,前锋兵力尖锐迅速,可直捣敌内,突破、割裂敌人的阵形,两翼坚强有力,可包围歼灭敌人		进攻突破阵式
箕形阵	雁形阵的变形		攻守兼备阵式
疏阵	兵力布置疏散,行列间距大,可多树旌旗、兵器、草人,夜间多点火把,以少数兵力显示强大实力,迷惑敌人		攻守兼备阵式
数阵	兵力密集型阵式		攻守兼备阵式
玄襄阵	一种迷惑假阵,队列间距大,阵内多竖旌旗、鼓声,模拟络绎不绝的车行进声		欺诈式列阵

诸子百家——阴阳家

兵家对阴阳家策略化的著述,班固当时可能还有一些遗漏,这可以从20世纪在汉墓出土的文献得到证明,这其中就有湖南长沙马王堆《五星占》《天文气象杂占》《刑德》(甲、乙、丙3种)、《辟兵图》《阴阳五行》(甲、乙2种);山东临沂银雀山《地典》《雄牝城》《天地八风五行客主五音之居》及拟题《占书》的1种;安徽阜阳搐鼓墩《五星》《星占》《刑德》(甲、乙两种)等16种,而且汉代以后,源源不断涌现的各种虽非兵阴阳的专门著作,但同样包含有大量对阴阳家策略化的兵家文献。

战略:兵无常势

"兵无常势"的战略思想出自《孙子·虚实》,原文如下:

夫兵形象水,水之行,避高而趋下;兵之形,避实而击虚。水因地而制流,兵因敌而制胜。故兵无常势,水无常形,能因敌变化而取胜者,谓之神。

孙子认为:用兵作战如同水的流动,水流动的规律是避开高处而流向低处;用兵取胜要避开敌人坚实之处,而攻击其虚弱的地方。水因地势的高低而不断改变流向,用兵作战要根据敌情变化而决定其取胜的方针。所以用兵没有固定不变的原则,亦没有固定不变的形态(模式)。能够根据敌情的变化而取得胜利的,才可以称之用兵如神。这段话以流体的流动等自然现象的变化生动地比喻并阐述了兵家之法。可是,"兵形像水,水无常形"也包含了变化和制胜两个军事哲学:一个是不局限于规则,另外一个就是讲究实用,非常灵活。所以,"兵无常势,水无常形;能因敌变化而取胜者,谓之神"。这个思想似乎可以说渊源于箕子"初一五行"中的"水曰润下"。孙子接着说:"故五行无常胜,四时无常位,日有短长,月有死生。"(《虚实》)这话既表明用兵作战的原则,如同自然现象一样,五行(古人认为:金、木、水、火、土是五种物质)相生相克;四季(春、夏、秋、冬)依次交替,不可能哪一个季节在一年中常在;白天有短有长,月亮有明暗圆缺,永远处于变化之中。同时也表明了"兵无常势"的思想渊源。如果还认为这种意见有点勉强,那么汉代这种阴阳家思想策略化的情形就清晰多了。正如邵鸿先生所说:"汉代战争自始至终充满着术数和兵阴阳家行为。《孙膑兵法·行篡》:'阴阳,所以聚众合敌也。'林林总总的兵阴阳著作和孙吴兵法一起,共同统率和支配着全军的观念与行动,战争继续呈现先秦以来的双重斗争的特点。"(《兵阴阳家与汉代军事》)虽然兵家与阴阳家之间很难分出彼此,但是兵家总是在阴阳家思想影响下来提炼谋略的。当然,简单的"避高而趋下"只是"兵无常势"的出发点,由"水无常形"转到"兵无常势",既有阴阳五行转化的意味,也有孙子自身的出新与发扬。

我们还可以从孙子《兵势》篇中看到孙子关于"兵无常势"的"势"的论述:"凡战者,以正合,以奇胜。故善出奇者,无穷如天地,不竭如江海。终而复始,日月是也。死而更生,四时是也。声不过五,五声之变,不可胜听也;色不过五,五色之变,不可胜观也;味不过五,五味之变,不可胜尝也;战势不过奇正,奇正之变,不可胜穷也。奇正相生,如循环之无端,孰能穷之哉!激水之疾,至于漂石者,势也;鸷鸟之疾,至于毁折者,节也。故善战者,其势险,其节短。势如扩弩,节如发机。纷纷纭纭,斗乱而不可乱;浑浑沌沌,形圆而不可败。乱生于治,怯生于勇,弱生于强。治乱,数也;勇怯,势也;强弱,形也。"所谓"势"(即"兵势"),"不过奇正,奇正之变,不可胜穷也。奇正相生,如循环之无端,孰能穷之哉!"这正如阴阳化生、日月运行一样,也如同"五声之变""五色之变""五味之变"等五行转化一般,是不会穷尽的!这些都证明兵家因阴阳家的阴阳五行思想来提炼军事策略的。

孙子的这些融会阴阳家底蕴的"兵无常势"战略思想,在后世的影响是非常大的,如汉代的曹操。他说:"兵无常势,水无常形,临敌变化,不可先传也。故料敌在心,察机在目也。"(《孙子略解·计篇》)强调"兵无常势"的战略思想在实际运用时,要非常注意对敌"势"的把握,同时因为"兵无常势",所以随机性的要求也相对高。所以,曹操又说:"兵无常势,盈缩随敌。"(《孙子略解·虚实篇》)事实证明,曹操用兵的确颇知对手而且善于临敌制宜。他主张"因敌而制胜"(《孙子略解·军争篇》),倡导"制由权也,权因事制也。"(《孙子略解·计篇》),把"在利思害,在害思利,当难行权",以及"既参于利,亦计于害"(《孙子略解·九变篇》)等诸多原则运用到战争实践中。曹操的这些论述,对孙子的思想更加精密化。然而,曹操还做了个性化的强化,他说:"兵无常形,以诡诈为道。"(《孙子略解·计篇》)这就把"兵无常势"强化为"诡道"。曹操一生多征战,处处表露出尚奇贵诈之道。尚奇贵诈也是曹操的重要战略思想。他不仅能够在一次战争中有效地

諸子百家——阴阳家

运用一种诡诈之道,也可以在一次战争中综合运用多种策略。比如,建安十六年(207年),曹操西征马超,几乎是步步用计、处处施诈,而且大都取得了成功。曹操很欣赏自己的战术,所以当诸将问其为什么这样用兵时,他不无自豪地说:"兵之变化,固非一道也。"曹操的"诡道"虽然也出自孙子:"兵者,诡道也。故能而示之不能,用而示之不用,近而示之远,远而示之近。利而诱之,乱而取之.实而备之,强而避之,怒而挠之,卑而骄之,佚而劳之,亲而离之,攻其无备,出其不意。此兵家之胜,不可先传也。"(《始计》)但孙子"诡道"又来源于阴阳家,即以阴阳五行为理论基础的"奇正之变"(有关曹操军事思想可以参看张作耀先生《曹操军事思想十题》)。

到宋代,宋仁宗敕令翰林学士丁度和曾公亮总领一班通晓军事的文人修撰的《武经总要》中则重新重视和强调古代《孙子》等兵书中用兵"兵无常势"的思想,主张"贵知变""不以冥冥决事"的战略原则,使得"兵无常势"成为后来的首要战略思想。

孙子是齐人,所以"兵无常势"融会阴阳家思想除了自身的因素外,主要也是齐国的文化学术传统。伏羲始画八卦,故"阴阳的信仰起于齐民族……(阴阳学)是齐学的正统"(胡适《中国中古思想史长编·齐学》),吕尚就受到过阴阳学的熏陶,同时他也受了殷商五行思想的影响,至于军事思想,《六韬》《阴符经》《太公兵法》《太公金匮》等目前虽然不能全部确定是他亲自写的,但至少也保留了他的一些思想,其中如"天文三人,主司星历,候风气,推时日,考符验,校灾异,知天心去就之机"和"术士二人,主为谲诈,依托鬼神,以惑众心"(《六韬·龙韬·论将》),就已经有把阴阳家思想策略化的滥觞。又"黄老之学起于齐",所谓因"四时之大顺"和"治各有宜"的阴阳家也首选在齐国诞生(胡适《中国中古思想史长编·齐学》)。这些必然会对孙子产生重要影响,自然也会内化《孙子兵法》中,如《孙子兵法·虚实篇》有"出其所必趋,趋其所不意"之句,而以反映姜太公军事思想的《六韬》论中《文韬·兵道》记载即有"兵胜之术,密察敌人之机而速乘其利,复疾击其不意"之句等。

还需说明的是,兵家对阴阳家的策略化还有不少,如诸葛亮"天之阴阳,地之形名,人之腹心,知此三者,获处其功"(《便宜十六策·治军》);李靖"牝牡之法,出于俗传。其实阴阳二义而已。臣按范蠡云:'后则用阴,先则用阳;尽敌阳节,盈否阴节而夺之。'此兵家阴阳之妙也。范蠡又云:'设右为牝,益左为牡,早晏以顺天道。'此则左右、早晏临时不同,在乎奇正之变者也。左右者人之阴阳,早晏者天之阴阳,奇正者天人相变之阴阳,若执而不变,则阴阳俱废,如何守牝牡之形而已。故形之者,以奇示敌,非吾正也;胜之者,以正击敌,非吾奇也,此谓奇正相变。兵伏者,不止山谷草木藏,所以为伏也,其正如山,其奇如雷,敌虽对面,莫测吾奇正所在。至此,夫何形之有焉"(《唐太宗李卫公问对》卷中);揭暄"阴者,幻而不测之道。有用阳而人不测其阳,则阳而阴矣;有用阴而人不测其阴,则阴而阴矣。善兵者,或假阳以行阴,或运阴以济阳,总不外于出奇握机,用袭用伏,而人卒受其制,谁谓阴谋之不可以夺阳神哉!"(《兵经百言·阴》)以及李筌《神机制敌太白阴经》一书有《天无阴阳篇》《术有阴谋篇》《阴阳队图篇》等篇章。总之,兵家以阴阳家思想为原理提炼战略原则的论述,不可胜数。

諸子百家——阴阳家

战术:"八阵""五行"

戚继光认为:"夫建大将旗鼓,非为美观视。自近世之将,不用旗鼓以战,故遂废而不知讲。乃只用为摆列之虚具,以充瞻视壮威仪而已,此大谬也。盖无事日,军行则为大将中军,而大将居其下,正行之间有警,即为分札营壁之用、立表之需,所谓行则成阵,止则成营。人见其纷纷纭纭,交杂于途,而不知九军、八阵、五行、六花悉寓其中。一闻号头,变化立成,安营定垒,人见其各有趋附,而不知全凭旗鼓以举措。及其复收,悉依号令,又照图为行营矣。自非知彀者,鲜能得此中之妙,莫不视为赘疣耳。"(《练兵实纪卷一·练伍法第一》)这里虽然是阐述建立大将旗鼓的意义,但涉及行军、扎营、作战等一系列战术问题,其中列出了"八阵""六花""五行"这三种古代的作战阵法。

所谓"八阵",也做"八陈",最早记载八阵的是《孙膑兵法》。银雀山汉墓竹简《孙膑兵法·八阵》:"用八陈战者,因地之利,用八陈之宜。"但是"八阵"究竟指哪八阵,至少有五种:(1)《孙膑兵法》"用八阵战者,因地之利,用八阵之宜。用阵三分,海阵有锋,海锋有后,皆待令而动。斗一,守二。以一侵敌,以二收。敌弱以乱,先其选卒以乘之。"孙膑的"八阵"不是指八种不同的阵,而是讲布阵之法,所以后人也用"八阵"指布阵之法。(2)《握奇经》(又称《风后握奇经》《握机经》《幄机经》。旧题经文为黄帝的大臣风后所写,周朝的姜太公加以引申,汉朝的公孙弘注解:一般书后还附有佚名的《握奇经续图》和题为晋朝的马隆所述的《八阵图总述》。此书的真实作者和成书年代,难以详考,历来众说纷纭)经曰:"八阵,四为正,四为奇。余奇为握奇,或总称之",这里以"天地风云"四阵为正,以"龙虎鸟蛇"四阵为奇,"总为八阵"。大将居阵中掌握机动兵力,称为"握奇"。作战时,四正和四奇之兵与敌交锋,游军从阵后出击配合八阵作战,大将居中指挥,并以"余奇"之兵策应重要作战方向。该书虽经文简略,但为后世众多将领研究战术的重要兵书。对于书中四正四奇的方位,在布阵和作战时的作用,两者变换演化关系等,后人在研究和解释中阐述不尽一致。(3)李善注《文选·班固〈封燕然山铭〉》"勒以八阵"时引《杂兵书》的"八阵"是:"一曰方阵,二曰圆阵,三曰牝阵,四曰牡阵,五曰冲阵,六曰轮阵,七曰浮沮阵,八曰雁行阵。"(4)李筌整合了诸葛亮和《握奇经》所列的"八阵"为:"天阵居乾为天门,地阵居坤为地门,风阵居巽为风门,云阵居坎为云门,飞龙居震为飞龙门,虎翼居兑为虎翼门,鸟翔居离为鸟翔门,蛇蟠居艮为蛇盘门;天、地、风、云为四正,龙、虎、鸟、蛇为四奇,乾、坤、巽、坎为阖门,震、兑、离、艮为开门"。(《神机制敌太白阴经·阵图》)(5)王应麟所著《小学绀珠·制度》的八阵:"洞当、中黄、龙腾、鸟飞、折冲、虎翼、握机、连衡"。诸葛亮的"八阵图"及其八阵影响最大,其"八阵图"示意图是:

八阵图的特点在阵法上是"大阵包小阵,大营包小营,隅落钩连,曲折相对"(《李卫公问对》卷中),体现孙子"奇正"的战略思想。各阵的具体情形谨慎堂《诸葛氏宗谱·八阵功高妙用藏与名成八阵图》赞:

天覆阵赞:天阵十六,外方内圆,四为风扬,其形象天,为阵之主,为兵之先。善用三军,其形不偏。

地载阵赞:地阵十二,其形正方,云主四角,冲敌难当,其体莫测,动用无穷,独立不可,配之于阳。

风扬阵赞:风无正形,附之于天,变而为蛇,其意渐玄,风能鼓物,万物绕焉,蛇能为绕,三军惧焉。

云垂阵赞:云附于地,始则无形,变为翔鸟,其状乃成,鸟能突出,云能晦异,千变万化,金革之声。

龙飞阵赞:天地后冲,龙变其中,有爪有足,有背有胸。潜则不测,动则无穷,阵形赫然,名象为龙。

虎翼阵赞:天地前冲,变为虎翼,伏虎将搏,盛其威力。淮阴用之,变为无极,垓下之会,鲁公莫测。

鸟翔阵赞:鸷鸟将搏,必先翱翔,势临霄汉,飞禽伏藏。审之而下,必有中伤,一夫突击,三军莫当。

蛇蟠阵赞:风为蛇蟠,附天成形,势能围绕,性能屈伸。四奇之中,与虎为邻,后变常山,首尾相困。

不过,诸葛亮"八阵图"有很大的传说性质,所以在军事史上影响很大的是《握奇经》的八阵及其"八阵图",其图示:

这个"八阵图"的组成,是以乾坤巽艮四间地,为天地风云正阵,作为正兵;西北者为乾地,乾为天阵;西南者为坤地,坤为地阵;东南之地为巽居,巽者为风阵;东北之地为艮居,艮者为山,山川出云,为云阵,以水火金木为龙虎鸟蛇四奇阵,作为奇兵。布阵是左为青龙(阵),右为白虎(阵),前为朱雀鸟(阵),后为玄武蛇(阵),虚其中大将居之。八阵又布于总阵中,总阵为八八六十四阵,加上游兵 24 阵组成。总阵阴阳之各 32 阵,阳有 24 阵,阴有 24 阵。游兵 24 阵,在 60 阵之后,凡行军、结阵、合战、设疑、补缺、后勤全在游兵。有赞歌颂扬"八阵图"威力无比:"阵间容阵、队间容队;以前为后,以后为前;进无速奔、退无遽走;四头八尾,触处为首;敌冲其中、两头皆救;奇正相生,循环无端;首尾相应、隐显莫测;料事如神、临机应变。""八阵之法,一阵之中,两阵相从,一战一守;中外轻重,刚柔之节,彼此虚实,主客先后,经纬变动,正因为基,奇因突进,多因互作,后勤保证。"

所谓"六花"即"六花阵"。沈括说:"风后八阵,大将握奇,处于中军,则并中军为九军也。唐李靖以兵少难分九军,又改制六花阵,并中军为七军。予按九军乃方法,七军乃圆法也。"(《梦溪补笔谈·杂志》)因此,所谓"六花阵"只是"八阵"的省化而已。这种省略的命名,李靖自己解释说:"外画之方,内环之圆,是成六花,俗所号尔。"具体布阵的方式是:"大阅地方千二百步者,其义六陈各占地四百步,分为东西两厢,空地一千二百步为数战之所。臣常教士三万,每陈五千人,以其一为营法,五为方、圆、曲、直、锐之形,每阵五变,凡二十五变而止。"(《李卫公问对》卷中)李靖自己的六花阵和诸葛亮的八阵图的区别,原理不变,但是阵形有所变化,将诸葛亮的九个阵,简化为七个阵,外围六个方阵,中心把原来的三个阵合为一个圆形阵,由于诸葛亮的八阵图中心指挥者所控制的奇兵向不同方向支援所走的路途是不一样的,这就要求指挥者有很高的应变能力,能精确地估计各个支援的小队,到达各个方位的正兵方阵所用的不同的时间,从而能准确地制定下一步的指挥。

所谓"五行"在这里也是兵家术语，通称为"五行阵"，一般认为有两个内涵：（1）指方、圆、曲、折、锐五种阵法。《李卫公问对》："太宗曰：五行阵如何？靖曰：本因五方色立此名，方、圆、曲、直、锐实因地形使然。凡军不素习此五者，安可以临敌乎！兵，诡道也。故强名五行焉。文之以术数相生相克之义。其实兵形像水，因地制流，此其旨也。"（2）金庸先生借来做一种武功——石梁派祖传武功。阵势圆转浑成，不露丝毫破绽，内含五行生克变化之理。一人也手，引致对方进攻，自示弱点，其余四人立即绵绵而上，针对对手身上的弱点进袭，不到敌人或死一或擒，永无休止。五人招数互为守御，步法互补空隙，临敌之际，五人犹似一人，浑然一体，变化无穷无尽。五行阵传至温氏五祖，经五祖十多年潜心钻研，又创成八卦阵作为辅佐，由石梁派温氏五祖的第二代好手十六人按八卦方位而立，阵法与五行阵全无二致。（《碧血剑》）

其实兵家的"五行阵"最早见于《墨子》，原文是：

敌以东方来，迎之东坛，坛高八尺，堂密八，年八十者八人，主祭青旗，青神长八尺者八，弩八八发而止，将服必青，其牲以鸡。敌以南方来，迎之南坛，坛高七尺，堂密七，年七十者七人，主祭赤旗，赤神长七尺者七，弩七七发而止，将服必赤，其牲以狗。敌以西方来，迎之西坛，坛高九尺，堂密九，年九十者九人，主祭白旗，素神长九尺者九，弩九九发而止，将服必白，其牲以羊。敌以北方来，迎之北坛，坛高六尺，堂密六，年六十者六人，主祭黑旗，黑神长六尺者六，弩六六发而止，将服必黑，其牲以彘。（《墨子城守各篇简注·迎敌祠第六十八》）

守城之法，木为苍旗，火为赤旗，薪樵为黄旗，石为白旗，水为黑旗，食为菌旗，死士为仓英之旗，竟士为虎旗，多卒为双兔之旗，五尺童子为童旗，女子为姊妹之旗，弩为狗旗，戟为莅旗，剑盾为羽旗，车为龙旗，骑为鸟旗，凡所求索，旗名不在书者，皆以其形名为旗。城上举旗，备具之官致财物，物足而下旗。（《墨子城守各篇简注·旗帜第六十九》）

《墨子》有关"五行阵"的记述，岑仲勉先生认为有三个含义：（1）"祭神之法"，姑且称之为为兵祭；（2）"举旗以代口号之法，实近世所用打旗号之最古形式"；（3）一种迎击来犯之敌的战术。作为阵法的"五行阵"，就是五行又代表红、黄、蓝、白、黑五种色素制作五种旗帜，然后用五色旗组成五方阵势，行阵时依令变化。至于布阵应敌的状况，我们可以综合李靖和张家山汉简《盖庐》的记述略予介绍：李靖说布阵是"因五方色立此名，方、圆、曲、直、锐，实因地形使然。"（《李卫公问对》卷中）《盖庐》定下的"五行阵"布置及应敌的规则是："兵阵○○木阵直○○土阵圈○○水阵曲○○金阵□□□……应东方以金阵，司马先应○○西方以火阵……□女以金应之，以火应之，以□……"（《张家山汉墓竹简》147号墓）明确规定木阵为直形，土阵为环形，水阵为曲形，其余的金阵和火阵则分别可能是方形和锐形。如果敌从东方来，则应之以金阵，因为东方属木，金胜木；若敌从西方来，则应之以火阵，因为西方属金，火胜金；对付南方来敌则应之以水阵，因为南方属火，水胜火；对付北方来敌则应之以土阵，因为北方属水，土胜水，总之要各以其胜攻之。

《国语》中还记载了一次"五行阵"的战例："吴王昏乃戒，令秣马食士。夜中，乃令服

诸子百家——阴阳家

兵擐甲,系马舌,出火灶,陈士卒百人,以为彻行百行。行头皆官师,拥铎拱稽,建肥胡,奉文犀之渠。十行一嬖大夫,建旌提鼓,挟经秉枹。十旌一将军,载常建鼓,挟经秉枹。万人以为方阵,皆白旆、白旗、素甲、白羽之赠,望之如荼。王亲秉钺,载白旗以中阵而立。左军亦如之,皆赤裳、赤旗、丹甲、朱羽之赠,望之如火。右军亦如之,皆玄裳、玄旗、黑甲、乌羽之赠,望之如墨。为带甲三万,以势攻,鸡鸣乃定。既陈,去晋军一里。昧明,王乃秉枹,亲就鸣钟鼓、丁宁、錞于振铎,勇怯尽应,三军皆哗釦以振旅,其声动天地。”(《吴语·吴欲与晋战得为盟主》)这是吴晋黄池之战。吴军“五行阵”的中央是白,左右分别配置黑与赤,因为赤是南方之色,黑是北方之色。所以,全体布阵队形是向西的。吴王加入中央的白色之军,则标志着是主力军。吴军由此战胜晋军。

综上所述,兵家的“八阵”(包括“六花”)和“五行”这些以阵法为主的战术,其战略思想属于兵家自己仅是“奇正之说”,而直接并重要的则是阴阳家的阴阳五行思想:“八阵”虽然直接表现为八卦,但是八卦则是一阴一阳为核心的;至于“五行阵”,李靖说得很明白,“文之以术数相生相克之义”,几乎全出于阴阳家。当然,“五行阵”中还有由五行生发的意义,日本学者井上聪论述吴晋黄池之战时认为:“吴军向西布阵,不单是因西边有越军,更因为‘西’作为能够克杀的方位,即被看作能‘战’、能‘战胜’的方位。所以,事实上这是开战时的一种咒术行为。”又说“白色是秋的色,同时也是象征‘死亡’的颜色,这种思考方法在军事行为中表现得更为明显。《墨子》《备梯》和《迎敌祠》《礼记·檀弓》,白是秋冬之色,还被赋予冷峻、克杀力的含义。这种抽象化的概念在春秋时代的军队中被直接应用”(《先秦阴阳五行》)。也有某种科学的因素,五色旗的五色素混杂一起还可变为多种颜色,能令人眼花缭乱。

医家原理化

如前所述,哲学阴阳既是阴阳家重要的理论渊源,也是医家重要的理论渊源。五行学说同“阴阳学说”一样,医家与阴阳家也把它当作一种哲学概念,看作一种认识和分析事物的思想方法。因而医家与阴阳家在理论上同源,而且在形态上同体,它们都出身于原始的巫。这种同源、同体,使医家对阴阳家的吸取和衍化有了亲缘的前提和坚实的基础。

一般来说,医家对阴阳家的吸取和衍化,主要是将阴阳五行学说转化为医学原理:“中医学作为一种比较系统的医学体系,是在阴阳五行学说出现之后才形成的。在此之前,人们对于药物和疾病的认识,还只是零散的经验积累,处于一种感性认识阶段,由于受历史条件的限制,当时人们还不可能将这些经验进行抽象而将其上升到理论的高度。只有在古代医家运用阴阳五行学说这种哲学武器,对长期积累起来的经验进行归纳概括,并运用这种思想武器,来阐释人的生理、病理现象,又进一步用来指导临床诊断和治疗疾病时,才逐渐形成比较系统的中医学。”(刘刚《浅谈阴阳五行学说与中医学发展的关系》)医家把阴阳五行原理化后,必然有哲学阴阳与医学阴阳两层内涵,毫无疑问,它们都是在同一整体辩证思维模式指导下产生的,而且在起源和发展的过程中是相互渗透、相互结合,但哲学阴阳与医学阴阳毕竟分属不同的学科,因而也就有区别:哲学阴阳侧重于解决思想和方法论层面宏观的问题,医学阴阳侧重于解决医学实践层面中具体的问题(包巨太、苏晶《哲学阴阳与医学阴阳的辨析》)。

医家对阴阳家的原理化,突出表现在医理阴阳、生理阴阳、经络阴阳三个方面。

医理阴阳

所谓"医理阴阳"就是运用阴阳五行学说来阐述病理。

阐述病理是一门学问,按照辞典,病理学(Pathology)是用自然科学的方法,研究疾病的病因、发病机制、形态结构、功能和代谢等方面的改变,揭示疾病的发生发展规律,从而阐明疾病本质的医学科学。这显然是舶来品,当然也是现代科技观。在中国古代,对病理的揭示和阐述,几乎都建立在阴阳五行的基础上:"阴阳者,天地之道也,万物之纲纪,变化之父母,生杀之本始,神明之府也,治病必求本","天有四时五行,以生长收藏,以生寒暑燥湿风。"(《黄帝内经·素问·阴阳应象大论篇第五》)"治病必求于本"的"本",就是阴阳五行的原理衍化出来的病理。据医学家研究,《黄帝内经》堪称医理阴阳的典范,至少论述了病理学的三个方面:

论病学说(病因学,Etiology)揭示疾病发生的原因,并探索病因的要素以及相互关系。《黄帝内经》是这样揭示"虚邪"之气的病理的:"星辰者,所以制日月之行也。八正者,所以候八风之虚邪以时至者也。四时者,所以分春秋冬夏之气所在,以时调之也。八正之虚邪,而避之勿犯也。以身之虚,而逢天之虚,两虚相感,其气至骨,人则伤五藏。"(《素问·八正神明论篇第二十六》)这里以由阴阳家的"四时五行"衍化而成的"星辰八正"医理,说明"虚邪"之气是"候八风之虚邪以时至"的,如果"以身之虚,而逢天之虚",那么必然"两虚相感,其气至骨,人则伤五藏"。《黄帝内经》认为疾病不仅与四时八节相关,还认为与方位有关,黄帝问岐伯为什么同样的疾病用不同的方法都可以治愈时,岐伯回答说:"地势使然也。故东方之域,天地之所始生也。鱼盐之地,海滨傍水,其民食鱼而嗜咸,皆安其处,美其食。鱼者使人热中,盐者胜血,故其民皆黑色疏理,其病皆为痈疡,其治宜砭石。故砭石者,亦从东方来。西方者,金玉之域,沙石之处,天地之所收引也。其民陵居而多风水土刚(此下原文有"之奇脉",据拥已经久《千金翼方》删)。(《素问·异法方宜论篇第十二》)这种解说在今天无疑不尽符合科学。古代医家还讲到六淫、七情、饮食、劳伤等也可以致病。

病机说(发病学,Pathogenesis)指在病因作用下导致疾病发生、发展的具体环节、机制和过程。《黄帝内经·素问·至真要大论》认为"审查病机,无失气宜"和"谨守病机,各司其属",这就是病机理论。具体提出"病机19条":"诸风掉眩,皆属于肝。诸寒收引,皆属于肾。诸气膹(切的熟肉或肉羹)郁,皆属于肺。诸湿肿满,皆属于脾。诸热瞀瘛,皆属于火。诸痛痒疮,皆属于心。诸厥固泄,皆属于下。诸痿喘呕,皆属于上。诸禁鼓栗,如丧神守,皆属于火。诸痉项强,皆属于湿。诸逆冲上,皆属于火。诸胀腹大,皆属于热。诸躁狂越,皆属于火。诸暴强直,皆属于风。诸病有声,鼓之如鼓,皆属于热。诸病胕肿,疼酸惊骇,皆属于火。诸转反戾,水液浑浊,皆属于热。诸病水液,澄澈清冷,皆属于寒。

诸呕吐酸,暴注下迫,皆属于热。"这是以"五运六气"的"六气"与五脏(源于五行)相应的理论,将临床常见的诸多症状,分别归属于心、肺、脾、肝、肾之疾患,风、寒、湿、热、火之疾患,病变部位是在"上"或"下"等。当然,关于病机的内容非常广泛,并不局限于"病机19条",其他如邪正和阴阳之盛衰,气血和脏腑之虚实,以及某些病证(如疼痛、痿、痹、厥、痈疽等)等的病机,《黄帝内经》在相关的部分都有详尽的论述。《黄帝内经》的病机理论不仅具有医学理论价值,同时还具有较高的实践价值:汉代张仲景的《伤寒杂病论》在《素问》及《灵枢》的基础上,结合临床实践阐述了热病的虚实、寒热、表里、阴阳的进退变化;在《内经》脏腑、经络虚实的基础上,对不少病证的病机进行了阐述。隋代巢元方的《诸病源候论》(我国历史上最早的病因病机学专著)对1729种病候的病因、病机及其临床症候做了阐述。金元时期的刘河间在《素问·玄机原病式》中提出"六气皆从火化"和"五志过极,皆为热甚"的观点;李东垣在《内外伤辨惑论》中,论述了"内伤脾胃,百病由生"和"火与元气不两立"的病机;张从正在《儒门事亲》中论述了"邪气"致病的病机;朱丹溪在《格致余论》中阐释了"阳有余而阴不足"和"湿热相火"等病机。具体"膹郁",《内经知要》从临床的角度阐述为:"膹者,喘急上逆,郁者,否塞不通。肺主气,气有余者,本经自伏之火,气不足者,则火邪乘之;虚实之分,极易淆误,所当精辨。"至今对临床实践仍有很大的指导意义。

　　病本说　揭示疾病的、转归和结局以及诊断、治疗和预防的根本。《黄帝内经》认为:"先病而后逆者,治其本;先逆而后病者,治其本。先寒而后生病者,治其本;先病而后生寒者,治其本。先热而后生病者,治其本。先清而后生热者,治其本。民先泄而后生他病者,治其本。必且调之,乃治其他病。先病而后中满者,治其标;先病后泄者,治其本;先中满而后烦心者,治其本。有客气,有同气。大小便不利,治其标;大小便利,治其本。病发而有余,本而标之,先治其本,后治其标;病发而不足,标而本之,先治其标,后治其本。谨详察间甚,以意调之,间者并行,甚者独行。先小大便不利而后生他病者,治其本也。"(《灵枢·病本第二十五》)这里的"本"就是疾病的本原及其本质,这段论述强调:无论何种疾病,以治"本"为主,但还必须辅以治"标",或先"本"后"标",或先"标"后"本",应该依病而施治,包括拘泥。这种由阴阳转化与五行相生相克而来的病本说,除了治病求本、标本论治外,还提出了扶正祛邪、补虚泻实、调整阴阳等一整套原则,不仅是医理,也具有深刻的哲理。

諸子百家——阴阳家

经脉与情绪联系表

外　因	症　状
夜　劳	肾王于夜,气合于肾,夜劳动肾,喘息内从肾出,伤气于肺。
坠　恐	坠伤筋,肝主筋,喘出于肝,肝侮脾。
惊　恐	惊恐,气机内乱,肺主气,喘出于肺惊则神越,气反伤心。
渡水跌扑	坠而惊,喘出于肾及骨。

五行与五脏关系表

五脏	季节	主治	五脏禁忌	五脏所宜口味	五脏所宜食物
肝	春	足厥阴、足少阳	急	甘	粳米、牛肉、枣
心	夏	手少阴、手太阳	缓	酸	小豆、犬肉、李
脾	长夏	足太阳、足阳明	湿	苦	大豆、豕肉、栗
肺	秋	手太阳、手阳明	气上逆	苦	麦、羊肉、杏
肾	冬	足少阴、足太阳	燥	辛	黄黍、鸡肉、桃

生理阴阳

所谓"生理阴阳"就是运用阴阳五行学说来阐述人体生理结构和机能。

古代医家认为,人身的内部与自然界有密切的联系,因而人身的生理组织是与自然界的阴阳、五行相适应的。因此阴阳五行家的世界图式,也成为生理学的根据。也以《黄帝内经》为例来阐述。

首先,《黄帝内经》应用五行对人体及其机能作了医学五行的分类,如下表:

五行＼医五类	木	火	土	金	水
五官	目	舌	唇	鼻	耳
五体	筋	脉	肉	皮毛	骨
五脏	肝	心	脾	肺	肾
五腑	胆	小肠	胃	大肠	膀胱

五志	怒	喜	思	忧	恐
五智	仁	礼	信	义	智
五魄	魂	神	意	魄	精
五味	酸	苦	甘	辛	咸
五气	风	暑	湿	燥	寒
五温	温	热	自然	凉	寒
五化	生	长	化	收	藏

　　这个表虽然经过我的整合,但的确是从《黄帝内经》而来。从这个表可以看出:由于局限于阴阳家的五行说,《黄帝内经》对人体的生理认识还比较粗疏而细致,当然不能与今天的生理医学相比。但是,这并不影响《黄帝内经》生理阴阳的理论价值和对今天的使用价值。如五官、五脏的区分,至今仍然不能改易,五味、五气仍然在广泛地应用,五志、五智、五魄的精神层次区分具有重要借鉴意义,其中整体上体现的由生理到精神再到这个生命生长的梯级进化思想,我们还缺乏足够的认识。

　　其次,《黄帝内经》的生理阴阳较好地阐述了生理功能及其相互关系。《黄帝内经》花了不少篇幅说明人体与外界环境、四时五气以及饮食五味等的关系,强调人体与外在环境之间相互联系的统一性:"阳为天,积阴为地。阴静阳躁,阳生阴长,阳杀阴藏。阳化气,阴成形。寒极生热,热板生寒。寒气生浊,热气生清,清气在下,则生飧泄,浊气在上,则生腹胀。此阴阳反作,病之逆从也……故清阳出上窍,浊阴出下窍;清阳发腠理,浊阴走五藏;清阳实四支,浊阴归六府……阴味出下窍,阳气出上窍。味厚者为阴,薄为阴之阳;气厚者为阳,薄为阳之阴。味厚则泄,薄则通。气薄则发泄,厚则发热。壮火之气衰,少火之气壮,壮火食气,气食少火,壮火散气,少火生气。气味辛甘发散为阳,酸苦涌泄为阴。"由此进而认为:"阴胜则阳病,阳胜则阴病,阳胜则热,阴胜则寒。重寒则热,重热则寒。寒伤形,热伤气,气伤痛,形伤肿。故先痛而后肿者,气伤形也;先肿而后痛者,形伤气也。风胜则动,热胜则肿,燥胜则干,寒胜则浮,湿胜则儒泻。"(《黄帝内经·素问·阴阳应象大论篇第五》)脏腑的生理功能与相互关系的阐述更为明确:说明五脏的生理活动特点,如肝喜条达,有疏泄的功能,木有生发的特性,故以肝属"木";心阳有温煦的作用,火有阳热的特性,故以心属"火";脾为生化之源,土有生化万物的特性,故以脾属"土";肺气主肃降,金有清肃、收敛的特性,故以肺属"金";肾有主水、藏精的功能,水有润下的特性,故以肾属"水"。说明脏腑生理功能的内在联系如:肾(水)之精以养肝,肝(木)藏血以济心,心(火)之热以温脾,脾(土)化生水谷精微以充肺,肺(金)清肃下行以助肾水。这就是五脏相互滋生的关系。肺(金)气清肃下降,可以抑制肝阳的上亢;肝(木)的条达,可以疏泄脾土的壅郁;脾(土)的运化,可以制止肾水的泛滥;肾(水)的滋润,可以防止心火的亢烈;心(火)的阳热,可以制约肺金清肃的太过,这就是五脏相互制约的关系。

基于对脏腑的生理功能与相互关系的这些认识,《黄帝内经·素问·四气调神大论篇第二》还提出了以预防为主的养生建议:

春三月,此谓发陈,天地俱生,万物以荣,夜卧早起,广步于庭,被发缓形,以使志生,生而勿杀,予而勿夺,赏而勿罚,此春气之应,养生之道也。逆之则伤肝,夏为寒变,奉长者少。

夏三月,此谓蕃秀,天地气交,万物华实,夜卧早起,无厌于日,使志无怒,使华英成秀,使气得泄,若所爱在外,此夏气之应,养长之道也。逆之则伤心,秋为痎疟,奉收者少,冬至重病。

冬三月,此谓闭藏,水冰地坼,无扰乎阳,早卧晚起,必待日光,使志若伏若匿,若有私意,若已有得,去寒就温,无泄皮肤,使气亟夺,此冬气之应,养藏之道也。逆之则伤肾,春为痿厥,奉生者少。

这个建议显然直接从“月令”而来,一年四季的变化使生物有生、长、收、藏的反应。人也应该随着四季的变化,对于自己的身体,作生、长、收、藏的适应,具有鲜明的阴阳家色彩。《素问》7篇大论都着重探讨自然界气候的常变对人体生理、病理影响的变化规律,并试图按照这些规律指导人们趋利避害、防病治病。

在古代医家那儿,生理阴阳往往与养生紧密相连。除了上述应“月令”而趋利避害的养生外,《黄帝内经》还提出了协调阴阳、饮食有节、起居有常的生理养生方法,更为重要的是提倡精神养生:“故智者之养生也,必顺四时而适寒暑,和喜怒而安居处,节阴阳而调刚柔,如是则僻邪不至,长生久视。”(《素问·灵枢·本神第八法民》)而“和喜怒”“调刚柔”的重要方法是恬淡虚无、精神内守等。

在《黄帝内经》的这些生理阴阳与养生思想中,防重于治、精神养生重于生理养生的思想,具有重大的理论意义和重要的现实借鉴价值。

经络阴阳

“经络”一词首先见《黄帝内经》,《灵枢·邪气脏腑病形》说:“阴之与阳也,异名同类,上下相会,经络之相贯,如环无端。”经络是经脉和络脉的合称。经本来是织物上纵向的纱或线,中医借来指人体内气血运行通路的主干。《黄帝内经》解释“络”说:“经脉为里,支而横者为络,络之别者为孙。”(《黄帝内经·灵枢·脉经》)意思是由“经”相对生成的,指“支而横者”的气血运行通路——络脉,是经脉别出的分支,较经脉细小,纵横交错,遍布全身。经络内属于脏腑,入络于肢节,沟通于脏腑与体表之间,将人体脏腑、组织、器官联结成为一个有机的整体,并借此行气血、营阴阳,使人体各部的功能活动得以保持协调和相对平衡。因此,研究经络系统的生理功能、病理变化及其与脏腑之间的关系的理论,称为经络学说。它是中医学分析人体生理、病理的独特而重要的医学理论。经络学说在古代医家中,具有崇高的地位:“经脉者,所以能决死生,处百病,调虚实,不可不通。”(《黄帝内经·灵枢·脉经》)《黄帝内经》是经络学说形成的标志。《黄帝内经》系统地论述了十二经脉的循行部位、属络脏腑,以及十二经脉发生病变时的症候;记载了十二经别、别络、经筋、皮部等的内容;对奇经八脉也有分散的论述;并且记载了约160个穴位的名称。同病理、生理一样,经络学说也是以阴阳五行学说为基础建立起来的。

借"阴阳"说论十二经脉的清浊与调剂 黄帝问岐伯:"余闻十二经脉,以应十二经水者,其五色各异,清浊不同,人之血气若一,应之奈何?"岐伯回答说:"受谷者浊,受气者清。清者注阴,浊者注阳。浊而清者,上出于咽;清而法者,则下行。"这是解说清浊来源于运行的区别,那么"清浊别之奈何?"这实际是问十二经脉的清浊具体的表征,因此岐伯回答说:"气之大别,清者上注于肺,浊者下走于胃。胃之清气,上出于口;肺之浊气,下注于经,内积于海。"既然清浊有别,那么该如何调剂呢? 岐伯的回答是这样的:"清者其气溶,浊者其气涩,此气之常也。故刺阴者,深而留之;刺阳者,浅而疾之;清浊相干者,以数调之也。"(《黄帝内经·灵枢经·阴阳清浊第四十》)把这种应用于针灸,岐伯也做了详

细的说明:"腰以上为天,腰以下为地,故天为阳,地为阴。故足之十二经脉,以应十二月,月生于水,故在下者为阴;手之十指,以应十日,日主火,故在上者为阳……寅者,正月之生阳也,主左足之少阳;求六月,主右足之少阳。卯者二月,主左足之太阳;午者五月,主右足之太阳。后者三月,主左足之阳明;已者四月,主右足之阳明,此两阳台于前,故曰阳明。申者七月之生明也,主右足之少阴;丑者十二月,主左足之少阴。酉者八月,主右足之太阴;子者十一月,主左足之太阴。戌者九月,主右足之厥阳;亥者十月,主左足之厥阴,此两阴交尽,放曰厥阴。甲主左手之少阳,己主右手之少阳。乙主左手之太阳,戊主右手之太阳。丙主左手之阳明,丁主右手之阳明,此两火并合,故为阳明。庚主右手之少阴,癸主左手之少阴。李主右手之太阴,壬主左手之太阴。故足之阳者,阴中之少阳也;足之明者,阴中之太阴也。手之阳者,阳中之太阳也;手之阴者,阳中之少阴也。腰以上者为阳,腰以下者为阴。其于五藏也,心为阳中之太阳,肺为阴中之少阴,肝为阴中之少阳,脾为阴中之至阴,肾为阴中之太阴。……正月、二月、三月,人气在左,无刺左足之阳;四月、五月、六月,人气在右,无刺右足之阳;七月、八月、九月,人气在右,无刺右足之阴;十月、十一月、十二月,人气在左,无刺左足之阴。"(《黄帝内经·灵枢经·阴阳系日月第四十一》)这里整体上是阴阳论,并提出了"三阴三阳"(阴阳之说在古代医学领域中有一种特殊的表现形式,即三分阴阳而成太阴、少阴、厥阴和太阳、少阳、阳明。这六个名词在医学中是极为重要的概念术语:经脉学说的主体即是以此为名——手、足各有三阴、三阳之脉,合为"十二正经";《素问·热论》在论述外感热病时,亦是以此为名——外感病的进程被划分为太阳、少阳、阳明、太阴、少阴、厥阴六个阶段。东汉的重要医学著作《伤寒杂病论》即以此为纲,发挥而成,故后人称此为"六经辨证"体系),具体展示则是以月令思想来建构的。

借五行和"精气"说论"色脉" 所谓"色脉"就是"色合五行,脉合阴阳"(《黄帝内经·素问·脉要精微论第十七》),两者分合的情形是:"夫络脉之见也,其五色各异,青黄赤白黑不同……心赤、肺白、肝青、脾黄、肾黑,皆亦应其经脉之色也。……阴络之色应其经,阳络之色变无常,随四时而行也。寒多则凝泣,凝泣则青黑,热多则淖泽,淖泽则黄赤。此皆常色,谓之无病。五色具见者,谓之寒热。"(《黄帝内经·素问·经络论篇第五十七》)色脉相合与诊断的情形是:"色之与脉,当参相应。然而治病万全之功,苟非合于

色脉者,莫之能也。《五脏生成》篇云:'心之合脉也,其营色也。'夫脉之大小、滑涩、沉浮,可以指别;五色微诊,可以目察。继之以能合色脉,可以万全。谓夫赤脉之至也,喘而坚;白脉之至也,喘而浮;青脉之至也,长而左右弹;黄脉之至也,大而虚;黑脉之至也,上坚而大。此先言五色,次言五脉。欲后之学者,望而切之,以相合也。"(朱震亨《丹溪心法·能合色脉可以万全论》)这个到中医临床就是色脉合参,即诊色与诊脉相结合,综合判断病情变化。例如面红唇赤,舌红苔黄,为邪热盛的病色,若脉见洪数或滑数,则脉色一致,多为新病,易治。若脉洪数而面色苍白,则脉色不符,多为久病,难治。由于色又源于气,《灵枢经》论脉色有"移精变气论",表明还受了"精气"说的影响。

十二月中人气与天气、地气的关系表		
时间	天气与地气的特点	人气特征
正月、二月	天气始方,地气始方	人气在肝
三月、四月	天气正方,地气定方	人气在脾
五月、六月	天气盛,地气高	人气在头
七月、八月	阴方始杀	人气在肺
九月、十月	阴气始冰,地气始闭	人气在心
十一月、十二月	冰复,地气合	人气在肾

整合阴阳五行与术数成"九针论" 所谓九针是镵针、员针、鍉针、锋针、铍针、员利针、毫针、长针和大针。《黄帝内经》的原则是:"九针之宜,各有所为;长短大小,各有所施也,不得其用,病弗能移。"(《黄帝内经·灵枢经·官针第七》)指出九针的形状、用途各异,要根据病情选用:镵针针形如箭头,主要用于浅刺出血,治疗头身热病及皮肤疾患等;员针为圆柱状,端呈卵圆形的针具,用于按摩体表,治疗筋肉痹痛等病症;鍉针针体粗大,尖如黍粟,圆而微尖的针具,用于按压经穴,不入皮肤;锋针体呈圆柱,针尖锋利,三面有刃的针具,用于浅刺出血,治疗热病、痈肿及经络痼痹等疾患;铍针形如宝剑,两面有刃的针具,用于疮疡排脓放血;员利针体细小而尖微大圆利的针具,用于治疗痈肿,痹症等病症;毫针针身长短和粗细各有不同,但坚韧锋利,方便耐用,以治疗寒热、痛痹等病症;长针(又名环跳针,近代又发展成芒针)针身长,多用于深刺,以治疗痹症;大针针体粗长而尖微圆,以治疗关节症等。九针论的原理是:"九针者,天地之大数也,始于一而终于九。故曰:一以法天,二以法地,三以法人,四以法时,五以法音,六以法律,七以法星,八以法风,九以法野。"(《黄帝内经·灵枢经·九针论》第七十八)"凡刺之道,毕于终始。明知终始,五脏为纪,阴阳定矣。阴者主脏,阳者主腑。阳受气于四末,阴受气于五脏。故泻者迎之,补者随之。知迎知随,气可令和。和气之方,必通阴阳。"(《黄帝内经·灵枢经·终始篇第九》)可见针灸之道是阴阳调和;针灸之法是"按日起时,循经寻穴;时上有穴,穴

諸子百家

——

阴阳家

上有时;分明实落,不必数上衍数。"这就是五行之法,但是部分医家却认为这是"所以宁守子午而舍尔灵龟也。灵龟八法,专为奇经八穴而设,其图具后。但子午法,其理易明,其穴亦肘膝内穴,岂能逃子午之流注哉!"(徐凤《针灸大全·流注时日》)这就把医学的科学性消解,由此而流入方术了。综上所述,"九针论"可以说是经络阴阳中的集大成者。

经络学说在生理疗治和精神疗治方面,都可以利用五行的克制作用来选穴和调节情志。如悲可以胜怒,是因为悲为肺志属金,怒为肝志属木的缘故。经络学说的内容十分广泛,我们只撷取有关阴阳家的部分以论述而已。

星占术

星占术又称占星学或星占学、星象学或星象术、星命术,是一种根据天象来预卜人间事务的方术。

《晋书·天文志上》:"黄帝创受《河图》,始明休咎,故其《星传》尚有存焉。降在高阳,乃命南正重司天,北正黎司地。爰洎帝喾,亦式序三辰。唐虞则羲和继轨,有夏则昆吾绍德。年代绵邈,文籍靡传。至于殷之巫咸,周之史佚,格言遗记,于今不朽。其诸侯之史,则鲁有梓慎,晋有卜偃,郑有裨灶,宋有子韦,齐有甘德,楚有唐昧,赵有尹皋,魏有石申夫,皆掌著天文,各论图验。其巫咸、甘、石之说,后代所宗。暴秦燔书,六经残灭,天官星占,存而不毁。及汉景武之际,司马谈父子继为史官,著《天官书》,以明天人之道。"这段文字记述了《史记》之前的天文历法活动和有关史料的记载,在《汉书》《后汉书》《隋书》《新唐书》的天文历志中也有类似说法。其中黄帝的《河图》《星传》已不可考,其余重黎、羲和、昆吾、巫咸、史佚、郭偃、梓慎、苌弘、裨灶、子韦等,已经在《方士方技》一节中做了叙述,这些人物既是方士,同时也是阴阳家的祖先。

从这些人物及其活动中,我们知道,星占术起源于人类原始社会文化的早期阶段:世界上一些文化发展较早的地区,如古代巴比伦、埃及、希腊、中国,以及到近代还处于原始社会的一些民族和部落中,星占术都很盛行。这是由于当时人们的知识水平和生产力都很低,对自然现象中的一些规律没有掌握,于是从一些表面天文现象出发,把人们生活中的吉、凶、祸、福与某些自然现象联系起来。然而因为古代占星术却完全属于官府,是政府所设天文机构的重要工作内容,又把天象认定为天机,因而为了防止"泄露天机",不断把星占术机密化、神秘化。随着日、月、五星运行规律的逐渐被揭示,占星术也不断发生变化,出现了各种体系和复杂的推算方法,同时也加强了其神秘性。中国现存的古代星占书有唐代李淳风所著《乙巳占》、瞿昙悉达所撰《开元占经》、北宋王安礼重修的《灵台秘苑》,以及明代的《观象玩占》等,都体现了这样的特性;其他如辽代的耶律纯《星命总括》、明代万英《星命大成》以及波兰籍耶稣会士穆尼格(P.Ni colassmogolenski)传授了的《天步真源》等,则属于星命术,可以放到算命术中。

由于羲和等留下来"敬顺昊天,历象日月星辰,敬授民时"的传统,使天文官兼有天事和人事的双重职能,这就把天文官和星占家统一,到汉代把相应的职能也统一起来:"天文者,序二十八宿,步五星日月,以纪吉凶之象,圣王所以参政也。"(班固《汉书·艺文志》)因此星占术主要是利用日食、月食、新星、彗星、流星的出现,以及日、月、五星(水星、金星、火星、木星、土星)在星空背景上的位置及其变化等天象,来占卜人间的吉、凶、祸、福。星占术典籍丰富,《隋书·经籍志三》就录有《天仪说要》一卷(陶弘景撰)、《录轨象以颂其章》一卷(内有图)、《天文集占》十卷(晋太史令陈卓定)、《天文要集》四十卷(晋太史令韩杨撰)、《天文要集》四卷、《天文要集》三卷、《天文集占》十卷(梁百卷。梁有《石氏》《甘氏天文占》各八卷)、《天文集占图》十一卷(梁有《天文五行图》十二卷、《天文杂占》十六卷,亡)、《天文录》三十卷(梁奉朝请祖恒撰)、《天文志》十二卷(吴云撰)、《天文志杂占》一卷(吴云撰。梁有《天文杂占》十五卷,亡)、《天文》十二卷(史崇注)、《天文十二次图》一卷(梁有《天宫宿野图》一卷,亡)、《婆罗门天文经》二十一卷(婆罗门舍仙人所说)、《婆罗门竭伽仙人天文说》三十卷、《婆罗门天文》一卷、《巫咸五星占》一卷、《黄帝五星占》一卷、《五星占》一卷(丁巡撰)、《五星占》一卷(梁有《五星集占》六卷,《日月五星集占》十卷)、《五星占》一卷(陈卓撰)、《五星犯列宿占》六卷、《杂星书》一卷、《杂星图》五卷、《杂星占》七卷、《杂星占》十卷、《海中星占》一卷(梁有《论星》一卷)、《星图海中占》一卷等97部675卷。早期星占术主要占卜战争的胜负,国家(或民族)的兴亡,以及国王或重要大臣的命运等较为重大的事件,后来扩展到占卜个人命运以及日常生活中琐事等。综观《开元占经》《乙巳占》等古代星占学秘籍,中国古代星占学所占之象主要可分为5个方面:日月占、彗星占、恒星占、行星占、杂星占。

日月占 日月占是占与日月有关的天象,是古代星占学的一个大项,也可分为五种类型:日蚀占:日蚀及有关天象;日象占:日本身所呈现之象;月蚀占:月蚀及有关天象;月象占:月本身所呈现之象;月位占:月运动时与恒星、行星的关系。仅举日蚀占。古代星占理论认为,太阳运动至二十八宿,不同宿而发生日蚀,其意义是各不相同的,但是总体而言:"日为太阳之精,主生养恩德,人君之象也。……日蚀,阴侵阳、臣掩君之象,有亡国。"(《晋书·天文志》)既然日蚀是如此凶险不祥的天象,就必然要采取措施以图补救,即所谓"回转天心"。具体的措施是:"太上修德,其次修政,其次修救,其次修禳,正下无之。"(《史记·天官书》)虽然修德、修政措施是上上之策,但往往难于操作,因而修救、修禳在古代是较常用的手段。沈约《宋书·志第四·礼一》转述的挚虞《决疑》禳救之法是:"凡救蚀者,皆著赤帻,以助阳也。日将蚀,天子素服避正殿,内外严警,太史登灵台,伺候日变。更伐鼓于门,闻鼓音,侍臣皆著赤帻,带剑入侍。三台令史以上,皆各持剑立其户前。卫尉卿驰绕宫,伺察守备,周而复始。日复常,乃皆罢。"这种禳救之法很早,《隋书·经籍志》转述说"《书》称:'天视自我人视,天听自我人听。'故曰:'王政不修,谪见于天,日为之蚀。后德不修,谪见于天,月为之蚀。'其余孛彗飞流,见伏陵犯,各有其应。《周官》:冯相'掌十有二岁、十有二月、十有二辰、十日、二十有八星之位,辨其叙事,以会天位'是也。小人为之,则指凶为吉,谓恶为善,是以数术错乱而难明"。曾经也为古祀礼,鲁昭公十七年,六月朔,日有蚀之。祝史请所由,叔孙昭子曰:"日有蚀之,天子不举乐,伐鼓于社;诸侯用敝于社,伐鼓于朝,礼也。"

行星占 对行星的星占大致有四种情形:(1)行星的亮度、颜色、大小和形状的天象与吉凶:"(岁星)明大润泽,则人君昌寿,民富乐,中国安,四夷服。"(《乙巳占》);(2)行星经过或接近星宿、星官的天象与吉凶："填星（土星）犯左角，大战，一日军死。"（《黄帝占》）；(3)行星自身运行状况的天象与吉凶："凡五星见（出现）、伏（不见）、留行（一段日子停在原处不动）、逆、顺、迟、速应历度者，为得其行，政合于常；违历错度而路盈缩者，为乱行。"（《晋书·天文志》）；(4)诸行星相互位置的天象与吉凶："五星若合，是谓易行（改朝换代，附会五行，如秦以永德，汉改为大德之类）。有德爱庆，改立天子，乃奄有四方，子孙善昌。天德受罚，离其国家，灭其宗庙，百姓离去满四方。"（《海中占》）

恒星占　虽然日占、月占、行星占中有一部分与它们在恒星背景下的位置有关，但在那些占法中恒星本身并不是主体对象。恒星占是以恒星本身为主体对象的占法，主要考虑恒星本身所呈现之象，以及适当的附会与联想，特别是紫微垣中的北斗七星，更具有丰富的星占学意义："天枢：正星，主阳德，天子之象也。天璇：法星，主阴刑，女主之位也。天玑：令星，主中揭。天权：伐星，王天理，伐无道。玉衡：杀星，主中央，助四旁，杀有罪。开阳：危星，王天仓五谷。摇光：部星，亦日应星，主兵。"（《晋书·天文志》引石氏之说）

彗星占　《乙巳占》卷对彗星的星占学含义有详细的论述："长星，状如帚；孛星，圆状如粉絮，奉辛然。皆逆乱凶孛之气。状虽异，为一映也。为兵、丧、除旧布新之象。……凡蓄孛见，亦为大臣谋反，以家坐罪；破军流血，死人如麻，哭泣之声遍天下，臣杀君，子杀义，妻害夫，小凌长，众暴寡，百姓不安，干戈并兴，四夷来侵……"彗星俗称扫帚星，是种令人恐惧的天象，当然是一种凶兆。《乙巳占》将彗星根据形状分成两类，而在马王堆三号墓出土的帛书中，竟将彗星绘成29种图形，有18个不同名称。这说明关于彗星的星占很早就较完善了。

杂星占　流星占、客星占、瑞星占、妖星占、云占、气占、风占、虹占，雾、霸、霜、雪、雹、露、霜、雷占等等，有些占法与"星"已扯不上关系，只属于大气层内的气象现象，但古人天文、气象不分。属于星占术的主要有流星占、客星占：(1)流星是较常见的天象，可见对流星的星占，大致与它在天空的飞行轨迹有关。流星如果落到地面还未燃烧尽，则成为陨石，这在古人看来，其兆更为凶险："因易主则星坠；国有大凶，其主亡，则众星坠。"（《开元占经》）。(2)客星占。所谓客星，在很多情况下是指新星或超新星爆发，在原来肉眼看不见星的地方突然出现明亮的星星，一段时间之后又消失，如客人之来去，客星非常罕见，但也有记述："客（星）于犯女（宿），邻国有以妓女来进，妾还为后。（客星）守张，楚、周隐士不去。满三十日，有亡国，死王。"（《乙巳占》）流星占、客星占与彗星占一样，都是凶兆。

星占术是依据天象进行占卜的，这就推动了人们去观测天象。由此，人们记录了许多宝贵的资料。例如中国古代丰富的天象记载所提供的关于彗星、流星、新星和超新星爆发等等记录，至今仍是天文工作者感兴趣的宝贵资料。同时，古人对于日、月、五星等运行规律的认识，也是与占星家的观察和推算分不开的。但是，对人事的预测无疑是附会了许多迷信的成分。

堪舆术

堪舆术又称为风水术、相地术、地理、相宅术、青乌、青囊术、形法等，是中国古代重要的方术,也是中国传统文化的重要内容。

堪舆的堪为天道(堪又与"勘""坎"有相通之义),舆为地道。汉代就有了以堪舆为职业的人。《史记·日者列传》有褚先生记:"孝武帝时,聚会占家问之,某日可取妇乎?五行家曰可,堪舆家曰不可。"可见,堪舆家与五行家是当时有名的方术家之一。《汉书·艺文志》载有《堪舆金匮》,也是说风水方位之书。汉代又有相地家青乌子,所以堪舆家又称青乌先生。形法也起于汉代,《汉书·艺文志》有形法类,其中载录有《宫宅地形》二十卷。日本学者泷川资言在此条下注云:"说风水方位之形法包括相地相形,也包括相人相畜,这是它与后世'风水'的不同之处。"青囊、风水都出自郭璞:郭璞所得《青囊》9卷而著的《青囊经》,成为相地术的经典,也成了堪舆术的别名;他在《葬书》中云:"葬者,乘生气也。气乘风是散,界水则止。古人聚之使之不散,行之使有止,故谓之风水。"清人范宜宾《葬书》作注云:"无水则风到而气散,有水则气止而风无,故风水二字为地学之最,而其中以得水之地为上等,以藏风之地为次等。"这就是说,风水是古代的一门有关生气的术数,只有在避风聚水的情况下,才能得到生气。后人因为这些,尊郭璞为风水鼻祖,但是有传承的风水派系内却都尊九天玄女为阴阳院(风水门)的宗师,因为传说九天玄女为帮助黄帝战胜蚩尤,解救百姓困苦而传授于他玄学术数,其中就包括风水术。因此我国民间,多称为"风水",而把操此职业者称为"风水先生",由于风水先生要利用阴阳学说来解释,并且人们认为他们是与阴阳界打交道的人,所以又称这种人为"阴阳先生"。

堪舆一词以及堪舆家虽然在汉代才正式出现,但是,堪舆术至晚在商周之际便已经发生。盘庚、公刘、古公亶父、周公邵公在相地实践中都做过贡献。经过韩的发展,晋产生了管辂、郭璞这样的宗师。南北朝至隋又有所发展,名家如宋明帝刘彧、隋萧吉、浮屠池师等,萧吉有《相地要录》等书。唐宋时期,出现了张说,浮屠弘、司马头陀、杨筠松、丘延翰、曾文遄、赖文俊、陈抟、吴景鸾、傅伯通、徐仁旺、邹宽、张鬼灵、蔡元定、厉伯韶等等一大批堪舆名师。其中杨筠松最负盛名,他把宫廷的堪舆书籍挟出,到江南一带传播,弟子盈门。明清是泛滥时期。传闻明代刘基最精于堪舆,有一本《堪舆漫兴》就是托名于他。近代历史中,堪舆术在旧中国十分盛行,在解放后与"文革"时期,我国的堪舆术受到毁灭性的打击与破坏,但在民间实践中,仍有潜在的活动市场,不可忽视。

盘庚

堪舆术以主体生死的所居的堪舆分,阳宅术和阴宅术。湖南省江陵凤凰山墓出土的镇墓文有"江陵丞敢告地下丞""死人归阴,生人归阳"之语。还出现了《移徙法》《图宅术》《堪舆金匮》《宫宅地形》等有关堪舆的书籍。所谓"死人归阴"如:"卜其宅兆面厝之。"(《孝经·丧亲》)这是相阴宅,即查勘死人的墓地。所谓"生人归阳"如:"成王在丰,欲宅邑,使召公先相宅。"(《尚书·召诏序》)这是相阳宅,即查勘活人的居所。

阳宅术的要则有三个:(1)傍山依水。早在原始社会的村落就采用了傍山依水的原则。如河北武安县的磁山遗址就是位于太行山脉与华北平原的交界处的南洺河河旁阶地上;河南新郑县的裴李岗遗址位于双泊河河湾的稍远的山冈上。所以黄老学家认为:"凡立国都,非于大山之下,必于广川之上。高毋近旱而水用足,下毋近水而沟防省。"(《管子·乘马》)为什么要如此,因为山以水为脉,水以山为面。山得水而活,水得山而媚。除了这种堪舆的理念外,可能也还有"智者乐水,仁者乐山"(《论语·雍也篇》)的意味。(2)坐北向南。其实就是强调"向阳",俗语说"向阳门第好风光"。由于我国位于北半球,每年的日照以南向居多,因而民间建房多取子午向。子午向就是正南向。还有丑未向和亥巳向,分别为南偏西、南偏东的西南向和东南向。同住一栋房屋,朝南的房子和朝北的房子温差几度,住北房的人比住南房的人更容易感冒。北向房寒气重,南向房有生机,阳光照进南房,不仅温暖,还可杀菌。(3)讲究美感。堪舆术认为地形有四美:一美是罗城周密,要求居处以山水拥簇为佳;二美是山水内积;三美是明堂宽敞;四美是一团旺气,有生机之地必然树林茂盛,五谷丰盈:"圣人之处国者,必于不倾之地,而择地形之肥饶者。"(《管子·地篇》)

阴宅术也有三要:(1)丰富的峦头知识。峦头简单地说,就是山川形势,峰峦、砂水的格局,龙脉的走向。其标准是:龙脉旺,阴阳龙相缠相绕;砂水秀美,罗城得局;穴位得气,土质良好。(2)准确的理气分金。堪舆术中的气,有生气、死气、阴气、阳气、地气、乘气、聚气、纳气、气脉、气母等,认为不论是生者还是死者,都要得气,才能有吉兆。明代堪舆大师蒋平阶说:"太始唯一气,莫先于水。水中积浊,遂成山川。经云:气者,水之体于父母,本骸得气,遗体受荫,盖生者,气之聚凝,结者成骨,死面独留,故葬者,反气内骨,以荫所生之道也。经曰:气乘风则散,界水则止,古人聚之使不散,行之使有止。"(《水龙经·气机妙运》)气是构成世界本原的元素,它变化无穷,变成山,变成水,在天空周流,在地下运行,滋生万物。理气,即寻找生气,有生之地大约是避风向阳,流水潺潺,草木欣欣,莺歌燕舞,鸟语花香。然后在峦头的基础上定出穴场的吉凶,决定穴位该立何向和气场的吉凶旺衰。峦头与理气相辅相成,峦头无理气不准,理气无峦头不灵,两者相互依赖。(3)过硬的择吉术。择吉形式上就是选择安葬的日期,这是在选好峦头和运用理气的基础上,对所立的山向进行精神调补。堪舆家认为在很多情况下,日课的吉凶,并不取决于日课的本身,只有在峦头和理气的相互支配下,日课才能发生其本身的效果。所以就据山家亡命、子孙命择吉,所择吉日不能与亡命、子孙命刑冲克害,所择吉日,不犯太岁、三煞、重丧、重复等凶日。这样以便获取"天维乾巽坤艮壬,阳顺星辰轮,支神坎震离兑癸,阴卦逆行取,分定阴阳两路归,顺逆推排去,知生知死亦知贫,留取教儿孙"(杨筠松《天玉经·内传中》,据《四库全书》收录李定信考本)的理想效果。堪舆术中认为可以使后代大富大贵的阴宅是:"乾山乾向水朝乾,乾峰出状元;卯山卯向迎原水,骤富石崇比;午山午向午来堂,大将镇边疆;坤山坤向水坤流,富贵永无休。"(杨筠松《天玉经·内传中》,

据《四库全书》收录李定信考本）但是分开而言，则所谓富地是："十个富穴九个窝，恍如大堂一暖阁。八方凹风都不见，金城水聚眠弓案。四维八干具丰盈，水聚天心更有情，入首气状鳖蕴形，左仓右库斗星金。"所谓富地是："十个贵穴九个高，气度昂昂压百僚。旗鼓贵人列左右，狮象禽里又华表。文峰案处万笏朝，龙楼凤阁贵极品。水来九曲峰透霄，将相公侯福滔滔。"（吕文艺《阴基风水·富贵贫贱峦头论》）

　　阳宅是生人所住之所，千万不要完全按照阴宅术的理论来分析住宅，同样也不能运用阳宅术理论来判断阴宅，必须严格区分两者的异同。阴宅术以向收水，以向拨砂，配合二十四山及二十八宿和纳甲水法原理综合分析。阳宅术实际上最重的就是气，以及宅命相配。当然也都以阴阳五行思想为基础。

　　堪舆术的理论当然是堪舆学，其学派主要是形势派和理气派。形势派偏重地理形势，主要是以龙（山脉山势）、穴（山、地的聚结或隆起处）、砂（龙、穴周围的地形地貌）、水（地表的水流、水道等）、向（方位、朝向等）来论吉凶，形成了审龙、观砂、察水、定穴的堪舆程序。形势派虽然分峦头派、形象派、形法派这三个小门派，但实际上这三个小门派是互相关联的，并没有完全分离。理气派又称屋宅派或三元理气派，这派把阴阳五行、八卦、河图、洛书、星象、神煞、纳音、奇门、六壬等几乎所有五术的理论观点，都纳入作为自己立论的原理，形成了十分复杂的堪舆学派，因而流派众多：有八宅派、命理派、三合派、翻卦派、飞星派、五行派、玄空大卦派、八卦派、九星飞泊派、奇门派、阳宅三要派、廿四山头派、星宿派金锁玉关派等。形势派和理气又是彼此渗透、互相融通的。

　　如何认识堪舆术，一般认为是"旧中国的一种迷信。认为住宅基地或坟地周围的风向水流等形势，能招致住者或葬者一家的祸福。也指相宅、相墓之法"（《辞海》）。但是，把堪舆术定性为"迷信"似乎不够妥帖。新西兰奥克兰大学地理系学者尹弘基先生早已指出：堪舆术"是中国古代地理选址布局的艺术，不能按照西方概念将它简单称为迷信或科学"（《论中国古代风水的起源和发展》）。近年来，随着建筑行业与生态环境学的发展，国际上对堪舆术的重视，出现了一些新的较为合理的认识："从传统地理来说，风水学是一种传统文化现象，一种广泛流传的民俗，一种择吉避凶的术数，一种有关环境与人的学问，一种有关阴宅与阳宅的理论与实践系统的理论，是人们长期实践经验的积淀。从现代科学理论来看，风水学是地球物理学、水文地质学、环境景观学、生态建筑学、宇宙星体学、地球磁场方位学、气象学和人体信息学合一的综合性科学。"（郭越峰《浅谈生态环境观与建筑风水学》）因此，堪舆术无疑存在着迷信，同时也具有一定的科学因素，我们因而必须加以扬弃，而且正如《国语·越语》所说："人事必将与天地相参，然后乃可以成功。"堪舆术的现实价值不能忽视。

　　占梦术

　　占梦术是中国古代通过对梦境的揭示与诠释来预测吉凶祸福的一种方术（这里不指现代立足心理学的释梦），也是中国传统文化的一个组成部分。

　　占梦术的产生可追溯至原始社会人类生活的较早阶段。原始人最早的信仰是一种"灵魂"信仰，他们认为人的生命并不是肉体本身而是蕴藏在肉体内的一种看不见摸不着

诸子百家 —— 阴阳家

的神秘力量——灵魂。人们之所以做梦,是因为在肉体休息时,灵魂脱离了肉体出外漫游,灵魂在外漫游的经历也就成为梦境。因而难以解释的梦境被视为神圣的东西,被认为是神为了把自己的意志通知人们而最常用的方法,被认为是神灵的命令。加上梦如同人的身影一般,既司空见惯,又神秘莫测,既虚无缥缈,又真实可见。梦境既神圣而且神秘,令人惶恐不安,因而就需要能够沟通人神的巫师等特殊人物来诠解,这样就形成了占梦术。

　　中国最早的占梦记载见于商代,如"壬午卜,王曰贞,又梦"(铁藏26,3),"丁未卜,王贞多鬼梦"(胡厚宣《殷人占梦考》)等。到了周,占梦术空前发展,《周礼·春官宗伯第三》记载:"大卜掌三兆之法,一曰玉兆,二曰瓦兆,三曰原兆。其经兆之体,皆百有二十,其颂皆千有二百。掌三易之法,一曰连山,二曰归藏,三曰周易。其经卦皆八,其别皆六十有四。掌三梦之法,一曰致梦,二曰觭梦,三曰咸陟。其经运十,其别九十,以邦事作龟之八命,一曰征,二曰象,三曰与,四曰谋,五曰果,六曰至,七曰雨,八曰廖。以八命者赞三兆、三易、三梦之占,以观国家之吉凶,以诏救政。凡国大贞,卜立君,卜大封,则眂高作龟。大祭祀,则眂高命龟。凡小事,莅卜。国大迁、大师,则贞龟。凡旅,陈龟。凡丧事,命龟。"大卜为六卿之一,执行"三兆之法"(玉兆、瓦兆、原兆)、"三梦之法"(致梦、觭梦、咸陟)、"三易之法"(连山、归藏、周易),从而"观国家之吉凶,以诏救政",可见职掌是多么重大。"三兆之法"就是兆占,就是依据玉石、瓦块等事物的一些征兆进行占卜;"三易之法"即易占,就是用算卦的方式进行占卜;"三梦之法"即梦占,就是依据梦境进行占卜。占梦"掌其岁时,观天地之会,辨阴阳之气,以日月星辰占六梦之吉凶";视"掌十辉之法,以观妖祥、辨吉凶"。民间流传的《周公解梦》也托名周公姬旦。此后,占梦术一直发展并流传到今天。

　　梦的内容十分复杂,《梦林玄解》在《潜夫论·梦列》的基础上归纳为15类:

　　直梦　即王符的"直应之梦",梦见什么就发生什么之梦。

　　象梦　即梦意在梦境内容中通过象征手段表现出来。我们所梦到的一切,都是通过象征手法表现的,如天象征阳刚、尊贵、帝王;地象征阴柔、母亲、生育等等。

　　因梦　由于睡眠时五官的刺激而做的梦。"阴气壮则梦涉大水,阳气壮则梦涉大火,藉带而寝则梦蛇,飞鸟衔发则梦飞",此即因梦。

　　想梦　即王符的"昼有所思,夜梦其事,乍吉乍凶,善恶不信者",是意想所做之梦,是内在精神活动的产物,通常所说"日有所思,夜有所梦"之梦。

　　精梦　即王符的"先有差忒",由精神状态导致的梦,是凝念注神所做的梦,使近于想梦的一种梦。

　　性梦　即王符的"心精好恶,于事验"梦,由于人的性情和好恶不同引起的梦。性梦主要不是讲做梦的原因,而是讲做梦者对梦的态度。

　　人梦　即王符的"贵贱贤愚,男女长少"梦,是指同样的梦境对于不同的人有不同的意义。

　　感梦　由于气候因素造成的梦为感梦,即由于外界气候的原因,使人有所感而做

諸子百家 —— 阴阳家

之梦。

时梦 即王符的"风雨寒暑谓之感；五行王相"梦，由于季节因素造成的梦为时梦："春梦发生，夏梦高明，秋冬梦熟藏"。

反梦 即王符的"阴极即吉，阳极即凶"梦，就是相反的梦，阴极则吉，阳极则凶，谓之反梦。在民间解梦，常有梦中所做与事实相反之说，在历代典籍中，亦多有反梦之记载，成语中亦有黄粱美梦的典故，唐代沈既济《枕中记》，说卢生在梦中享尽了荣华富贵，醒来时，蒸的黄粱米饭尚未熟，只落得一场空。可见反梦在人的梦中占有很大的比重。

藉梦 也就是托梦，此类梦在古代书籍中也有不少记载。人们认为神灵或祖先会通过梦来向我们预告吉凶祸福。

寄梦 就是甲的吉凶祸福在乙的梦中出现，乙的吉凶祸福在甲的梦中出现，或者异地感应做同样的梦。寄梦是由于人们之间的感应而形成的梦。

转梦 是指梦的内容多变，飘忽不定。

病梦 即王符的"观其所疾，察其所梦"，是人体病变的梦兆，从中医角度来讲，是由于人体的阴阳五行失调而造成的梦。

鬼梦 即噩梦，梦境可怕恐怖的梦。鬼梦多是由于睡觉姿势不正确，或由于身体的某些病变而造成的梦。

古代占梦术还有"梦有五不占，占有五不验"之说，所谓"梦有五不占"，就是指有五种梦不能占卜：

一是神魂未定而梦者，不占。人的精神由魂与魄共同组成，民间常说"丧魂落魄"。一般来说，魂由阳气组成，阳气轻清，这样魂之中精神的因素便较重，大体相当于神；魄为阴气，沉滞粗重，是构成人形的基质。所谓梦便是人的阳气与天地万物的阳气相互感通，具体依据梦中所现事物的不同，象征着不同的感应对象。人在神魂未定的状态下所呈现的梦象不是精魂所感，而是精魂未定下的浮想。这种浮想不是占梦术上的"真梦"，因此便不能呈现吉凶之兆。

二是妄虑而梦者，不占。所谓妄虑而梦，是由于白天各种邪想而致梦。按照佛教的认识理论进行分析，邪想所梦一般不出眼、耳、鼻、舌、身、意等六识所为，这六识都是因感而发，属于短暂的、浅显的感应。这种感应一般都是无意义的杂想，不包含吉凶的真机。只有进入到第七识未那识，因其中有次层之真我存在，这种真我是生动活泼、真机盎然的，只有在深层的梦中才会显现出来。另外，第八识阿赖耶识为实在的大我，此中一即一切、一切即一，没有任何梦想存在。这种梦想便是因眼识而致梦，纯属邪想所致，没有任何"天机"藏于其中。

三是痼知凶厄者，不占。这是说梦中所兆极其典型（也有少数人为了逃脱"天数"，强行卜占，那么其间的灵验，便值得怀疑了），用不着再占。明代陈士元的《梦占逸旨》里举了这样一个例子：据《左传》记载，有一个名叫声伯的人，梦中渡洹水，并食琼瑰，奇怪的是在梦中又哭又歌。声伯自己便很通晓占梦术，醒来之后，知道是一个凶兆，惧而不敢占。后来又过了一段时间，知道天命难违，为了求得心理安定，便强占为吉，结果只过了一天，

诸子百家

——

阴阳家

便呜呼哀哉了。因为此梦按照占梦术解释，实在是一个死象，梦中所为都是送亡魂的仪式，其凶是不言而喻的。

四是梦而未终、中途惊醒者不占。在古人看来，一个负载吉凶之兆的梦都是有首有尾的。因为梦其实就是一种象征语言，按照古代占梦家的说法，这是神明向人晓谕的语言。如果梦而未终，尤其是中途被人吵醒，那么便是神谕未明，不可轻易占卜。

五是梦虽有终始但醒后忘佚大半者，不占。只能记起一些杂乱的情节，对这些杂梦也不能进行占断，因为其间的"真机"已被扰乱。

所谓"占有五不验"如下：

第一，占梦之人，昧其本原者，不验。按明代陈士元的解释是："梦有本原，能通乎本原，则天地人物，与己一也。"占梦者必须对天人之际、宇宙万物的道理——人生如梦，睡梦之梦为小梦，人生为大梦参究透彻，才能占断天下之梦。也就是说，占梦者自己必须对此有深刻的认识，然后才能为人占梦，否则以梦中人占梦中事，那就是一笔糊涂账。按照这种理论推测，最高明的占梦家便是宇宙的大觉悟者。这种人能占尽天下之梦，并由梦而觉，直至成圣成仙。如庄周之"梦蝶"。但是一般来说，只要牢记人生如梦这一原则，不深陷梦中之境就行了。如果能再由占梦所为，有所领悟，由小梦而觉大梦，那将是更高层次的追求。

第二，术业不专者，不验。古人认为占梦者一定要熟读梦书，掌握基本的梦占方法。只有这样才能遵循正确的途径，将神之所示，明白无误地破译出来。

第三，精诚未至者，不验。古代的占梦术就是要将梦者的感应明白地揭示出来。有些梦象明白易懂，有些则迂曲折、扑朔迷离，这就要求占梦家必须虚其神明，以精诚的态度去感知梦境所示，这样才能揭示梦象的含义。《周易》讲："思之思之，思之不通，鬼神将为通之"，这就是对占梦术的最好诠释。

第四，削远为近小者，不验。这一条是指占梦者不能将道与术分裂。古人认为，占梦虽属小术，但其中也蕴涵着大道之理，可以由术而通向大道。后来的一些术数之士，割裂道与术的关系，把占梦局限为只言梦境吉凶的小术，不懂得由梦中之梦了解人生之梦，由小觉转入大觉的道理。这样不但不能灵验，也不可能通入大道。

第五，依违两端者，不验。古人认为，对梦境所预示的吉凶，占梦者必须明白地揭示出来，不能含糊其辞，依违两端。否则就违背了占梦术的原则，成为欺世盗名之徒。（参考刘文英《梦与中国文化》）

至于占梦术的具体方法，学者归纳为两种：一是直接解说，其特点是"把某种梦象直接解释成它所预兆的人事"，宋代委心子《新编分门古今类事》就是代表；二是曲折解说，包括象征、连类、破译等，这是主要的方法。《周公解梦》列出 27 类解，在《敦煌遗书》中《龙蛇章第十二》为：

梦见龙斗者主口舌，梦见龙飞者身合贵，梦见黑友者家大富，梦见蛇当道者大吉，梦见蛇虎者主富贵，梦见蛇入床下重病，梦见蛇上屋大凶，梦见蛇上床主死事，梦见蛇相趁少口舌，梦见蛇咬人者家母衰（丧），梦见蛇作盘者宅不安，梦见打煞蛇者大吉，梦见杂色

諸子百家——阴阳家

鸟远信至,梦见飞鸟入屋凶死,梦见虫受者大吉利,梦见蜘蛛虫喜子有口舌,梦见龟头者有口舌,梦见鳖者主百(百事)吉,梦鱼者尽不祥。

由于梦境太过扑朔迷离,无从把握,所以占梦并没有形成自己的一套体系。而多借用其他术数,如周易、卦影甚至拆字等等,阴阳五行更是重要的指导思想。

占梦术与其他方术一样存在荒谬不可信的成分,中国古代有大量关于梦的论述散见于哲学、史书、笔记小说、医家病例中,以现代的眼光看来,这些论述中许多方面已涵盖了从弗洛伊德到阿德勒的各种释梦理论和技术,同时也反映了中国传统民俗和先民的心理结构,反映了传统文化的价值取向。

测字术

测字术和星占、堪舆、占梦一样,也是一种方术,但是它是一种最具中国特色的方术,也是中国特有的一种文化现象。

测字术士最早称拆字、别字,到六朝称破字,宋代又改称相字,后来因为测字术的关键在于形体所体现的吉凶、命运等的意蕴,所以改称测字、算字或解字。从名称的演变知道,测字术是建立在以表形、表意主体的汉字基础上的。汉字是由横、竖、撇、捺、折五种笔画,按照一定顺序和方式组成的,因而才能用加减汉字笔画,拆合字体结构的方式来掌握灵机之触功,使测字术产生了直接的前提。但是"测字作为一种社会文化现象,必须在一定的物质和精神条件下"才会有发展和存在的可能,汉字的演变以及形成的特点只是其中的一个因素,"古人的文字崇拜和万物有灵的鬼神观、谶纬迷信和占梦巫术……诸多因素"综合起来,才能够"促成了测字术的问世"并不断发展(王玉德《中华神秘文化》)。

正因为如此,古代关于测字术的记载在汉字六书说形成之前,不仅数量很少,而且相当粗糙。先秦仅《左传》三例,唯"止戈为武"略近,两汉谶纬盛行,出现了"千里草,何青青;十日卜,不得生"(预示董卓将亡)之类的谶谣,此后大致沿着这样的格局发展,如六朝佚名的《拭卜》《破字》及鲍照的《谜字》等。直至隋代佚名的《破字要诀》问世,测字术才算确立。唐人著《北梦琐言》《酉阳杂俎》《朝野金载》等笔记及一些传奇,也载有当时的测字术。宋朝是中国的世俗文化最昌盛的时期,邵雍的《五行六神员诀》《精奥观梅法》等,首次将阴阳五行、六神、八卦与测字结合,两宋之际景奇的《神机相字法》,才使测字术自成体系。至明清两朝,测字风益盛,测字术遂沉沦为江湖谋生的快捷方式。

测字就是分解字形,测字术最初是"凡别字之体,皆从上起,左右离合,无有从下发端者也"(《后汉书·五行志一》)。后来发展为依字体的字形、字义、字音、位置,并配合环境、关系、背景、时间、气候等诸多因素,来测知被测者的过去,或预测未来之事的神秘方技。

清初测字大师程省称曾遇到一位"异人",即拜他为师学习测字,并得到了一部《相字心易秘牒》。到晚年,他又写成《测字秘牒》,可以说是集测字术之大成。系统归纳总结出一整套测字的方法:测字十法,心易六法,测字取格大法,双句格法,散格法,至理测字法等六大类别,这又为更多的江湖术士提供了一部实用性很强的工具书。在方法介绍以及《杂占赋》中,也揭示了测字术的原理和奥秘。限于篇幅,简介稍微平易的"测字十法"

于下：

　　装头测法　程省解释说："何以谓之装头？盖其所问之事与所写之字，虽隐露吉凶，而首犹藏，如神龙不见首；我则添笔于上而出之，灿如跃如，而字中之理全彰，故曰装头。"列举有戉、古、兄、亦、日、争等三十六字例，如一个冢字，经过他的"装头"，就有了家、豪、蒙三字，于是冢字所没有的未来"吉凶"，则由家、豪、蒙三字分别敷衍了。

　　接脚测法　程省解释说："如人之体，有冠必有履。测法因其所书之字察其善恶，如人之全身已现，但未举足行动，因以葩葩之，故曰接脚。"列举有采、千、立、里、自、苑、合七字例，如立字，他接了生、里、日三个"脚"，则成了产、童、音三个相关的字，诠释申说的空间就大了。

　　穿心测法　程省解释说："凡字画端正、左右俱全，而从中穿入数笔，以变化其字，谓之穿心；如衣裾之缝，其不从中而合。"列举的是文（吏）、昌（量）、鞋（难）、维（荣）、月（舟、用、冉、角）、旦（里、车、曳）、弓（弗、咢、费）七字例，如月字，"从中穿入数笔，以变化其字"则有了舟、用、冉、角等四个可供诠释申说的字。

　　包笼测法　程省解释说："包笼者，字之全体不动，而将笔周围包裹之，另成一字。"列举有稚、韭、贝、矢、由、尹、里、玉、牛、昔、辛、石、弓、主十五字例，如由字，他加些笔画"包笼"成了会（會）、遭两字，然后诠释申说。

　　破解测法　程省解释说："破者，劈破。解者，解拆。将字之体段分开，从中加入数笔而成字，谓之破字。字之笔画抉出，从旁标比、评论而成文，谓之解。破易而解难，破平正而解奇幻，观后字可知。"列举有行、辛、共、衣、飐、合、苦、璟、骂、田、隼、香、敕、勋、解、哉、乖、称、程、鲈、琳、膊、椒、伐、弍、冒、志、宋二十九字例，如行字，他先把行分开作彳与亍，然后分别加入术、吾、测成了术（術）、衙、衍三字，以利诠释申说。程省认为："破与穿心不同。破必要分开，不若穿心字体不动也，解则随意抉剔耳。"这是形体分解的区别，还有就是立意的差别：破解测法比穿心测法更侧重于"从旁标比、评论而成文"，追求"破易而解难，破平正而解奇幻"的效果。

　　添笔测法　程省解释说："凡字不添不减不足以尽变化。"这是根据邵雍的"当添亦添，当减亦减"说创立的。但为什么一定要"添笔"？程省的回答是："此理易明！添乃补不足，减乃损有余耳。"列举有唯、佳、忝、合、曹、鸟、目、王、巴、才、良、言、孔等十四字例，如巴字，添加了数笔变成了色、绝、疤、邑四字。要注意的是，破解测法也有笔画添加，但是添笔测法没有破解测法中的分解（如把行分开作彳与亍）和删改（如程字破解杜、和字）。

　　减笔测法　减笔测法是"凡当减时，亦当略减方是。不然，混入摘字法矣。"如宽（苋、见）、难（鞋）、莫（草）、袍（祀）、鹑（鸣）等，如果"非事之当而理之正"，就"不可漫然用之也。"

　　对关测法　程省解释说："关者，关门也。开则任人出入，阖惟见门而已。测字之有对关体，亦犹是也。其法，专取头足首尾。如某字头、某字尾，则如门之闭；分开云某字头，某字脚，一头一尾阖之，则如门之开。"字例是先（牛头虎足、生头死足）、善（关头喜

諸子百家——阴阳家

足)、帛(皇头帝足)、里(男头童足)、禹(千头万足)、展(眉梢眼角)、伯(伸头缩脚)、友(有头没尾)、推(拦头截尾)、彦(龙头彪尾)、吝(头吉尾、交头合足)、言(文头句脚)、找(拖头曳脚)等。这是一种专就上下结构字的关联而设的测字方法,如帛字的上"皇头"下"帝足"。程省对这种测字法特别重视,说:"此法最简捷,其用又最广,为字中第一要义,学者更宜究心。"

摘字测法　这种方法简单说就是"摘字中一二些小笔画以断之,无不奇中"。如哉(土、戈)、殿(共)、调(吉、司)、鞠(米、采、十)、曜(佳、土、綹)、谋(小、口)、广(共、由)。这种方法的原理是:"凡事之机到,虽旁人言语、万物影响,皆可以借来应用,况字中笔画乎?"程省前面就说减笔测法不能"混入摘字法",其区别在于只是摘取(如摘哉的土与戈),没有减笔测法中的改变(如难改成鞋)。

观梅测字　这种方法比较隐晦,程省的解释和实例是:"观梅之法活泼泼地,惟在人之心镜光明,随物洞照而不遗纤毫,庶可得之。前立九法,特为后学程式;此则邵子之心诀也,其《精微奥妙观梅法》中已详。兹姑录曾验之事数则,以便学者会悟云。天(凡事空虚,然利于行动。若问功名,宜于晴朗之日。此举一端,变化由人)。地(凡事有成,但嫌其迟。家宅田禾利)。人(凡事可成可败,只在真诚方安)。日(实也。完全而不亏,但利于春冬晓)。月(缺也。时有圆缺,然事之有根。上弦利,下弦不利也)。金(世之宝,人之累。久炼则良)。木(春旺秋衰。亦观其何字,若松柏桂梅之类,又不在衰旺中论)。水(流通无住,独不利于冬)。火(日中则晦,耀夜有功;逢水则衰,得木则旺)。土(万物之母,事事有基,但迟滞不能速就)。至于一切有物之字,或观梅,或相字,随机应变,妙用不穷。若无物之字亦可观梅,则审其来意与字到时上下左右远近之影响,借而用之,否则拆字。"这是出自邵雍,如前所述,邵雍的测字术将测字与阴阳五行、六神、八卦结合在一起,极为神秘而玄奥,不易传说和体悟。程省因此而告诫:"此至精之诀也。以上略举大概。引申触类,神而明之,存乎其人。"

测字术一门参以阴阳、五行、六神、八卦和文字、语言等古代学说的方术,与阴阳家的关联无须多说,如邵雍的《五行六神员诀》、程省的《心易六法(借庖羲之六义以垂示后学)》以及流行的《测字心法五诀》中的"阴阳五行法"等。所以测字术难免有穿凿附会、神秘迷信的成分,但是,测字术认为:"言,心声也,字,心画也,心形如笔,笔画一成,分八卦之休咎,定五行之贵贱,决平生之祸福,知目前之吉凶,富贵贫贱,荣枯得失,皆于笔画见之。人备万物之一数,物物相通,字泄万人之寸心,则人人各异……"(《指迷赋》),"字,心画也",再加上求测字者即心的书写,多少也流露出其心灵的一些真实状态,笔迹学也是在这样的基础上建立起来的。另外,就语言文字本身而言,测字术的基础是汉字的字形、字义、字音及其组合,也可以起到强化汉字学习、体味汉字气势和神韵的作用。

相术

相术出于形法,班固说得比较清楚:"形法者,大举九州之势以立城郭室舍形,人及六畜骨法之度数、器物之形容以求其声气贵贱吉凶。犹律有长短,而各征其声,非有鬼神,数自然也。然形与气相首尾,亦有有其形而无其气,有其气而无其形,此精微之独异也。"

所谓"形法",就是根据山川、器物、六畜以及人等的形貌、气象及其他,来预测其好坏、吉凶、贵贱等的法术。它涉及的范围相当广泛,《汉书·艺文志》则录有《相宝剑刀》20卷、《相六畜》38卷、《相人》24卷等。但是,后世一般特指"相人",即通过观察人的五官、气色、骨骼、指纹等,推断其寿夭、气数、祸福、命运等的一种方术。

大约春秋时期,已出现了初步的相术活动,钱大昭说:"相,视也,视人骨状以知吉凶贵贱。《春秋传》曰,今孙敖闻其能相人。"(《两汉书辨疑·汉书辨疑》),除了孙敖外,当时周内史叔服、楚令尹子上、晋叔向、越范蠡等,都善于相人,但是没有完备的相书。汉代开始,相术成为一门有其独特理论体系的学问,同时出现了专门从事相术活动的相士,如唐举、尉缭、吕公、邓通、条侯等,最著名的是许负。他曾经相皇后薄姬、绛侯周亚夫、铸钱使兼相士邓通,又传说最早的相书——《相法》是他所写(敦煌本《相书》,有9卷35篇,也托他的名,《续修四库全书提要》说:"相目、相鼻、相耳、相口、相额文、相手掌文、相脚文诸节,是书剖析尤为详尽。盖是书载当时极为通行,故传本颇多,而文句一稍异。")。这书共16篇:相目篇第一,相鼻篇第二,相人中篇第三,相耳篇第四,相唇篇第五,相口篇第六,相齿篇第七,相舌篇第八,相胸篇第九,相腹篇第十,相手篇第十一,相脚篇第十二,相阴篇第十三,相尿屎篇第十四,相行篇第十五,听声篇第十六。这种相术的次第,很容易使人联想到医家的望诊,它主要是望精神状态、肤色、舌、指纹、大小便等,来推测患者的疾病,因而望诊就是中医相术,也许因为这个,有人认为相人术是医术的演变。不过,总的来说,许负比较重视相骨。

魏晋南北朝随清谈而起的人物品评之风盛行,对人的关注由人物容貌转向道德修养、才能识度,这对相术产生了直接的影响,也把比较重视相骨转向人的神色、气质等。因此,相术到这一时期就基本定型了。晋郭璞的《玉照定真经》、隋来和的《相经》以及萧吉的《相经要录》就是这一时期相术的总结。唐代对相术有了新的发展,著名相术师有袁天纲(相术界亦做"袁天罡")、龙复本、夏荣、丁重、刘思礼、袁客师、金梁凤等,著名的大诗人韩愈、白居易、杜牧也好相学。相术理论有《相书》等30种之多。宋代,相术达到鼎盛时期,相术家主要有陈抟、麻衣道者、僧妙应、妙方等,宋代文人苏东坡、黄庭坚等也好相术。宋代的相书也很多,并且有很多流传至今的著名相书如《月波洞中记》《玉管神照局》《麻衣相法》等。其中《麻衣相法》(初出于宋,成书于明,定形于清)汇集了宋以前相术、相学的精华,建立了比较完整的体系,开创了中国相学的应用领域,并使相术在朝野广为流传。

元、明、清三代的相术和相学,得到了极大的发展。金元之际的相书和相术名家相对较少,只有张行简《人伦大统赋》等少数。明代的相学名家就很多,并且出现大量的相书。相术家主要有刘伯温、僧如兰、张田、袁珙、袁忠彻父子。其中以袁家父子最为著名。中国传统相术、相学集大成之作的《神相全篇》就托名陈抟秘传、袁忠彻订正,相关的相学著作还有《古今识鉴》《相法全书》《贵贱定格五行相书》。其中署名袁珙的《柳庄相法》成为传统相术、相学的圣典。清代相学得到了更大的发展。清代相法著作主要有范文园的《水镜集》、云谷山人的《铁关刀》、栖霞山人的《金较剪》、白峰禅师的《灵山秘叶》、石亭的

《燕山神相》、高味清的《大清相法》，据说为右髻道人的《太亿照神经》、陈淡野的《相理衡真》、云谷山人的《相图秘旨》等。其中以《铁关刀》《金较剪》最为简明扼要，《水镜集》《相理衡真》特点最为清全，是继《神相全偏》之后的集大成者。民国时候出现了比较通俗易懂的相书，其中以《平园相法》和《公笃相法》最为著名。其他的相书有《中西相人探源》《相法集成》《手相学》《成相秘籍》《女相术》《秘本相人法》等。随着相术逐渐流于市井乡陌，成为纯粹的末流小道，相术逐渐式微。

古今相术名目繁多，根据与相学原理的关联可分为内相法与外相法。内相法以人的形貌气色、情态举止等外在特征为观察对象，据此推测个人的命运和吉凶。其中又可分为相面、相骨、相手、相痣、相卧、相行、相气色等多种，其中以相面之法最为复杂。由于相学流派众多，各派所本理论不同，因此对人的面部结构和面部器官的命相形成了多种说法，如五星六曜说、五官五行说、六府三停说、十二宫五官说、十三部位说等。外相法以人的外在形象，借用堪舆、医学、佛学以及自然科学原理，从与人相关的侧面来相人，主要有结穴相法、太素脉相法、三世相法、听声嗅物相法以及相心相德之法诸种。结穴相法取看风水的原理看相；太素脉相法以中医的切脉之道来阐释人的命相；三世相法则以人的现世生活情景来推测前世，预言后世；听声嗅物相法根据人的说话声音或所用器物来判断贵贱吉凶；相心相德之法则通过考察人的心术善恶、品性优劣来断其祸福。除此之外，还以门户学派来分类，则有麻衣相法、柳庄相法、水镜相法等多种类型。其中以麻衣相法流传最广。相传此法为宋初僧人麻衣道者所创，有《麻衣神相》一书传世。时下民间术士多以此法为本。

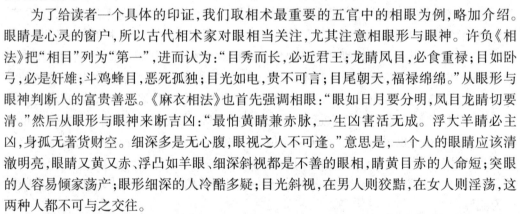

为了给读者一个具体的印证，我们取相术最重要的五官中的相眼为例，略加介绍。眼睛是心灵的窗户，所以古代相术家对眼相当关注，尤其注意相眼形与眼神。许负《相法》把"相目"列为"第一"，进而认为："目秀而长，必近君王；龙睛凤目，必食重禄；目如卧弓，必是奸雄；斗鸡蜂目，恶死孤独；目光如电，贵不可言；目尾朝天，福禄绵绵。"从眼形与眼神判断人的富贵善恶。《麻衣相法》也首先强调相眼："眼如日月要分明，凤目龙睛切要清。"然后从眼形与眼神来断吉凶："最怕黄睛兼赤脉，一生凶害活无成。浮大羊睛必主凶，身孤无著货财空。细深多是无心腹，眼视之人不可逢。"意思是，一个人的眼睛应该清澈明亮，眼睛又黄又赤、浮凸如羊眼、细深斜视都是不善的眼相，睛黄目赤的人命短；突眼的人容易倾家荡产；眼形细深的人冷酷多疑；目光斜视，在男人则狡黠，在女人则淫荡，这两种人都不可与之交往。

古代相术家也分别对人的眼形和眼神作了细致探讨。对于眼形，相术家常常以动物眼类比，主要有：龙眼：这种人忠心耿耿，是最可信任的人；虎眼：眼似虎盼，威严莫犯，大将之才；狼眼：心毒，冷酷无情；鹿眼：性怠，富于情感，有义气，是一位知己朋友；猴眼：机深、多疑、淫欲、狡猾、奸诈、贪心；马眼：这种人很平庸，志气不高，为人忠直；羊眼：目露四白，如死人样的眼睛，这种人奸诈心恶，孤僻而性狠，必不善终；鼠眼：眼小带三角，目光炯炯，眼球左右乱转，窃盗之流；蛇眼：眼细圆，黑仁还青，具有这种眼睛的人，性狠毒、残酷、悖逆无情，大奸大诈；丹凤眼：眼长而秀，黑白分明，具有这种眼睛的人，智慧聪明，感情丰富,很有艺术天才;鹤眼:这种人超脱不凡,高尚廉洁;鸳鸯眼:眼秀睛红润有砂,睛圆微露似桃花,这是安闲富足享乐之相;鸡眼:性急多毒,淫盗之流;蜂眼:孤独、性毒、猖狂。至于眼神,袁天罡分为五类:(1)醉眼(神昏若醉),酒色破财之流;(2)睡眼(神昏若睡),贫贱孤苦之流;(3)惊眼(神怯如惊),胆弱无折之流;(4)病眼(神困如疾),疾病退败之流;(5)淫眼(神流波泛),奸邪淫盗之流。

相术也是对阴阳家思想的方术化,如《达摩祖师相法秘诀》论相气说:"天道周岁,而有二十四节气人面一年,亦在二十四变换,以五行配之,无不验者,但气色右妙如祥云,亲曰温粹,可爱,方可贵也。……又气色最为难审,须于清明昧爽,精气不乱之,观之易也。若隔晚,酒色过度,易进易嫁,似明不明,似暗不暗,谓之流散。似醉不醉,似睡不睡,谓之气浊。此以难决耳,慎之慎之。"《鬼谷子神奇相法全书》论相形:"人秉阴阳之气,肖天地之形,受五行之资,为万物之灵者也。故头像天,足像地,现象日月,声音像雷霆,血脉像江河,骨节像金石,鼻额像山岳,毫发象草木。天欲高远,地欲方厚,日月欲光明,雷霆欲震响,江河欲润,金石欲坚,山岳欲峻,草木欲秀,此皆大概也,然郭林宗有观人八法,是也。"足以证明相术是以阴阳五行为指导思想的。

相术及其理论内容复杂,同样是迷信与科学并存。相术的推断往往牵强附会,缺乏事实和科学依据,宣扬唯心论和形而上学,以偶然性代替必然性,以特殊性代替普遍性。而且在现实生活中,相士以相术作为谋生糊口的生计,以牟取金钱财物为目的。因而善于察言观色,随机应变,以不变应万变,以模棱两可的语言、恐吓的语言对付愚昧的对象。被看相的人受人愚弄而不知辱,花了钱却以为荣。但是,不能因此对相术全盘否定。相术及其理论也有某些科学成分。东汉时期著名的哲学家王充指出:"人曰命难知。命甚易知。知之何用? 用之骨体。人命禀于天,则有表候于天。"(《论衡·骨相篇》)人的气质、性格、品德、魄力甚至于职业特点等,总是有"表候"会在外在形神上反映出来的。因为表征源于里证,里证通过表征表现:人体内部存在对立统一的关系,有生物全息现象。局部可以反映整体,整体通过局部反映。相术的方法是由表及里,由局部到全体,由微知著。这往小里说,相术也可以为个人自身提供探知健康状况、性格能力特质等某些参考,往大里说可以为一个单位的用人或分析现状提供一些参考。

算命术

算命术起源于占星。算命术是历史悠久、影响极为广泛的方术之一。算命术的"命"即"命运",它又包括两个含义:一是"命",即生命或性命,二是"运",即运气。因此"命运"就是指人的生死寿夭、富贵贫贱的格局状况和或祸福吉凶、盛衰兴废、穷通进退、荣辱忧喜等一切遭遇的结局特点和趋势。由于历代的不断发展,算命术中算命的手段也变得多种多样,包括四柱推命、六爻预测、梅花易数、袁天罡称骨算命术、易卜算命、断卦之法等。但是它们出现的时间有先后,算命的依据以及方式有差异,在有限的篇幅里难以尽述,我们拣出最常见而且重要的星占算命术和八字算命术,分别简介如下。

星占算命术即《星占术》提到的星占术。说"算命术起源于占星"首先就是针对星占算命术而言的。先民认为,人的命运都是由冥冥上苍决定的,所以黄帝就设立星官保章氏，负责观察"日月星辰之变动，以观天下之迁，辨其吉凶"（《艺文类聚·天文部·星》）。古书中也有许多关于星辰与人事命运关系的记载。《周易·乾卦·彖传》中说："乾道变化，各正性命。"东汉时王充著《论衡》，首次将星象与五行结合起来，成为星占算命术的先驱。

星占算命术的方法比之占星术要复杂得多，首先要根据已经排定的星神位置及其相互关系进行分析判断，这就需要掌握基本术语、星格分类、断命要诀等许多有关的知识（最基本的术语有 40 多个），同时要牵涉复杂的计算，所以更难掌握。不过星占算命术的方法基本上分为两大步骤：第一步为星神推算，即据一个人的出生时刻推算排定各种星曜神煞在星盘上的位置。所谓星曜位置，是指当时各星曜在天上的实际昕处位置，但为了便于记忆和观看，星命术则把天上星空缩制到星盘上，以标明和计算星

王充

曜位置。第二步为分析判断，即根据各种星格的意义和各种基本要诀对星神位置及其相互关系进行分析，以判断星曜神煞对此人命运各个方面的影响，最终断定其人一生命运之变化和吉凶。具体实施如下面的图说：

星图中间是填命度之处。命度要经推算才可定出。从内向外，第一层为子丑寅卯辰巳午未申酉戌亥十二宫；第二层为十二宫所属星曜，称为宫主；第三层为十一曜运行排列位置，也据推算而定；第四层为命官、财帛、兄弟、田宅、男女、奴仆、妻妾、疾厄、迁移、官禄、福德、相貌十二宫排列位置，也据推算而定；第五、六两层为二十八宿排列位置及其度数；第七层标明二十八宿所属星曜，叫作度主；第八层为星纪、玄枵、鲰訾、降娄、大梁、实沈、鹑首、鹑火、鹑尾、寿星、大火、析木十二次以及分野十二国十二州和西方黄道十二宫的排列位置；第九层则为排列各种神煞位置，皆据推算而定。

与星占算命术相关的还有生肖算命术。生肖本是古代天文历法用于纪年的一套符号，十二生肖分置于天，以纪十二辰，以七曜统之，因此十二生肖便被阴阳五行观念所浸染，成为民间宗教信仰的一部分。民间把生肖动物列为阴阳两类，与五行相对应，从而生成一套生肖决定命运的算命术。同时民间还认为生肖属相与人的性格也有着某种关系，即使同一属相的人，由于出生的时辰不同，性格、命运也会各异，生肖算命术因而产生，并随着算命术的盛行在民间流传不衰。由此还形成了汉民族的本命年观念，如属鼠的本命年运程中遇这四年：甲子年"有异性缘，桃花旺，具叛逆心理，难给人好印象"；壬子年"财运顺畅，有苟且之事，凡事必须小心，否则失财利"；庚子年"伤官见官，官非口舌，在所难免。闲事莫管，防惹是非上身"；戊子年"事业有发展，名利双收，凡事顺遂，有贵人相帮"。而且每一生肖还有每一个月的运程。不再赘述。

八字算命术是民间俗称，算命术的学名是四柱预测学。算命术也是由古代占星术演

变而来。所谓八字，也称生辰八字，是指人出生的时间，即年、月、日、时。在人用天干和地支各出一字相配合分别来表示年、月、日、时，如甲子年、丙寅月、辛丑日、壬寅时等，每柱两字，四柱共八字，所以四柱预测又称"批八字""测八字""八字算命"，也叫四柱推命。依照天干、地支阴阳五行属性之相生、相克的关系和相关命理理论，推测人的吉凶祸福。

八字算命术算命的步骤一般是：(1)排出八字大运；(2)进行日元(就是日干，代表八字中的我)旺衰分析；(3)定格局，分出用忌神；(4)分析用忌受制逢生情况；(5)根据十神表象推断富贵、六亲情况；(6)推断流年具体应事情况。限于篇幅，举四柱干支排列和算学历略加说明。四柱干支排列的方法是：依据万年历取年柱、日柱；依"五虎遁年起月表"(或参阅万年历)，由年干、生月对照取月柱；依"五鼠遁日起时表"，由日干、生时对照取时柱。算学历包括四个方面：(1)升学应考期间，岁运为喜用神，但男忌妻星，女忌夫星管事；(2)命带文昌、学堂、学馆、华盖学术之神及印绶遇禄。正官或正印于命局旺而有力，透干或干合日干或支合、支会日支成喜用神；(3)升学应考期间，流年为喜用神，逢三台、八座值事。或科甲星，坐吉神贵人，居旺地；(4)命局用神有力，近日主，无破损，五行中庸，不杂者。以上条件愈多者，获取高学历之机会愈多。

从星占算命术和八字算命术不难看出，阴阳、五行、干支学说，就是中国古代算命术的理论框架，说具体点，算命术就是以阴阳变化为原理、以五行生克化为法则，以人的出生时间为依据而进行命运预测的，是方士对阴阳家的方技改造。如何认识和评估算命术，这不是简单的问题。洪丕谟先生认为：算命术"作为一种文化现象和学术现象，我们完全可以这样认为：在我国所有学术文化中，从影响的深广来说，几乎没有什么可以和它分庭抗礼，并肩起坐的。这不仅表现在学者大儒身上，多半对这种神秘预测的方术倾注了莫大的兴趣，并且在广大平民百姓中，也是往来风靡，大有尽人皆醉的味道。虽说这种现象的产生，有着它的历史原因和社会原因，可是由于历史的巨大惯性作用和社会意识形态的根深蒂固，即使到了历史唯物主义和辩证唯物主义高度发展的今天，要把这种充满着唯心主义神秘色彩的算命术从人民群众心目中完全抹去，显然也为时过早。堵不如导，更何况，作为一种文化现象和学术现象，也自有它存在和用作研究的价值"(《中国古代算命术·后记》)。不可否认，算命术"充满着唯心主义神秘色彩"，有相当多的迷信因素，但是，它也是我国人民聪明智慧的结晶，因为算命术是古人探索世界，探索人生的一种准科学观、准哲学观，"算命术对于中华民族的观念文化、心理结构的影响是极其深刻的。"(张荣明《中国古代算命术·序》)所以"作为一种文化现象和学术现象，也自有它存在和用作研究的价值"。即便是唯心或者迷信，也要如国学大师南怀瑾所说："中国算命术如果是骗人的，那么它欺骗了中国人三千多年，世上有这么高明的骗术也是值得研究的。"我们目前不能轻易地完全肯定或者否定。

杂占术

杂占术也有广义和狭义之分。狭义的杂占术仅指杂占或杂卜。所谓杂占，班固说："杂占者，纪百事之象，候善恶之徵。《易》曰：'占事知来。'众占非一，而梦为大，故周有其官。"(《汉书·艺文志》)并列有杂占文献18家，313卷：《嚏耳鸣杂占》16卷、《祯祥变怪》21 卷、《人鬼精物六畜变怪》21 卷、《变怪诰咎》13 卷、《执不祥劾鬼物》8 卷、《请官除詟祥》19 卷、《禳祀天文》18 卷、《请祷致福》19 卷、《请雨止雨》26 卷、《泰壹杂子候岁》22 卷、《子赣杂子候岁》26 卷、《五法积贮宝藏》23 卷、《神农教田相土耕种》14 卷、《昭明子钓种生鱼鳖》8 卷、《种树臧果相蚕》1 3 卷。杂占主要有术天占、地占、日月占、星占、风雨云占、动物占、植物占、梅花易数占、签占和谶语等，前面所述的梦占术是其中最大的一种。所谓杂卜，是指正宗的易占卜筮之外的卜术，《太平御览·方术部》载有虎卜、鸡卜、鸟卜、樗蒲卜、十二棋卜、竹卜、牛蹄卜，后世又发展出九姑卜、瓦卜、牛毛绳卜、耳卜、羊卜、灯花卜、抛石卜、胆卜、蛋卜、扶乩等，测字术也包括在内。广义的杂占术则是包括杂占和杂卜以及其余的占卜术。刘师培先生说："观其理穷奥衍，术试杂占；歌巫阳之下招，命灵氛而占吉；凄凉谁语，詹尹谋龟；祸福无门，贾生赋鹏：此《易》教之支流也。"（《文说·宗骚》）

《玉匣记》，是杂占术的代表作。这本相传为东晋道士许真君许逊所著，所以一名《许真君玉匣记》，还有假托周公、鬼谷子、诸葛孔明、张天师甚至李淳风、袁天罡等，实际有后人不断地增补，进而衍生出许多不同版本来，现在所见的主要是明万历本。《玉匣记》的占卜范围极为广泛：

諸子百家——阴阳家

理论吉凶日篇：三元五腊圣诞日期、十殿阎君圣诞日期、雕塑神像吉日、神像开光吉日、准提十斋日、看男女值年星辰属命之图、九耀星君值男女命限图、二十八宿值日吉凶歌、二十八宿值日占四季风雨阴晴歌。

民俗吉凶日篇：猫眼定时辰歌诀、定寅时歌诀、定太阳出没歌诀、定太阴出没歌诀、定太阴出时歌诀、定九星歌诀、金符经、九星值日吉凶、逐月凶星总局、赤口日大小空亡日、四不详日、十恶大败日附十恶日歌诀、伏断日、上兀下兀日、上朔日、火星日、长短星日、九土鬼日、灭没日、水痕日、人神所在日、先贤死葬日、彭祖百忌日、杨公忌日、月忌日、探病忌日、神号鬼哭日、鹤神方位图、元旦出行吉日、鹤神日游方、曜仙选择逐月吉凶日、上官赴任天迁图、上官赴任吉日、临政亲民吉日、进表上疏吉日、袭爵受封吉日、应试赴举吉日、入学吉日、学技艺吉日、冠笄吉日、小儿剃头吉日、小儿断乳吉日、女子穿耳吉日、女子缠足吉日、纳奴婢吉日、诸葛武侯选择逐年出行图、出行通用吉日、出行诀法、逐月出行吉凶日、出行十二时吉凶方向、《碧玉经》出行忌日、四离四绝日、四顺四逆日、天翻地覆时、出行紧急用四纵五横法、商贾兴贩吉日、行船吉日（附忌日）、龙神会日、开张店肆吉日、立契交易吉日、入宅移居吉日、买田地房产吉日、出财放债与纳财收债吉日、五谷入仓吉日、分家产吉日、大明吉日、大偷修日、起造吉日、盖屋吉日、动土开基吉日、平基吉日、起工架马吉日、定磉扇架吉日、竖柱吉日、上梁吉日、门光星吉日、造仓库吉日、修作厨房吉日、作灶吉日、祈祀灶神吉日、安床吉日、造床忌宿歌、合账裁衣吉日、安机经络吉日、写真画像吉日、彩画绳墨吉日、起缸作染吉日、合寿木开生坟吉日、修造舟楫吉日、入山伐木吉日、耕种吉日、浸谷吉日、下秧吉日、栽禾吉日、割禾吉日、开凿池塘吉日、天狗守塘吉日、安碓磨吉日、穿井修井吉日、开沟吉日、作厕吉日、谢土吉日、禳造作魔时法、求医治病吉日、合药服药吉日、逐月斩草破土吉日、安葬吉日、逐月安葬吉月（附安葬日周堂图）、大明大空天光星、安葬从权法、乘凶葬法、禳镇重丧法、除灵罢服吉日（附除灵周堂图）、买马吉日

（附作马枋吉日）、买牛吉日（附作牛栏吉日）、养浴蚕吉日（附出蚕吉日）、收蜂割蜜吉日（附蜂王杀诗）、畋猎网鱼吉日、造曲造酒吉日、治酸酒法、收杂酒法、合酱吉日、买猪吉日（附出猪凶日）、作猪圈吉日（附修猪圈吉日）、买鸡鹅鸭吉日、作鸡鹅鸭栖吉日、抱鸡鹅鸭吉日、纳猫吉日（附相猫法）、纳犬吉日、上梁日忌二十八宿中七星、殡葬日忌二十八宿中七星、天干五行、地支五行、五行相生、五行相克、十二属相掌诀图、十二月建、地支相穿、地支三合、地支六合、年上起月、日上起时、起天月德法、起天月德合法、黄黑道用事吉日、喜神方位歌、喜神喜怒歌、福神方位歌、财神方位歌、贵人月份方位歌、日破败五鬼方、男女属相配婚、女命行嫁大利月、翁姑禁忌、男命禁婚年、女命禁行嫁年、男女配宫合婚法、嫁娶不将图、女命行嫁忌日、纳婿周堂图（附纳婿定亲吉日）、嫁娶周堂图、天狗星四季方向、太白日游之方、诸日起吉时歌、婆送女客忌三相、上下车轿方、安床坐帐方、选择嫁娶婚元书式、起日贵人歌、起夜贵人歌、六十花甲子纳音诸神方向、看阳宅要诀、大游年歌、七星八卦图、九星所属阴阳凶吉、九星吉凶年限应验歌、子息多寡歌、分房兴败歌、年神方位图、紫白五行歌、洛书九宫顺行图、三元年白歌、三元月白歌、三元日白歌、三元时白歌、年家吉神凶煞之最、岁天干、劫灾岁三煞方向、十二建星、金神方位歌、蚕官蚕命方位。

诸子百家——阴阳家

杂占篇：占十二个月节候丰稔歌、占元旦日阴晴、占元旦值十干日、占上旬丙子日、占四季甲子日雨、占雷鸣日、入霉出霉日、占立春春分日、占立夏夏至日、占立秋秋分日、占立冬冬至日、占六十甲子日阴晴决、占天、占云、占风、占日、占虹、占雾、占电（附钦天监对联）、天文日月、前朝公规、春牛颜色、笼头构索、芒神眼色、芒神闲忙、策牛人、芒神头髻、芒神鞋袴行缠、芒神老少高低鞭结、春牛取水土方图式、占面热法、占眼跳法、占耳热法、占耳鸣法、占釜鸣法、占火逸法、占犬嚎法、占衣留法、占嚏喷法、占肉颤法、占心惊法、占鹊噪法、鸦鸣鹊噪方向、占灯花法、鬼谷子先生响卜法、张天师祛病符法、镇诸怪符法、李淳风六壬时课。

这简直是一部占卜全书，一部民俗通书（大概因为此，一名《玉匣记通书》），一部中国社会风俗史！明代吴子谨赞扬许逊："躬考天曹簿籍，日辰甲子，福祸灾祥，毫分缕析，流传于世。俾亿兆有缘，或祈或禳，庶知避凶趁吉，同跻寿域。真君是心，盖亦太上之心也。"又认为《玉匣记》的创作动机是："夫人之福祸灾祥，固本于天，非探知造化之理者，不能细究而明之。惟圣人能安之，贤人能知之，其余众人，不得知而安也。则有蹈祸机，触禁网，虽欲忏悔首谢而复误，罹天忌业又甚焉！"最后断定许逊及其《玉匣记》功德无量："人知吉焉，而用凶焉，而避免庚于斯世，其功行不亦溥乎。慕道之士，诚能礼信而用之。于以禳灾谢过，于以请福延生，其福庆必有所归矣。"（《玉匣记·序》）所以，《玉匣记》一经问世，就备受欢迎，广为流传，成为旧时代家家必备的床头书。《红楼梦》第 42 回写巧姐着了凉，发起热来时就有如下情节：

刘姥姥道："大姐儿只怕不大进园子生地方，不比人家，比不得我们的孩子们会走了，就坟圈子里跑去。一则风扑了，也是有的；二则只怕她身上干净，眼又干净，或是遇见什么神了。依我说，给她瞧瞧祟书本子，仔细撞客着。"一语提醒了凤姐，便叫平儿拿出《玉匣记》来，叫彩明念。彩明翻了一会，念道："八月廿五日病者，东南方得之，遇见花神。用五色纸钱四十张，向东南方四十步送之，大吉。"凤姐道："果然不错，园子里头可不是花神。"一面说，一面命人请两分纸钱来，着两个人来，一个与贾母送祟，一个与大姐送祟。

杂占术方法及其繁多，难以尽述。王玉德先生在《中华神秘文化》中归纳了最为常见的五种：

鸡卜　鸡卜流行南方，至迟汉代就产生，《史记·孝武本纪》："仍令越巫立越祝祠，安台无坛，亦祠天神上帝百鬼，而以鸡卜。上信之，越祠鸡卜始用焉。"鸡卜的方法，据唐人张守节在《史记正义》云："用鸡一狗一，生，祝愿讫，即杀鸡狗，煮熟又祭，独取鸡两眼骨，上有孔裂，似人物形则吉，不足则凶。"各地的鸡卜形式有所不同，有以鸡嘴卜，有以鸡股骨卜，有以鸡肝卜，有以鸡蛋卜，根据其颜色、形态断定吉凶。

鸟卜　古代西域的占卜方法。《隋书·经籍志》有《鸟情杂占》，敦煌石室遗书有《鸟古书》。占卜者以鸟的腹中有谷为吉，有沙石为凶。《隋书·西域传》记载，葱岭以南有女国，其俗流行鸟占，"祭毕，入山祝之，有一鸟如雌雉，来集掌上，破其腹而视之，有粟则年丰，沙石则有灾，谓之鸟卜。"

此外，在东南少数民族地区流行鸟占，听鸟的声音，判断吉凶。

牛蹄卜　古代东方夫余族人流行占卜方法。夫余人若有军事行动则杀牛祭天，以其蹄占吉凶，蹄解者为凶，合者为吉。或者以牛的骨头判断吉凶。《晋书》和《隋书》都载有此俗。

樗蒲卜　樗蒲，又称五木。古人以掷五木观颜色判断吉凶。起初，它用于博戏决定输赢，《晋书·陶侃传》记载："樗蒲者，牧猪奴戏耳。"樗蒲的作用类似于骰子。后来，北方少数民族以之占卜。

金钱卜　金钱卜，又称金钱课、火珠林。以钱币的正、反面判断吉凶。《周易·启蒙翼》云："以京易考之，世所传火珠林者，即其法也。以三钱掷之。"一般的方法是将钱币抛掷于地，根据奇偶得出卦形，据卦理解吉凶。此俗至清代仍然盛行，清人王士禛《灞桥寄内》云："闺中若问金钱卜，秋雨秋风过灞桥。"

杂占术虽然繁多，但是其基本原理自然与前面所述五种没有差别："善识天文者，观星宿之动静，则知风云雷雨之降；善识地理者，察山水，则知来龙之根源；善推人命者，列七政四余，则知富贵贫夭之端的，其理一也。"（龙镇四海《三才妙论》）所谓"理"就是阴阳、五行、八卦、干支而已，其中阴阳、五行影响最大：如天干五行、地支五行、五行相生、五行相克、紫白五行歌、洛书九宫顺行图等目，就是注脚。与前面所述五种相比，杂占术的迷信成分要更多一些。

第二节 阴阳家人物

邹衍

邹衍,战国时期哲学家,阴阳家的代表人物,齐国人。生卒年不详,据说活了七十余岁。曾到齐国稷下学宫讲学,知识渊博,号"谈天衍"。他继承了古代阴阳五行说,提出"五行生胜"的理论,后又提出"大九州"说,以"先验后推"法推论世界有九大州,中国所在为其中之一。《汉书·艺文志》记载,邹衍著有《邹子》四十九篇、《邹子终始》五十六篇,均亡佚。

阴阳家的首领

木生火、火生土、土生金、金生水、水生木是为"五行相生";水胜火、火胜金、金胜木、木胜土、土胜水是为"五行相胜"。他用这一理论解释自然和社会的发展变化,并据此提出"五德终始"说,称自黄帝(土德)以来,已经夏(水德)、商(金德)、周(火德)三代,预言"代火者必将水"。

有个文化背景需要解释一下,就是说在春秋战国时代贵族家里都养着两类专家:一类是礼、乐方面的专家,另一类是巫祝、术数方面的专家。贵族家里碰到丧、祭,就得请礼、乐专家出面帮忙;碰到占卜一类的事,就得请巫祝、术数专家。礼、乐专家后来慢慢变成儒士,巫祝、术数专家就成了方士。汉代说的阴阳家就出身于方士。古代所说的术数并非今天的数学,而是关注于天道和人事之间的互相影响,"天人合一"之类。到了战国末期,有的专家把术数上升到理论高度,进行了归纳总结,邹衍就是这样的专家,他就是阴阳家的代表人物。

他把阴阳五行说整理归纳,并把这种本来用于解释自然发展变化的学说,引申到社会变化、朝代更替中来,并据此提出"五德终始"说。邹衍解释说,五行就是五种天然势力,也就是五行之德。每一德,各自有运行规律和盛衰的循环。当运的时候,天道人事都受它支配,遵循着五行相生相克的规律进行着循环。盛时,它对应的那个朝代就兴旺发达;衰时,这个朝代就要灭亡。一旦它云尽而衰亡,其他的一德就会胜它克它。邹衍还提出天下有"大九州"说,他推论说世界有九大州。神州(中国)内的九州是小九州,神州之外还有同样的八个大州,连神州算在一起共大九州。这才是整个天下。国君占据一个小国为王,又骄又暴,以为了不得了,整天做"王天下"的梦,想统一中国,不仅要称王,还要称帝。齐宣王就是这样。孟子对此看得很清楚,说他有"辟土地,朝秦楚,莅中国而抚四夷"的"大欲"(《孟子·梁惠王》)。

深受诸侯器重

邹衍的"大九州"说等于告诉国君们,你以为就是几个小国的统一吗?错了,天下有"大九州"呢,你霸得过来吗?别不自量力,醒醒吧。《史记·孟荀列传》里说,齐宣王和齐闵王听了这个学说,很震撼,邀请他来国讲学,"是以邹子重于齐"。赐邹衍为上大夫。"宣王喜文学游说之士,自如邹衍、淳于髡、田骈、接子、慎到、环渊之徒七十六人,皆赐列第为上大夫,不治而议论。"(《史记·田敬仲完世家》)

"大九州"说,特别是"五德终始"说一出,举世哗然。因为这个理论就意味着,一个国家是兴旺还是衰败,那是有运的,天道有循环,不是你国君说了就算数的。有德者居之,无德者失之。这个德便以木、火、土、金、水五行来代表的"五德"。你这个国君如果是火德,一旦轮到衰运,便有水德来克你;如果你是水德,德运衰时,自会有土德来取代你,依此类推。

"五德终始"理论使国君们不再像从前那样肆无忌惮、我行我素了,该收敛时知道收敛了,也会独自反省自己的德运了。但是,他们又不甘心,想了解自己国运到了什么程度,有什么相克的地方。这些困惑使得国君不安。于是纷纷发出邀请,请邹衍来讲学。各诸侯国都很器重他。

后来,邹衍到了燕国,燕昭王一口一个"先生"地叫,还"请列弟子之座而受业",并"筑碣石宫,身亲往师之"。意思是说,燕昭王在石台上拜他为师。邹衍从此尽心竭力地帮助燕昭王治理国家。有年春天,邹衍下乡调研,来到渔阳郡,见这个地方寒气很盛,草木不长,百姓收成不好。邹衍爬上郡城南边一座山顶,吹起了律管,演奏春之曲,在寒风中连吹了三天三夜。之后此地便飘来暖风,那些叶子绿了,那些花儿开了。老百姓趁暖耕地下种。这年庄稼长得果然好。多年以后,渔阳百姓为了怀念他,便把他吹律管的小山定名为黍谷山;山上建了祠,叫邹夫子祠;立了碑,碑上写"邹衍吹律旧地"。

邹衍吹律的传说,也让唐朝的大诗人李白感叹不已,写诗《邹衍谷》称赞道:"燕谷无暖气,穷岩闭严阴,邹子一吹律管,能回天地心。"

第三节 阴阳家故事

阴阳

阴阳家的内涵非常丰富,这里只介绍其中的部分观点和历史事例。阴阳家在古时也是十分受尊重的。据《史记》和《汉书》记载,在战国时期,邹衍是一位学识十分渊博的人,他善于谈论天地的形成,对于五行生克非常有研究,著有《主运》一书,所以当时人们

诸子百家 —— 阴阳家

称他为谈天衍,很是尊重。《史说》中说,邹衍在当时的诸侯国中很有地位,"在他出使的时候也很受各个诸侯国的尊重,他旅行至梁国,惠王亲自到郊外迎接,并且对他行宾主之礼;他到赵国时,平原君竟然侍候在路旁,亲自为他擦去座位上的尘土;他到了燕国,昭王为他做引导,并且请求做他的弟子;昭王在碣石为他建造了一所宫殿,并亲自去聆听他的教诲。他在王侯之间游说时受到了如此好的待遇,这与孔子几乎饿死在他国,或者孟子在齐国和梁国受困比较起来,是多么的不同啊!"

殷、周之际产生的《周易》就是在总结了以往广泛的矛盾现象的基础上,试图用阴阳变化的观念来解决生产和社会的矛盾的一种极其有力的尝试,其核心目的就是趋吉避凶的。可以看出,《周易》中提出的乾坤、泰否、剥复、损益等一系列的矛盾范畴,比以前的天地、日月、寒暑、水火、男女、昼夜、阴晴等单纯地描绘自然现象的概念和主奴、贵贱、贫富、治乱等单纯地描绘社会现象的概念不仅上升到了抽象的层次,更重要的是这些概念中已经融入了人们对自然现象和社会现象的规律性的认识,显示出人们把握自然和社会的强烈的

太极图

渴望。在《易经》中,这些观念都在阴阳观念的笼罩之下。可以说,《周易》为阴阳范畴的确立开了先河,即使在今天看来,阴阳观念在当时也是"科学"的概念。

在漫长的历史发展过程,人们又将这种经验和规律用来指导管理国家,认识到矛盾的缓和与激化关系到社会的治乱和安危。西周末年,人们开始用阴阳二气的消长来解释万事万物变化的原因。其后不久出现的《老子》一书似乎专门来阐述阴阳观念的,他在书中提出了一系列的对立的概念,应该说,《老子》在更高的水平上丰富、发展了阴阳学说,为中国古代的阴阳观念奠定了基础。

其实,真正大谈阴阳的不是《周易》的卦和爻辞,而是用来解说《周易》的《易传》部分。《易传》共十篇,它产生的年代肯定比《老子》要晚,可能是从孔子时代至汉代的作品,其中肯定经过了许多人的增删修订。《易传》中的二元对应的模式已经有意识地明确化了,并对阴阳观念做了系统的论述。如《系辞传》中说:

一阴一阳之谓道。

阴阳不测之谓神。

阴阳合德而刚柔有体。

阴阳之义配日月。

阳卦多阴,阴卦多阳。

乾,阳物也;坤,阴物也。

由此可见,阴阳观念在这里已经明确地上升到二元对应的主导地位。在此以后,整个中国古代哲学文化都是在这种观念的影响下发展变化的。

如上所述,阴阳家由先秦时期的天文家和占星家演变而来的。阴阳家在天象观测中

諸子百家——阴阳家

看到"天则有日月,地则有阴阳;天有五星,地有五行"。他们掌握了自然界阴阳五行变化规律,是具有较多科学知识的人,他们甚至能够预测日食、月食和某些自然现象的发生时间,人们便对他们有了神秘感,再加上政治统治的需要,统治者往往有意识甚至是处心积虑地将其神秘化,后来他们又流布民间,这就逐渐产生了以玩弄方术为主的方士型的阴阳家。在这一类人中,高明者往往是把科学——如天象——与神秘的巫术形式结合起来,用来预测人事的吉凶祸福。这些人到汉代即被正式命名为阴阳家,成为"六家"或"九流"之一。

在春秋战国时期,阴阳五行学说盛极一时。据《汉书·艺文志》记载,阴阳家约有六十八家,著述多达一千三百余篇,这在当时实在应该算是"显学"了。这种学说的影响之大,甚至连不相信天命的孔孟之徒都受到了濡染,以孟子为代表的思孟学派甚至与它有很深的渊源。

然而,需要看到的是,在汉代之后的两千多年中,阴阳学说经历了曲折的发展过程,各个时代都受到了当时哲学家的改造,形成了一个哲学体系,其中不仅包括"敬顺昊天,历数日月星辰,敬授民时"的正宗的阴阳家,更多的似乎应是方士所玩弄的方术、数术,道教的许多思想理论也是出自阴阳观念。

应该说,在汉代以后的阴阳家那里,科学的成分逐渐减少,愚民之术、牧民之术的成分逐渐增多,在一定的历史时期,它甚至成为一种非常重要的统治方法。当然,我们在这里不能过多地去责备阴阳家,因为这是与整个中国文化的大背景相联系的。但我们要看到的是,如果说儒家、道家、纵横家甚至法家、兵家的智谋还有许多合理的成分可供今天的人们借鉴的活,那么,阴阳家的所谓的智谋就没有太多的东西可以为今人所用了。

然而,阴阳家的确又是中国历史上的极为重要的文化现象,对我们的民族性有着很大的影响,其内涵也是极为复杂的。我们在这里仅是列举一些比较重要的侧面,以便了解其内在的结构。

我们只是为了介绍的方便才把阴阳家分成阴阳、命数、谶纬、易占、星占、解梦、灵异等七个方面。实际上这是很不合适的,这不仅是因为阴阳方术本来就盘根错节,很难分类,更重要的是这根本无法包括其极其复杂的内容。中国古代方术的资料可谓浩如烟海,光谶纬之类的典籍就够一个人穷尽毕生的精力去研读了,如果再加上各类专门的典籍,如道典类、释典类、易学类、太玄类、神仙类、奇闻类、占卜类、占星类、占梦类、测字类、相术类、堪舆类、三式类、命理类、杂术类等,简直数不胜数,如果还想进一步挖掘的话,道藏中还有这方面的许多资料。面对这些遗产,我们也许只能望洋兴叹。

谶纬

谶纬之学是西汉和东汉时期经学神化以后的一种表现形式。"谶"是一种带有浓厚的神秘色彩的预言,往往假托神灵来预言吉凶祸福和告知人间的政事;"纬"则是相对"经"而言的,是对各种经书的解释,也是各种经书的衍生。"谶"先于"纬"而产生,但作

诸子百家——阴阳家

为预言的形式,二者是没有什么区别的。

讖纬早在秦始皇时期就已经产生了,当时的方士卢生人东海求仙曾带回了一卷《图录》,其中有"亡秦者胡也"的讖语。但这时讖纬尚未形成风气和系统,直到西汉中期,儒生们才大量制作讖书,并编辑成册,蔚成风气。

据《后汉书》记载,在西汉末年王莽专权的时候,有一条讖语说不久一个名叫刘秀的人要做皇帝。当时著名的经学大师刘歆为了应这条讖语,甚至将自己的名字改为刘秀,因为他在《河图书》中发现这样的一条讖语:"刘秀发兵捕不道,四夷兴兵龙斗野,四七之际火为王。"当时,王莽的政权正受到了越来越多的人的反对,各地的农民起义风起云涌,所以在朝廷做大官的刘歆就想取王莽而代之。

刘秀就是以讖语而得天下的。刘秀生于公元前 6 年 12 月,是汉高祖刘邦的九世孙。其父刘钦是南顿县令,在刘秀九岁时病故,此后,刘秀与哥哥便被叔叔收养。据说刘秀身长七尺三寸,美髯目,大口隆准,生有帝王相。他的哥哥好养侠客,而刘秀却好稼穑佣耕,人们就经常讥笑他。一次到亲戚家做客,宾朋满座,其主人蔡少公精通图讖学,在述及讖语时说道:"将来刘秀必为天子。"因为当时王莽的大臣刘歆精通讖文,改名为刘秀,大家都以为是王莽的大臣刘秀。谁知座上忽起笑声:"怎见得不是我呢?"大家回头一看,竟是刘秀,不禁哄堂大笑。

后来,刘秀就是利用这种预言而夺得天下的。所以在他当了皇帝后,更加相信预言,有时还凭预言来决定自己的行动。

建武三十年(公元 54 年),大臣们为讨好刘秀,纷纷歌颂东汉建国三十年来的功绩,一致请求皇帝封泰山,祭苍天。可刘秀却下诏说:"朕即位三十年来,并没有把国家治理好,百姓怨气很大,在这种情况下举行封禅大礼,是欺骗谁呢?我怎么能够欺骗上天?今后如有官吏上书称太平者,必处以髡刑(古代一种剃去头发的侮辱性刑罚),把他发配到边疆种田。"此诏一下,再也没有人敢劝他去封什么泰山了。大臣们拍马屁拍到了驴腚上,讨了个没趣,于是就又歌颂起皇帝实在圣明来。

但才不过两年,当刘秀看到《河图会昌符》一书,便下令寻找河图洛书,得到的讖语是"九世当封禅"。于是就忘记了自己几年前下过的命令,居然决定东封泰山、祭天地。

还有一位比刘秀更加迷信的皇帝,他就是五胡十六国时期的前秦的皇帝苻坚。苻坚是十分迷信图讖神学的,生怕别人用图讖之学篡夺了他的皇位,所以严禁私人研习图讖之学。有一次,尚书郎王佩私下学读图讖之书,苻坚发现后一气之下竟将之杀掉!此后再也没人敢学习图讖了。

但苻坚内心却非常迷信图讖,以至到了十分荒唐的程度。后来攻打东晋失败,各族首领乘机起兵造反,自立为王,燕国的慕容氏又将他围困在都城,在这山穷水尽之际,他不想方设法打退敌人,竟然在长安也读起图讖书来。书中有一预言说:"帝出五将久得。"他理解为:皇帝出兵五将山就会永远得胜,于是就信以为真,果然带兵出奔"五将山"。可他一到达,便被羌族的首领活捉杀掉了。

图讖神学实际上是古代社会中一些人在特殊的历史时期用来编造谎言,迷惑百姓,以达到个人目的的一种方法,而古代的有些人却深信不疑,实在是荒唐至极!

利用图谶篡权的典型人物是王莽。王莽在韬光养晦了一个阶段以后,逐渐收拢了人心,攫取了权力,准备篡夺汉室的皇位。

有一年,他又得到了一项符示。原来,梓潼人哀章,狡诈灵滑,看准王莽的心思,想趁机弄个官做。于是,他暗制一铜匣,扮作方士模样,在黄昏时交给了高祖的守庙官。王莽收到后打开一看,匣中断言王莽当作真天子,下列佐命十一人:一是王舜,二是平晏,三是刘歆,四是哀章,五是甄邯,六是王寻,七是王邑,八是甄丰,九是王兴,十是孙建,十一是王盛。

王莽当然知道这是假的,但他正好弄假成真,借此作为篡权的依据。初始元年十二月一日,王莽率领群臣朝拜高祖庙,拜受金匮神禅,回来后谒见太皇太后,说秉受天命,自己应该当皇帝,太皇太后正要驳斥,王莽已管不了许多,即跑出内宫,改换天子服饰,走至未央宫,登上龙廷宝座,文武官员也一律拜贺。王莽写好诏命,正式颁布,定国号为新,改十二月朔日为始建国元年正月朔日,服色尚黄,牺牲尚白。

然而,当农民起义烽火四起,江山风雨飘摇之时,王莽还想利用谶纬来蛊惑人心,从某种意义上说,他因图谶而得皇位,又因图谶而丢了性命,真可谓"出尔反尔"了。

据《旧唐书》记载,在唐太宗李世民还没有当政时,有人在一卷秘籍中发现了这样的一句话:"唐三世之后,则女主武王代有天下。"今天看来已经十分明显了,在这句谶语的后半句中隐含了武则天三个字,其意当然是指后来女皇武则天称帝了。唐太宗想破掉这一谶语,就向当时著名的术士李淳风探问此事,李淳风说:"根据我的占验,此人已经来到宫中了,您的后宫已经有了天子之气。三十年之后一定会据有唐朝的天下,但其后又会把唐朝还给李氏。"太宗说:"既然如此,我把她找出来杀掉吧!"于是,唐太宗李世民将后宫女子集合起来,每一百人为一队,然后又问李淳风说:"您看哪一队中有天子气?"李淳风说:"在某一队中。"唐太宗又将这一队一分为二,让李淳风望气。李淳风又说:"在某一队中。"唐太宗继续分队,李淳风说:"在某一队中。我不能再说了,你自己去辨认吧!"唐太宗当然看不出哪个人有天子气,就想将那些人都杀掉,反正将来当天子的人就在这一队中。李淳风不同意这一做法,他急忙制止唐太宗说:"您不能这样啊!您如果杀了这个女子,她将来就会化为男子降生,那时他怀着复仇的心理,一旦做了皇帝,将毁灭您的宗族了。这是定数,不可更改,您还是顺其自然吧!"于是,唐太宗听从了李淳风的劝说,就没有杀掉那些宫女。

据《汉书》记载,西汉初年,吕后专权,在吕后死了以后,丞相陈平、太尉周勃等人灭掉了吕氏,但刘氏宗族已经被吕后杀得差不多了,只有请刘邦所余不多的儿子之一代王刘恒即位当皇帝。刘恒是个生性淡泊的人,再加上不知当皇帝是吉是凶,便有些拿不定主意。于是,他就求教于占卜,得到的结果是龟甲烧裂后出现了一个横正的大纹。爻辞中写道:"大横庚庚,余为天王,夏启以光。"这样的爻辞可以解释为"硕大的横纹预示着大吉,应该像大禹的儿子夏启一样继承父亲的事业,称王天下。"

刘恒得到了这样的预测结果,才决定入京继承王位,他就是后来中国历史上有名的汉文帝。

西汉末出了个预言，说是一个叫当涂高的人要当皇帝。当时，公孙述自立蜀王，建号"龙兴"。光武帝刘秀也曾怀疑这个谶言会在公孙述身上应验。后来袁术、王浚等都自己做起皇帝来，称这个谶言应了自己或是父辈的名字，结果都没做上皇帝，倒是曹操打下了一片江山。

唐朝出了个两角犊子的谶言。玄宗李隆基时的工部尚书因为姓牛，就被人弹劾了一场。后来，"牛李党争"时，两派互相攻讦得十分厉害，李德裕借此攻牛僧孺。几十年后，却是应在了朱温身上。

隋炀帝信谶言，认为姓李的王将来会夺他的天下，就把他所怀疑的李金才全族诛杀，后来却是李渊取代了隋朝。

汉光武帝刘秀

李世民听说将来会有姓武的窃取国柄，为了保住子孙江山，滥杀和武氏有关系的五娘子，可武则天还是当上了第一个女皇帝。后来武则天认为是姓刘的要取代武氏，但身边姓刘的没有显赫的人，就派遣几路使者到各地捕杀姓刘的。这时刘幽求正在辅佐李隆基，后来也协助李隆基平内乱、靖国难，武、韦二后的家族全部伏诛。

晋代张华、郭璞、魏朝、崔伯深这些人，都是天象卜筮的精通者，他们料事如神，别人都望尘莫及，但最终都不免身死族灭，更何况是那些不如他们的人呢？如果他们真的能够预言将来，为什么连自己也保不住呢？

中国古代的谶言是很荒唐的，但其中也并不是完全没有道理，有些谶言往往并不只是哪一个人闭门造车，在屋子里"研究"图谶弄出来的，很多其实是民间的歌谣，是当时社会变化的反映。其实，在漫长的中国古代历史中，歌谣、谶语多得无法计数，应验的只是其中的极少数，这当中主要是偶然的因素在起作用，但有一些也确实是某些有见解的人通过对当时情况的分析而得出的预言性的结论，只是为了蛊惑人心，故意涂上了神秘的色彩。在后来的流传过程中，这种色彩也就越来越浓厚了。如果我们今天不细心地分析，往往也会被迷惑。

据《隋书》记载，隋炀帝到达东都时，在长乐宫饮酒，写了一首五言诗，最后两句是："徒有归飞心，无复因风力。"令宫中的美人再三吟唱，因为当时隋朝已经处于风雨飘摇之中了，他听了以后十分伤感，泣下沾襟，他身边之人无不哽咽。到达江都以后，炀帝又作五言诗曰："鸟声争劝酒，梅花笑杀人。"后来，他果然在三月被杀，这首诗准确地预告了他将在梅花盛开时节罹难。

据《后汉书》记载，东汉末年董卓在朝廷专权，当时就流传了一首民谣："千里草，何青青；十日卜，不得生。"前一句合起来是个"董"字，"十日卜"是个卓字。童谣既表现了董卓气焰熏天的权势，又预示了他的死亡。这首童谣通过小说《三国演义》的传播，可以说已经家喻户晓了。

然而，既然谶语可以兴国，自然也就可以亡国。后来曹魏兴起时，也列出了许多谶语，像"代赤者，魏公子"，"鬼在山，禾女连，王天下"等等，这些都是说曹要代替汉朝的，证明灭汉乃是天意。谶纬神学发展到了这个阶段，统治者终于明白了，谶语可以兴国，也是可以亡国的。自己一旦取得了政权，就一定要禁绝谶纬神学。所以，在汉代以后的朝代里，统治者往往给那些研究和传播谶纬神学的人安上妖言惑众的罪名，处以极刑，甚至诛灭九族。

其实，这样的事并不少见。

据《汉书》记载，有位叫眭弘的术士上书指出："根据阴阳五行的理论，这两件怪事预兆着将会有一位平民百姓成为天子。由此看来，朝廷应该寻找贤人，把皇帝的宝位传给此人，以免上天的惩罚。皇帝在退位后可以封给一百里的地盘为食邑。"当时的当权者大将军霍光听了这话非常恼火，给他定了个妖言惑众的罪名，处以死刑。

汉宣帝时，盖宽饶上书说："五帝官天下，三王家天下。家天下者，应该传帝位给儿子；官天下者，应该传帝位给贤人。"这在当时实在是胆大包天的话，有关部门认为盖宽饶的意思是要皇帝让位，便处以死刑。

在中国历史上，各种各样的避讳有时令人感到莫名其妙，哭笑不得。在思想比较解放的唐朝，避讳倒是空前绝后的。

唐朝人是十分避家讳的，回避与自己父祖姓名同音、同形的字，甚至远远超出了当时法令规定的范围。

李贺参加进士考试时，忌妒他才华的人说，李贺的父亲叫李晋肃，"晋"与"进"读音相同，李贺因此就不敢参加考试了。

韩愈曾做了一篇文章，叫《讳辩》，深切论述避讳太严是不当的，但当时人难以接受，《旧唐书》甚至说韩愈这篇文章是错误的。由此可见当时避讳风气的盛行。

裴德融避讳"皋"字。他参加科举考试时，姓高的主考官说："他避讳'皋'字，在我主持下参考，如果我让他及第，肯定要连累他一辈子。"后来裴德融被任命为员外郎，他和新任命的郎官一起前去拜见他们的上司尚书卢简求。到卢府以后，卢简求只让那位郎官进去，郎官说："我是与新任命的屯田员外郎裴德融一起来的。"卢简求派手下人对裴德融说："你是在谁主持的考试中中进士的？现在主持有事，不能见你。"裴德融听了以后，无地自容，便急忙走了。

《唐语林》记载有另一件奇事。崔殷梦当主考官时，吏部尚书归仁晦对他说，自己的弟弟归仁泽这次要参加考试，请他给以照顾。崔殷梦只是口头答应而已，并没有把归仁泽的名字列上。归仁晦不知他是什么意思，三番五次前去拜托，最后他才非常严肃地说："我如果把你弟弟列入及第名单，我就放弃现在的官职。"归仁晦这时才明白，原来自家的姓，是崔殷梦的家讳。据唐代的《宰相世系表》记载，崔殷梦的父亲名叫龟，"龟"与"归"同音，因此他便不写"归"字。这与"高"和"皋"同讳一样。

诸子百家——阴阳家

2432

李贺因父亲叫"晋肃",便不敢参加"进士"考试;裴德融的父亲名"皋",以及不把姓"归"的人列入进士籍中,这些都是在当时的规定之外的。

后唐天成初年,卢文纪任工部尚书,新任命的工部郎钟于邺按惯例去拜见卢文纪。卢文纪的父亲名嗣业,"业"与"邺"同音,卢文纪便坚决不见他。钟于邺认为卢文纪瞧不起自己,忧惧交加,一天晚上,竟上吊自缢了。卢文纪因此被贬为石州司马。

据说,这些避讳不仅是由于遵守封建礼教的缘故,同谶纬也有一定的关系。当然,在谶纬神学兴起的时候,有许多有见识的人起来反对,并写出了《神灭论》这样的不朽之作。其实,早在春秋战国时期就有人注意到这个问题了。他们认为国家的兴亡不在于一两句话,关键在于修明政治。

有时候,谶语很明显是被人们有意制造出来,以便为自己的某种目的服务的。众所周知,《史记》中记载的陈涉起义就是利用了谶语。陈胜、吴广起义时,曾让术士来占卜吉凶祸福,术士知道他们的心事,就说:"我已经推测出您的事情可以成功,你们还应该问一下鬼神的旨意。"陈涉知道这是暗示他们装神弄鬼、蛊惑人心,于是往鱼肚子里装丹书,上面写着"陈胜王";夜里又在丛林中模仿狐狸的声音在火堆旁叫:"大楚兴,陈胜王。"戍卒们在杀鱼时得到了丹书,在夜里听到了这样的叫声,就真的以为天下将要归于陈胜了。这为陈胜的起义做了良好的舆论准备。

其实古人十分明白人事不是由谶纬决定的,"皇天无亲,唯德是辅"这句话便说出千古不变的真理:灭亡自己的不是别人,更不是什么谶纬,而是自己。

解梦

占梦是中国古代众多占卜术中十分重要的一种,有关占梦的书籍很多,如《黄帝长柳占梦》《占梦书》《梦书》《解梦书》《周公解梦书》《先集周公解梦书》等等,不一而足。

其实,纵观各类解梦书,并无一定之规,随意性很大,不像星占那样有比较严谨的规范。

《左传》中记载,昭公三十一年十二月初一,日食。当日的夜里,赵简子梦见一个孩子光着身子一边唱歌一边跳舞。他感到十分奇怪,第二天对史墨说:"夜里我做了一个噩梦,现在又发生了日食,这是什么预兆呢?"史墨说:"这预示着六年之后吴国将攻占楚国,并且是在庚日进入楚国的国都,但吴国最终是不能占有楚国的,结果对吴国还是不吉祥的。"《左传》还分析了史墨的"占卜"方法。史墨精通天文,他推算出六年后的庚日还将发生日食,其对应的地区是楚国,所以楚国要有灾难。再根据五行的原理,干支中的庚属金,当时楚国的仇敌是吴国,所以很有可能是吴国进攻楚国,但吴国是属金的,根据分野的理论,楚国是属火的,对应十二干支中的午,火胜金,所以尽管吴国可以攻占楚国,但最后还是会为楚国所灭亡的。

这实际上是把解梦与星占联系起来了。冯梦龙《智囊》中有一则舌上生毛剃(替)不得的故事,很有意思。故事是这样的:马亮任江陵知府,任期满了,职位将由别人继任。

在他还没有离任的时候，有一天他梦见自己舌头上长出了毛。一位和尚给他算命，说："舌头上长毛，是不能剃（替）的，您一定会继续做知府。"事情的结果与和尚所说的一致。

据冯梦龙《智囊》记载，宋王有病，夜里做梦梦见河水都干了，白天醒来以后脸上布满了愁云，心里非常恐惧。他认为，做王侯的都是以龙作为象征，如果河里没有水了，那龙就失去了存在的地方，因此这样的梦是一种不祥之兆。正好宰相们前来探问病情，宋王把这个梦告诉了宰相，并且问这个梦是怎么事。有个宰相说："河里没有水，就是'可'字呀，这是说您的病很快就要好了。"宋王听了他的这一番话，觉得十分有道理，很高兴，不久就痊愈了。

据冯梦龙《智囊》记载，北齐文宣帝高洋将要接受东魏皇帝的禅让，事前他梦见有人用笔点他的前额，不知是什么预兆，吓得心惊肉跳。王昙哲听说了这个梦，向他祝贺说："王上加一点就是'主'字，您的位置又要高升一步了。"

隋文帝还没有显贵的时候，曾夜间在江中停船，梦见自己没有手，醒来后很讨厌这个梦。等到上岸，向一个草庵走去，那里有一老和尚，道术极为高明，隋文帝把做的梦全告诉了他。老和尚祝贺说："没有左手，也就是独掌的意思，是说您将要独立掌握大权，您将做天子。"隋文帝做皇帝以后，把这草庵改建为吉祥寺。

李世民与刘文静准备谋划反隋大计，当天晚上，李世民的父亲李渊做了一个噩梦，从床上落地，并且看见自己全身爬满了蛆虫，在吃自己身上的肉。他感到既恐惧又厌恶，不知该如何解释，心里很不舒服。为这件事他去询问安乐寺的智满禅师。智满禅师说："您要得天下了。床下的意思就是陛下，众多的虫蛆吃您，这表明众生百姓仰仗您一个人才能活下去。"李渊非常赞赏禅师的这一番话，心无顾忌地起兵了。

通海节度使段思平，被杨姓忌恨，逃离了通海。后来他在路上捡到了一个核桃，切开以后，里面有"青昔"两个字。段思平拆开这两个字，说："'青'是十二月，'昔'是二十一日。我们应当在这一天讨伐杨姓的敌人。"于是，便是从东边借援兵，到了黄河边准备渡河。渡河的前一天，段思平梦见别人把他脑袋砍下来了，又梦见玉瓶瓶耳打破了，镜子碎了，心里有些恐惧，因此不敢进军。军师董伽罗对他说："这个梦都是吉祥之兆啊。您是大夫，'夫'字去掉上面的头，便是'天'字，这是您要做天子的吉兆；玉瓶少了耳朵，剩下的就是'王'字；镜中有人影，好像是有个人与您相对峙，镜子破碎了，人的影子也就没有了，这等于说您的敌手不存在了。"段思平听了董伽罗的这一番话，十分高兴，当即决定继续进军。不久，就把杨姓打跑了，占领了他的国土，改名为大理国。

解梦有时候是很滑稽的。魏晋南北朝时期，周宣善于占卜别人的梦。有一个人梦见一只小狗，向周宣求教。周宣说："您一定能得到一顿美餐。"不久他的话就得到了验证。那人又去问周宣，这一次他撒谎说："我夜里又梦见小狗了。"周宣说："您应该防备，恐怕会有什么受伤的祸患了。"没过多久，那个人便因为从车上掉下来伤了脚。他感到很奇怪，又去找周宣，还撒谎说："昨夜又梦见小狗了。"周宣说："您要小心防护，防止家里着火。"不久家里真的着火了。于是他到周宣那里说："我三次都是梦见小狗，您三次给我占卜的不一样，却都应验了，这是为什么呢？"周宣说："小狗是一种祭祖之物，所以第一次做

諸子百家——陰陽家

梦应该是吃的;祭祖结束了,要防止被车轮碾轧,所以你从车上掉了下来,伤了脚;经过车轮碾轧之后,你必将到家里劈柴做饭,所以就容易失火。"那人说:"我第一次做的梦是真实的,后两次梦都是我编造的。"周宣说:"吉凶祸福都产生于人的意念活动,您有了这种意念活动,就与真做了梦相同,所以我所占卜的都得到了应验。"

顾琮做补阙时,曾因有罪被囚禁在诏狱中,案子已被判决了,他心里十分忧愁,坐着打瞌睡,忽然梦见他母亲的下身。他感到十分害怕,认为这是极为不祥的征兆。当时有位善于解梦的人反而向顾琮祝贺说:"您不必害怕,您母亲的下身正是您出生的道路呀。重新见到生路,这是大吉大利之事!"第二天门下侍郎薛稷,向皇帝上了奏疏,说他的案子判得与事实有出入,于是,他竟然能幸免于难。后来顾琮官至宰相。

狄仁杰曾经借梦进谏。据《旧唐书》记载,有一天,则天皇后召见宰相狄仁杰,武后对他说:"朕有好几次梦见玩双陆,可都没有赢,这是什么意思呢?"狄仁杰说:"玩双陆不赢,意思是说陛下没有儿子,这或许是上天在警告陛下吧?"武后听了这话,有所醒悟,当天把她贬黜的儿子庐陵王接了回来。

借梦进谏,在中国可谓是一种源远流长的进谏方式,往往能够收到意想不到的效果,当然必须掌握得十分巧妙。狄仁杰如此进谏,可想而知他的心中还没有忘记李氏君主。在武后当政时,李氏宗庙几乎就要断绝了,狄仁杰是一个孤立无助的老臣,在武氏家族之间委屈周旋,最后终于消除了嫌隙,并对挽救大唐的危机、使得李氏家族重新执掌天下起到了很大的作用。唐中宗复辟,狄仁杰的功劳首屈一指,通过这件事是可以想见的。

其实,古人对这个问题也早就有正确的认识了,"日有所思,夜有所梦"说的就是这个道理,即使拿今天的科学观点来看也是正确的。但从另一个角度看,如果由有道德、有水平的人来替人解梦,也未尝不是一件好事。

测字

在阴阳家的方术中,恐怕没有比用测字来预测人的吉凶祸福更令人感到滑稽的了。说穿了,不过是那些有些知识、头脑灵活、又富有社会经验的人在做把戏罢了。其实,测字是有一套"科学方法"的,那些测字的办法,都被人归纳出来,写成了书。如果您看了这样的书,说不定也会觉得变成测字先生并不难。测字类的比较著名的典籍有《测字秘牒》《字触》《字说》《神机相字法》等等。这里对其内容就不做介绍了,仅举一些古代比较有名的测字的例子。

南宋高宗建炎年间,有个叫周生的人善于通过看字来替别人预测吉凶祸福。当时,皇帝的车驾被迫到了杭州,因为正受金军的侵扰还心有余悸。执政的宰相招呼他前来拆字,随便写了个"杭"字让他看。周生说:"恐怕有战争发生。"他把"杭"字右上的那一个点放到左边"木"字上,这样就成了"兀术"(金将领的名字)。不到十天,果然传来了金兀术向杭州进军的消息。

宋高宗时,宰相赵鼎和秦桧不和,都想辞职,两人都写了个"退"字。周生说:"赵相一定会走，秦相一定会留下。"别人问他原因，他说："赵相所写的'退'字，其中的'艮'字中，'人'字离开'日'字远，秦相所写的'退'字，'人'字紧紧依附在'日'字下，'人'字左边那一撇斜插上方，秦相写的'退'字本来就是这样，难道能退得了吗？"不久，周生的这些话都应验了。

在这以前有人前去问考试的事，写了一个"串"字，他说："你不但在乡试中可以考中，在礼部考试时也会高中，因为在'串'字中藏了两个'中'字。"另一个书生在旁边听说后，就也写了个"串"字让他看，算命的人说："您不仅不能参加乡试，还会生病。"那个书生问他为什么这样讲，他说："那个人是在无心的情况下写了个'串'字，所以应当按字形所表示的那样给他拆字；您是在有心的情况下写的'串'字，'串'字下边加上'心，正是'患'字。"后来，两个书生的情况果然如他所说。

据说，宋朝的谢石是一位测字的高手。他是成都人，于徽宗宣和年间到了京都，以拆字来测祸福。算命的人只要随便写一个字，谢石就以这个字为准，把它拆来拆去，分析祸福，说的没有不准的，因此而闻名天下。皇帝听说了，就写了一个"朝"，让受宠幸的宦官拿着这个字找谢石。谢石看了这个字，又仔细地看了看那宦官，说："这字不是您这位官人写的。"那宦官感到十分吃惊，说："你根据这个字来算卦吧，不要管是谁写的。"谢石把手放在脑门上说："把'朝'字拆开了，就是'十月十日'这几个字，这个字不是此月此日所生的富贵之人所写，还可能是什么人写的呢？"当时在场的所有人都大为吃惊。

那宦官回去禀报皇上，皇帝十分高兴。第二天，皇帝召谢石到后苑，命侍从和嫔妃们随意写字，让谢石看。谢石一个字一个字看，一个字一个字地拆说，个个都说得有理，因此皇帝赐给他很厚重的礼，还封他承信郎的官位。从此以后，四面八方来找他拆字的人如潮水一般。

有一位朝廷小官员的妻子怀孕过了十个多月还没有生下来，她觉得十分奇怪，就写了一个"也"字，让她丈夫拿着去求问谢石。这天，来求问的人特别多，谢石很认真地看了他手持的那个字，对那个小官员说："这个字是你妻子所写的吧？"小官员说："您根据什么这样说？"谢石说："所谓的语助词就是'焉、哉、乎、也'这些字，既然是'也'字，就是帮助你的人写的，因此知道是你的贤内助写的。"谢石又问小官员："你妻子现在正是壮年，是不是刚刚三十一岁？"小官员回答："对。"他又说："拿这个'也'字来看，上边是'卅'。下边是'一'字，所以我说你妻子三十一岁。"那个小官员又问："那么，我现在暂在此做官，正竭力想迁升，还有可能吗？"谢石说："我正在为此费脑筋呢！这个'也'字，如果加上水就成为'池'，有了马就成为'驰'字。现在想从池上航行没有水，想在陆地上奔驰没有马，这样，怎么能挪动呢？此外，您的父母、兄弟、近身亲人，想必也没有人在世的了。因为'也'字加上'人'字，就是'他'字，现在独不见'人'字，所以我知道您必是如此。还有，您家的家产也不多了，因为'也'字加上'土'字就成为'地'字，但没有'土'字，所以我这么说。这些说法都对吗？"

小官员说："您真是神明啊！都如您所说。但是这些并不是我所要问的，我妻子怀孕超过了十个月不生，很发愁，这才是我们所要问的。"谢石说："有十三个月了，因为这个

'也'字,中间是个'十'字,两旁是两竖一划,加起来就是十三。"他又对小官员说:"这件事说来很是奇怪,本来我不想说,然而你所问的就是这件事,你看是不是要直截了当说给你听呢?"小官员恳求谢石把情况全都告诉他。谢石说:"'也'字加个'虫'字,就是'蛇'(古字为'虫'、'也'相合)字,现在你妻子腹中所怀的大概是蛇妖怪胎啊!但现在只是个'也'字,未见'虫'字,所以这件事还不成其害。我教你一个办法,可以用药打下来验证一下。"

小官员听了谢石的一番话,感到十分奇怪,就把谢石请到家里去,让妻子吃下那种药;妻子把药吃下,产下好几百条小蛇。京城里的人越来越觉得谢石这个人实在是个神人了。

但人们却不知道他那种本事的奥秘所在。后来,谢石为当时的奸相秦桧拆"春"字,他认为"春"字的头太大,压住了太阳的光明,得罪了宰相秦桧,被流放并死于边镇。

有意思的是测字也要因人而异。传说明成祖没有继位,还住在燕王府时,曾经穿着便服到处游览。他到了一个拆字算卦人的家里,写了一个"帛"字给拆字的人,那人马上跪下叩头,还念念有词地说:"我该死。"成祖惊讶地问这是为什么,那人回答说:"您写的字是'皇'字的头,'帝'字的脚,写这个字的人可不是一般人啊。"后来又有人也写了一个"帛"字让他看,那人说:"这个字预示着您一定会遇上丧事,因为这个字的意思是'白巾'。"

古人有一种从小事中寻找祸福征兆的习惯,据说名字预示改朝换代。蜀汉末年,杜琼曾经说:"古代官职名称没有叫'曹'字的。从汉代开始,官职名称尽是叫'曹'的,文官称为'属曹',武官称为'侍曹',后来果然曹操得了天下,这恐怕是天意吧?"谯周回答说:"汉灵帝给两个儿子起名叫史侯、董侯,后来他的子孙就都被免去帝号而成了侯,也是属于此类。那么,先帝名'备'字,'备'这个字是具备的意思;后主名'禅','禅'这个字是授予的意思,这是说刘氏政权已经具备了,应当交给别人了。"又说:"'曹'字是众的意思;'魏'字是大的意思,人众而且广大,天下恐怕要集中到曹氏子孙的手里了。刘氏具备了又交给人,刘氏政权恐怕在刘禅之后没有后继者了。"等到蜀汉灭亡,人们都争相认为他们的话太灵了,谯周说:"我是从杜琼的话中推而想到的,并非有什么独到的奇特之处。"

魏元帝咸熙二年,谯周在板上写道:"典午忽兮,月酉没兮。"典午(按十二生肖,午为马)指司马氏,月酉是八月。到八月司马昭果然死了。

魏晋南北朝时期,降将侯景作乱,攻陷了台城,梁武帝对大臣们说:"侯景肯定要篡位称帝,但是很快就会垮台,分析'侯景'这两个字,就是小人做百日天子的意思。"后来,侯景果然篡位称帝,而且确实称帝一百天就垮台了。

北宋绍兴年间,一只熊跑到永嘉城下,州守高世则对他的副手赵允韬说:"熊这个字是由'能'、'火'两个字组成的,熊闯至城下,预示城里将有火情,在我们的管辖区,要对灯火实行管制。"这话说过几天以后,果然有十六家官吏和平民的房子失火。

弘治十年六月,有一只熊从北京西直门人城。兵部郎中何孟春听到这个消息后,也曾警告人们该注意火情。没过几天,礼部失火,又过了几天,乾清宫也被大火烧毁。

古人对于地名是十分讲究的。汉八年(公元前199年)冬,刘邦率军击韩王信于东垣(今河南正定县南),返军过赵。贯高、赵平闻知,立即暗派刺客数人隐于柏人(今河北隆尧县西)行宫厕内,专等刘邦投宿,好见机刺杀。谁知刘邦似有神助,他刚到柏人顿觉心中不安,忙问左右:"此是何地?"有人答道:"柏人。"刘邦悟道:"柏人者,迫于人。此地不祥,速速离去。"随即带领人马连夜而去。贯高等的刺杀计划也随之破产。

隋朝末年,夏王窦建德援救被李世民围困的王世充,于牛口这个地方布阵。李世民听说以后,得意地说:"窦(豆)子进了牛口必定不能保全自己。"不久,在一次交战中,窦建德果然被擒。

东汉时岑彭进攻四川,至成都附近的彭县丧命,他是因遇到刺客而死的,果然沉(岑)于彭。唐代马隧讨伐李怀光,他到了驻地,问驻地名叫什么,别人告诉他说:"此地叫'埋光村'。"他十分高兴地说:"一定能活捉李怀光。"事实果然如此。

科举对古代的士人来讲是最重要的了,因此,求问科举的人往往很多。孙龙光中了状元,在这之前的一年,他曾梦见几百根木头堆在一起,孙龙光在上面走来走去。不久,他请李处士替他解梦,李处士告诉他说:"我要向您道喜呀,明年您必会中状元。因为您已经居众材(才)之上了。"

郭俊应举时,梦见一个老和尚穿着木屐,在床上摇摇摆摆地走来走去,醒来后很厌恶这个梦。占卜的人告诉他说:"老和尚是佛寺中受尊敬的上座,他穿着木屐在床上行走,象征行屐(迹)高。先生大概是考中了。"等到见到张贴的榜文,郭俊确实中了状元。

诸子百家——阴阳家

谐音在测字中有很大的妙用。宋代李迪有一口漂亮的胡须,他去参加殿试的前一天,梦见自己的胡须全都剃光了。占卜的人说:"'剃'就是'替',今年乡试中第一名的是刘滋,在这次殿试中你将替代刘滋名列前茅。"后来,李迪果然中了状元。

曹确被任命为度支官,而且有进一步提升为宰相的希望。他做梦梦见自己剃发当了和尚,心里觉得挺别扭。有位读书人善于算命,曹确把他请来,问他自己的梦是怎么回事。这位读书人说:"我前来向您祝贺,过不了几天,您必然能进一步得到升迁。出家,就是剃度,'度'、'杜'两字音同,您必将替代杜相做宰相。"不久,杜相调出,镇守江西,朝廷任命曹确为宰相。

以物拼字也是测字常用的方法。王浚梦见自家房梁上挂着三把刀,过了一会儿又多了一把刀。李毅为解梦说:"三刀是州府,又加一把,是'益'字,您将要做益州的长官了吧?"后来王浚果然做了益州刺史。

东汉蔡茂在家闲居,做梦梦见得到一把稻禾,但不久又丢失了。郭乔卿说:"'禾'失了就成为'秩'字,您肯定会得到大官了。"没过十天,蔡茂被征召进京做了司徒。

江西的曾迥参加乡试的那年秋天,梦见自己抱着一个小孩,忽然那个孩子右边又多生出一个耳朵来。过了一会儿,又看见这个孩子的手没有了。他认为这个梦很不吉祥,曾迥向哥哥曾迥说了此事,哥哥向他恭喜道:"你要考中了,为什么呢?右边添了一个耳,'耳'与'又'是'取'字。小孩是个'子'字,'子'没有首就是'了'字。你这个梦是说你已经'取了'。"不久,曾迥果然考中了。

这样的测字法在今天看来完全可以拿来当作相声的材料,至于是否可信,那是不言自明的了。

风水

堪舆之学在阴阳家中是一门十分发达的学问,其著作众多,内容非常丰富,而且有许多流派。这类著作文字艰深,读起来很不容易理解,即使理解了文字的意思,对其实际上说了些什么也是很难捉摸的。历来关于风水的传说也非常之多,可谓不胜枚举。但我们没有必要多讲这些有关风水的传说和古代的帝王将相是怎样运用风水理论的,在这里只是对一些堪舆学著作做非常简单地介绍。

《黄帝宅经》是一部综论阳宅阴宅的经典。从现有资料来看,许多人撰写过宅经,如黄帝《宅经》、孔子《宅经》、司马师《宅经》、淮南子《宅经》、王微《宅经》等等,几乎有数十部之多。此书认为选定好的宅基是一项综合的学问。怎样才可选择一个主吉之宅呢?此书认为,天下的宅书都自言秘妙,互推长短,其实是大同小异。主张以形势为体,以泉水为脉,以土地为皮肉,以草木为毛发。

《葬经》是一本堪舆理论的奠基之作,此书强调综合考察阴宅,相宅应当以"形势为身体,像天地之形,山望之如却月形,或如覆舟,葬之出富贵;山望之如鸡栖,葬之灭门。山有重叠,望之如鼓吹楼,葬之连州二千石"。

《葬书》认为每个人的命运都是由葬地决定的。在谈风水保持的篇章中说:"风水得法,得水为上,藏风次之……浅深得乘,风水自成。土者,气之母。有土斯有气。气者,水之母。有气斯有水,故藏于涸燥者宜浅,缄于坦夷者宜深。"水土保持是风水的关键,有土才有气,有气才有水,得水为上。这个观点有可取之处。人们如果不注意生活中的水土保持,就会造成无穷后患。《葬书》又叙述了地形的选址:"地贵平夷,土贵有支,支之所起,气随而始;支之所终,气随以钟。"等等。

《地理指蒙》是一部有关相地术比较系统的资料。从风水理论流派看,《地理指蒙》偏重于形势,对山势地形有全面地论述。如《五鬼克应篇》说地形吉凶:"形如拖旗,脱水忘归;卷脚回头,发迹他州。形如弯月,徒形鞠决;两角不锐,进财难退。形如缩龟,寡妇孤儿;曳尾不攒,谁云势短;形加曲尺,手艺衣食,横控如弓,一生不穷;形如开丫,立身不嘉;重婚两姓,归宗可定;形加覆般,尸验伤痕;不因赌博,必葬溪滩。"以物象比喻地形,十分绝对。

《天玉经》是一部理气派观点的堪舆著作,以《周易》卦理论述风水。如:"江东一卦从来吉,八神四个一。江西二卦排龙位,八神四个二。南北八神共一卦,瑞的应无差。二十四龙管三卦,莫与时师话。忽然识得便通仙,代化鼓骈阗。"

《青囊奥语》是一气派的堪舆著作。序云:"是经大唐国师某传家之奥旨也。以二气五行一节二节之法成赋,……曲尽地理造化运行之机真,参赞化育之大力也。首言寻龙之法,审来龙以辨雌雄,察金龙以定水路,观血脉以通源流,认三义以明聚散,识阴阳以明运气交媾之情。……"

上面非常简单地介绍了几部古代最重要的风水堪舆著作,但这里还是要介绍一个相信堪舆的例子,这就是蒋介石相信"子午向"。他实在是个非常相信风水的阴阳家。

1946 年 3 月 17 日,军统头子戴笠乘坐飞机坠毁身亡。8 月初,蒋介石与宋美龄到南京灵谷寺志公殿,看了戴笠的灵柩并哀悼。半个月后的一个下午,蒋介石一个人又来了,他穿一件短袖夏威夷衬衫,戴着浅茶色遮阳眼镜,持手杖一直走到灵谷寺后的山顶,又转到烈士公墓山头上仔细察看后,顺着烈士公墓下山。他左顾右盼,指着山中有小水塘的地方告诉毛人凤说:"我看这个地方很好,前后方向都不错,将来安葬时要取子午向。"

后来,另一个特务头子沈醉在《我所知道的戴笠》一文里,写道:"看来他(指蒋介石)对这些是很内行的。这位经常做礼拜、手不离《圣经》的虔诚基督教徒,原来还是一个迷信风水的阴阳家。他选择好地点,定好了方向之后,便叫毛人凤找人看什么时候下葬最适宜,再告诉他一声。"

1947 年 3 月,军统安葬戴笠。毛人凤在下葬前一日和沈醉商量一个问题,其实他们已经预见到了,将来戴笠恐怕不会有好的结果,专门指示"把戴笠的坟墓设法弄得特别结实,使得别人无法打开"。经过仔细的研究,决定用水泥渣搅拌入内,与棺材做成一个整体。后来国民党溃退的时候,曾经想把他的尸体带走,但考虑到必须用炸药炸开,才没有带走。

蒋介石相信风水,给戴笠的坟墓取了个堪舆学上讲究的"子午向",但并没有挽救蒋家王朝覆灭的命运。后来,由于中央的政策,尽管戴笠罪大恶极,他的坟墓也没有遭到破坏。

易占

《易经》是中国古代一部十分重要的哲学著作,在整个中国文化的发展中都有着十分重要的影响,但在阴阳术士那里它变成了一部占卜的经典,在漫长的历史发展过程中形成了一个源远流长、体系庞大而复杂的占卜流派。这里只介绍一些历史上有正式记载的易占现象.关于占卜的方法,过于复杂,不便记录。

据《史记》记载,汉武帝时期的东方朔也是一位善于用易理来预测的高手。据说,汉武帝曾经养了一只叫作"守宫"的虫子,其外貌十分像蜥蜴,这种昆虫吃丹砂,长到七斤时把它捣碎,点在处女身上可以长时间地不褪色,不过一旦发生房事,红点就立即退去了,再也点不上了,所以这种方法常被用来检验一个女子是否是处女,这种被点在身上的红点叫作守宫砂。

一天,武帝召集术士做射覆(猜物)游戏,他暗地里把这种昆虫盖于盂下,令众术士猜射。众术士屡猜不中。这时,东方朔正在宫内金马门待诏,闻讯赶来说道:"臣曾研究过易理,能猜射此物。"武帝闻后,令他猜射。东方朔遂布卦推测,说道:"臣以为,谓之龙又无角,谓之蛇又有足,跂跂脉脉善缘壁,不是守宫即蜥蜴。"武帝见他猜中,随口称善,令左右赐帛十四。

武帝旁有一宠优郭舍人，见东方朔猜中，心生妒意，对武帝说道："朔不过侥幸猜中，不足为奇。臣愿令东方朔再猜，如能猜中，臣愿受笞百下，否则朔当受笞。"武帝闻郭舍人如此说，兴趣更高，令人又将树上寄生（一种寄生树上的菌类）盖于盂下，让东方朔再猜。朔布完卦，含糊说道："盂下是一小物。"郭舍人闻言，大笑道："臣就知朔猜不中，又何必瞎说！"话音刚落，东方朔又说："此物生可为胫，干肉为脯，在树上叫寄生，在盆下为小物。"郭舍人不禁面上变色，待人将盂打开，果然为寄生。因有言

东方朔

在先，武帝遂命监官将郭舍人按于殿下，教人用竹板狠打一百下。一时喝打声与呼痛声并起。东方朔见此，高兴得又蹦又跳，拍手大笑道："咄！口无毛，声嗷嗷，尻益高！"郭舍人听后，又痛又恨，当受笞完毕，用手捂着屁股一拐一瘸地走上殿阶，跪在武帝面前，哭诉道："朔胆敢辱天子从官，罪应弃市！"武帝闻言，对东方朔道："是呀！他故应打，你又为何辱他？"东方朔道："臣没辱他，刚才之言，乃是和他说的隐语。"武帝不知东方朔又出什么花样，问道："那是什么意思？"东方朔答道："口无毛为狗窦，声嗷嗷是鸟哺雏鸟声，尻益高是鹤俯首啄食状，这怎能说是侮辱他呢？"武帝听后，不由心中暗笑。

据《晋书》记载，隗照是一位能够预知后事的人。他精通《周易》，但平时没有向人显示，临终之前将一封信交给妻子，十分郑重地对她说道："我死之后，必定会出现饥荒的年景，你一定不要卖掉这所房子。五年之后的春天，有一位姓龚的人会来到这里，他欠我金子，你将这封信交给他，他就会给你金子的。"

他死后不久，果然饥荒连年，其家十分贫困，但是他的妻子始终不肯出卖宅院。到了第五年的春天，真的有一位姓龚的人路过他家，他的妻子就把那封信交给了那个人，并向他索要金子。龚氏沉思良久，问道："你丈夫有何才能？"回答说："他精于《周易》，但未曾为人占卜。"龚生说："我明白了！"

于是，他取出筮草占了一卦，抚掌而叹道："你的丈夫真是占卜的高师啊！"

他对隗生的妻子说："其实不是我欠你丈夫金子，而是你丈夫自己有金子，他知道自己死后家境贫寒，怕你乱花，所以将金子藏了起来，等到天下太平的时候再来接济你们。他又知道我也善于用《周易》占卜，并且五年之后将路过你的家门，所以才设此信件，让我为你们算出金子藏匿的地方。现在已算出来了，他有五百斤金子，装在青瓷罐中，埋在堂屋东壁一丈远的地方，其深九尺。你可以去挖掘了。"隗生的妻子遵嘱挖掘，一切都如龚生所言。

据说，人的生死也没有什么定数，是可以根据人的意志来改变的，这显然是按照人间

的模式想象出来的。据《晋书》记载，有一位名叫郗超的人，二十余岁时得了重病，奄奄一息，已经没有什么指望了，家人请术士杜不衍用《周易》为他算命。杜不衍说："从卦上看，你可以不死，但是需要到离这个地方三十里的上宫家里买一只雄雉，挂在东房檐下；九天之后，就一定会有一只雌雉飞来与这只雄雉交配。如果它们双双飞去，则不出二十天你将痊愈，并且可以活到八十岁；如果雄雉不肯飞去，则一周之内你的病就会痊愈了，但是只能活到四十岁。"

当时郗超危在旦夕，没有指望能活多少岁，就十分满足地说："能活到四十岁已经太多了，只求一周之内病愈。"后来他按这个方法做了，果然飞来一只雌雉，与雄雉交配后，雌雉雄雉却不动。郗超十分赞叹地说："杜先生真是奇才啊！"他的病果然在一周内就好了，但到四十岁即病发而死。

《唐开元占经》用易占的方法占卜并记载了一些怪异的天象，如双日并出、日坠、日夜出、月变黑、日戴光、日无光、日昼昏、月行失道、月光明、月生齿等。对于这些怪异的自然现象，唐人有自己的解释。如"日戴光，天下大凶，期不出三年"。意思是说，如果出现了"日冕"现象，就会天下大凶，但其期不出三年。又有："月行失道，主不明，大臣执事。"意思是说，如果月亮不按原来的轨道行走，其对应的人间的政治就是皇帝昏庸、没有权力，大臣专权。

其实，占卜是很难有统一的定论的，往往是公说公有理，婆说婆有理。据《明史》记载，明成化十年，江西举行科举考试，将要张榜的时候，尹公直正在北京，他让占卜的人占卜一下他的弟弟是否考中。占卜得了个"明夷"卦，内离外坤，三爻五爻发，二爻皆兄弟。于是，占卜人在一张纸上书写道："兄弟两人雷同，很难榜上有名。"尹公直说："三爻是白虎，五爻是青龙，龙须抖动，是高中的征兆。至于兄弟，这是因为我当兄长的问弟弟的，自然也就在卦里出来了。"没过几天，他们两人中举的喜报果然到了。

有一位父亲占卜儿子的病，卦上说父母当头，克子孙，是不吉利的象征，而子孙的爻又不上卦，占卜的人判断那孩子必定要死。当父亲的哭泣着回家，路上遇到一位朋友，问他怎么回事。他就把这件事告诉了对方，那朋友听了他介绍的情况后说："父母当头克子孙，要是子孙上爻，就受克了，现在孩子的生机全在不上卦上。好比父亲手持大棒打儿子，可是没有打上也就完了，你儿子一定平安无事。"儿子的病后来果然好了。

有人甚至把占卜当作实现自己某种目的的途径。据《魏书》记载，魏高祖孝文帝拓跋宏，有宏图远志，想成就霸业。魏都在平城（今山西大同市东北），为天兴元年（398 年）自盛乐迁都至此，都城偏居北地，很难有更大的发展。他一向仰慕中原文化，雅好古风古道，祀尧、舜、祭周公、尊孔子、兴礼乐、正风俗，仿效中原推行文治。基于以上原因，他早就筹划迁都洛阳，雄居中原，一统天下，迁都是牵动全国、震动朝野的特大举措，况且由北方人中原，会有诸多不适，非有胆略，难以下此决心。他最担心群臣不从，联合起来百般阻拦，便十分巧妙地采取了迂回之计，召集众臣议论，声称要大举南下攻打齐朝，明是伐齐，暗为迁都，来个"明修栈道，暗度陈仓"。

他择一吉日，诏令太常卿王谌龟卜，预测南伐吉凶。说来也巧，卜得一个"革"卦，正合心意,他说道:"爻签大吉,正是汤武革命,顺应天意。"此话一出,群臣肃然,很多人心中并不赞同,但无人敢出来争辩。此时唯有尚书任城王拓跋澄趋前进言:"《易经》中所称'革'者,乃指更体改制,应天顺人,商汤、周武之卜,确为吉兆,但陛下已天下称帝,正该发扬光大,何谈改制?今日计议南伐,反得'革'的爻象,恐难称作全吉。"孝文帝龙颜大变,声色俱厉道:"卜辞有'大人虎变'一语,何言不吉?"拓跋澄答:"陛下登基已久,如何今日才有虎变?"孝文帝更加恼怒:"社稷乃朕之社稷,难道你要败坏朕的江山吗?"拓跋澄并不退缩,抗言道:"社稷原是陛下所有,但臣乃社稷之臣,怎能见危不言,不尽愚忠呢?"孝文帝心意已决,势在必行,拓跋澄不解其意,言语相对,以至龙颜不悦。但孝文帝仔细思量,亦觉拓跋澄所言不无道理,便徐徐申说道:"各言己志,倒也无妨。"孝文帝回到宫中,将拓跋澄召来,单独与其密商,告以实情:"今日在朝中计议伐齐,并非朕之本意,朕意在迁都洛阳,南伐之举,不过巧借名目而已。因事关重大,不得不谨慎从事,未敢言明。朝中辩白'革'卦,朕恐众臣竞相陈辞,坏我大计,故厉声厉色,令百官震慑,不敢妄言。"孝文帝稍做解释,又自陈心曲:"朕之国家,兴起于北地,迁都平城,地域广大,但文轨不同,此地只宜施展武功,不便推行文治,如要移风易俗,成就天下大业,唯有迁都中原。洛阳乃帝王之都,最有王者气象,最合朕意。今日又卜得一'革'卦,正是改革征兆,迁都之举,其势可行,不知你意下如何?"拓跋澄明白了孝文帝的意思,非常赞同,欣然道:"陛下迁洛,入主中原,制御华夏,经略四海,成就天下大业,乃苍生之幸,理应庆贺。"孝文帝仍心存忧虑,坦言道:"北人恋土,故土难离,乍闻南迁,必然相互惊扰,人心动荡,朕不免顾虑重重。"拓跋澄会心一笑:"此乃非常之举,原非常人所能知晓,只能决断于陛下,想他人也无能为力。"孝文帝笑道:"汉高祖得谋臣张良成就大业,卿真不愧是我的张良啊!"

随之加封拓跋澄为抚军大将军、太子太保,兼尚书左仆射。

一般说来,传统的术士们推往知来、预知吉凶祸福的方法不外乎有三种形式:其一是像东方朔那样,以占筮、占星、占候等手段为中介,间接地探知神明的意志;其二是直接与神明对话,即只有他一个人与神灵见面,把神灵告知他的信息转告给人世;第三种则是从各方面推算定数,包括算命、看相等等。但一般说来,大多数预测往往是只能知既定的事情,即所谓的"占所以知吉凶,不能变吉凶",但有的观点也主张是可以趋吉避凶的,如祈禳等。

然而,有人就是不相信这一套,而且似乎并没有给国家和自己带来什么灾难,还因此而名垂青史,唐太宗时期的魏征就是这样的一个人。按照古代常理,上天的示警当然是要影响人间的政事的,据洪迈《容斋随笔》记载说,唐太宗贞观五年(631年),群臣以四夷伏首、天下太平为理由上表请太宗举行封禅礼。太宗下诏书不同意。第二年,有些人为了歌功颂德,讨好皇帝,就又请求太宗封禅。唐太宗对大家说:"你们都认为封禅是皇帝的盛事,我可不这样看。如果天下的老百姓安居乐业,生活富裕,即使不封禅又有什么损害呢?秦始皇封禅泰岳,汉文帝却不去。后来的人难道会说文帝没有秦始皇贤明吗?况且敬天祭地的事,去登泰山峰巅、封它几尺山土才算对天地诚敬吗?"

太宗这番圣言,不要说是当时的大臣和一般的人,就是在今天看来,能不让人从心底

诸子百家——阴阳家

折服吗！但不久他就改变主意赞成了封禅。下边又有人上书请求这事,他就同意了。魏征却认为这样不行,上书论封禅六害,与众人发生了争论,说这是崇尚虚名。这时,正遇上河南、河北发了大水,这件事就被搁下了。贞观十年(636年),太宗又让房玄龄制定封禅礼仪,将在十六年二月到泰山封禅,只是又碰上彗星冲犯紫微星才算罢了。

即使是在科学昌明的今天,《易经》作为一种预测经典似乎仍然受到世人的青睐。只是他们不知道,在古人那里,高明的《易经》预测家与其说是用《易经》来预测未知的世事,不如说是借《易经》来分析当世的政事和人事。如果明白了这一点,那些希望通过单纯地学习《易经》来变得无所不知的人也许会真正地聪明起来。

星占

中国古代天文学非常发达,但可惜的是这不是出于纯粹科学的原因。而是由于古人十分重视星占术的缘故。这种阴差阳错,有时不能不令人感慨。

星占术是个十分庞大复杂的体系,各代都有不同,这里无法详细介绍,其实也没有详细了解的必要,如果能知道一些关于星占术的常识,对于非专业人员来说也就足够了。

必须看到的是,古代的占星家在某种程度上实际是政治预测家。他们占星的主旨是为宫廷政治服务,所以不但要精通占星学,而且还要具有十分敏锐的政治洞察力,善于分析和把握社会动向以及社会发展的动态,否则就会有不可预测的灾难。古代的占星活动并不是民间的,不是随便谁都可以乱说的。其实,占星活动与其说是一项占卜活动,倒不如说是一项政治活动。古人认为,占星是一项非常重大凶险的活动,没有高超的才学和出众的智慧是无法胜任的,如果随便猜测,不仅会给别人带来灾难,还会祸及自己;同样,接受占星结果的帝王也是必须有一定的德智的,否则就会变成故弄玄虚,自欺欺人,结果自然是自讨苦吃。

司马迁在《史记》中列了《天官书》一章,后来的史书绝大多数都仿效了。他在其中把天空分为五官。所谓五官实际上是指把天空划分为五大区域,分别称为中官、东官、西官、北官、南官。其实它的理论基础还是以《周易》的思想为根据的,即以四象的理论来划分,只是又多划出一个中间区,称为中官,从而形成了五官。五官各有其对应物,但在具体的对应物上又没有统一的说法。虽然各有各的理论,但归结起来,也无非是把传统的四象变成五象、四兽变成五兽,使之更加符合阴阳五行的说法而已。司马迁在《天官书》中似乎试图将这些纷乱的说法归于统一,他将四方的四官对应四兽,中官定为北极。这样一来,东方的天象对应春天,南方对应夏天,西方对应秋天,北方对应冬天。

接下来的另一个重要问题是分野。分野就是将上天的星座按照一定的规则划分给地下的某一个地区、州域和诸侯国,当天上的星象发生变化时,它相应的地区也就会产生感应。汉代郑玄在注释《周礼》时说:"九州州中诸国之封域,于星亦有分焉。"其意是说,帝王在划分各个诸侯国的时候,也给它们分封了相应的星座。但划分星际的方法很多,如十二次分野的分法是按照岁星的运行规律,将天空划分为十二等分,以一年为单位,每

诸子百家——阴阳家

一年岁星到达一个相应的天上的区间,十二年之后岁星又回到原来的位置。分野的基本方法是将这十二个天上的区间与诸侯国对应起来,哪一个区间对应哪一个地区(诸侯国)是由古代天文学的权威(占星的权威)决定的,并不是随便划分的。另外还有二十八宿分野、五星分野、干支分野等等。

在中国的古典诗文中有一个经常用到的典故,这就是"丰城剑气"。据《晋书》记载,西晋时的太傅张华见天上的斗、牛二宿中间经常凝聚一股紫气,不知是什么缘故,他就请当时著名的占星家雷焕推占,雷焕私下对张华说:"我已经观察很久了,斗、牛之间确实有一团奇怪的云气。"张华问:"这是什么预兆?"雷焕说:"这是宝剑的精气,反射到了天上。"张华说:"你推断得出在什么地方吗?"雷焕说:"我能看得出来。我小的时候,有一位相面的人说我六十岁时可以做大官,并且能得到宝剑。现在果然应验了。"张华又问:"宝剑在哪里呢?"雷焕说:"根据分野来推测,宝剑应是在丰城。"于是,张华便任命雷焕为丰城县令,私下去寻找宝剑。雷焕到任后,在一间牢狱的地基下挖了四丈多深,得到一个石函,将其打开后,见其中放着两把宝剑。雷焕将其中的一把剑送给了张华,自己留下了一把。

后来张华认出那是春秋战国时期所铸的干将和莫邪剑。张华就派人去责备他说,你怎么敢欺骗我呢?把雌剑给我,自己留下了雄剑。雷焕说:"朝廷将有动乱,您也将不久于人世。况且神来之物也是留不住的,终将化去。二剑早晚会聚合的。"

张华死后,那把剑不知去向了。后来,雷焕的儿子雷华带着他父亲的那一把剑经过延平津时,宝剑突然从他的剑鞘中跃出,落入水中不见了踪影。雷华派人寻找,但见两条巨龙在延平津中翻腾,波浪惊人。

中国古代的科学实际上是十分发达的,只是往往综合把握世界,没有分门别类地探讨各门科学的特点。更重要的是,中国古代的科学往往和阴阳迷信混淆,使人难辨真伪。例如,中国古代的气象学是很发达的,但往往和风角占候混为一谈,一些善于风角占候的方士几乎都是很高明的天气预报员。

据《后汉书》记载,当时一年好几个月没有下雨,天气大旱,任文公却对有关官吏说:"五月一日将要发大水,应该赶快准备,否则就要吃大亏了。"人们当然都不相信任文公的话,他见别人都不相信,便自己建造了一艘大船,别人见他这样,不仅更不相信,甚至还嘲笑他。到了五月一日,天气十分炎热,根本没有下雨的样子,官吏们便纷纷嘲笑任文公料事不准。到了中午,风云乍起,暴雨骤至,河水涌起十余丈,一时间屋塌房倾,淹死了许多人,任文公却乘坐着准备好的大船幸免于难。

唐代的李淳风不仅是数学家,他的占卜技艺也十分精湛。据《太平广记》和《旧唐书》等书记载,他"每占吉凶,合若符契,当时术者疑其别有役使,不因学习所致"。一次,李淳风与张率共同服侍唐太宗,张率也是当时占卜的高手。此时,突然有一阵暴风从南边吹来,李淳风说:"南方距离这里五里的地方,一定有人在哭泣。"张率不同意他的看法,认为"一定有人在演奏音乐"。为了证明他们两人占卜谁更准确,唐太宗让人骑马去观看,果然有人在演奏鼓乐,但那是一群送葬的人,哀嚎之声不绝。

有一次,李淳风对唐太宗说:"明天北斗七星将要变成人的形状,到了时候你可请他们来做客。"唐太宗听信了李淳风的话,第二天派使者在指定的地方等候。不一会儿,从远方走来了七位僧人,他们从金光门进入西市的酒家,让人取来一石酒,在那里聚饮;饮完之后,又添了一些。这时,唐太宗的使者走上前来说:"皇帝请你们入宫。"这些僧人相顾而笑,说:"一定是李淳风这个小儿走漏了风声。"回头对使者说:"我们饮完了这些酒便进宫,你不必着急。"喝完酒之后,使者在前面先走,过一会儿回头一看发觉身后无人,僧人都不见了,只见座下放着两千两银子。

古代专事天文历算的术士们通过观测天文星象的变化,来预测人世间的各种变化,尤其是政治上的变化,有时确也能言中。但是宋朝的星官术士们的技术却令人怀疑,他们往往不懂什么是占星术,而只知讨好皇帝和执政大臣,所以为了赢得皇帝的欢心,不惜谎话连篇,让人听起来忍俊不禁。

《四朝史·天文志卜书》上面记载了宋哲宗即位后八年之间的星象观测:

元祐八年(1093年)十月戊申,有一流星从东壁西座出现,漫漫流动到羽林军星座的位置而消失。表示现在主上拨用文士,贤良的大臣在位。

绍圣元年(1094年)二月丙午,有一流星从壁东座出现,慢慢流动至浊星的位置而消失。表示现在天下的文人才子均能登科录用,贤良大臣在位。

元符元年(1098年)六月的一天,有一流星出现,慢慢流动到壁东星座的位置而消失,表示现在有文人受到重用,有贤明之士来到我国,贤良大臣受到重用。

元符二年(1099年)二月癸卯,有一流星从灵台座出现,向北行至轩辕座东星座而消失。表示现在有贤良大臣在位,天子将有子孙之喜。

这些记述实在是胡诌八扯。其实,元祐八年,高太后不幸归天,国家随之发生了巨变。原来真正的贤良大臣都被罢免流放远地,朝廷却起用了蔡京、蔡卞等奸臣辅政。

其实,古人早就不相信这一套了。据《晏子春秋》记载,有一次,齐国的上空出现了彗星,齐景公感到非常害怕,不知如何是好,便请人去祈禳。晏子去劝景公说:"这么做没有什么好处,只是自我欺骗罢了。上天有道,不可随便去讨好它,不能对上天的意旨怀有二心,既然如此又何必去禳星呢!况且天上有彗星出现,是暗示国君应清除污秽,如果没有了污浊的德行,又何必祈祷? 如果德行有污秽,祭告鬼神能有什么作用?《诗经》上说:'这位周文王啊,慎言行事,小心翼翼侍奉上帝,心地光明,得来大福大吉,他不违背道德规范,掌握了天命。'大王没有违背德义的行为,各国诸侯就会前来朝拜,还怕什么彗星呢?《诗经》上的话难道不值得借鉴吗? 从夏到商,哪个不是因为淫乱失德的缘故使百姓最后流浪逃亡。要是真的违背德义,发生祸乱,百姓就将流亡他乡,即使祝史祭祀,也是无济于事的呀!"

齐景公听了很高兴,就立即停止了禳星的活动。

第四节　阴阳家典籍

一、《五行志》

　　阴阳五行理论在西汉时期十分流行，五行术也是西汉时期处于独尊地位的一种方术。这一事实让班固看到了阴阳五行的价值，他不仅在《汉书·艺文志》里特意为五行类著作留有一席之地，记载了三十一家六百五十二卷五行类著作，而且还特设《五行志》，以《尚书·洪范》有关五行的论述为纲，依照五行与五事顺序，记载了西汉之前与五行相关的许多灾异事变，为人们认识和了解西汉之前的中国历史提供了一个独特的视角。

　　阴阳五行理论是从《尚书·洪范》"初一曰五行"及"五行，一曰水，二曰火，三曰木，四曰金，五曰土"衍化而成的。所以，各种五行类著作不论如何演绎其理论内容，但最基本的出发点，都是《尚书·洪范》有关五行的表述。可以说，《尚书·洪范》奠定了阴阳五行的理论基础。

　　班固显然是高度认同这一点，所以，他在《五行志》中开宗明义地指出："凡此六十五字（即《尚书·洪范》中"初一曰五行"一段话），皆洛书本文所谓天乃锡禹大法九章，常事所次者也，以为河图、洛书相为经纬，八卦九章相为表里。"在班固看来，阴阳五行具有特殊的意义，是观察国运盛衰的一把尺子。殷朝大道衰微，文王则演《周易》；周朝大道衰微，孔子就开始写《春秋》。这两部书述阴阳五行之事，寻其事变缘起，皆效法《尚书·洪范》，揭示人事与天道之间的内在联系，所谓"乾坤之阴阳，效《洪范》之咎征，天人之道粲然著矣"。

　　阴阳五行不仅仅是一种理念，也不仅仅是构成世间万事万物的基本元素，而是承载着天人之道，反映出天人关系。若要究天人之际，循自然之道，察社会之变，观人事之由，就不能不从阴阳五行着眼着手。班固在《汉书》中特设《五行志》，正是基于对阴阳五行的这样一种认识和把握。于是，班固把西汉之前发生的重要事变都和阴阳五行联系在一起，并引用董仲舒和刘向、刘歆父子等人的解释，表明自己对这些异常事件的态度。譬如汉武帝太初元年（前104年）十一月乙酉，未央宫柏梁台发生大火，新建成不久的柏梁台付之一炬。在此之前，曾经刮了一场大风，把柏梁台上的房顶吹开。因为宫中接连发生了两次灾异事件，有人就据此预言朝廷将发生重大变故。果然，过了不久，就发生了汉武帝时期最大的一次宫中之变，即所谓的"巫蛊之祸"。

　　"巫蛊之祸"是发生在汉武帝后期的一次重大事变。汉武帝晚年多病，对神仙之术和方术更加迷信，对许多事情也更加敏感。于是就有人抓住机会大搞诬陷，征和元年（前92年），丞相公孙贺被人诬陷，说他用巫术诅咒汉武帝，在驰道上埋设木偶人，诅咒汉武帝早死,结果公孙贺被投进大牢,竟然死在狱中。紧接着第二年就爆发了更大规模的"巫蛊之祸",汉武帝宠臣江充诬告太子刘据在宫中埋有木偶人,诅咒皇上早死,以便自己早日登基。太子听说这件事后,十分恐惧,因为已有丞相公孙贺的前车之鉴,他知道皇上最忌讳这样的事,即使浑身是嘴也说不清楚,于是铤而走险,杀死江充和胡巫。汉武帝得知消息,勃然大怒,令丞相刘屈氂率大军追捕太子。太子此时已是开弓没有回头箭,便发兵抗拒,与丞相大战五日,双方战死者多达数万。最后,太子刘据兵败自杀。

"巫蛊之祸"发生的原因,可以说上很多条,但最重要的一点,则是汉武帝迷信神仙之术和方术,并且又敏感多疑。可是,当这件事情出现在班固的笔下时,就和柏梁台大火及征和二年(前91年)涿郡铁官铸铁钱时铁屑直飞上天联系在了一起。柏梁台建在未央宫中,柏梁台大火,则预示着宫中将发生重大变故;而涿郡铁屑直飞上天,则和涿郡太守刘屈氂直接被提升为左丞相一事相联系。柏梁台失火与"巫蛊之祸",原是互不相干的两件事情,二者之间本来没有什么联系。但是,如果用阴阳五行学说来解释,其中的联系就是必然的了。《洪范五行传》中有这样的话:"弃法律,逐功臣,杀太子,以妾为妻,则火不炎上。"所以,班固就把西汉之前所有弃法律、逐功臣、杀太子、以妾为妻的事,都和五行中的火联系起来,视宫中或其他重大火灾为朝廷发生弃法律、逐功臣、杀太子、以妾为妻等非常事件的原因所在。

在班固看来,朝廷发生的异常变故,都与阴阳五行有内在的联系,所以,他在《五行志》中总是先引述《洪范五行传》中的话,如"田猎不宿,饮食不享,出入不节,夺民农时,及有奸谋,则木不曲直","治宫室,饰台榭,内淫乱,犯亲戚,侮父兄,则稼穑不成","好战攻,轻百姓,饰城郭,侵边境,则金不从革","简宗庙,不祷词,废祭祀,逆天时,则水不润下",都是把五行和军国大事联系在一起,为军国大事发生异常事变寻找理论根据。今天看来,班固这种做法很可笑,即使不是"拉郎配",也是张冠李戴,因为五行和朝廷或国家发生的异常事变,是根本不搭界的两回事。可是,在阴阳五行盛行的两汉时期,阴阳五行理论已经深入人心,很多人对阴阳五行与国家大事之间的联系深信不疑。即使是在两汉以后,阴阳五行理论依然很有市场,一些正史如《后汉书》《晋书》《宋书》《南齐书》《隋书》《旧唐书》《新唐书》《旧五代史》《宋史》等,皆仿《汉书》之例设置《五行志》,通过五行分类的形式,把各个朝代发生的重大事件或异常事变,系于五行之下。尽管阴阳五行与那些事件之间原本没有丝毫的联系,尽管记述这些事件的史学家也未必相信会有联系,但他们还是一如既往地按照五行分类,来记述这些事件,并且常常给人言之凿凿之感。

史学家撰写《五行志》,认同的是"夫帝王者,配德天地,叶契阴阳,发号施令,动关幽显,休咎之征,随感而作"的思想观念(《晋书·五行志》),所以,他们有意识地把各种灾异事变联系在一起,分门别类,系于五行之下。他们不辞辛劳地一件一件记述,一代一代记述,无意中强化了人们这样一种观念:国家、朝廷、社会以及人事的重大变化,都是和阴阳五行相联系的,它们和阴阳五行的关系,如影随形,如响回声,形声在前,影响立见。以此为前提,人们的阴阳五行观念也得到了强化,这就为阴阳五行理论的流行提供了广泛的思想文化基础。阴阳五行理论以及建立其上的阴阳五行术,能够在中国社会长期流传且长盛不衰,史学家起到了术士们所不能起的重要作用。

二、五行书举偶

　　自班固《汉书·艺文志》著录阴阳五行类著作开始,以后各代的史书和一些目录类著作,都把阴阳五行类著作归为一类,加以著录。《汉书·艺文志》著录的五行类著作大多失传,现今仍在流行的阴阳五行类著作,主要是两汉以后的。其中影响较大、流传较广者,主要有隋代萧吉的《五行大义》,唐吕才的《阴阳书》,李虚中的《李虚中命书》,北宋徐子平的《珞禄子三命消息赋注》,明万民英的《三命通会》,以及假托徐子平之名的《渊海子平》等。

　　阴阳五行思想在《尚书》《周易》《老子》等先秦早期文献中已经有不同的表述,《周易》和《老子》中表现出来的阴阳思想,《尚书》关于五行的论述,都为阴阳五行学说的形成奠定了基础。但遗憾的是,阴阳五行学说的创始者邹衍、邹奭等人的著作,却没有保存下来。所以,现在所能看到的阴阳五行学说,大多集中在《黄帝内经》《吕氏春秋》《淮南子》和《春秋繁露》等著作中。但这些著作只是较多地表现出阴阳五行思想,而不是专门的阴阳五行类著作。第一部系统地总结阴阳五行思想的著作,是隋代萧吉的《五行大义》。

　　《五行大义》是阴阳五行理论的集大成之作。该书的作者萧吉在谈到本书的写作动机时说:

　　自羲农以来,迄于周汉,莫不以五行为政治之本,以蓍龟为善恶之先。所以传云"天生五材,废一不可"。《尚书》曰:"商王受命,狎侮五常,殄弃三政。"故知得之者昌,失之者灭。昔中原丧乱,晋室南迁,根本之书不足,枝条之学斯盛,虚谈巧笔,竞功于一时。硕学经邦,弃之于万古。末代踵习,风轨遂成。虽复占候之术尚行,皆从左道之说;卜筮之法恒在,爻象之理莫分。月令靡依,时制必爽。失之毫发,千里必差。水旱兴而不辨其由,妖祥作而莫知其趣。非因形象,罕征穷者。观其谬惑,叹其学人,皆信其末而忘本,并举其粗而漏细。

　　正是有感于这样一种情况,萧吉"博采经纬,搜求简牒,略谈大义",将全书分成二十四段四十小段,以符二十四节气之数和五行之成数,分别论述阴阳五行的生成,五行生克的关系,五行与干支、方位、色彩、声音等的相配,五行与大衍数、生成数、支干数、九宫数、纳音数的关系,五行的体性、冲破、刑害,以及五行与政治、人生的关系等问题。《五行大义》问世以后,其理论广为五行家和星命家所采用,成了五行术的理论基础。

　　《五行大义》重在对阴阳五行学说进行理论阐释,对阴阳五行学说涉及的许多概念作了界定,让人们对传统的阴阳五行学说有了系统的了解与认识。继《五行大义》之后出现的许多五行类著作,大多是在借用其理论的基础上偏重于应用,用阴阳五行学说去解释和预测社会变化与人生命运。

　　《李虚中命书》是较早出现的一部把阴阳五行理论运用于实践的著作。该书把阴阳五行与天干地支联系在一起,根据干支与五行的对应关系,推论人生吉凶福祸。上卷以五行干支相乘,论述六十甲子禄马,在以生为吉、以克为凶之外,强调五行之间的制化作用,如"金溺水下,火出水上,金不得火之所制,金无成也",就是以制化论五行;中卷分通物理化、真假邪正、升降清浊三部分,是用赋体写成;下案卷分衰旺取时、三元九限、天承地禄和水土名用四部分。其论生辰八字,以年为本,以日为主,以月为使,以时为辅。作者认为,主本保合,未有贫贱之人。时日乖违,岂有久荣之理。此书开了八字推命以年为本、以日为主之说的先河。

徐子平的《珞禄子三命消息赋注》虽然算不上洋洋大著,但它在五行术的发展演变中却具有非常重要的影响。此书以天元、支元、人元为三命,以生辰八字为四柱,以天干为禄,以地支为命,论命注重生辰,为八字推命以时为主说之宗。宋代以后的八字推命,大多采用徐子平的学说,格外看重时辰在八字中的作用,"时运"因而也成了宋代以后术士常用的词汇。

万民英的《三命通会》和假托徐子平之名的《渊海子平》,是星命术中有较大影响的两部著作。《三命通会》总计十二卷,第一卷论述八字推命的理论基础,源出《五行大义》;第二卷阐释命理和推命的具体方法;第三卷阐述星宿神煞和人生命运的关系;第四卷论干支和五行命格;第五卷以后分论各种命格和六十甲子所对应之命运。《渊海子平》和《三命通会》有许多相似之处,前四卷介绍八字推命的基本理论和基本知识,第五卷和第六卷收录了前人有关星命的论述,大都属于歌诀或赋体一类,如《子平一百歌》《金玉赋》《玄机赋》《珞禄子消息赋》《碧渊赋》等,都是从不同角度和侧面论述八字推命,对星命术的发展产生过一定程度的影响。

作为一种理论、一种学说,阴阳五行说为古人认识宇宙、自然、社会和人生提供了一条途径。尽管这或许只是一条玄奥得近乎虚无的途径,但它对古代自然科学的发展进步产生过深刻影响却是不容否认的。传统文化关于宇宙起源的理论,就深受这种学说的影响。阴阳五行说把五行看作构成宇宙万物的五大要素,并把太阳系的五大行星命名为金、木、水、火、土,与五行相对应,根据日月和五星的运行变化、相生相克,来解释自然、社会和人生。在科学技术已经相当发达进步的今天,回过头来再看阴阳五行学说,可能会觉得它对自然、社会、人生的解释相当幼稚,甚至是很可笑的,但是,我们却能从中看到前人认识自然、社会和人生的执着与努力,看到前人思想观念的演进轨迹。

应该承认,阴阳五行说对中国社会的发展进步曾经产生过不可替代的作用。即以传统中医而论,其产生和发展都离不开阴阳五行说,著名的中医理论奠基性作品《黄帝内经》,以及寓理论与实践于一体的《伤寒论》《金匮要略》等中医典籍,都是以阴阳五行的生克制化为理论基础的。中医理论的辩证原理,也是从阴阳五行的辩证关系演化而来。中医关于病理、病原和临床治疗的一些理论,关于药理及其辩证用药的理论,都是阴阳五行学说指导下的产物。人体五脏与阴阳五行相配,产生了中医内科理论;中药五味与五行相配,产生了用药原则。这些理论和原则,至今仍为传统中医所遵守。

但是也必须指出,阴阳五行学说产生以后,很快就被术士所利用。唐宋以后,更在阴

諸子百家——阴阳家

阳五行学说的基础上产生了星命术一派。星命术将阴阳五行的一些基本理论抽象出来，用以和天干、地支相配，赋予人的生辰八字新的意义，并根据五行生克制化关系及五行杂配，来预测人生命运，这就是俗话所说的"推八字"。这种术数将人生命运与生辰八字机械地比附在一起，进而预测人生命运，在不知不觉中走进了唯心的和形而上学的邪路。尽管阴阳五行学说是中国古代各种术数中理论色彩最浓、理论框架最为完备的一种，尽管从其设定的基点出发也可以较为完整地解释许多问题，但可惜的是，它的出发点是有问题的，因为它否定了个人的主观努力和客观环境对人生命运的影响和制约作用，因而其可信度是大可怀疑的。

如果把五行看作是构成自然和宇宙的五种基本元素，如果把五行看作是和地球一样围绕太阳运行的金、木、水、火、土五星，那么，说五行对自然、社会和人生有影响，大抵是可以说得通的。但是，对自然、社会、人生有影响并不等同于可以决定自然、社会和人生的发展变化，甚至可以决定人们的命运。有影响和可以决定，不仅在语意上有很大区别，而且在事实上根本就是两码事。如果有人相信阴阳五行可以决定人生命运，进而相信或求助于星命术的话，那他肯定是要失望的。

第五节　阴阳家智慧

一、生活中的阴阳五行

阴阳生于太极，五行是构成世界万物的五种基本元素。所以，阴阳五行无时不在，无处不在。从个人到社会，从日常到自然，从微小之物到至大至巨之物，凡是人们日常生活所能接触到事物，几乎都和阴阳五行有联系，都离不开阴阳五行。隋朝人萧吉论及阴阳五行时有一段话很精彩，他说五行是"造化之根源，人伦之资始，万品禀其变易，百灵因其感通，本乎阴阳，散乎精象，周竟天地，布极幽明"（《五行大义》），天有五度以垂象，地有五材以资用，人有五常以表德。天地人三者，都和阴阳五行扯上了关系。这并不是随意附会，而是确实如此。稍稍留心一下就会发现，阴阳五行就在你身边，它时时出现在你的生活中。

阴阳五行和人们生活的联系，许多人也许并没有意识到。身边都是一些具体的事物，哪来什么阴阳五行？其实这是不了解阴阳五行的缘故。古人把阴阳五行和自然、社会、人生乃至万事万物相对应、相匹配，生活中的所有事物都因此具备了五行的属性，譬如天干、地支、方位、颜色、味道、声律、经传、帝王，人的脏腑、经脉、五官、四肢，以及一切与人们的生活有关的事物，都有各自的五行属性。

天干地支中有阴阳五行。用天干和地支纪年，是中国特有的纪年方法。天干有十，即甲、乙、丙、丁、戊、己、庚、辛、壬、癸;地支有十二,即子、丑、寅、卯、辰、巳、午、未、申、酉、戌、亥。古人把天干地支组合在一起,用以纪年、月、日、时。天干地支虽然主要用来纪时,但它们同时还具有一定的五行属性。具体而言,甲乙寅卯为木,丙丁巳午为火,戊己辰戌丑未为土,庚辛申酉为金,壬癸亥子为水。干支与五行相配的结果,是年、月、日、时不仅获得了五行属性,而且具备了生克制化的关系。古人通行的原则是,如果有事于天,就看日所属干支五行。如果有事于地,就看时辰所属干支五行,这就是通常所说的选择吉日良辰。

方位中有阴阳五行。方位指的是方向和位置,它是无形的坐标。身在何处,家在哪里,都需要通过方位来表示。由于所取参照不同,古人对方位也就有了多种分法,有四分法,即东、南、西、北;有五分法,即东、西、南、北、中;有六分法。即四方和上、下;有八分法,即四方和四隅。通常所说的"四面八方",采用的就是八分法。五行与方位相配,对应的则是五分法,即东、西、南、北、中,东方为木,南方为火,西方为金,北方为水,中央为土。另外,道教所说的"五方神圣",用的也是五分法。

颜色之中有阴阳五行。颜色有很多种,但与五行相配的颜色,主要是绿(青)、红(赤)、黄、白、黑五种。五色与五行相配,木为绿,火为红,土为黄,金为白,水为黑。《黄帝素问》将五行与五方、五色对应起来,描述了三者之间的关系:

东方木为苍(绿)色,万物发生,夷柔之色也。南方火为赤色,以象盛阳炎焰之状也。中央土黄色,黄者,地之色也,故曰天玄而地黄。西方金白色,秋为杀气,白露为霜,白者,丧之象也。北方水色黑,远望黯然,阴暗之象也。溟海森邈,玄暗无穷。水为太阴之物,故阴暗也。

木为绿色,绿色代表万物生长;火为红色,红色象征阳气极盛,如熊熊火焰;土为黄色,黄色是大地的颜色,能孕育万物;金为白色,为万物肃杀之象,又为丧乱之象;水为黑色,黑色乃阴暗之色,故为阴暗之象。

声律中有阴阳五行。古代乐律有十二律,分为六律、六吕,律为阳,吕为阴。音乐有五音(亦称五声),即宫、商、角、徵、羽,都有相对应的五行,宫为土,商为金,角为木,徵为火,羽为水。五音与五色相对应,角为青,商为白,宫为黄,徵为赤,羽为黑。《礼记·乐记》还把五音与君、臣、事、物、民对应起来,说:"宫为君,故宫乱则荒,其君骄。商为臣,商乱则陂,其臣坏。徵为事,徵乱则哀,其事勤。羽为物,羽乱则危,其财匮。角为民,角乱则忧,其民怨。"

五味中有阴阳五行。五味通常是指辛(辣)、酸、甘、苦、咸。五味调和,又可产生其他一些味道,但这个时候,人们常常还是用五味来形容,"五味杂陈""打翻了五味瓶"等词语,就是用来形容味道复杂,难以直言其味的。五味和五行是一一对应的,最早把它们对应起来的是《尚书·洪范》,即木酸、火苦、土甘、金辛、水咸。五味因其所属五行不同,对人体会产生不同的作用。传统中医学把中药分成五味,根据其所属五行来确定其药理和药效,以为酸可以养骨,苦可以养气,甘可以养肉,辛可以养筋,咸可以养脉。《黄帝养生经》还把五味与五脏联系起来,认为酸味入肝,辛味入肺,苦味入心,甘味入脾,咸味入胃。

諸子百家——阴阳家

根据这样一种理论，就可以对症下药，确定应该忌食哪些食物：如果病在筋，不要吃酸的；病在气，不要吃辣的；病在骨，不要吃咸的；病在血，不要吃苦的；病在肉，不要吃甜的。可见，五味与五行及五脏的对应，以及它们之间的五行生克关系，成了传统中医的理论基础。

五脏对应的五行。人有五脏六腑，五脏即肝、心、肺、脾、肾。配以五行，肝为木，心为火，脾为土，肺为金，肾为水。《黄帝素问》说："肝者，魂之所居，阴中之小阳，故通春气。心者，生之所本，神之所处，为阳中之太阳，故通夏气。脾者，仓廪之本，明曰兴化，能化糟粕转味，出入至阴之类，故通土气。肺者，气之本，魄之所处，阳中之少阴，故通秋气。肾者，主蛰，封藏之本，精之所处，阴中之太阴，故通冬气。"河上公注《老子》把五脏与精气神联系起来，说："肝藏魂，肺藏魄，心藏神，肾藏精，脾藏志。"

五事和五常对应的五行。"五事"即五种人事，具体是指貌、言、视、听、思。配以五行，貌配木，言配金，视配火，听配水，思配土。"五常"亦称"五德"，即儒家所说的仁、义、礼、智、信。汉儒郑玄注《礼记·中庸》时说："木神则仁，金神则义，火神则礼，水神则信，土神则智。"另有一说是，土为信，水为智。

五帝和五经对应的五行。传说中的五帝有不同说法，颇为流行的是《礼记》之说：春之月，其帝太昊；夏之月，其帝炎帝；中央土，其帝黄帝；秋之月，其帝少昊；冬之月，其帝颛顼。东方太昊伏羲氏，主春，苍精之君；南方炎帝神农氏，主夏，赤精之君；中央黄帝轩辕氏，主四季，黄精之君；西方白帝金天氏，主秋，白精之君；北方黑帝颛顼氏，主冬，黑精之君。汉武帝时，把《诗经》《尚书》《礼记》《周易》和《春秋》称为"五经"，后人遂将五行与"五经"对应起来，以《诗经》为水，《尚书》为土，《礼记》为火，《周易》为木，《春秋》为金，赋予了"五经"新的属性，使"五经"之间具备了生克关系。

在古人的观念中，世间万事万物都有其相对应的阴阳五行，对应的结果，是自然、社会、个人和人事都被赋予了相生相克的关系，人们可以根据五行生克的关系对自然、社会和人事的发展变化进行预测。与此同时，术士也可以利用阴阳五行与世间万事万物的对应关系，根据五行生克预测人事吉凶。阴阳五行与生活中的事物相对应，也为术士利用阴阳五行预测吉凶提供了适宜的文化心理土壤。当然，这种对应也为人们认识和了解自然、社会、历史、文化提供了一种方法和思路，尤其是提供了一种较为可行同时也是较易为人接受的分类方法，而对事物进行分类正是人们认识事物的开始。从这个意义上说，阴阳五行与世间万事万物的对应关系，反映出古人对自然、社会、人事等事物的认识和理解，透露出古人在认识事物时所表现出来的聪明和睿智。

二、数字中的阴阳五行

从进入小学接触数学之时起，人们就开始对数字有了认识，知道数字可以分为奇数和偶数，再到后来，逐渐明白数字又有正数、负数、分数、质数、有理数、无理数等诸多分别。但是，这只是数学意义上的数字。在中国传统文化中，从一到十这十个基本数字，不仅表示一定的数量,可以记录事物数量的多少,还具有特殊的文化意义。

在传统文化中,数字的特殊文化意义,与今天人们对数字的理解有很大不同。今天一说到数字,很多人马上就会想起吉利数字与不吉利数字,想到汽车牌照、手机号码,想到出行日期、结婚日期等等。有些大老板为了得到一个所谓的吉祥号码,显示自己的身份不同一般,甚至不惜一掷千金,参加竞拍。但是,当今人们所理解的吉祥数字(如八和六),不过是刚刚试水市场经济的时候,人们对财富的一种追求与渴望心理的反映。在传统文化中,阴阳五行与数字的结合,则赋予了数字非常丰富的文化意义。

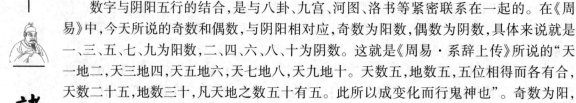

数字与阴阳五行的结合,是与八卦、九宫、河图、洛书等紧密联系在一起的。在《周易》中,今天所说的奇数和偶数,与阴阳相对应,奇数为阳数,偶数为阴数,具体来说就是一、三、五、七、九为阳数,二、四、六、八、十为阴数。这就是《周易·系辞上传》所说的"天一地二,天三地四,天五地六,天七地八,天九地十。天数五,地数五,五位相得而各有合。天数二十五,地数三十,凡天地之数五十有五。此所以成变化而行鬼神也"。奇数为阳,天亦为阳,所以奇数又称天数;偶为阴,地亦为阴,所以偶数又称地数。一到十这十个表示数量多少的基本汉字,因此而分出了阴阳,获得了代表天地、昼夜、寒暑、男女等所有可分为阴阳的事物的象征意义。这些数字组成的天数和地数,能够"成变化而行鬼神",自然显得十分神奇。

"一"为数之始,既是最小的数字,又是最大的数字,老子说的"道生一",包含了丰富的内容。"三"表示数之多,所以人们常说可以再一再二不能再三,因为一到"三",就显得太多了,老子说"三生万物",也有这样的意思。"九"是最大的阳数,代表至阳至刚,至大至极,所以"九"在传统文化中常常用于帝王和尊者,如称帝王为"九五之尊",称老人有"九九之寿"。"二"是阴数之始,"六"是阴数之极,所以《周易》卦象以九为阳爻,以六为阴爻。

水、火、木、金、土五行各有其对应之数,水生于一,成于六;火生于二,成于七;木生于三,成于八;金生于四,成于九;土生于五,成于十。所以,一、二、三、四、五为五行之生数,六、七、八、九、十为五行之成数。这是最早的有关五行之数的基本意义。五行与八卦九宫相对应之后,其数的意义发生了变化。在伏羲八卦(又称先天八卦)中,乾坤定上下之位,离坎列左右之门,乾居上位为一,坤居下位为八;离居左方为三,坎居右方为六;兑居左上为二,艮居右下为七;震居左下为四,巽居右上为五。两两相对,二数之和皆为九。八卦之中,乾、兑、离、震为阳,坤、艮、坎、巽为阴,乾兑为太阳,坤艮为太阴,离震为阳中阴,坎巽为阴中阳。对应五行,乾兑为金,坤艮为土,震巽为木,离为火,坎为水。把八卦所属五行对应起来,五行之数分别为:水为六,火为三,木为四、五,金为一、二,土为七、八。在文王八卦(即后天八卦)中,八卦所居方位与洛书之数方位相对应,离南坎北,震东兑西,巽居东南,艮居东北,乾居西北,坤居西南。八卦依其所居方位,获得了不同的数字意义,坎为一,坤为二,震为三,巽为四,五居中央,乾为六,兑为七,艮为八,离为九。八卦与其所属五行相对应,五行就具有了另外的数字意义,乾兑为金,其数六、七;坤艮为土,其数二、八;震巽为木,其数三、四;离为火,其数九;坎为水,其数一。天一生水,水又最微，所以五行以水为起始，这与数字从"一"开始是完全一致的。北宋以后，随着《河图》《洛书》的流行，文王八卦方位和其相对应的五行、数字广为人们所接受，五行对应的数字逐渐固定下来。

天干地支本来就具有数字的意义，从甲至癸十天干对应的数字是从一到十，从子到亥十二地支对应的数字是从一到十二。尤其是天干，至今仍然作为序数在使用。天干地支与五行相结合之后，不仅使干支具备了五行生克的性质，而且还赋予干支新的数字意义。对应天干，甲乙为木，丙丁为火，戊己为土，庚辛为金，壬癸为水；对应地支，寅卯为木，巳午为火，申酉为金，亥子为水，丑、辰、未、戌为土。与数字相对应，甲乙和寅卯为木，其数为三和八；丙丁和巳午为火，其数为二和七；庚辛和申酉为金，其数为四和九；壬癸和亥子为水，其数为一和六；戊己和丑、辰、未、戌为土，其数为五和十。把干支与八卦九宫对应起来之后，干支的数字意义就更加一目了然了。

数字之中虽然寓有五行，但最为根本的是五行之生数和成数，以及由生数、成数组成的天数和地数。数字与八卦、九宫、干支的结合，使五行的数字含义发生了变化，但万变不离其宗，即都离不开生数、成数、天数和地数。这是五行之数的基本意义，五行所具有的其他数字意义，都是在这一基本意义上的延伸或变化。

五行数字意义的确定，为人们认识五行提供了一条便捷的途径，同时也为人们认识和理解八卦、九宫、河图、洛书、天干、地支等提供了方便。与此同时，有些人把五行所属干支的数字组合在一起，根据人的生辰八字，取数定局，起卦算命，把五行所属数字用于推算八字吉凶。如托名邵雍的《河洛真数》，就有根据天干地支取数定局的口诀。天干取数定局口诀是："戊一乙癸二，庚三辛四同。壬甲从六数，丁七丙八宫。己九无差别，五数寄于中。"地支取数定局口诀是："亥子一六水，寅卯三八真。巳午二七火，申酉四九金。辰戌丑未土，五十总生成。"干支所得之数，奇数相加为天数，偶数相加为地数。天数若超出二十五，取余数为卦；刚好是二十五，去二十不用，只用五；不满二十五，除十不用，以余数为卦。地数若超出三十，去三十不用，以余数为卦；刚好三十，遇十不用，只作三数；不足三十，遇十不用，只用余数起卦。如此一来，不论天数还是地数，所得之数皆在一至九之间，对应之卦皆在八卦之中。天数之卦与地数之卦按一定的要求相重叠，就可以得出某人生辰八字所属之卦。这种推算八字的方法，乍一看似乎严丝合缝，没什么破绽，但其实不过是借用五行、九宫、八卦、干支对应的数字而进行的一种数字游戏而已。

中国的数字具有丰富的文化含义，而数字与五行的结合，则进一步丰富了数字的文化含义。要真正深入透彻地了解中国传统文化，数字是一扇窗户。推开这扇窗户，你会发现其中有许多非常神奇玄妙的东西，有许多天天存在于你的生活中而你又很少留意的内容。这些内容，还有待人们进一步去发现和挖掘。

三、音乐之中有五行

说起音乐，人们马上想起五线谱、简谱，想起民族唱法、通俗唱法和美声唱法，想起当

諸子百家 —— 阴阳家

今乐坛上的"大哥大"或"大姐大"级的明星大腕,想起那些为了追星而舍弃工作、学习乃至家庭的"粉丝"。可是,有谁会想到,音乐尤其是中国的传统音乐与阴阳五行学说之间有着十分密切的渊源关系呢?

中国古代音乐有五音和十二律之说。五音即宫、商、角、徵、羽,十二律依次是黄钟、大吕、太簇、夹钟、姑洗、仲吕、蕤宾、林钟、夷则、南吕、无射和应钟。五音和十二律是中国古代音乐的基础。五音与五行相对应,宫为土,商为金,角为木,徵为火,羽为水;五音与方位相对应,宫为中央,商为西方,角为东方,徵为南方,羽为北方;对应人事,宫为君,臣为商,角为民,徵为事,羽为物。十二律则分为阴阳两类,自黄钟依次数起,奇数为阳,称为律,偶数为阴,称为吕,具体来说,黄钟、太簇、姑洗、蕤宾、夷则和无射为律,大吕、夹钟、仲吕、林钟、南吕和应钟为吕。传说早在伏羲之时,就把二十四节气中冬至那天的声音作为黄钟,作为律吕之始。冬至在农历十一月,所以以十一月为黄钟,十二月为大吕,正月为太簇,二月为夹钟,三月为姑洗,四月为仲吕,五月为蕤宾,六月为林钟,七月为夷则,八月为南昌,九月为无射,十月为应钟。十二个月与十二地支有一种对应关系,而十二地支又各有其所属五行,因此,十二律吕不仅有阴阳之分,而且还具有了五行的性质。

诸子百家——阴阳家

阴阳五行与五音十二律的对应关系,为人们认识音乐、理解音乐和创作音乐,甚至对音乐做出阐释,都提供了一个窗口,一个路径。有意思的是,由于人们把音乐和君、臣、民、事、物等联系在了一起,人们又可以通过音乐来观察社会,了解社会,认识社会,进而对社会发展趋势做出预测,于是有了"宫乱则荒,其君骄;商乱则陂,其臣坏;角乱则忧,其民怨;徵乱则哀,其事勤;羽乱则危,其财匮"之说。如果五音全部乱套,互相侵凌,彼此界域不清,那么,国家离灭亡之日也就不远了。所以春秋时期,"观乐"——即通过音乐来考察某个诸侯国治理得如何,是一种很常见的现象。郑卫之音以其曼妙动人充满情爱而被称为"乱世之音",而所谓的"桑间濮上之音",则因其奔放纵逸而被称为靡靡之音,有人认为这就是卫国灭亡的先兆。

把音乐与社会治乱联系起来,通过音乐来观察社会处于何种状态,有其合理的部分,因为音乐是人们思想情感的流露和表现。所以时至今日,一些人还是接受了这样的观点,视靡靡之音为亡国之音。音乐是否真有这么大的力量,几支曼妙靡丽的乐曲是否真能把一个国家送上亡国之路,古今中外还没有实例。但是,人们对音乐与社会的认识,早在几千年前就已经深刻如斯:"治世之音安以乐,其政和;乱世之音怨以怒,其政乖;亡国之音哀以思,其民困。"(《毛诗序》)不论社会是治还是乱,不用看别的,只要听一听这个社会流行的音乐究竟是安详快乐,还是怨恨愤怒,或是悲哀愁思,就可以对社会所处的状态加以判断。应该说,这种说法是有一定道理的。就像观察天上的云气可以预测阴晴风雨一样,有征兆可察,就可以做出判断,这叫由因而知果。音乐流露出来的思想情感,表现出来的社会情绪,就是人们观察社会兴衰治乱的一种"外部因素"。

五音与五行的对应关系,使五音之间自然获得了生克制化的关系,为五音蒙上了一层神秘的面纱。宫属土,土生金、克水,为木所克制,故而宫生商、克羽,为角所克制;商属金,金生水、克木,为火所克制,故而商生羽、克角,为徵所克制;角属木,木生火、克土,为金所克制,故而角生徵、克宫,为商所克制;徵属火,火生土、克金,为水所克制,故而徵克商、生宫,为羽所克制;羽属水,水生金、克火,为土所克制,故而羽生商、克徵,为宫所克制。这种相生相克的关系,在五音之间建立起一种联系,使五音之间的组合与构成十分玄妙。

正因为五音之间的关系十分玄妙,精通音乐的人就可以根据乐器发出的不同的声音,对事情做出判断。东汉末年有一位著名文学家、书法家蔡邕,他精通音乐,制造的焦尾琴、绿绮琴都是传世之宝。他曾经遇到一件很有意思的事情。有一次,邻居请他去喝酒,蔡邕高高兴兴地前去赴宴。可是,当他走到邻居家门口的时候,听见里面有人正在弹琴,琴声中流露出腾腾杀气。蔡邕好生奇怪,心想:既然请我来喝酒,怎么藏有杀心?于是扭头就往回走。仆人急忙报告主人,主人立即起身追上蔡邕,问他

蔡邕的隶书作品

为何到了门口却又返回。蔡邕如实相告。主人一听,不觉笑了起来,解释说:"我刚才正在弹琴的时候,忽然看见一只螳螂正要捕捉蝉,担心蝉跑掉,螳螂白忙活。难道这就是杀心,它能够从弹琴的手指下流露出来吗?"蔡邕听后,笑了笑,说:"原来如此啊!"于是就跟着主人回去喝酒了。

在这个故事中,表面上看不出五音与五行之间有什么关系,但深入思考一下就会发现,蔡邕从琴声中听出来有杀气,当是琴声中的商音高亢激越,且有惨烈之象。商属金,金为秋之象,万物肃杀,所以金声暗寓杀气。虽然金声玉振颇能令人感奋,激发人们的斗志,但金声亢奋也会让人感到阵阵杀气。螳螂捕蝉,志在必得,故而悄悄接近,准备一击而中,把蝉变成自己的一顿美餐。主人看在眼里,心中遂与螳螂一样,杀气顿起,一念之想,不由自主地从琴弦上流露出来。凑巧蔡邕精通音律,一听就听了出来,于是才生出这么一段故事。

五音与五行的结合,还为术士预测人事吉凶提供了一条新的途径。有些术士善于根据声音,来预测人事吉凶福祸。南宋的时候,有一个姓俞的老翁,擅长根据声音进行预测。有一天,他行走在一家人的田地间,听到田中的流水声,对人说:"水流声悲切,看来这家人的田地将要易主了。"果然,过了不久,这家人就因事变卖了这块田地。有一次,他来到集市上,听见有人在演奏音乐,对人说:"这音乐金声高亢,当有兵乱,时间就在申酉之间。但是,这场兵乱和我们这些平民百姓无关,只有四个当兵的人会被淹死。"到了俞

翁所说的时间,果然有一群士兵自外地而来,在集市上聚众豪饮,最后为争夺妓女拔刀相见。有的士兵害怕祸及自身,乘着暮色渡河而逃,不料正赶上春潮暴涨,结果有四个士兵被淹死。有人觉得俞翁的预测不可理解,问是怎么回事。俞翁解释说:"那一天是子日,子又属水,水旺于子,金死于子。士卒为金,水为子,故知有士卒被水淹死。"俞翁先把音乐之声与五行联系起来,然后再根据五行与地支的对应关系、生克关系进行推断,预测出有四个士兵将会被水淹死。如果说俞翁的"冰流悲,田将易主"是很有人情味的推测,那么,"兵四人当溺死"的预言,就完全是根据五行与五音的对应关系做出的。

今人欣赏音乐,注重的是由音符、音调组成的旋律及其所表达的思想文化内容,以及乐器的音色音质、演奏者的技巧。古人欣赏音乐,着重点也是这些。但是,五行与五音的结合及其所形成的对应关系,却赋予了音乐新的内容,为人们欣赏音乐提供了一个新的视角。尤其是五音与君、臣、民、事、物相对应,规定了五音与社会治乱的对应关系,使五音具有了观察社会治乱的意义,于是有了盛世之音、乱世之音、亡国之音等等说法。音乐的社会功能和价值因此被无限制地扩大化了。

四、远方那一片云

自然界真是玄妙,时而晴空万里,时而风起云涌,时而黑云压城,时而云消雾散。更为神奇者,是那"东边日出西边雨,道是无晴却有晴"的太阳雨。日升日没,霞起霞落,风来雾往,云卷云舒,大自然呈现给人们的一片天空,变幻无穷,美妙无比。望着天空那一片片五彩云霞,人们在赞叹自然造化鬼斧神工的同时,禁不住会浮想联翩。传说中的有道高人或神仙,不就是驾着祥云飞升而去的吗?至于天真的童稚,看到天空的五彩云霞,会充满好奇地发问:这片云是红的,那片云为什么是白的?

云气有不同形状,有高有低,有远有近,行进速度快慢不等,变化聚散往往在倏忽之间。这些,人们通过观察,都能看出来。云还有颜色之别,有五彩的,有七彩的,也有单色的。望着远方那一片云,许多人都会生出具有个性特色的遐想。可是在阴阳五行家看来,那不是一片简单的云,而是人世间将要发生某种重大变化的先兆。因为不同色彩的云气,都是和五行相对应的,它们之间的生克关系,时刻对人世产生着重大影响。

在阴阳家的眼里,天上寻常一片云,都可能与人世有联系。他们把五色云气与五行对应起来,赋予它们生克制化的关系,然后再根据其关系推定云气对人世的影响。在古代,这叫望气术。五行都有对应的颜色,土为黄色,火为红色,木为青色,金为白色,水为黑色。天上的五色云气,自然获得了与其颜色对应的五行属性。历史学家接受了这样一种观念,把五色云气与五行对应起来,进而判断云气吉凶。东汉史学家班固在《汉书·天文志》中对汉代流行的望气术做了总结,对云气颜色及其所对应的吉凶有详细描述。他按东西南北中五个方位把云气分为五个区域,以为不同区域的云气有不同的颜色:华山以南,云气下黑上赤;嵩高和三河之间,云气为正红色;常山以北,云气为下黑上青;渤海和齐鲁之地,云气皆是黑色;江淮之间,云气皆是白色。他认为,北方和南方的云气不同,

諸子百家——阴阳家

北方夷狄之地,其云气如群畜穹庐;南方夷狄之地,其气如舟船幡旗。云气颜色不同,形状不同,隐含的吉凶之兆也就不同。似烟非烟,似云非云,郁郁纷纷,萧索轮囷,这样的云气是祥云,是喜庆之云,如果出现这样的云气,就会有喜庆之事;如果若雾非雾,衣冠不濡,这样的云气出现的时候,就预示着将有战争发生。

古人虔诚地以为,云气与人事之间确实存在着对应的吉凶关系,不同的颜色云气,代表不同的内容,隐含不同的意义,其所带来的吉凶福祸也就因此而不同。黄色和青色的云气为吉祥,白色和黑色的云气不吉利,云气偏赤就会有血光之灾,云气像是烧焦了似的预示着军队疲惫,灰色云气则意味着将有死丧之事发生。如果仅就颜色而论,青色和黄色为祥云,黄色是喜庆之色,红色是愤怒之色,白色是死丧之色,黑色是悲痛之色。云气的颜色应与其所属季节相对应,春天青色,夏天红色或黄色,秋天白色,冬天黑色,这些都是正色,因而都是吉祥之色;如果春天黄色,夏天黑色,秋天青色,冬天红色,则是季节与颜色相克,因而都是不吉利的颜色。云气的颜色不仅与五行相对应,而且还要与干支、方位所属五行相对应,甲乙日青气在东方,丙丁日赤气在南方,庚辛日白气在西方,壬癸日黑气在北方,戊己日黄气在中央,其云气都是吉祥之气。此外,望气术还根据云气的颜色与形状,把云气分为帝王之气、将军之气、胜军气、败军气、伏兵气、暴兵气、屠城气、战阵气等等许多类型。这种对云气吉凶的推断,实际上都是根据云气的颜色、形状与五行、干支、方位等的对应关系而定的,因而可以说是从阴阳五行学说中派生出来的。

古人观察云气等天象,不仅是为了预测阴晴风雨,更主要的是用于战争。望气术用于战争,最迟是在战国时期。这一时期出现的朴素的唯物主义思想家墨子,对战争很有研究,对望气也颇为擅长。他认为,开战之前要先望云气,看看云气是否对我方有利,要根据敌人上方的云气来观察敌方虚实,判断敌方有多少人马,然后再决定进攻还是防守。他说:"凡望气,有大将气,有小将气,有往气,有来气,有败气。能得明此者,可知成败吉凶。"(《墨子·迎敌祠》)

战国以后,望气术应用于战争的情况时见记载。据《晋书·陈训传》记载,西晋时期,陈敏发动叛乱,派遣其弟陈宏出任历阳太守。陈训观其云气,对乡人说:"陈家没有王气,所以很快就会被消灭。"不料这话传到了陈宏的耳朵里,陈宏派兵把陈训抓起来,准备杀掉。手下的人对陈宏说:"陈训精通望气之术,不妨试他一试,看他说的能否应验。如果说得不对,再杀他也不晚。"这时,陈宏正准备杀进历阳城去做太守,问陈训:"都说你擅长望气,你看一看,我这次能不能攻下历阳?"陈训于是登上历阳城外的牛渚山,站在山顶观察城上的云气,观察很久,说:"城中守军不过五百人,但是却不能进攻,如果进攻,必败无疑!"陈宏听了,勃然大怒:"不要说城中只有五百人,就是有五千人马,我也要进攻呢!如今城中只有五百人马,为什么不能进攻?"陈宏于是下令攻城,结果损兵折将,大败亏输。这时,他才相信陈训的望气术,但为时晚矣。

古人打仗,不仅讲究兵力对比、强弱之势和地形地貌,而且对开战时的天气形势格外关注。曹操兵败赤壁,就是因为忽略了冬至之后天气可能出现的新情况,结果中了周瑜和诸葛亮的火攻之计。所以,为将为帅者,不仅需要精通兵法战阵,而且还必须熟悉天

诸子百家——阴阳家

气,最好能够精通望气术和风角术。中国古代的著名军事家,如诸葛亮、陆逊、李靖、刘基等等,都擅长望气之术。行军打仗之时,哪怕是天边出现的一小片云,都不可能逃脱他们的眼睛。他们可以通过对云气的颜色、形状、所处方位、运行方向的观察,从中得到一些非常有价值的信息,很多出其不意、攻其不备的战争计划,就是在观察云气的过程中制定出来的。天边那一片云,那一片人们很少加以留意的云,那一片寻常人物即使留意也不可能读出更多信息的云,在精通望气术的军事家眼里,可能就是一种极为难得的信息和提示,说不定那就是出奇制胜的一个难得契机。

阴阳五行学说与云气颜色的结合和对应,目的是通过对云气的颜色、形状、所处方位和运行方向等的观察,来预测吉凶福祸。但云气属于天象,而天象所对应的全是军国大事,与平民百姓无关。所以,不论望气术还是风角术,最主要的是运用于战争:战前预测胜负,临战时预测可能发生的变化,战中预测其进程。翻一翻《二十四史》以及与云气占候有关的古代文献,不难发现,几乎所有和云气相关的记载与论述,都要和五行联系在一起,并且常常把云气的颜色、形状、所处方位、运行方向等与五行生克对应起来,于是,本来属于自然现象的云气,就成了人世间将要发生的某些事件的征兆。天边那一片原本平淡无奇的云,因此而被蒙上了一层神秘的色彩。在寻常人看来,这似乎是一种不可理解的神秘,但实际上这种神秘却是云气与阴阳五行学说的结合造成的。如果对传统的阴阳五行学说有所了解,所谓的望气术也就没有多少神秘可言了。

五、五彩祥云下的帝王

受天人观念和君权神授等传统思想观念的影响,帝王在许多人的眼里,绝对不是凡夫俗子,而是上应天象的所谓"天子"。天子是天之骄子,代表上天对人世行使统治权。既是天之骄子,帝王的重要活动就要有相应的天象。这样一种观念虽然在西汉时期才真正形成,但它对中国传统文化的影响,可以说是贯穿始终。在很多人的文化意识中,已经被深深地打上了这样一种文化观念的烙印,并且在不自觉地接受着这种观念的影响。

对天边不经意间飘过的一片云,人们或许根本不会留意,但在望气者的眼里,它可能就是人世间将要发生的某种重大事件的征兆,你可以不必留意,但你不可能不受其影响。在他们看来,天人是相感相通的,天有其象,人世就会相应地做出回应,而云气就是上天表达其思想意志的一种形式。看一看史书的有关记载,几乎所有的开国帝王,在其出生之时,或即位之前,都有所谓的"天子气"出现。如若不信,聊举数例如次。

黄帝与蚩尤战于涿鹿之野的时候,常有五色云气,或如金枝玉叶,或如盛开的花朵,出现在黄帝上方,黄帝因此仿照上方的云彩形状,制作华盖。

唐尧将要出生的时候,其上有黄云覆盖。

舜的时候,常有祥云出现,百姓见之,载歌载舞。

汉高祖刘邦还是泗上亭长的时候,无论他走到哪里,上方总是有云气相伴。秦始皇统一天下之后,有望气者说东南有天子气,于是就东巡封禅,试图以帝王之尊加以镇压。

诸子百家

——

阴阳家

结果没有镇压住王气，自己却病死于巡狩途中。项羽的谋士范增善于望气，见刘邦上方有云气，形状如龙似虎，或者是五彩祥云，以为是天子之气，于是就劝说项羽消灭刘邦。项羽未能听从范增的劝说，最终败在刘邦手下，他一向瞧不起的刘邦倒成就了一番帝业。

三国魏文帝曹丕出生时，上方有青色云气，形状如圆盖，终日不散。有望气者以为这是贵人之气，非人臣之气。

南朝宋武帝刘裕登基之前，有望气者说他父亲的坟墓上有天子气。

南朝齐高帝萧道成父亲坟墓上方，常有云气，郁郁葱葱，直入云天，望气者以为此乃天子气。

五代后梁太祖朱温出生时，其宅院上方赤气腾腾，远处的人以为是朱家失火了，都跑来救火，到朱家一看，才知道是朱温出生了，于是人们都以为朱温不是凡人。

类似的传说太多了，随手拈来几则，已不难看出，在传说或记载中，帝王降临人世时，常常有所谓的天子云气相伴随。帝王在人世间的重要活动，也都有相应的云气。

史学家记述的类似事件，大多是出于传说，有些根本就是道听途说，无稽之谈，但史学家还是把它们写进了帝王本纪中，因为这些故事传说与传统的"君权神授""天人合一"的思想相吻合，可以从一个方面证明帝王是上应天象之人，而非凡夫俗子。如果不能上应天象，就不要有非分之想，否则不仅徒费心思，还可能招来杀身灭族之祸。

既是上应天象，那么，"帝王之气"就不同于寻常的云气。所谓的"帝王之气"是什么样子呢？传为唐代术数大师李淳风所撰的《己巳占》，对云气表现出的帝王气象（即天子云气）有详细的描述。他认为，天子云气，如城门、华盖、高楼、千石仓隐隐在气雾中；有的如龙、虎、龟、凤，有的如青衣人垂手而立：云气的颜色内黄外赤，或为五彩。这些云气常常出现在太阳周围，如果应该是苍帝出现于世，就会有青云扶日；赤帝出现于世，就会有赤云扶日；黄帝出现于世，就会有黄云扶日；白帝出现于世，就会有白云扶日；黑帝出现于世，就会有黑云扶日。云气的五种颜色，分别对应与其颜色之五行相一致的帝王。

看一看这些"帝王之气"，有三点值得注意。其一，这些云气都呈现出富贵之象，如城门、华盖、高楼、龙虎、龟凤，等等，在传统文化中都是富贵的象征；其二，这些云气多为五彩，而且大多数是和太阳相伴随的；其三，这些云气都有对应的五行，而且都与其所处的方位相一致，如苍帝现世有青云扶日，赤帝现世有红云扶日，黄帝现世有黄云扶日，白帝现世有白云扶日，黑帝现世有黑云扶日，就是以五色对应五行。五色云气出现在对应的方位，太阳从云气中涌出，形成彩云扶日之象，那么，在彩云出现的方位，就将有帝王出世。

仔细分析一下就会发现，古人记载的各种"帝王之气"很有问题。即以云气扶日而论，只有在日出之东方和日落之西方，才有可能出现彩云扶日的情况，因为彩云通常都是出现在早晨或傍晚。正午时分，太阳在正中，出现彩云扶日的情况极为罕见。至于黑云扶日，出现的可能性就更加微乎其微了。天空出现黑云，非风即雨，哪里会看到太阳？即使有太阳，太阳也不大可能与黑云处在同一个位置上。而按照阴阳五行学说，朝代的更替不论是相生还是相克，五行都是要出现的。少了五行中的水，五行生克的关系链岂不断了？五行生克的关系链一断，就无法再用阴阳五行学说来解释所谓的"帝王之气"了，"帝王之气"存在的根基也就彻底消失了。

这些年流行一个词汇叫"包装"，演艺界的明星、准明星和幻想成为明星的人要包装，产品为了卖个好价钱需要包装，公司为了靓丽地上市需要包装，电视台的节目为提高收视率也需要包装，质量上乘的产品或东西需要包装，假冒伪劣、坑蒙拐骗的东西更需要包装。古代那些帝王们同样如此，为了证明自己是天之骄子，是上应天象的真命天子，帝王自己要包装，帝王手下的那些文人墨客们更要为主子涂脂抹粉，更要精心为主子包装。所谓的"帝王之气"，只不过是帝王众多包装层中的一层而已。

明白了这个理，对古人言之凿凿的"帝王之气"就可以一笑置之。不管它和阴阳五行学说攀扯上多少层关系，它都不过是一层包装纸罢了。要戳破这层纸，其实并不难，就看您愿意不愿意了。

六、五行生克与八字推命

阴阳五行与天干地支相配的结果之一，就是为术士预测人生命运提供了途径和方法。在公元纪年传入中国之前，中国人纪年、月、日、时（辰）都是使用干支，比如甲寅、乙卯、丙辰、丁巳之类。用干支来表示一个人出生的年、月、日、时，就有了生辰八字（又称四柱）之说。而干支与五行的相配，则使干支获得了不同的五行属性。这样一来，术士就可以根据人的生辰八字和干支五行所属，配合五行生克之理，推算吉凶休咎，推论人生命运。

根据生辰八字推算人的命运，在古代被称之为星命术。这种方法至迟在汉代就已经出现了，但由于卜筮、相术和易占一直十分流行，星命术在很长时间内都没有多大市场。见诸记载的例证则出现在南北朝时期。北齐的时候，武成帝高湛曾经令人把自己的出生年、月、日交给星命家魏宁，请他推算吉凶。魏宁仔细推算之后，说："此人富贵至极，可是很不幸，他今年就要死了。"这一年，武成帝果然一命呜呼了。魏宁为武成帝推命的方法可以归入星命术，但他依据的只是年、月、日，尚未把时辰加进去，所以还不能算是推八字。到了唐朝的李虚中这里，推算生辰八字的星命术才算大体完备。

李虚中，字常容，魏郡（治今河北临漳西南）人，官至殿中侍御史。他精通阴阳五行之术，曾为旧传出自鬼谷子之手的《命书》作注释，后人遂称该书为《李虚中命书》。这是今天所能见到的第一部星命术著作，受到了后世言星命八字术士的尊奉。在这部书中，李虚中根据人的出生年月日时所值干支，推算人的吉凶、贵贱、福祸、寿夭，史家说他的推算"往往奇中"。唐代著名文学家韩愈在为李虚中写的墓志铭中，说他"学无所不通，最深于五行书，以人之生年、月、日所值日辰干支相生胜衰死王相斟酌，推人寿夭、贵贱、利不利，辄先处其年时，百不失一二"。从史家和韩愈的评价来看，李虚中为人推命很是灵验，在当时很有影响。

《李虚中命书》的出现，为星命术的发展和流行拓展了空间。到了北宋徐子平时，星

諸子百家——阴阳家

命术遂发展成为中国古代术数的重要流派,影响更为深远。徐子平著有《珞琭子三命消息赋注》,其书创立了以人的出生年、月、日、时所属干支八字推算人生命运的方法,成为后世八字推命的理论基础。所以,后人遂将八字推命称为"子平术"或"子平推命"。

八字推命最常用的术语是旺、相、休、囚、死(即韩愈所说的王、相、胜、衰、死),其中得时为旺,所生为相,生则为休,所克为囚,克则为死。具体而言,木以春为得时,故旺于春;木生火,故以火为相;木生于水,故以水为休;木克于金,故以金为囚;木克土,故以土为死。火以夏为得时,故旺于夏;火生土,故以土为相;火生于木,故以木为休;火克于水,故以水为囚;火克金,故以金为死。土旺于六月,故以六月为得时;土生金,故以金为相;土生于火,故以火为休;土克于木,故以木为囚;土克水,故以水为死。金以秋为得时,故旺于秋;金生水,故以水为相;金生于土,故以土为休;金克于火,故以火为囚;金克木,故以木为死。水以冬为得时,故旺于冬;水生木,故以木为相;水生于金,故以金为休;水克于土,故以土为囚;水克火,故以火为死。推算八字吉凶,就是根据八字所属五行之间旺、相、休、囚、死的关系进行推算,进而推论人生命运。

在星命术中,人生命运的好坏都是由生辰八字决定的,是不可改变的。八字之中,年、月、日、时各有不同的作用。李虚中推命重视出生之年所属干支的作用,徐子平则强调出生之时所属干支的作用。明朝万英民则继承了徐子平的观点,他认为"命以年为本为父,月为兄弟僚友,日为主为妻为己身,时为子孙为地产为平生荣辱之首"。他把年比作根,月比作苗,日比作花,时比作实,认为"苗无根不生,实无花不结"(《三命通会》卷二)。他进一步解释说:"凡论人命,年月日时排成四柱,遁月从年,则以年为本。遁时从日,则以日为主。古法以年看,子平以日看,本此。"他举例说:"如人本木而得卯月而乘之,主金而得酉时以乘之,谓之本主乘旺气。本水而得甲申、丙子、壬戌、癸亥月,主火而得丙寅、戊午、甲辰、乙巳时,本木而得己亥、辛卯、甲寅、庚寅月,主金而得辛巳、癸酉、庚申、壬申时,谓之本主还家。本木而得癸未月,主金而得乙丑时,本水而得壬辰月,主火而得甲申时,谓之本主持印。四位如此,更吉神往来,凶煞回避,谓之本主得位。本胜于主者,多得祖荫;主胜于本者,当自卓立。本主两强,富贵双全。"星命家都很看重时辰,认为好年不如好月,好月不如好日,好日不如好时。人们常说的"时运",与星命家看重时辰不谋而合。

八字推命流行之后,不少人对其奉若神明,经常请星命家推算一下流年大运如何。南宋洪迈《夷坚志补》卷十八所载术士为何清源推命事,可见八字推命在当时是如何的流行。何清源在京城汴梁候任,时值三伏天,他来到汴河边小憩,遇到一个术士,自称精通八字推命,要给他推算一下。何清源就把自己的生辰八字给了术士。术士推算之后,急忙起身拜道:"您从今天开始,可以官至宰相而封王。"何以为是逢迎之词,一笑了之。不大一会儿,一市井少年也来算命。术士仔细看了一下,直言不讳地说:"你的命相很不好,会因触犯刑法而死。"少年一听大怒,挥拳就打,打中术士的胁部,致使术士当场丧命,少年也因故意杀人罪而被斩首。何清源后来果如术士所言,官至宰相。这个事件有其偶然性,也有其必然性。何清源比较清醒,虽然听到的是奉承话,却是不为所动,一笑了之。

诸子百家——阴阳家

市井少年就不同了，他明知问命就会有吉凶两种情况，可以相信，也可以不相信。即使相信，按照常理也应请教如何禳除。可是，他听到术士说他将因触犯刑法而死，就不由得怒火中烧，拔拳相见，结果惹来人命官司，杀人偿命，反而被术士不幸而言中。市井少年的悲剧，就在于他太相信八字推命了。假如他也能像何清源那样一笑了之，何来的杀身之祸？

正是因为有人太迷信八字推命了，所以才有了借推八字之名行骗人钱财之实的事情出现。据《夷坚补志》卷十八记载，南宋临安有一个名叫孙自虚的人，在军将桥瓦市设了一个摊，专门给人推八字。其实，他本来对推八字一窍不通，给人推命常常是驴唇不对马嘴，结果更是不靠谱，人们都称他是"沙卦"。可是，他很善于察言观色，善于套人的话。一天，一个四十多岁的道士给他一副生辰八字，请他推命。孙自虚看道士的年龄相貌和八字中的年份大体相当，不像是为别人算命，就试探说："从八字上看，是人格好命。假如时辰正的话，这个人早就十分显贵了，即使不是侍从，也应该是钦差大臣，成一方藩镇了。如果只是沾一点时辰，那么此人的气数尚浅。如果是时末，就又另当别论了。再说，此人已年近半百，又没有子嗣，一定如闲云野鹤，到处漂游，至今才得以安身。还有一说，此人虽然是忙碌命，但在公侯将相面前却可分庭抗礼，不像那些小小老百姓。"道士听了，连连点头，拱手说道："这副八字，正是贫道的贱命。贫道平生不曾娶妻，哪来的儿子？贫道栖身道门已经二十多年了。"孙自虚说："既然是大师的八字，请您让我说完。依我来看，不出今年，您就要发达了，不是居道职，就是主持道观。应在不远，您还是早做准备。"道士这才把实请告诉他："贫道是平江天庆观的朱令然，刚刚得知观中缺少住持。我如今就是要去做住持的。"孙自虚于是恭贺道："大师此去，必定心想事成。我说的肯定会应验的。"孙自虚本来没有什么奇术，但他善于套人们的话，让人在不知不觉中把实情说出来，所以还是能够唬住一些人。他给道士推命，就经历了观察、探问、下断语三部曲。其中最重要的是探问对方心事。他探问时假设了三种情况，一是"时辰正当"，二是"只沾时初"，三是"至于时末"。这三种情况好像卦签中的上、中、下三签，肯定有一种是大体相吻合的。为求万无一失，他还又加了一个"还有一说"，这样就好像上了四道保险，不怕说不中。有意思的是，朱令然听了，不仅不加怀疑，反而不由自主地相信了。其实，明眼人一看就知道，孙自虚每个步骤都是在投石问路，不然的话，他将寸步难行。

从科学的角度来看，根据生辰八字的五行生克来推算人生或命运，是一件很滑稽的事情。可是，千百年来，偏偏有人就是信这个邪，遇有重大事情，总是要先找算命先生推一推八字吉凶。即使是在今天，仍然有一些人对"推八字"颇为痴迷。看一看都市里的闹市区和大街小巷，总是能发现有那么一些摆摊算命的人，在地上铺上一张纸，上写批八字、看手相之类的字样，不住地招徕顾客。有些人一脸虔诚地围在旁边，听算命先生夸夸其谈。当然，这些人之所以要这样做，肯定有他们的原因或理由，无须多加指责。他们并不了解"批八字"到底是怎么回事，如果了解了其中缘由，他们或许会做出另外的选择。

七、八字相同命不同

"推八字"之不可信,用不着从理论上加以批驳,只要看一看八字相同而命运完全不同的事例,一切就明白了。星命术已经流行一千多年了,这一千多年中,同年同月同日同时生的人有多少,没有人做过统计,但可以肯定的是,生辰八字相同的人肯定不少。另外,中国古代采用干支纪年,六十年一甲子,循环往复,又会有许多生辰八字相同的人。从概率上讲,八字相同的人肯定有很多,命运相同者未见其例,而命运不同者却是大有人在。

今人的例子不便举,那么,就让我们看一看古人的例子。

北宋末年有一个大奸臣名叫蔡京,与朱动、王黼、李彦、童贯、梁师成等被称作"六贼",蔡京则列名"上贼"之首。蔡京是兴化仙游(今属福建)人,字元长,生于宋仁宗庆历七年(1047年)正月初五,生辰八字是丁亥年、壬寅月、壬辰日、辛亥时。蔡京小时候,有星命术士为他批八字,说他将来可以位极人臣。后来,蔡京果然官至丞相,一人之下,万人之上,十分显赫。

宋徽宗大观元年(1107年),又是丁亥年。这一年,汴京顺天门内一家卖面粉的郑姓人家,在正月五日亥时生下一个儿子,推算他的八字,刚好和蔡京的八字一模一样。郑家人欢天喜地,以为他们的儿子将来也能像蔡京那样高官厚禄,位极人臣,因此对他溺爱有加,一家人由他任性而为。郑家子平时衣来伸手,饭来张口,整天斗鸡走狗,声色犬马,一应不禁。可是,到了十八岁那年,郑家这个浪荡成性的儿子携妓女和一帮狐朋狗友纵马游乐,喝醉了酒,坠马落水而死,郑家的春秋大梦就此完结(事见北宋蔡绦《铁围山丛谈》)。郑氏之子和蔡京的生辰八字完全相同,命运却迥然有异。八字推命的可信度不是很值得怀疑吗?

也许有人说,蔡京和郑家子只是生辰八字相同,不是同年所生,不足以说明问题。那么好吧,让我们看一个同年同月同日同时生的例子。南宋高宗绍兴五年(1135年)为乙卯年,某月某日寅时,福建莆田有两个人同时出生,一个叫黄裳,一个叫戴松。二人既是同年同月同日同时生,又是同乡,所以自幼就是好朋友,一起攻读诗书,同受乡里人赞誉。有一天,二人请术士算命,术士询问了二人的生辰八字及家世情况之后,说:"你二人一生的命运差不多。但是,戴君生于丑末寅初,得寅气浅,发迹应在黄君之后。"待二人走后,术士对人说:"戴、黄二人的命格都很差,黄君虽然略好一些,但也不值得一说。"后来,戴松仅得预荐,没活到五十岁就死了,终生没有中进士。黄裳后来进了太学,但他在宋孝宗淳熙九年(1182年)回福建时,听说戴松已死,十分恐惧。在往潮州访友的时候,酒喝多了,夜感风湿之症,竟成了瘸子。到了应试那天,由几个人搀扶着才进了考场,结果也像戴松那样仅得预荐,一年后就病死了(事见《夷坚志》支志戊卷)。戴松和黄裳虽然是同年同月同日同时生,但命运却不尽相同。

八字相同而命运不同的例子太多了。明代学者郎瑛注意到了这种情况,认为"造化

諸子百家——阴阳家

2465

之妙,不可偏测",通俗说,就是造化非常玄妙,没有办法预测。他举了两个耳闻目睹的例子,来说明这个问题。明代著名画家沈周,号石田,长洲(今江苏吴县)人,与同郡知县卢钟的出生年月日时完全相同,但一个布衣终身,一个跻身仕途,仕隐既不同,成就又有高下。沈周虽终身未入仕途,但在绘画方面取得了很高的成就,享誉于明代中叶画坛,与文璧、唐寅、仇英合称"明四家",其作品传世者亦为稀世之珍。郎瑛是杭州人,和他同时,有两个人是同年同月同日同时生,一个是杭州参议吴鼎,另一个是徐副宪之子徐应祥。吴鼎官至参议,身份显贵,徐应祥的儿子却是不成器,一生平庸,各个方面都没法和吴鼎一较高下。有鉴于此,郎瑛颇为感慨:"是命真不足信也!不足信则显显推而验之者又何欤?噫!此造化之妙,不可偏测。比比而测焉,非造化焉。推而极之,造化亦莫得而自知,圣人所以罕言也。"造化玄妙,造化弄人,造化深不可测!孔子畏天命,不言造化之妙,原因就在这里。

　　上面几组例子,都是生辰八字相同,而命运却有很大差别,这很能说明问题。人的命运不是生辰八字决定的,而是一个人后天修为和努力的结果。如果按照星命术,八字相同的人命运就应该一样,富则同富,贵则同贵,贫则同贫,贱则同贱。相反,如果生辰八字不同,命运也应该不同。可是,事实并非如此。有的人命运很相似,生辰八字却根本互相不沾边。如此说来,依据生辰八字所属阴阳五行的生克制化,来推算非常玄妙的命运,究竟有多大的可信度呢?圣人尚且不言造化之妙,"批八字"岂可预测人的命运和未来?

八、阴阳五行引出的禁忌

　　港台日历或星运图的日期下,常常标有"黄道吉日"和"宜如何如何""不宜如何如何"的字样。在东南亚华语圈里,这种日历或星运图也十分流行。这些所谓的黄道吉日和宜忌是如何推算出来的,许多人不明所以。如果你是一个有心人,找几本港台日历比较一下就会发现,不同日历标示的宜忌之日并不相同。这就让人产生了疑问:同是日历,为何标示的宜忌之日不同呢?其实,这是由于推算方法不同造成的。

　　推算时日宜忌,有多种方法,但最常用的还是五行术或星命术。阴阳五行既然被赋予了相生相克、相互制约、相互转化的关系,那么,阴阳五行自然也就具有了适宜或是禁忌的性质。尽管这种性质是由阴阳五行学说赋予的,但它一经术士之手,便又具备了预言人事吉凶及其他预测性功能。术士根据阴阳五行的生克关系,按照干支所属阴阳五行,推算出许许多多的禁忌。

　　禁忌本来属于生活习俗的范畴,是在长期的日常生活中逐渐形成的。但阴阳五行引出的禁忌与日常生活中形成的禁忌大不相同,它是根据阴阳五行与天干地支的对应关系推算出来的,与生活习俗关系不大,甚至没有任何关系。阴阳五行引出的禁忌有很多,许多禁忌就是机械地按照干支所属生克推算的,显得很荒唐。虽然如此,还是有一些已经固化在人们的生活中,成为人们的潜意识,有些至今仍有较大影响。

　　先看一看五行术中最忌讳的"孤虚空亡"。古时用天干地支纪年和日,起于甲子,终于癸亥。用干支纪日,以甲子为第一日,十日为一旬,至癸酉日,十天干已尽,余戌、亥二地支。然后再从甲戌、乙亥算起,循环往复,至于癸亥,六十日满,再起新的一个甲子。由于一旬之内有二地支为余数,所以把这两日称为孤,其所对冲者为虚。虚就是空的意思。具体举例来说,甲子旬无戌亥,则戌亥二地支无配偶,故为孤。戌五行属土,亥五行属水,而亥与子皆属水,首日甲子为水,所以只有戌日为虚,故而称作"半空亡"。接下来的甲戌旬无申酉,而申酉皆属金,十日之内无金,故为"金全空亡"。甲申旬无午未,午为火,未为土,火、土前已有之,故为"半空亡"。甲午旬无辰巳,辰为土,巳为火,也是"半空亡"。甲辰旬无寅卯,寅卯皆属木,故为"木全空亡"。甲寅旬无子丑,子为水,丑为土,也是"半空亡"。简而言之,就是十天干和十二地支相对应,多出来的两个地支为孤虚,进入下一个干支对应顺序,如果这两个地支在下一个干支对应顺序中没有相对应的五行,则为空亡,如果仅有一个,则为半空亡。所谓"空亡空亡几多般,十干不到作空看",说的就是这个意思。

星命家视空亡之日为生辰八字的大忌讳,以为生辰八字若遇有空亡之日,就会对人产生非常不利的影响。如果时辰遇空亡,其人则性情执拗,好高骛远,命中少子,一生不顺利。如果出生之日遇空亡,则主此人为庶出,或者是妻妾有偶合之事。有歌诀这样写道:"胎里生逢怕遇空,遇空时节自昏蒙。饶君十步有九计,不免飘飘复西东。"(《三命通会》卷三)

"七元暗金"之忌。古代文化中有二十八宿之说,按东、南、西、北四个方位,每一方位有七星,分别称为青龙、朱雀、白虎、玄武。星命家把东方青龙七星中的氐、箕,南方朱雀七星中的鬼、翼,西方白虎七星中的奎、毕,和北方玄武七星中的虚,总计是虚、奎、毕、鬼、翼、氐、箕七星,与六十甲子相对应组成七元,一元起虚,二元起奎,三元起毕,四元起鬼,五元起翼,六元起氐,七元起箕,一元为六十年,每四百二十年为一周始。一元之中,金、木、水、火、土五星轮流当值,其所属之五星视当值之星而定。譬如明孝宗弘治十七年(1504年)甲子,为第七元之始。这一年,其星宿为箕宿,五行属水。明代学者郎瑛按照"以星宿配五行阴阳,以年咎日"的方法来计算暗金日,以为这一年逢寅逢酉之日都是暗金日。所谓暗金,就是取金能煞物之意,把金的出生之处(土)、兴旺之地(秋)、入库之所(木)总称做暗金煞。也就是说,这些都暗含有金。星命术士以为,暗金之日为大凶之日,百事禁忌。即以郎瑛所说的弘治十七年来说,按照郎瑛的推算,这一年每个月都有二至五日为暗金日。如果百事禁忌,遇到暗金日,人们只好不出门,不做事,小心翼翼、毕恭毕敬地敬奉神灵,防止凶神恶煞的降临。事实上这是根本不可能的。且不要说不信这一套的人,就是相信七元暗金之说的人遇到暗金之日,也绝对不可能束手敛迹,静待禁忌之日过去。更何况天有不测风云,人有旦夕福祸,灾难何时降临绝不是个人的主观意志所能决定得了的。以概率论而言,人们在非禁忌之日遇到灾祸的可能性,要远远大于所谓的禁忌之日。二或五与三十之比,是怎样一种结果,只要稍稍有一点数学知识的人,都能够算出来。

"归忌往亡"之忌。归忌和往亡是古人所说的禁忌之日。归忌是指出门在外的人回

諸子百家 —— 阴阳家

家时应该避开的日子,往亡是指人们在准备出门做事时应该避开的日子。这种说法最早见于《后汉书·郭躬传》,说的是东汉桓帝时,有一个名叫陈伯敬的人,出行途中听说有凶日,就停了下来,等过了凶日再继续前进。回家的时候,遇到归家应该忌讳的日子,就暂时寄宿在乡亭中,躲避凶日,等过了归忌日才回家。唐章怀太子李贤为《后汉书》作注,引述《历法》,对归忌做了这样的解释:"归忌日,四孟在丑,四仲在寅,四季在子。其日不可远行归家及徙也。"一年有四季,每一个季节有三个月,分别称作孟、仲、季,合起来就是四孟、四仲、四季。归忌日为每个季节第一个月的丑日,第二个月的寅日,第三个月的子日。至于往亡日,则是二月惊蛰后的十四天,全是出行的忌日(其说见《资治通鉴》卷一一五注引)。不同的地方有不同的风俗,对出门或是归家之日的禁忌也不同。归忌和往亡就是最早流行的出门或归家时的禁忌之日。随着时代的变迁,现今一些地方仍在流行类似的禁忌,如中原俗谚所说的"七不出门,八不归家",就属于这一类。

出于趋吉避凶的文化心理,人们对出门或是回家的日子进行选择,原是很正常的。但选择就具有趋吉避凶的性质,选择某些日子的人多了,就会对其他人产生心理暗示,慢慢就形成了一种习俗。归忌和往亡,就属于这一类。但是,这充其量只是一种习俗而已,没有实践意义,更没有理论根据。从归忌往亡的产生来看,它实际上是以偶然之事推必然之理,把偶然的事情放大了,放大到具有普遍意义的程度,因而也是不足为信的。早在东汉时期,哲学家王充就对所谓的归忌往亡进行了批驳,他说:"涂(途)上之暴尸,未必出以往亡。室中之殡柩,未必还以归忌。"(《论衡·辩祟篇》)是啊,那些死于途中或家中的人,有多少触犯了归忌往亡的禁忌呢? 如果做一下数学统计,触犯禁忌的人肯定是少数。

下面,再简单地说一说所谓的"杨公忌"。杨公,就是宋代术士杨救贫,他根据五行生克的原理推算出来的忌日,称为杨公忌。其方法是,以元旦起角宿,按照二十八宿的次序顺数,数到室宿,即为禁忌之日。一年三百六十五天,除以二十八,室宿当值之日为十二日余一天,剩下的这一天亦按禁忌之日处理。所以,一年之中,禁忌之日有十三天,依次是正月十三、二月十一、三月初九、四月初七、五月初五、六月初三、七月初一、七月二十九、八月二十七、九月二十五、十月二十三、十一月二十一、十二月十九。以七月初一为界,前半年六天,后半年六天,两个忌日之间相隔一个月零两天,遇到这些忌日,则是百事禁忌。杨公忌在民间十分流行。《出行宝镜》中所附《杨救贫先生百事忌日歌》对上述忌日十分迷信:"神仙留下十三日,举动须防多损失。一切起造共兴工,不遭火盗必遭凶。婚姻嫁娶亦非宜,不得到头终不吉。人生下世遇此日,巴巴碌碌难度日。安葬若还用此日,后代儿孙去乞食。上官赴任用此日,是是非非无休息。得者广传说与人,后代儿孙福禄全。"歌诀属于顺口溜之类,没有多少文采,但是却很直白,因而在民间流传颇广。

阴阳五行引出的禁忌还有许多,都是把阴阳五行生克作为基本的理论依据,再加上干支、星宿、神祇等等,从中演绎出各种吉凶关系。在封建迷信思想颇为盛行的时代,在科学的世界观、方法论没有普及之前,这些禁忌在民间还是很有影响的。但在今天,如果还有人执着于这些,甚至迷信这些,那就不免贻笑大方了。

九、阴阳五行与上任之忌

阴阳五行看起来只是几个文字或符号，但这些文字或符号之间形成的生克制化的关系，却生出许许多多的微妙变化，以至于有些迷信它的人常常对此望而生畏。中国古代，在阴阳五行学说的基础上，形成了官员上任的忌讳，一些官员对由阴阳五行而形成的上任月份的禁忌十分迷信，上任若是遇到忌讳月份，尽量避开，以免惹祸上身。

官员上任的禁忌和择日一样，不仅由来已久，而且禁忌也很多。科场奋斗若干年，战场上舍生忘死，好不容易博得的功名，如果因为上任之日不吉利而不慎丢了乌纱帽，岂不可惜！许多官员非常重视选择上任的时日，从心理层面讲，是可以理解的。不过，两宋以前虽然也存在着官员上任之禁忌，但并不是十分流行。两宋时期实行文人治国的方略，而文人对传统文化又十分熟悉，对五行生克及由此而引起的各种禁忌，自是谙熟于胸，所以两宋时期官员上任之忌讳颇多，其中官员不在正月、五月、九月上任之风甚为流行。

宋代官员为何不在正月、五月和九月上任呢？南宋吴曾在其所著《能改斋漫录》中做了解释。宋朝官员中间流行的正、五、九月不上任之禁忌，是相沿而来的。宋朝建国之初，士大夫间就流传着正月、五月、九月不上任的说法，其理由是宋朝以火德王天下，而正、五、九月则是火德生、壮、老之位。所谓生、壮、老，源自阴阳五行说的"三合说"。五行皆有所生之地，最旺之时，老死之处。《淮南子·天文训》这样解释说："木生于亥，壮于卯，死于未，三辰皆木也。火生于寅，壮于午，死于戌，三辰皆火也。土生于午，壮于戌，死于寅，三辰皆土也。金生于巳，壮于酉，死于丑，三辰皆金也。水生于申，壮于子，死于辰，三辰皆水也。故五行生一、壮五、终九。"按照十二地支的顺序，五行的生、壮、老之序，都是隔三合一，亥（隔子、丑、寅）、卯（隔辰、巳、午）、未合于木，寅（隔卯、辰、巳）、午（隔未、申、酉）、戌合于火，午（隔未、申、酉）、戌（隔亥、子、丑）、寅合于土，巳（隔午、未、申）、酉（隔戌、亥、子）、丑合于金，申（隔酉、戌、亥）、子（隔丑、寅、卯）、辰合于水，这就是阴阳五行家所说的"三合说"。史家以为，宋朝符火德，而火生于寅，对应月份为正月；火壮于午，对应月份为五月；火死于戌，对应月份为九月。古代社会中，官员上任伊始，通常要施刑论责。宋代官员上任若在正、五、九月，则容易冲犯所应之德的三辰，自然被视为大忌。吴曾以为，北宋初年在士大夫间广为流传的正、五、九月不上任之说，纯属无稽之谈。但是，看一看这种说法的起源与流传过程，可以发现，其说并非无稽，而是渊源有自。

早在唐朝，正、五、九月就是忌月。唐高祖武德二年（619年）正月颁布诏令称：自今正月、五月、九月不得行刑，禁屠杀。用天子诏令的形式，明确规定正月、五月、九月禁止行刑和屠杀，但是新官上任，通常是要准备三牲祭祀天地神祇，必须宰杀。同时，新官上任必然要审理旧有冤狱，施行刑罚，处理罪犯。天子既然已经明令正、五、九月不得行刑和屠宰，那么，祭祀天地和审理要案这样的大事都无法做，所以只好正、五、九月不上任。唐高祖李渊颁布这样的诏令，究竟出于怎样的考虑，和传统的阴阳五行"三合说"有没有关系，皆不得而知。但不管怎样，这一诏令确实强化了人们对正、五、九月不上任的认识，使这一由来已久的禁忌更加深入人心，流传也更加广泛。

有人则从佛教的角度，来解释唐高祖颁布诏令禁止正、五、九月行刑和屠宰。佛教把天下分为东胜神洲、南赡部洲、西牛贺洲和北俱芦洲四大神洲，天帝用一个硕大无比的大宝镜，观察四大神洲，观察芸芸众生的善恶之举。四大神洲，每月一移，正月、五月、九月照临南赡部洲，故以在这三个月里要省刑修善，以免天帝看到人间的罪恶（释氏《智度论》）。另有一种说法是，唐高祖李渊在天下未定之时，就颁布了正、五、九月省刑修善的诏令，是因为担心天帝在这三个月里看到了人间的罪恶。唐太宗即位后，崇信佛教，正、五、九月不食荤，百官不支羊钱。自此以后，百官不在正、五、九月上任，逐渐形成

李渊

一种制度。吴曾认为，宋代官员正、五、九月不上任，大概是沿袭唐朝故事，与宋朝以火德王天下没有关系。应该承认，《智度论》的解释很有道理，因为官员上任之初必施刑罚，而一旦施刑就会让天帝看到人间的恶事。为了不让天帝看到人间的恶事，就要省刑修善，所以，官员们只好不在正、五、九月上任了。

宋代士大夫间流行的正、五、九月不上任的说法，既是"本朝士大夫相传"，也就不是空穴来风。正、五、九月与火德的生、壮、老之位相吻合，而阴阳五行的生、壮、老之说早在秦汉时期就已经产生了。从产生时间上来说，阴阳五行生、壮、老之说，要比唐代的正、五、九月禁行刑和屠宰要早得多。而且就其源头而论，自唐代开始流行且影响远及其后各代的正、五、九月不上任之说，虽然或许与佛教有关系，但最主要的理论依据还应该是阴阳五行学说。

关于官员正、五、九月不上任，明朝郎瑛的说法很有见地。他说："今官府到任，每忌正五九月。远见《南史》术家，皆无所据。予意三月之建，乃寅、午、戌也。寅、午、戌属火，臣音为商，商属金，恐火之克于金，故忌之。"（《七修类稿》卷四）他认为，官员为天子之为臣，臣在五音中属商，商则属金，所以臣又为金。正、五、九月对应地支为寅、午、戌，三者为火生、壮、老之位，故而皆属火。官员若是在这三个月上任，如同以金就火，将被火克，对官吏不利，所以才有官员上任忌讳正、五、九月的说法。

自夏朝以来，正月之建主要有五次大的变化：夏朝以寅月为岁首；商朝以丑月为岁首；周朝以子月为岁首；秦朝以亥月为岁首；汉初用秦制，直到汉武帝实行太初历，又改回夏制，仍以寅月为岁首。汉武帝以后，以寅月为每年的正月基本上成为定制。总的来说，中国古代使用夏历的时间最长，尤其是从西汉以后，基本上都是以寅月为岁首。一年十二个月，从寅月数起，寅为正月，午为五月，戌为九月，三个月份分别是火德生、壮、老之时。而官员配于五音为商，配于五行为金，正、五、九为火，火克金，官员若于这些月份上

諸子百家——阴阳家

任,处于被克制的地位,对前程不利,对人生也不利,所以这三个月份不宜上任。尽管郎瑛对这种说法表示"未知是否",但其解释还是不离五行生克这一根本。

官员上任忌正、五、九月,可能与人们的经验也有一定的联系。譬如五月,不论在官方还是在民间,都被视为忌月。这种情况的出现与历史上一些重大事件都是发生在五月有一定联系。明代学人朱国桢《涌幢小品》在论及五月之忌时说:"俗忌五月,官历不与焉。此是正当道理,不必言。然亦有可异者:太祖以闰五月十六葬孝陵,果有靖难之师。建文一支灰飞不必言,而文皇之劳苦亦已甚矣;英宗以五月二十七日立皇后钱氏,皇后遂多病,无所出。又七年,英宗北狩,后在宫中伏地祝天,昼夜不辍,因而流湿折股,又幽栖南城者六年;景王以五月十三就国,寻卒,无子,归葬西山。帝王如此,而况民家?则忌之未尝不是也。"朱国桢既认为官历不忌五月有其正当的理由,但同时又举明太祖、建文帝、英宗钱皇后、景王的例子,说明在五月份不论是人葬、受封、结婚、就国,都是不吉利的。他认为,帝王之家尚且如此,何况是老百姓呢?所以,民俗忌讳五月,不是没有道理。这就给人们造成一种印象,五月是不吉利的月份。于是,许多人都把五月看成忌月,举凡婚丧嫁娶起造迁徙等大事,都尽量避开五月。

中国古代流行各种择吉书,其中有出自民间的,有出自文人之手的,也有官方编纂整理的。清代乾隆年间编纂的《协纪辨方》就是一部官修的择吉书,这部长达三十六卷的择吉书,理论依据相当庞杂,而阴阳五行生克就是其重要的理论依据之一。坊间的一些择吉书,如流传较广的《玉匣记》,主要也是依据五行生克。其中也有一些与官员上任相关的内容,如"上官赴任吉日""上官赴任天迁图"等,都是通过阴阳五行和干支相配进行择吉的。可以说,正是阴阳五行和干支的对应关系,奠定了古代择吉术的基础,许许多多的宜忌,都与此密不可分。

十、阴阳五行与传统中医

近年来,废除中医还是捍卫中医的争论一直不绝于耳。持废除论的人认为传统中医充满了迷信与愚昧,贻祸无穷,有人还拿中医的阴阳五行理论和《本草纲目》中的一些偏方验方为例,说中医是迷信和愚昧的产物,在科学技术已经高度发达的今天,应该加以废除;捍卫中医的人坚持认为中医是一门科学,中医的阴阳辨证论治不仅是辩证法的具体运用,而且还具有严密的理论体系,几千年来,济世救民,功不可没,应该加以弘扬。

论辩双方各执一词,互不相让。凤凰卫视的"一虎一席谈"节目曾经邀请双方的代表人物,进行了几场辩论,双方唇枪舌剑、针锋相对,甚至恼羞成怒、恶语相加,但结果仍然是各说各的理,谁也说服不了谁。我们无意评价这场争论的是是非非,也无法评论这场争论的是是非非,这里要说的是,不论是主张废除中医的人还是捍卫中医科学地位的人,都提到了阴阳五行思想。不同之处在于,一方是援引阴阳五行思想作为理论依据,一方则指斥阴阳五行思想是一种迷信。

阴阳五行思想是不是一种科学的理论体系,固然值得探讨;但如果说阴阳五行思想就是一种迷信,也未免失之武断。阴阳五行是充满辩证思想的中国传统哲学,也是最具影响力的生活哲学、处世哲学、应用哲学。它既重视阴阳辩证,又强调五行各要素之间的相互联系、相互制约、相互转化的关系,蕴涵着中国人超凡出众的大智慧。中医是以中国传统哲学为理论依据的,故而不可能跳出阴阳五行思想的范畴。

学习传统中医的人,有这么几部书是非读不可的:《黄帝内经》《伤寒论》《针灸甲乙经》《本草纲目》。这些中医名著,不论是偏重理论,还是偏重实践,都是以阴阳五行思想为基本理论依据。如中医理论的奠基性著作《黄帝内经》中的《素问》和《灵枢经》,阴阳五行思想就是贯穿始终的一条主线。《素问》"阴阳应象大论篇"开篇就是这么一段话:"阴阳者,天地之道也,万物之纲纪,变化之父母,生杀之本始,神明之府也。治病必求于本。故积阳为天,积阴为地。阴静阳躁,阳生阴长,阳杀阴藏,阳化气,阴成形,寒极生热,热极生寒。"先说阴阳的作用,后言阴阳与天地、静躁、寒热、生长、收藏、形气的关系,这样就通过"阴阳"把与中医相关的基本概念联系在一起。《素问》和《灵枢经》以阴阳五行思想论阴阳大象、五行六气、五藏生成、六腑所主、经脉血气、四时应症等中医理论的核心问题,奠定了传统中医阴阳辩证论治的基础。可以说,阴阳五行思想是传统中医的理论基础,对中医发展成为一种医学科学起到了重要作用。

阴阳五行学说对传统中医的深刻影响,可从中医把人体相关部位和组织与阴阳五行一一对应上看出来,如最为流行的肝为木、心为火、肺为金、肾为水、脾为土,就是把五脏与五行相对应。春为木,病在肝,腧(即穴位或气穴)在颈项;夏为火,病在心,腧在胸肋;秋为金,病在肺,腧在肩背;冬为水,病在肾,腧在腰股;中央为土,病在脾,腧在脊。春病在头,夏病在藏,秋病在肩背,冬病在四肢。肝、心、脾、肺、肾五脏属阴,胆、胃、大肠、小肠、膀胱、三焦六腑属阳。冬病在阴,夏病在阳;春病在阴,秋病在阳。心为阳中之阳,肺为阳中之阴,肾为阴中之阴,肝为阴中之阳,脾为阴中之至阴。人的五脏六腑、颈项四肢、经络血气、皮毛颜色等,与阴阳五行、春夏秋冬相联系,为医生在不同时节治疗不同的疾病提供了基本的理论依据。千百年来,那些悬壶济世的郎中们,就是按照这些很难真正解释清楚的理论,通过望、闻、问、切来判断患者病在哪里、病因是什么,进而决定治疗方法和手段,确定选择怎样的针石汤剂。正是他们救死扶伤,施展回春妙手,才使得许许多多的患者摆脱疾病的痛苦和折磨,恢复健康之身。

东汉末年,华佗以精于医术而广为人知。他凭借精湛的医术,治好了许多疑难杂症,在当时享有盛誉。他用针灸法为曹操治疗头痛病、用外科手术为关羽刮骨疗毒的故事,已是千古佳话。他为军吏李成治病的故事,一波三折,足见其医术精妙。李成咳嗽不止,时吐脓血,昼夜难寝,求华佗医治。华佗对他说,你的病是因肠中长有痈疮,吐的脓血也不是从肺中出来的。当即给他开了两副药,嘱咐说:"先服一副,会吐两升脓血,待脓血吐干净之后,好好静养,一个月后就可以起床了,再善加调养,一年之内就基本上可以痊愈。但是,十八年后,你这种病还会复发,到时再服用另一副药,病很快就会好的。如果没有这种药,那就没有办法医治了。"李成照华佗说的方法,服用了其中的一副,病果然好了,于是把另一副药善加珍藏。过了五六年,李成的一个亲戚患上了同样的病,眼看将死,对李成说："你如今身体强健,我眼看要死,你就忍心看着我死吗？不如先把药借给我用,等我病好后,我去求华佗,再给你求一副来。"李成实在不忍心,就把珍藏已久的那副药给他了。亲戚病好后,刚好赶上华佗被曹操收进许都大牢,亲戚不好意思向遭受牢狱之灾的华佗求药。过了十八年,李成的病果然复发,终因无药医治而死。曹操因华佗不肯为其所用而杀了他,后来曹操的爱子曹冲患病,无人能医,曹操这时才后悔不该杀了华佗,可惜已经悔之晚矣。

稍后于华佗的董奉,是三国吴人,他精于医术,隐居匡山(即今江西庐山),为人治病,从不收取一文钱,只是让重病痊愈的人在他的隐居处栽种五棵杏树,患小病痊愈的人栽种一棵。经他的手而治愈的病人很多,时间一久,在他的隐居处竟栽种有杏树十余万株,蔚然成林。传说董奉在此得道升仙,这片经众人之手种植的杏林被称为"董仙杏林"。后人遂以"杏林"作为医生医术高明的代名词,称赞名医"杏林春满""誉满杏林"。

华佗、董奉等古代名医如何根据阴阳五行与人体的对应关系为人看病治病,已经无法详加考证,也没必要去考证。但是,他们的医术之所以如此精湛,无疑是借助了《黄帝内经》等传统中医基础理论的力量,或者说受到了它们的启发。看一看中国古代医学名家的成长过程,以及他们成为医学名家的一些成功案例,可以发现,阴阳五行学说已成为支撑他们的医学和医术的主要根基。因此可以毫不夸张地说:没有阴阳五行学说,就没有传统的中医。

传统中医倚重阴阳五行学说是不言而喻的,但过于倚重,有时反而给人造成玄虚之感。譬如张仲景的《伤寒杂病论》(包括《伤寒论》和《金匮要略方论》),是传统中医的一部非常重要的著作,其中的许多中药方剂,至今仍是一些老中医手中的不传之秘。这部颇有影响的中医学名著,就是根据阴阳五行理论写成的,正如张仲景所说的那样:"天布五行,以运万类;人禀五常,以有五藏。经络府俞,阴阳会通;玄冥幽微,变化难极。自非才高理妙,岂能探其理致哉!"这部医学名著,既以阴阳五行思想为理论依据,又表现出阴阳五行辨证论治的特点。比如论脉象纵横逆顺,就是依据五行生克的原理:"水行乘火,金行乘木,名曰纵;火行乘水,木行乘金,名曰横;水行乘金,火行乘木,名曰逆;金行乘水,木行乘火,名曰顺。"但是,书中也有许多匪夷所思的东西,如《金匮要略方论》"杂疗方"中开列的许多医方,今天看来都很好笑。君若不信,聊举"救猝猝死方"中的几个例子如次:

救卒死方

薤捣汁,灌鼻中。

又方

雄鸡冠,割取血,管吹内鼻中。

猪脂如鸡子大,苦酒一升,煮沸,灌喉中。

鸡肝及血涂面上,以灰围四旁,立起。

大豆二七粒,以鸡子白并酒和,尽以吞之。

救猝死而壮热者方

矾石半斤,以水一斗半,煮消,以渍脚,令没踝。

救猝死而目闭者方

骑牛临面,捣薤汁,灌耳中。吹皂荚末鼻中,立效。

救猝死而张口反折者方

灸手足两爪后十四壮了,饮以五毒诸膏散(有巴豆者)

救猝死而四肢不收失便者方

马屎一升,水三斗,煮取二斗,以洗之。又取牛洞(稀粪也)一升,温酒灌口中,灸心下一寸,脐上三寸,脐下四寸,各一百壮,差。

救小儿猝死而吐利不知是何病方

狗屎一丸,绞取汁,以灌之。无湿者,水煮干者,取汁。

随手拈来几例,已足以令人瞠目结舌了。这些可以称之为"土单验方"的杂疗方,取用之物多是动物粪便、血脂及一些植物汁液,用来做药引子的,主要是酒和鸡蛋清。这些东西很难从药理上来分析其作用,与阴阳五行也没有多大关系。如果说有联系的话,也仅是猪、鸡、狗、牛、马等皆属十二生肖,其所属十二地支与阴阳五行是相对应的。除此之外,很难找到这些杂疗方与阴阳五行的联系。《本草纲目》及其他一些中医名著中,也有类似的例子。对于这些内容,如果也要生硬地套用阴阳五行理论,肯定是格格不入的。

主张废除中医的人拿类似的东西作为例子,指责传统中医愚昧迷信,不能说没有一点道理。但是,如果仅仅看到这些,而看不到传统中医自有其理论体系,看不到几千年来中医在治病救人方面发挥的巨大作用,进而否认传统中医的存在价值和作用,无异于一叶障目,或者说是杯弓蛇影,因噎废食。因为,这种对传统中医的否定,实际上是把传统中医的一些糟粕看成了传统中医的全部,而中医反对者对传统中医糟粕之外的许多东西,或许根本就不了解。

赞成也好,反对也罢,传统中医与阴阳五行理论的关系,是一种无法否认的客观存在。西方存在主义哲学家萨特说过,存在的就是合理的。传统中医能够存在几千年,肯定有其存在的价值与合理因素,只不过许多人对其存在价值与合理因素没有进行更深入的思考与探究而已。

十一、暗寓玄机的五行阵

许多人都从电视上了解过科索沃战争和伊拉克战争,隐形轰炸机、阿帕奇直升机、预警飞机、巡航导弹、精确制导炸弹、航空母舰、两栖登陆舰等现代化武器,林林总总。即使是陆上进攻,也是立体的,高空有侦察卫星、预警飞机提供信息支持,空中有战斗机、轰炸机、直升机,地面有坦克、装甲车和机械化部队,大洋中有航空母舰、大型战舰随时提供火力和兵力支援。很显然,这是一种现代化、信息化、立体化和超视距化的战争。在这样的战争中,除夺取城市之外,交战双方很少发生阵地战和巷战,至于双方士兵的肉搏战,就更难得一见了。

但是，在以刀、枪、剑、戟等冷兵器为主要作战武器的时代，交战双方的排兵布阵及将士在战场上的角技角力，却是战争的主要形式。在那个时代，没有精确制导炸弹和巡航导弹，根本用不着担心超视距的威胁，也不必担心被"定点清除"。只要对视野之内的战事有必胜的把握，就不必考虑失败或退却的事。古人打仗，基本上都是面对面的，而且通常是要排兵布阵的，哪支队伍充当先锋，哪支队伍为前军，哪支队伍为左军，哪支队伍为右军，哪支队伍殿后，留有多少预备队，中军安排多少机动兵力等等，都要在战前根据敌方兵力部署和战阵排列的情况进行统筹安排。

　　古人虽然认为"兵者，诡道也"，但真正到了两国交战的时候，不仅需要宣战，而且还要等双方都布好阵势之后，再堂堂正正地开战，兵对兵，将对将，拉开架势来打。有一个很典型的例子，就是春秋时期的宋楚之战。宋襄公在位时，强大的楚军前来侵犯，两军在泓水展开决战。宋军在泓水对岸列队迎敌，准备迎战楚军。楚军开始渡河的时候，宋国大司马公孙固请求出兵袭击楚军，因为宋国处于弱势，必须出奇兵才能取胜。宋襄公却要做仁义之师，说："不可以，怎么能够乘人之危呢?"楚军渡河完毕，正在排兵布阵的时候，公孙固再次请求进攻，宋襄公又说："不可以，不能乘人之危。"宋襄公自认为是仁义之师，一再坚持不乘人之危，非要等到楚军渡过河、排好阵势之后才下令进攻，结果宋军惨败，宋襄公自己也受了重伤，三日后就死掉了。宋襄公顽固地抱着"不鼓不成列"的念头，认为不能进攻没有列好阵势的敌军，否则就是乘人之危，是不义之举。在你死我活的战场上，竟然还有这样的"仁慈"，真是匪夷所思!

　　不过，像宋楚这样列阵而战，却是古代战争最为常见的现象。为了能在对阵中占据主动，进而取得战争的胜利，古人在排兵布阵上很费心思，苦心设计出许多阵形。《孙子兵法》有"一字长蛇阵"，这种阵法如常山之蛇，敌人若进攻其蛇首，蛇尾之兵来救援，若进攻蛇尾，蛇头之兵来救援，若进攻蛇腹，首尾一齐来救援。《六韬》《黄石公记》《李卫公兵法》等古代兵书中也记载了许多古代战阵的名字，其中五行阵就是一种常用的阵法。

　　所谓"五行阵"，就是按照五行之形和生克关系排成的阵势。水、火、木、金、土五行皆有各自对应的形状：水形曲，火形锐，木形直，金形方，土形圆。五行各有其对应的方位：木居东方，火居南方，金居西方，水居北方，土居中央。五行阵的排列，要与五行对应的方位、形状相一致。在实战中，交战双方所处方位不同，因此在排兵布阵时多是以己方为主，以敌方为宾，按照己方所居位置，确定五行阵的方位和顺序。如己方居于北方，那就直接按五行方位排兵布阵，前阵为火形阵，其形锐；左阵为木阵，其形直；右阵为金阵，其形方，后军为水阵，其形曲；中军为土阵，其形圆。这是五行阵最常见的阵形。一般而言，五行阵要区分主次和方位。我强敌弱，我为主，敌为次；敌强我弱，敌为主，我为次。阵形和方位应根据主次变化而变化。临敌对阵中，通常是按照五行生克之理来对阵。敌人用直阵进攻，我就用方阵迎敌，取金克木之意；敌人用方阵进攻，我就用锐阵迎敌，取火克金之意；敌人用尖阵进攻，我就用曲阵迎敌，取水克火之意；敌人用曲阵进攻，我就用圆阵迎敌，取土克水之意；敌人用圆阵进攻，我就用直阵迎敌，取木克土之意。克之即能胜之，被克制的一方就要打败仗。

三国时期的诸葛亮精于阵法,他不仅在夔州(今重庆奉节)长江边上的鱼复浦设有八阵图,防止曹魏和孙吴溯江而上进攻西蜀,而且还曾经教其部下练习五行阵法。诸葛亮布的五行阵与上述五行阵基本相同,左青龙,右白虎,前朱雀,后玄武,中央轩辕,大将军居之。练习的时候,一通战鼓,举青旗,列成直阵;二通战鼓,举红旗,变为锐阵;三通战鼓,举黄旗,变为方阵;四通战鼓,举白旗,变为圆阵;五通战鼓,举黑旗,变为曲阵。诸葛亮训练的五行阵法,阵形有一点与前者不同,那就是前者以圆形为土为黄,以方形为金为白,诸葛亮则是以圆形为金,以方形为土。形状不一样,所属生克也就发生了新的变化,但是这种阵法所依据的五行生克之理却没有改变。

五行阵是根据五行生克之理设计的,设计者对五行生克之理深信不疑,以为只要按照五行生克的原理,使己方所属之五行克制敌方所属之五行,就一定能够打胜仗,一定能够立于不败之地。所以临敌对阵之时,常常有人摆下五行阵来与敌决战。孰不知阵法是死的,人是活的,如果只知死守阵法,拘泥五行生克,未必能够取胜。《说岳全传》中岳飞大破杨幺摆下的"五方阵"就是一例。岳飞率大军进剿洞庭湖杨幺,杨幺的军师屈原公调集人马,摆下五方阵,只待岳飞来攻。这"五方阵"就是"五行阵",按金、木、水、火、土所属方位排下阵势,埋伏下人马,前后左右和中军,五路人马相互救应。岳飞得知杨幺摆的是五行阵,就按照五行相克之理,调兵遣将,命余化龙率三千人马,红旗红甲,从正西方杀入;命何元庆率三千人马,黑旗黑甲,从南方杀入;岳云率三千人马,黄旗黄甲,从北方杀入;张宪率三千人马,白旗白甲,从东方杀入;杨再兴率三千人马,青旗青甲,直接杀入敌方中军,砍倒敌人中军的帅字旗。岳飞自率大军在后,接应五路人马。结果是五路人马大获全胜,齐奏凯歌。

五行阵的主要特点,是按五行所属方位及五行之形排兵布阵。因东、南、西、北又与二十八宿相对应,东方甲乙木为青龙,南方丙丁火为朱雀,西方庚辛金为白虎,北方壬癸水为玄武,于是又在五行阵的基础上演化出了青龙阵、朱雀阵、白虎阵、玄武阵等阵法。另外,八门阵、九宫八卦阵等著名传统阵法,也是在五行阵的基础上演化而成的。这些阵法名称虽然不同,但基本依据都是阴阳五行生克之理,布阵者按照五行生克之理排兵布阵,进攻者也是按照五行生克之理来破阵。这实际上都是阴阳五行学说在古代军事上的运用,反映出阴阳五行学说对古代军事理论的深刻影响。

十二、八卦阵中有五行

如今,人们把许多不着边际的传说或新闻称为"八卦新闻"。随便打开一些网站看一看,都有一些"八卦新闻"的内容,它虽然不像"花边新闻"那样带有明显的玫瑰色,但人们还是愿意浏览一下,姑妄看之,姑妄听之,似乎不了解一下就有点儿"老土"。在这类网络新闻中,"八卦"成了不着边际、无可求证的代名词。其实,八卦是传统文化的重要内容,有其严格的文化内涵和哲学意义。传说它由伏羲所画,后经周文王演化为六十四卦,进而形成了中国文化史上最具神秘色彩的周易。可以说,八卦和周易一样,都是传统文

諸子百家——阴阳家

化的重要源头。八卦阵就是在八卦基础上演化出来的一种阵法。

八卦阵是著名的传统阵法,是阴阳五行学说和九宫八卦相结合的产物。八卦分先天八卦和后天八卦,也就是所谓的伏羲八卦和文王八卦,二者对应的方位各不相同。伏羲八卦方位是乾南坤北,离东坎西,兑居东南,巽居西南,震居东北,艮居西北,所谓"乾坤定上下之位,离坎列左右之门",乾上统左方,坤下统右方。文王八卦方位则是离南坎北,震东兑西,巽居东南,坤居西南,乾居西北,艮居东北,与伏羲八卦有很大差异。北宋易学图书派兴起以后,文王八卦方位逐渐为人们所接受,所以,宋代以后,小说、戏曲和笔记、野史记载的八卦阵,大多是按文王八卦方位排列。

传说八卦阵是由风后所创,其阵法依八卦排列,乾为天门,天阵居之;坤为地门,地阵居之;巽为风门,风阵居之;坎为云门,云阵居之;震为飞龙门,飞龙居之;兑为虎翼门,虎翼居之;离为鸟翔门,鸟翔居之;艮为蛇盘门,蛇盘居之。乾、坤、艮、巽为阖门,坎、离、震、兑为开门。天、地、风、云四阵为四正,龙、虎、鸟、蛇四阵为四奇。天、地、风、云、龙、虎、鸟、蛇各居八卦之位,分开、阖二门,每门有四种阵法,所以后人又称这种阵法为八门阵。

八卦阵是按照八卦之名来命名的。八卦皆有所属五行,其中震、巽为木,离为火,坤、艮为土,兑、乾为金,坎为水。八卦和五行相对应,带来的一个最为直接的结果,就是可以根据五行生克之理来调整八卦阵的阵形和方位,以所生胜所克。八卦和洛书之形相配,就形成了九宫八卦阵。此阵以八卦配九宫,东、南、西、北四正,依次为震、离、兑、坎;东北、东南、西南、西北四隅,依次是艮、巽、坤、乾;五为土数,居中央,为中军,统领协调八阵。其阵形则是按照八卦所属五行排列,大抵是木直、火锐、金方、土圆、水曲。排兵布阵者也可根据自己对五行所属的理解,变换阵形。实战的时候,则又根据五行生克和敌方阵形的变化,随时变换阵法,以求克敌制胜。

古代战争常常使用九宫八卦阵,尤其是戏曲、小说中常常写到九宫八卦阵。如《水浒传》第七十六回"吴加亮布四斗五方旗,宋公明排九宫八卦阵",对九宫八卦阵在军事上的应用有较为详细的描述。童贯率大军进攻水泊梁山,宋江接到报告,不到一个时辰就排好了九宫八卦阵,迎战童贯。其阵形甚是威整:正南方先锋大将霹雳火秦明,所率人马红旗、红甲、红袍、红马、红缨,对应南方离丙丁火红色,引军红旗上绣金销南斗六星,下绣朱雀;正东方左军大将大刀关胜,所率人马青旗、青甲、青袍、青马、青缨,对应东方震甲乙木青色,引军青旗上绣金销东斗四星,下绣青龙;正西方右军大将豹子头林冲,人马器械皆是白色,对应西方兑庚辛金白色,引军白旗上绣金销西斗五星,下绣白虎;后军是大将呼延灼,人马器械皆是黑色,对应北方坎壬癸水黑色,引军黑旗上绣金销北斗七星,下绣玄武。四奇也有四队人马,东南一支队伍,青旗红甲,引军旗上绣巽卦,下绣飞龙;东北一支队伍,黑旗青甲,引军旗上绣艮卦,下绣飞豹;西南一支队伍,红旗白甲,引军旗上绣坤卦,下绣飞熊;西北一支队伍,白旗黑甲,引军旗上绣乾卦,下绣飞虎。八支人马守定八卦之位,宋江、吴用率领大军居于中军,所率人马器械一应都是黄色,对应中央戊己土黄色,中军旗上绣金销六十四卦。这样一个阵势,进可攻,退可守,相互策应,变化多端,易于指挥调度。在以刀枪剑戟为主要武器的冷兵器时代,这种阵势是一种非常实用的阵势,经常

有人运用。对于九宫八卦阵的玄妙,有人这样写道:

明分八卦,暗合九宫。占天地之机关,夺风云之气象。前后列龟蛇之状,左右分龙虎之形。出奇正之甲兵,按阴阳之造化。丙丁前进,如万条烈火烧山;壬癸后随,似一片乌云覆地;左势下盘旋青气,右手下贯串白光。金霞遍满中央,黄道全依戊己。东西有序,南北多方。四维有二十八宿之分,周回有六十四卦之变。

与九宫八卦阵相类似的是八阵图。八阵图又称八门阵法,由三国时期的诸葛亮所创。在吴、蜀之战中,诸葛亮设在夔州鱼复浦的八阵图,曾经令吴国统帅陆逊望而却步。当时,陆逊正率得胜之师追击蜀兵,忽见前方杀气腾腾,急令停止追击。陆逊放心不下,派人前去打探,探子回报说前方并无兵马,只有八九十堆石头。陆逊寻找当地人询问,有人告诉他说,这些石堆是诸葛亮入川时留下的,自此以后,此处常有气如云。陆逊来到阵前,见有门户可入,就进去察看,为阵法的奇妙所吸引,不知不觉已到傍晚,正要出去,忽然狂风大作,飞沙走石,遮天蔽日,但见怪石嵯峨,槎桠似剑,横沙如山,哪里还有可以出去的路? 陆逊大叫:"我中了诸葛亮的计了!"这时,忽然有一老人来到,领他走出此阵。老人对他说:"老夫是诸葛亮的岳父黄承彦。当初小婿入川时,在此布下八阵图,反复八门,每日每时,变化多端,可比五万精兵。小婿当初入川之时,曾告诉老夫,日后有东吴大将困此阵中,不要引他出来。老夫平生好行善事,见将军从'死门'进入,知道将军不识此阵,不忍心看着将军困死在阵中,所以就把将军从'生门'引出。"唐代大诗人杜甫对诸葛亮所设八阵图甚为佩服,有诗赞道:"功盖分三国,名成八阵图。江流石不转,遗恨失吞吴。"

八阵图是从八卦阵变化出来的,分为休、生、伤、杜、景、死、惊、开八门,其中休、生、开为吉门,死、伤、杜为凶门。这种阵法虽然被传得很神,似乎很玄妙,但实际上仍是按五行生克的原理,杂以奇门遁甲之术而成的。这种阵法讲究奇正、分合、攻守,阵形与所属方位的五行之形和四象(青龙、朱雀、白虎、玄武)之形相对应,主将可根据战场形势的变化和敌我力量的对比,随时变化阵形,以求克敌制胜。

用兵要知兵法,布阵应明阵理。兵无常形,阵无常势。孙子所谓"兵形象水,水之形避高而趋下,兵之形避实而击虚"。排兵布阵,必须明虚实,知奇正,善于根据瞬息万变的战场形势变换阵形,调整兵力,以强制弱,出奇制胜。

古人有云:"内精八阵之变,外尽九成之宜,然后可以用奇也。"不论五行阵、八卦阵还是在此基础上变化而成的其他阵法,都是依据阴阳五行的生克制化之理,根据战场形势的变化而随时加以变化,所以,在具体运用时必须对八阵之变化十分精通,不能只会照葫芦画瓢,或者是生搬硬套。因为,不论五行生克还是九宫八卦,其精髓都是一个"变"字。敌变我变,随机应变,以不变应万变,都需要在"变"字上做文章。如果不能通变,不知变化,只是墨守成规,机械照搬,那无异于纸上谈兵,结果很可能像战国时期赵国的大将赵括那样,因拘泥于兵法而一败涂地,不仅自己死无葬身之地,还拉了四十万赵兵来垫背。教训深刻,应当记取。

十三、风水与阴阳五行

如今在许多地方,风水先生大行其道。不少人修建房屋或是选择墓地,常常要私下先请阴阳先生看一看风水。风水先生看在银子的分上,自然也是乐此不疲,拿出罗盘,前观后看,左察右访,定子午,立山向,然后煞有介事地告诉你大门应设在哪里,房屋应建成什么形状,建多高,路留在什么地方,墓地选在何处,朝向何方等等。在风水学上,这叫相宅,传统的说法叫堪舆。相宅主要就是看阴宅和阳宅的风水。阳宅是人们的生活栖息之地,阴宅是人死之后的葬地。在传统的风水学看来,不论阳宅还是阴宅,都传递出与人生相关的某些信息,都可以对人生命运产生影响。要趋吉避凶,趋利避害,就要通过对相关信息的观察分析,看一看风水如何。

传统的风水学是建立在阴阳五行理论之上的一种以实用性为主的学说,它把风水分为阴阳两大类,阴为葬地,阳为住宅。之所以要做这样的划分,是因为阴阳五行学有"阳无阴不生"和"阴无阳不立"之说。运用到生活中,那就是生者既是死者所生,又是死者生命的延续,生者与死者有割不断的联系。起源甚早的卜葬(选择葬地),就是建立在这样一种朴素而直观的认识之上的。卜葬与卜宅相联系,相互融合后便成了包括阴宅和阳宅的看风水,既看死者的葬地,也看生者的居所。承担这项职责的,便是风水先生,又称阴阳先生。

风水先生看风水,要先看阴阳。这里所说的阴阳,不仅指阴宅和阳宅,而且指阴宅和阳宅的阴阳之分。阴阳既跨生死之界,又因山、水、地脉的方位和走向而可以做自然划分,山南水北谓之阳,山北水南谓之阴;向阳面为阳,背阳面为阴;正南方为阳,正北方为阴;午向为阳,子向为阴等等。阴阳是风水学得以成立的哲学基础,也是风水理论的根基,故《宅经》有"夫宅者,乃是阴阳之枢纽,人伦之规模"的说法。阴阳是相互联系又相互依存的两个方面,相辅相成,相得益彰,不可或缺。阴不能独立,需阳为辅;阳不能独存,需阴相助。阳得阴,就好比三伏天得到一阵凉风,是非常美的事情。阴阳和谐为大吉,仅重阴或重阳则不吉利。阴宅有阴气抱阳,阳宅有阳气抱阴,为阴阳相生之象,这样才算有龙气,得风水,这样的宅地才是吉宅。

风水不仅本于阴阳学说,而且还和五行有十分密切的关系。传统的风水学把地形、地貌和五行联系在一起,既注重选择宅地所处的地理环境,又注重选择宅地的形状。前者称为宅外形,后者称为宅内形。宅外形讲究得地脉龙气,追求来龙脉气。宅内形的选择则讲究宅形与建筑物的五行生克关系,以相生为吉,相克为凶。风水理论把宅地分为金、木、水、火、土五个类型,金形宅圆而坚,木形宅直而方,土形宅方而阔,皆是吉宅之形,适宜人们居住;水形宅曲而下,火形宅尖而钝,皆是凶宅之形,这样的宅地是不能居住的。如果宅形五行已经确定,而又无法改变的话,要在此宅地上建筑房屋,就应使建筑物的形状与宅形所属五行相一致,或者有相生关系,而不能相克制。相生则吉,相克则凶。如宅形属金,其主体建筑物的形状应为水、为土,为水则金生水,为土则土生金;如果宅形属木,建筑物的形状就应为火为水,为火则木生火,为水则水生木;如果宅形属水,建筑物的形状就应为金为木,为金则金生水,为木则水生木;如果宅形属火,建筑物的形状就应为木为土,为木则木生火,为土则火生土;如果宅形属土,建筑物的形状就应为金为火,为金则土生金,为火则火生土。宅形五行生建筑五行,主生财富;建筑五行生宅形五行,主人丁兴旺。反之,如果宅形五行克制建筑五行,主损人减丁;建筑五行克制宅形五行,主破财招灾。

把宅形与宅地上的主体建筑物一一与五行对应起来,目的是要借助阴阳五行理论,来判断宅地与建筑物对居住者的影响。类似的情况,在古代风水理论和实践中较为常见。精通阴阳五行与风水关系的术士,往往能够把宅形、宅地上的建筑物与周围环境进行综合考察,进而判断宅地是否宜居,对居住者有什么样的影响。但事实上,真正精通阴阳五行理论,同时又精通风水理论的人并不是很多,不少风水先生只是看了几本风水方面的书籍,了解一点阴阳五行理论的皮毛,就自以为得到了风水理论的真谛,然后就照本宣科,机械搬用,堂而皇之地去给人家看风水,选择宅地,确定布局。

有一个很有意思的故事,说的是清代有一个风水先生按照五行相生的理论,给人家设计了一处四进院的布局。这所宅第位于城东南角,坐北朝南,东、中、西三区四进。风水先生在东南巽位开设大门。巽居东南,为少阳,宅地亦处于城东南,大门又设在巽位,已是重巽之象。三区一进皆为土,为方形;二进属金,为圆形;三进属水,为低平形;四进属木,为高直形。其意为土生金,金生水,水生木。想法不错,却失之简单和天真。此人自以为很高明,把设计好的图纸拿给著名风水学家吴燕看,想得到吴燕的称赞,不料吴燕看了,不仅没夸奖一句,反而斥之为"无师杜撰"。在吴燕看来,宅第建筑以高者为主,所以,金、木、土三者宜高,火、水二者宜低。火宜低,高则克金,泄木财神;土生金,不宜太低,低则不能生金。同样是以阴阳五行为理论依据,结果却完全不同,这个风水先生以为是吉宅,另一个风水先生却认为是凶宅。看来,即使是根据阴阳五行生克来看风水,不同的人还是会有不同的看法,选择的结果总是会有差异。

民间有句俗语,虽然不太好听,却是很形象,也很有见地:"剃头的拿锥子,各师傅各传授。"理发要用剃头刀,这是常识。可是,就有剃头师傅让他徒弟拿锥子,虽然看起来很滑稽,却一定有他的道理。风水术也是这样。虽然各个流派的风水理论都离不开阴阳五行理论,都要以阴阳五行为基础,但由于对阴阳五行理论的认识与理解存在着差异,风水先生在运用阴阳五行理论的时候,总是要结合个人的理解。同时,阴阳五行理论又十分玄奥,它以阴阳五行在天、地、人之间建立一种联系,并试图把握其内在联系和基本规律,其自身科学性还有待考证。加上很多人看待阴阳五行,只是看到了它们之间的线性关系,而没有注意到它们之间的普遍联系,所以,真正能够认识、理解并把握其精髓的人并不是很多。至于风水先生,有不少来自民间,古代文化的根底原本就很有限,他们在看风水时使用阴阳五行理论,大多属于贴标签式的,根本无法窥及阴阳五行理论之堂奥,这也是风水术难以让人信服的重要原因之一。

第十章　医家

第一节　医家史话

一、江湖拾趣

　　大凡医家皆归于两类，一类始于周代疡、疾、食、兽四门的官方医生，属于名流正宗的中医代表，历代有岐伯、张机、孙思邈、刘完素、李东垣诸人。至唐宋以后，许多医学名家兼通儒学，或儒者兼通医学，亦官亦医，皆被称为儒医。另一类起源于巫医、游医，用祝祷、占卜等迷信方法或用草药治病。至宋代始有"郎中"一词，主要即指江湖游医，他们手摇串铃，游走于乡村城镇之间，以卖药治病为业，故称"铃医"，亦称"走方医"或"草泽医"。据传铃医（江湖郎中）始于宋代的李次口，清代的赵学敏选辑部分铃医所用的方药，撰成《串雅内篇》《串雅外篇》。铃医的单方、验方大多来自劳动人民的实践，具有灵验、方便、价廉的特点。但至明清两代，江湖郎中五花八门，其中以卖假药骗取钱财为营生的占绝大多数，江湖上称之为"皮门"。"皮门"中叫"挑将汉"的，就是卖大力丸的；叫"挑柴吊汉"的，就是卖牙疼药的；叫"挑招汉"的，就是卖眼药的；叫"挑罕子"的，就是卖药糖的；叫"挑炉啃"的，就是卖膏药的；叫"脏黏啃"的，就是治花柳病的；等等。他们或摆摊售药。或算卦相面售药，或卖艺售药，或设堂铺售药，或练武摆把式售药。江湖中许多活动，都和走方郎中相关，他们骗钱的把戏应有尽有。

赵学敏

　　江湖郎中演化为江湖艺人的一种，行走江湖码头，不但要百行通，是一个懂侃儿的行家，而且要讲江湖义气和规矩。第一是不管认识不认识、同行不同行，亦不拘在什么地方见面，都要主动拱手道声"辛苦"，这叫和气生财。第二是凡到新的码头都要"拜相"，就是拜会同道朋友,这样才会有人让给你一块地,告诉你当地的人情世故,这样你的生意才能做得顺。第三是生意开张时,要遵守"相挨相,隔一丈"的规矩,就是说,卖药的要挨着卖药的买卖才旺,但要相隔一丈地才成。第四是讲究团结,服从生意人首领的号令。据说江湖人的首领是卖梳箅的,首领除调解江湖艺人之间的纠纷,还要联合艺人和"地头蛇"斗争。在北京的天桥、关外的岳州会、关里的郑州庙等大的江湖艺人聚集地,卖梳箅的声誉极高。

江湖郎中走街串巷、摆摊售药,江湖黑话称"挑汉的",分"腥""尖"两种。"尖"者就是有真本领的郎中,"腥"者就是没有本事而靠江湖骗术挣钱的郎中。无论是"腥"还是"尖",皆要懂江湖术语(黑话)。下录两位卖跌打药的江湖郎中住店后的一段对白:"相好的,近来开花(生意)得意,烂头(钱)挣得不少吧?"另一位说:"唉,在这儿蹲地(坐码头),还不如古城街。前几天,我在那蹲地碰到几个空子(外行人),拖汗(假药)卖了不少,砖(大洋)也弄了几块,在这里一直开当(生意)萧条,我打算扯帮吊棚(合伙),这撒星挑汉(卖假药)的开当真难干。"假如是外行人,无论如何都不会知道他们在说什么。江湖郎中十分珍惜本行业中的侃子,有言道:"能给十吊钱,不把艺来传;宁给一锭金,不给一句春。"

人"皮门"做生意和其他江湖艺人一样,要投师,从师傅那学会骗钱的诀窍。其诀窍有:攥弄唷,圆黏子,挵黏唷条子,归包口儿,催唷,杵门子与翻钢叠杵,劈雷子,等等。

1.攥弄唷。指配制药品的法儿,如配制治咳嗽的药品,用鸦片烟或烟灰、淋泥制成丸。药丸有两种,一种放鸦片,一种不放鸦片,夹杂使用,可使病情时好时坏,能争取到回头客,就能多骗钱。

2.圆黏子。指凭借三寸不烂之舌和手中的把戏招徕顾客。围观的人一多,就算是圆好了黏子。

3.挵黏唷条子。指说病因,显示自己的医道高深。如说腹疼:"腹疼有九种,食疼打饱嗝,寒疼着凉重,气疼两胁攻,水疼咕噜噜,虫疼胃酸水,六积疼,七聚疼,八癥疼,九瘕疼。"再说头疼心疼:"真头疼必死,真心疼必死,三国的曹操是真头疼,那姜维是真心疼,结果是久治不愈,一命呜呼。这位说是心疼,是假心疼,他其实是胃脘疼,不是吃东西着急,就是吃饭时生了气,胃脘受伤才生这病。我今天把这病治出来叫它去根,永不再犯。"说病因也得要伶牙俐齿、高声吆喝,说着说着,就有"粘弦"的。

4.归包口儿。指由说病因转到卖药挣钱。如卖咳嗽药的,先说病因:"咳是咳,嗽是嗽,有声无痰为咳,有痰无声为嗽,白痰轻,黑痰重,不怕吐痰多,就怕痰带血,吐了黄痰就要命……"话锋一转,开始归包口儿,"这是我家祖传三代的秘方,用六六三十六味草药配成,里面没有牛黄狗宝,也没有珍珠人参,净是不值钱的药。偏方能治大病,草药气死名医。咱这药不贵,一毛钱两丸,病重的两丸包好,病轻的一丸足够。"

5.催唷。催促围观者买药。卖药的说:"我这药一毛钱两丸,今天为传扬名头,减价一半,一毛钱四丸,卖过了十人,仍然还要卖一毛钱两丸。"围观中有贪便宜的人,就争先恐后地买。

6.杵门子与翻钢叠杵。杵门子是把准挣钱的方法。有本领的江湖人能瞧势行事。若

诸子百家

——

医家

见买药的手中钱少,就送走了事;若见其手中钱多,卖药的郎中就与他寒暄,问病人病情,说我这有"双料特效药",价是多少多少,价虽贵些,但有神效。若买药的要问价,就算成功了一半。买药的付钱取药,郎中就"翻钢",说刚才的价是一丸的,这双料特效药必须两丸一起服用,买药的就得付双份价钱。鼓动巧舌诱买药的就范,此为"叠杆"。

7.劈雷子。赌咒发誓叫劈雷子。卖药郎中从不发真誓。即便发誓,也只是如:"我若昧着良心骗人,叫我抛山在外,屎不回家。"江湖人把解大便叫"抛山",屎和死声近,发这种不是誓的誓,只为了骗取别人的信任。

行医江湖,坑蒙拐骗,"腥点"败坏了医门道德。假药治病,轻则贻误病情,重则害人性命,与盗寇无异。过去,市面上真有本领的绝少,江湖人甚多,骗子占绝大多数。常人略懂江湖行话和窍门,即可减少上当受骗的机会。有病问医,得上医院;贪小便宜者,必将自食其果。

二、中医探源

中医药学是中华民族之国宝,是有史以来中华民族与自然、疾病做斗争而留下的丰富、珍贵的物质和精神财富。关于医药起源,众说纷纭,且皆蒙上神秘的色彩。无论是"医源于圣人""医源于巫""医源于食",还是"医源于动物本能",总之医是起源于人们的生产、生活。纵观五千年中华医史,人们不能不为中医神功所感叹,正是:拔骨走血,竭尽其功;诱虫破瘤,竭尽其术;镇风驱魔,竭尽其方。病人之口眼耳鼻肤发手足五脏六腑,尽在奇人手下绝处逢生,既是故事,又是医案。

中医药学是在原始社会漫长的历史发展过程中形成的。氏族公社时期,人们造屋居住以避风雨,缝制兽皮以御风寒,跳跃舞蹈以导湿热,用火燔食以使人无腹疾。这些构成了人类最早的卫生保健常识。人们每遇外伤,以泥土、树叶敷裹,此是外治法之源。神农氏尝百草,伏羲制九针。至父系氏族公社时,人们在长期的狩猎、捕鱼和种植中,逐渐总结并掌握了某些植物、动物以及矿物质的治病疗伤作用,形成了中医药学的雏形。

至周代,医巫分流,产生了中医专科。如食医,"掌管王之六食、六饮、六膳、百馐、百酱、八珍";疾医,即内科,"以五味、五谷、五药养其病,以五气、五声、五色视其死生";疡医,即外科和创伤科,"掌肿疡、溃疡、金疡、折疡之祝药,刮(刮)、杀之齐(剂)";兽医,"掌疗兽病,疗兽疡"。还产生了专业医生,如秦国的医和、医缓等。医和首创的六气致病说使原始医学趋于科学,逐渐摒弃了鬼神病因论的错误思想。古代典籍《周礼》《左传》《吕氏春秋》等著作亦零星地记录了我国早期医学的成就。

战国是我国思想、学术百家争鸣的时代,中医药学也走向它的第一个高潮,不仅名医荟萃,而且诊断、治疗、药物诸类均初具规模。其主要成就有:第一,秦越人总结出传统的中医四诊法;第二,假托黄帝之名出现的《内经》集中阐述了医家诊病的整体观念和辨证论治的思想;第三,《难经》精辟地论述了脉学、经络、脏腑和疾病等,总结出一些古今中医都应遵循的法则,如诊脉时"独取寸口"等;第四,《神农本草经》是我国现存最早的药物学专著,成书时间最早推至战国,又经后世医家逐步增补和修订。它收集了三百六十五种药物,按上、中、下三品分类。上品为君药,多为补药;中品为臣药,多为补泻兼备的攻治之药;下品为佐使,多为除寒热、破积聚之药。

从战国到秦汉,辨证论治的医疗体系已具规模,至张仲景的《伤寒杂病论》,开始确立了辨证论治的原则。全书概括了中医的望、闻、问、切四诊,阴、阳、表、里、寒、热、虚、实八纲,以及汗、下、吐、和、清、温、补、消八疗等方法,从理、法、方、药诸方面辨证论治,奠定了中医临床医学的基础。《金匮要略》最早提出三因致病说:"千般疢难,不越三条:一者,经络受邪,人脏腑,为内所因也;二者,四肢九窍,血脉相传,壅塞不通,为外皮肤所中也;三者,房室、金刃、虫兽所伤。以此详之,病由都尽。"上述关于病因的探索为后世诊断学发展提供了宝贵的理论依据。《金匮要略》还被称为"方书之祖",它将方剂分为汤剂、丸剂、散剂、洗浴剂、酒剂、熏剂、软膏剂、栓剂、滴剂等,用药立方讲究君、臣、佐、使的辨证加减,在方剂学方面有着杰出的贡献。

切脉,为四诊法之末,是历代医家长期临床实践而形成的独特的诊断方法,《内经》《难经》均有关于诊脉的论述。名医秦越人、淳于越、涪翁、张机等,对脉学均有深刻的研究。至魏晋,有王叔和采撷名家脉学之说著成《脉经》。《脉经》"撰集岐伯以来至华佗的经论要诀,合为十卷,百病根源,各以类例相从,声色症候,靡不赅备"。它确立了寸口脉法,分脉为寸、关、尺三部分,解决了寸口切脉的实质性问题;同时,《脉经》将脉象分为二十四种,即浮、芤、洪、滑、数、促、弦、紧、沉、伏、革、实、微、涩、细、软、弱、虚、散、缓、迟、结、代、动,这些脉象为指下切脉辩证脉象的第一秘诀。

魏晋南北朝时期,药物学成就丰硕。名医陶弘景编撰了《本草经集注》。通过他的整理,药物品种比秦汉时期增加一倍。该书"自序"说:"精粗皆取,无复遗落,分别科条,区轸物类,兼注铭时用土地所出。"它将药物分为七类,即玉石、草木、虫、兽、果、菜、米实。又将药性分为八种:寒、微寒、大寒、平、温、微温、大温、大热。

炼石服丹是道教盛行的两晋南北朝的时尚,当时的隐士名流为求益寿长生而经常服用"五石散"。五石散是由石钟乳、硫磺、白石英、紫石英、赤石脂等组成的散剂,长期服用会使人中毒。因服用"五石散"而致残折寿的例子比比皆是。同时,炼丹方术盛行,著名的炼丹家葛洪在他的《抱朴子》中记载了炼丹的方法和炼丹的化学原料,客观上成了我国制药化学的开端。另外,有"山中宰相"之称的陶弘景迷恋炼丹,无心过问政事,他还著有《合丹法式》等书。

晋唐时期医学兴盛,产生了卷帙浩繁的综合性医著方书。由葛洪编录的《肘后备急方》,记叙了内、外病及其他诸病的诊治,而且对传染病有较高水平的认识。如鬼注、尸注(今天的肺结核等传染病),指出其低热、慢性消耗症状和"乃至灭门"的传染性。再如孙思邈撰著的《千金方》。《千金方》由两部分组成,即《千金翼方》和《千金要方》。《千金翼方》是孙思邈研究《伤寒杂病论》的成就,他从尊古又不拘泥于古出发,创立了从方、证、治三方面综合研究《伤寒杂病论》的方法,开创了以方类证的先河。《千金要方》在临床各科及养生、食疗等方面总结了前人成就,如临床各科中,尤重妇、儿科,将"妇人方"列为首卷,妇人方包括求子、调经等妇科疾病。"少小婴孺方"详尽地介绍了对婴幼儿的护理。在养生方面,孙思邈主张以养性为主,主张少思、少欲、少怒、少愁,以使精气收敛,"独卧

诸子百家——医家

是守真","少欲终无累",以使形与神俱,延年祛病。在饮食方面,强调熟食和饮食有节、五味和而不偏。再如藏医宇妥·元丹贡布等人撰写的《四部医典》,全书分札据、协据、门阿据和亲玛据四部分,对古代藏医从理论到实践进行了全面总结,成为影响广泛的藏医经典。

两宋金元时期,政府十分重视医学事业,将中医学研究和整理推向高潮。1057年朝廷设校正医书局,集中全国中医精华,整理和校订了《素问》《伤寒论》《金匮要略》《脉经》《针灸甲乙经》《千金方》。尤其对《伤寒论》研究,取得了卓越的成就,如庞安时的《伤寒总病论》、韩祗的《伤寒微旨论》、成无己的《注解伤寒论》、王好古的《阴证略例》。同时,官、私修方书不仅数量庞大,而且在方剂理论方面皆有卓越的成就。官修方书有《太平圣惠方》《太平惠民和剂局方》和《圣济总录》等;私修方书有严用和的《济生方》,陈言的《三因极——病证方论》,苏轼、沈括的《苏沈良方》等。

宋元时期,在病因学和诊断学方面有突破性的成就。陈言在《三因极——病证方论》中进一步发挥了"三因致病说".指出复杂的病因为三类:一是内因,即喜、怒、忧、思、悲、恐、惊,为内伤之七情,发自肺腑,外形于肢体;二是外因,即风、寒、暑、湿、燥、火,为外感之六淫,起于经络,发于脏腑;三是偶发因素,如金疮压溺、虎狼中毒、饥饱伤气等。每类皆有证论,有法有方,辨析严谨,使中医病因学更加系统化、理论化。关于病机学说,唐代《至真要大论》提出病机十九条,宋元名医据之发挥,有刘完素提出的"六气皆从火化",朱震亨提出的"相火妄动""煎熬真阴",李杲提出的"内伤脾胃,百病由生"等病机学理论。宋元时期诊断学的成就也十分卓著,有《崔氏脉诀》对《难经》《脉经》进行精炼,以四言歌诀留于后世,便于习诵记忆。元代杜本著成《敖氏伤寒金镜录》,对舌象进行辨证的研究,是现存第一部文图并茂的验舌专书,促进了舌诊的发展。

在金元医学研究高潮中,形成了河间学派和易水学派,他们的理论主张和临床实践不仅推动了宋元医学的发展,而且为后世医家普遍关注,由此产生了一批医学巨星,如刘完素、张从正、张元素、李杲、王好古、朱震亨等。刘完素,金代河间人,自创一家医说,史称河间学派,突出的学术思想是提倡"火热论",发挥了当时盛行的"五运六气"学说,强调"六气皆从火化",对症投药,在处方用药方面,创立了"寒凉派"理论。张元素,金代易水人,易水学派创始人,与他的学术思想一脉相承的还有李杲、王好古等名家。脾胃论和阴证论是易水学派对祖国医库的重大贡献。此外,攻下派创立者张从正提出了"攻邪论",认为三邪致病,三邪即天之邪(风、寒、暑、湿、燥、火)、地之邪(雾、露、雨、雹、冰、泥)、水谷之邪(酸、苦、甘、辛、咸、淡)。三邪非人体固有,一经致病,就要攻治,攻邪运用汗、吐、下三法。他在代表作《儒门事亲》中记载:凡是灸、蒸、渫、洗、烙、熨、砭射、炙、导引、按摩皆是汗法,凡能引涎、豁痰、喷嚏、催泪皆为吐法,凡能催生、下乳、泄气、磨积、逐水、破经皆为下法。同时,张从正还提出治疗中的因时、因势、因地、因人制宜的原则,丰富了中医整体诊疗观的内容。朱震亨则提出"相火论",既补充了刘完素的"火热论",又发展了李杲的"阴火论",可谓集河间、易水两学派的精髓,提倡临床治疗中滋阴降火,故善用滋阴之剂,后世称之滋阴派。总之,金元医家的创新,改变了唐宋以来医家拘泥于古说经典的状况,取得了许多集大成的成就。

明清时期的药物学著作以《本草纲目》为代表，这部共五十二卷的巨著，记述了一千八百多种药物和一万多帖药方，是十六世纪以前我国药物学、方剂学的集大成者。至十七世纪，缪希雍编著《炮炙大法》对四百余种药物的炮制方法做了详细的说明，并述及药物的产地、采集时令、质量鉴别等，论述了药物相配时的相须、相畏的关系。至十九世纪，《植物名实图考》问世，对《本草纲目》及其以后的药物进行考证和纠误，补充了云贵高原众多的药用植物。《普济方》是明初朱橚等编著，它是我国现存最大的方剂著作，载方五万一千多帖。明清时，人们对传染病有了进一步的研究。有吴有性提出的"戾气致疫"学说，《瘟疫论》是其代表性著作。至清代，叶天士、薛雪、吴瑭、王士雄等人的实践和研究促使瘟病学体系形成。如叶天士的《瘟热论》，阐明了瘟病产生、发展的规律，提出了辨证诊疗的纲领和方法。从此，瘟病学说体系和伤寒学说体系并驾齐驱，丰富和完整了中医学的内容。

明清时期，病案记载趋于规范化。《脉语》作者吴昆对病案格式做了规定：一是书某年、某月、某地、某人；二是书其人年之高下，形之肥瘦长短.色之黑白枯润，声之清浊长短；三是书其人之苦乐病由，始于何日；四是书初时病症，服何药，次服何药，再服何药，何药少效，何药无效；五是书时下昼夜、寒热情况，喜恶某物某事，脉之三部九候如何；六是引经旨以定病名，某证为本、某证为标，医治缓急先后，确定补、泻之法；七是书当用某方，加减何药，以及君臣佐使之理、吐下汗和之意。

三、医科精华

中医科别分类，可推至商周。《周礼·天官》将中医分为食医、疾医、疡医、兽医四类。战国时，增添儿科、妇科、针灸科。

《周礼·天官》载，疾医（内科）医生"掌养万民之疾病……以五味、五谷、五药养其病，以五气、五声、五色视其死生，两之以九窍之变，参之以九藏之动，凡民之有疾病者，分而治之"。战国秦汉诸医以五行相克相生探讨内科病源，以望、闻、问、切辨证论治。《内经》《难经》和《伤寒杂病论》成为当时内科学的经典性著作。至隋唐两代，巢元方编撰《诸病源候论》，所载内科病候七百八十四条，对病因、病症做了详尽的分析和描写。宋元时期，政府设有风科，有《圣济总录》，专题论证"诸风"的医治；又有《十药神书》创制医治肺痨病的十种良方，兼论其治疗的法则。明清是内科学说发展的总结性时期，《内科摘要》成为医史上第一部以内科命名的典籍，作者薛己受到李杲"温补论"影响，强调真阴，真阴不足是内科疾病的根源。张景岳将金元医家寒凉派、攻下派、温补派等学说熔于一炉，晚年编撰的《景岳全书》，其中"伤寒典"和"杂症漠"对内科诸症进行论治，提出不少正确的见解。明代温补派名医赵献可，强调"命门之火"的重要，主张将保养"命门之火"贯穿于医疗与养生的始终。其时，内科综合性著述有《医学正传》，它陈述百余种内外诸科病症，尤其推崇朱丹溪的学说。《明医杂著》通过对内科学术思想的总结，主张外感法仲景、内伤法东垣、热病用完素、杂病用丹溪。《证治准绳》又称《六科准绳》，作者王肯堂每述一症，必引《内经》《伤寒论》及金元诸家学说，并结合己见，选方亦精细。其中《杂病证治准绳》对内科的黄疸、咯、便血、腹泻、眩晕、疠风、目痛等症进行辨证论治。同时,还有一些专论内科某症的医著,如《慎柔五书》论治虚痨病,《疟痃论疏》是论治疟疾的专书,王清任的《医林改错》则专述补气活血和活血逐瘀的内科诊治方法。

外科,原包括伤科在内.早称为"疡医"。长沙马王堆汉墓出土的帛书《五十二病方》中,外科成就占突出的地位。东汉华佗是一位著名的外科医生,首创麻沸散,使病人全身麻醉,这不仅说明中药麻醉在世界麻醉学上的历史地位,而且说明东汉时我国外科手术已达到一定的水准。南朝时的《刘涓子鬼遗方》是现存最早的外科专书,主述有金创、痈疽、瘰疡、疥癣等疾患,外治有止血、止痛、收敛、镇静、解毒等法,内治讲究辨证用药,为后世外科内治的"消、托、补"三法奠定了基础。至隋唐,对痈疽、金创方面有很深的研究,《诸病源候论》《千金要方》均载有鉴别及专治要方,还载有肠吻合术、血管结扎术、创伤异物清理等方法。唐代《仙授理伤续断秘方》是我国现存最早的一部很有价值的伤科专书,反映了隋唐骨伤科医治的水平,如肩关节脱臼,采用"椅背复位法",伤科外治用洗、贴、糁、揩及内服诸法。

宋元时期,外伤科正式独立发展。宋代的《外科精要》标志外伤科之称的明确形成,如金元有专设的正骨兼金镞科,蒙古伤科中有烙铁止血和蒸气热罨活血、牛羊热血浸疗箭伤等行之有效的方法。宋代的《太平圣惠方》最早载述"内消"与"托里"的外科治疗原理。《圣济总录》提出痈疽诸症的内外兼治。手术器械也趋于完备,有刀、针、钩、镊等。元代的《永类钤方》和《世医得效方》成为较早的伤科、骨科专著。手术中曲针的使用,堪称伤科史上的重要发明。

明清时期,伤、外科各自独立发展,著述成就卓著。《疡病证治准绳》提出了众多外伤手术的方法,如气管吻合术:"凡割喉者……以丝线先缝内喉管,再缝外颈皮,用封口药涂敷,外以散血膏敷贴。"述耳廓外伤整形术:"凡耳斫跌打落,或下脱上粘,上脱下粘,内用封口药掞,外用散血膏敷贴耳后,看脱所向,用鹅翎横夹定,却用竹夹子直上缚定,缚时要两耳相对,轻缚住。"同时还记述了唇、舌的外伤整形及颅、肩、颈、胸、腹、腰、臀、脊柱的外伤手术和所用药物。《外科正宗》对脓肿治疗,强调"开户逐贼,使毒外出",运用刀、针扩创引流的治疗原则,同时记叙了多种肿瘤,指出失荣之症是不治之症。失荣即是现代医学中的颈部癌症。作者陈实功创制了"和荣散坚丸"和"阿魏化坚膏",认为这是"缓命药也"。《外科大成》指出失荣、乳岩、肾岩、舌疳为疡科四大绝症。《解围元薮》是最早关于麻风病的专书,专论其病的预防、传染和防治的方药。《霉疮秘录》是最早的研究诊疗性病梅毒病的专书,留下了世界上最早用砷剂治梅毒的记载。

自南北朝至唐代,妇产科医学有了突破性的成就。北朝齐人徐之才有"十月养胎法",拟有十八帖逐月养胎的方剂,以养血、安胎、益阴、补肾为要。唐代《千金要方》细致地论述了妇女经、带、胎、产诸症的医与治。唐末的《经效产宝》,专论经闭、带下、妊娠、坐月、难产及产后诸症,所集民间单方、验方一直是产科医生研究的对象,该书也是现存最早的妇产科专书。宋元时期,有《十产论》,记载了难产的多种形式,如横产、倒产、坐产、碍产等,以及助产的方法,其中转胎手法是妇产医学史上关于异常胎位转位术的最早记载。《备产济用方》记载有用全兔脑制成的"神效催生丹"。宋元妇产科集大成者要数陈自明,他撰成《妇人大全良方》二十四卷,从调经、众疾、求嗣三门对妇科学医、诊、治、方有较全面的总结。明清的妇产科成就以王肯堂、傅山等为代表。《傅青主女科》对带下、血崩、种子、妊娠、正产、小产、难产、产后护理及产后诸病均有实用性论述和处方,对后世影响较大。

砭石,至今仍为公认的针灸工具。针灸可能起源于原始社会氏族公社阶段。至秦汉时,产生了如华佗等著名的针灸高手。晋代的皇甫谧著有《针灸甲乙经》,是现存最早的针灸专书,介绍了人体生理、病理变化和腧穴总数、确定部位。这时还产生了有史记载的第一位女针灸大师——鲍姑,她用针灸法疗疣,"效如桴鼓"。唐代设针灸科,专门培养针灸医师。宋元时,针灸学有很大发展。王惟一于1027年铸成铜人两具,铜人体表刻穴六百五十七个,可以按穴论病、按穴教学,配有他撰成的《新铸铜人腧穴针灸图经》,将针灸学推向一个新阶段。这时的子午流注针法,主张在不同时间、选择不同穴位来疗病,在时间医疗学上占有重要地位。至明代的针灸学,高武和杨继洲成就卓著,高武著有《针灸节要》和《针灸聚英》,杨继洲写成《针灸大成》,对十六世纪以前的针灸学,从理论到实践进行了全面的总结。

四、养生概说

养生保健、祛病益寿是中医史上长期探讨的课题,并在药物养生、饮食养生、房事养生、运动养生、按摩养生诸方面,均取得了举世瞩目的成就。

汉代王充在《论衡》中记载:"养生自宁,适时则节,闭明塞聪,爱情自保,适辅药物引导,庶冀性命可延,斯须不老。"中医学认为:人体是否健康和长寿与脾肾强健与否有密切的关系。肾乃先天之本,承父母之精,为人体元阳元阴之所蛰,主藏精气,主人之生长、生育、生殖及衰老。脾,乃后天之本,为仓廪之官、水谷之海、气血生化之源。脾肾功能健全与否,直接影响水谷的消化吸收。上至《神农本草经》《外占秘要》《千金方》,下至明清宫廷保健秘方、民间偏方药略。无不围绕强肾健脾来投用抗衰保健药物。至于炼丹制石,梦想长生不老之药,都是荒诞无稽之举。传统中医保健首先强调辨证用药的原则,不可无原则地乱服补剂。如清代名医程彭所说:"有当补不补误人者,有不当补误人者;亦有当补而不分气血、不辨寒热、不知缓急、不分五脏、不明根本以误人者。"故补药有补气、补血、补阴、补阳四类,体质有虚实寒热,只有应用相应的补益之药,才能达到调养机体、抗病防老的效果。补益当因时、因人而异。因时而异者,四季有春生、夏长、秋收、冬藏的消长规律,故四季补法各有讲究。春季阳气升发,宜温补,服用藿香、佩兰、党参、白术、茯苓等化湿健脾之药;夏季阳盛,炎热多汗,宜用性凉、生津益气、健胃之剂,服用麦冬、石斛、菊花、银耳、西洋参、西瓜等;秋季阳衰气躁,宜服沙参、玉竹、百合等滋阴润燥之品;冬季阳消阴长,阴主藏,是进补的最佳季节,服用人参、熟地、肉桂、桂园(龙眼)等物。因人而异者,身体有强弱、质性有阴阳、生长有南北、性情有刚柔、筋骨有脆坚、肢体有劳逸、年龄有老少、心境有忧劳和乐之别,更加天时有寒暖、受病有深浅之不同。药物进补,因上述情况而异,不可一概而论。

诸子百家

——医家

饮食疗法品类有药膳、药酒、饮茶等。食医源于周代。《内经》提出"药以祛之,食以随之","谷肉果菜,食养尽之","毒药攻邪,五谷为养,五果为助,五菜为充,气味合而服之,以补精益气"。至宋代,药膳趋于成熟和普及,众多典籍(如《太平圣惠方》《圣济总录》等)专列"食治门",载有大量药膳方剂。元代忽思慧的《饮膳正要》,是一部专门的药膳专著。药膳由药、食、调料组成,取药性,借食味,食借药力,药助食功,相辅相成。常用药膳有:人参粥、人参莲肉汤、芪杞乳鸽、芪参烧鱼等,用于补气益脾胃;归参炖母鸡、当归羊羹、首乌煨鸡等,用于补血养肝;田七煨鸡、党参炖牛肉、桂圆鸡汤、红枣猪蹄等,用于温阳散寒。总之,药膳变苦药为佳肴,既防病治病,又益寿健体,为中华饮食文化与医药文化结合的精粹,至今仍为中外人士所常用。

性医学萌芽于人类文明之初,经过几千年医家研究、探讨,它已成为中医养生学中独特的门类。著名的经典《素女经》《玉房指要》《玉房秘诀》等,对房中术、调谐养生做了深入而系统的研究,提出房事养生的三大原则。其一是节欲保精。善养生者,节欲保精,肾精是身体"三宝"之一,是人体抗病祛邪、延年益寿的根本。房事多寡,由年龄、体质、季节等确定,若房事失节,则肾精匮乏。而完全禁欲,又不利于健康。《素女经》载:阴阳不交,则生痛瘀之疾,故幽、闲、怨、旷多病不寿。其二是同房有术。掌握相当的房事技巧,不仅能增进夫妻感情,满足生理需要,而且能促进和保持身心健康。其三是人房有禁。《寿世保元》指出:饱食房事,劳损血气;大醉人房,气竭肝阳,男人则精液衰少,女子则恶心淹留,生恶疮;愤怒中尽力行房事,精虚气竭,发为痈疽;恐惧人房,阴阳偏差,自汗盗汗,积而成痨。另外女子在经、孕、产、乳期间也不宜同房。

"病有悖恐,经络不通,病生于不仁,治之以按摩。""故其病多痿厥寒热,其治宜导引按跷。""按摩日三遍,一月后百病可除,行及奔马,此是养生之法。"《素问》和《千金方》讲述了按摩在中医养生学方面的重要作用。按摩,古称"按跷",是用各种手法按揉点击穴位来调节人的生理、病理状况。现存的最早医著《内经》中就记述了按摩防病治病的作用,后来的医家、养生家将导引和按摩相结合,至宋元以后,形成了系统的推拿按摩养生法。按摩的保健作用大致有:解痉止痛,活血化瘀;疏络通经,行气活血;调整阴阳,协调营卫。其按摩手法,除了循经选穴之外,还有拍打、叩打、抚摩、旋摩、点按、指捏,另有用掌来揉、搓、剁等。

第二节　医家人物

国医之祖

黄帝,是传说中华夏族的祖先,也是古代中医学的鼻祖。他是有熊氏部落少典的儿子,姓姬,生长在姬水(今陕西境内)。传说,黄帝有龙颜圣德,生而能言,有役使天下万物的神功。他行走大江南北、黄河上下,投师学艺。东到青丘,见紫府先生,受三皇天文以效万神;至具茨而见大隗君,受神芝图;至盖上见中皇真人,受九茄散;至罗霍见黄盖童子,受金银方十九帖;适崆峒,问广成子,受自然经;访峨眉山,会黄君,受真一经;入金谷,问导养而质玄素二女著。集身边擅长医学的雷公、岐伯、伯高、少俞等人的经验,终成《脉经》,且旁通问难,著内外术经十八卷,即《黄帝内经》。曾陟王屋山,在玉阙之下,清斋三日,再登玉阙之上,入琼林,在金杌上得到玄女九鼎神丹。又在茅山采到烹药之铜,还在荆山千鼎湖上建炉炼药。

扁鹊游医列国

战国时民间名医秦越人医术精湛,游医列国,治好许多疑难杂症,赵国百姓送他"扁鹊"的称号。相传扁鹊有手到病除、起死回生之神功,人们以神医扁鹊来赞誉秦越人,可见秦越人医道高深,功德无量。此后,扁鹊之名四处传扬,逐渐代替了他的真实姓名。

一次,扁鹊率领弟子到虢国行医,正遇上虢的都城筹办丧事。扁鹊到宫前向侍官打听缘由,侍官告诉他说:"太子突发暴病,死了已有半天,正在准备入殓。"扁鹊又详尽询问了太子暴病的症状,心想,太子可能是假死。便向侍官说:"请通报国王,说江湖游医秦越人请求入宫为太子治病。"侍官入宫禀报,国君很是惊讶,这人都死了半天,还能起死回生不成?可扁鹊医道高深,名扬列国,不像一般江湖庸医只会说大话,或许有奇迹出现。于是国君下令礼请扁鹊入宫。

扁鹊仔细地察看太子死后的状况:四肢僵冷,可大腿根部尚有温感,通过切脉,感到微弱的脉搏跳动。这时,扁鹊已肯定入宫前的判断,断定太子患了尸厥症(现代医学上称为休克),便吩咐弟子准备银针和熨帖药物,先在"百会"穴上扎下一针,不一会儿,太子渐渐苏醒过来,再用熨帖法交替熨太子的腋下,慢慢地,太子就可以坐起来了。如此神奇的起死回生,让国君和侍官们佩服之至。接着,扁鹊如上宾一般在虢国住了一月,太子在扁鹊的精心调理之下,完全恢复了健康。

扁鹊救活虢国太子的消息,一传十,十传百,如神话般传遍了天下。扁鹊不想让别人误会,就实事求是地解释道:"并非我有让死人复活的本领,太子实属假死,我只不过是把生命垂死的人挽救过来而已。"扁鹊求实和谦逊的医德,为后世医家树立了楷模。

《史记》载:扁鹊游医到了东方的诸侯大国——齐国,在齐都临淄有几次成功的治疗,治好了几例疑难杂症,名声响遍了齐鲁大地。于是齐国国君齐桓侯下令召见扁鹊。那齐桓侯见到扁鹊就问:"听说你手到病除,有起死回生之术,甚至望一眼就知病情,可否给孤家看一看呀?"齐桓侯语气之中,大有怀疑对方是空负神医英名的江湖骗子之意。扁鹊泰然自若,仔细观察桓侯的气色,自信而又严肃地说:"看大王的样子,像是已经有了病,不过现在病还在皮肤部位,未侵蚀五腑,要及时治疗才好,否则病情加重就不好办啦。"桓侯对众大臣哂笑着说:"孤家感觉很好,吃得也睡得,何病之有啊?"于是不以为然。过了几天后,桓侯听说扁鹊还在临淄未走,又召见扁鹊,扁鹊诚恳地告诉齐桓侯:"大王,据我观察,你的病症已侵入血脉,如果不治,不久要恶化,等你感觉到不好时,就是不治之症了。"

諸子百家

——

医家

那桓侯仍不在意,不肯接受治疗。又过几天,扁鹊主动求见齐桓侯,劝告他说:"今天求见大王,是从医家道德出发,我观察你的病症已侵蚀了肠胃,如不抓紧治疗,病情继续加重,就是神医再世,亦毫无办法了。"桓侯一脸的不高兴,认为扁鹊故意找他麻烦,干脆不理不睬,将扁鹊赶出了宫廷。时过十余天,扁鹊借机会探望齐桓侯,这次未等齐桓侯说话,扁鹊就一言不发地退出去,这就使得齐桓侯奇怪不安,差人去问扁鹊。扁鹊长叹一声说:"你家大王的病,已经无可救药了。初见桓侯,那病仅存于皮肤,我可用熨帖法治愈;后来病入血脉,我可用针灸治疗;再后来病入肠胃,还可用药酒、汤剂医治;这次见到你家大王,那病症已侵入骨髓,无药可治。所以我也不再劝他治了。唉,骄恣不论于理,他讳疾忌医,犯了病家'六不治',还是回去为你家大王准备后事吧!"几天之后,齐桓侯果然病发,后悔莫及,赶紧命人去请扁鹊,但扁鹊已经离开齐国,游医到其他国家去了。不久,齐桓侯便一命呜呼。

传说扁鹊行医有自己的"六不治"原则,所谓"六不治"是指:骄恣不论于理;轻身重财,衣食不能适;阴阳并藏,气不定;形羸不能服药;信巫不信医。那齐桓侯盲目自信、骄横跋扈,犯了"骄恣不论于理"的错误,结果贻误病情,丧失性命。这也为后人提供了借鉴。

这一故事表明,扁鹊"望诊"技艺十分高超,能准确地预测到疾病的发展和结果,在古代没有任何科学检测情况下,这是十分难能可贵的。扁鹊对疾病的认识已经具有由表及里、由浅及深、不断发展的病理观念,阐明了疾病早期发现、早期治疗的意义,为后来医家所重视。

扁鹊医术高超,堪称一代宗师,今天的河北任丘、陕西咸阳、河南开封和汤阴、山东曹县和长清诸地,都有祭奠扁鹊的墓地、石碑或庙宇。他首创了中医传统的诊断方法——四诊法,在切诊和望诊方面有高深的造诣,如通过观察,看出齐桓侯有病潜在,妙手回春救活虢国太子,等等。扁鹊不仅擅长内科,还精通妇产、小儿、五官诸科,如在赵国主做带下医,在秦国主治儿科。他注意根据地方多发病、常见病,随俗为变。且不为名利。如此医德医风,深受当时百姓的爱戴。

扁鹊拥有高超的医术和崇高的声誉,遭到当时的官医和巫医的嫉恨。他在大约九十岁高龄时带领弟子来到秦国行医,每到一处,求医问药者络绎不绝,就连一些贵族、大臣也慕名而来。这时的秦国国君秦武王患有头疾之类的毛病,发病时耳鸣眼花,寝食难安。身居太医令的李醯等官医医术平常,无法根治武王的顽症,于是秦武王就打算请扁鹊治病。李醯等人听到这一消息后更加嫉恨扁鹊,害怕因扁鹊治好国君的毛病而砸了他的饭碗,就向秦武王进谗言说:"君主乃千乘之身,何等尊贵,您的病是在耳之前、目之下。一个江湖游医,有多大的能耐,万一治不好病,使您耳变聋、目变瞎,那还了得?何况我还怀疑扁鹊是否是东方国家派来的刺客呢。"李醯的谗言让秦武王犹豫不决。同时,李醯暗中派人行刺扁鹊,一代名医就这样遭到了小人的暗算。

李醯妒才,是心胸狭隘所致,为典型的庸医心理。扁鹊行医数十年,传说留有《扁鹊本草》,可惜今已失传。据史料记载,他还把自己丰富的医疗经验传授给弟子,其弟子有名字可考的就有子仪、子阳、子越、子游、子明等人。

文挚殉医

《吕氏春秋》记载:齐闵王患有忧郁病,派人到宋国去,许以重金请当时名医文挚来齐国治病。文挚是宋国的良医,他洞明医道,并通异术。传说他观人之背,便能知人之心窍,与医和、扁鹊等齐名,名震列国。文挚至宫中为齐闵王诊视,看完病后,就对太子说:"齐王的病是可以治好的,但我若治好了齐王,我这条老命就保不住了。"太子问其中缘由,文挚说:"不激怒齐王,这病是治不好的。可激怒了齐王,我就死定了。"太子磕头恳求道:"如果能治好父王的病,我和母后一定会向父王解释,说您的无礼是为了治病,父王一定会相信我们而不为难先生的。"文挚道:"这样说来,我就只能把这老命交给你和齐王了。"

文挚派侍从和齐王相约看病时间,连续三次失约不去,令齐王难堪且心中恼火。好不容易等来文挚,文挚又傲慢无礼,连鞋子也不脱就上床,践踏了齐闵王华丽的衣服,并且口出粗话刺激齐闵王,齐闵王实在忍受不了,就翻身站起来破口大骂。如此怒骂导泄了忧郁,不久,齐闵王的病情好转了。

齐闵王病好后,不能谅解文挚对自己的无礼,也不听太子和王后的百般解释,把文挚投入鼎中活活煮死。文挚的惨死,成为古代医疗史上第一个以身殉职的悲壮事件。文挚的做法在今天看来属于情志相胜的疗法,齐闵王忧郁过度而伤脾土,针对这一病因,文挚采用"以下犯上"的办法激怒齐闵王,怒属肝木,肝木能胜脾土。这种做法,金代名医张子和称之为"以污辱欺罔之言触之"。这类疗法是根据五行学说相互制约的原理制定的,以一情志去纠正相应的另一情志,有效地调节了由情志而产生出的心理障碍。

太仓公

淳于意,西汉唯一见于正史的名医,因做过齐国的国库官员——太仓长,故后人称他"仓公"或"太仓公"。他年轻时,投在公孙光门下学医。后又投师公乘阳庆,专修三载,尽得真传。公乘阳庆将珍藏的黄帝、扁鹊之书传于淳于意。这时,淳于意医道、医术已经成熟,他善用五色诊病,且能判断人之生死。

缇萦救父,是《史记》记载的一个脍炙人口的故事,说的是淳于意拒绝为豪门贵族诊病而被诬告。于汉文帝十三年被捕入狱,判处残肢的削刑。淳于意的女儿缇萦随父来到都城长安,上书文帝,要求将自己罚为官家奴婢,以赎父亲的"罪行"。文帝被少女恪尽孝道、大胆上书的勇气所感动,特别开释了淳于意。

诊籍,是仓公淳于意首创。他在接受汉文

淳于意

帝召见时,详细介绍了二十五例病案,每一病案都详细介绍了病人的姓名、性别、职业、居住地、病理、诊断、治疗、预后情况等,此为见于文献的最早的诊籍。二十五例诊籍中,反映淳于意精于望诊的有数例。如齐相舍人奴自己觉得无病,而淳于意"望其色,有病气","望之杀然黄,察之如死青之兹",便断定:"此伤脾气,当至春隔塞不通,不能饮食,法至夏泄血而死。"后来,舍人奴在次年春天得病,入夏就泄血身亡。淳于意尤精于切脉,诊籍二十五例中有十例是切脉确诊,齐国淳于司马患病,众医断为死症,淳于意为之诊脉,认为"其病顺","可治",乃以火剂米汁饮之而愈。淳于意为人谦诚,不饰短处。汉文帝曾问他:"诊病决死生,能全无失乎?"他回答说:"时时失之,臣意不能全也。"

安期先生

安期先生,琅玡人,游医列国,为国君大臣、平民百姓诊病。齐国是安期先生喜爱的地方,那里民风淳厚,有的人家三四代患病,都经过安期的治疗。安期先生淡泊名利,唯喜医道。人们不知道安期先生高寿多少,有的说一百多岁,有的说二百多岁。不信者询问安期,安期说:"我也记不住这具臭皮囊经历了多少年了。"所以,人们称他为"千岁公"。一年,李少君在泰山采药,突然患病垂死,延请方圆百里的名医高手,皆束手无策,正巧,遇到了安期。安期一搭脉息,便知病情,只说:"这病产生的原因十分复杂,不是三言两语能说清楚的。服下我配制的神搂散,然后慢步走走就好了。"安期从药囊中取出神搂散一钱。李少君服下神搂散,蹀步数十次,果然病去身轻。那神搂散到底何药,因早已失传,今人不得而知。

秦王赢政灭六国,一统江山,做了始皇帝,就好起神仙之药,欲网罗天下名医,研制长生不死药。他曾召见安期先生,两人谈医论道三天三夜。秦始皇被安期的渊博学问和高深奥妙的养生之术深深吸引,赐给安期金银、玉璧数千,有收买安期的企图。安期在谈话中发现秦始皇私欲太重,被尘俗困扰,不是养生的人。道不同,不相与谋。安期先生出了咸阳城,就将秦始皇赐的金银、玉璧统统抛弃,两袖清风,飘然而去。

神医华佗

江湖上有诗句盛赞江湖郎中华佗的高超医术和三国名将关羽的神威与过人的毅力:

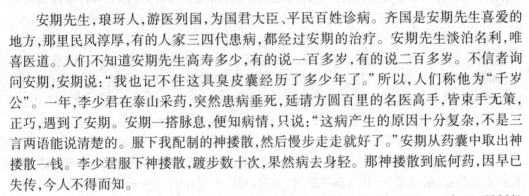

治病然分内外科,世间妙艺苦无多。
神威罕及唯关将。圣手能医说华佗。
骨上肉开应刮毒,盆中血满若流波。
樽前对答犹谈笑,青史英名永不磨。

三国时,魏将庞德抬棺迎战蜀将关云长,对阵数日,阵中庞德诈使拖刀计,突放冷箭,关云长躲闪不及,箭中左臂。战后,关云长左臂始终疼痛,箭疮不痊,只得四方访求名医诊治。

一日，有一人从江东驾小舟而来，直至寨中。小校将来人引见给关平。关平视来人怪巾异服、臂挽青囊，甚觉奇怪。来人自报住址姓名说："我乃沛国谯郡人，姓华名佗，字元化。听说关公关云长乃天下第一仁义之士，今中毒箭，特来医治。"关平说："先生莫非是昔日医东吴周泰之人。"华佗说："是啊。"关平大喜，请帐中诸谋士相见，引入中军视诊。此时仍两军对阵，关公恐慢军心，正与马良弈棋，以排解左臂痛苦。华佗入账，各叙宾主之礼后，华佗要求看看箭伤。关云长祖肩伸臂让华佗看视。华佗说："此是弩箭所伤，其中乌头药毒，直透入骨，若不早治，此臂则无用矣。"关云长问道："用何物治之？"华佗答道："只恐君侯害怕啊。"关云长笑了笑说："吾视死如归，何惧之有？"华佗说："当在僻静处立一木柱，上钉大环，请君侯将臂穿于环中，用绳子绑紧，然后用被子蒙脸，吾用尖利之器割开皮肉，直至于骨，刮去药毒，再用金创药敷之，用线缝其口，自然无事。所以恐怕君侯害怕啊。"关云长笑曰："如此容易，何用柱环？"随后下令设酒席相待，让华佗准备手术。

宴中，关云长数杯饮毕，一面和马良弈棋，一面伸臂计华佗手术，华佗取尖刀在手，让一小校捧一大盆于臂下接血。华佗说："我这就下手，君侯勿惊。"关云长神情自若，说："你割吧，吾岂比世间俗人，畏惧疼痛？任你如何医治。"华佗十分敬佩关云长神勇胆量，就施展外科妙手，迅速割开皮肉，直至于骨，骨上已泛青色。再用尖刀刮骨，刮之有声，军帐内外将校无不掩面失色，而关云长饮酒吃肉，谈笑弈棋，视之如儿戏。须臾间，血流盈盆。华佗刮尽药毒，敷药缝合。关云长大笑而对众将官说："此臂屈伸如故，并无痛矣。"华佗十分感慨地说："某为医一生，从未见过君侯这样的人，真乃天神也！"临别招呼关云长："君侯贵恙，必须爱护，切勿怒气触之，不过百日，平复如旧。"关云长以金百两酬谢，华佗坚辞，说："某为君侯乃天下义士，敬重君侯，特来医治，何须赐金？"

关云长刮骨疗毒，出自《三国演义》，可信可疑，任君判断。而华佗高超的外科技艺，确是青史有载，有诗赞曰：

> 刮骨便能除箭毒，金针玉刃若通神。
> 华佗妙手高天下，疑是当年秦越人。

华佗行医江湖十余年，走遍徐、豫、青、兖各州，拯救病危，已经颇有名气。这时，华佗感到自己对许多疑难杂症尚束手无策，决定去东山古刹，向精于医道的治化道长学艺。

治化道长童颜仙骨，精通医道，刹内珍藏有丰富的医书典籍，求学者络绎不绝，而得其真传者甚少。华佗背负青囊，徒步数百里来到东山，化名投入道长门下，治化道长见华佗诚实正直、勤奋耐劳，就从医家基本常识教起。同时，华佗兼做担水、洒扫、煎药等粗活。伺候道长讲学、诊病时，华佗也格外留心。大约经历一年多时间，华佗赢得了治化道长的好感和信任，获得出入珍藏医书密室的特许。于是，华佗常常攻读医书通宵达旦，对其中的《金创瘿疣方》等珍奇典籍记忆纯熟。华佗的超人毅力和恒心，引起治化道长的重视，治化道长打算考查华佗的技艺。

一天，道长突然病了，卧床不起，断绝了饮食，徒弟们慌了手脚，不知所措，华佗上前

诸子百家——医家

切脉后,便从容地告诉大家说:"各位师兄,莫要慌张,师傅没有什么病,各干各的事去吧。"众师兄指责华佗没有师徒情谊,但华佗泰然自若,认真分析道长脉象后说:"只是道长心中有些疑虑,在考查我们学艺的情况。"这时,道长笑嘻嘻地起来,高兴地对华佗说:"你不必跟我学了,你的医术比我高出许多,实话告诉贫道,你可是浪迹江湖的华佗?"华佗见道长识破自己的身份,立即告罪,请求原谅,并说明来古刹拜师学艺的原因。治化道长十分欣赏华佗追求医道精华的精神,挽留华佗在古刹许多时日,双方切磋技艺,道长将毕生医学心得全部传给华佗。

曹操和华佗同是安徽人,也同是东汉末年声名鹊起的人物。华佗是擅长外科、针灸等医术的一代名医,而曹操则是挟天子以令诸侯、横霸北方的一代枭雄。

曹操以汉丞相自居,主持国事,日理万机,青年时代留下的"头风症"常常发作,发作时,头部裂开似的疼痛。诸多方医郎中前来诊治,都束手无策。这时,他听说家乡的华佗医术高超,有起死回生的本领,就派人把华佗召至许都。华佗来到许都,诊断出曹操患有头风,天长日久,病根顽固,建议带病延寿。华佗运用针灸疗法,在曹操发病时,迅速为他止痛,如此针到痛止的手法,令人敬服。曹操害怕旧病复发,故强留华佗做他的侍医。时间一长,华佗就忍耐不住。华佗终生淡泊名利,游医江湖,已经形成闲云野鹤般的习性。曹操身边虽是锦衣玉食,也让华佗有樊牢之感。于是,华佗假托妻子有病而告假还乡。

华佗一去不复返,令曹操不安。曹操派人去谯(今亳州市)探查虚实,并说如果华佗的妻子果真患病,可赐豆四十斛,延长假期。使臣在谯查访后,发现华佗妻子无病。曹操知道后大怒,以欺骗罪拘捕华佗下狱,不久便将其杀害于狱中。据说后来曹操小儿子曹冲患病不治身亡,当时曹操后悔莫及,说:"假如不杀华佗,小儿一定有救。"

又一说:华佗被杀是曹疑心所致。据说,曹操头风疼痛屡治屡犯,就要求华佗施医根治,华佗说:"主公的头疾,不仅在大脑深处,而且根深蒂固,如要根治,一定要动大手术,就是打开头颅,割除病根。"华佗的话,引起毫无医学知识的曹操的疑心,曹操怀疑华佗可能是孙权或刘备派来的奸细,企图谋杀自己,所以下令拘捕华佗下狱,并且将其杀害。

华佗入狱后,十分痛苦,在有限的时间内,将自己几十年行医的经验总结成书稿,临死前交给狱吏,告诉他说:"此可活人也。"那狱吏害怕受到连累,拒绝了华佗的要求。华佗在极度悲愤之后,将书稿付之一炬。所以,今天我们所见的有关华佗的医述,都是他的徒弟回忆辑录成书的。

医圣望诊

张机,字仲景,东汉名医,撰成《伤寒杂病论》,系统总结了中医临床医学的丰富经验,从辨证论治出发,在断病、处方、用药方面有独到见解,不仅被当时人称为"经方大师",而且被后世誉为"医圣"。

传说医圣张仲景和朋友王粲(字仲宣)久别重逢,仲景一眼看到王粲的气色异常,就劝告朋友说:"王兄,贵体可能有病,应该立即治疗,如果服用五石汤,或许可除掉病根。不然,大约四十岁左右,就会两眉脱落,有性命之忧呀。"王粲心想:见面不说几句吉利话,我正值年壮气盛,何病之有? 一定又在炫耀自己的医术。所以没有理睬张仲景。过了一段时间,两人又一次相逢,张仲景问王桀可用药了,王桀不耐其烦,信口说:"已经吃药了。"张仲景认真观察气色后,直摇头:"你莫要骗人,看仁兄气色,不像吃了药的样子,如此忌医,那要误了病情,后果不堪设想啊。"王桀继续我行我素,到不惑之年,果然眉毛脱落,大约半年光阴就一命呜呼了。

王桀的病,可能是潜伏期较长的传染性病症——麻风病。在没有科学仪器助诊的古代,能察觉疾病潜伏症状,说明医圣的医术高明,而王桀轻视医家劝告,只能自食苦果。

《内经》曰:"用药无据反为气贼,圣人戒之。"其言告诫人们不可滥用药物,以免贻误病情。唯心境恬淡自如,慎用医药,乃长寿康泰之要。医圣张仲景行医时,遇到两例病案,同患半身不遂,结果是一生一死。

按察书吏李仲宽,家境富裕,资产万贯,却得了半身不遂,言语困难。一班酒肉朋友前来探视。有人说,用大黄半斤,黑豆三升,水一斗同煮,豆熟去大黄,日服黑豆二三合。有人又说,用通圣散、四物汤加黄连解毒汤相合服之。数月之间,亲戚、朋友献方无数。李仲宽病急乱投医,胡乱重金购偏方,可病况日重,被折腾得气若游丝,命在旦夕。这时张仲景前往诊之,切脉之后说:"药必有据,方能对症,世上还没有万能的医药,今君服药无考据,故病情日益严重,如今六脉如丝,元气皆失,还是尽早准备后事吧。"不久,李仲宽便一命归阴。

有一小吏曹通甫,家境贫寒,妻子萧氏得了半身不遂,和李仲宽同样的症状,恰好遇到张仲景。仲景诊脉之后,询问服用了什么药,曹通甫说:"手头困拮,不曾请医诊治用药。"仲景于是开处方给他,并说:"夫人阴阳两气尚还调和,依方备药,十二副药之后,药量减半再服。我开的药皆是寻常之药,用资甚少,关键要心境恬淡,不急不躁,病将自安。大约在开春时节,就可下床行走了。"萧氏服药后病情渐愈,果如医圣所言,次年春天可以行走。

夫妻名医

晋代名医兼养生学专家葛洪,号抱朴子,丹阳句容人氏。现存医著《肘后备急方》,是从卷帙浩繁的《金匮药方》中集成,后来由陶弘景增补成《肘后百一方》,金代杨用道增补为《附广肘后备急方》。葛洪在行医江湖时,发现民间疾病多因医家用药昂贵而无力支付医费,结果病人非亡即残。所以他在选录方剂时,多选录"率多易得之药"。葛洪在临床实践的基础上,对传染病有突出的研究,如做了世界上最早的关于天花的记录。在《肘后备急方》中,记载了一种叫"尸注"的病,这种病极具传染性,常常造成全家人的死亡,其实就是结核病。葛洪是我国最早观察和记载结核病的医学家。

道教源于东汉,两晋流行,葛洪对道教养生术颇有研究,留下众多养生保健的经验。他认为:"善摄生者,常少思、少念、少欲、少事、少语、少笑、少愁、少乐、少喜、少怒、少好、少恶,行此十二少者,养性之都契也。多思则神殆,多念则志散,多欲则志昏,多事则形劳,多语则气乏,多笑则脏伤,多愁则心摄,多乐则意溢,多喜则妄错昏乱,多怒则百脉不定,多好则专迷不醒,多恶则憔悴无欢。凡此十二多不除,则营卫失度,血气妄行,丧生之本也。"葛洪如此精彩的阐述,反映了道家"清静无为"的思想。其凡事有度的养生之道,至今仍有其积极意义。

鲍姑,是葛洪的发妻,在临床灸治法方面有突出成就。夫妻二人,同操医术,救死扶伤,是历史上著名的志同道合的伴侣。鲍姑传授过几名徒弟,在针灸法疗疣等顽症方面有独到之处,是有史以来第一位名载于史书的女针灸医生。后世为颂扬鲍姑,在广州越秀山麓的三元宫里,设鲍姑殿,塑其金身,用以纪念这位女医生。

《孝经》治邪症

南朝吴郡人顾欢,字玄平,为齐代著名的儒医,因喜好道学,隐居于会稽山阴白石村。一日,村中某富人家请顾欢上门诊病,顾欢询问富家仆童:"你说说你家主人是怎样得的病?"仆童说:"我家主人前些日子和年迈的老母怄气,不料中了邪风,得了胸口闷痛之症。"顾欢隐居村中已有数年,素闻这家主人恃富欺人,狎妓酗酒,尤其不敬父母,是有名的不孝逆子,就对仆童说:"你主人家可有藏书?"仆童说:"唯有《孝经》。"顾欢说:"你家主人的病,无须用药,仅将《孝经》放在枕边,让你家主人沐浴斋戒,恭敬拜读,早晚三次,若早晚服药三次相同,绝不可马虎疏忽,大约一月之后自愈。"仆童回去向主人学说一遍。病人早就听说顾欢医道精深,乃当代扁鹊、华佗,就不敢怠慢,每日三次熏香沐浴,拜读《孝经》。月余之后,不但胸膈舒畅,病症自愈,而且开始孝顺老母,不再为非作歹。一次,他去拜谢顾欢,问其原因,顾欢笑道:"善禳恶,正胜邪呀,所以《孝经》也可治病。"

一针可射

甄权,隋唐年间名医,他深谙医学,尤善以针灸治病。隋朝鲁州刺史库狄嵌患风痹,手不能引弓射箭,十分痛苦,四处奔走求医。甄权得知后,说:"库将军只管把弓箭在垛上放好,一针即可射。"库狄嵌将信将疑地准备好弓箭,甄权从医囊中取出一根细长的银针,在库狄嵌的肩髃穴上轻轻地下针,库将军顿觉麻酥酥、凉飕飕的,如一泓清泉自心里涌出,一股精气自五脏六腑蔚然升起,气破塞而畅,力越障而聚,妙不可言。待针拔出,手臂如初,挽弓放箭,力大无穷。库狄嵌惊喜若狂,观者无不赞叹。一针可射,名扬天下。贞观十七年,唐太宗还亲到甄权家探视,那时,甄权已年过百岁。他所著的《脉经》《针方》《明堂人形图》成为中华医库中宝贵的遗产。

药王诊脉

唐仁宗时,宫中有一姓卫的才人,患眼疾,双目赤红且突出,视力全无,痛苦至极。宫内外眼科名医,用尽浑身解数,仍不见效果。仁宗下诏命孙思邈入宫,孙思邈面君之后,说:"臣非眼科医生,恐怕无能为力。"仁宗说:"有功无过,放心诊疗。"孙思邈悬丝诊脉,见肝脉弦滑，非热壅所致，于是明白了诸医用药祛热邪无效的原因，再问月事正常否？宫女说："才人已有两个月不来月经，御医以为已有身孕。"孙思邈再悬丝诊脉一次，肝脉仍是弦滑，说："才人年壮血盛，经血不通，肝火上行，逼成目疾，绝不是有孕在身。"遂下通经药，果然经通疾去，双目复明。唐仁宗大喜，特赐钱三十万。宫女们作歌谣曰："神医不来，双目不开。"

　　大唐开宝寺住持是有极高德行的高僧，他乐施于人，性情豁达，交往了不少俗友。当时，被誉为"药王"的孙思邈不仅与住持性情相投，而且喜爱禅寺宁静幽雅的氛围。两人交友往来，如闲云野鹤，历时数年之久。

　　一日，住持对孙思邈说："闲来无事，老衲与先生相约一次赏罚之赌，不知可否？"孙思邈说："如何赌法？说来听听。"住持说："先生的岐黄之术，老衲久仰，还未亲眼看见。今天设赌一局，就是为老衲诊脉，若诊出我现在身患何病，老衲愿罚三十千钱请先生一桌酒宴；假如诊断有误，就罚你十千钱归老衲所有。"孙思邈想：挚友之交，逗逗闷子，输赢何必计较。于是就欣然同意。住持先伸出左手，孙思邈诊得脉象全无；住持伸出右手，孙思邈诊得脉数如常。这一奇怪现象使孙思邈十分诧异，暗想到那右脉正常，确实无病，左脉全无，可能是奇脉移位。沉思之后，孙思邈又让住持伸出左手，四指轻按，沿脉线上移，终在臂上始得脉数。这时，孙思邈凭着数十年临床经验，已判断出脉象移位的原因，就对住持说："此为异脉也，医书无载。脉搏在腕上，是寻常的道理，岂有移异之理。必是少年时，惊扑以致脉脱，转移到臂上，随着年龄增长，气血已定，再也不能归复原位。目前，方丈没有

高僧与名医赌脉

什么病症，健壮如中年人呀！"住持十分惊喜，拱手说："老衲幼在襁褓之时，曾摔倒在地，

几乎丧命,以后归于佛门,一直没有生病,也不曾请医诊治,身有异脉,的确还不知晓,先生诊脉灵验。普通医家只能诊断眼前之病,能知过去、现在、未来病者,当朝仅先生呀,真神医再世也。老衲输得口服心服,甘心受罚。"

高僧与名医赌脉,展示了孙思邈高超的医术。诊脉是中医诊病的主要手段之一,它"肇于岐黄,演于秦越,而详于叔和"。脉之芤、洪、散、大、长、濡、弦,是人体内生理病因的反映,能否准确地感受、体会脉象,在没有任何科学检测仪器的古代,是名医与庸医的区分标准。

藏医祖师

宇妥·元丹贡布出生于藏医世家,其父是赞普梅阿殿下的一名御医。家传熏染,元丹贡布十岁时就以通晓医术而闻名。赞普得知他是一位神童,便召进宫内,要求他与御医名家辩论。小宇妥思维敏捷,舌战群医,雄辩如流,大获全胜,赞普任命他为王子的侍医。

宇妥曾先后三次去天竺(今印度)。第一次是在二十五岁时,他途经尼泊尔时,拜见了尼泊尔名医纳释拉哈;到天竺后,又拜班钦·旃陀罗比和美旺为师,先后学习了他们的《医续目录·名灯》《体腔穴窍分指》等医学论著。宇妥将访问天竺时学到的印医理论和技术运用于藏医实践。他三十五岁时,再次入天竺,向两位恩师求教。回国后,便开始招收学生,讲传医术。三十八岁时,他第三次去天竺,广投名医,拓展思路,游历达四年之久。后来,他率领门徒来中原访学,入五台山向僧医恳求医道,获得许多中原医家有关病理医道的知识,他的医技日臻成熟。四十五岁时,宇妥开始撰著,以吐蕃传统医学为根基,广泛搜集汉医和天竺及西域各地名方、医籍,历时十年,撰成藏医传世之作《四部医典》(藏名为《据悉》)。全书分为"札据""协据""门阿据""亲玛据"四部分。据传他另著有《原药十八种》《脉学师承记》等。

晚年的宇妥医师,已有门徒数百人,他毫无保留地对他们讲授《四部医典》精华,引导他们对这部巨著进行修订和增补。宇妥·元丹贡布以自己对藏医杰出的贡献,被誉为藏医医圣和藏医始祖。

聂医守德

《夷坚志》记载:聂从志,仪州华亭人氏,从医江湖,以医名、医德为世人称颂。仪州邑丞妻李氏患重病,生命垂危,聂从志妙手回春,使李氏转危为安。李氏貌美,国色天香,亦值妙龄,见聂从志生得伟岸,貌似陈平、潘安,即因自家老夫少妻房事不欢而生邪念。一日,老邑丞去旁郡处置公务,李氏假称有病,请来聂从志诊视,伺机而语之,说:"小妇人几乎入了鬼录,赖君复生。顾世间,无物以报先生的大恩大德,愿以此身供枕席之奉。"说话间,眉目传情,十分妖冶。聂从志吓得夺门而逃。到了夜间,李氏着意打扮,盛装彩服,潜入聂宅,聂从志怒斥李氏,拂袖而去。后来,李氏忧郁而死。

医不贪欲,不好色,持正人君子本色,确是医家谨守的道德。

河间学派创始人——刘完素

刘完素,字守真,金代河间人。乐于江湖行医,有民族气节,金章宗完颜璟三次重金招聘,他都拒不做官。刘完素终生研究医理医道,卷不释手,仅《素问》一部,自二十五岁始,诵读钻研,至花甲之年从未间断。留于后世的著作有《素问玄机原病式》《宣明论方》等。他在临床实践中,冲破医家墨守的"五运六气"学说,提倡"火热论",认为"六气皆从火化",火热是伤寒等多种症候产生的重要原因。所以,他在治疗伤寒诸症时,以清热通利为主,善用寒凉之药,世称"寒凉派"。刘完素一生治学严谨,反对机械搬用导气学说,有许多独到的学术见解。他认为:若坚持机械搬用运气学说,就只能得出"矜己惑人"的荒谬结论。他的医药学术思想不落俗套,自成体系,又敢于创新,故成为金元河间学派的创始人,河间学派也因此而扬名于中医学领域,为后世医学界重视。

易水学派三名医

张元素,字洁古,金代易水人氏,为易水学派创始人。他八岁试童子举,以聪慧名噪一时,二十七岁应试经义进士,因"犯讳"而落榜,于是弃仕途而归于仁术之道。行医二十余年后,张元素已在金元医界独树一帜,形成一家之说,即易水学派。他提出"古方今病,不相能也"的革新主张,结合临床实践,制定"脏腑标本虚实寒热用药式",发展了临床中的辨证论治理论。李濂《医史》称刘完素病伤寒不能自医,请来张洁古先生诊视,他用药医之,不久痊愈,可见其医术在刘完素之上。张元素一生著述繁多,现留世之作有《脏腑标本虚实实用药式》《医学启源》《珍珠囊》等。

李杲,号东垣老人,金代真定人,出身豪富之门。年轻时,目睹母亲为庸医误诊误治身亡,临终不知何症,李杲为自己不懂医疗而内疚,乃弃文习医,捐千金拜在张元素门下,成为易水学派的第一代嫡传弟子。他在行医过程中,发挥张元素脏腑辨证之长,创立内伤脾胃学说,临床治疗善用温补脾胃之法。

王好古,号海藏老人,金元赵州人氏,是医家中有名的寿星,他生于 1200 年,卒于1300 年。这位百岁老人,青年时喜好经方,与李杲同学于张元素门下。因老师年迈,转习于师兄李杲,尽得其真传,是易水学派又一成名大家。王好古以一代儒医著称,创立阴症学说。他的观点既补充了张仲景的学说,又发挥了易水派的见解。他的《医垒元戎》按三焦寒热、气血寒热区别病位、对症选方,对后世三焦辨证和气血营卫理论的产生,起到启蒙先导的作用。

一代儒医——朱震亨

朱震亨,字彦修,号丹溪,元代婺州义乌人氏。早年习经史,年三十而从医,至三十六

诸子百家——医家

岁时投朱熹四传弟子许谦门下，成为元代颇有成就的理学家。中年之后，目睹疫病四起，亲属多人死于庸医之手，故专心攻读医书，行医江浙一带，渐渐成为医林名家。这时，他听说名医罗知悌能深阐岐黄秘奥，便去投师，竟恭候门前达三月之久，最后终于实现了愿望。

朱震亨因为谦逊竭诚，遂得刘完素、张元素、李杲三家精华，成为医家宗师。他的重大学术成就是提出"相火论"；临床诊疗提倡滋阴降火。他善用滋阴降火之剂，成为"滋阴派"的创始人。元代名医当数丹溪老人为宗师，尤其在江浙一带被敬若神医，上门求诊者络绎不绝，收入自然丰厚。然而朱震亨坚持布衣素食，清修苦节，凡有求医者，无不即往，"虽百里之远弗惮也"。盛名之下，朱震亨仍守清节医德，难能可贵，确为后世医家仿效之楷模。

儿科望诊相寿夭

《千金方》记载："小儿识悟过人者多夭，大则项橐、颜回之流。小儿骨格成就威仪，回转迟舒，稍费人力雕琢者寿。其预知人意，回旋敏速者亦夭，大即杨修、孔融之徒。由此观之，寿夭大略可知也。"

陈飞霞，乃一代儿科名医，一生诊治众多婴幼儿疾病，积累了丰富的望、闻、问、切的经验，他认为："头者，诸阳之会，髓之海也。凡儿头角丰隆，髓海足也。背者，五脏六腑俞窍皆附于背。脊背平满，脏腑实也。腹者，水谷之海。腹皮宽厚，水谷盈也。目为肝窍，耳为肾窍，鼻为肺窍，口为脾窍。七窍无阙，形象全矣。故知肉实者脾足，筋强者肝足，骨坚者肾足，不妄言笑者心足，不多啼哭者肺足。哭声连续者肺实，不久眠睡者脾实，脚健而壮，项长而肥，囊小而黑色者，根株固也。肌肉温润者，营卫和也。腮妍如桃，发黑如漆者，表气实也。小便清长，大便滋润者，里气实也。以上皆为寿相，其儿无病易养。诸阳皆起于头，颅破项软者，阳衰于上也。诸阴皆起于足，臑小脚躄者，阴衰于下也。鼻孔干燥者肺枯，唇缩流涎者脾冷。发稀者血衰，项软者柱折。青紫之筋，散见于面者，多病风热。形枯色灰者表虚，泻利无时者里虚。疮疥啼哭，及多笑语者，皆阳火妄动之候也，以上皆为夭相，其儿多病难养。"

古人说"望而知之谓之神"。儿医号为哑科，因婴儿不能用语言表达病况，诊视唯以望诊为主。上录名医望诊断寿夭，虽有相当的唯心论说法，但从医学角度看，诸多有道理的地方，一直为历代医家所珍视，也可为当今优生优育提供借鉴。

赴勾栏，王育怜香施妙方

北京城内，勾栏妓院不乏才女佳人，是文人骚客、达官贵人时常消遣的地方。名医王育有一位莫逆之交叫马景波，马景波经常出入勾栏，喜爱上一名能诗善文的妓女，有时邀请王育同去饮酒作诗，王育不愿去那下三滥的地方，且经常责骂马景波的不轨。

一日，王育与同乡亲友在前门酒肆饮酒，但见马景波的随从慌忙来请王育，说："家中主人得了暴病,命在旦夕,迫切地请先生前去诊视。"王育大吃一惊,和亲友告辞,登车而去,七转八弯地来到一处所,原来是陕西巷。王育问随从去干什么,随从说:"先生到了便知道。"那马景波早就在巷口等候,对王育一抱双拳,躬施大礼说:"某女病重,唯恐先生不愿来这种地方,所以借我之名请你出诊,多有得罪,还请原谅。"王育方知是妓女有病,碍在朋友面上,只得入室诊视。

王育入室,见有许多老媪丫鬟伺候床前,掀开被子则见病人蓬首赤体,不省人事,扪其肌肤,热可炙手,诊其脉息,乃六脉浮数,知是外感。立即处方,用防风通圣散去麻黄加桂枝。那防风通圣散中用了剂量不小的硝黄,马景波争论道:"硝黄乃是劫药,此女娇弱不禁风,恐怕经受不住呀?"王育笑答:"你情深如此,懂得惜玉,难道我就不会怜香?有病除病,按我的处方服药无妨,莫要大惊小怪。"王育等病人服药后告辞,临走时叮嘱:"三更后会有大汗泄出,口渴难受,一定不要多给她饮水,明晨必定痊愈。"

第二天上午,王育正坐堂视诊,马景波的随从赶来,说:"某女如今病情加重,请先生登车再去诊视。"王育心想:可能是马景波又要骗他去自己讨厌的地方,说:"既然病重,则是药不对症,让你家主人另请高明,我不必前往了。"随从苦求,说:"我家主人望先生前去,若不去,小人一定要被处罚。"无可奈何,王育登车再去勾栏。但见马景波愁容满面,说:"病更重了,你说怎么办?"王育心想:外感之症,我不知医好多少,莫非昨天诊治有失?于是,揭开被子,只见病人梳妆整齐,起身整衣作拜说:"昨夜服了先生的妙方,小女子三更梦醒,发汗周身,拂晓时,浑身舒通,先生神机妙算,药到病除。为表谢意,特设一筵。又恐先生不来,所以托词而请,出此下策,先生莫要怪罪马先生呀!"王育历来不愿与妓女交往,假托公事推辞,该女跪下说:"我自知这些不洁净的菜肴,不配进入高贤之腹,献上菲薄之礼,实是出于一片真心。"说完便落下眼泪。景波从旁圆场说:"先生不必认真,勾栏中一杯水酒,未必能阻拦两头特豚(注:是古代庶人敬献神灵的猪),何必假惺惺作态?"王育被一片真情感动,就破例留下,与马景波狂饮至四更才返回。

东林儒医缪希雍

《明史·方技传》记载:天启中,王绍徽作《点将录》,以东林诸人分配《水浒传》一百零八人姓名,称希雍为神医安道全,以其精于医理故也。希雍,姓缪,常熟人氏,是明末一位愤世嫉俗、敢于与阉党做斗争的儒医,传世之作有《先醒斋广笔记》四卷,载有医方,兼采本草常用药四百余品,又兼入伤寒、时疫、温症治法,是中华医药宝库的奇葩。

缪希雍不仅精于医理,而且临床治疗的经验也十分丰富。朱国桢《涌幢小品》记载:天启辛酉年间,朱国桢患膈病,下上不通,似分两截,疼痛至极,死去活来。邀请缪希雍诊视,希雍诊后说:"据你所述病状,食则即吐,两便稀少,则病在胸膈上焦,气郁所致,与酒色相关呀,用苏子一味可医,一剂五钱,关键是禁酒色。"朱国桢遵医嘱,服用苏子十余次,病即痊愈。

谢映庐妙手回春

熊惟忠之女正是订婚待嫁的年龄。六月的一个晚上,她吃完炒花生入眠。次日早上,太阳已升得很高,她还未起床梳洗。家人入室探视,才发现情况不妙,女儿躺在床上,呼吸急促,牙关紧闭,大烧大热,昏迷不醒。为此,家人赶忙给她的未婚夫王植楷送去消息,王与谢映庐是莫逆之交,就去请他出诊。由于路途遥远,他们直到天黑才赶到熊家。只见熊家人哭哭啼啼,已经准备好棺材和其他安葬事宜,明摆是人已死去,他们来迟了。

熊惟忠将王植楷和谢映庐请入书房休息,说:"等到我们发现,小女已昏迷不醒,派人去报信时,身软发热,随后身冷僵硬,请来的几个医生,都不愿诊疗,皆以为不治之症。这是我们两家的不幸,又空劳先生偌大年纪白跑一趟,还请先生在这儿歇息用饭,我要去外面料理小女的后事。"

谢映庐觉得事出怪异,心想:不是虚脱,就是闭塞。就对熊惟忠说:"人的生死,原有定数,现在令爱的暴亡,病因不明,我想看视一下,以明病因。"熊惟忠制止说:"小女不幸已亡,先生远道而来,出诊费用自会如数奉敬,现将装殓,不敢劳驾先生了。"谢映庐说:"我不是为钱财才这样做的,只是想明白令爱死于什么病症。"

谢映庐手持蜡烛来到房内,掀去盖布后仔细观察,见她面色微微泛红,鼻尖上还有细小的汗珠,就对熊惟忠说:"这样的大活人,为什么要装入棺材里去埋掉呢?"立即用雄黄解毒丸合稀涎散调匀,除去枕头,把药从鼻孔灌入。灌到一半时,她突然嘴角一动,牙关松开,家人都非常吃惊。等到将剩下的药全部灌完,她喉内作响,溢出许多痰涎。

这时,谢映庐已确定该女因浓痰闭塞而窒息,再配制稀涎散,继续灌药抢救,病人呕出许多胶状的浓痰并且呻吟,神志渐渐清醒,只是不能说话。谢映庐检查病人的喉部,见到喉咙肿胀,红丝缠塞,这才知道得了缠喉风。于是,用土牛膝捣汁调玄明粉,用鹅毛蘸之,清理病人喉中余痰,此时病人才能发出声音。谢映庐再让病人服用疏风清火药三剂,继之,用生津之剂,病情逐渐调理痊愈。

从此,谢映庐让病人起死回生的奇闻到处流传,时人对他敬若神仙,称他为"当代的扁鹊"。

一字之差,险送人命

《杏轩医案》讲述了一个作者亲历的故事,即因一字之差,黄芩换黄芪,几乎断送一条人命的故事。它告诫医家用药、病人服药皆要谨慎,往往差之毫厘,便会谬之千里,甚至酿成惨祸。

乡绅陈某之妻忧劳太甚,加之外感风寒,突然周身不适,头痛寒热,程杏轩投用香苏饮,一服之后,病人汗出而痛解。后来又因没有好好调理,陈妻病症重发,口苦如食黄连,听觉也严重减退。鉴于病人正值行经期,程杏轩恐怕热邪侵入血室,便拟用紫芩煎,加入生地、赤芍、丹皮。可是服用后仍然无效,病人开始高温不退,面赤苔黄,胡言乱语。程杏

诸子百家——医家

轩再诊脉,说:"邪犯少阳,仿用小白汤,将炒黄芩改为生黄芩另加竹叶、灯芯为引。"接着又补充说:"我有要事,明天必须出门一趟,夫人可依方配药服用,如有什么问题,可去请胡景之先生诊治。"

次日中午,程杏轩回来,得知陈家已派人来请,而且催促很紧。程杏轩立即赶到陈家,陈某说:"贱内病情大变,已经昏迷不醒了。"程杏轩问了病情恶化的始末,上前察看病人症状,只见病人双目紧闭,昏睡不醒,连大小便都失禁了。就说:"昨天病虽沉重,但我已增加药味,即使不见效,也不至于恶化到如今的地步,难道是用错了药吗?快将已服过的药渣取来。"程杏轩检查了药渣,果然是错将黄芩改为黄芪,毛病出在药铺,一字之差,效果适得其反。就说:"药铺配药有误,以黄芪代替黄芩。那黄芪,将邪热补住,内攻心房,蒙蔽心窍,以致病情恶化。今唯有急泻心房之热,通窍辟邪,或许还有转机。"使用导赤各半汤,去人参,加金汁、银花,外用紫雪散点舌。连续用药抢救,至天黑时刻,病人病情基本稳定。程杏轩改用清热安神之剂,数服后病人神志稍清,再用养阴方剂,月余之后,病人转危为安,直至完全康复。

名医圣手擒豚症

某男子患一奇症,已有近一年光阴。他每夜睡到二更天时候,就有一股气,从小肚冲到脐上,渐至胸腔,到达咽喉为止。此时,腹中有物跳动,至五更天气才能平静入睡,扪之无形,日间如常,连医家也不知他患的是什么病症。

吴天士为病人诊治,见病人两关尺脉俱沉弦,又得知发病症状及始末时间,就说道:"此奔豚之症。病起于二更,二更乃亥时,亥属猪,豚即猪也,故至其时则阴气感动。五更阳气回,则阴气潜伏,豚性本阴柔,然有时会奔跑,此气伏于肾脏之中,毫无形影,二更突冲,不可抵御,当以纯阳之药御之。"

吴天士为病人开处方,以肉桂为君,次之有胡卢巴、茯苓、泽泻、熟地、山萸、附子,夜服一剂,当晚二更至五更,其阴气减弱,仅冲至肚脐为止。次日,用药时,加重肉桂分量,其他药物不变,数次服药后病人便得痊愈。

徐灵胎医传

徐灵胎,号洄溪老人,悟性过人,文通天文地理、九宫音律,武精刀槊之术,擅摆兵布阵之法。此公尤其擅长医道,每视人疾,能呼肺腑与之作语,用药神出鬼没,使诸多同行目瞪口呆。芦墟的迮耕石卧床六天,病得不吃不喝,眼睛发直,不能言语。徐灵胎诊视后说:"此是阴阳对抗之症状。"用药一剂,病人即眼珠活动,且可言语,再喝一碗热汤,即已痊愈。

又有张雨村得一怪儿,出生时,身上没有皮肤,样子十分难看,张家打算将其扔掉。徐灵胎让张雨村用糯米粉调和成糊,在婴儿身上涂抹,再裹上绢丝,把婴儿身体埋入土中,仅露头颅,按时喂奶,两昼夜之后,皮肤终于长了出来。张家合家欢喜。

有一姓任的妻子得了中风麻痹症，两腿痛如针刺。徐灵胎诊后，吩咐用棉褥将病人裹起，让一个有力气的老太太紧紧抱着，无论病人如何挣扎都不能放松，任其大汗出尽，方能放开。结果，病人大汗淋漓后，麻痹症状消失。

有一拳师与人比武，伤了胸部，抬回家中，连气儿也没有了。徐灵胎出诊医治，仅用拳头在拳师屁股上捶击三下，拳师口吐数升黑血，病情自愈。

蒲松龄医诗

《聊斋志异》闻名中外，但作者蒲松龄精于医道，常常悬壶济世，恐鲜为人知。

蒲松龄少时，博览群书，酷爱历代名医典籍。成年后，医术远近闻名，有久患顽症的病人经他治愈，送来一匾致谢，匾上题词将"一代时医"错写成"一代诗医"，蒲松龄也未留意，就让家人悬于门首。一天，一秀才路过蒲家门口，见悬此匾，心中不服。秀才心想："你也太恃才自傲了，竟敢为诗治病，我今天倒要讨教一二。"随之要蒲宅家人通报，说有一秀才拜见。蒲松龄出面相迎，煮茶相待，二人寒暄之后，秀才说明了来意。

那秀才道："近闻蒲公医术高明，能为诗医疾，不知可否赐教，还恕晚生冒昧了。"蒲松龄客气地回答："赐教不敢当，足下若有诗词患病，不妨让老夫一试，还望指教。"秀才有意为难蒲松龄，遂吟诗一首："清明时节雨纷纷，路上行人欲断魂，借问酒家何处有，牧童遥指杏花村。"蒲松龄听罢，挥毫写出："清明时节雨，行人欲断魂，酒家何处有，遥指杏花村。"秀才看罢，觉得诗虽削去不少字，但诗意不变，就起身问道："先生，此诗何病，为何这样处治呢？"蒲松龄答："此诗略有肥胖，用泻法医治，缩其冗形，让人易记，不知可否？"秀才已有几分佩服，又吟一诗："久旱逢甘露，他乡遇故知，洞房花烛夜，金榜题名时。"蒲松龄又挥毫写出："十年久旱逢甘露，千里他乡遇故知，新郎洞房花烛夜，老叟金榜题名时。"秀才看罢，再问："先生，此诗何病，为何这样医治？"蒲松龄谦逊地说："天地人各有阴阳五行，高矮肥瘦，矫健隐病，各有异同。诗书辞赋，亦大致相同。医书典籍记载：实则泻之，虚则补之。老夫看此诗，稍欠丰腴，采用补法，以壮其形体。"秀才听后，佩服之至，暗想："蒲松龄真奇才也。"又为自己年轻好胜和鲁莽而自责，连连作揖告退。

乱尸丛中究真知

王清任，清朝乾隆至道光年间江湖名医，以设"知一堂"悬壶济世而闻名于京师，并撰成《医林改错》一书，绘有人体脏腑图二十五幅传世。

王清任在行医中体会到人体解剖知识在临床医学上的重大意义，他曾说："著书不明脏腑，岂不是痴人说梦；治病不明脏腑，何异于盲子夜行！"而人体解剖是古代医学的禁区，人们认为"身体发肤，受之父母，不敢毁伤，孝之始也"。人死之后，解剖尸体是"不仁""不孝"之举，是一般医家不敢涉足的禁区。因此，古典医籍中关于人体内部结构的论述和图示常自相矛盾。如肺腑的记载：一是"虚如蜂窝，下无透窍，吸之则满，呼之则虚"；二是"肺中有二十四孔，行列分布，以行诸脏之气"。王清任不盲目尊经崇古，决心深入研究,以辨真伪。

嘉庆二年,王清任故乡流行小儿瘟疹和痢疾,死亡者无数。平民百姓子女多用苇席裹葬,有的干脆抛弃荒野,尸横坟地。尸体破腹露脏、臭气熏天,坟地成了野狗横行的天下。王清任在行医治病的同时,常来坟地做人体脏腑的观察,在乱尸丛中研究真知。他通过对百余个小儿尸体的反复参照观察,实地纠正了古医书中所载的不实或欠详的地方。又一年,王清任在沈阳一带行医,正遇上一名重罪犯人被处剐刑,残忍程度可以想象。王清任为了核对成年人内脏是否和以前所观察到的儿童内脏相同,所以他不顾恐怖和血腥,上前仔细观察。

王清任经过四十余年的观察和努力,对人体内脏了如指掌,连动、静脉在人体的分布也搞清楚了。他认识到动脉管"体厚形粗,长在脊骨之前,与脊骨相连,散布头面四肢,近筋骨长";静脉管"体薄形细,长在卫总管之前,与卫总管相连,散布头面四肢,近肉皮长"。王清任的真知灼见,不仅丰富了我国的医疗解剖知识,而且在他的临床实践中也得到应用。在完成《医林改错》和二十五幅人体脏腑图后,王清任说:"余刻此图,并非独出己见,评论古人之短长⋯⋯唯愿医林中人,一见此图,胸中雪亮,眼底光明,临症有所遵循,不致南辕北辙、出言含混,病或少失,是吾之厚望。"王清任的求是医风、济世医德,尤其是"不避后人罪我",冲破封建禁区追求真理的精神,同那些故弄玄虚、故步自封的庸医行为,形成了何等鲜明的对照!

第三节　医家故事

神农尝百草,药分三品重保健

《史记·五帝本纪》记载说:"轩辕之时,神农氏世衰。诸侯相侵伐,暴虐百姓,而神农氏弗能征。于是轩辕乃习用干戈,以征不享,诸侯咸来宾从。而蚩尤最为暴,莫能伐。炎帝欲侵凌诸侯,诸侯咸归轩辕。轩辕乃修德振兵,教熊罴貔貅䝙虎,以与炎帝战于阪泉之野,三战,然后得其志。蚩尤作乱,不用帝命。于是黄帝乃徵师诸侯,与蚩尤战于涿鹿之野,遂擒杀蚩尤。而诸侯咸尊轩辕为天子,代神农氏,是为黄帝。"

轩辕黄帝崛起的时候,神农氏的势力逐渐衰落,诸侯之间经常有战争,严重影响人民的生活,其中炎帝神农、蚩尤、黄帝三大势力逐渐形成鼎足之势,在河北境内的板泉、涿鹿经常发生战争。

炎帝神农经常烦扰诸侯,各个部落都喜欢归顺黄帝部落。黄帝抓紧时机,修德爱民,练武强兵,并且很重视顺应天地变化,研究"五气"盛衰,加强农业种植,储备粮草,赈济四方流民,深得人民爱戴和周围部族的拥戴。黄帝时代,也是疾病经常流行的时代,他关心民众,必然注重医学的发展。

《史记·五帝本纪》说：黄帝"与炎帝战于板泉之野,三战,然后得其志"。炎帝部落被黄帝打败之后,逐渐退居南方,来到并定居于长江流域。

神农最大的贡献,就是在当时掌握了先进农耕技术,具体来说,是发明了一种叫耒耜的耕作工具,并且传授给了大家。这也就是《易·系辞下》说的"神农氏作,斫木为耜,揉木为耒,耒耜之利,以教天下。"那么,什么是耒耜呢?实际上就是一根尖头木棍加上一段短横梁。使用时把尖头插入土壤,然后用脚踩横梁使木棍深入,然后翻出,相当于今天的锹、铲,是后来犁的前身。这个"神奇"工具的发明,在当时大大地提高了耕作的效率,使农耕这个很有前途的事业蓬勃发展起来。

神农

然而,在神农兴起之前,大家都不会种地,主要是采点野果野菜吃,或者靠捕食野兽为生。这种生活方式非常不安全,因为不是所有的野果野菜都给可以吃,有的吃了就会中毒。《淮南子·修务训》说:"古者民茹草饮水,采草木之实,食螺蚌之肉,时多疾病毒伤之害,于是神农乃始教民播种五谷。"炎帝神农教人播种五谷,也辨识草药,甚至留下了"神农尝百草,一日而遇七十毒"的传说,说明中药的起源是一个充满风险的主动辨识过程。后世的《神农本草经》写作于何时何地,很难确论,但是神农在河北大地上曾经生活和战斗过,有关故事流传了很久。

神农发明了这种能自给自足的农耕技术,使大家能安定地生活下来,这个功绩在当时简直是了不得的事情。所以大家很推崇神农,不但把他推选为当时部落联盟的总盟主,而且后人还将神农定为三皇之一的地皇,真可谓功绩至伟。《白虎通义》说:"古之人民皆食禽兽之肉。至于神农,人民众多,禽兽不足,于是神农因天之时,分地之利,制耒耜,教民农耕。神而化之,使民宜之,故谓之神农氏。"

《神农本草经》之中记载的很多中药,按有毒无毒分为上中下三品,每味药物都记载出产于哪里,这就是所谓的"道地药材"。其中有些药物就主产于河北省,比如祁州的艾叶、白术等被中医界当作地道药材,至今安国药市仍然是全国中药最大的交易市场之一。安国的药王庙来历也很悠久,据说祭祀的是汉代的一位著名人物。

关于中药的起源,曾经有很多不同的说法,有的说来源于劳动人民的食物采集活动,当误食了某种植物果实之后引发中毒,就会警告后人某种果实有毒,也可能因为偶然食用了某种植物而使原来的痛苦减轻了,就提示人们某种植物有治疗作用,再告诉后来的人,以便进一步验证,日久之后就形成了经验,越积越多,就产生了药物学。也有的说药物的起源出于动物本能,在动物界就有许多受伤或者发病之后的动物,因为痛苦而主动使用某种物质,以减少痛苦、加速痊愈的例子。有的学者主张,医药的发明,应该是古人

诸子百家 —— 医家

在患病过程之中，为了减轻痛苦而主动探索的经验积累，而不是偶然采集食物时侥幸的收获。

从现有的有关材料来看，中药是先有单味药使用经验的积累，经过了非常漫长的历史阶段，然后才积少成多而出现的。并且，在商朝的时候，就有了把几味药组合在一起的复方，也就是治病的时候，不再是单用一种药物了，形成了多味中药组合在一起的方剂，复方的出现表明了中医用药经验的进一步发展。《神农本草经》之中，尽管是一味药一味药分别记载的，但是书中已经有了不同药物互相配合之后可能出现变化的规律总结，因此，这本书也是一个集大成的作品，而不属于最早的探索。

由于中医学历史悠久，这个发展过程被"浓缩"在一起了，好像是一开始中医就是使用方剂治病的。据说，方剂的使用，源于商朝宰相伊尹，他善于制作汤液美味，是一个高明的厨师。当然，中国饮食文化里很重视各种佐料的搭配，著名的十三香原料，都是中药材。当然，如果不按中医理论使用中药，就会出现用热药治热证，火上浇油的现象。所以，《汉书·艺文志》的作者愤而提出"有病不治，常得中医！"这是批评那些不按照中医理论使用中药的错误做法，绝对不是现在我们所说的"中医"名称的来源。

《汉书·艺文志》还将专门记载药方的著作分为一类。这类书籍之中，也包含了少量的药物学著作，比如《神农黄帝食禁》就可能是一种论述吃各种食物应该注意和必须禁忌的"食疗本草"。因此，《艺文志》说，善于使用药方治病的人，一定要熟悉药物的寒热属性，还要了解疾病的轻重虚实，借用药物的气味偏性，来纠正人体阴阳失调的情况。在治疗疾病的时候，还必须注意四季天气的变化，善于调配不同滋味的药物，纠正患者的寒热病证，使闭塞得以通畅，使疾病得到消散，而帮助病人获得治愈。如果用错了药物，不仅不能取得预想的疗效，反而会加重病情，就好像抱着柴草救火那样，适得其反。

可见，《神农本草经》的出现，经历了漫长的历史过程，是一个重要的里程碑，这部书不论是否出于托名，其学术价值是不容否定的。

黄帝问岐伯，医道深奥须体验

在神农的统治下，男的在外耕作，女的在家纺织，社会安定，人们都睡得好、吃得好，过着幸福安定的生活。

在秦国主持过变法图强的商鞅，曾经在《商君书·画策》中说："神农之世，男耕而食，妇织而衣，刑政不用而治，甲兵不起而王。神农既殁，以强胜弱，以众暴寡，故黄帝内行刀锯，外用甲兵。"

主张无为而治的道家代表人物庄周，也在《庄子·盗跖》中赞扬说："神农之世，卧则居居，起则于于，民知其母，不知其父，与麋鹿共处，耕而食，织而衣，无有相害之心，此至德之隆也。然而黄帝不能致德，与蚩尤战于涿鹿之野，流血百里。"

神农这个很大的部落联盟一开始发展得还是很好的，于是部落也越来越壮大。那么随着人口的增多，部族规模的扩大，就需要某种组织形式来规范部族的发展。因为一开始人们的思想普遍比较纯朴，"耕而食，织而衣，无有相害之心"。那么后来人们吃饱了，穿暖了，温饱问题基本解决了，财富有了积累，就出现了所谓的"温饱思淫欲"，社会出现了动荡，男耕女织的社会格局，已经不能保障社会的稳定，黄帝通过一系列的整治措施，赢得了民心，促使社会进一步向前发展，使以前那种无组织、无纪律，相对散漫的领导方式发生了根本的改变。

炎帝与黄帝的战争，在某种意义上来说，就是争夺统治权的战争。《战国策·赵策》说："宓牺、神农，教而不诛；黄帝、尧、舜，诛而不怒。"

黄帝部落战胜炎帝部落之后，因为蚩尤部落不服从黄帝的领导，黄帝就征调天下各个部落的军队，与蚩尤在河北省的涿鹿进行了一场大战。战胜炎帝、蚩尤之后，黄帝成了天下的统领，奠定了中华文化互相融合的基础。

综合各位专家的研究成果，我们大致可以了解发生于河北大地上的"涿鹿之战"，它指的是距今约四千六百年前，黄帝部族联合炎帝部族，与东夷集团中的蚩尤部族，在今河北省涿州市一带所进行的一场大战。关于蚩尤部落的归属问题，学术界此前多认为其为南方苗蛮集团(亦称九夷)的首领。徐旭生先生在《中国古史的传说时代》中则认为其属于东夷集团，列举了大量的论据，今从其说。这场"战争"的目的，是双方为了争夺适于牧放和浅耕的中原地带。它也是我国历史上见于记载的最早的"战争"，对于古代华夏族的民族多元融合，以及文化的多元融合，产生过重大的影响。

战争是一种社会政治现象，它本身也随着社会文明的演进而经历了从无到有、从幼稚到逐渐成熟的发展阶段。早在原始社会中晚期，各个氏族部落之间就发生了基于扩大自己的生存空间、实现血亲复仇目的的武装冲突。由于这类冲突尚不是以掠夺生产资料和从事阶级奴役为宗旨，所以它们并不是现代意义上的战争，而仅仅是战争的萌芽。

我们一提到最古老的"战争"，往往要从传说中的神农伐斧燧、黄帝与炎帝的阪泉之战、黄帝伐蚩尤的涿鹿之战、共工与颛顼之间的战争谈起。其中尤以涿鹿之战为其最具典型意义者。原始社会中晚期，在当时广袤的地域内逐渐形成了华夏、东夷、苗蛮三大集团。其中华夏集团以黄帝、炎帝两大部族为核心，它们分别兴起于今关中平原、山西西南部和河南西部。经融合后，遂沿着黄河南北岸向今华北大平原西部地带发展。与此同时，兴起于黄河下游的今冀、鲁、豫、苏、皖交界地区的九夷部落(东夷集团的一支)，也在其著名领袖蚩尤的领导下，以今山东为根据地，由东向西方向发展，开始进入华北大平原。这样华夏集团与东夷集团之间的一场武装冲突也就不可避免了。涿鹿之战正是在这种历史背景下爆发的。

据说蚩尤部族善于制作兵器，其铜制兵器精良坚利，且部众勇猛剽悍，生性善战，擅长角牴，进入华北地区后，首先与炎帝部族发生了正面冲突。蚩尤部族联合巨人夸父部族和三苗一部，用武力击败了炎帝部族，并进而占据了炎帝部族居住的"九隅"即"九州"。炎帝部族为了维持生存，遂向同集团的黄帝部族求援。

黄帝部族为了维护华夏集团的整体利益，就答应炎帝部族的请求，将势力推向东方，这样，便同正乘势向西北推进的蚩尤部族在涿鹿地区遭遇了。当时蚩尤部族集结了所属的81个支族(一说72个支族)，在力量上占据某种优势，所以，双方接触后，蚩尤部族便倚仗人多势众、武器优良等条件，主动向黄帝部族发起攻击。黄帝部族则率领以熊、罴、狼、豹、雕、龙、鸮等为图腾的氏族，迎战蚩尤部族，并让"应龙高水"，即利用位处上流的条件，在河流上筑土坝蓄水，以阻挡蚩尤部族的进攻。

战争爆发的地区，水源充足，至今在官厅水库一带仍然有黄帝泉等地下水涌出。据说，战争爆发的时候，适逢浓雾和大风暴雨天气，这很适合来自东方多雨环境的蚩尤部族展开军事行动。所以在初战阶段，熟悉晴天环境作战的黄帝部族处境并不有利，曾经九战而九败（九是虚数，形容次数之多）。然而，不多久，雨季过去，天气放晴，这就给黄帝部族转败为胜提供了重要契机。黄帝部族把握战机，在玄女族的支援下，乘势向蚩尤部族发动反击。其利用特殊有利的天候——狂风大作，尘沙漫天，吹号角，击鼙鼓，乘蚩尤部族部众迷乱、震慑之际，以指南车指示方向，驱众向蚩尤部族进攻，终于一举击败敌人，并在冀州之野（即冀州，今河北地区）擒杀其首领蚩尤。涿鹿之战就这样以黄帝部族的胜利而宣告结束。战后，黄帝部族乘胜东进，一直进抵泰山附近，在那里举行"封泰山"仪式后方才凯旋西归。同时"命少嗥清正司马鸟师"，即在东夷集团中选择一位能服众的氏族首长名叫少嗥清的继续统领九夷部众，并强迫东夷集团同自己华夏集团互结为同盟。

这场"战争"的大致经过情况是由神话传说所透露的，因此更具体的细节已无从考证了。但是神话毕竟是历史的投影，曲折地反映了事实的本身。从这个意义上说，涿鹿之战堪称我国古代战争的滥觞。涿鹿之战中，黄帝部族之所以取得最后胜利尽管原因众多，但是其注意从政治和军事两方面做好准备是最主要的，《史记》称"轩辕氏乃修德振兵"，就充分说明了这一点。在战争过程中，黄帝部族还善于争取同盟者，并能注意选择和准备战场，巧妙利用有利于己、不利于敌的气候条件，果断及时进行反击，从而一举击败强劲的对手，建立自己对中原地区的控制。由于蚩尤一味迷信武力，连年对外扩张，"好战必亡"，已预先埋下了失败的种子。

涿鹿之战，是中国古代战争起源的重要标志。战争的胜利者黄帝部族与东方夷人部族融合，并向南发展，与炎帝、共工及黄河流域的众多氏族部落融合，逐渐形成为以黄帝、炎帝部族为核心的华夏民族。传说中的黄帝、炎帝，则被后人尊崇为华夏民族的祖先。

《汉书·艺文志》记载了很多与黄帝有关的医学书籍，最著名的就是《黄帝内经》和《黄帝外经》，尽管其中有的属于托名于黄帝，但是必然有一定的历史依据，而不会是空穴来风，完全没有凭据。

托名于黄帝的医学著作，在战国末期一直流传在民间，西汉初年的仓公淳于意师徒，就继承了黄帝、扁鹊的医学著作。《黄帝内经》一书，在后世的流传过程之中被分成了《素问》和《灵枢》二书，至今仍然是学习中医的经典著作。

《黄帝内经》这部书，托名黄帝与天师、岐伯等一起，坐在大堂上论述中医学的原理，书中讨论了很多非常有意义的问题，比如都是人，为什么男人与女人的生长规律不同；为什么有的长寿，而有的人经常患病、短命；人与四季气候有什么关系；人与五谷、五畜、五果、五蔬有何关系；人的体表与内在的脏腑有什么关系；人的五色、五声、五音、五体、五官与内在的气血津液有什么联系；人体患病之后应该如何治疗，如何养生，如何长寿等等，可以说方方面面，几乎应有尽有。这部书尽管已经流传了两千多年，今天仍然作为中医学的经典，一直在发挥着指导作用，被中医界奉为圭臬。

诸子百家——医家

河北省怀涞县至今仍有黄帝城遗址,在当地有很多有关传说,当地还有蚩尤坟、黄帝泉等历史文化遗迹,可供今人凭吊缅怀。当地于20世纪90年代修建了三祖庙,来研究三祖文化。

值得指出的是,三祖文化与中医药的起源有着千丝万缕的联系,是中医药文化的一部分。

大禹治洪水,五行生克当活看

尧帝因为生活的地点名唐,因此被称为唐尧,这个地点就在河北省的唐县。据说,唐尧的母亲名叫庆都,河北省唐县城边有一座庆都山,当地就流传着帝尧的故事。河北省的一些县市,比如望都、行唐、隆尧这些古地名的起因,也与帝尧时代有着密切的联系。可见在大禹的儿子帝启建立夏朝之前,河北省境内留下了许多先民的活动足迹,这一点也可以从出土的文物得到某些证明,后面我们还要进一步讲述。

尧在位的时候,黄河流域发生了很大的水灾,庄稼被淹了,房子被毁了,老百姓只好往高处搬。"天地玄黄,宇宙洪荒",洪荒时代就是原始时代。那时代没有文字记录先民的生活状况,后人往往凭想象、传说、神话去加以了解。现代由于先史学、考古学、人类学、地质学的发达,对于洪荒时代的情况,才有了一个近似的了解。相传在距今约四千六百年前的夏朝尧舜时代,正值冰河时代后期,气候转暖,积雪消融,大地山河,沦为泽国,天地万物,同为波臣。人类或登高陵土山,或以木为舟,载沉载浮,幸免沦没。古黄河改道,发生特大洪水,"汤汤洪水方割,荡荡怀山襄陵,浩浩滔天"(《尚书·尧典》)。加之海水水面升高,沧海横流,海水倒灌,在洪水横流泛滥于天下时,人民流离失所,无家可归,各部落的人们被迫逃避到一个个高地上,形成了许多孤岛。不少地方还有毒蛇猛兽,伤害人和牲口,叫人们过不了日子。

尧召开部落联盟会议,商量治水的问题。他征求四方部落首领的意见:派谁去治理洪水呢?首领们都推荐鲧。尧对鲧不大信任。首领们说:"现在没有比鲧更强的人才啦,你试一下吧!"尧才勉强同意。

鲧是尧舜治下的一位首领,是传说中禹的父亲、颛顼的儿子,姒姓,建国于崇(今河南嵩县北),史称崇伯。鲧是尧帝的臣子,当时洪水泛滥,他由四岳推荐给尧,被派去治理洪水。"水来土挡"是人们的常识,也是五行学说"土克水"的一个原则,于是鲧"未加变通"就采用堵塞的方法来治水,结果九年不成。他用湮塞的方法,建了很多人为的"堰塞湖",大水冲决之后,淹没许多人的生命,治水工程宣告失败。他还擅自将神庙里的青铜礼器铸成治水工具,犯下弥天大罪,被舜帝诛杀于羽山之野。《正义》引《括地志》载,羽山在沂州临沂市界。《禹贡》注:"羽山在郯城县七十里"。

对于鲧的评价历来不太一致。按照《尚书》的记载,鲧是一个凶神恶煞般的人物。而在古代神话中,鲧却常常得到很高的评价。《山海经》说他曾经窃取天帝的"息壤"来堵洪水,鲧成了一个不顾个人安危,救民于水火的英雄。一般认为,鲧为了人民的利益,历经千辛万苦,直至献出了自己的生命,虽然他未能取得治水的成功,但其勇于奉献的精神尤为可嘉。他在治水方法上的失误,在一定程度上是由于当时人类治理洪灾尚处于摸索阶段,经验不足,因而曲折是难免的。他的失败和悲剧为后继者指明了方向。

《左传》云:"鲧化为黄熊,入于羽渊,渊东有羽山。池上多生细柳,野兽不敢践。"另据《山海经·海内经》载,鲧死之后从他的腹中生出了他的儿子禹。

舜接替尧当部落联盟首领以后,亲自到治水的地方去考察,他发现鲧办事不力。因为他不知道利用疏导的原理,只知道水来土挡,结果治水多年也劳而无功,舜就把鲧杀了,又让鲧的儿子禹去治水。大禹吸收了他父亲的经验教训,利用"水曰润下"的特性,疏通九河,杜绝了水患,成了一代英雄。他的事迹见于《尚书·禹贡》,据说他是按照八卦、五行学说进行治理的,这就是河图、洛书理论在治理水患时的具体应用。阴阳、五行学说,就是中医学的理论基础。

大禹带领老百姓一起劳动,戴着箬帽,拿着锹子,带头挖土、挑土,累得磨光了小腿上的毛,用开渠排水、疏通河道的办法,把洪水引到大海中去。经过十三年的努力,终于把洪水引到大海里去,地面上又可以供人种庄稼了。禹新婚不久,为了治水,到处奔波,多次经过自己的家门,都没有进去。有一次,他妻子涂山氏生下了儿子启,婴儿正在哇哇地哭,禹在门外经过,听见哭声,也没进去探望。当时,黄河中游有一座大山,叫龙门山(在今山西河津市西北),它堵塞了河水的去路,把河水挤得十分狭窄。奔腾东下的河水受到龙门山的阻挡,常常溢出河道,闹起水灾来。禹到了那里,观察好地形,带领人们开凿龙门,把这座大山凿开了一个大口子,这样,河水就畅通无阻了。

大禹治理了黄河水患,黄河进入河北省邯郸地区,再向东北走,途经石家庄东边的宁晋县,这里古代有一片非常大的湿地,名字叫大陆泽(又叫宁晋泊),根据《尚书·禹贡》和《汉书·地理志》的记载,"导河积石,至于龙门;南至于华阴;东至于底柱;又东至于孟津;东过洛汭,至于大伾;北过降水,至于大陆;又北,播为九河,同为逆河,入于海。"黄河水从大陆泽流出来之后,然后流向东北,从衡水市西边的衡水湖一带,再流到武邑、阜城、沧州一带,最后到天津静海区入海。

从大陆泽到渤海湾的这一段流域,河道纵横,名称很多。因为黄河含沙量很大,"一石水,六斗泥,三年两决口,百年一改道",古人称为"九河",又叫"逆河",是黄河分流入海的通道,也好像是大海迎接黄河的使节,所以叫"逆河"。这九河的形成,就是大禹治理黄河水患的杰出贡献。明代的《嘉靖河间府志》就载有九河图,河北省地理研究所的吴忱研究员著有《黄河古河道研究》一书,他对华北平原黄河故道进行了深入细致的研究,通过大量钻探资料证明华北平原的形成过程,与黄河冲击高原带来的黄土有关。

黄河在王莽之后,才改道向南,不再由天津一带入海了。

舜年老以后,也像尧一样,物色继承人。因为禹治水有功,大家都推选禹。到舜一死,禹就继任了部落联盟首领。这时候,已到了氏族公社后期。生产力发展了,一个人生产的东西,除了维持自己的生活,还有了剩余。氏族、部落的首领们利用自己的地位,把剩余产品作为自己的私人财产,变成氏族的贵族。有了剩余的产品,部落和部落之间发生战争,捉住了俘虏,不再把他们杀掉,而把他们变成奴隶,为贵族劳动。这样,就渐渐形成奴隶和奴隶主两个阶级,氏族公社开始瓦解。

禹在治水中的功绩,大大提高了部落联盟首领的威信和权力。传说禹年老的时候,曾经到东方视察,并且在会稽山(在今浙江绍兴一带)召集许多部落的首领。去朝见禹的人手里都拿着玉帛,仪式十分隆重。有一个叫作防风氏的部落首领,到会最晚。禹认为怠慢了他的命令,把防风氏斩了。这说明,那时候的禹已经从部落联盟首领变成名副其实的国王了。禹原来有个助手叫作皋陶,曾经帮助禹协理政事。皋陶死后,皋陶的儿子伯益也做过禹的助手。按照禅让的制度,本来是应该让伯益做禹的继承人的。但是,禹死以后,禹所在的夏部落的贵族却拥戴禹的儿子启继承了禹的位子。

这样一来,氏族公社时期的部落联盟的选举制度正式被废除,变为王位世袭的制度,我国历史上第一个奴隶制王朝——夏朝出现了。

大禹治水的传说,体现了中华民族的勤劳、智慧、勇敢、奉献、坚毅不屈、万众一心战胜困难的民族精神,也与中华民族的哲学思想"五行学说"的形成,有着密切的联系。

在五行学说之中,金、木、水、火、土代表了世间的万事万物,它们相生、相克,变化不止。这种哲学说明了万物之间既互相联系又互相制约的复杂关系。中医学主张治疗疾病的时候,要"辨证论治",而不是只守着一种方法,从开头到最后一成不变。大禹治水因势利导的智慧,被中医界借鉴、发挥到了淋漓尽致的程度,被人们誉为"千方百计""活法巧治"。

病深入膏肓,修身养性可延年

我们知道,负责占卜的巫师所记录的甲骨文里,大多是关于帝王的事情,或者是国之大事,而很少有一般民众的内容,被古人称为疫病的流行病,由于危害很大,所以屡次出现在甲骨文里,其他的疾首、疾身、疾腹、疾齿等病名记载,大约有几十种,也多是帝王的疾病,其真实性是很可靠的。

在商代,人们已经认识到瘟疫具有流行性,需要经常地咨询当下是否会流行某种疫病?国王是否会患病?得了疫病是否可以痊愈?患病之后是否可以洗浴?是否可以预防疫病?

通过这些问卜,我们可以看出古人是善于应对疫病的,因此,他们不仅建议"今日王其水寝",要靠洗浴防病治病,而且还经常"燎于血室",通过熏燎居室而消毒避瘟,"燎门"也是一种保健预防措施。甲骨文还有"疾,亡入"的告诫,看来患疫病时进行隔离,也是常有的事情。

《尚书》有"遘厉,疟疾"的记载,《山海经》有"食之无疬"的经验记录。厉,或者疬,也是指烈性传染病。

《诗经》《周易》都有洗浴和讲究饮水卫生的记载,《周礼》记载得更为详细。

《周礼·天官》不仅对于周王的饮食卫生有细致要求,而且天官知道"四时皆有疬疾"。春官要"春招弭,以除疾病";夏官要"索室驱疫","四时变国火,以救时疾";秋官要"除毒蛊"。他们所采用的措施,也是丰富多彩的,要以嘉草攻之,以莽草熏之,以蜃炭攻之,以灰洒毒之,以其烟被之,以炮土鼓驱之,以焚石投之。当然,这许多措施里,有的合理,有的则煞有介事,有的只是一种宗教活动,但是,这丰富的防疫活动是积极预防的前奏曲,它们逐渐走向了科学,走向了医学探索的正路。

《周易·既》之象辞说:"君子以思患而预防之",《周易·遯》云:"系逐,有疾厉。"这些记载,都可能与预防疾病流行有关。

《礼记·月令》知道孟秋行夏令,会出现"民多疟疾"。

《左传·定公四年》说:"水潦方降,疟疾方起。"也是对于不同季节会出现何种流行病的记载。

隔离患者是人类应对传染性疾病的一项措施,也应该是一项很早的预防方法,是躲避,是不接触,这种隔离措施流传几千年,一直没有间断过。

《论语·雍也》记载,伯牛有病,孔夫子去探望,但是他不敢进入患者的屋子,而是在窗户里往里瞧。伯牛知道之后,把手伸出来,与孔夫子打招呼。孔夫子抓住伯牛的手,感叹地说:"亡之,命矣夫! 斯人也而有斯疾也! 斯人也而有斯疾也!"

伯牛的病,可能是一种传染病,起码孔夫子以他的"医学知识"判断这属于传染病,不然他是不会采取这样非常规的礼节的。由此也可以知道,在孔夫子的时代是有隔离现象的,尽管不一定是一种制度。

在春秋时代,人们如何治疗疾病? 是靠医生还是靠巫师? 或者就像一些人说的那样,医生与巫师没有区别,是同一个人兼而营之? 我们只好通过历史记载进行考辨。

一般说来,病情有轻重,小病可以"勿药有喜",不用治疗就可以自愈,而严重的疾病就需要求助医生。"病入膏肓,不可救药",已经是一句成语。然而,它的来源却是一个真实的历史事件。

据《左传·成公十年》和《史记》晋世家、赵世家有关文字记载,公元前581年的一天,晋景公做了一个噩梦,十分可怕。

他梦见一个恶鬼向他报复、索命。这个恶鬼披头散发,那头发从头顶一直拖到地上,样子非常吓人。恶鬼不断地跳着脚、拍着胸膛,气愤地叫着:"你错杀了我的后代,使我断子绝孙,很不仁义、不道德! 我已经请求上帝,得到他的允许,向你索命来了! 拿命来!"恶鬼不依不饶,一路追赶着晋景公奔跑。晋景公关上宫殿的一道道大门,恶鬼在后边就把一道道门砸开,沿途撞坏了宫殿的大门、二门,并且进入寝殿内室,把内室的门也弄坏了。晋景公吓得急出了一身冷汗,大叫一声从噩梦之中醒来。

晋景公立即召见著名的桑田巫,让他占梦,断吉凶。巫这个行业在先秦时期是很显赫的职业,他们号称上知天文,下知地理,中知人事,他们的名字"巫"字就很说明问题。所以,上至国家的战争、灾害、祭祀,下至平民婚丧嫁娶、治病寻物、动土解梦,都可能要请教巫师。

桑田巫由于最灵验,声名显赫,就被晋景公召进宫来。他经过龟占筮卜,得出结论:"晋侯这个噩梦的原因,是赵氏孤儿的祖先为祟",并且预言晋景公将为此而丧生,"不食新矣!"

"君主,您吃不上新的麦子面了!"

桑田巫一个断语,吓得晋景公魂不附体,成了挥之不去的魔咒,时刻困扰着晋景公。

诸子百家
——
医
家

原来二十多年以前,晋景公的先辈晋灵公昏庸无道,在宫里筑一个高台,让人在上边用弹弓打人,以此取乐。他还经常滥杀无辜,谁提意见就杀谁。大臣赵盾几次进谏,不仅毫无作用,而且还险遭陷害,就准备出逃避难。在赵盾外逃的过程之中,还没有走出晋国国境的时候,他的同族人赵穿就杀了晋灵公。这件事经过晋成公,再到晋景公,已经二十多年没人提起,也没有人怪罪。可是新上任的司寇屠岸贾与赵氏有仇,要借机报复赵氏、消灭赵氏,就召集人围攻赵氏。因为赵盾的后代赵朔的妻子是晋成公的姐姐,属于当朝国君晋景公的姑母,所以赵氏孤儿得以幸免于难。多年之后,晋景公做的这个噩梦,就是因这件事情而起的。

为了"破解"这个噩梦,尽管晋景公恢复了赵氏孤儿的世卿地位和封地,但是桑田巫给他下的"死刑判决"却难以更改。

晋景公并不愿甘心等死,听说秦国有一个名医叫"医缓",善于诊病、疗疾,就派人到秦国请医缓来诊治。

秦国名医医缓还没有来到的时候,爱做梦的晋景公又做了一个梦。他梦见有两个俗称"二竖"的小男孩,在他的肚子里作祟。一个小男孩说:"听说秦国的医缓是一个名医,他带来了针药治疗晋景公,有可能会伤害到我们,我们往哪里逃跑好呢?"另一个小孩说:"不用怕,我们在晋景公的肚子里,躲到心脏的脂膏下面,藏在它与横膈肓膜之间,在这'膏肓'要害之地,再有名的医生也奈何不得我们。"

不久,秦国的名医医缓就来到了晋国,他经过察色按脉,细心诊断,不住地摇头叹气。

晋景公焦急地问医缓:"寡人的病情怎么样?"

医缓说:"您的病在心脏的脂膏与横膈肓膜之间,疾病处在这'膏肓'要害之地,用艾火灸灸不着,用针刺也刺不到,使用汤药治疗,也很难使药物到达这个地方。硬性治疗,不仅不容易奏效,而且有可能会带来更大的危害,实在难以治疗,还是注意慢慢地生活调养吧。"

晋景公听过病情分析之后,很佩服医缓诊断的准确性,称赞医缓是难得的当代良医,他让属下给医缓置办了厚重的礼物,把医缓送回了秦国。

此后,晋景公遵照医缓的嘱咐,注意生活调养,慎起居,节饮食,远女色,日子一天天过去,晋景公的身体也没有发生急剧的变化。时间慢慢地流过,麦子也就逐渐成熟了。

他对桑田巫的话不敢不信,也不甘心完全相信,因为天神与地神的安排他不知道,也无法知道,只有通过巫师才能转达"天机"。

麦子收获之后,他吩咐御膳房赶紧磨面,准备尝新麦。

这个过程对于晋景公来说,既刺激,又兴奋。晋景公觉得自己终于看到了麦熟,就要吃新麦子了!

啊呵,晋景公想到这里不免兴奋异常。那么,桑田巫的话为什么失灵了呢? 他是个大骗子?! 他可吓得我不轻! 他敢骗我?! 他越想越不是滋味,一定要治桑田巫的欺君之罪! 而且要让他心服口服,无话可说。

于是,晋景公一边传话,召桑田巫进宫,一边准备磨新麦子,要吃新麦子面做的食物。一切准备就绪之后,桑田巫也来到了大堂,晋景公让桑田巫亲眼看到了已经做好的新麦

諸子百家——医家

子面,问他知罪不知? 还有什么话可说?

桑田巫看到新做的麦子面,心中暗暗叫苦,无法申辩,俯首听命,只好就死。

杀了桑田巫,晋景公心情陡然高涨,马上就要吃新麦子面了!

事情到这时并没有结束,也真是无巧不成书,晋景公还没坐下,就感到腹部肠鸣不适,必须立即去厕所方便方便。不曾想,这一去就没有能走出来,晋景公一下死在了厕所里。桑田巫的占卜应验了。

对于《左传》的这种记载,古人十分相信桑田巫的灵验,今天我们再看这则史料的时候,应该有不同的新认识。

首先,"膏肓之疾"不是非常急迫的疾病,不属于急症,否则,就不会说"不食新矣",要等一段时间才会死,而且是一段不短的时间。

进一步我们可以推断,"膏肓之疾"只是疾病的部位比较特殊,秦国的医缓不能治疗,或者他没有措施治疗,不等于当时或者后世就没有措施治疗。

再进一步说,晋景公的前期生活调养是有效果的,"膏肓之疾"虽然没有完全消失,也没有要了他的老命,"带病生存"也可以生活得很好。

他在生命的最后的几个小时里,情绪激动、愤怒、狂喜,严重影响了他的健康,使他旧有的疾病突然加重、爆发,因此导致他的暴死卒亡,这与他不懂得养生,放任自己的情绪,喜怒无常是很有关系的。

这一点对于我们今天,仍然有很大的借鉴意义。

因此说,晋景公之死,今天还是一个生动的反面教材,我们不能忽视历史的经验教训,一定要注意养生,特别不要忘记"带病生存"不仅是可能的,而且"破罐子熬过柏木桶"的例子是很多的。也有人说,长寿的秘诀,就是得一种慢性病,它能教会你善待生命,注意养生。

这个事件说明了春秋时期,医生与巫师已经分家,各自"学有专长",并不互相混同。但是"孤证不立",这个例子也许说明不了当时的医学水平,我们还要举一些例子,而且是记载于史册的例子加以说明。

西汉初年陆贾《新语》说,公元前500年左右,春秋末期的扁鹊在宋国行医,得罪了宋国的国君,他只好逃亡到卫国去。恰巧,扁鹊遇到了一患病的人家,病人的病情十分严重,有生命危险。

扁鹊正好看到了患者家里的一切。医生治病救命的神圣的职责,促使扁鹊不顾自己的安危,主动要求为患者治疗。

患者的父亲看了一眼扁鹊,不信任地说:"我儿子的病情很严重,我正打算为他请好的医生来治疗,不是你所能够治疗的!"

说完了这番话之后,患者的父亲就请来了一个巫师,据说很有灵验,名字就叫"灵巫"。

这位灵巫来了之后,当着扁鹊的面,就施展巫术,念咒施法,祈求上帝,赐福祛病,延长寿命。扁鹊在一旁,看着巫师的表演干着急,无计可施。

患者的病情逐渐加重,终于在巫师的折腾下死亡了。

可是,我们的疑问来了:病者的父亲,虽然没有让扁鹊给他儿子治疗,但是,我们不能说父亲不爱自己的儿子。父亲为什么说"将请良医治",而不说"将请巫师治"?难道他知道"信巫不信医"这种做法是不好的吗?或者,难道他主观上是想请好的医生,而实际上请来的却是巫师?难道那时候的巫师,已经在冒用医师的"名分"?

扁鹊是闻名天下的名医,可是在"信巫不信医"的患者面前,他高超的医术也派不上用场。因此,崇尚医学科学的扁鹊,愤而提出了一个著名的论断:"信巫不信医者,六不治也!"

陆贾是汉代初年十分著名的学者,他著有十几篇论文,每一次传到宫中,刘邦都称赞不已,"左右呼万岁,号其书曰《新语》"。司马迁称他是"当世之辩士也"。他当时书写这个故事,表明他对于巫术的批判,对医学科学的信任。

因此可以毫不夸张地说,中医与巫斗争了几千年。

《内经》说:"拘于鬼神者,不可与言至德。"把中医反对巫术的主张,写进了理论奠基的经典,影响极为深远。

好色生怪病,生活态度要改变

为了说明春秋时期中医理论的发展水平,我们还必须根据《左传》的记载加以论述。鲁昭公元年,也就是公元前541年,晋平公姬彪(公元前557~前532年在位)得了一种疾病,经过晋国的官医诊治不见好转,就向秦国请求援助,秦国的秦景公就派出了秦国的名医医和到晋国出诊。

秦国在春秋时期出过几个名医,前边我们说过,公元前581年秦国著名的医生医缓给晋景公看病,断定晋景公"病入膏肓",属于"不治之症"。晋景公虽然没有被治愈,却大为称赞医缓高超的诊断水平,送给了他很多礼物,后来又借故杀了本国的桑田巫。这件事在晋国朝野上下引起过不小的震动,人们普遍认为秦国的医疗水平很高,不仅高于周王的御医水平,甚至在医与巫的比较之中,有些"医高于巫"的意思。

晋平公

尽管事情已经过去了整整40年,晋国的医生们依然记忆犹新,为了晋平公早日恢复健康,也为了尽量减少承担治疗措施不力的责任,就积极建议再向秦国求援,而未见请巫师占卜的记载,"只医不巫"的现象,或许意味着科学与巫术的斗争在晋国已经有了某些成果。

只不过,当时秦国的国君已经不是当年的秦桓公,换成了他的后代秦景公;医缓也许

右侧竖排:諸子百家 —— 医家

因为时光已经过了 40 年,属于高龄体衰,或者早已病故,无缘再来晋国。秦国只好派了另一位医术出众的名医医和,前来晋国出诊看病。

医和来到晋国,细心诊察晋平公的病情,不久就得出了结论:"晋平公的这个病,不是鬼怪作祟产生的疾病(因此你们也不用再请巫师了),也不是饮食不节造成的身体伤害。此乃贪恋女色、淫逸过度而形成的疾病,病名叫做'蛊病'。它属于目前还没有生命危险的疾病,也就是不属于必死的不治之症。"

晋平公听了医和的诊断和病情分析之后,面露喜色,心想:总算逃过一劫! 可是转念一想,女色不能接近吗? 那么,我的后宫那么多美人怎么办呢? 我养着她们还有什么意义?

晋平公也顾不了一国之君的面子了,他急着说:"医和先生,请你说一说,我今后该怎么生活? 离开了女人,我……寡人我的日子,嗨! 那还有什么活头啊!"

医和深知晋平公内心的矛盾与想法,就直奔主题,借机给他讲述了其中的医学道理。

医和说:"女色不是不可以接近,关键是要有节制。恕臣直言,您的后宫之中美女如林,而且还有同姓的女人,这就违背了'同姓而婚,其生不蕃'的古训。"

医和提到的中国古代禁止同姓结婚的礼俗,说明了古人早就认识到近亲结婚的危害。

医和紧接着就讲了一套大道理:"古人说,女人是传宗接代的工具,男女同床共枕,阴阳交合都在夜间,以与天地相应,才能符合自然的规律。您现在的男女之事,既无节制,也不看时辰,已经达到了惑乱丧志的程度,能不产生疾病吗?!"

一席话说得晋平公既羞愧,又心服口服,不由得暗暗佩服医和高超的医学造诣。他说:"哦,男女之事,还有这么高深的道理? 还与天地阴阳有关? 快给寡人说说,免得你走之后,寡人无可请教。"

医和说:"先王制作乐舞,就是要调节君王的精神生活。乐舞一般分为五节,首尾相贯,时快时慢,主旋律都是和谐的。和谐的主旋律演奏出来之后,就要逐渐平息下来,进入悠扬的尾声,然后结束演奏。当然,有的音乐不是这样,追求的是复杂的技巧,过分糜烂而充满诱惑的声音充斥在两耳之中,让人听不进其他的东西,它占据了人的心灵,就会让人心情激荡,忘记了自我,忘记了礼节,丧失了平和,丧失了理性。这是有修养的人所不取的,也是违背先王礼治的。先王接近女色,主要是为了江山后继有人,阴阳平和,与天地自然相应,有节制而不乱性,就不会因此而产生疾病。"

"人与自然的关系,真的那么密切?"晋平公不解地问道。

医和说:"当然了! 自然界有寒热风雨阴晴的六种气候,医学上称为六气。这六气形成春夏秋冬四个季节,万物靠它们出生、成长和收藏,六气是人无法摆脱的自然环境。这天上的六气与地上的物质结合,就产生了世界万物的滋味。具体地说,食物的滋味虽然千差万别,但是总不离酸、苦、甘、辛、咸这五种基本滋味。天上的六气还使地上的万物呈现出各种复杂的颜色,复杂的颜色也可归类为青、赤、黄、白、黑五种基本色彩。先王音乐的基本音色,也是由角、徵、宫、商、羽五声所组成,所以声色、滋味、音乐都可以与天地自然相应,是相互关联、互相影响的。"

医和见晋景公听得很认真，就进一步讲解了更深刻的医学道理。

医和说："自然六气是人体健康的基本保障。因此说，寒热风雨阴晴六气太过猛烈，就会产生不良影响，让人体发生各种疾病。比如，自然界阴寒之气太重，人体就会产生腹泻、怕凉属于寒性的病证；自然界阳热之气太盛，人体就容易出现发热、上火的病证；天地之间的风气太重，就会导致人体四肢震颤摇摆的病证；天地之间雨湿之气太盛，就可以形成人体腹部消化不良的疾病；人体在需要入夜安眠的时候，夜生活太多，就会出现神志惑乱的病证；人体在白天活动的时候，过度操劳，就会身心疲惫不堪。男人贪恋女色太过，就会出现身体虚热，五心烦乱，神志不明的'蛊惑'病。"

晋平公听到"蛊惑"病一词，就赶忙说："这'惑病'的说法寡人还能理解，也就是精神不爽，头脑不清，无精打采。可是这个'蛊病'又是怎么个说法呢？"

医和说："所谓'蛊病'，就是荒淫惑乱导致的病证。从古人创造汉字的规律上来说，这个字是根据古人想象的形态造出来的字，繁体的蛊字或者在篆书里，就是三条虫子在字体的上半部，一个皿在字体的下半部，二者相合而成蛊字。就是说，众多的虫子，吸身体的血液，让人气血亏虚，形成蛊病。在谷仓里存放的谷物，日久之后产生了飞虫，谷物被吃成了空壳，也叫作'蛊'。"

晋平公听到这里，浑身一战，冷汗已经浸湿了脊背。

只见医和并没有就此打住，而是穷追不舍，又说出了更高深的理论：《周易》里有一卦，就叫"蛊卦"，从卦象上说，也是由上下两个三画基本卦组成，一共六个爻画，也叫重卦、复卦。"蛊卦"的上半部是代表山的艮卦，下半部是代表风的巽卦，二者结合起来，组成了六爻画的"蛊卦"。因为处在上半部的"艮山"之卦，其形象是两个阴爻画在下，一个阳爻画在上，属于"少男"之象，就象征着还没有发育成熟的小男孩；处在下半部的"巽风"之卦，它的卦象与此不同，是一个阴爻画在下边，两个阳爻画在上边，属于"长女"的象征，好像是一个老处女。"艮上巽下"合成的"蛊卦"，总体象征着一个老处女引诱一个少男，这种卦象，就好像大风吹落了山上的草木，一片贫瘠荒凉，这就是"蛊"的象征。

晋平公听完这一席话，就觉着自己的身体冒凉气，仿佛自己的精血已经被吸干了，像被虫子吃空了的谷壳，完全是一个蛊象。

他连忙说："谢谢名医。寡人知道了！寡人知道了！"

从此以后，晋平公果然把自己的放纵之性收敛了许多，身体逐渐好转，竟然又做了九年的国君，到公元前532年才去世。

晋平公后来安度晚年，不能说与医和的健康知识教育无关。医和渊博的医学知识，循循善诱的思想工作，良好的生活建议，发挥了很好的作用。

通过这件真实发生过的历史事件，也可以使我们看出，在两千五百多年前，我国的医学已经达到了怎样高的水平。

其实，中医在历史上留下来的生动事迹，还多着呢。

据《左传》有关文字记载，公元前630年晋国的医衍就掌握了毒药的致死量，公元前609年齐国的御医可以准确判断齐侯"不及秋将死"，公元前551年楚国的医生通过脉诊断定装病的申叔豫"血气未动"，这些医疗实践活动都为中医学的创立奠立了深厚的基础。

据《左传》记载，公元前551年，楚国的大臣申叔豫为了政治避难，在家中装病而不去上朝。当时正是楚国的夏暑季节，天气异常闷热，申叔豫要装一个什么病才能不上朝呢？

他绞尽脑汁，终于想出来一个好办法，于是就大胆地向楚君请病假，一连多日就是不上朝。

楚君一开始还不往心里去，后来见他总也不来，就心生疑虑：一向健康的申叔豫，为何突然卧病不起？卧病不起多日，为何不好不坏？

因此，楚君决定派一个医生到他家去看看，看看他的病到底如何。因为他心里有一个猜疑：他是不是在家避暑纳凉，故意说是有病？

楚君派御医前去探望，事出有因，合情合理：一方面表示关心，一方面探听虚实，看看申叔豫到底有没有病。

楚国的御医到了申叔豫的家里一看，情况的确不妙。虽然当时正值盛夏，申叔豫却盖着一床厚被，卧床不起，而且身体消瘦，面容枯槁，呻吟不止。

楚医走上前去，看了看面容、舌苔之后，深表同情。过了一会儿，又把申叔豫的手拿过来，一摸脉，心中就有了底数。他安慰了申叔豫几句话，就回去交差了。

楚君见御医回来了，急忙就问："怎么样？我爱卿的病很危险吗？"

楚医说："申先生看上去很消瘦，可是他的血气不乱，六脉调匀，和缓有力，应该不会有什么大病。"

原来，申叔豫为了装得像一个病人，就在家里挖了一个大坑，在坑里放满冰块，捂上被子，再把床铺铺在上面。

申叔豫躺在这样的床上，自然不会觉得热，虽然盖着厚被，仍然凉气袭人。他一方面"卧床不起"，一方面还减少进食，身体很快就瘦了下来。并且，为了装得真像一个病人，申叔豫每天不梳不洗，面容自然晦而无光。

尽管他煞费苦心，装得很像，但是，他还是没有能够瞒过精于脉诊的楚医，一句"血气未动"的结论，揭穿了他装病的假象。

因为装病的人，虽然在外表上可以作假，但是，人的气血循行是无法作假的。脉诊的客观性，是很受古人推崇的。

西汉初年，名医仓公淳于意就经常把自己的诊断情况，与古人《脉书》里的记载进行对照总结，写出来我国最早的25个病例，被司马迁收录在《史记》里。由于重视脉诊，很多先秦的医学书都叫"脉书"。中医在后来把内科叫"大方脉"，把儿科叫"小方脉"，都与中医重视脉诊有关。

这种以脉诊判断疾病的例子还有很多，著名医学家扁鹊因为靠脉诊判断赵简子的病情，为他赢得了生前的财富和身后的名声，两千多年以来一直被传为美谈。

扁鹊开旅店，师传术高天下传

在中华的大地上，人类的脚步已经走过了约200万年。中国有文字记载的"文明史",也有五千多年。史家求真实,文化重发展。在史学家的眼里,文化可以分为"传说的文化"与"历史的文化"。

司马迁以历史学家的睿智,向着中华文化的源头望去,为我们留下了许多珍贵的史料。他在追溯医学发展源头的时候,认为真正为医学披荆斩棘、开山劈道的宗师,既不是传说之中的神农、黄帝,也不是有位、有禄的官宦名医,更不是传说中的巫医神汉,而是一个真实感人的民间医生秦越人——扁鹊。

司马迁根据什么得出了这样的结论呢?扁鹊有什么特长让司马迁认为"名闻天下"?扁鹊是一个传说的神话,还是一个具体的历史人物?他是什么时代的医生?他的医术是怎么来的?

要解开这些谜团,首先应该从秦越人学习医学开始探讨。

司马迁说,扁鹊是渤海郡一带的郑州人,他本姓秦,叫越人。他30岁之前的时候,在当地的旅社里当社长,整日里迎来送往,招待八方客人。有一天,一个叫长桑君的客人前来住宿,秦越人一打量,觉得长桑君不是一般的人,就很客气、很恭敬地接待他。长桑君也觉得秦越人不是一般的人,有相见恨晚之意,此后他就经常人住秦越人的旅社。

日月穿梭,光阴一晃就是十年,两个人的关系已经非同一般。一天晚上,长桑君悄悄地把秦越人叫到房间里,对他说:"我带来了医药方书,是宫廷禁止流传的秘方。因为我已经到了老年,想着把它传授给你。你不能对外泄露其秘密!"秦越人说:"我一定遵命!"长桑君从怀里掏出来一包药,交给扁鹊,并说:"喝这药的时候,一定要用'上池水'煎服它。所谓'上池水',就是没有落地的雨露水。30天之后,你就能够洞察事物了。"

长桑君把珍藏的"禁方书",一卷不剩地全部交给了扁鹊。扁鹊看着一捆一捆的医书,心中充满喜悦,不知如何是好,等他抬起头来一看,忽然之间,就不见了长桑君的身影。

司马迁记载了这一传说之后,推测长桑君"殆非人也",似乎是一个神仙。

据说,扁鹊按照长桑君所说的话,喝了药物,30天之后,能够隔着墙壁看到另一边的人,有了一般人所不具备的"特异功能"。扁鹊用"特异功能"看病,能够看清所有的"五脏症结",只是把诊脉当作形式、名目罢了。

那么,长桑君是神仙吗?

要解开长桑君之谜,首先要从他的"物证"开始。"禁方书"是什么?"禁"就是宫廷禁卫,也可以代表宫廷。"方书"就是记载着药方的书,也可以是医学书的统称。长桑君带着宫廷的秘方,他应该是一个官医。《左传》里记载了几位医生的事迹,有不记名字的齐医、楚医,也有记名字的晋国的医衍、秦国的医缓、医和等等,都是官医,却没有见到民间私人医生的记载。

从《周礼》来看,先秦时代的医生,基本上都是官医,有位有禄,每年都有业务考核。《国语·晋语》记载,公元前541年,医和就明确地说,医生本来就是国家的官吏,所以有"上医医国"的说法。官医经常在国君的左右,国君的健康问题是国家的最高机密,所以,医方也可以叫禁方。

作为官医的长桑君,为什么往来十多年,要经常住秦越人开的旅店呢?

根据清代的河北省《任丘县志》记载,长桑君墓在郑州镇,长桑君应该是当地人。他或者作为一个宫廷御医,回家省亲,或者休假,要路过扁鹊的旅店;也许他因为医术高明,经常往来于诸侯之间;也许他发现了一个医学传人秦越人,而一次一次地"借故"住在秦越人的店里。总之,十余年之间,他经常出入秦越人的小旅社。

春秋战国时期的郑州镇,是燕国与齐国、晋国的交界地带,北临白洋淀,南靠黄河的几条支脉"九河",经济发达,交通便利,商贸繁荣。《史记·赵世家》说赵简子是一个大土地所有者,领地与诸侯不相上下。明代的《河间府志》说,晋国大臣赵简子管辖着这一带的土地。秦越人30岁之前就在镇上的旅社里任社长,一干就是十年。

秦越人为什么不趁着年轻出去周游世界、闯荡江湖?或者凭借着年轻有才,到当时的赵简子手下,谋个一官半职呢?当时的孔夫子,因为受挫于列国,就想去找专权的赵简子,走到黄河边上,因故而返回了鲁国。

聪慧过人的秦越人,他之所以在一个小旅社里坚守十年之久,极有可能是因为一直在自学长桑君给他的医书,研究医术,只是外人不知内情,他也不便于向外人解释,才形成了他"一夜成名"的传奇经历。

还有一个问题,那就是长桑君从怀里掏出来的药,是仙药吗?为什么要用上池水煎服?笔者认为,这只是扁鹊故事的表面现象,要解开这个谜团,必须结合历史文化,探索其可能的真实过程。

扁鹊的时代,人们对于许多事情的看法,都愿意相信与神灵有关。人们普遍认为君权是神授的,医术也应当是神仙传给的。当时也是医巫难分高下的时代。国君看病,既让巫师占卜,也请医生诊治。《左传》记载,医缓为晋景公诊断膏肓之病的时候,晋景公就既请桑田巫占梦,也让秦国的医缓诊断。

医生以治病救命为天职,只有爱心而不聪明善思不行;只专注谋利,私心太重,也不是优秀医生的合格人选。正所谓"得其人不教,是谓失道;教非其人,漫泄天宝"。

旅社是一个服务机构,来往人员三六九等,脾气性格各有区别,在秦越人的小旅社里,人们都能感受到宾至如归的热情。这充分说明了他品格出众,与人为善,充满爱心。机智好学的秦越人,与长桑君越谈越投机,打动了他那久经世故的心。医学知识的学习与积累,都需要较深的文化基础,一般人难于成为好医生。秦越人在旅社任职,经常接触过往的官宦大夫,有学习文化知识的条件,求教之中认识了医学家长桑君。

在与长桑君的座谈之中,他往来治病救人,一次次充满挑战的诊疗经历,一个个起死回生的动人故事,深深地打动了秦越人年轻的心。秦越人暗下决心,拜长桑君为师,学习治病救人的"活人之术"。经过几年的深入考察,长桑君终于同意了他的请求,把自己掌握的医学知识,毫无保留地传授给了秦越人。秦越人一边继续开旅店,一边挤时间记医方、记药性、记病证、记医理,逐渐把"禁方书"里的内容,全都熟记在心,融会贯通了。

长桑君为了考验秦越人的医术,允许他开始为人治病,进行医疗实践。

医生、医术向来是"王官之一守",是国家垄断的知识产权,官医手里的医药方书是不能随意泄露的。为了避免泄露"禁方书"的处罚,长桑君从此销声匿迹了,不再来往于秦越人的旅社了。这就是人们说长桑君"忽然不见,殆非人也"的猜想,也许这才是历史的本来真相。秦越人长达十年的刻苦学习,被人们误作"一夜成名"。隐秘地"师徒传授",也被人们误以为是"神仙传授"。

因此,所谓"怀中药""上池水",也许就是人们附会的故事。

《史记·扁鹊仓公列传》说,秦越人自从吃了长桑君给他的怀中药,就能"见垣一方人",可以隔墙见物,用这样的"洞察力"诊病,自然可以"尽见五脏症结"。那么,秦越人隔垣见物的"特异功能"是真的吗? 笔者以为,这也是不解内情的人们做出的一种猜想。"透视功能"是只有自己知道,而别人难于发现的事情,秦越人自己不说,别人是不会知道的。秦越人是一个到处张扬、炫耀自己的人吗? 这是不太可能的。

人们不了解秦越人十年的勤学苦练,而是只见他"一夜成名",从一个开了十年旅社的社长,一下子成了治病救人的高手。他能准确判断病情,恰似能看清内脏的病变。这除了神仙能够做到之外,一般人是不可想象的。所以,人们就传说秦越人,得到神仙高人的指点,"饮用了无根的上池水",忽然之间"开了天目",能看见隔壁房间的人和物。

其实,秦越人诊治疾病,不是靠特异功能,而是靠望诊、闻诊、问诊、切脉,他把这几种方法,反复揣摩,细心观察总结,深入分析其中的道理,然后综合运用。他或者单用其中的一种方法,或者几种方法联合起来应用,就能够准确地判断病情,说出疾病的轻重,判断患者预后的吉凶。由于诊断水平高超,就好像具有透视功能一样。

在那样的条件下,扁鹊为什么能闻名天下? 这也与秦越人的不同经历有关。

《汉书·艺文志》说:"方技者,皆生生之具,王官之一守也。"扁鹊之前的医学家,都是宫廷御医,有职位,有俸禄。官医同时也受限制,不能随便外出看病,不能随便招收徒弟,不能随意著书立说。他们服务的对象是王侯、官宦,施展技术要受很多因素制约,医术提高缓慢,对于世人的影响也有限。

秦越人靠着过硬的技术,多次挽救了病人的生命,尤其是被赵氏尊称为"扁鹊"之后,名声大振,遐迩传诵,请他治病的患者,络绎不绝。他经常足未着家,又被人接走,数年之间,就"名闻天下"了。

扁鹊是称号,命名缘由不简单

《史记·扁鹊仓公列传》说秦越人"为医,或在齐,或在赵。在赵者,名扁鹊。"他在赵地被称为扁鹊,也是与当时的历史文化有关。赵人的祖先中衍氏,长的模样"人面鸟身","鸟身人言",像是一个神鸟的化身,所以赵氏以鸟为图腾。他们把秦越人称为扁鹊,既是对于秦越人的一种依托,也是一种敬爱之意,把他神化为翩翩飞舞、逢凶化吉、传播喜讯佳音的神鸟喜鹊。

从王公大人,到普通百姓,扁鹊秦越人"有医无类",谁有病患,他都热心救治。对于不了解他的患者,他总是耐心说服,以治病救人为天职,不辞辛劳,远走天涯。他行医的地域十分广阔,从今天的河北省,逐渐行医到山东省,再到山西省,河南省、陕西省的广大地区都留下了他的足迹。他治病救人的传说,至今仍然流传民间,十几处纪念他的墓庙现存于世。

有大量的证据说明,扁鹊是我国历史上第一位民间医生。

人们不禁要问,扁鹊的名称是怎样来的? 这背后也有很深的历史文化原因。

扁鹊是春秋末年的一位医学家,他的名字叫"秦越人",这是司马迁和他之前韩婴的《韩诗外传》以及司马迁之后刘向在《说苑》里都认定的事情。至于秦越人为什么又叫"扁鹊",只有司马迁在《史记·扁鹊仓公列传》里简单地说到秦越人"为医或在齐,或在赵。在赵者,名扁鹊。"对于为什么"在赵者名扁鹊",司马迁并没有解释,因此派生出许多说法。

有的说,黄帝时代就有扁鹊,秦越人的事迹与古代的扁鹊很相似,因此就是"扁鹊再世"。因为"一世扁鹊"湮没无考,能够"做实"的扁鹊只有秦越人,所以他就成了唯一的扁鹊。也有的说,秦越人本来就不是一个具体的人物,而是从秦国到越国之间众多医学家的一个代称,秦越人也就是空间上"秦越之间人"的意思,是一个公名而不是私称。也有的说,从周代到秦代前后几百年时间里,所有的名医都可以叫扁鹊,不是一个具体的历史人物。更有人说,扁鹊是"印度进口"的外国医生,或者说扁鹊是"砭石"的代称,或者扁鹊是秦越人行医时高举的招牌,等等,众说不一,颇难取舍。

其实,司马迁对于秦越人名扁鹊之事,进行过考证,这个称号的来源,有着深厚的历史文化原因。前人通过考证,认为"扁鹊就是翩翩飞舞的喜鹊"。近来出土的汉画像石,也提示了扁鹊是神鸟的传说。在东汉年间的墓葬里,有几幅石刻壁画,就画着一个"鸟身人首"的医生,给人诊脉、针灸治病,所以专家认为这就是"扁鹊行医针灸图"。扁鹊被描绘成一个"鸟人"的形象,的确是一种神化,这与当时人们的信仰有关。

为什么会有"鸟人"的信仰? 这个传统说来话长。《诗经·商颂》说:"天命玄鸟,降而生商。"传说商朝的祖先叫契,他母亲简狄吞了燕子的卵而有孕,才降生商的祖先契。《史记·商本纪》就记录了这样的传说。图腾崇拜产生于古代,由来已久,那么,扁鹊时代是否还有这种图腾崇拜现象呢? 我们可以通过考证,加以回答。

《史记·赵世家》记载,赵简子昏睡五天,不省人事,民间医生秦越人被请来诊治。秦越人看过病人之后,就断定他的病情不重,虽然昏迷五天,必定会在今后三天之内醒来,他的根据就是"血脉治也",也就是说,赵简子尽管昏迷五天,但是他的脉搏平稳,气血不乱,尺肤不热,呼吸调匀,因此,秦越人敢于下这样的判断。后来果然如他所预料的那样,过了两天半,赵简子如期醒来。这样的诊断水平震惊了朝野上下,赵简子因此赏赐他四万亩田地,秦越人因此在赵地名声大震,被人们尊为扁鹊。

《史记·赵世家》说,赵简子昏睡醒来之后,自己讲述了一个现代人以为荒谬而古代人以为神奇的美梦。他说,他所以睡了这么几天,是到上天那里去了一趟,天帝让他欣赏音乐。那音乐真是美妙,从来没有听过,令人陶醉无比。正在欣赏音乐的时候,突然出来一只熊,直奔他而来,想要扑杀他。他惊恐万状,焦急莫名。这个时候,天帝给了他一副弓箭,他接过来一箭射死了这只熊。他刚刚坐稳,还没有定下心来,又来了一只熊,要扑杀他。他就又用天帝给他的弓箭,射死了这只熊。天帝很高兴,就牵着一只狗,对他说:"等你的儿子长大了,就把这只狗给他。"并且告诉他,他的后世子孙,将要娶天帝的后代孟姚为妻,而且还要穿胡人的衣服,要改革政治,不坐战车,而是单人骑射。

赵简子的这些"梦境奇遇",被记载于《虞氏春秋》等历史书里,内容不断翻新,时常被人们引用、修改、补充,司马迁引用的时候,已经不是赵简子的史官董安于的"原始记录"了。

那么,扁鹊诊治赵简子的事迹,为何能被记载于史册? 这也事出有因。

诊断赵简予,医生参与大事件

扁鹊诊赵简子故事的实质是一个政治阴谋,而不是一个普通医疗案例。它依托了扁鹊的治疗,又巧妙地利用了这个诊治案例。因为此前,秦穆公曾经得过类似的怪病,也是昏迷五天不知人事,也是到天帝那里去接受密旨。天帝告诉秦穆公,晋国将要发生大乱,而且是"五世不安",让他积极利用这个混乱局面,干预晋国的政治,谋求秦国的利益。这在赵简子时代,是一个"天下人都知道"的病例,《史记·封禅书》就记载说"后世皆曰秦缪公上天",秦缪公就是秦穆公。

赵简子借用秦穆公的病例,上演了一出当时的活报剧,也是迫不得已的。因为赵简子虽然在晋国专断朝政,但是当时晋国有六卿在朝,互相蚕食倾轧,兼并战争时有发生。

公元前497年,赵简子杀了邯郸赵午,激化了六卿之间本来就有的矛盾,一场生死大战即将来临,他的谋臣董安于为了唤起民众,主张"先下手"。赵简子认为不可以先下手,因为晋国的国君与臣下有盟约在先:"首祸者死,为后可也"。并且会盟之后,就把这个盟誓沉到黄河里。"先下手"就在道义上被动了。因此,赵简子与董安于联合演双簧,把不知情的秦越人"装在里边",上演了一出假戏真做"诊治昏迷"的人间喜剧。

秦越人尽管不知赵简子假装昏迷,然而凭借着他高超的诊断技术,就敢断言"不出三日必间"。假如秦越人诊治水平一般,见了如此昏迷五天的患者,不是推脱逃避,也必定会说一句"死马当活马医吧",岂能夸下海口"不出三日必间"?

"扁鹊诊赵简子"所以被记载于史册之中,不是因为赵简子的病重,也不是因为扁鹊的医术高明,而是因为这件事情关系到晋国的安全,关系到赵世家的前途与命运。因为,据说赵简子醒来之后,有神人当道,告诉他"晋国且有大难,主君(赵简子)首之。帝令主君灭二卿,夫熊与罴皆其祖也。"也就是说,赵简子怪病的核心内容,就是宣扬天帝让他"替天行道",消灭以熊和罴为图腾的二卿:范吉射、中行氏荀寅。事情的发展,果然就像赵简子预期的一样,他很快就变被动为主动,代表晋国讨伐二卿,取得了兼并战争的胜利。

经过考证,我们看到"扁鹊诊赵简子"的病案,不断被后人补笔,"添油加醋"。

赵简子的小儿子赵襄子,看到了赵简子怪病可以利用,就在董安于的记录上,增添上对于自己有利的一笔,让天帝把一条狗送给他。这个天帝送狗的寓言,就是预言日后赵襄子的事情:可以兼并以犬为图腾的狄国。赵襄子借这一条记载,为他兼并狄国制造理论根据,也取得了预想的结果。

赵简子的第七世孙赵武灵王,也看到这个寓言式的怪病有可以利用的价值,就学着赵襄子的方法,补笔一段于自己有利的记录:"革政胡服"与"娶孟姚为妻"。赵武灵王是赵世家第一个称王的人，他的决策也必须求得祖先的默许。"扁鹊诊赵简子"的历史记录，在赵武灵王手里，又被"古为今用"了一回。

"扁鹊诊赵简子"经过两次大的补笔之后，太史公司马迁仍然将其看作是很重要的史料，两次加以利用，分别于《史记》之中，写在《赵世家》与《扁鹊仓公列传》里，为我们留下了这段两千五百年前的佳话。

那么，赵人为何要把秦越人称为扁鹊呢？这件事情与赵人的图腾崇拜有关。

原来赵氏与秦国共祖，都是嬴姓，他们的共同祖先叫中衍氏。中衍氏长得模样是"鸟身人言"，或者说中衍氏是人的面孔，而嘴巴像鸟嘴。也就是说，赵人和秦国的祖先中衍氏，是一个神鸟的化身。秦越人往来救人，起死回生，像一个保护神一样，保护着赵氏，也像一个喜鹊一样，到处逢凶化吉，既神秘，又美好。因此，秦越人被赵人爱戴，被赵人崇拜，尊称他为"扁鹊"，而不敢直呼其名秦越人。后来，扁鹊的名字传遍四方，名闻天下，秦越人的本名却不被人们所了解了。因此，扁鹊在虢国自我介绍的时候说"我是渤海边上的秦越人，家在郑州城"，中庶子并不认可秦越人的医术，而是提出来一大堆问题刁难他。

透过围绕着扁鹊的种种迷雾，司马迁告诉我们："扁鹊言医，为方者宗。"医学真正的宗师是扁鹊，而不是传说之中的黄帝。"至今天下言脉者，由扁鹊也。"秦越人不仅开创了脉学，而且能够把不同医学家分别发明的四诊"合参"在一起，进行集成创新，判断病情。

值得提出的是，在古人心里，"脉"就是医学，是全部医学的代称，因此在有的古代著作里，全文没有一个脉字，仍然说是脉书。如《素问·金匮真言论》两次提到"此平人脉法也"，"善为脉者"，但是整篇内容并不讨论脉象如何，也不讨论经脉循行。由此，我们说扁鹊脉学，就是扁鹊医学。

我们不禁要问，司马迁这样高度评价他，扁鹊医学到底达到怎样的水平呢？这需要结合他诊治的病例来进行说明。

抢救虢太子，综合疗法是关键

西汉初年，韩婴写的《韩诗外传》，司马迁的《史记》，都记载了扁鹊诊治虢太子尸厥的病例，并且高度赞扬了扁鹊的医术，说普天之下"尽以扁鹊能生死人"。扁鹊听后，不以为然，他说："越人非能生死人也。此自当生者，越人能使之起耳。"毫无疑问，扁鹊的回答既是客观的，也是谨慎的。尽管人们常说医生"救死扶伤""起死回生"，但是，医生不是神仙，要求医生像神仙一样"能生死人"，就可能因为"期望值过高"而引发医疗纠纷。

在现代的条件之下，一个人真正死了之后，再好的升压药，也不能让人血压升起来了，再无菌的缝合操作，伤口也不能长上。在两千五百多年前的古代，扁鹊是以怎样的救治措施，让人们认为他"能生死人"的呢？

扁鹊带领子同、子明、子游、子仪、子越五位弟子行医治病，来到了虢国，正巧赶上了众人都在做祈祷，祈求昏死过去的太子，能够苏醒过来，恢复健康。祈祷的规模之大，造成举国不安。

扁鹊一行人来到虢国宫门之前，本来想着立即进宫，去为太子治疗疾病，没有想到遭受冷落、盘问与刁难，一颗热心被浇了一瓢冷水。爱好医术的中庶子说："我听说，上古的时候有一位神医叫茅父，他治疗疾病很神奇，在草席上，摆设出用茅草扎制的神物，然后诚心敬意，面北背南，顶礼膜拜，向着这个神物念咒语，用不了念十声，各位搀扶而来的患者，都能立即变成健康人。你的医术有这样高明吗？"扁鹊说："没有。"

中庶子眼珠一转，看了看扁鹊，又说："我听说，中古的时候有一位名医叫俞跗，俞跗治病的时候，能够用手搐病人的脑髓，抓病人的肓膜，吹开病人的九窍，安定病人的经络，让死过去的病人复生。你的医术有这样高明吗？"扁鹊说："没有。"

中庶子说的这两位传说之中的神医，都含有巫师作法的意味，而不像是真实的历史事件。然而，少见多怪的他，瞥了一眼扁鹊，不屑地说："我们治疗了一个上午，也没有什么起色。你的技术这么差，能有什么作为呢？你如此低下的技术水平，有什么把握说能治疗太子的病？简直是痴人说梦，连小孩子都骗不了！"

扁鹊遇到如此的刁难，不免仰天长叹一声："你太不了解我了！这就好像用竹管看天空，想了解的东西很大，而能见到的太小；又好像用锥子刺大地，想刺的东西那么广阔，而所能刺到的地方是如此狭小！我行医四方，见过、治过许多这样的病人。你们太子的病叫作尸厥，这是内在的阴气不能向外发散，在外的阳气不能向里回归，气血不能循环，表里不能沟通，上下不能升降造成的。如果你不信，你可以到里边看一看太子，摸一摸太子的大腿，应当是温暖的；仔细听一听太子的鼻息，或者用一缕毛发测验一下，他应当还有微弱的气息。如果是这样，就有生还的可能！"

扁鹊的话，义正词严，闪烁着医学道理的光辉。中庶子听完，舌头一吐，着实吃了一惊，匆匆地进了宫。

中庶子按照扁鹊所说，在虢太子身上一试验，果然如扁鹊所料！他慌忙报告虢君。虢君一听，先是一愣，然后回过神来，没等中庶子说完，站起身来就往外跑，鞋子都没有来得及穿，他恐怕这位过路的高明医生，一气而走，太子的病就没救了。

国君一路小跑，也顾不得君臣礼仪，走到扁鹊的面前，慌忙施礼："先生幸临小国！寡人幸甚！您一定救救我的孩子。如果没有您的救治，他就要弃捐沟壑，化为粪土。我就这么一位贤能的儿子啊！他的命——"国君言语未了，已经泣不成声，鼻涕眼泪流得一塌糊涂。

扁鹊

扁鹊师徒几人二话没说，赶忙进宫急救。他们一起来到太子的病榻旁边，经过简单的诊察，立即取出治病的工具，大家一起忙了起来：扁鹊一边进针，一边让弟子准备艾灸，紧接着吩咐煎煮汤药。子同在一旁捣药，子明忙着按穴位施灸法，子游顺着经络按摩，子仪复苏虢太子的神志，子越舒展虢太子的肢体。

虢太子经过一番治疗，慢慢睁开了眼睛，他被眼前忙乱的一切弄糊涂了："你们这是做什么?! 我怎么了?"

虢君看到太子转危为安，破涕为笑，大声说:"我的儿啊! 你可吓死我了! 你快谢谢扁鹊先生吧，如果不是他和他的弟子们，你的性命就难说了! 他可是你的再生父母哇!"言语之间，虢君又是泪流满面。

虢太子深为感动，欲强行下榻行礼，被扁鹊等人阻止。

经过半月的治疗，太子已经逐渐康复，扁鹊告辞时，太子留恋不舍，称其为恩人、再生父母，一定要跟随扁鹊学习养生治病的医学。

众人挽留，依依不舍，都称扁鹊能"生死人"，也就是能够让死去的人活过来。"起死回生"的成语就是从这里来的。

扁鹊面对众人的赞誉，坦荡而真诚地说:"我秦越人不能让死人复生! 只能帮助病人恢复健康。虢太子本来就是能够恢复的病例，我不过尽了一个医生应当尽的责任而已! 话说回来，如果再耽搁得久一些，病情再加重一些，就将'不可救药'，我也就无能为力了。有病还是要早些治疗，才能抓住时机，取得良好的效果啊!"

虢太子经过服用扁鹊开具的药物，身体逐渐复原，此时，一个念头渐渐在心中坚定下来:找扁鹊去，他是自己的再生父母! 荣华富贵，不过是过眼烟云;救死扶伤，才是不朽的神圣事业。

经过长途跋涉，虢太子一行人来到了河北省内丘县(当时称"中丘")。他听说，扁鹊就在附近为人治病，于是就派人前去打听。虢太子是大病初愈的人，长途的跋涉已经使他体力耗损大半，他只好停下来等待扁鹊的消息，内丘县此地因此得名"且停"，后来人们立寺其地，纪念虢太子的到来，因此得名"且停寺"。

精诚所至，金石为开。虢太子终于见到了他日思夜想的救命恩人扁鹊。扁鹊也被太子的执着所感动，破例收下了这个"高贵的弟子"。

虢太子来到扁鹊身边，他体验到了一个民间医生的辛苦之后，他能吃得下这份辛苦吗? 能为之奋斗终生吗?

因此，我们在内丘县神头乡，听到"虢太子采药处"之后，很自然地就听到了"虢太子忧心岩"的地名。

那么，虢太子因何而忧? 因为离开的父母? 因为舍弃的富贵生活? 还是为了人民大众的缺医少药? 还是为了医疗技术的进步?

我们的确猜不透虢太子的心情，但是，他既然舍弃了荣华富贵，既然来到了扁鹊身边，那他所忧虑的就不应该是个人的得失，而应当是与扁鹊一样，忧虑"人之病病疾多，医之病病道少"吧?

尽管扁鹊医术高明，但是他也难救不信任他的患者。这件事韩非子说过，司马迁也相信是一个真实的故事。

望诊齐桓侯，治病救人也需缘

《黄帝内经》说:"上工治未病。"也就是高明的医生，不是等到疾病已经形成之后才

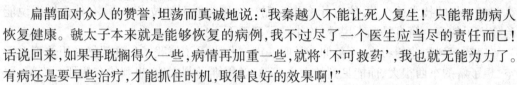

諸子百家——医家

开始治疗,而应该是在疾病的早期,病灶还没有形成之前,就进行治疗。治疗关口提前,这既是患者给予医生进行治疗、施展才华的机会,也是使自己恢复健康、获得重生的正确抉择。这样的机会,并不是人人都能抓得住的,桓侯就是最典型的例子。

扁鹊诊断桓侯的疾病,最早记载于《韩非子·喻老》。《史记·扁鹊仓公列传》所记略有不同,司马迁说:"扁鹊过齐,齐桓侯客待之。"也就是说,扁鹊到齐国行医治病,得到了齐国最高领导者的支持与欢迎,他甚至成了齐侯的座上客。他所以成为齐侯的客人,完全是因为他技术高明,医德高尚,而不是因为其他。由于扁鹊长期在齐国的卢地行医,因此被人们称为"卢医"。

齐侯宴请群臣,扁鹊随众人入内,立足未稳的时候,却发生了一段本不该发生的故事。扁鹊尽管是齐桓侯请来的客人,但是出于朋友般的关心,和对于齐侯盛情的报答,以及治病救人崇高的责任心,使扁鹊做出了一个令人意想不到的事情:双方略做寒暄,扁鹊看到齐侯的神色上已经有了疾病的征兆,他顾不了多想,当着众人的面,就立即毫无避讳地说:"君主,您有病啊!"

一石激起千层浪,扁鹊的话音刚出口,立即引起众人关注的目光。由于扁鹊的盛名,也由于齐侯的地位,这一诊断充满了风险,关系到齐国政局的安危。

国君是一个国家的主宰,古人甚至说"国不可一日无君"。一国之君患病,其影响是不言而喻的,尤其是在古代医疗条件比较低下的时候。殷墟甲骨文中,就记载了大量的占病记录,其中充满了古代帝王对于患病的恐惧,以及对于疾病痊愈的期待。在某种意义上说,国君的病是一个国家的"最高机密"。

扁鹊看到众人关切的目光,看到齐侯不知所措的眼神,立即解释说:"您的病现在还比较轻浅,只是位于皮肤、肌肉之间,很容易治好。但是,不抓紧治疗的话,就有可能逐渐加深,造成不良后果。"

听了扁鹊的话,齐桓侯不信任地瞥了一眼,故意大声地说:"寡人没有病!"继续宴请宾客,不再理会扁鹊。

扁鹊见自己的一片好意,换来的是齐侯的不解、众人的轻蔑,他知趣地退了出去。

齐侯望着扁鹊离开的身影,大声地对朝臣们说:"医生之中,贪财好利的人不少啊,扁鹊竟然也不能免俗!只想着捞取钱财,就不择手段,把没病的人说成是有病的人,这样一来,不就更容易赚取更多的外快了吗!"

众人听见齐侯这样说,都随声附和起来:"是啊!""您真是英明"!"明察秋毫啊!"

扁鹊诊断齐桓侯有病,而齐侯矢口否认的事情,很快就在齐国传开了。扁鹊感到了空前的压力,难道我的诊断错了吗?他仔细回忆了以往的资料,和大量诊治过的相同患者,结合齐侯的精神、气色表现,他坚信自己的诊断不会错。

过了几天,扁鹊接到齐侯的邀请,再一次赴宴。

齐侯也想修复与扁鹊的关系,他认为,扁鹊虽然有贪财的嫌疑,但他从遥远的地方来到举目无亲的齐国,治病救人,的确事迹不凡,值得敬佩,因此再一次发出了邀请,让扁鹊入宫来见。

扁鹊见到了齐侯,望着他因为疾病而不断加深的病色,充满关心地说:"尊敬的国君,根据我多年的诊断经验,您的确有病。现在已经逐渐深入到了血脉,比几天以前已经加重了。如果不积极进行治疗,将会造成严重的后果。"

齐侯深吸了一口气,对扁鹊说:"寡人没有任何不舒服的感觉,没有病!"齐侯的脸色一沉,眉头一皱,立即增添了不高兴的表情。

扁鹊觉得自己的话也许有些太直了,一国之君,不愿意承认自己有病。他见话不投机,只好告辞出来。

又过了几天,扁鹊因为其他的宫中人员有病,来到齐侯的宫内,见到了齐君。远远望去,齐侯的病又加重了不少,因此顾不了许多,再一次提出来:"尊敬的国君,您的病又加深了,已经到了体内的肠胃之间,可以治疗的机会已经不多了,必须抓紧啊!"

齐侯听了扁鹊的话,心中除了鄙夷,就是愤恨。哼,寡人一点不舒服的感觉也没有,能吃能喝,什么"病已经到了胃肠"?!看来扁鹊的医术,也不过如此啊!听了扁鹊的话,齐侯假装没有听见,根本置之不理,不再向他解释什么。

扁鹊走后,齐侯越想越不是滋味。"我明明没有病,扁鹊却一再说我有病。人们都说他救死扶伤,医德高尚,为什么我看到的,亲身经历的,是这样的情况呢?难道,扁鹊是那种很会隐藏的骗子?他的名声都是用这么不光彩的手段赢得的吗?"齐侯越想越气,一定要亲自揭开他的骗局,把他的拙劣伎俩公之于众,让他在齐国没有市场。或把他绳之以法,治罪法办;或者赶出齐国去,让天下人都耻笑他。

齐侯主意一定,过了几天,又给扁鹊发了邀请:"让他入宫来见"。

扁鹊接到齐侯的邀请,心中充满喜悦,他想:齐侯果然被我的执着感动了,想接受治疗了!可是,现在齐侯的病情也不知道怎样了,还可以取得疗效吗?

扁鹊怀着一颗忐忑不安的心,跟着使臣一路行走,来到齐国的大殿上,心中充满疑惑。他以为齐侯应当在后宫等他治疗,怎么把他直接领到了前殿?

齐侯盛妆在朝,居高临下,正等着发问,要看扁鹊的笑话,看他的表演伎俩。没想到的是,扁鹊似乎有所察觉,只是远远地望见了齐侯,还没有像往常那样开口说"君有疾——",就一步一步地向后退去,很快就不见了扁鹊的身影。

齐侯远远地望见这一不同寻常的一幕,很是纳闷:扁鹊的花招还真不少!怎么不开口就走了?寡人要看看他的葫芦里,到底卖的什么药!

齐侯立即派人尾随扁鹊,前去查看。那人换了一身便装,来到了扁鹊的住处,只见扁鹊正在收拾行李,马上就要出门的样子。

那人对于扁鹊还是比较敬重的,他上前说:"扁鹊先生,听说国君请您赴宴、诊病,怎么您一露面就开溜了?难道忘了带上治病的东西?"

扁鹊长叹一声,见来人没有敌意,就语重心长地说:"医生以治病救命为天职,何况齐侯是我客居国的国君。他这样器重我,几次请我赴宴,我不能为了讨他的欢心而说假话!我虽然对齐国的人民充满了感情,相处得很好,但是,齐侯的病,唉!怎么说呢,我不敢说了,还是不说了吧。我,我出来的时间已经很久了,我要回老家去看看。"

来人见扁鹊欲言又止,已经猜测出他难言的背后必有苦衷,因此,苦苦相求,要求扁鹊一定要把真实的想法告诉他。

诸子百家——医家

扁鹊见来人能够真诚相待,愿意虚心听取他的诊断意见,深深触动了他的侧隐之心,他本着医生治病救人的崇高精神,说出了他行医多年的深切感受——"病有六不治"。

扁鹊长长地出了一口气,深情地说:人得病之后,有六种情况不好给予治疗:

第一是骄横恣肆、不讲道理的人,不好给予治疗。

第二是过分看重钱财,不珍惜生命的人,不好治疗。

第三是穿衣饮食、起居劳作不能按照医生的嘱咐去做的人,也是不容易取得好的效果。

第四是病人的阴气、阳气不平衡,一方过于偏盛,或者五脏之间不平衡,已经达到了十分严重的程度,不容易治疗。

第五是病人的身体极度虚弱,又不能够服药,这样的病人,不容易取得疗效。

第六种情况是,病人只信任巫医巫术,不信任真正的医生,不容易治疗。

扁鹊说,有上述六种情况之中的一种,就难于治疗了。有的患者同时具有几种难治的因素,怎能可望取得好的治疗效果呢?

齐侯的使者听了扁鹊的话,不由得担心起来:"扁鹊先生,照您的看法,我们君主的病,您不准备给他治疗了?"

扁鹊看了一眼来人,动情地说:"医生治疗疾病,成功的关键在于选择治疗的时机。如果疾病初起,邪气位于体表、肌肉的时候,服些汤药进行发散,或者按摩热敷,通过让病人出汗,就可以排出邪气,治愈疾病;如果疾病已经进入血脉之中,可以使用针刺、砭割的治疗方法,也能治疗成功;再进一步,疾病深入到体内的肠胃之中,可以用药酒、汤药,使病人通过泻下秽浊,也可以治好疾病;如果病邪深入到内脏,进入到骨髓,邪气已经没有出路,体质已经败坏到不可救药,即他再高明的医生,甚至掌握着人们命运的神仙,也是没有办法的。你们齐侯错过了治疗的最佳时机,我已经没有办法治疗了,所以就不再说什么了。"

齐侯的使者闻听此言,仍不甘心:"扁鹊先生,真的不能再想一些办法了吗?"

扁鹊说:"世界上的人们都嫌疾病多,都说疾病不好治疗,经常为此而苦恼;而医生苦恼的是,治疗疾病的办法太少了。弥合两者的方法,就是要经常注意自己的身体,无病防病,有病早治,这样才能治好疾病,保证长寿啊!"

扁鹊的肺腑之言,与他长期治病行医的曲折经历是分不开的。

可惜的是,齐侯听不进扁鹊的劝告,不相信扁鹊的先见之明,在接下来的几天之内,体内的疾病终于爆发了,等到他感觉到痛苦,去请扁鹊的时候,扁鹊已经离开了齐国,齐侯因为疾病而去世。

《史记》说,扁鹊过洛阳,知道当地有尊敬老人的习惯,就开创了老年病专科,诊治耳聋眼花、关节病;来到邯郸,知道当地敬爱妇女,就做了妇科医生,擅长治疗带下病;到了咸阳,知道当地格外保护儿童,就做了儿科医生。他能够"随俗为变",有医无类,一切为了患者的利益。

医生看水平，要凭能否治未病

《鹖冠子·世贤》说魏文侯曾经与扁鹊讨论医术水平的高低。魏文侯在位的时间是公元前445~前396年。

魏文侯说："听说扁鹊先生有兄弟三人，都是医生，那么，谁的医术水平最高呢?"扁鹊回答说："大哥的水平最高，二哥的水平稍差一些，我的水平最低。"

魏文侯说："这是怎么说的呢，都传说你的水平最高，你的评价标准是什么?"

中医水平高低的评价问题，在先秦时期就有标准，而且是确定医生俸禄的主要依据。《周礼》说："十全为上，十失一次之，十失二次之，十失三次之，十失四为下。"也就是说，治疗的效果，如果是全部治疗有效，就是最高的水平，治疗失误达到40%，就是下等水平的医生。扁鹊是怎样评价医生的水平的观点，与当时的流行做法并不相同。

扁鹊说："我大哥看病，最擅长望诊，善于观察病人的精神气色，他能看到疾病的细微病理变化，在还没有形成病灶的时候，就发现了疾病，治愈了疾病。所以，治疗的时机最早，疗效最好。但是，人们不太承认他的远见卓识、见微知著，因此他的名声不能远扬，只有家族里的人们才找他治病。二哥治疗疾病的特点是，疾病在皮肤阶段，还没深入发展到体内，病情表浅的时候，就能诊断出来。然而，人们误以为他只会治疗皮肤病，所以他的名声也不大，也就是在乡里才有人知道。"

魏文侯不住地点头，等着扁鹊往下说。

扁鹊停顿了一下，无奈地说："我治疗疾病的情况不一样，我碰到的都是疾病到了血脉之后的患者，多属于病情很严重的患者，因此，我治疗的时候，必须使用具有毒性的药物，以毒攻毒，或者使用手术的方法，切开皮肤，割破血脉放出脓血，才能见到效果。由于我治疗的病人病情危重，治病的场面又是如此的惨不忍睹，因此，我的名声也就在各个诸侯国之间传开了。"

魏文侯说："你说得很有道理。如果当年管仲当宰相，在治理齐国的时候，也是只靠刀斧刑具，那么，齐桓公还能成为九合诸侯、一匡天下的明主吗?!"

我们不能完全相信其中记载的人物事件，但它耐人寻味。这则故事的宗旨，是为了宣扬中医治疗未病的思想，也说明扁鹊本人重视"治未病"，并不是希望"生死人"，起死回生，是不得已而为之。扁鹊的这一思想对后世有很深的影响，《黄帝内经》也有类似的论述。

秦武王有病，不能信任好医生

秦武王公元前310年~前307年在位，《史记·秦本纪》说他是秦惠文王的儿子，在公元前的秦武王四年，"王与孟说举鼎，绝膑，八月武王死"。看来武王是因为外伤而导致了死亡。但是，《战国策》所说的扁鹊给他诊治的却不是外伤病。

《战国策·秦策二》说，扁鹊从遥远的东方行医来到秦国，秦武王就把他请去招待他。

席间扁鹊看见秦武王的面部长了一个肿物，很是不好受。扁鹊不住地望着秦武王，秦武王毫不掩饰地说："扁鹊先生，你看我这个肿块，长在面部，已经许多天了。恰巧你路过这里，是否可以给我去掉呢？"

扁鹊说："您这个肿物，应该只是一个脓包。我用手术的方法，可以给您治好。"

这时，武王左右的大臣出来阻拦。他们议论纷纷，都说武王的病长在脸上，而且离眼睛、耳朵很近，扁鹊未必能治得好。在这个部位做手术多么危险啊！弄不好的话，就会造成耳聋，或者会引起失明。

大臣们的议论，动摇了武王的信心。他后悔不该轻易地请扁鹊治疗，现在怎么办呢？扁鹊已经在准备手术，许多医疗器械也从包裹里拿了出来。

武王让人把扁鹊叫了过来，他吞吞吐吐地说："扁鹊先生，还有其他的方法吗？我的爱卿们都说，这样的手术风险太大，治疗下去不一定有好的结果，而且有可能会因此而失明、耳聋，那可就太不合算了。我不打算接受你的手术了，你看来日再说怎样？"

在是否采用手术的时候，病人往往会有所犹豫，有可能因为担心而不愿用手术治疗。医学家在这种时刻，应当采用什么态度，如何与患者沟通，的确是需要斟酌的。扁鹊是怎样做的呢？

《战国策》说，扁鹊一听武王产生了犹豫的想法，动摇了进行手术的决心，就反复给武王解释积极手术的重要性，不及时进行治疗的危害性，武王仍然下不了决心。扁鹊生气地扔下了治病的砭石，不满地说："您与医学家商量好的事情，却能被不懂医学的亲信们给动摇、破坏，可见您这个人缺乏主见。假如在政治上也这样做，就有可能一举失误而亡国！"

这则故事出于战国策士之口，它的主要宗旨，不是宣扬扁鹊的医术如何高明，主要是说秦武王不能知人善任。当然，武王的犹豫心理，现今人们在采取风险手术的时候，也还会发生。这个时候，医生与患者之间如何沟通，如何处理，如何尊重患者的知情权，又能使医学这个高风险的活动对患者有利，是很值得进一步深入研究的。

说到这则故事的不太可信的地方，一是扁鹊的言辞、态度，与他过去的或者其他史料记载的做法不太相符；第二就是扁鹊对武王的称呼是"君"，而不是"大王""王"，武王左右大臣对武王的称呼，也称其为"君"，而不称其为"王"或者"大王"，这是明显不符合战国时期惯例的，也是不可能发生的。因此这则记载，在时代背景、在年代关系上，是有许多疑点，难以采信为史料的。

我们只能吸取其中有益的部分，对于不恰当的、错误的地方，可以存疑待考。

那么，扁鹊是善于外科手术的医学家呢？

扁鹊作为春秋末期的医学家，其是否做过手术，手术的难易程度如何，都是先秦医学史的重要问题。从许多先秦、秦汉文献记载来看，扁鹊不但精于内科、妇科、儿科、老年病、骨关节病的治疗，而且他也开展了不少外科手术的探索，甚至到了今天看来都不可思议的地步。

《韩非子·安危》说："闻古扁鹊之治其病也，以刀刺骨，故甚病之人，利在忍痛"。也就是说，扁鹊能"以刀刺骨"，善于开展外科治疗。

《战国策·韩策三》说:"人之所以善扁鹊者,为有痈脓,使善扁鹊而无痈脓也,则人莫为之也"。

还有许多记载,都提到扁鹊可以开展外科治疗。

换心大手术,古人理想乃科幻

《列子·汤问》记载了扁鹊为两个人互换心脏手术的事。

《列子》说,鲁公扈、赵齐婴两个人有病,都来找扁鹊诊治。扁鹊为他们治疗之后,都得到了痊愈。然而,扁鹊的治疗,并未到此结束,他提出了一个更为大胆、更"彻底"的治疗方案。

扁鹊说:"你们过去所患的疾病,都是外来的,从外向里,影响内在的脏腑,所以可以应用药物、针石治疗,能够治愈。你们还都有一种疾病,与生俱来,逐渐长大,影响深远。现在为你们治疗,去除这个顽疾,你们看如何?"

两人互相看了一眼,都感觉很意外,就吞吞吐吐地说:"是否请您先说一说,治疗之后的效果如何,我们再做决定可以吗?"

扁鹊对鲁公扈说:"你的意志耐力很好,但是遇事决断力不够,所以经常是有余于谋虑,而不足于决断,丧失了很多机会"。一席话说得鲁公扈心服口服,不住地点头。

扁鹊转身对赵齐婴说:"你的思虑谋略虽差,却长于决断,敢做敢当,所以很多时候,缺少思考而盲目行动,也就是人们常说的有勇无谋"。赵齐婴一听,连声称是:"您说得太对了! 我们怎么做才能扬长避短,智勇双全呢?"

扁鹊顿了一顿,说:"治疗的方法,只有让你们两人互换心脏,这样就可以改变你们的性格,弥补缺憾,成为非常优秀的人。"

鲁、赵二人一听,都感觉扁鹊说的有道理,决定接受这个手术。

《列子》说:"扁鹊遂饮二人毒酒,迷死三日,剖胸探心,易而置之,投以神药,既寤如初。"

也就是说,扁鹊使用了药物麻醉方法,麻醉的时间长达三天,可见手术的"难度"是相当复杂的。扁鹊的药物麻醉,比华佗的"麻沸散"药物麻醉早七百多年,是世界最早的"药物麻醉记录"。扁鹊"剖胸探心"手术的难度,也超越了华佗的腹部手术;当然"易而置之"的换心术,也是人类最早的"科学幻想",今天还做不到。它的手术效果,现在看来也是难于达到的。

做过互换心脏手术的鲁公扈、赵齐婴,二个人高高兴兴地回了家。可是没有想到惹出了大乱子。

原来,中医认为人的神志精神活动,虽然与五脏有关,但主要为心所主宰。孟子说"心之官则思",就是这个意思。在中华文化里,几乎所有与思想、精神有关的汉字,都带着心字的偏旁。

鲁公扈、赵齐婴二人互换心脏之后,鲁公扈的心脏连同他的思想,一起都移植到了赵齐婴的身体里,鲁公扈的身体里装着的则是赵齐婴心脏与思想。因此,很自然地,鲁公扈走到了赵齐婴的家里，希望开始新的生活；赵齐婴也很自然地走进了鲁公扈的家，希望与他的家人一起重新生活。不知道原委的两家人，都不干了，都不欢迎这位"新来的生人"，任凭他如何解释都不起作用，二人只好分别去找扁鹊。在扁鹊那里，鲁公扈、赵齐婴的家人得到了圆满的解释，高高兴兴地领着"新人"回了家。

可是，我们的疑问却来了：扁鹊互换心脏的手术可信吗？

按说，春秋时期的医疗技术，为人互换心脏是难以做到的；即使是互换了心脏，也不会鲁与赵互换思想；即使是互换了思想，如果有"刀疤"为证，也不必去找扁鹊做证明。显然这是一则寓言而非事实，这与愚公移山的故事一样，是古代人们美好的愿望。可巧的是，这样奇妙的两则故事，都出自《列子·汤问》。

如果说，扁鹊为人互换心脏不可能做到的话，在河北省内丘县的神头村的山沟里，至今还流传着扁鹊为人做手术的"洗肠沟""捞肠沟"的故事。

故事说，扁鹊在为人做手术的时候，把切下来的肠子，用流水冲洗，希望洗干净之后再装回去。但是，水流太急了，肠子被水冲跑了。情急之下，扁鹊急忙顺流而下，在下游的另一条沟里，把冲跑的肠子找了回来，把它重新安装到病人的腹腔里，救活了病人。

这显然也属于寓言故事，而不像是事实。当时，由于战乱、外伤，出现腹部的大伤口是有可能的，进行缝合、修补也是有可能的。华佗所做的腹部手术，也许是缝合之类的手术。肠子破了之后，进行腹腔清洗，虽然困难，也不是不可以做到的。但是，把肠子完全摘除出来，经过清洗之后再装回去，现在也不一定能够做到，在扁鹊的时代，也只能是美好的愿望。然而，今天的异体器官移植已经成功，这不能不说我们的古人敢于想象，而且反映了他们对于医学的期待，对于中华精妙医术的渴望是多么强烈！

生气能治病，情绪相克巧利用

中医学一向提倡仁心仁术，不仅留下了很多治病救人的美谈，有的时候医生为了救人要冒很大的风险，甚至要赔上自己的性命。战国时期的名医文挚就是这样一位医生。这件事记载于《吕氏春秋》之中，它的出现与中医关于"七情"之间互相制约的理论有关系。

中医学认为，心主神明，五脏之中的其他四脏，也不同程度地主宰精神思维活动。

比如，中医认为"肺藏魄"，我们说这个人有魄力，或者说那个人缺乏气魄，这就是来自中医学的认识。中医认为，肺主气，司呼吸。气是人体活动的动力，也是血液运行的动力，没有气的参与，各种生理机能都不可能实现。肺气强盛，气就强盛，人才能有气魄，有魄力。

肝藏血，血藏魂。肝血充足，人就机灵，多智谋；肝血不足，人体不仅筋骨无力，而且灵魂不活，缺乏智慧。

脾主运化，藏思虑。脾的运化功能健壮，人的思虑就容易深入，谋略高妙；脾的运化功能差，消化吸收不好，天长日久，就会影响一个人的思虑过程，就不能有好的谋划举措。

肾藏精，也藏志，志就是记忆。一个人有很好的记忆能力，与它的肾藏精的功能是分不开的。肾精能够化生肾气,"肾受五脏六腑之精而藏之",并且"肾主骨,生髓,通于脑"。可见,肾精、肾气反映的也是全身的精气储存情况,只有精血充盛,肾气充满,人的记忆能力才能提高。不可想象一个肾气衰微,精血亏虚,生命力极为虚弱的人,可以有好的记忆功能。

正因为中医认为人的精神思维与五脏有关,所以,中医学称五脏为"五神脏"。

一个人如果出现认识、思维、谋虑、记忆、胆识等方面的问题,中医学往往根据不同的表现,分别从不同的内脏入手,进行调理,从而取得良好的效果。现代医学对于精神萎靡、神经衰弱的患者,大多给予维生素、谷维素;精神亢奋、失眠烦躁的病人,基本上都给予镇静安神药。尽管兴奋与镇静的药物,可以安抚许多身心不适的人,但是,也不是包医百病的灵丹妙药。中医的心身医学,有许多内容等待着我们去挖掘、发扬。

比如,中医说,心在志为喜,又说过喜伤心,喜胜悲;肺在志为悲,过悲伤肺,悲胜怒;脾在志为思,过思伤脾,思胜恐;肝在志为怒,大怒伤肝,怒胜思。

也就是说,喜、怒、忧、思、悲、恐、惊是人的正常情绪,但是,不能太过分。如果放任任何一种情绪滋长,就会产生疾病。

不同的心理疾病,可以用不同的情感来治疗,这一有针对性的心理情绪治疗,现在还没有引起医学界的重视。现代医学还沉浸在弗洛伊德的精神分析法里,把许多问题都归结为"恋母情结""恋父情结",甚至把性的因素无限扩展,试图以此解决一切心理问题,这不是中国的传统,与中国人的思维方式也是格格不入的。

用激怒的方法治疗疾病,最早记载于《吕氏春秋·至忠》篇,此后曾经被广泛地运用,效果虽然非常好,但是由于有悖人伦纲常,也曾经引起许多人的误解,甚至因此而造成医学家的人身伤害,有的医学家为运用这一方法而献出宝贵的生命,我们不能不对中医学的博大精深,发出由衷的感叹。

吕不韦记载说,战国时期的齐闵王(公元前301~前279年在位)有病,多方医治未见效果,因此去请宋国的名医文挚来诊治。

文挚不愧为当时的名医,他经过询问得知齐闵王的病情之后,反复思考,觉得只有用激怒的方法进行治疗,才会治好齐王的病。但是,如果激怒了齐闵王,自己的性命就难以保住,因此他犹豫不决。

齐闵王的太子苦苦哀求,要文挚前去治疗,并且信誓旦旦地保证,不会发生制裁文挚的事情,他的生命安全绝对有保障。

文挚出于治病救人的天性,也被太子的真诚孝心所感染,就决定给齐闵王治疗,因此,约定了进行诊治的日期。

大家可以想见,一个国家的国君,怎样才能使他发怒呢?而且,小怒于事无补,大怒发作起来就难以收拾,恰到好处的发怒,是十分难以做到的。

"天子之怒,伏尸千里,血流成河。"齐闵王脾气暴躁,他发起怒来,后果不堪设想,不亚于虎口拔牙。

话说文挚答应了给齐闵王诊治请求,病中的齐闵王就期盼着文挚的到来,可是,一等不来,二等不来,三等还不来,迎接的使臣换了一批又一批,欢迎的宴席做了一次又一次,

諸子百家——醫家

左等右等，文挚就是不来。

文挚各种推脱的理由都很勉强，齐闵王逐渐由期盼转为愤怒。

他到底是要钱，还是要地位，要土地，要美女？我什么都可以答应！可奇怪的是，他答应得好好的，为什么就是不动身呢？

瞧不起寡人？敢蔑视寡人?! 一个小国的医生，有什么了不起?! 等寡人的病好了之后，看我怎么收拾你！

经过漫长的等待，名医文挚终于出现了！只见他慢慢腾腾来到齐王的榻前，既不下跪，也不施礼，傲慢地穿着鞋子登上了齐王的睡榻，一脚踩在齐王的睡衣上。

齐王的愤怒爆发了，一把推下文挚，大吼一声："左右快给我拿下！这等无耻小人，竟敢如此无理！"齐闵王一边喘着粗气，一边大叫大骂。

多日卧床不起、沉思不语的齐闵王不见了，出现在人们面前的是一个满面怒容、高声断喝的国君，一个决胜千里、不可仰视的齐闵王。

被捆绑的文挚，眼里没有哀求，也不辩解，他只说了一句话："我的诊疗活动，都是精心的安排，太子知道！"

太子被齐闵王的转变震慑住了，吓得言语不清，裤裆早就被尿液浸湿了。他的辩解，齐王听也不听。

齐闵王要生烹文挚！

帝王的残忍之性终于爆发，没有人能够阻止，也没有人敢挽留，一代名医文挚竟然落得被活活蒸死，岂不悲哉！

文挚去了，为了他高尚的事业而献身。但是，他开创的用激怒的方法治疗忧思病的方法，并没有失传，而是被后来的中医加以继承，并进行了创新，推广使用了。

三国时期的华佗就有类似的案例。

根据《后汉书·华佗传》和《三国志·华佗传》的记载：一个郡守患病之后，请华佗治疗。

华佗经过诊察，仔细分析病情，认为只有使用大怒才有可能治愈郡守的疾病。于是，华佗就多收郡守的钱财、诊金，却不给他什么治疗措施；不开方药，却留下来一封信，在信里大骂郡守。

郡守一见这种情况，怒从心头起，恨由肝胆生，立即派人追杀华佗。郡守的儿子知道底细，阳奉阴违，假装已经派人去追，实际按兵未动。

郡守怒发冲冠，不可遏止，气往上涌，一张口，吐出来一口黑血，腥秽难闻，此后又连吐了数升污血，久治不愈之病，由此豁然而解。

华佗继承战国名医文挚的治疗方法，奏成良效，也没有因此受到人身伤害。但是，没曾想树大招风，三国枭雄曹操竟然因为他"恃才傲物"，服务态度不好，借故将他杀害了。

华佗高超的医术，不但没有给他带来"好运"，还因此成了曹操杀害他的借口，怎不令人悲愤叹息！命运的惩罚，终于降临到曹操的头上，他的爱子曹冲，尽管是一个神童，八岁时就能称象，却因病危难疗，诸医束手莫救。曹操拉着曹冲冰凉的小手，立即就想起了华佗，他老泪横流，捶胸顿足地说："吾悔杀华佗，令此儿强死！"

司马迁在写《史记·扁鹊仓公列传》的时候，对于扁鹊因为技术高明，却被人暗害的不幸遭遇极为愤慨，他说："女无美恶，居宫见妒；士无贤不肖，入朝见疑。故扁鹊以其技见殃"。"老子曰：美好者，不详之器。岂谓扁鹊等也！"

本来，美好的善举，应该得到人们的赞美；救死扶伤，治病救人，应该得到老天的好报。可是，世俗的丑类、谄媚小人，却嫉贤妒能，中伤陷害贤能的君子，岂不可恨？！尤其可恨的是，他们卑鄙的计谋竟然常常成功，真是令人叹息不已。司马迁感同身受，怎能不感慨系之？！因此，他写仓公淳于意的时候，也是充满了同情与赞叹。

医学需教育，师徒相传起仓公

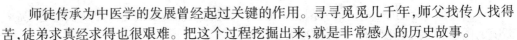

师徒传承为中医学的发展曾经起过关键的作用。寻寻觅觅几千年，师父找传人找得苦，徒弟求真经求得也很艰难。把这个过程挖掘出来，就是非常感人的历史故事。

《史记·扁鹊仓公列传》记载了最早的中医师徒传承。扁鹊开旅店，十年里细致观察，才等来一个怀揣禁方书的师父；长桑君十年寻找，才找到一个衣钵传人。他们拜师的仪式是神秘的，学术传授却是神圣的。长桑君虽然千嘱咐、万告诫"君毋泄"，扁鹊尽管也郑重承诺"敬诺"，但是，后来扁鹊"名闻天下"之后，还是带教了不少弟子，把医学知识传递给了后人。他领着众弟子出现在"虢宫门下"，师徒一起努力，才有了"生死人"的不凡疗效。这体现的正是"得其人不教，是为失道；教非其人，是为漫泄天宝。"

在中医的经典里，我们也能见到有关中医师徒传承的记载，《内经》经常说的是岐伯"避席再拜"，称一些理论是"先师所口传"，不肯轻易传给一般学人。黄帝听说了这些高妙的医学知识，就要"著之玉版，藏之金匮"。然而，这些都是语焉不详的片段记载，而秦汉之际，仓公淳于意的师徒传承，为我们留下了极为珍贵的"历史写真"。因为仓公所说的这些传承情况，是回答汉文帝的提问，所以比较可信。

司马迁说，仓公是齐国都城管理粮仓的长官，他是临淄人，复姓淳于，名字叫意。淳于意家境贫寒，少时就喜读医书，可为人治病，却很少有疗效。

仓公听说淄川县唐里的公孙光擅长使用古代流传的医方，就去拜见他，希望能做他的学生。此后，仓公从公孙光那里学到了调理阴阳的医方《方化》《阴阳》以及口头流传的医理。仓公全部接受了这些医书的内容，并记录下来。不知满足的仓公，还想学更多的医学知识，希望把公孙光全部的医学经验都学到手。

公孙光听了仓公的话，回答说："我的秘方医术都拿出来了，我对你不会有所吝惜和保留的。我已经老了，没有什么再让你学习的了。我教给你的这些，都是我年轻时所学到的

司马迁

精妙医方,已经全教给你了。你不要再教给别人。"

仓公淳于意说:"我能在您的面前侍奉您,学习医学,得到全部秘方,这是非常幸运的。我就是牺牲自己的生命,也不敢把这些医学知识随便传给别人。"

然而,过了些日子,公孙光闲着没事,又与淳于意讨论起医学问题来。两人深入分析医学理论,论说医方,公孙光认为淳于意对历代医方的论述是很有见解的,许多认识也很高明,大有青出于蓝而胜于蓝的意味。

公孙光高兴地说:"你一定会成为国医高手。我所擅长的医术都荒疏了,我的同胞兄弟公乘阳庆住在临淄,他精于医术,我远不如他。他的医方非常奇妙,不是一般人所能了解的。我中年时,曾想向他请教,要学习他的医学方术。在一旁的朋友杨中倩,听了这件事之后不同意,他说:'你不是那种能学习医术的人。'这件事情就告吹了。所以,我必须和你一起前往拜见我的胞兄,把你介绍、推荐给他,他就知道你喜爱医术的情况了。现在他也老了,但家中富有,不把医学当作谋生手段,而是希望得到真正能够继承学术的'传道'之人。"

仓公淳于意本来不知公乘阳庆的医术有多么精妙,他因为喜欢各家的医术医方,也曾使用过社会上流传的来自公乘阳庆的医方,用后大多有效,而且组方精妙。因此,淳于意早就在内心里对公乘阳庆充满向往,希望有朝一日能够到他那里拜师学习。

两人商量停当,在还没去的时候,正好公乘阳庆的儿子阳殷来给齐王献马,要通过公孙光进献给齐王。公孙光因为这个缘故,就让淳于意和阳殷熟悉了。

公孙光把淳于意托付给阳殷,他说:"仓公淳于意喜好医术,你一定要好好礼待他,他是倾慕圣人之道的人。"于是就写信把淳于意推荐给公乘阳庆,因此仓公也就认识了公乘阳庆。

西汉高后八年,也就是公元前180年,淳于意到了公乘阳庆那里,并且很恭敬谨慎地侍奉他。当时公乘阳庆已经七十多岁了。这位年过古稀的老人,对于恭敬爱学的淳于意非常喜爱,就毫无保留地把自己珍藏的医药方书,全部传授给了淳于意。

公乘阳庆对淳于意说:"把你原来学过的医书都扔了吧!这些书的内容都不正确。我有古代先辈医家传授的书籍,据说是黄帝、扁鹊流传下来的《脉书》,以及通过观察面部颜色来诊病的医书《五色诊》,使你能预断病人的生死,决断疑难病证,判定能否医治,还有药剂理论的书籍《药论》,都是非常精辟的医学著作。我家中富足,不靠看病谋生,只是为了医道不失传。我很喜欢你,想把自己收藏的秘方和医书全都教给你。"

淳于意急忙叩头称谢,他说:"太幸运了,我真不敢奢望得到这么珍贵的东西!"公乘先生说:"我为的是医道不失传,并不是为你我个人的私利。"

淳于意听了老师发自肺腑的话语,就离开座席再次拜谢老师。公乘阳庆就郑重其事地把他珍藏的《脉书》《上经》《下经》《五色诊》《奇咳》《揆度》《阴阳》《外变》《药论》《石神》《接阴阳》《禁书》等,毫无保留地全部交给了淳于意。并且嘱咐说:"你千万别告诉我的子孙后代,不要让他们知道你曾向我学习医术,也不要说是我把医学书籍送给你的。因为他们只知道爱财,而不知道传道的重要性。"

淳于意跟随公乘阳庆学习医学经典,从望色诊病术、听诊术学起,不断学习外观测度阴阳术、药理学、砭石神术、房中术等秘藏书籍和医术。他一边学习，一边注意解析体验，这样学习下来，用了约一年的时间。

第二年，淳于意开始试着为人治病，虽然有效，但还不精到。他就继续向老师学习，一共学习了三年，公乘阳庆老先生因为有病而去世了。

此后，淳于意开始独立行医治病，并把曾经诊治过的病人，都记录下来，以便理论与实践互相对照，检验自己诊视病情、决断生死的实际状况，形成了一部病案记录《诊籍》。

这本《诊籍》之中的病例，有 25 个被收录在《史记》之中。它的出现，既方便了淳于意自己，便于总结提高医术，也为后世了解当时的医学水平提供了客观依据，是最早的医案类著作。同时，也帮助了淳于意摆脱官司纠缠，为自己的医疗行为"倒举证"提供了材料，赢得了汉文帝的信任。

司马迁说，汉文帝四年，也就是公元前 176 年，有人向皇帝告御状，说仓公淳于意虽然医术高明，处方精当，但是他却到处交游诸侯，不拿家当家，有时不肯为别人治病，因此许多病家怨恨他，说他没有爱心，应当治罪。

汉文帝认为，一个刚出徒的民间医生，他的医术真会有那么高明吗，他是如何学习医学的，他的医疗成绩到底怎样，这些都是未知数，于是就发出传票，让淳于意到长安来，要对他进行"法庭调查"，加以问询。

当时淳于意经常被患者接来送去，或者被各诸侯王请来叫走，所以他经常不着家，很难见到他的人影。这期间，他的确看了很多病人，有的病例很有特点。

《史记·扁鹊仓公列传》收载仓公诊治的 25 个病例中，治愈 15 例，不治 10 例。这些病例涉及现代医学的消化、泌尿、呼吸、心血管、内分泌、脑血管、传染病、外科、中毒以及妇产科、儿科范围内的很多疾病。

齐文王（公元前 178～前 167 年在位）生病时，仓公淳于意的家中很贫穷，他打算前去为其治病谋生，但是又担心被齐王委任为侍医而受到束缚，所以他把户籍迁到亲戚、邻居等人名下，才得以到处行医游学，长期寻访医术精妙的人，并向他们求救，拜见过几位老师。在得到公乘阳庆等人的真传之后，他就住在阳虚侯的封国中，并侍奉过他。

阳虚侯（刘将闾，公元前 176～前 164 年在位）的宰相赵章生病，召淳于意去诊治。当时许多医生都认为赵章是腹中虚寒，淳于意诊完脉却断定说：这是迥风病。所谓迥风病，就是饮食咽下去之后，很快就从下边排出来，食物不能容留在胃中，无法消化吸收。古代的医学著作记载说，这样的情况"五天会死"。赵章虽然也死了，却是经过十天之后才死的。仓公分析他的病因，是酗酒而生。仓公所以能知道赵章的病情如此，是因为切脉的时候，脉象是往来流利的"滑脉"，这代表体内有风气。古人断定这样的病"五天会死"是一般规律。而赵章"过期死"的原因，是他平素喜好吃粥，因此胃中充实，体质尚好，所以超过了预定的死期。仓公的老师曾经说过："胃能容留、消化食物，就能超过预定的死亡时间；不能容留、消化食物，就拖不到预定的死亡时间。"老师这个预言，在赵章身上得到了验证。

阳虚侯入朝的时候，淳于意随他到了长安。因为这个缘故，仓公淳于意有机会给安陵的项处等人看病。

諸子百家

——

医

家

安陵坂里一位名叫项处的官员有病,淳于意为他诊脉,然后说:"这是牡疝病。"所谓"牡疝",就是发生在胸膈下边的病变,向上连着肺脏。这种病是因行房事不节制而得。淳于意对他说:"千万不能过度操劳用力,如做这样的事就会吐血死去。"项处后来却去"蹴鞠"(就是踢足球),结果腰部汗出很多,受了寒气的袭击,吐了血。淳于意再次为他诊脉后,预言说:"会在第二天黄昏时死去。"项处果然到时候就死了。他的病是因房事过度而得,淳于意在为他切脉时,得到"番阳"的脉象。"番阳"的脉象,代表邪气向上,可侵入心尖部的"虚里"穴,这是胃的大络所到达的地方。病人胃气一绝,第二天就会死。这就是古书所说的"一番一络,牡疝也"。

齐国名叫成的侍御史请仓公诊病,他自述得了头痛病,淳于意诊完脉,告诉他说:"您的病情严重,不能一下子说清。"病人出去后,仓公悄悄地告诉他的弟弟昌说:"这是疽病,发生在肠胃之间,五天后就会肿起来,再过八天就会吐脓血而死。"这位叫成的病人,果然如期而死。淳于意推断他的病,是酗酒后行房事而得的。

淳于意所以能诊知他的病,是因为切脉时,切得肝脏有病的脉气。脉气重浊而沉静,这是严重的"关格"病之中的"关病"。师傅传给仓公的《脉法》说:"脉长而且像弓弦一样挺直,不能随四季而变化,病主要在肝脏。脉虽长而直硬,均匀和谐,是肝的经脉有病。如果节律不整齐,就是肝的络脉有病。"

淳于意发现成的少阳经络,出现了代脉的脉象。开始只影响到一分,这是热气郁积于体中而脓血未出的脉象;后来病情发展,到了关上五分处,就到了少阳经脉的边界,到八天后会吐脓血而死。到了关上二分处会产生脓血,到了少阳经脉的边界就会肿胀,其后疮破脓泄而死。内在的热邪上侵头部,头部受到侵扰,因此头痛。

齐王二儿子的男孩生病,召淳于意去切脉诊治,淳于意告诉他说:"这是气膈病。这种病使人心中烦闷,吃不下东西,时常呕出胃液。这种病是因为内心忧郁,常常厌食的缘故。"淳于意当即调制一剂"下气汤"给他喝下。一天之后,这个男孩的气机下行,又过了两天就能吃东西了,三天后病就痊愈了。

淳于意所以知道他的病,因为切脉时,诊到他有心病的脉象,脉象浊重急躁,这是阳络病。《脉法》说:"脉达于手指时壮盛迅速,离开指下时艰涩而前后不一,病在心脏。"患者全身发热,脉气壮盛,称作"重阳"。重阳就会热气上行冲击心脏,所以病人心中烦闷,吃不下东西,络脉就会有病,络脉有病,就会血从上出,血从上出的人一定会死亡。这是内心悲伤所得的病,病得之于忧郁。齐王的儿子患病还轻,治疗也迅速而正确,所以获得痊愈。

齐国名叫循的郎中令生病,许多医生都认为是逆气从下起,向上逆行到腹胸之中,而用针刺法为他治疗。淳于意诊视后说:"这是涌疝,这种病使人不能大小便。"循回答说:"已经三天不能大小便了。"淳于意用火剂汤给他服用,服一剂就能大小便,服第二剂后大小便非常通畅,服完第三剂就痊愈了。他的病是因房事造成的。淳于意所以能知道他患的病,是因为切脉时,他右手寸口的脉象急迫,脉象没有表现出五脏的病。右手寸口脉象壮盛而快,脉快代表中焦、下焦热邪涌动,所以说是"涌疝"。中焦积热,所以尿是红色的。

齐王太后有病,召淳于意去诊脉。淳于意仔细诊脉之后说:"这是风热侵袭膀胱、下焦,因此会出现大小便困难,尿色赤红。"太后说:"你的诊断很正确。"淳于意就用火剂汤,给她喝下去。她只吃了一剂药,就能大小便了;吃两剂之后,病就退去了,尿色也和从前一样了。仓公认为,这是出汗时解小便,汗被吹干而得病。淳于意所以知道齐王太后的病,也是通过学习《脉法》知道的。

齐国名叫信的中御府长病了,淳于意去他家诊治,切脉后告诉他说:"是热病的脉象,不是死脉。"又说:"得这种病,是天气严寒时曾在流水中洗浴,受凉之后而得的热病。"病人说:"的确是这样! 去年冬天,我为齐王出使楚国,走到莒县阳周水边,看到莒桥坏得很厉害,我就揽住车辕不想过河。但是马突然受惊,一下子坠到河里,我的身子也淹进水里,差一点儿淹死,随从官吏马上跑来救我。我从水中出来时,衣服全湿了,身体寒冷了一阵,冷一止住,全身发热如火,到现在不能耐受寒气。"

淳于意立即为他调制汤药,祛除热邪。病人只服一剂药以后,就不再出汗;两剂药之后,发热就退去了;服了三剂药,病就止住了。仓公让他继续服药,大约经过二十天,他的身体就像没病的人一样了。淳于意所以能知道他的病,也是根据《脉法》的有关记载。

淄川王得病之后,召淳于意去诊脉。淳于意说:"这是热邪上逆,侵犯上部的蹶病,造成头痛身热,使人烦闷。"淳于意就用冷水拍在他头上,并针刺他的足阳明经脉,左右各刺三穴,病很快好了。

淄川王的美人怀孕难产,召淳于意诊治,淳于意用莨菪药末一撮,用酒送服,孕妇很快就生产了。淳于意又诊她的脉,发现脉象急躁。脉急代表还有其他的病,他就用硝石一剂给她喝下,接着患者的阴部流出血块来,大约有五六枚血块,像豆子一样大小。

齐王有一个侍医名叫遂,他生病之后,自己炼五石散服用。淳于意去问候他,他说:"我有病,希望你为我诊治。"淳于意立即为他诊治,告诉他:"您得的是内脏有热邪的病。古人说'内脏有热邪,不能小便的,不能服用五石散'。石药的药力猛烈,你服后小便次数减少,您就别再服用了。看你的脸色,你要生疮肿。"

侍医遂也学习过古代的医学经典,他辩解说:"从前扁鹊说过'阴石可以治阴虚有热的病,阳石可以治阳虚有寒的病'。含有药石的方剂,都有阴阳寒热的分别,所以内脏有热的,就用阴石柔剂医治;内脏有寒的,就用阳石刚剂医治。"

淳于意说:"你的谈论错了。扁鹊虽然说过这样的话,然而必须审慎诊断,确立用药的标准,订立规矩,斟酌权衡,再参照色脉、表里、盛衰、顺逆的原则,参验病人的举动与呼吸是否相应、协调,才可以下结论。古代的医学著作说:'体内有阳性发热的病,而体表出现阴冷症状的,不能用猛烈的药和砭石的方法医治。'因为强猛的药物进入体内,它的热气就会使热邪更加恣肆,蓄积更深。《诊法》说:'外寒多于内热的病,不能用猛烈的药。'说的就是这个道理。如果邪气到处流动行走,就会重重积聚在腧穴,最后发为疽。"

尽管淳于意说的是良言忠告,可惜未被采纳,一百多天之后,齐王侍医遂果然在乳房上边长了一个毒疮,逐渐蔓延到锁骨上窝后就死了。

淳于意感慨地说,前人的医学理论,只是概括大体情形,提出了主要的原则,应用时一定要结合临床实际情况。平庸的医生如有一处没能深入学习理解,就会使识辨阴阳条理的事出现差错。

諸子百家
——
医家

仓公淳于意治疗的病例还有很多,反映了他高超的医术。当然,就像老子所说的"美好者,不祥之器",因为树大招风,仓公的这些事迹很快传到诸侯各国。赵王、胶西王、济南王都派人来,请仓公去为他们诊治疾病。

文帝问仓公,医学发展靠传承

有人控告仓公淳于意不肯为人治病,只知道赚钱,不爱护生命,这样的告状信,很快就摆满了汉文帝的案头。一道圣旨,从长安发到齐国:"将淳于意押解到长安问罪!"

汉文帝十二年,也就是公元前168年,39岁的淳于意,在他师父公乘阳庆死后的第十年,被官府押往长安。他的老婆为他生下了五个女儿,而没有生下一个男孩,他回头望着她们哭泣的模样,仰天长叹一声:"生女不生男,有了急事的时候,没有一个可以使唤的人啊!"

他的小女儿名叫缇萦,听了父亲的话很感伤,就一路跟随父亲西行到了长安。她上书朝廷说:"我父亲是朝廷的官吏,齐国人民都称赞他的廉洁公正。现在他犯了法,将被判刑,我对此非常痛心。我想,处死的人不能再生,而受刑致残的人也不能再复原,即使想改过自新,也没有机会了。我情愿自己没入官府,甘做奴婢,来赎父亲的罪,使父亲能有改过自新的机会。"

汉文帝看了缇萦的上书,悲悯她的孝心,也为她的建议所打动,就赦免了淳于意,并在这一年废除了肉刑。

汉文帝破例召见了淳于意,称赞他有一个好女儿。淳于意千恩万谢,感激汉文帝不杀之恩。汉文帝说:"我之所以要召见你,是有许多问题要问你。你是跟谁学的医学?他为什么要教你?"

淳于意就把他如何跟随公孙光、公乘阳庆学习的经过,一一禀告了汉文帝。

汉文帝话锋一转,又问:"你所诊治的病,许多病名虽然相同,却诊断预后的结果各异,有的人死了,有的人还活着,这是为什么?"

淳于意回答说:"从前医书上记载的病名,大多是类似的,不能确切辨知,所以古代的圣人创立《脉法》,使人能用这些论述,确立标准,订立规矩,斟酌权衡,依照规则,衡量和调理病人的阴阳状况,区别病人的脉象之后,分别命名为不同的疾病。大的原则,就是要注意人与自然变化的相应,参照人体平常的状况,才能区别各种疾病,使它们病名各异。医术高明的人,能指出病名不同的原因;医术不高的人,看到的病是相同的。然而《脉法》不能全部应验,诊治病人要用分度脉的方法区别,才能区别相同名称的疾病,说出病因在什么地方。现在我诊治的病人,都有诊治记录。我之所以这样区别疾病,是因我从师学医刚刚完成,老师就死去了,因此记明诊治的情形,预期决断生死的时间,来验证自己失误、正确的结果,脉象的对应关系。因为这个缘故,我到现在还能记得这些病人。"

汉文帝又问:"你决断病人的死或活的时间,有时也不能应验,这是因为什么?"

淳于意回答说:"这都是因为病人饮食不调和,喜怒情绪不加节制,或者因为不恰当地服药,或者因为不恰当地用针灸治疗,所以会与预断的日期不相应而死。"

汉文帝又问:"你知道齐文王生病不起的原因吗?"

淳于意回答说:"我没有亲眼看到齐文王的病情,不过我听说齐文王有气喘、头痛、视力差的病。我推想,这不是病证。因为他身体肥胖而聚积了精气,身体得不到活动,骨骼不能支撑身躯,所以才气喘,这用不着医治。我老师传给我的《脉法》说:'二十岁时,人的脉气正旺,应该做跑步的运动;三十岁时,应该快步行走;四十岁时,应该安坐,避免劳累;五十岁时,应该按时安卧,不要伤气;六十岁以上时,应该使元气深藏。'齐文王年龄不满二十岁,脉气正旺,应该多跑动,他却懒于活动,这是不顺应自然规律的表现。后来听说,有的医生用炙法为他治疗,马上病情就重起来,这是分析论断病情上的错误。根据我的分析,这是身体内正气错乱,而病邪之气侵入体内。这种病证在年轻人不能康复,因此他死了。"

汉文帝又问:"官吏或百姓曾有人向你学医术吗? 有人把你的医术全学会了吗? 他们是哪里人?"

淳于意回答说:"临淄人宋邑,他向我求教,我教他察看脸色诊病的《五诊》,他学了一年多。"

还有,济北王派太医高明、王禹向淳于意求教。由于他们有基础,淳于意就教给他们论述经脉上下分布的《经脉》,以及不同寻常脉络联结的《奇络结》,经常讨论腧穴所处的部位,以及经络之气运行时的上下出入、邪正顺逆的情况,还有怎样选定针对病证需要砭石针灸治疗的穴位。他们前后学了有一年多。

淄川王派遣名叫冯信的来学习,他是太仓署中管理马匹的长官,让淳于意指教医术。淳于意就教他按摩的《逆顺》手法,论述用药方法的《药法》,以及判定药的性味和配伍调制汤剂的《和剂法》。

高永侯的家丞名叫杜信,喜好诊脉,前来求学,淳于意就把论述上下经脉分布的《经脉》,以及按五色诊病的《五诊》教给了他。他学了两年多的时间。

临淄召里叫唐安的人来求学,淳于意就教给他《五诊》,论述经脉上下位置的《经脉》、《奇咳》,以及四时和阴阳相应各有偏重道理的《四时应阴阳》。可是唐安还没有学完这些课程,就被任命做了齐王的侍医。

汉文帝又问:"你给人诊治病证,决断病人的死生,能全部正确,没有失误吗?"

淳于意回答说:"我医治病人时,一定先为他切脉后才去医治。脉象衰败与病情不符的不给他医治,脉象和病情相顺应的才给他医治。如果不能细心切脉,精通脉诊,断定的死生时间及能否治愈也往往会出现差错。所以,我不能完全没有失误。"

过了几十年之后,太史公司马迁看到汉文帝与淳于意问对的记载,感慨地说:仓公的女儿缇萦上书皇帝,她的父亲才得到后来的平安,仓公是一个难得的医学家啊。

扁鹊虽然远离人们而去,但是他开创的医学,并没有随着时间的流逝而淹没失传,公乘阳庆得"古先道遗传"的扁鹊医学,经过仓公淳于意的传承,终于流传到后世,造福于华夏与世界。

诊脉有高于，三部九候各不同

中华民族在经历了长达几百年的战火动荡，又经历了短暂的秦帝国和楚汉相争，诞生了大一统的汉王朝，重新建立了多民族统一的中央集权帝国。其社会、政治、经济、文化、科学技术都获得了很大的发展，达到了空前繁荣的高峰。以司马迁父子为代表的史学家，对此前历史上的学术流派，进行过全面的总结，他们对于阴阳、易、儒、道、墨、名、法等各家的评论，都有过精彩的论断。对于此前的医学的状况，司马迁说："扁鹊言医，为方者宗，守数精明；后世修序，弗能易也，而仓公可谓近之矣。"并撰《扁鹊仓公列传》。

此后，刘向、刘歆父子，总校群书，形成了《别录》《七略》，相当于汉代国家图书馆的藏书总目录。这些书目，展现了当时著作之盛。此后班固等撰著《汉书》，在《艺文志》里加以整理，摘要收录，成为我们研究西汉之前学术概况的重要资料。

当然，东汉年间也有很多非常有名的医学家，郭玉就是一个以诊脉和针灸出名的中医大家。

《后汉书·郭玉传》载："郭玉者，广汉雒人也。初，有老父，不知何出，常钓鱼于涪水，故号涪翁。翁乞食人间，见有病者，时下针石，应时而效，著《针经》《诊脉法》传于世。翁授弟子程高，高授郭玉。弟子程高，寻求积年，翁乃授之。高亦隐迹不仕。玉少师事高，学方诊六微之技，阴阳隐侧之术。"

从文中可以看出，郭玉的师祖是一位家在涪陵的老翁，他是一位民间医生，擅长针灸和脉诊。郭玉的老师程高，经过多年追随，拜师之后，才得到涪翁的传授。程高也是一位民间中医。郭玉在年少的时候（古人30岁之前为少，"血气未壮"之意），就拜程高为师，学习医方和诊脉，以及房中和养生之术。

郭玉在东汉和帝时（公元89~105年在位），官至太医丞，治疗疾病"多有效应"。汉和帝认为他技术高超，不是一般水平，就想出来一个考验他的"妙计"。他让郭玉为宫内的人们诊脉，被诊治的人都藏在屏风后边，伸出手来请郭玉诊脉。

其中一个人，郭玉先诊左手，又诊右手，汉和帝就让郭玉说患者有何病证。

郭玉略一沉思，就说："这个患者的脉搏很奇怪，左手属阳，右手属阴，一个人的脉象，左右就像男女不同一样的差别，这真是一个不同寻常的人。我疑惑其中的原因，不知是何缘故。"

汉和帝叹息一声，就赞扬说："你果然技术高超！这屏风后边本来就不是一个人。我让他们一男一女，分别伸出一个手来检验你的技术，尽管我们挑的两个人的手，看上去像一个人的一样，还是被你诊断出来了。你果然不同一般！"

郭玉回答说："男女阴阳气血不同，尺肤腠理粗细、毛发润泽、皮肤温度都不一样，当然可以分辨出来。"

汉和帝说："原来诊脉不光是摸脉搏，还有着许多说道啊！我再问你一个问题，为什么贫贱的人到你那里，往往一治就好，而富贵的人却经常疗效不理想。为了避免发生这样的事情，当富贵人有了病的时候，我就让他穿上破旧衣服，换一个简陋的居所，再请你去治疗,结果,你诊断之后,大部分是一次针灸就好了,这是为什么?"

郭玉稍一思索,就说出来一个著名的论断:"医之为言,意也。"

郭玉这个论断,曾经流传很久,成为一个名言。但是,时至今日,多被人们误解,以为中医学主要靠思辨,是很玄虚的,没有什么凭据。其实不然,中医学是古代医学家创立的一门学问,要靠知识和智慧。没有知识的积累不行,没有智慧加以创新也不行。

郭玉解释说:"人体肌肉、血脉的结构是很精密的,气血的运行一刻不停,行针治病,必须根据气血的运行状态,取穴和进针,需要精神高度集中,心思专一。时机的把握,有时候很难事前约定,更不好用言语加以形容和传授,必须在实际工作之中临机处变。"

汉和帝说:"这样说来,医学真是一门不容易精通的学问啊!"

郭玉说:"我给高贵的人看病的时候,心里总是担心,怕冒犯了他们。主要有四个为难的事情:一是高贵的人总爱自以为是,不信任我,不能让我放手诊治;二是高贵的人生活起居,不能按照医生的嘱咐去做,对于疾病的调养不利;三是高贵的人劳动很少,往往体质虚弱,不能耐受药物苦味和副作用;四是高贵的人不喜欢运动,总想享受安闲舒适的生活。因此,难于诊治。我在为高贵的人诊治的时候,总是小心翼翼,顾虑重重,很多治疗疾病的方法不能顺利施展,因此他们的疾病就不容易很快治愈。"

汉和帝听了郭玉的回答,不住地点头称赞。

郭玉因为技术高明,而一直到老都担任医官之职。

华佗医术高,折腰为众不侍操

根据《后汉书·华佗传》和《三国志·华佗传》的记载:华佗,字元化,是沛国谯县人,又名旉。他曾在徐州地区漫游求学,通晓几种儒家经典书籍。东汉沛国丞相陈珪,听说他的事迹之后,推荐他为"孝廉"人才,太尉黄琬征召他前去任职,他都没有答应去做官。华佗懂得养生之道,在他年龄很大的时候,从外表看上去还像壮年人一样。他精通医方药物,治病的时候,配制汤药只用几味药,心里掌握着药物的分量、比例,用不着再称量,把药煮好,就让病人服饮,同时告诉服药的禁忌或注意事项,用不了多久,病人也就好了。

如果需要灸疗,华佗取穴也很精当,一两个穴位即可。扎针时华佗往往对病人说:"针刺的酸麻胀感觉,应当放散到某处,如果到了,请你告诉我。"当病人说"这种感觉已经到了",他随即起针,病痛很快就痊愈了。需要灸法的时候,每个穴位不过灸七八壮,病痛也就应手消除。

尤须值得提出的是,如果病患集郁积在体内,扎针吃药的疗效都不能奏效,必须剖开割除的,华佗就让病人先服用他配制的"麻沸散",一会儿病人就发生了麻醉作用,如醉死一样,毫无知觉。此后,华佗就开刀切除患处,取出结积的病物。病患如果在肠中,就割除肠子病变部分,洗净伤口和易感染部分,然后缝好腹部刀口,再用药膏敷在缝合的刀口上,四五天后,病就好了,不再疼痛。由于有麻沸散的作用,开刀时病人自己并不感到疼痛,一个月之内,伤口便愈合复原了。

有个做过甘陵相的官吏,他夫人怀孕六月时,突然腹痛不安。华佗为她把脉,诊断说:"胎已死矣。"然后,让助手摸摸孕妇腹部,并解释说,根据脉象,"在左则男,在右则女",助手告诉他"在左",华佗于是为病人开了汤药,使死胎排出体外,一经查验,果然是一个男婴。孕妇的腹痛也立即就痊愈了。

官府中官吏倪寻、李延同时来看病,都是头痛发烧,病痛的症状正好相同。华佗却说:"倪寻应该服泻药,把病邪泻下来;李延应当发汗,通过出汗祛除病邪。"于是,有人对华佗这种病证相同却使用两种不同疗法的做法提出疑问,华佗回答说:"倪寻是病邪在外的实证,李延是病邪在内的实证,所以尽管都是头痛、发热,治疗他们的病证,应当用不同的方法。"此后,华佗分别给两人服药,等到第二天一早,两人的病都好了。

一天,华佗正在赶路,看见有个人患咽喉堵塞的病人,他想吃东西却不能下咽,家里人用车载着他去求医。华佗听到病人的呻吟声,就停下车来前去诊视。经过初步判断,告诉他们说:"刚才我来的路边上,有家卖饼的,有蒜泥和醋,你向店主买些来吃,病痛自然就会好了。"他们马上照华佗的话去做,病人吃下去之后,吐出一条蛇一样的虫子。他们就把这个虫子,悬挂在车边,到华佗家里去拜谢。那时,外出的华佗还没有回家,他家的两个孩子在门口玩耍,迎面看见他们,小孩相互告诉说:"好像他们遇到咱先生了,车边挂着的'病物'就是证明。"病人进屋坐下,看到华佗屋里,在北面墙上,悬挂着很多这类寄生虫的标本,大约有几十条。

广陵郡太守陈登得了病,心中烦躁郁闷,脸色发红,不想吃饭。华佗为他切脉说:"您腹内有很多寄生虫,将来会形成大患。这是吃不熟的鱼、肉造成的。"华佗马上为他配制了药汤,让他先喝一些,过一会儿再把剩余的药全部喝下去。约有一顿饭的工夫,陈登吐出了很多小虫。仔细一看,小虫赤红色的头都会动。陈登的病痛,此后就消失了。华佗说:"这种病三年后会复发,碰到良医才能救活。"说来真是灵验,按照华佗预计的时间,陈登果然旧病复发,当时华佗不在,正如华佗预言的那样,陈登终于死于此病。

"可爱的奸雄"曹操连年征战,得了一种经常头痛的疾病。每当发作,就精神烦乱,眼睛昏花。曹操听说华佗善于治病,就把华佗召去。华佗进行针刺腧穴治疗,曹操的病就应手缓解。因此,曹操想让华佗留在身边当随行医官。

华佗的医技冠绝当代,他本是一个读书人,对于做官尚且不上心。怎么会甘心做一个"时刻准备着"被人使唤的侍医?因此,他萌生了离开曹操的想法。曹操向来以"唯才是举"、善于用人著称于当时,他不会轻易放走一个有用的人才,对于华佗这样可改善他个人健康状况的关键人物,他更是不会轻易答应离去的。

华佗于是对曹操说:"您这病难以治愈,不断地进行治疗,可以延长一些寿命。"曹操说:"那就要经常麻烦你了!"华佗稍加迟疑,又说:"我前几天收到家中来信,妻子有病,想回家看看。"曹操见他如此相求,不好一口回绝,就说:"那你就快去快回吧!"

曹操没有料到,华佗回到家后,用妻子有病为借口来做托词,多次请求延长假期而不肯回来。曹操几次用书信召他,又命令郡县派人送加急文书,要求华佗返回,华佗还是不上路。

曹操很生气,派人前往查看,并吩咐说:"如果华佗妻子确实生病,就赐赠四十斛小豆,放宽假期;如果他弄虚作假,欺骗我,就逮捕他,押送回来。"华佗拖延的真相败露,当差的也不肯为他遮掩,就把华佗递解到许昌,交给监狱看守,严加拷问,要他服罪。

谋臣荀彧听说之后,向曹操求情说:"华佗的医术确实高明,关系着人的生命安危,应该宽容他,赦免他这一次吧?"曹操正在气头上,盛怒难平,他又想到姜太公的故事,就下了杀害华佗的决心。

原来,姜太公帮助周武王灭掉商纣王之后,被封于齐国。齐国有一个叫华士的人,据说很有名声,号称"义不臣天子,不友诸侯",人们都待他当作一个著名人物。姜太公听说之后,就使人召他做官,这个华士却"三召不至",姜太公就命人诛杀了他。有人不解地问:"此人乃是齐之高士,为何诛之?"姜太公说:"这样有名的人,我不用他,就是'弃民';我召他三次而不来,他就是不服从君命的'逆民'。我如果留着这样的人才,谁还听我的?"

曹操想到这里,又不便对荀彧言明,说:"不用担心,杀了华佗,难道天下会没有这种无能鼠辈吗?"终于判决华佗死罪。

华佗临死前,拿出一卷医书给守狱的官吏,说:"这书可以用来救活病人。"狱吏害怕触犯法律,不敢接受,华佗也不勉强,要来了火种,就把书烧掉了。华佗死了以后,曹操的头痛病仍旧没有好。曹操说:"华佗本来能够治好这种病。他有意留着我的病根,想借此来抬高自己的地位,既然如此,如果我不杀掉他,他最终也不会替我断掉这病根的。"直到后来的建安十三年,也就是公元208年,他的爱子仓舒(即曹冲)病危,曹操才痛苦地说:"我真后悔啊,我后悔杀了华佗,使这个可爱的儿子活活地死去了!"

可见华佗并不是曹操此前说的"无名鼠辈",而是一个伟大的医学家!

麻药虽肇始,辨证治病非依之

华佗所留给后人的医案,《三国志》中有16个,《华佗别传》中5个,其他文献中也有5个,总共26个。从其治疗范围看,涉及内、外、儿、妇科的疾病,有热性病、五脏杂病、情志病、肥胖病、寄生虫病,有外伤、肠痈、肿瘤、骨折、针误、忌乳、死胎、小儿泻痢等等。

华佗的行医足迹,遍及当时的徐州、豫州、青州、兖州各地。根据他医案中所写地名查考,大抵是以彭城为中心,东起甘陵(今山东临清)、盐渎(今江苏盐城),西到朝歌(今河南淇县),南抵广陵(今江苏扬州),西南直至谯县(今安徽亳县),即今江苏、山东、河南、安徽等省广大地区,方圆达数百公里。在行医的同时,为了采药他还先后到过朝歌、沛国、丰县(今江苏丰县)、彭城卧牛山、鲁南山区和微山湖。由于行迹地域广阔,又深入民间,华佗也是我国历史上民间传说众多的医家。

华佗曾把自己丰富的医疗经验整理成一部医学著作,名曰《青囊经》,可惜没能流传下来。《隋书·经籍志》记有"华佗枕中灸刺经"一卷,已佚。《医心方》所引《华佗针灸经》可能是该书的内容,《太平圣惠方》引有"华佗明堂"之文。王叔和《脉经》、孙思邈《千金方》、王涛《外台秘要》都引用了华佗的有关论述。因此不能说,华佗的医学经验,完全湮没了。因为他许多有作为的学生,如以针灸出名的樊阿,著有《吴普本草》的吴普,著有《本草经》的李当之,把他的经验部分地继承了下来。至于现存的华佗《中藏经》,那是后

諸子百家 —— 医家

人托名于他的作品,但其中也可能包括一部分当时尚残存的华佗著作的内容。

华佗还创造了健身锻炼的"五禽戏",这是一套使全身肌肉和关节都能得到舒展的医疗体操。华佗认为,人体本来是需要运动的,但是不能太过分,不能追求极限。适度的运动,可以使血脉流通,就不会生病,就像户枢那样,由于经常转动是不会朽烂的。

五禽戏的动作是模仿五种动物的典型动作,如虎的扑动前肢、鹿的伸转头颈、熊的伏倒站起、猿的尖脚纵跳、鸟的展翅飞翔等。相传华佗在许昌时,天天指导许多瘦弱的人在旷地上做这个体操,说:"大家可以经常运动,用以消除疾病,锻炼肢体,就像古代的导引术一样。身体有不舒服,只要做一禽之戏,就可以使人汗出,用药粉洒在身体上,就能达到身体轻便而想进食了。"

辨证论治是中医的特色,解剖实证是西医基石,那么,中医与西医是在什么时候分道扬镳的呢?

毫无疑问,在指导理论上《内经》建立的方法与希波克拉底和盖伦建立的方法是不同的。在临床上,许多治疗疾病的方法,反过来会对指导理论有一定的需求。在西方,像化脓性阑尾炎、胃穿孔、宫外孕、肠梗阻、化脓性胆囊炎、坏死性胰腺炎等等,这些疾病大部分是需要做手术的,需要进行切开引流,否则就会死亡。事实证明,在没有抗生素的时代,在止血技术不过硬、没有麻醉药物的西方世界,上述急腹症病人大多是要死亡的。依靠手术侥幸活下来的病人,也是要在鬼门关里走几个来回的,其间痛苦万状,难于言表的细节,实在是罄竹难书。

在世界的东方,在华佗和张仲景的故乡,这一类病人的遭遇可能要好得多。他们有时候可以遇到华佗,可以开膛破肚切除病灶,可以刮骨疗毒治疗伤痛。尽管华佗的"麻沸散"失传了,而有活血化瘀、托毒生肌作用的中药,它们既可以防治感染,也可以止痛、止血,病人的痛苦要小得多。

假如一个腹部硬满,疼痛难忍的病人,他遇到的不是华佗的传人,而是遇到了张仲景的信徒,经过大黄牡丹皮汤、大小柴胡汤、大小承气汤、大小陷胸汤一番治疗,再加上针灸、按摩、导引、点穴,可能病情逐渐缓解,腹内化脓性的物质逐渐吸收,梗阻的肠道恢复传输,也许病人又活过来了。也就是说,在华佗那里受的手术之苦,或者因为"错投了"仲景之门,或者由于没有找到华佗弟子,各种急腹症就依靠张仲景的方子治好了,内科治疗"替代了"华佗外科!

内科治疗照样能够治疗需要开刀的外科疾病,一样可以"治病活人",人们就因此而不愿意选择华佗的方法,中医们也不需要学习华佗的外科手术了。"用进废退"的结果,"华佗的刀"逐渐生锈了,放在那里无人问津,必然会失传。

"麻沸散失传了",这是中国人的不幸呢,还是因为中国人太幸运?

假如没有张仲景,没有他建立的六经辨证治热病,也没有他的脏腑辨证治杂病,而只有华佗的手术刀,难道中医们会让珍贵的"麻沸散"失传吗?

假如中医只有华佗指引的道路,需要经常做手术治疗疾病,难道中医们会放弃研究人体解剖吗?他们在切开病人肚子的时候,难道不需要避开血管?不需要躲着神经?不需要避免损伤重要脏器?毫无疑问,那是需要这样做的。

假如中医这样做了几千年的外科手术,而不知道膈肌为何物,还需要像王清任那样到"义冢"去偷窥吗?我不相信会有这样的事情发生。《医林改错》这样的书,也不需要等到清朝末年才出现,自然也轮不到由王清任来书写。

这些中医特色的形成,有其深刻的历史原因,正是"成也仲景,败也仲景"。

张仲景将内科治疗发挥到极致的辨证论治以不争的优势战胜了华佗的外科手术,中医的传人们放弃了对于华佗技术的追求,纷纷拜倒在张仲景的门下,成了辨证论治的岐黄传人。

请记住,中医都是"岐黄传人",而不是"黄岐传人"。一个黄帝与岐伯名字次序的差别,反映了历代中医传人是重视医术超过皇权的一个群体。岐黄为他们打上理论的烙印,而张仲景为中医临床带来永远难于磨灭的特色。

伤寒大论出,承前启后贡献足

我们所说的张仲景,名机,据传当过长沙太守,所以有张长沙之称,然史书之中没有传记。他是南阳郡涅阳(今河南省南阳)人,约生于东汉末年,在建安十年(公元 205 年)之后,才开始写《伤寒杂病论》,这个时候华佗已经被曹操杀害了,《华佗传》说华佗"年且百岁而犹有壮容",即使有些夸张,他死的时候也应该年岁不小了。因此说,张仲景应该比华佗年轻一些,或许晚几十岁。

据说张仲景自幼好学深思,"博通群书,潜心道术"。当他十岁时,就已读了许多书,特别是有关医学的书。他的同乡何颙赏识他的才智和特长,曾经对他说:"君用思精而韵不高,后将为良医"(《何颙别传》)。后来,张仲景果真成了良医,被人称为"医中之圣,方中之祖"。这固然和他"用思精"有关,但主要是他热爱医药专业,善于"勤求古训,博采众方"的结果。

张仲景生平最佩服的古代医学家就是扁鹊,经常感叹其医疗水平高超。他也希望做一个像扁鹊那样的好医生,通过艰苦的努力,他实现了自己的愿望。可以说,在对后世中医的影响方面,张仲景既超过了扁鹊,也超越了华佗,原因就是他创立了辨证论治的中医诊治体系。

张仲景的望诊水平,也达到了扁鹊那样的程度。西晋皇甫谧《针灸甲乙经·序》说,张仲景有一次见到"建安七子"(孔融、陈琳、王粲、徐干、阮瑀、应玚、刘桢)之一的侍中王粲(字仲宣,生活于公元 177~217 年),当时他二十多岁,正年轻气盛,春风得意。他是"七子"中,成就最高的作家、诗人,他和张仲景交往密切,在接触中,张仲景凭自己多年的医疗经验,渐渐发现这位仅有二十几岁的作家,隐藏着可怕的"疠疾"。

张仲景对他说:"你有病,如果不治疗,四十岁的时候,就会眉毛脱落;眉毛脱落之后,半年左右就会死亡。"并且,为他开出来一张药方"五石汤",进一步耐心解释说,服了这个方药,就可以治愈他的疾病,免去死亡的威胁。

年轻气盛的王仲宣,哪里听得进张仲景的话,他根本不信会有这样的事情发生。

因此,他只在表面上应承了一下,并未认真对待,甚至还心生厌恶,嫌张仲景的话不

诸子百家——医家

吉利。没有想到,过了三天,张仲景又一次见到王仲宣,就问他:"服药了吗?"

王仲宣不好意思直言自己的厌恶之情,只好应承说:"已经服过了。"张仲景仔细一打量,觉得不对,就说:"你的面色可不像服过药的样子。你对自己的生命,怎么能这样不认真地对待呢?"王仲宣以无言的对抗表示了他的蔑视之情。

20年之后,不幸的事情果然发生了,王仲宣的眉毛脱落,半年后就死去了。

这件事情,或许有某些夸张,但是,仍然可以给我们无限的感慨与遐想。

张仲景处在动乱的东汉末年,连年混战,"民弃农业",都市田庄多成荒野,人民颠沛流离,饥寒困顿。各地连续暴发瘟疫,尤其是洛阳、南阳、会稽(绍兴)疫情严重。同时代的文学家曹植,在《说疫气》中说:"家家有僵尸之痛,室室有号泣之哀。"张仲景的家族也不例外,二百多人之中,因伤寒病而死的人占了大半。面对这种悲痛的惨景,张仲景目击心伤,"感往昔之沦丧,伤横夭之莫救"(《伤寒论》自序)。

于是,他发愤研究医学,立志做个能解脱人民疾苦的医生。他希望依靠医学的力量,能够治疗国君和亲属的疾病,帮助老百姓解除病痛,对于自己也可以靠养生保健知识,获得健康长寿。

当时,在他的宗族中有个人叫张伯祖,是个极有声望的医生。张仲景为了学习医学,就去拜他做老师。张伯祖见他

张仲景雕像

聪明好学,又有刻苦钻研的精神,就把自己的医学知识和医术,毫无保留地传授给他。因而,张仲景"尽得其传"。在《襄阳府志》一书中,何颙曾赞叹说:"仲景之术,精于伯祖。"

张仲景提倡"勤求古训",认真学习和总结前人的理论经验。

他曾仔细研读过《素问》《灵枢》《难经》《阴阳大论》《胎胪药录》等古代医书,其中《素问》对他的影响最大。

《素问》说:"今夫热病者,皆伤寒之类也。"意思是说,人们现在所患发热为主的病,大都是因为受了寒邪的侵犯造成的。所以又说"人之伤于寒也,则为病热。"

我们现在知道,很多传染病的流行是在冬季。古人认为春天温暖,万物始生,一派生机,而冬季严寒,蛰虫深藏,万物不长,一片肃杀萧条。因此,古人说春生、夏长、秋收、冬藏。他们认为冬天的寒气,是一种肃杀之气,可以称为"寒毒",容易使人产生传染病。甲骨文里就有"祸风有疾"的记录,而且都是记载在冬季里。

《素问·热论》认为,大多数以发热为主的传染病,有的好了,有的死了。死的人,大多在病后六七日,而病好的人,多在十天以上。因此,就提出来一个学说,把热病看作一个过程,一天一个样地变化不停;每一天的病情,用一个符号表示,一天叫作"一经",六天就是"六经"。这六经分别叫太阳、阳明、少阳、太阴、少阴、厥阴。《素问·热论》对于六经热病的治疗,只提到在三日之前,可以用让病人出汗的方法治疗,三天以上的热病,就可以使用"泄法"治疗,主要是用针刺治病。

华佗曾经说过,治疗伤寒主要有三种方法。在早期的时候,病邪在肌表,也就是疾病

位于人体的浅层,可以使用让病人出汗的"汗法"。具体地说,除了针刺的方法,还可以用膏药在患者身上摩擦,让其出汗。当然,古代还有用烤火出汗的做法,那样容易使汗出得太多,因为脱水而加重病情。华佗说,还可以服用中药散剂发汗。如果病邪位于胸部,就可以使用催吐的方法治疗,叫作"吐法"。如果病证深入到胃肠,就应该使用泻下的方法治疗,让病人通过排便而退烧,治愈疾病,叫作"下法"。

张仲景除了"勤求古训",还"博采众方",广泛搜集古今治病的有效方药,甚至民间验方也尽力搜集。他对前人喜用的针刺、灸烙、温熨、药摩、坐药、洗浴、润导、浸足、灌耳、吹耳、舌下含药、人工呼吸等多种具体治法,都一一加以研究,广积资料。

张仲景对于《素问·热病》的理论与治疗方法,进行了大胆的创新与改进。他在前人"表里分证"的基础之上,提出来阳证有一个"半在表,半在里"的新观念,使辨别证候的工作更细致;而且,大胆地把病人衰竭之后的"虚寒证",收录进来,称为"三阴证"。三阴证多数是病情危重的表现,有许多属于中毒性休克前期、休克期的表现,因此,后来的历代医家称之为"三阴死证"。张仲景对于接近死亡的三阴死证,提出来很多有效方法,挽救了无数生命垂危的患者。

张仲景最为著名的观点,就是打破了《素问·热论》按疾病日程使用药物的观点,提出来不能机械套用"三日前后分汗下"的做法,而是必须以临床证候表现为依据,只要有需要用发汗方法的证候存在,不论患病多少天,都应该使用"汗法"治疗;与此相对,泻下的方法,也是根据患者的证候表现,而不是根据患病的天数。"观其脉证,随证治之",成了历代医家遵守的格言。

张仲景所选用的方子,大多来源于汉代之前的《汤液经法》,这是西汉之前就已经流传的著名方剂著作,据说是商朝宰相伊尹所著。

现代著名中医学家邓铁涛教授说,张仲景就是用"医经家"的理论,研究"经方家"的经验,所以取得了前无古人的成就。

在张仲景重新编排的六经病证里,收录了一百多个方剂,就像流水作业的不同岗位,每个方子各就各位,在不同的证候到来时,发挥各自不同的作用。无论证候来得晚,还是来得早,只要证候出现了,就使用针对证候的药方。这样一来,就可以取得很好的疗效。

这个发现证候、辨别证候、治疗证候的过程,中医称为"辨证论治"。由于"辨证论治"是在以"六经"为框架的体系里进行的,所以叫"六经辨证"。

由于外感热病,其病因多数属于冬季感寒而发,所以,张仲景不再把发热为主的传染病称为"热病",而是叫作"伤寒",也就是"伤于寒邪而引起的疾病"的意思。

张仲景热爱医药专业,很重视临床实践,时时"平脉辨证",认真总结自己的临床经验。相传张仲景50岁左右,曾在长沙做太守。当时,他还时刻不忘自己的临床实践,时刻不忘救治人民的疾苦。但他毕竟是个大官,在封建时代,做官的不能人民宅,也不能随便接近普通老百姓,这怎么办呢?他想出一个办法,择定每月初一和十五两天,大开衙门,不问政事,让有病的群众进来。他堂堂正正地坐在大堂之上,挨个地仔细给群众治病。时间久了,形成惯例,每逢初一、十五的日子,他的衙门前就聚集了许多来自各方的病人等候看病。为纪念张仲景,后来人们就把坐在药铺里给病人看病的医生,通称"坐堂"，那医生就叫"坐堂医生"。

那时，张仲景虽然当官，但并不热衷于官位。不久，他"见朝政日非"，叹息地对人说："君疾可愈，国病难医。"遂挂冠遁去，专门总结经验，撰写医学著作。

经过几十年的奋斗，张仲景收集了大量资料，包括他个人在临床实践中的经验，写出了《伤寒杂病论》（又名《伤寒卒病论》）十六卷。这部著作在公元 205 年左右写成而"大行于世"。到了晋代，名医王叔和加以整理。到了宋代，被分为《伤寒论》和《金匮要略》二书。《金匮要略》就是该书的杂病部分。

《伤寒杂病论》是我国最早的理论联系实际的临床诊疗专书，而且都贯穿着"辨证论治"的精神。书中精选了三百多个方剂，这些方剂的药物配伍比较精炼，主治明确，如麻黄汤、桂枝汤、柴胡汤、白虎汤、青龙汤、麻杏石甘汤。这些著名方剂，经过千百年临床实践的检验，证实有较高的疗效，并为中医方剂学的发展提供了依据，后来不少药方都是从它们发展变化而来。

清代名医喻嘉言高度赞扬张仲景的《伤寒论》，说它"为众法之宗、群方之祖"。《中国医籍考》更说它"如日月之光华，旦而复旦，万古长明"。

历代有关注释、阐发张仲景《伤寒杂病论》的著作很多，特别是注释、阐发《伤寒论》的著作，竟达三四百种之多。

张仲景《伤寒杂病论》的影响，远远超出了国界，对亚洲各国，如日本、朝鲜、越南、蒙古等国的影响很大。特别是日本，历史上曾有专宗张仲景的古方派，直至今天，日本中医界还喜欢用张仲景方。

日本一些著名中药制药工厂如小太郎、内田、盛剂堂等制药公司出品的中成药（浸出剂）中，伤寒方一般占 60% 以上（其中有些很明显是伤寒方的演化方）。可见《伤寒杂病论》在日本中医界有着深远的影响。

与华佗相比较而言，张仲景治疗伤寒的方法，比华佗汗法、吐法、下法三种更丰富，开创出更为细致治的疗方法，包括清热、和解、温里、攻下、活血、逐瘀、回阳救逆等等，据说有三百多法。仅仅一个汗法，张仲景就有许多加减"变数"，让人看得眼花缭乱。张仲景自己也说："自非才高识妙，岂能探其理致哉！"

肘后与小品，方剂丰富方便人

王叔和感叹说："仲景明审，亦候形证，一毫有疑，则考校以求验。故伤寒有承气之戒，呕哕发下焦之问。"尽管仲景的治疗方法如此之好，却因为理论太高深而出现了"遗文远旨，代寡能用，旧经秘述，奥而不售"的现象，张仲景学术面临着失传的危险。王叔和尽管整理了张仲景的著作，在论述伤寒转变的时候，他学习的还是华佗的"六部传变"，而不是张仲景的"六经辨证"。

晋代医家葛洪《肘后方》说："伤寒有数种，人不能别之。"

陈延之《小品方》说："考之众经，其实殊矣。"

唐初的孙思邈曾经感叹："伤寒热病，自古有之，名贤睿哲，多所防御，至于仲景，特有神功,寻思旨趣,莫测其致,所以医人未能钻仰。"

当时的医学家们尽管不明白仲景学术的深奥蕴含,但是对于张仲景的医学贡献是非常推崇的,因此才会出现"江南诸师秘仲景方不传"的现象。孙思邈说:"尝见太医疗伤寒,唯以大青、知母等诸冷物投之,极与仲景本意相反,汤药虽行,百无一效。"

张仲景《伤寒论》的高深理论,奥妙的医学思想,到了宋代才开始被人们所认识。随着大量研究性著作的问世,逐渐出现了一个伤寒学术空前繁荣的局面。经过宋金元长达几百年的不断完善和补充,后世对于外感热病的理论认识和治疗方法,已经难于完全用张仲景的六经辨证体系来容纳了,因此,瘟疫、温病学家纷纷创立新说,发展外感热病的诊治思想。

然而,万变不离其宗,尽管有温病和伤寒的学术争鸣,但都属于辨证论治,而不是基于解剖实证。

《肘后方》为晋代葛洪所著,原名曰《肘后救卒方》,总共三卷,收方86首。后经南北朝时期的梁代医家陶弘景整理为79首,又增补22方,改名为《补阙肘后百一方》;其后又被金代医家杨用道增补,取名为《附广肘后方》,这也就是我们今天所见到的《肘后方》。其实,据笔者考察,在陶弘景之后,杨用道之前,还有人增补过《肘后方》。《肘后方》正文中的《小品方》与《姚僧垣集验方》的内容,就是在杨用道之前补进去的。这一次的增补者,大概是唐代的医学家。《肘后方》的珍贵价值,是人们反复传抄与增补的原因。

葛洪写作《肘后方》的时代,正是医学方剂空前丰富的时期,葛洪云:"余既穷览坟索以著述,余暇兼综术数,省仲景、元化、刘戴《秘要》《金匮》《绿秩》《黄素方》,近将千卷。患其混杂繁重,有求难得,故周流华夏九州之中,收拾奇异,捃拾遗逸,选而集之,使种类殊分,缓急易简,凡为百卷,名曰《玉函》。然非有力不能尽写。又见周、甘、唐、阮诸家,各作《备急》。既不能穷诸病状,兼多珍贵之药,岂贫家野居所能力办?"正因为众多大型医药方书,存在着篇卷过多,检索不易的缺点,所以兴起了以"备急"为特点的医学书籍。葛洪也因此写成了他三卷本的《肘后备急方》。"伤寒""热病"起病急、传变快、病情重,理应是各种"备急"医书论述的内容。在其他备急方失传的情况下,葛洪《肘后方》中的伤寒热病学说,就有了极为可贵的时代意义。

《肘后方》云:"伤寒、时行、瘟疫,三名同一种耳,而源本小异。其冬月伤于寒,或疾行力作,汗出得风冷,至夏发,名为伤寒;其冬月不甚寒,多暖气及西风,使人骨节缓堕,受病,至春发,名为时行;其年岁中有疠气,兼夹鬼毒相注,名为温病。如此诊候并相似,又贵胜雅言,总名伤寒,世俗因号为时行,道术符刻言五温,亦复殊,大归终止是共途也。然自有阳明、少阴、阴毒、阳毒为异耳。少阴病例不发热,而腹满下痢,最难治也。"

很显然,葛洪的外感热病学说中,"冬伤于寒,伏气至夏发,名为伤寒"的论述,与《素问》《灵枢》所说的"冬伤于寒,春必病温"的热病学说不同;其"伤寒、时行、瘟疫,三名同一种"的学说,与《难经》的广义伤寒学说也不相符;其"冬月受风,至春发为时行","疠气兼夹鬼毒相注为温病"的观点,与《阴阳大论》、仲景《伤寒例》的时行异气、温病等广义伤寒学说也不相符。是其别有师传独出新论,还是其记忆不确而误出谬说,笔者不敢妄下断言,但从其论述分析,葛洪主要受仲景伤寒学说的影响。他对仲景六经辨伤寒的学术特色,有所认识,与王叔和崇尚华佗"伤寒六部传变学说"有着明显的区别。

葛洪在伤寒病的治疗上主张:"伤寒毒气所攻,故凡治伤寒方甚多,其有诸麻黄、葛根、桂枝、柴胡、青龙、白虎、四顺、四逆二十余方,并是至要者。而药难尽备,且诊候须明。悉别所在,撰(于)大方中。今唯载前四方,尤是急须者耳。其黄膏、赤散,在'辟病'条中。预合,初觉患,便服之。"又云:"伤寒有数种,人不能别之,令一药尽治之者,若初觉头疼肉热、脉洪起一二日,便做葱豉汤。用葱白一虎口,豉一升,以水三升,煮取一升,顿服取汗。不汗,复更作,加葛根二两,升麻三两,五升水,煎取二升,分再服,必得汗。若不汗,更加麻黄二两。又用葱汤研米二合,水一升,煮之,少时下盐豉,后内(纳)葱白四物,令火煎,取三升,分服取汗也。"

葛洪虽然在外感热病理论方面缺乏深刻的认识,但在临床治疗上,却积累了许多有效、实用的单方、验方,深受历代医家的珍爱。陶弘景《补阙肘后百一方·序》云:"伤寒、中风,诊候最难分别,皆应取之于脉,岂凡庸能究?"也许,正是因为葛洪《肘后方》面对的是对医学了解不够深入的广大群众,所以他才说"伤寒有数种,人不能别,令一药尽治之。"这种放弃理论论争,面向临床治疗的务实精神,正是他的可贵之处。

《小品方》的作者、东晋著名医家陈延之,对葛洪在外感热病辨别上的模糊认识持不同观点,并据《伤寒例》中的广义伤寒学说,论述了伤寒与温病、时气的区别。他说:"古今相传,称伤寒为难疗之疾,时行瘟疫是毒病之气,而论治者不判伤寒与时行瘟疫为疫气耳。云伤寒是雅士之辞,天行瘟疫是田舍间号耳,不说病之异同也。考之众经,其实殊矣。所宜不同,方说宜辨,是以略述其要。经言:春气温和,夏气暑热,秋气清凉,冬气冰冽,此四时正气之序也。冬时严寒,万类深藏,君子周密,则不伤于寒。或触冒之者,乃为伤寒耳。其伤于四时之气,皆能为病,而以伤寒为毒者,以其最为杀厉之气也。中而即病,名曰伤寒;不即病者,其寒毒藏于肌骨中,至春变为温病,至夏变为暑病。暑病热极,重于温也。是以辛苦之人,春夏多温热病者,皆由冬时触冒寒冷之所致,非时行之气也。凡时行者,是春时应暖,而反大寒;夏时应热,而反大冷;秋时应凉,而反大热;冬时应寒,而反大温。此非其时而有其气,是以一岁之中,长幼之病多相似者,则时行之气也。伤寒之病,逐日深浅,以施方治。今世人得伤寒,或始不早治,或治不主病,或日数久淹,困乃告师。师苟(不)依方次第而疗,则不中病。皆宜临时消息制方,乃有效也。"

《小品方》为东晋陈延之所撰,在宋代之时就已失传。但在晋唐时期,《小品方》的影响很大。宋代林亿校正孙思邈《备急千金方》"后序"中云:"尝读《唐令》,见其制,为医者,皆习张仲景《伤寒》、陈延之《小品》。张仲景书今尚存于世,得以迹其为法,莫不有起死之功焉。以类推之,则《小品》亦仲景之比也。常痛其遗逸无余,及观陶隐居《百一方》、王道(焘)《外台秘要》,多显方之所由来。乃得反复二书,究寻于《千金方》中,则仲景之法,十居其二三,《小品》十居其五六。粹乎哉,孙真人之为书也!既备有《汉志》四种之事,又兼载《唐令》二家之学。其术精而博,其道深而通,以今知古,由后视今,信其百世可行之法也。"

林亿所说的"《汉志》四种之事",是指《汉书·艺文志》把医书分为四类,即医经、经方、房中、神仙四类医学著作。尽管《小品方》在唐代,曾经与仲景《伤寒论》齐名,但终因

诸子百家——医家

其是方书,而不能与仲景之学相提并论。当唐代孙思邈《千金方》与王焘《外台秘要》等更为详备的方书出现之后,曾经被《唐令》列为"官书"的《小品方》,就悄悄地消失了。但是作为历史的见证,《小品方》中的观点可以说是当时非常有代表性的认识。《小品方》所引用的"经言",取之于《伤寒例》,其中有不少虚词文字的差错、讹误。与传世《伤寒例》明显不同的是伏寒所藏匿的部位,《伤寒例》为"藏于肌肤",而《小品》则作"藏于肌骨"。

葫芦与橘井,济世救人菩萨心

《后汉书·方技列传》与《史记》《汉书》不同,不仅把医学家当作真实的历史人物来描写,还记载了一个奇异的传说,开创了把医学家当作传奇故事欣赏的先例。书中说:东汉时有个叫费长房的人,有一天,他在酒楼喝酒解闷,突然见街上有一卖药的老翁,悬挂着一个药葫芦兜售丸散膏丹。卖了一阵子,街上行人渐渐散去,老翁就悄悄钻入了葫芦之中。

费长房看见之后,大吃一惊,断定这位老翁是一位神仙。他就买了酒肉,恭恭敬敬地拜见老翁。老翁知他来意,领他一同钻入葫芦中。他睁眼一看,只见这个葫芦里还真是别有洞天,朱栏画栋,富丽堂皇,奇花异草,宛若仙山琼阁,真是一处世外桃源。后来,费长房拜老翁为师,学习多日,学到了他传授的方术,临行前老翁送他一根竹杖,骑上如飞。返回故里时家人都以为他死了,原来已过了十余年,他消息皆无。从此,费长房能医百病,驱瘟疫,令人起死回生。

这是一则神话传说,但却为行医者罩上一层"神秘外衣"。后来,民间的郎中为了纪念这个传奇式的医师,就在药铺门口挂一个药葫芦作为行医的标志。如今,虽然中医大夫"悬壶"已很少见到,但"悬壶"这一说法保留了下来。

晋代葛洪《神仙传》载:董奉者,字君异,侯官(今福州)人。董奉像一个"长生久视"的仙人,活了很多年也不见老,为人治病也多是"起死回生"。传中还说,董奉在山里居住,不种田,每天为人治病,也不收取财物。但重病患者,治愈之后,使患者栽杏树五棵,病轻的种一棵。如此数年,总共种下了十万余株杏树,成了一片十分茂密的杏林。后人把中医称为"杏林",就是从董奉这个故事开始的。葛洪喜欢渲染故事,记载之中有许多传奇之笔,使人不能全信。

中医界还流传着"橘井泉香"的故事。说是湖南郴州市东北郊苏仙岭,有一位医生苏耽,身怀绝技,对母亲也极为孝顺,后得道成仙。在成仙之前,嘱咐母亲,明年将有疾疫流行,到时可用井中的泉水泡橘叶来救治。第二年果然发生大规模疫情,他的母亲便遵照嘱咐,用井中泉水泡橘叶施救众乡邻,活人无数,一时传为佳话。

这则"橘井泉香"的故事,出于《列仙传》之《苏耽传》,流传甚广。至今当地还有苏仙观、飞升石、鹿洞等纪念物的遗迹。

"悬壶济世"与"杏林春暖""橘井泉香"一起,成了人们熟知的赞美医生的美好传说,在中医学界脍炙人口。它们有着悠久的文化意蕴,寄托着人们对于医药事业的美好梦想与渴求,寓意深刻而耐人寻味。

历史重真实,而文化求演绎,透过这些典故,可以看到中医药的悠久与神奇,增添了某些令人信仰的力量,对于中医药事业来说,是有益而无害的。

纯粹虚构的故事,属于文化演绎,但是往往要依托于一定的历史真实。透过这些文化传说,也能折射一定的历史。要学习前人的学术经验,都必须下一番功夫,拨开文化演绎的鲜花与绿叶,看到历史真实的根基所在。

一方面,离开了这个历史真实的根基,文化演绎的花朵就将枯萎;另一方面,没有文化演绎的鲜花绿叶,历史真实的根基既不好看,也难以具有枝繁叶茂的发展。

在历史真实与文化演绎之间,寻找一种合理的平衡,既是中医事业发展的需要,也是人民大众对于中医药事业的希望。

炼丹求长生,化学反应是真经

炼丹术曾经盛行一时,它的兴衰也与古人追求养生的活动,或者希望长生不老的美好愿望有关。但是,能够参与炼丹活动的人,大多都不是一般人;能够吃上丹药的人,也大多是达官贵人,甚至是一朝之君。这是伴随着追求养生保健而出现一个的教训,很多人为了长生不老献出了宝贵的生命。

仔细想来,追求服食炼丹的人,应该是世界上最早的"吸毒"者,他们大多深陷其中,死而无悔,死不瞑目。这样的历史教训,值得深刻总结,也可以看出纠正一个历史错误,其自然过程是如何的曲折。

现在,经过历史的沉淀,炼丹已经被气功锻炼的"意守丹田"所代替,所谓的"丹药"也已经变成了中药的一种剂型,古今许多药方都名之日"丹",以示灵验,如天王补心丹、至宝丹、山海丹等。这些以丹命名的方药,主要由动植物药配制而成,与本来意义上的炼丹毫不相干,只是借用"丹"名而已。这仅仅是古代炼丹术对后世深刻影响的一个侧影,由此可见炼丹活动的历史遗迹之一斑。

炼丹术,历史上又曾被称为外丹术,或叫黄白术,或称金丹术,简称"外丹",以此来与"长寿真人"丘处机的"内丹"导引术相区别。炼丹术起于战国中期,秦汉以后开始盛行,两宋以后,由于服用外丹重金属经常出现中毒事件,道教开始提倡修炼内丹(即气功),把人的身体比喻为炼丹的炉和鼎,把神作为炼成的丹,强调神对于形体的重要作用,或者把人的精炼成气(丹),"精化气,气摄形","内丹"学说风行一时,进而排斥外丹术,直到明末,外丹火炼法逐步衰落而让位给"本草学"。

炼丹是古人为追求"长生"而炼制丹药的方术。所谓"丹"即指赤色的丹砂,化学成分主要是硫化汞,是硫与汞(水银)的无机化合物,因呈正红赤色,陶弘景故谓"丹砂即朱砂也"。古人正红称赤,红指粉红,不纯。因此皇帝的御笔,以及避邪的符录,都要用朱笔书写,而不是用红笔写。

丹砂与草木不同,有很特殊的性质,这也是炼丹的"物质基础",它不但经过燃烧而不化为灰烬,而且"烧之愈久,变化愈妙"。丹砂经过烧炼可以"化汞",其所生成的水银属

諸子百家 —— 医家

于金属物质,但却呈液体状态,具有金属的光泽而又不同于五金(金、银、铜、铁、锡)的坚硬,而是液态的可以升华的金属,其"形质顽狠,至性沉滞",受到历代帝王的喜爱,据说秦始皇的陵墓之中,曾经以水银为海,承载渡船。

古代炼丹术,先将丹砂加热后分解出汞(水银),进而又发现汞(水银)与硫化合生成黑色硫化汞,再经加热使其升华,就又恢复到红色硫化汞的原状。丹砂炼汞和汞、硫化合而还丹砂,这些反复变化的无穷奥妙,实际上是属于化学的还原和氧化反应,也是世界化学工业的萌芽,此后在反复配伍炼烧的过程里发明了黑色火药,也是一个不断积累的过程,是出于偶然,也是反复操作的必然结果。晋人葛洪《抱朴子·金丹》篇说:"凡草木烧之即烬,而丹砂炼之成水银,积变又还成丹砂,其去草木亦远矣,故能令人长生。""火药"之所以被称为"药",仍然与古人追求长生不老药有关系。

由于丹砂具有特殊的药理效用,不同一般的理化性能,古代炼丹家将其作为炼丹的主要材料。汞,其形体圆转流动,易于升华挥发,古人认为十分神奇,就选择水银与其他矿物药物,按照一定配方彼此混合在一起烧炼,并不计成本地多次反复烧炼,实际上是进行化学的还原和氧化反应的实验,用来炼"九转还丹"或称"九还金丹"。这是人类最早的化学实验,尽管他们为的是炼金丹,而不是化学制药。

在古代,很多矿物质被认为具有神奇的效用,有的甚至被认为有使人"长生不死"的功效。成书于秦汉之际的本草学著作《神农本草经》,将四十多味矿物药,分别列为上、中、下三品,并说"上药令人身安、命延、升天、神仙",这就是当时炼丹家思想的忠实反映,而不可能是临床医学家的经验记录。《神农本草经》把丹砂列为上品第一,就是医学家深受神仙学派影响的见证。

炼丹所用的药物,根据专家考证,主要有金属,如汞、锡、铅、铜、金、银等;氧化物,如三仙丹(HgO)、黄丹(PbO)、铅丹(Pb_3O_4)、砒霜(As_4O_6)、石英(SiO_2)、紫石英(含 Mn)、无名异(MnO_2)、赤石脂(Fe_2O_3)、磁石(Fe_3O_4)、石灰(CaO)等;硫化物,如丹砂(HgS)、雄黄(As_2S_2)、雌黄(As_2S_3)、磐石($FeAsS$)等;氯化物,如盐(包括戎盐、冰石等,$Nacl$)、硇砂(NH_4Cl)、轻粉(Hg_2Cl_2)、水银霜($HgCl_2$)、卤咸($MgCl_2$)等;硝酸盐,如硝石(KNO_3 或 $NaNO_3$);硫酸盐,如胆矾($CuSO_4 \cdot 5H_2O$)、绿矾($FeSO_4 \cdot 7H_2O$)、寒水石($CaSO_4 \cdot 2H_2O$)、朴硝($Na_2SO_4 \cdot 10H_2O$)、明矾石[$K_2SO_4Al_2(SO_4)_3-2Al_2O_3 \cdot 6H_2O$]等;碳酸盐,如石碱($Na_2CO_3$)、灰霜($K_2CO_3$)、白垩(包括石钟乳等,$CaCO_3$)、炉甘石($ZnCO_3$)、石曾[$Cu(OH)_2 \cdot 2CuCO_3$]、空青[$cu(OH)_2CuCO_3$]、铅白[$Pb(OH)_2-2PbCO_3$]等;硼酸盐,如硼砂($Na_2B_4O_7$);硅酸盐,如云母[白色,$H_2KAl_3(SiO_4)_3$]、滑石[$H_2Mg_3(SiO_3)_4$]、阳起石[$Ca(Mg,Fe)_3(SiO_3)_4$]、长石($K_2O \cdot Al_2O_3 \cdot 6SiO_2$)、不灰木(石棉,$H_4Mg_3Si_2O_7$)、白玉($Na_2O \cdot Al_2O_3 \cdot 4SiO_2$)等;合金,如输石(铜锌合金)、白金(白铜,铜镍合金)、白镴(铅锡合金)等;混合的石质,如高岭土(SiO_2、Al_2O_3 等)、禹余粮(含褐铁矿和黏土的砂粒)、石中黄子(夹有黄色黏土的砂粒)等;有机溶剂,如醋(CH_3COOH)、酒(CH_3CH_2OH)。

由以上炼丹所用的材料可以看出,炼丹家所进行的化学实验,内容十分丰富,涉及的领域十分广泛,由这样一群"化学家"发明火药,应该不是侥幸,更不可能是一种幸运,而是由偶然积累起来的必然。他们初衷尽管不是研制火药,而是追求长生不老的金丹妙药,但是历史给出来的答案,却是火药,而且这种火药被广泛用于杀人的武器,这种带有一定嘲笑色彩的结果,毫无疑问地启动了人类化学工业的萌芽,也为未来的探索积累了经验。

炼丹术所用的工具和设备主要有丹炉、丹鼎、水海、石榴罐、坩埚、抽汞器、华池、研磨器、绢筛、马尾罗等不同的器物,但其中三类东西不可少,一为燃烧的炉,二是结丹的鼎,三是研磨丹药、进行精细加工的用具。当然,炼丹时燃烧的柴火,选用桑炭还是松柏炭,古人是有很多说道的。其实整个炼丹活动,都充满了神秘,也不乏虔诚。他们对于炼丹的结果,有期待,也有猜想,但是,结果如何完全要看实践的真实情况。由于缺乏相关的化学原理,很多炼制过程也就顺理成章地被神秘化了。

炼丹家认为,应该在人迹罕到、有神仙来往的名山胜地进行炼丹活动,否则"邪气得进,药不成也"。入山炼丹,应该选择"开山月(三月或九月)"的吉日良辰。要筑坛、烧符箓,炉鼎插宝剑,置古镜,有着各种各样的说辞。经过多日的烧炼,即将开鼎之时,术士们须斋戒净身,顶冠披袍,跪捧药炉,面南祷告,请大道天尊降临、赐福,如此等等,无一不充满了极其浓厚的迷信色彩。但古代炼丹家亲自从事采集、配制丹药,并通过反反复复的不同条件的烧炼,有意无意地发展了原始化学事业,可以被视为现代化学之祖。

英国李约瑟博士在《中国科学技术史》中称中国炼丹家乃世界"整个化学最重要的根源之一"。

古人对于服食金属药物的尝试,可能很早就有探索。传说后羿从西王母处得到不死之药,嫦娥偷吃后便飞奔到月宫,成为月中仙子。我们没有确切的记录知道古代的服药者吃什么丹药以求长生,但若根据晋人编撰的《列仙传》,他们所服食的包括丹砂、云母、玉、代赭石、石、松子、桂等未经制炼的矿物和植物。《周礼考工记》中就已经记载了合金成分不同而性质不同的"六齐"规则。传说秦穆公的女婿萧史就在宫中炼丹,他曾经炼成"飞雪丹"给秦穆公的女儿擦在脸上(实际上是炼成的铅粉)。他也许可以算是最早的化学家。春秋末期,秦越人扁鹊曾经用阴石、阳石治病。西汉时期,淳于意曾用硝石治疗王美人的疾病。在《神农本草经》中,硫黄和硝石被作为可治病的上品药物列了出来。较早热衷于炼丹术的是西汉的淮南王刘安,他在他的宫中召集了方士千余人修炼金丹和表演特异功能,后来又编写了《淮南子》及《淮南万毕术》等著作,可惜《淮南万毕术》一书现已失传。《淮南子》曾提到汞、丹砂、雄黄等药物。

东汉时期炼丹的代表著作,流传至今的是魏伯阳的《周易参同契》。学者们研究指出,该书成书于公元126~144年间。魏伯阳编写本书的目的,乃"希时平安"和"可以长存",也就是说,他的本意是介绍健康长寿的道理和方法。"大易情性,各如其度;黄老用究,较而可御;炉火之事,真有所据;三道由一,俱出径路。"在魏伯阳的眼里,宇宙万物变化的根本规律都不仅仅是定性的,而且可以定量,"各如其度",整本《参同契》用了将近一半的篇幅来阐明客观规律的量化问题,包括阴阳、五行、干支、八卦、纳甲。黄老哲学是汉初窦太后提倡并且居于统治地位的哲学体系,以这种哲学为指导用于国家管理"御政",则可达到"国无害道"的理想境界。如果以这套理论用于养生,则能"黄中渐通理,润泽达肌肤;初正则终修,干立末可持",找到养生的根本。

魏伯阳著作内容，其一是歌叙大意，其二是论述引内养性，其三是配以服食。他认为易理是纲，若用于"御政"，管理国家，则有"行之不繁"的妙处；如果用于指导"养性"，则有"可以长存"的威力；若用于指导"金液还丹"的冶炼和服食，则"三道合一"，就能够"安稳长生"。

魏伯阳钻研、总结了前人大量的炼丹经验，记录下了古人在这个领域探索的艰辛与挫折："世间多学士，高妙负良才，邂逅不遭遇，耗火亡资财。"然而"不得其理，难以妄言。竭殚家产，妻子饥贫，自古及今，好者亿人，迄不谐遇，希有能成。"可见在东汉时期，很多人为了炼出金丹、长生不老药，竟然达到"官者不仕，农夫失耘，商人弃货，志士家贫"的程度。魏伯阳于是"甚伤之，定录此文"。也就是说，他因为看到许多人因炼丹不得要领而倾家荡产，才甚是伤感，出于责任感才决定写这本书，以便"披列其条，核实可观，分两有数，因而相循"，把冶炼药丹的真实记录，包括各种冶炼参数、原料分两、操作步骤、器皿（鼎）尺寸都坦诚、如实地先告诉后人，使炼丹能够顺利进行（因而可循），这大约就是他的写作意图。他把物质分为阴阳两大类，提出要产生新物质必须阴阳配合，同类物质在一起是不会化合的。他还指出，如果是"药物非种，分剂参差，失其纪纲"时，那就会"飞龟舞蛇，愈见乖张"，这实际是炼丹过程中发生爆炸的情况。其主张"金性不败朽，故为万宝物"。《周易参同契》被奉为万古丹经王。

魏伯阳在书中，记载了铅、汞、硫等的化合和分解的知识。但是魏伯阳的书中使用了各种隐语，例如："河上姹女，灵而最神，得火则飞，不见埃尘，鬼隐龙匿，莫知所存，将欲制之，黄芽为根"。实际上，河上姹女是水银，水银加热就会蒸发（飞）不见了。要想固定水银，就要加入黄芽，黄芽就是硫黄，这时加热后就会生成红色的硫化汞，"望之类白，造之则朱"。魏伯阳连自己的名字，也是用隐语表示："委时去害，与鬼为邻；百世一下，遨游人间；陈敷羽翮，东西南倾；汤遭厄际，水旱隔并。"这如果不是因为炼丹的规律难以捉摸，而隐晦地在某种程度上保留"知识产权"的话，实在有些故弄玄虚的味道。魏伯阳说："结舌欲不语，绝道获罪诛，寄情写竹帛，恐泄天之符。"的确有他的时代困惑。

葛洪陶弘景，道家修炼为长生

晋代出现的《黄庭经》也是丹鼎派的经典，对后世炼丹家影响极大。魏晋时，葛洪进一步发展了金丹派神仙道教，对其做了理论上的总结。他所著《抱朴子》专论炼丹方术。

葛洪（284~364年或343年），别号抱朴子，丹阳句容人，著有《肘后救卒方》《抱朴子》等传世之作。其中《抱朴子》一书，分内、外两篇，内篇20卷，涉及炼丹的有"金丹第四""仙药第十一""黄白第十六"三卷。

葛洪出生于士族家庭，有过军旅生活，立过战功，是一位饱学之士。他认为，一切物质经过修炼都可发生变化，只要经过反复探索，使具备适当的条件，某些物质通过烧炼就有可能变成珍贵的仙丹和黄金。因此，他对炼丹具有坚定不移的信念，矢志不渝地从事着炼丹的实践。苍天不负有心人，在具体的炼丹过程中，善于学习和总结的葛洪，逐渐有了不少新发现。葛洪把他观察到的结果，记载于《抱朴子》之中，该书《内篇》讲仙道，《外篇》讲儒术,体现了他的"道者儒之本也,儒者道之末也"的内神仙、外儒术的思想。《抱朴子内篇·金丹》篇中已有用"金液方"(主要成分是水银和氢氰酸)溶解黄金的记载。葛洪说:"丹砂(即硫化汞)烧之成水银,积变又还成丹砂。"这种人造的红色硫化汞,可能是人类最早通过化学方法制成的产品之一。根据汞能溶解多种金属而形成汞齐的性质,制成了金尔齐、铅汞齐等。铅汞齐是铜镜的抛光剂。此外,还用化学方法人工制成了两种铅的化合物——胡粉和黄丹,学会了用燃烧的方法来鉴别硝石(硝酸钾),从而开创了化学中用火焰法鉴别钾盐的先河。

任何学术都必须有传承,有了传承才能形成影响深远的事业。葛洪的追随者陶弘景,生于南朝宋孝武帝建三年(公元 456 年),卒于梁武帝大同二年(公元 536 年),活了81 岁,经历了南朝的宋、齐、梁三个朝代。他长期远离尘世,生活于深山之中,是继葛洪之后我国古代又一个有名的炼丹家和医药家,是一个著名学者,被称为"山中宰相"。

陶弘景少年时,深受葛洪《神仙传》的影响,所谓"上士举形升虚,谓之天仙;中士游于名山,谓之地仙;下士先后蜕,谓之尸解仙。"这种不同的修炼境界,使陶弘景立志"学仙养生",一直留意炼丹养生。492 年,其 37 岁时,辞去官职,隐居句容茅山,寻访仙药,修道炼丹,足迹踏遍名山大川,在其多年的炉火丹鼎生涯中,不断总结,发展了炼丹术,著成《合丹法式》等炼丹著作,对药物的鉴别和炼丹方法较葛洪时代又有了较为显著的进步。陶弘景认识到"水银有生熟",其生者,系指天然产的水银,熟者,乃冶炼朱砂而得。他认识到,水银可以和其他金属如金、银形成合金,可在物品上镀金镀银。对于炼丹的重要原料黄丹和胡粉,可以人工制成,"熬铅所作"而得黄丹,"化铅所作"可得胡粉,从而开辟了药源,促进了炼丹术的进一步发展。

炼丹出炸药,不能养生实杀生

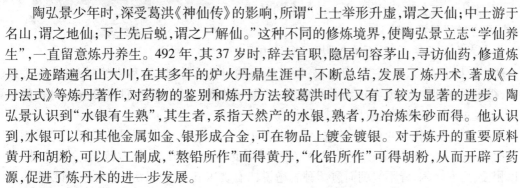

唐初著名的医学家孙思邈,也是一位崇尚道家与炼丹的学者。他是唐代京兆华原人(今陕西耀州区),生于公元 581 年,卒于公元 682 年,是一位著名的善于养生而长寿的人士。他有十分丰富的临床实践经验,毕生不谋仕途,信奉道家、佛家礼教,反对服石,崇尚炼丹,经常上山采药,亲自进行药物的修合炼制。在炼丹过程中,总结了前人的炼丹配方和炼制方法。

孙思邈在长期的炼丹过程之中,观察到炼出来的丹药,都不同程度地具有火毒,对人体有毒副作用。为了减轻金石丹药的毒性,他总结出"伏火"方法,以减轻毒副作用。根据学者的研究,他在使用硫黄、砒霜等金石药物时,为了减轻这些药物的毒性,有意使药物起火燃烧,借以去其毒性。《千金方》记载了"伏硫黄法",是用硫黄、硝石各二两,研成粉末,放入锅内,用皂角三个引火,硝石、硫黄起火燃烧,等火熄灭以后,用生熟木炭拌炒,直到炭消去三分之一时为止。当时炼丹家对金石药物的"伏火法"大体雷同。在众多的"伏火法"中,通过若干组合配伍,反复实验,从无数血的教训中,发现硝石、硫黄、木炭混在一起,极易起火爆炸,可炸塌丹房,伤及人群,几经改进和完善,黑色火药便脱颖而出。孙思邈在《丹经·内伏硫黄法》中记录了这个配方,这也是世界上最早的关于火药原始配方的记载。公元9～10世纪,我国炼丹术传人阿拉伯,12世纪传入欧洲。

化学(chemistry)一词,源于阿拉伯炼金术Al-Kimiya.。据曹元宇教授考证,这源于中国金丹术中最重要的追求目的——金液。金液的泉州语言是Kim-Ya,而泉州正是唐代最繁盛的通商口岸。阿拉伯炼金术的鼻祖Geber(？～780年)曾经著过一本名叫《东方的水银》的炼丹书。Geber的最大贡献是用绿矾、硝石与明矾蒸馏而制得了硝酸。这对于后来在欧洲研究溶液而发展了化学的贡献极大。而我国则以火炼金丹为主,未能认真研究溶液中的反应和产生的气体(中国的"气"是抽象的)。

孙思邈

古人为了长生不老,而炼丹服药,但是由于丹药主要以五金、八石、三黄为原料,所以炼成的丹药多为砷、汞和铅的制剂,吃下去以后,很容易立即中毒,或者逐渐蓄积中毒,甚至导致死亡。但是人们认识服食丹药的危害,是经过很漫长的历史阶段才被逐渐认识的。

服食丹药比较早的名人,首先是三国时期何晏大将军,他是曹操的义子。皇甫谧的《寒食散论》说:"近世尚书何晏,耽声好色,始服此药,心加开朗,体力转强,京师翕然,侍以相授,历岁之困,皆不终朝而愈。"孙思邈说:"有贪饵五石,以求房中之乐。"何晏带头服用"五石散",说是可以强身健体,尤其是可以增强性功能,美颜色,于是在社会上"服石"之风盛行。

由于"五石散"中主要成分为砷制剂,服后使人体全身发热,甚至要泡在冷水中才能解脱,所以,服食丹药的人,就必须吃寒凉的食物,把吃的丹药散剂,称为"寒食散"。服丹药的时候,需要少穿衣服,吃冷食,社会上就流行起着宽肥的服装,甚至有人索性躲在竹林中,脱光了衣服,这种不遵从礼节的行为,服丹药的人称为"行散"。这样没有士大夫举止、不讲求上进地混日子,还被誉为"高士",是当时兴起的一种社会现象。

唐代是炼丹术的全盛时期,几乎历代皇帝都热衷于炼丹,而且也只有这些权贵才有这样的能力、财力,坚持服丹,他们中毒身亡的教训也是最深刻的。这些热衷于服食丹药的君臣们,大都死于"长生不老丹"。

中国唐代是一个国际化的时代,中国人的这种牺牲,可以说是人类社会先进文化在探索养生长寿方面所走过的曲折道路,足资今天借鉴。在唐代,服丹身亡的皇帝就有唐太宗、宪宗、穆宗、敬宗和晚唐的武宗、宣宗,其他中毒较轻的皇帝还不算在内。

上行下效,是历史的风尚,而且往往是上有所好,下必甚焉。由于唐代皇帝们都崇信炼丹术,所以王公贵族们也就纷纷加以效仿,都尽可能地去炼丹服药,这成为上层社会的时髦,许多名士文人也在其中,例如,李白、白居易等。白居易有诗云:"退之(韩愈)服硫黄,一病讫不痊;微之(元稹)炼秋石,未老身溘然;杜子(杜牧)得丹诀,终日断腥膻;崔君

诸子百家——医家

(崔元亮)夸药力,经冬不衣棉;或疾或暴夭,悉不过中年。"

服食丹药的结果,不是中毒,就是发病、死亡,这可以说是古代的吸毒潮所造成严重的社会危害,这种社会现象的形成,是养生保健活动异化的结果,在某种意义上说古代的服食丹药,就是今日的"吸毒"。这种狂热的服食丹药,在唐宋时期很盛行,很多名人如柳宗元、崔元亮等,都或多或少地参与其间。所以诗中就有"服石求神仙,多为药所误"的批评。但尽管如此,也未能终止人们对养生甚至对于长生不老的追求与渴望。

人生毕竟只有一次,健康长寿、长生不老的追求,是那样美妙而充满诱惑,他们付出的代价足可以为我们提供借鉴。

马克思在评价空想社会主义者时说过:"既然我们不应该否弃这些社会主义的鼻祖,正如现代化学家不能否弃他们的祖先炼丹术士一样,那我们就应该努力无论如何不再重犯他们的错误。"从人类科技进步史的角度来说,炼丹术既有值得肯定的成绩,也有不切实际的幻想。但古代的炼丹家确实做了许多推动文明进步的好事,他们重视实验,不断探索的精神,永远是我们不可多得的精神财富。

科技史工作者对于炼丹术的科学贡献进行了分析,他们指出,通过炼丹,首先是人类认识了一大批金属和非金属,并了解了它们的性质。例如,我国炼丹家魏伯阳、葛洪等对硫、汞、铅等元素都做了十分透彻的研究,并用化学方法来提纯和鉴别它们。

其次,在炼丹的过程里,人类认识许多化合物,以及关于这些化合物的反应。例如,炼丹家葛洪能察知铅在不同条件下,氧化成氧化铅、四氧化三铅和二氧化铅等。特别值得一提的是,西欧的炼丹家在后期已发现硫酸、盐酸、碳酸钠、氢氧化钠等重要化合物。

再次,就是在实验技术上,不仅发明了许多仪器,如加热器、蒸馏瓶、坩埚等,而且掌握许多实验操作技术,如蒸发、过滤、蒸馏等。特别是提纯物质技术的创立,这对研究物质的性质,起着重要的作用。

由炼金术发展起来的许多工艺,如炼钢、炼铁、造纸、制作火药等也随之得到发展。

炼金术是化学的前身,在英文中化学(chemistry)就和炼金术同义,因而,称炼金术为原始化学是顺理成章的。

服食丹药容易中毒,而追求养生保健的活动不可偏废,所以,宋元时代之后,人们把身体比喻为炼丹的鼎炉,把人体的精、气、神作为强身健体的丹药,进行气功修炼,这时的丹药就被称为"内丹"。

此后,练气功的人,经常要"意守丹田",在心里培养气感,是气功修炼的一种方法。人们为了推行"内丹"学说,也就把魏伯阳的《周易参同契》这部书,"古为今用"地解释成了修炼内丹的"经典",说这本书奠定了中国传统内、外丹学的理论基础。

很多人认为,魏伯阳的"炼化"思想,是合易、老哲学于一体的天人合一论。认为炼丹应遵循自然界天地日月生成运转之法则,以乾坤(阴阳)二卦为本,逆自然之易,夺造化之功,由阴阳和合而返本归原,复归于虚无之道。就"内丹"而言,应先追究人生命之本原,所谓"将欲养性,延命却期,审思后末,当虑其先。人所禀躯,体本一元,元精云布,因气托初,阴阳为度,魂魄所居。阳神日魂,阴神月魄,魂之与魄,互为室宅。"

道家认为,有无相生,人的生命,来源于虚无。所以"虚无"乃人生命之本原,精、气、神（魂、魄）为人身之阴阳，炼丹之药物，取法乾、坤二卦，"乾动以直"，"坤静以翕"，令气布精流，摄情归性，而归根返本，为结丹之要。

具体的"内丹"修炼，先"筑垣城郭"（摄情归性），固塞耳、目、口三宝，意守"规中"，"委志归虚无，无念以为常"，专心不二，渐臻身体强健，颜容润泽，阴邪辟而正阳立，内气周流于身中，"淫淫若春泽，液液像解冰，从头流至足，究竟复上升，往来洞无极，怫怫被容中"。学者认为，魏伯阳对修炼中内气周流等体验，描述颇为真切；并运用卦象易理，对修炼中用意的火候法度和精、气、神生发变化的轨迹，作了相当详尽的阐述。后世"内丹学"逆炼归原的理论模式，及筑基、三关炼化等修炼法则，无不本于此书而发挥。

宋代以来，"内丹"诸家对性命、精、气、神的研究，日渐深入，对先后天之分以及相互关系等理论，都进行了深入探讨，进一步完善了"内丹"的理论体系。根据介绍，诸家丹法的区别，主要表现在两个方面：第一方面，根据修性、修命的次第及侧重点不同，有先修性后修命、先修命后修性、性命齐修、以性带命等歧异。第二方面，根据清修与双修二途，有主张阴阳俱足于自己一身，强调一己清修者；有主张阴阳分禀于男女，倡男女双修者。从这两方面着眼，近代的内丹研究者，把宋代以来的丹法，按主张与风格的差别，分为南、北、东、西、中五派。

内丹与外丹，都是人类认识自身，期望达到养生保健、健康长寿目的的，只是方法不同，结果也不一样，有的安全，有的充满风险。在历史发展的长河里，人们逐渐放弃了炼丹服药，逐渐强调内养精、气、神，这的确是养生保健之学的一大进步，也是人们善于批判错误，坚持正确养生方法的体现。

叔和研伤寒，功过是非任人判

王叔和在中国医学史上具有很高的地位，其所撰《脉经》是中医学第一部脉学专著，很早就被翻译成外文传到其他国家，影响极为深远。他与外感热病的关系，一是他曾经整理过仲景的《伤寒杂病论》，使之流传于世而免遭散佚；二是他在《脉经》之中以两卷的篇幅，将仲景《伤寒杂病论》的主要内容吸收于其中，既保留了仲景学说的精华，也扩大了仲景学说的影响；三是他第一次用各种治法，对仲景《伤寒论》进行分类，开以治法研究伤寒之先河；四是他对华佗"六部传变"论伤寒，进行研究与阐发，颇能尽执简驭繁之功效。

王叔和史书无传，其事迹首载于皇甫谧《针灸甲乙经·序》之中。皇甫谧云："仲景论广伊尹《汤液》，为数十卷，用之多验。近代太医令王叔和，撰次仲景选论甚精，指事施用。"这就是人们认为王叔和整理过仲景《伤寒论》的依据。但是，由于历代医家对皇甫谧这几句话的理解不同，曾经产生过许多不同的说法。

首先由于王叔和史书无传，其生平年代的确定，只能参照皇甫谧说的"近代太医令"来定。由于皇甫谧是晋代医家，所以过去一致认为王叔和是"晋太医令"。近年来不少医家提出质疑，认为皇甫谧于"甘露中"写作《针灸甲乙经》，而"甘露"是魏高贵乡公曹髦的在位年号，即公元 256 年~260 年，其《针灸甲乙经·序》也应当写于魏代，因此，"近代太医令王叔和"，只能是三国时魏国的太医令，而不可能是晋代的太医令。在此基础上，有人进一步认为,三国魏代上接东汉,离仲景生时不远,故认为王叔和是仲景的亲传弟子。《针灸甲乙经》的"撰次仲景选论",一本作"撰次仲景遗论",为这种说法增添了依据。因为"遗论",应当由后代家人,或是亲炙弟子继承。"近代太医令王叔和"既然能够"撰次仲景遗论",那么,他与仲景的关系,理应是师徒之间的关系。

笔者认为,问题似乎不是这么简单。"撰次仲景遗论"一语,应当与王叔和《脉经·自序》相互参看。王叔和《脉经·自序》云:"夫医药为用,性命所系。和鹊至妙,犹或加思;仲景明审,亦候形证。一毫有疑,则考校以求验。故伤寒有承气之戒,呕哕发下焦之问。而遗文远旨,代寡能用,旧经秘述,奥而不售。遂令末学,昧于原本,互滋偏见,各逞己能,至微疴成膏肓之变,滞固绝振起之望,良有以也。"文中所说的"遗文远旨"也应该包含着仲景的学术思想在内,所谓"遗文"与"遗论"一样,泛指前代医家遗留下来的医学理论,而非专指其"生前未竟的事业"。所以,皇甫谧所说"近代太医令王叔和,撰次仲景遗论甚精,指事施用",应当是指王叔和在他的著作中,采用过仲景的医学论述,或是指王叔和整理过仲景的医学著作,并且很精当实用。

王叔和的《脉经》与孙思邈的《千金翼方》一样,都在自己的著作之中以很大的篇幅将仲景《伤寒论》的基本内容吸收进去,做法相似而手法却极不相同。孙思邈的《千金翼方》以两卷的篇幅,几乎原封不动地将仲景《伤寒论》原文,按六经病篇次序抄进去;王叔和并不取仲景六经辨证伤寒的基本思想,而是将其篇章全部打破,用"病不可发汗证、病可发汗证、病发汗以后证、病不可吐证、病可吐证、病不可下证、病可下证、病发汗吐下以后证、病可温证、病不可灸证、病可灸证、病不可刺证、病可刺证、病不可水证、病可水证、病不可火证、病可火证"等17种治法,来分类仲景《伤寒论》的原文。比如王叔和在"可发汗"一节中,就列有桂枝汤、麻黄汤、桂枝加桂汤、桂枝加葛根汤、葛根汤、葛根加半夏汤、葛根芩连汤、大青龙汤、小青龙汤、小柴胡汤、柴胡桂枝汤、麻黄附子甘草汤、五苓散13首方药的相关条文。其中,仅与桂枝汤有关的条文,就有18条之多。

王叔和《脉经》卷七之中,除了以17种治法分类引用仲景的《伤寒论》的内容之外,还用"热病生死期日证、热病阴阳交并少阴厥逆阴阳竭尽生死证、重实重虚阴阳相附生死证、热病十逆死日证、热病五脏气绝死日证、热病至脉死日证、热病损脉死日证"等,将《素问》《灵枢》有关热病死证的论述,附于仲景伤寒学说之后。此点也可以看出王叔和与仲景学术的不同点:仲景吸收《难经》的广义伤寒学说,将热病涵盖于伤寒之内,其著作之中仅称伤寒,并无热病之名;王叔和不解仲景广义伤寒深意,仍将《素问》《灵枢》"热病"内容附于其后,使人一眼就看出其中的牵强与不和谐,两者对比非常明显。

"近代太医令王叔和,撰次仲景遗论甚精",皇甫谧这一论断,构成王叔和曾经整理过仲景《伤寒杂病论》的有力证据,并且,还说明皇甫谧对于王叔和的整理结果,评价甚高,后人据此称王叔和是仲景之功臣。的确,没有王叔和的整理,仲景《伤寒杂病论》的科学价值也许不会引起人们的重视,甚至于有可能早已遗失了。此论并非危言耸听,从王叔和整理之后,到宋代伤寒学术兴盛之前,长达近千年的时期之内,竟然无人深刻认识仲景《伤寒论》六经辨证体系,就可以说明仲景伤寒学术思想,有可能因为其理论的"寻其旨趣,莫测其致,所以医人未能钻仰(见孙思邈《千金翼方》)",而被人们束之高阁,日久失

諸子百家——医家

传。王叔和身居太医令之职，慧眼识珠，服膺仲景之学，大赞"仲景明审，亦候形证。一毫有疑，则考校以求验。故伤寒有承气之戒，呕哕发下焦之问"。然而，他也深知，"自古相传，伤寒为难疗之疾"，伤寒学术确如仲景《伤寒论·自序》所说："自非才高识妙，岂能探其理致哉！"因此，王叔和深深感叹："遗文远旨，代寡能用，旧经秘述，奥而不售。遂令末学，昧于原本，互滋偏见，各逞己能，至微疴成膏肓之变，滞固绝振起之望，良有以也。"这或许是他整理仲景《伤寒杂病论》的初衷。自明末清初，错简派的学说盛行之后，将王叔和整理仲景《伤寒杂病论》的功绩一笔抹杀不说，还将王叔和说成是仲景学说的罪人。

喻嘉言《尚论·张仲景〈伤寒论〉大意》云："王叔和于仲景书，不察大意，妄行编次补缀"，"至于编述伤寒全书，苟简粗率，仍非作者本意，则我不知之矣。如始先序《〈伤寒〉例》一篇，蔓引赘辞；其后《可与不可》诸篇，独遗精髓；《平脉》一篇，妄入己见。总之，碎裁美锦，缀以败絮，盲瞽后世，无由复睹黼黻之华。况于编述大意，私淑原委，自首至尾，不叙一语。明是贾人居奇之术，致令岐黄一脉，斩绝无遗。悠悠忽忽，演习至今，所谓千古疑城，莫此难破。——仲景之道，人但知得叔和而明，孰知其因叔和而坠也哉！"

笔者认为，自从宋代对仲景"尊经称圣"之后，有人便对历史的本来面貌，进行了颠倒，使王叔和由功臣变为罪人。其实，王叔和当时身为太医令，根本无须借当时还不出名的仲景进行"狗尾续貂"式的"碎裁美锦，缀以败絮"的。可是，深受错简说影响的今人，仍然对"洁本《伤寒论》"，挑三拣四，想改王叔和"篡乱"之经文，以恢复所谓仲景之旧观。假如王叔和今而有知，不知当做何感想，当初整理仲景"遗论"，悔耶不悔？

南北朝时期的梁代，有一本目录学著作叫《七录》，其中记载有"《王叔和论病》六卷"，《隋书·经籍志》是记载隋代之前书籍的史志目录，其中也标明有"《王叔和论病》六卷"，说明王叔和除了撰著《脉经》和整理仲景的《伤寒杂病论》之外，还有一部论述疾病诊治的著作——《王叔和论病》。《王叔和论病》虽久已散佚，但是，唐代孙思邈《千金方》与王焘《外台秘要》，皆引述王叔和的伤寒学说，应当出于《王叔和论病》之中。

《千金方》云："王叔和曰：夫阳盛阴虚，汗之则死，下之则愈；阳虚阴盛，下之则死，汗之则愈。夫如是，则神丹安可以误发，甘遂何可以妄攻。虚盛之治，相背千里，吉凶之机，应若影响。然则，桂枝下咽，阳盛则毙；承气入胃，阴盛以亡。若此阴阳虚实之交错，其候至微，发汗吐下之相反，其祸至速，而医术浅狭，不知不识，病者殒殁，自谓其分，至令冤魂塞于冥路，夭死盈于旷野，仁爱鉴兹能不伤楚！

夫伤寒病者，起自风寒，入于腠理，与精气分争，荣为否隔，周行不通。病一日至二日，气在孔窍皮肤之间，故病者头痛恶寒，腰背强重。此邪气在表，发汗则愈。三日以上气浮在上部，填塞胸心，故头痛，心中满，当吐之则愈。五日以上气沉结在脏，故腹胀身重，骨节烦疼，当下之则愈。明当消息病之状候，不可乱投汤药，虚其胃气也。

经言：脉微不可吐，虚细不可下，又夏月亦不可下也，此医之大禁也。脉有沉浮，转能变化，或人得病数日，方以告医，虽云初觉，视病已积日在身。其疹瘵结成，非复发汗解肌所除，当诊其脉，随时形势，求解除免也。不可苟以次第为固，失其机要，乃致祸矣。此伤寒次第，病三日以内发汗者，谓当风解衣，夜卧失覆，寒温所中，并时有疾疫、贼风之气，而相染易，为恶邪所中也。至于人自饮食生冷过多，腹脏不消，转动稍难，头痛身温，其脉实

諸子百家 —— 医家

2566

大者,便可吐下之,不可发汗也。"

《千金方》所引"王叔和曰"除了第一段见于《伤寒例》之外,其余两段既不见于《脉经》,也不见于《伤寒例》,笔者认为有可能出于《王叔和论病》之中。如上节所述,《千金方》引"王叔和曰"的第二段论述,是其阐发华佗"伤寒六部传变"学说的文字。王叔和以极其精辟的论述,概括了华佗以汗、吐、下三法治疗伤寒病的学术思想,也与其对仲景六经辨证伤寒的学术特点认识不深有关。《千金方》所引"王叔和曰"的第三段,表现了王叔和对伤寒病辨证论治的思想,反对拘守传变"次第"的做法,否则会"失其机要",病证是临床治疗的唯一靶点,拘守"次第"就会"致祸"。这也体现出王叔和重视伤寒治法的特点,与王叔和在《脉经》之中以"可与不可"分类《伤寒论》条文的基本思想是一致的。

《外台秘要》云:"王叔和曰:伤寒之病,逐日浅深,以施方治。今世人得伤寒,或始不早治,或治不对病,或日数久淹,困乃告医。医人又不知次第而治之,则不中病。皆以(笔者按:以,《伤寒例》作'宜',于意为长)临时消息制方,无不效也。今搜采仲景旧论,录其证候诊脉声色,对病真方,有神验者,拟防世急也。又土地温凉,高下不同(笔者按:《伤寒例》作'土地高下,寒温不同');物性刚柔,餐居亦异。是故黄帝兴四方之问,岐伯举四治之能,以训后贤,开其未悟,临病之工宜两审也。

(王叔和)又曰:夫表和里病,下之而愈,汗之则死;里和表病,汗之而愈,下之则死(笔者按:《难经》五十八难、《伤寒例》《千金方》所引皆作'阳盛阴虚,汗之则死,下之则愈;阳虚阴盛,下之则死,汗之则愈')。夫如是,则神丹不可以误发,甘遂何可以妄攻?表里之治,相背千里,吉凶之机,应若影响。然则,桂枝下咽,表和则毙;承气入胃,里平则亡。此表里虚实之交错,其候至微,发汗吐下之相反,其祸至速,而医术浅狭,为治乃误,使病者殒殁,自谓其分,至今冤魂塞于冥路,死尸盈于旷野,仁者鉴此,岂不痛欤!

(王叔和)又曰:凡两感病俱作,治有先后,发表攻里,本自不同,而执迷妄意者,乃云神丹、甘遂,合而饮之,且解其外,又除其内,言巧似是,于理实违。安危之变,岂可诡哉!夫病发热而恶寒者,发于阳;无热而恶寒者,发于阴。发于阳者,可攻其外;发于阴者,宜温其内。发表以桂枝,温里宜四逆。"

《外台秘要》所引"王叔和曰"的文字大部分见于今本《伤寒例》之中,是两段不连续的引文。其中删除了《伤寒例》中的部分文字,如:"岂容易哉!""死生之要,在乎须臾,视身之尽,不暇计日。""懵然不知病源","夫智者之举措也,常审以慎;愚者之动作也,必果而速。"王叔和所删除的这些文字,都是《伤寒例》作者为了加重语气,而与医理无关的内容。删去了这些与医理无关的文字,可以使行文更紧凑、简洁。因此,我们可以看出,尽管今本《伤寒例》中掺杂了一些后世文辞,甚至于有"今搜采仲景旧论"的王叔和语,仍然可以断定是王叔和引用了《伤寒例》,而非《伤寒例》引用了《王叔和论病》。

我们说王叔和服膺仲景,所以他整理了仲景的《伤寒杂病论》,并且在他所著的《脉经》之中,用十几种治疗方法归类《伤寒论》条文;我们又说"论伤寒传变叔和独尊华佗",这不矛盾吗?

笔者认为,《王叔和论病》有可能成书于《脉经》之前,在《王叔和论病》之中,王叔和首先接受了华佗的"伤寒六部传变"学说,并且,华佗以汗、吐、下三法论述伤寒病证治,执简驭繁,颇便于临床掌握,又发展了《素问·热论》的热病思想。所以,华佗"伤寒六部传变"学说,对王叔和产生了深刻的影响。这一影响被记载于《王叔和论病》之中,又被孙思邈引用,为我们探讨王叔和的外感热病学说提供了依据。此后,王叔和在写《脉经》之时,对仲景的伤寒学说进行了研究,以十几种治法分类仲景《伤寒论》原文,吸收了仲景的主要经验,将其大部分方证保留在《脉经》之中。但是,王叔和并没有对仲景六经辨证伤寒的学术特点进行阐发,他对此持不同观点,或者他对此并无认识。阐明仲景六经辨伤寒,是宋代之后才出现的。

皇甫谧猜想,研判内径起涟漪

《素问》《灵枢》是现存流传于世最早的中医典籍,人们一般认为,《素问》《灵枢》就是《汉书·艺文志》中提到的《黄帝内经》,成书于战国到两汉之间,非一人一时之作。弄清《素问》《灵枢》的著作年代,以及它们是否为《黄帝内经》的传世之书,对于评价其中的学术内容及其形成年代,具有重要的意义。因此,我们不妨先看一看《黄帝内经》的目录学情况。

东汉年间,班固撰写《汉书》,记载西汉年间的历史事件、人物,也记载当时皇家的藏书,以反映当时著作的盛况。但是,从西汉末年,到王莽新朝,再到东汉初年,战争频仍,书籍散亡,不可为据。只好把西汉末年刘歆的图书目录《七略》,收录在《汉书》之中,这就是我们今天经常提到的《汉书·艺文志》,它相当于西汉年间的皇家图书目录。

说起来,刘歆的皇家图书总目《七略》,也是从他父亲刘向那里抄来的,而且是一个"节略本",不是全部照抄,因此才叫"略";由于把图书分类成七大类,故名"七略"。

刘向整理皇家藏书时写的"书目提要",一篇一篇汇总起来叫《别录》。也就是说,刘向将古书整理之后,把整本书的主要内容,写一个概括介绍,向皇帝报告,逐渐积少成多,汇总成册,名字就叫《别录》。所谓《别录》,也就是除原著之外的另一本记录。刘向的儿子刘歆,也是一个大学问家,对这本提要目录,进行删节分类,就演变成《七略》。

随着历史的变迁,刘氏父子的《别录》《七略》都失传了,只剩下《汉书·艺文志》这个"版本",据此可以推算出西汉年间的著作情况。《汉书·艺文志》的"方剂略"云:"《黄帝内经》十八卷,《外经》三十七卷;《扁鹊内经》九卷,《外经》十二卷;《白氏内经》三十八卷,《外经》三十六卷,《旁篇》二十五卷。右(即上述总共有)医经七家,二百一十六卷。"

也就是说,在西汉末年的皇家图书馆里,全部的医学理论著作总共有216卷。医学理论著作是一类什么样的图书呢?《艺文志》说:"医经者,原人血脉、经络(络)、骨髓、阴阳、表里,以起百病之本,死生之分,而用度箴(针)石(砭石)汤火所施,调百药齐(剂)和之所宜。至齐之得,犹磁石取铁,以物相使。拙者失理,以愈为剧,以生为死。"这当中提到了《黄帝内经》与《外经》,也就是《黄帝内经》的出典之处,《汉书》就是最早提到《黄帝内经》的书籍。

在此之前,仓公淳于意在西汉初年,曾经接受过"古先道遗传"的"黄帝、扁鹊之脉书",一共有十几部,其中并无《黄帝内经》的名称。1973年在长沙马王堆汉墓出土了成书于西汉之前的古医书十几种，既无书名，也无著者。由此我们可以推想，《黄帝内经》的书名，是西汉末年刘向等人在校正医书之时，将医学理论书籍分类汇总成了"医经七家"，并将一部分内容合并命名为《黄帝内经》。

经过东汉将近二百年的流传，《黄帝内经》等"医经七家"的医学著作的下落不明。东汉末年，张仲景"勤求古训，博采众方"之时，也未提到《黄帝内经》的名称，只说"撰用《素问》《九卷》《八十一难》《阴阳大论》"；魏代太医令王叔和，在写《脉经》时多次引用《素问》，也没有说这就是《黄帝内经》。所有这些迹象，都给人们留下"医经七家"已经消亡的感觉。

西晋皇甫谧《针灸甲乙经·序》云："按《七略·艺文志》：'《黄帝内经》十八卷'，今有《针经》九卷、《素问》九卷，二九十八卷，即《内经》也，亦有所亡失。"

自皇甫谧的说法提出之后，后世便将《素问》和《针经》(今名《灵枢》) 当作《黄帝内经》，这种观点流传了已近两千年。古今不少学者对《黄帝内经》(即《灵枢》《素问》) 的著作年代提出了不同的看法，或认为原作于轩辕黄帝，或云成书于春秋战国，或称成书于战国至秦汉，或云晚出于两汉，至今仍未能统一于一说。

龙伯坚先生《黄帝内经概论》，将今本《素问》中的文章，按著作年代的先后划分为三部分，他说："《素问》的著作时代应当分为三部分来讲。第一部分是《素问》的前期作品，除了《六节藏象论》第一段和《天元纪》以下七篇大论和个别的后代作品之外，全部都包括在内。第二部分是《素问》的后期作品，只包括《六节藏象论》第一段和《天元纪》以下七篇大论。第三部分则包括个别的后代作品。"这种从古籍的"文献构成"上划分著作年代的做法是正确的。即第一部分是《素问》的原著作所保存的部分；第二部分是唐代王冰校正《素问》时，加进去的"运气七篇"的文字；第三部分是宋代加进去的《刺法论》《本病论》，即所谓"《素问》遗篇"。

笔者认为，《素问》《灵枢》不是《汉书·艺文志》中提到的《黄帝内经》，而是《汉书·艺文志》中"医经七家"的集大成之作，约成书于东汉早期，记载了西汉之前的医学成就。笔者结合前人有关研究，提出以下几点，用以证明《黄帝内经》不是《灵枢》《素问》两书的总和：

首先，西汉刘向受汉成帝之诏校正群书，"每一书已，向辄条其篇目，撮其指意，录而奏之"，撰成《别录》这样一部"提要著作"，《黄帝内经》应当出于其中，在刘向之前我们没见到《黄帝内经》的书名。因为《别录》《七略》久已散佚，其中关于《黄帝内外经》《扁鹊内外经》《白氏内外经》是怎样记述的，已无从查考。所以，《黄帝内经》最早记载于《汉书·艺文志》。

《汉书·艺文志》中记载的古籍，流传于后世者，仍有不少。然而，像所称《黄帝内经》一本书分成《素问》和《针经》两部书，并分别流传的情况，在其他古籍流传的过程中是十分罕见的，因此构成"《黄帝内经》不是《灵枢》《素问》两书的总和"的疑点之一。

第二，在西晋皇甫谧之前，张仲景撰写《伤寒杂病论》时"勤求古训，博采众方，撰用《素问》《九卷》"，但他没有说这是《黄帝内经》；王叔和编写《脉经》时，"撰集岐伯以来，逮于华佗"的"经论要诀"，在书中反复引用《素问》和《针经》，都没有提到这两本书就是

《黄帝内经》。

　　假如像西晋皇甫谧《针灸甲乙经·序》所说的那样，《黄帝内经》一本书被分成了《素问》和《针经》二书，并分别流传于世，勤求古训的张仲景和身为太医令"得见内府密藏"的王叔和，不应当不知道。

　　第三，《汉书·艺文志》所记载的古籍篇与卷是相同的计数单位，即篇与卷相等，没有卷下分篇的情况。

　　如刘向所校经传、诸子、诗赋和步兵校尉任宏所校的兵书，多数用"篇"作计数单位，而其中如《尚书》《孝经》等少数以"卷"计数的书籍，也被概括在总篇数之内，不复指出总篇之中包含有多少卷；太史令尹咸所校正的数术类书籍和侍医李柱国所校正的方剂类书籍，多数以"卷"为单位进行计数，少数以篇计数的天文、神仙类书籍，也被包括在总卷数之内，不再提总卷帙内含有多少篇。

　　由此可见，《汉书·艺文志》所记载的图书，篇与卷是相同的计数单位，没有卷下分篇的体例、做法。其中说"《黄帝内经》十八卷"，也就是只有十八篇，而不是《素问》《灵枢》各有八十一篇，总数达一百六十多篇的众多内容。马王堆汉墓出土的十四种西汉之前的医籍，篇幅短小，可以作为有力的旁证。

　　那么，《汉书·艺文志》说"《黄帝内经》十八卷（篇）"，篇幅应当十分短小，与今天《素问》《灵枢》共有一百六十多篇的众多内容显然有别，这么巨大的差距说明了什么？"《黄帝外经》三十七卷"哪里去了？"丢失了"这么多年，我们为什么不去寻找？假如"丢失"的比"现存"的多十几倍，这个中医学还是完整的吗？难道中医学在张仲景之前就已经"残缺不全"了吗？这是一个严重的问题，也是一个十分严肃的问题，可是，历代学者这样提问题的很少。多数人只满足于我们有"《黄帝内经》十八卷"，可是，《汉书·艺文志》说的"医经"总共有216卷！

　　笔者认为，216卷的医经并没有"大部丢失"，从《素问》《灵枢》以及《难经》与"《黄帝内经》十八卷"的差距之中，可以"找回"已经丢失的"医经七家"的主要内容。因为这一巨大的卷数差距，使我们有理由推想：《素问》《灵枢》基本上涵盖了《汉书·艺文志》"医经七家，二百一十六卷"的全部内容。

　　第四，《素问·离合真邪论》云："黄帝问曰：余闻《九针》九篇，夫子乃因而九之，九九八十一篇，余尽通其意矣。"由此可见，《素问》一书是其作者汇编《黄帝内经》等古代医籍，扩充篇卷而著为集大成的一部巨著。

　　《素问》《灵枢》体例不一，主张或异，也是其为汇编性医学著作的一个力证。《素问》中的《脉解》篇、《针解》篇，《灵枢》中的《小针解》等篇，皆为后人的"解经"之作，故廖育群先生称《素问》《灵枢》中"经"与"传"同时并存。李伯聪先生《扁鹊学派研究》说："《素问·大奇论》全文见于《脉经》所载的'扁鹊诊诸反逆死脉要诀第五'，而且《素问》这一篇自首至尾不见黄帝、岐伯问答字样"，推断可能是《素问》引用或汇编了《扁鹊内经》的内容。

　　第五，汉初盛行黄老之学，儒家著作等同于诸子学说，无位无禄。汉武帝采纳董仲舒的建议，"独尊儒术，废黜百家"，儒家著作被列为官学，并开始设置五经博士，古籍也被分为"经书"与解释经书的"传书"。

此后约一百年,刘向校正医书时,仿照儒家经典的做法,列"医经"为一类书籍。《汉书·艺文志》吸收其成说,才有《黄帝内经》等七家"医经",此前医籍没有称"经"的说法。

马王堆汉墓出土的古医书没有书名(《阴阳十一脉灸经》《足臂十一脉灸经》的书名系整理小组所加)。《史记·扁鹊仓公列传》中公乘阳庆传给仓公的十余种医籍,包括"黄帝、扁鹊之《脉书》",皆不称"经"。其中的《上下经》是上下经脉的省称,而不是上下经典。

《上下经脉》或者《经脉上下》即人身的经脉分手经与足经,故又可称作《经脉高下》。然而,《素问》《灵枢》之中频繁引用《上经》《下经》《针经》,并称"经言""论曰"等等,皆说明《素问》《灵枢》非刘向所整理的《黄帝内经》。

刘向、李柱国拟定《黄帝内经》等"医经七家"书名的时候,与确定《战国策》名称时的情景有些相似。当时流传于西汉末年的关于战国策士的书籍,有的叫《事语》《国事》,有的称《长书》《短长》,名称与体例也颇不一致,刘向按其国别分类汇总,定名为《战国策》。

1973年在长沙马王堆汉墓中出土的策士之书,有些刘向也没能见到,整理小组据其内容分别拟定为《春秋家事》《战国纵横家书》。

流传于西汉年间的古先道遗传的黄帝、扁鹊之《脉书》,如仓公所举的《上下经》《脉书》《五色诊》《奇咳术》《揆度》《阴阳》《外变》《药论》《石神》《接阴阳》《禁书》等十几种医书,或像马王堆出土的《足臂十一脉灸经》《阴阳十一脉灸经》《脉法》《阴阳脉死候》《却谷食气》《导引图》《养生方》《十问》《合阴阳》《天下至道谈》《杂禁方》《五十二病方》《杂疗方》《胎产书》等十几种医书中的医学理论书籍,一两百年之后如果流传到西汉末年,刘向、李柱国在校正医书时,如果见到了这些"没有确定名称"的医书,将其归类成汇总,形成《黄帝内经》等"医经七家"是极有可能的。

尽管通过上述内证与外证的考辨,可以认定《素问》《灵枢》不是刘向所整理的《黄帝内经》,但是《素问》与《灵枢》中还是保留了许多秦汉以前的古医学内容,甚至可以说《素问》《灵枢》是集大成之作,其中保留了汉以前医学理论的精华。

被称为"伟大宝库"的中国医药学,不仅具有十分丰富的经验内容,而且拥有独特的学术体系,前人概括为"理法方药,完整一套",环环相连,丝丝相扣。然而理法方药在中医学术体系中各自所占比重是不平衡的,如果把整个中医学术体系看作一个实体,则可以粗略地将其分为基本理法内核和病证方药针灸推拿等外围部分。不断完善的理法内核,决定着中医学过去、现在、将来的基本特征。外围的病证方药针灸推拿部分是中医学的功能带或保护带。

中医学基本理法内核的构成,是在中医学发展过程中逐渐形成的。原始经验的积累时期,没有理论体系,只是方药、针灸等具体治疗措施的简单创造与汇集,没有内核可言。等到藏象、经络、气血、病理等基本医学理论形成之后,便具备了基本内核,恰如自然界进化过程中从有机物产生了细胞一样。基本理法内核将既往关于病证方药针灸按摩等零散而具体的经验贯穿起来,成为汇聚着具体知识的医学体系,因此形成一套完整的中医学。古代的阴阳学说和精气学说,较早地被医学吸收,并牢固地与基本理法内核结合在

諸子百家——医家

一起,给原始医学以较为科学的世界观和方法论,使其更为系统和完善,这也是医学摆脱巫术的重要因素。

从长沙马王堆汉墓医书等早期医学文献的出土和大量史志中医书的佚失情况来看,许多古老而宝贵的方药针灸等具体经验失传了,然而,后世的医学家们又不断创造新的具体经验,这种得得失失的更新代谢数量很大,像生命过程中的新陈代谢一样没有止息。与此恰成对照的是,关于脏腑经脉、阴阳气血、治则治法、药性和配伍等方面的基本理法却逐渐丰富完善起来,并没有多少佚失。具体病证方药针灸等具体经验的大量佚失或补充、修正,并不能改变中医学的性质或特征。某些与基本理法内核融合一起的新学说,却能长久地流传下去,如独取寸口诊法、六经辨证、八纲辨证、卫气营血辨证、药物归经与升降浮沉学说、脾胃学说、命门学说与先后天之本论等即是如此。清代开创的活血化瘀法则,所以能在现在广泛深入地开展下去,除确有疗效之外,与其和中医理法内核关于气血的学说极为契合不无关系,所以具有永久的生命力。青蒿素、消痔灵、小夹板等具体方药的发明,固然有独到的贡献,但由于和中医理法内核距离较远,难以改变中医学的基本性质。

综上所述,"医经七家"未亡,存在于《素问》《灵枢》之中;《黄帝内经》不是《素问》《灵枢》之和,而是已佚之古医书。

大医孙思邈,千金方中说医经

孙思邈在中国医学史上,有着非常显著的地位,《新唐书》和《旧唐书》中都有《孙思邈传》。《孙思邈传》称他生活于周至唐高宗年间,"年百余岁"。他能"通百家说,善言老子庄周"。唐朝开国初,"魏征等受诏修齐、梁、陈、周、隋五代史,恐有遗漏,屡访之。思邈口以传授,有如目睹"。孙思邈是一个学问非常渊博的医学家。

他所著的《备急千金要方》和《千金翼方》,在唐代就引起了广泛的重视,王焘《外台秘要》之中就引用了大量的《千金方》的方剂。宋臣林亿校正《备急千金要方》之后认为:"虽大圣人有意于拯民之瘼,必待贤明博通之臣,或为之先,或为之后,然后圣人之所为,得行于永久也。医家之务,经是(神农、黄帝)二圣、(岐伯、伊尹)二贤,而能事毕矣。后之留意于方术者,苟知药而不知灸,未足以尽治疗之体;知灸而不知针,未足以及表里之变。如能兼是圣贤之蕴者,其名医之良乎!有唐真人孙思邈者,乃其人也。以上智之材,抱康时之志,当太宗治平之际,思所以佐乃后庇民之事,以谓上医之道。真圣人之政,而王官之一守也。而乃祖述农黄之旨,发明岐挚之学,经掇扁鹊之难,方采仓公之禁,仲景黄素,元化绿帙,葛仙翁之必效,胡居士之经验,张苗之药对,叔和之脉法,皇甫谧之三部,陶隐居之百一,自余郭玉、范汪、僧垣、阮炳,上极文字之初,下讫有隋之世,或经或方,无不采撷。集诸家之所秘要,去众说之所未至,成书一部,揔三十卷。——孙真人善述之功也。"

孙思邈的《千金方》确实是一部集大成的医学著作,广征博引,有论有方,保留了大量唐代以前的医学精华,也收集了许多唐代之前的外感热病学说的珍贵资料。比如《千金方》引述了华佗、王叔和、陈延之、张苗等关于伤寒的学说,不仅被《外台秘要》等医籍反复引用,而且当华佗、王叔和的有关著作及陈延之《小品方》失传之后,《千金方》中的引文仍为我们保留了极为珍贵的早期文献,使我们还能借此了解到伤寒学说在晋唐时期的情况。

《千金方》是孙思邈的早期作品,《千金翼方》为其晚年所作。由于《千金方》中有"江南诸师秘仲景方不传"的记述,再加上书中引用仲景《伤寒论》的原文比较少,因此有人提出孙思邈在写作《千金方》时,还没有见到仲景《伤寒论》,而在晚年著作《千金翼方》时才看到了仲景的著作,所以在《千金翼方》中几乎照抄了《伤寒论》的全文。

《千金翼方》书影

笔者认为,孙思邈在写作《千金方》时,应当已经见到了仲景的《伤寒论》。

理由有以下几点:

首先是孙思邈在《备急千金方》的序言中,引用了仲景《伤寒杂病论》序言的内容:"张仲景曰:当今居士之士,曾不留神医药,精究方术,上以疗君亲之疾,下以救贫贱之厄,中以保身长全,以养其生。而但竞逐荣势,企踵权豪,孜孜汲汲,唯名利是务。崇饰其末,而忽弃其本。欲华其表,而悴其内。皮之不存,毛将安附? 进不能爱人知物,退不能爱躬知己。猝然遇邪风之气,婴非常之疾,患及祸至,而后震栗。身居厄地,蒙蒙昧昧,蠢若游魂;降智屈节,钦望巫祝,告穷归天,束手受败。赍百年之寿命,将至重之重器,委付庸医,恣其所措。咄嗟暗呜! 厥身已毙,神明消灭,变为异物,幽潜重泉,徒为涕泣。痛夫! 举世昏迷,莫能觉悟。自育若是,夫何荣势之云哉! 此之谓也。"孙思邈在一篇自序之中,以三分之一的篇幅引用仲景的书序,而不是书中治病的方论,应当是亲见其书,而不可能是间接地转引自他人的著作。

第二,孙思邈在"大医习业"中指出:"凡欲为大医,必须谙《素问》《甲乙》《黄帝针经》《明堂流注》、十二经脉、三部九候、五脏六腑、表里孔穴、《本草》《药对》、张仲景、王叔和、阮河南、范东阳、张苗、靳邵等诸部经方。"孙思邈在这里提出的"张仲景",应当是仲景的《伤寒论》。因为大力提倡"不得道听途说,而言医道已了"的孙思邈,绝对不会在自己还没有见到仲景《伤寒论》时,就去号召别人学习"张仲景"。

第三,《千金方》中确实引用了不少仲景《伤寒论》的方剂,比如在"发汗汤"中,就引有桂枝汤、麻黄汤、大青龙汤、升麻汤等仲景《伤寒论》方剂,以及相关条文;"宜吐"项下引有瓜蒂散;"宜下"项下引有大承气汤、抵当丸、抵当汤;"发汗吐下后"引有小青龙汤、麻黄杏仁石膏甘草汤、栀子豉汤、厚朴半夏人参生姜汤、玄武汤、桂枝二麻黄一汤、葛根芩连汤、苓桂术甘汤、大陷胸丸、大陷胸汤、甘草泻心汤、生姜泻心汤、白虎汤等仲景方药,以及有关论述。

第四,《千金方》以两卷的篇幅论述伤寒病的证治,占其全书 1/15 的内容。第九卷以伤寒例、辟温、伤寒膏、发汗散、发汗汤、发汗丸、宜吐、宜下、发汗吐下后九个专题讨论伤寒病;第十卷以伤寒杂治、劳复、百合、伤寒不发汗变成狐惑、伤寒发黄、温疟、溪毒七个专题讨论伤寒病证治。

从孙思邈《千金方》论述伤寒病证的特点来看,也是注重于伤寒病的治疗方法,与王叔和《脉经》相似;他在"发汗汤"项下,引用桂枝汤、麻黄汤、大青龙汤,与其在《千金翼方》所云"夫寻(仲景)方之大意,不过三种,一则桂枝,二则麻黄,三则青龙,此之三方,凡疗伤寒不出之也。其柴胡等诸方,皆是吐下发汗后不解之事,非是正对之法"的观点正相符合。

如前所述,《千金方》是孙思邈的较早期的著作,其中对仲景《伤寒论》的"六经辨伤寒"的学术特点,还缺乏深刻的认识,仅以治法论列方药,所以仲景的《伤寒论》在孙思邈眼中,也只是一部方书,至多是一部重要的方书。

随着医疗实践的深入,孙思邈才逐渐认识到仲景《伤寒论》的独特价值。孙思邈在《千金翼方》中说:"伤寒热病,自古有之,名贤睿哲,多所防御,至于仲景,特有神功。寻思旨趣,莫测其致,所以医人未能钻仰。尝见太医疗伤寒,唯以大青、知母等诸冷物投之,极与仲景本意相反,汤药虽行,百无一效。伤其如此,遂披伤寒大论,鸠集要妙,以为其方,行之以来,未有不验。旧法方证,意义幽隐,乃令近智所迷。览之者,造次难悟。中庸之士,绝而不思。故使闾里之中,岁致夭妄之痛,远想令人慨然无已。今以方证同条,比类相附,须有检讨,仓卒易知。夫寻方大意不过三种,一则桂枝,二则麻黄,三则青龙,此之三方,凡疗伤寒不出之也。其柴胡等诸方皆是吐下发汗后不解之事,非是正对之法。术数未深,天下名贤止而不学,诚可悲夫。又有仆隶俾下,冒犯风寒,天行疫疠,先被其毒。悯之酸心,聊述兹意,为之救法,方虽是旧,弘之惟新。好古君子,嘉其博济之利,无嗤消焉。"

从孙思邈晚年关于伤寒病的这一段论述中,我们可以得出如下的推论:首先,"伤寒热病,自古有之,名贤睿哲,多所防御,至于仲景,特有神功。寻思旨趣,莫测其致,所以医人未能钻仰。"说明孙思邈认为"伤寒"与"热病",是完全一样的疾病,"自古有之",虽然历代名医都进行了积极的探讨,但都不如仲景取得的成绩显著。尽管仲景伤寒已不同于《素问》热病,孙思邈并未提及。当时医家们,对于"特有神功"的仲景伤寒学,却"莫测其致",完全不能理解、掌握。也就是说,仲景《伤寒论》到唐朝初年,还没有被人们深刻认识。

"尝见太医疗伤寒,唯以大青、知母等诸冷物投之,极与仲景本意相反,汤药虽行,百无一效。"说明唐代之前,许多名医都是用寒凉药治疗伤寒病的,但这种治疗方法疗效很不好。这是什么原因呢?盖伤寒虽是热病,但其发病季节多在冬季,或是比较寒冷的时候,气温较低,属于"寒包火";另一方面,伤寒初期热势不高,且多有恶寒表证,治疗应当使用辛散解表之药,透邪外出,邪去正安。如果使用大青、知母等寒凉药物,由于"寒主收引",有可能导致表闭的"毛窍闭塞",使阳气郁闭于内,阴津汗液不能驱邪外出,病情更加严重。即所谓"汤药虽行,百无一效"。但是,当邪气离开太阳之表,进入到阳明阶段,"恶寒"消失,热势更加高涨,往往会出现高热烦渴、面红汗出、口渴思饮、脉搏洪大甚至神昏谵语等一派热象。这时应当使用白虎汤、栀子豉汤、竹叶石膏汤、大小承气汤以及"大青、知母等诸冷物"进行清热泻火,解毒保阴,才能取得较好的疗效。孙思邈在这里将"诸冷物",说成是与"仲景本意相反",言外之意,"仲景本意"应当是"诸热物",这有曲解"仲景本意"之嫌。孙思邈不分表里证,一味反对太医用诸冷物治疗伤寒,说明他距揭示仲景六经辨证的实质,还有一定的距离。

"伤其如此,遂披伤寒大论,鸠集要妙,以为其方,行之以来,未有不验。旧法方证,意义幽隐,乃令近智所迷。览之者,造次难悟。中庸之士,绝而不思。故使闾里之中,岁致天妄之痛,远想令人慨然无已。今以方证同条,比类相附,须有检讨,仓卒易知。"孙思邈这一段论述,向人们表明了他学习、研究仲景《伤寒论》的原因、方法及其结果。他所开创的"方证同条,比类相附"的研究方法,是后世"以方类证"的先驱。

孙思邈在《千金翼方》之中是这样分篇的:"太阳病用桂枝汤法第一(57 证,方 5 首),太阳病用麻黄汤法第二(16 证,方 4 首),太阳病用青龙汤法第三(4 证,方 2 首),太阳病用柴胡汤法第四(15 证,方 7 首),太阳病用承气汤法第五(9 证,方 4 首),太阳病用陷胸汤法第六(31 证,方 16 首),太阳病杂疗法第七(21 证,方 13 首),阳明病状第八(75 证,方 11 首),少阳病状第九(9 证),太阴病状第十(8 证,方 2 首),少阴病状第十一(45 证,方 16 首),厥阴病状第十二(56 证,方 7 首),伤寒宜忌第十三(15 证),发汗吐下后病状第十四(30 证,方 15 首),霍乱病状第十五(10 证,方 3 首),阴易病已后劳复第十六(7 证,方 4 首,附方 6 首)。"

孙思邈"方证同条,比类相附"的研究方法,与后世"以方类证"有所不同。孙思邈虽然"方证同条",以方统证,但是在方之上还冠有"太阳病""阳明病""少阳病"等六经病名,即以六经统方,再以方统证。而后世只有以方统证,并不细分其所属之经。因为在六经所统病证的划分上,历代医家的意见并不相同,尤其是"六经提纲证"的提出,其与孙思邈的划分显然不同。孙思邈将柴胡汤、承气汤、陷胸汤与麻黄汤、桂枝汤、青龙汤一起,划入太阳病之中,显然不是十分妥当。因为孙思邈这样划分的结果,使"少阳病"有证无方,"阳明病"之白虎汤、承气汤也尽入于"太阳病"之中。后世于此不能无说。

孙思邈经过多年对仲景《伤寒论》的披览,得出了他的学习心得:"夫寻方大意不过三种,一则桂枝,二则麻黄,三则青龙,此之三方,凡疗伤寒不出之也。其柴胡等诸方皆是吐下发汗后不解之事,非是正对之法。术数未深,天下名贤止而不学,诚可悲夫。"孙思邈的这一论断,深得明代名医方有执、清代名医喻嘉言的赞赏与遵循。喻嘉言《尚论·张仲景(伤寒论)大意》云:"是春夏秋之伤温、伤热,明以冬月伤寒为大纲矣。至伤寒六经中,又以太阳一经为大纲,而太阳经中,又以风伤卫、寒伤营、风寒两伤营卫为大纲。"喻嘉言以桂枝汤、麻黄汤、青龙汤,作为风伤卫、寒伤营、风寒两伤营卫的对证方剂,称之为三足鼎立的"三纲学说"。

孙思邈将仲景《伤寒论》太阳病篇中的桂枝汤、麻黄汤、青龙汤突出出来,称其为"此之三方,凡疗伤寒不出之也",实有以偏概全之嫌。盖仲景太阳病仅是外感热病的初起阶段,用上述三方对证治疗是可以的。但是,临证情况是不断发展变化的,不可能都用"正对之法"的三个方药进行治疗,而须根据实际情况进行六经辨证治疗。病人就

诸子百家——医家

诊之时,往往已经是病邪由表人里了,已不能使用"正对之法"的三个方药进行治疗了。所以,对仲景《伤寒论》不能强调"一则桂枝,二则麻黄,三则青龙,此之三方,凡疗伤寒不出之也"。

孙思邈《备急千金要方》与《千金翼方》的"伤寒门"中,都收集了一些驱鬼、杀鬼、辟邪的方药。尽管有些方药本身可能有杀毒、辟温的作用,从而有助于传染病的预防,但是,孙思邈的提法却深深地打上了那个时代迷信思想的烙印,此与仲景《伤寒论》的科学精神是很不相容的。当然,孙思邈所处的时代,人们对伤寒病的认识还不够深入,《素问》"日传一经"和其所云"其愈皆十日以上"学说的影响也很深,"俗人谓之横病,多不解治。皆云日满自差,以此致枉者,天下大半。"孙思邈因此提出:"凡始觉不佳,即须救疗,迄至于病愈。汤食竞进,折其毒势,自然而差,必不可令病气自在,恣意攻人,拱手待毙,斯为误矣。今博采群经,以为上下两卷,广设备拟,好养生者,可得详焉。"

孙思邈《千金方》还保留了一些仲景著作的佚文,比如,卷一《诊候》云:"张仲景曰:欲疗诸病,当先以汤荡涤五脏六腑,开通诸脉,治道阴阳,破散邪气,润泽枯朽,悦人皮肤,益人气血。水能净万物,故用汤也。若四肢病久,风冷发动,次当用散。散能逐邪,风气湿痹,表里移走,居无常处者,散当平之。次当用丸,丸药者,能逐风冷,破积聚,消诸坚癖,进饮食,调和荣卫。能参合而行之者,可谓上工,故曰:医者,意也。又曰:不须汗而强汗之者,出其津液,枯竭而死;须汗而不与汗之者,使诸毛孔闭塞,令人闷绝而死。又不须下而强下之者,令人开肠,洞泻不禁而死;须下而不与下之者,使人心内懊恼胀满,烦乱浮肿而死。又不须灸而强与灸者,令人火邪入腹,干错五脏,重加其烦而死;须灸而不与灸之者,令人冷结重凝,久而弥固,气上冲心,无地消散,病笃而死。"此佚文对探讨仲景的治疗思想,具有非常重要的价值。

第四节　医家智慧

一、华佗养生智慧——运动养生

养生名言

人体欲得劳动,但不当使极耳。动摇则谷气得消,血脉流通,病不得生。譬犹户枢,终不朽也,是以古之仙者为导引之事,熊经鸱顾,引挽腰体,动诸关节,以求难老。吾有一术,名五禽之戏,一曰虎,二曰鹿,三曰熊,四曰猿,五曰鸟,亦以除疾,兼利蹄足,以当导引。体有不快,起作一禽之戏,怡而汗出,因以著粉,身体轻便而欲食。

　　这是华佗向弟子吴普传授的强身健体之术。提示人们需要经常参加体育运动（或劳动），但应避免过于劳累。经常活动，可以加快食物消化，使血流循环畅通无阻，从而不生病。这就像门枢的轴，时常使用转动，就不会僵涩失灵。但不要过于劳累，如现代社会屡屡出现运动员猝死的事件，就是由于他们的身体过于劳累导致的。

　　五禽戏是华佗所创的养生秘功。五禽戏动作是模仿虎扑动前肢、鹿伸转头颈、熊伏倒站起、猿脚尖纵跳、鸟展翅飞翔等动作。由于这五种动物的生活习性不同，活动的方式也各有特点，或雄劲豪迈、或轻捷灵敏、或沉稳厚重、或变幻无端、或独立高飞。人们模仿它们的姿态进行运动，通过肢体运动全身得以气血流畅、祛病长生。

　　史料记载，吴普依照五禽戏进行长期锻炼，九十余岁时依然耳聪目明，牙齿完坚。华佗的另一弟子樊阿，一边锻炼，一边服用华佗的良药，竟然一直活到百余岁。

　　五禽戏也是中国民间流传时间最长的健身方法之一。1982 年，中国卫生部、教育部和当时的国家体委发出通知，把五禽戏等中国传统健身法作为在医学类大学中推广的保健体育课的内容之一。2003 年中国国家体育总局把重新编排后的五禽戏等健身法作为"健身气功"的内容向全国推广。

养生之道——运动养生

　　华佗不仅是杰出的医生，还是一位出色的养生学家。据《后汉书》记载："他晓养生之术，年且百岁而犹有壮容，时人以为仙。"运动养生观就是他健康长寿的秘诀之一。

　　华佗一生热爱体育锻炼，善于总结前人关于强身保健的经验，创编了驰名千古的医疗保健体操——五禽戏。结合五禽戏，下面介绍华佗运动养生中最主要的精华内容。

（一）经常运动

　　华佗向弟子吴普传授的强身健体术中指出运动能增强消化功能、促进血液循环和预防疾病。这就告诉人们要经常参加体育运动。"譬犹户枢，终不朽也。"华佗用门枢在活动中不蛀不烂的现象说明了运动对身心健康的重要性。

　　现代医学认为进行体育运动时应保持一定的频度，频度可根据运动后疲劳的具体恢复程度而定。一般说，上次运动的疲劳基本消除，即可进行下次运动。正常情况下，每日 1 次或隔日 1 次的运动安排是可行的。如果运动间隔 1 周或更长时间，运动不经常，就失去了强身健体的意义。

　　1.五禽戏的动作要领

　　华佗依照虎、鹿、熊、猿和鸟五种动物的习性和动作编创了五禽戏。五禽戏由五组动作组成，分别是虎戏、鹿戏、熊戏、猿戏和鸟戏。每种动作都是配合气息调理，左右对称地各做一次。现以左式为例，分述如下。

　　其一、虎戏

　　身体自然站立，两腿屈膝下蹲，重心移至右腿，左脚虚步，脚掌点地，靠于右脚内踝处，同时两掌握拳提至腰两侧，拳心向上，眼看左前方（图 1）。

图1　　　　　　　　　图2

　　左脚向左前方斜进一步,右脚随之跟进半步,重心坐于右腿,左脚掌虚步点地,同时两拳沿胸部上抬,拳心向后,抬至口前时两拳相对翻转变掌向前按出,高度保持与胸平齐,掌心向前,两掌虎口相对,眼看左手(图2)。

　　其二、鹿戏

　　身体呈站立姿势,右腿屈膝,身体后坐,左腿前伸,左膝微屈,左脚虚踏;左手前伸,左臂微屈,左手掌心向右,右手置于左肘内侧,右手掌心向左。

　　两臂在身前同时逆时针方向旋转,左手绕环较右手大些,同时要注意腰胯、尾骶部的逆时针方向旋转,久而久之,过渡到以腰胯、尾骶部的旋转带动两臂的旋转(图3)。

图3　　　　　　　　　图4

　　其三、熊戏

　　双臂自然下垂,两脚平行站立,两眼平视前方。先右腿屈膝,身体微向右转,同时右肩向前下晃动,右臂也随之下沉,左肩则向外舒展,左臂微屈上提。然后左腿屈膝,其余动作与上左右相反。如此反复晃动,次数不限(图4)。

其四、猿戏

两眼平视前方,两臂自然下垂。两腿屈膝,左脚向前轻灵迈出,同时左手沿胸前至口平处向前如取物样探出,将达终点时,手掌成钩手,手腕自然下垂(图5)。

右脚向前轻灵迈出,左脚至右脚内踝处,脚掌虚步点地,同时右手沿胸前至口平处向前如取物样探出,将达终点时,手掌成钩手,左手同时收至左肋下。

图5　　　　　　　　　　　　　图6

左脚向后退步,右脚随之退至左脚内踝处,脚掌虚步点地,同时左手沿胸前至口平处向前如取物样探出,最终成为钩手,右手同时收回至右肋下(图6)。

其五、鸟戏

两眼平视前方,两脚平行站立。左脚向前迈进一步,右脚随之跟进半步,脚尖虚点地,同时两臂慢慢从身前抬起,掌心向上,与肩平时两臂向左右侧方举起,随之深吸气(图7)。

右脚前进与左脚相并,两臂自侧方下落,掌心向下,同时下蹲,两臂在膝下相交,掌心向上,随之深呼气(图8)。

图7   图8

2.五禽戏锻炼的效果

经常练习五禽戏对人体健康大有裨益。

每种练习,所起的功效有所侧重。

●虎戏,经常练习能使人强筋健骨,精力旺盛;可以增强人体肝胆的疏泄功能,对糖尿病等内分泌疾病有较好的辅助治疗效果。

●鹿戏,经常练习能增强体力,益肾固腰;适合中老年人长期练习,对关节炎等结缔组织疾病效果较好。

●猿戏,经常练习能使头脑灵活,增强记忆力,可以悦心情、畅心志,改善心悸、心慌、失眠、多梦、盗汗、四肢发冷等症状。

●熊戏,经常练习能增进消化,促进睡眠,增强脾的运化功能,使不思饮食、腹痛、腹胀、便秘、腹泻等症状得以改善。

●鸟戏,经常练习能调和呼吸,疏通经络,增强肺的呼吸功能,有效缓解鼻塞、流涕、胸闷气短等症状。

3.练习环境场所

一般来说,练习五禽戏时最好在空气新鲜,草木繁茂的场所。每天四五次,每次10分钟即可达到锻炼的效果。

由于华佗坚持练习五禽戏,脸如古铜,黑发满头,牙齿坚固,步履稳健,身体十分健康。五禽戏的显著功效说明了生命在于运动。

现代医学研究证明,五禽戏是一种行之有效的锻炼方式。它能锻炼和提高神经系统

五禽戏

的功能,提高大脑的抑制功能和调节功能,有利于神经细胞的修复和再生。它也能提高人体的肺功能及心脏功能,改善心肌供氧量,提高心脏排血力,促进组织器官的正常发育。同时还能增强肠胃的活动及分泌功能,促进消化吸收,为机体活动提供养料。

(二)适度运动

1.为什么运动要适度?

华佗指出人们的运动必须在适宜的限度内,不可过度疲劳。运动适度,可以达到气血流通,元气充沛的效果;运动过度,使得气血沸腾,反而耗伤人们的真气。五禽戏正是一种适度的运动方式,刚柔相济,既有虎戏的刚健、鹿戏的敏捷,又有熊戏的敦实、鸟戏的飘逸、猿戏的灵动。动作在练习时,注意不要用猛劲,而是顺其自然。

美国科学家的一项最新研究结果显示,诸如步行这样的适度运动,比剧烈运动更有益于心脏健康。研究发现,适度运动有效改善了参加者的甘油三酯和高密度脂蛋白的水平。身体状况的改善主要取决于参加者运动量的大小,而不在于运动剧烈程度。

2.运动量适度的标准如何把握?

华佗对弟子广陵、吴普说过,运动后身上有汗出,让皮肤湿润,运动量就达到了。据说,有一次华佗自己因操劳过度不慎着凉得了感冒,于是他首先在自己身上采用了运动疗法。开始时先做一些比较轻微缓慢的动作,然后做一些全身性的运动,最后再进行一些跳跃、攀登等稍剧烈运动。不一会儿全身出了一场透汗,身体立即感到轻快。不久,感冒果真治好了。

现代医学理论证实,运动量以微微出汗,不觉疲乏为度。一般来说,中老年人运动时间每次不要超过1小时。锻炼时觉得自己的身体有些发热,微微出汗,锻炼后感到轻松

诸子百家 —— 医家

舒适,这就是适度的标准。

可见,不运动是不行的,过量的运动也是不科学的。长寿的人运动有一共同特点,那就是运动适度。

(三)寓情于动

五禽戏尤其强调寓情于动,做戏者要把自己的意念融合到所做的动作中去。如做熊戏时要表现出熊的浑厚、沉稳,做鸟戏时要表现出鸟的悠然自得。这样神情贯注,才能使自己有重返大自然的感觉,这就是华佗所说的"怡"。真正达到神怡忘我的境地,就能取得神奇的锻炼效果。

近年来,研究者对五禽戏的练习方法进行研究,提出练习者要达到很好的锻炼效果,还要注意形神兼备。

●练虎戏要表现出威武、勇猛的神态,如目光炯炯、摇头摆尾等,动作刚柔结合,变换自如;

●练鹿戏要仿效鹿那种心静体松的舒展姿态,要把鹿的探身、仰脖、缩颈、奔跑、回首等神态表现出来;

●练猿戏要模仿猿的敏捷好动,要表现出纵山跳涧、攀树登枝、摘桃献果的神态;

●练熊戏要表现出浑厚、沉稳、刚毅的神态;

●练鸟戏要仿效飞禽那样的昂然挺拔、悠然自得,表现出亮翅、轻翔、落雁、独立等动作神态。

因此练习五禽戏时,要排除杂念、精神专注。根据各戏不同的习练要求,将意念集中于相应的意守部位,以保证意气相随。同时注意要全身放松,情绪要轻松乐观。乐观轻松的情绪可使气血通畅,全身放松可使动作不过分僵硬紧张。呼吸要注意平静自然,采用腹式呼吸,均匀和缓。

可见,五禽戏不仅要求形似,而且要求神似。练习者应做到以意引气,气贯全身,以气养神,精足气通,气足生精。这样,全套五禽戏做下来就可以达到气血并行,阴阳平衡。

现在,五禽戏这种健身方法在广大群众中广泛流传,五禽戏经过长期的演化,已发展成为多种独立的健身方法。如气功中的鹤翔桩、大雁功就是从五禽戏中的鸟戏演化发展而成的。武术中某些拳类动作也与五禽戏有渊源关系。如猴拳模仿猿猴的腾挪闪避,即吸收了五禽猿戏的特点。太极拳中的白鹤亮翅、野马分鬃、斜飞式等动作也都与五禽戏中的一些动作有不解之缘。

二、张仲景养生智慧——内养外慎

养生名言

若人能养慎,不令邪风干忤经络,适中经络,未流传脏腑即医治之;四肢才觉重滞即导引、吐纳、针灸、膏摩,勿令九窍闭塞,更能无犯王法,禽兽灾伤,房室勿令竭之,服食节其冷热,苦酸辛甘,不遗形体有衰,病则无由入其腠理。

——《金匮要略》

　　张仲景指出如果人能内养正气,外慎风邪,邪气就不会侵犯经络;假如一时不慎,外邪侵入经络,应乘其还没到达脏腑的时候,及早施治。如果四肢感觉到沉重呆滞,就可以使用导引等方法进行调理。只要人们平时对房事、饮食、起居等方面,都能注意调节,再能防备意外灾伤,并使体力强壮,那么一切致病因素,自然无法侵入体内,人们就不容易生病了。

　　张仲景十分注重养生,他常批评那些不重视养生的人说:"怪当今居世之士,曾不留神医药,精究方术,上以疗君亲之疾,下以救贫贱之厄,中以保身长全,以养其生……举世昏迷,莫能觉悟,不惜其命,若是轻生。"他明确提到了"养生"一词,并对"轻生"加以抨击。轻生就是不珍惜生命,肆意损害生命。

　　可见,张仲景的养生之道全在"养慎"二字。所谓"养慎",就是内养正气,外慎风邪。风邪泛指各种对于生命有害的因素。内养正气是养生的根本目的,任何一种养生保健方法的最终目的就是保养人的正气。而保养正气就是保养人体的精、气、神。人体中的正气得以保存,精神自然振奋,人体脏腑气血的功能也得到保障,就能抵御一切有害因素对身体的损害;反之,如果正气不养,则"血弱气尽,腠理开,邪气因入,与正气相搏",发为疾病。所以善于养生的人,要时时刻刻保护自己的精气不受损伤,保证正气充足,这样就能达到张仲景所谓"五脏元真通畅,人即安和"的效果了。

　　至于邪气伤人,或阻碍血脉,导致"壅塞不通",或导致气血阴阳和脏腑功能失调,或损伤脏腑,或消耗人体精气。总之,邪气是健康的大敌,是养生的大敌。善于养生的人,要善于避免邪气伤害,既不使外邪进入身体,又不使内邪滋生。

养生之道——内养外慎

　　中国古代养生学者曾经比喻,人的一生就如同自然界一样,健康快活时如同进入春天一般,能使人精神振奋,抗病力强,因为春天时气息融洽、可使万物生发;凄惨忧郁就像进入秋天一样,秋天人的精神相对萎靡,疾病容易发作,这是由于秋天时气息萧瑟,万物凋零。所以人只有内养正气,精充神旺,才能避免邪气侵入。体现了内养外慎的养生智慧。

(一)内养正

　　内养正气的方法主要是通过节制饮食、调养精神、顺应四季变化这三个主要方面,使人体的真气保存于体内,达到防病延年益寿的目的。

　　1.饮食有节

　　饮食对养生的意义重大:"凡饮食滋味,以养于身。"关于人们的日常饮食养生,要注意以下两个原则。

　　第一,注意饮食宜忌。

　　"服食节其冷热苦酸辛甘"。饮食中的冷、热、苦、酸、辛、甘等性味,都要有节制。过

諸子百家

医家

量食用任何一种性味的食物,都有可能导致脏腑功能的偏盛偏衰,脏腑功能失调,疾病因此而生。

合理的饮食对身体有益,反之则有害。饮食应注意两个方面,其一是饮食得宜,其二是饮食禁忌。如果知道哪些食物、哪些饮食方法对身体有害,提早避免,就能保护身体。所以,在谈论饮食养生问题时,既要强调得宜饮食的益处,更要强调不适宜饮食的害处,规定禁忌。张仲景在《金匮要略》中,提到一些食物是不可多吃的,如桃、李、梅、杏、橘、樱桃、石榴、胡桃等。多吃这些食物往往会导致损肺、伤齿、动痰、伤筋等后果。如,桃子多吃会使人生热,李子多吃会容易导致腹胀,梅子多吃会损坏牙齿,杏、樱桃吃多了伤筋骨,胡桃吃多了容易生痰,石榴吃多了伤肺。当然,这些食物如果食用不过量,对身体是无害而有益的。

第二,合理饮食搭配。

一年分为四季,在不同的季节,饮食也要顺应季节随之发生改变,才能达到养生的效果。可以归纳为"两五配四"的做法。

"两五"是指五谷和五味。就是指饮食中的主食要五谷相兼,粗细搭配;菜肴的性味要五味适合,五味分别是指酸、苦、甘、辛、咸。

"配四"是饮食应与四季特点相结合。即春季饮食应以"甘凉"为主,可防阳气过盛;夏季饮食应以"甘寒"为主,既可以清热祛暑,又可以养阴抑阳;秋季饮食应以"甘润"为主,可以生津祛燥;冬季饮食应以"甘温"为主,既可以温补阳气,又可温阳以御风寒。

2.精神调养

精神情志是人体生理活动的表现之一,它是在脏腑气血的基础上产生的。正常的精神情志活动对人体健康是有利的,所以古人非常重视精神活动的调摄,即调神。

张仲景曾批评过当时的一些人,"竞逐荣势,企踵权豪,孜孜汲汲,唯名利是务。"这段话反映出精神调养的重要。他认为不唯名利是图、无私寡欲才能达到清静的境界,而保持思想清静,便能获得调养精神、却病延年的目的。俗话说得好,寡欲精神爽,思多血气伤。

过度的喜、怒、忧、思、悲、恐、惊是养生大忌。人们若想要健康长寿,就要尽量避免情绪陷入过度的七情当中,即使是大喜也是对身体不利的。只有精神清静、乐观、坚强、开朗才能真正延年益寿。

从现代医学的角度看,人的各种情绪活动与机体的生化反应有极密切的关联。人在激动或紧张的时候,肾上腺素分泌增加,出现呼吸加速、脉搏加快、血管收缩、血压增高、血糖增加的状况。长期忧郁的人因为抑制了肠胃蠕动和消化液的分泌,引起食欲减退、消化不良,或引发肠、胃病。

近年来,中医心理保健正在逐渐引起人们的注意,世界卫生组织给健康下的定义是:健康不仅仅是没有疾病,而且是"个体在身体上、精神上、社会上完好的状态"。由于"人类已进入情绪负重的非常时代",当代社会由精神因素引起的身心疾患已是普遍存在的多发病和流行病。现代疾病谱的改变可以充分说明精神致病的广泛性。心脑血管疾病和恶性肿瘤已经成为人类健康和生命的主要威胁,这些疾病的产生与社会心理因素有着

諸子百家
——
医家

密切关系。因此,情志保健必须引起重视。

3.顺应四时

《黄帝内经》中说:"故智者之养生也,必顺四时而适寒暑。"善于养生的人一定会根据一年四季气候的变化规律,采用不同的方法进行养生。如能做到这一点,则"僻邪不至,长生久视"。长生久视即延长生命,不易衰老。为何能延长生命呢?是因为"僻邪不至",即病邪不能侵袭。而病邪不能侵袭的关键又在于"顺四时而适寒暑",这是中医养生中一条极其重要的原则,也可以说是长寿的法宝。

在《黄帝内经》中,很多地方都讲到了人与自然的密切关系。如"人以天地之气生,四时之法成",人出生之后,要靠自然物质的补充与营养,人必须不断地与自然界交换物质,才能维持生命的状态。"天食人以五气,地食人以五味",天之五气就是指风、火、湿、燥、寒,这五气构成了四季自然气候的主要因素;地之五味就是指酸、苦、甘、辛、咸,这五味是一切食物的基本要素。五气入鼻,藏在心肺;五味入口,先入肠胃。五气、五味代表对人体有益的万物。这些都说明人体要依靠自然界提供的物质条件而获得生存,同时还要适应四时阴阳的变化规律,才能发育成长。

现代生物医学观察表明,人体体温、血压、呼吸节律、心搏频率、血糖含量、基础代谢强度、激素分泌等都与自然界的阴阳变化,包括昼夜交替密切相关。

人们应该顺应四时阴阳来养生,特别指出摄生预防应"春夏养阳,秋冬养阴"。

在二十四节气中,冬至时,人的阴气最盛,随后渐渐阴气下降,阳气上升;春分时,阴阳二气平衡,以后阳气则逐渐旺盛;到夏至的时候阳气最盛,之后渐渐阳气下降而阴气开始上升;至秋分时,阴阳二气又恢复平衡,以后便是阴气旺盛的阶段。所以人们要预防疾病,应该按照"春夏养阳,秋冬养阴"的养生原则。

●如何做到春夏养阳呢?

春夏阳气盛,应顺其生长之气养阳。阳虚体质的病人,病情多在春夏减轻,秋冬加剧,治疗时如果能在春夏阳旺之际培补阳气,那么到秋冬就可以减轻症状。春夏之时采用温补脾肾的方法,治疗秋冬季节容易发生的慢性咳喘病等,可以得到很好的效果。

●如何做到秋冬养阴呢?

秋冬阴气盛,应顺其收藏之气以养阴。阴虚体质的病人,多在冬去春来的时候出现各种病症,如果在秋冬时服用滋补肝肾的药物或食物,可减少疾病复发。中医认为,久病伤阴,许多慢性疾病如糖尿病、甲状腺功能亢进、高血压、慢性肾病等疾病都有不同程度的阴虚表现,如果在秋冬两季坚持服用滋阴补肾的药物和食物,可有效改善患者久病阴虚体弱的状况,增强体质,缓解春夏病情。

(二)外慎邪气

中医所说的"邪气"泛指一切有损健康,影响脏腑正常功能活动,导致疾病产生的不正之气和不利因素。常见的致病因素包括风、寒、湿、火(热)、暑、毒气、饥伤、酒伤、饮伤、蛔虫、食物中毒、虫兽伤、寄生虫、金刃伤、房事伤、过劳、忧伤、惊恐、水和痰饮、宿食、瘀血(干血)等。如果身体不慎受到这些因素的伤害,便可能引起各种疾病。轻者损害健康,重者甚至危及生命。养生时对这些因素不可不防。

因此人们要善于避免邪气伤害，既不使外邪进入身体，又不使人体内邪滋生，这是养生最基本的措施。要做到外慎邪气，需注意两点：一是季节交替须防外邪入侵；二是生活要节制，防止饮食情志等内邪滋生。

一年有四季，四季又分为二十四个节气。一般来说，气候应该与节气相适应。但有时候自然界变化多端，节气到了，相应的气候却很反常，不是还没有到，就是表现得太过。这些都可能是导致邪气进入人体的病因。所以我们在季节交替时需注意防止疾病发生。

季节交替的时候是病菌最为活跃的时候。如冬春交替的时节，气候还比较寒冷，人们为了御寒，往往紧关门窗，室内空气不流通，各类致病微生物繁殖，造成疾病传播；夏秋季节气温高，蚊蝇滋生，病菌极易繁殖。

张仲景特别提倡生活要有节制，以免饮食、情志心理等不良邪气的滋生。人要诚实规矩，不贪图小利；起居有常，起卧有时，并坚持每天锻炼身体；饮食要讲究五味适中，五谷相配，并随四时变化而调节，切忌贪饮暴食偏食等。这些都是张仲景重视生活节制，外慎邪气的养生智慧。

三、葛洪养生智慧——不伤为本

养生名言

是以养生之方，唾不及远，行不疾步，耳不极听，目不久视，坐不至久，卧不及疲，先寒而衣，先热而解，不欲极饥而食，食不过饱，不欲极渴而饮，饮不过多。凡食过则结积聚，饮过则成痰癖。不欲甚劳甚逸，不欲起晚，不欲汗流，不欲多睡，不欲奔车走马，不欲极目远望，不欲多啖生冷，不欲饮酒当风，不欲数数沐浴，不欲广志远愿，不欲规造异巧。冬不欲极温，夏不欲穷凉，不露卧星下，不眠中见肩，大寒大热，大风大雾，皆不欲冒之。五味入口，不欲偏多，故酸多伤脾，苦多伤肺，辛多伤肝，咸多则伤心，甘多则伤肾，此五行自然之理也。

——《抱朴子内篇》

葛洪是我国十分著名的养生家，一生研究长寿养生的方法。他曾引用《仙经》中的一句话"'养生以不伤为本。'此要言也。"说明养生的关键在于"不伤"。《仙经》这部典籍早已失传了，葛洪用"要言"一词表达了对"养生防伤"的高度重视。

葛洪的养生方法来源于对生活中的精细观察。他发现各种微小伤害积累过多对身体损害极大，因此他说："积伤至尽则早亡。"在此基础上，他提出了从日常生活小事着手养生的方法。现代人提出的养生在于细节，也是古人的思想。具体的做法包括以下内容。

吐痰不吐远，耳朵不听得太累，眼睛看东西不看得太久，不要极目远望；起居方面要注意走路不走太快，坐不宜太久，睡不宜过多，不要太安逸或者太劳累，不频繁沐浴；饮食要注意调节，不要饿得受不了才吃饭，不要等口渴了才喝水，吃得太多容易肠胃不适，饮水过多容易生痰。各种滋味的食物不可过多食用:酸味食品吃多了伤脾、苦味食物吃多了伤肺、辛味多食伤肝、咸味多食伤心、甜味多食伤肾。另外要注意不要多吃生冷的食物;在寒冷前穿衣,在出汗前脱衣;饮酒后不要站在风口;冬天室温不要过热,夏日切不可贪凉,天凉时睡觉不露出肩膀;不在天气恶劣时外出做事。

这些日常生活小事,人们往往忽视,而葛洪却极其重视。有人问葛洪"敢问欲修长生之道,何所禁忌?"葛洪说,任何人要想养生长寿,只能在日常行为中以"不伤"为根本,这样才有可能享尽天年。故而葛洪强调:修身养性,务必从生活细节中谨慎防范,不能因为好处少而不去做,不能因是小损伤而不去防。积小益为大益,等到人老的时候就会受益匪浅。

养生之道——不伤为本

道教重人贵生,强调人的自然特性,反对后天的人为伤害。葛洪秉承道学,强调养生以不伤为本。只有远离一切伤生之事,并结合具体的养生方法,才能健康长寿。

(一) 日常生活防伤

世界卫生组织指出,人的健康长寿取决于自己,健康的生活方式使人增寿,不健康的生活方式使人折寿。有人曾经调查过一些企业家,发现他们当中有90%疾病在身。究其原因,与生活不规律、频繁的交际应酬,使其食宿误时有关。另据一份调研报告显示,从事记者职业的人往往短寿,关键是其工作生活的快节奏或无节奏,有一部分记者有自我保护养生意识,寿命就较长。可见良好生活习惯是健康长寿的"银行"。

一个人能活多大年龄,与个人的努力是密切相关的。正确的养生方法在于建立良好的生活习惯。从日常生活中的小处着手,尽心防范,可以养生长寿。

比如木槿与杨柳树,这两种树木的生命力很强,最容易生长,如果断截枝条还可再生。但是如果是新栽不久,根基未稳的木槿与杨柳,即使栽在肥田沃土中,一旦被人摇晃或拨动,都很容易枯死。就人而言,人的生命力比木槿和杨柳二木差得多,人要颐养天年,获百年之寿,首先要除去各种对人体有害的东西。

葛洪列举了不利于养生的各种伤害:不强迫自己干不能胜任之事,不孜孜不倦地追求、满足各种欲望,要按时作息,不任由各种情绪发作,不长时间说笑,不醉酒,不要吃饱了就睡,不剧烈运动等。

葛洪特别强调养生要远离"六害"。何谓远"六害"? 即要淡泊名利,祛除声色,不要囤积过多钱财,不要吃太多有滋有味的食品,如肥猪肉、牛肉、羊肉、还有一些深加工的超市食品,不要嫉妒和沮丧。做不到这些的话,就不要谈养生了。民间流行的养生歌中说:"酒色财气四堵墙,人人都在其中藏,有人能跳墙外去,不是神仙寿也长"。告诫人们不要去贪,欲望不可太强,一旦贪求无节制,便会成为养生大害。

要实现"除六害",还要做到"十二少",即少思、少念、少笑、少言、少喜、少怒、少乐、少愁、少好、少恶、少事、少机。因为人体多思伤神,多念劳心,多言伤气,多怒容易气血奔涌,多愁则头发干枯,多好则志气尽耗,多恶则神气奔腾,多事则劳伤筋脉,多机(即绞尽脑汁)则重伤心神。实际上,过笑、过喜、过乐也是不可取的,虽然笑、喜、乐是对人体有益的情绪,但过了就对人体有害。现实生活中因大喜、大乐、大笑而使人意外死亡的事例屡见不鲜,成语"乐极生悲"正是这种情形的反映。

美国学者沙斯金和巴拉蒂尔通过大量的调查统计认为,只要人们建立起良好的生活习惯,就能有效地预防威胁人们生命的疾病,从而延长自己的寿命。

人类预期的寿命应该在 100 岁以上,事实上很少有人能活到 100 岁。我国有学者调查表明,目前对人们健康的威胁,10% 来自细菌和病毒,10% 来自遗传因素,30% 来自环境,50% 来自人们不健康的生活方式。医学上著名的"长寿三角论"指出,长寿好比一个三角形,其面积即寿命的长短取决于三条边的长度,底边为遗传因素,两条侧边分别为环境因素和生活方式。其中最活跃、最能动的因素是生活方式。

(二)行气防伤

人体内的基础之"气"被称为"元气","元气"的充足和衰竭是人生死的关键所在。元气不足就像用有限的江河之水去充盈无底的器皿一样徒劳,入少而用多,身体很快就会衰竭。那有没有增加元气的方法呢?用"行气"的方法就可以减少气的损耗,增加人身之气,使存于身体之气绵绵不绝。坚持行气养生,可以获得百岁长寿,可以医治百病。

葛洪创制的这种行气方法叫作"胎息"法。所谓"胎息",顾名思义就是通过想象和意念来模拟胎儿在母体中的呼吸方法。胎息法不但可以延年益寿,还可以治病防病。

那么如何练习胎息呢?

开始首先学习行气,以鼻腔吸引元气,然后闭气,暗暗用心数到 120 次,然后用嘴慢慢吐气。吸气时进气量宜多,吐气时出气量宜少。吐气和吸气的时候都不能让自己的耳朵听到呼吸声。练胎息法时要做到鼻息微微,若有若无,就像胎儿在腹中,内气潜行,这样就感到通身舒适,八脉齐通。其标准是用鸿雁的羽毛放在鼻子、嘴唇上,保持吐气时羽毛不动。逐渐练习,闭气用心数数,渐渐增加,到 1000 次时,就能使人一天比一天年轻。不过这种方法难度很大,初学的人很难做到,必须经过长期练习才可达到。

练胎息的姿势多种多样,可以采用盘膝、舒足,也可以采用坐式、立式、卧式等。如果采用卧式要注意不能睡着,因为睡熟则气散。不管采用哪种姿势练功,最重要的是要注意行气的时间,宜在半夜到清晨这段时间行气。因为这段时间里,自然界的空气比较清新,可以使肺部吸收大量的氧气。同时噪音干扰少,环境比较安静,有利于练功时专心入静,所以在这段时间里练胎息法,会得到事半功倍的效果。

在练胎息的过程中,人的面部皮肤能得到改善,变得细腻红润有光泽。这是任何美容技术都无法达到的效果,原因是胎息使内分泌旺盛,脸上皮肤变紧,黑斑显退。胎息开发了人体潜能,创造出了生命能源。

有研究发现:行气时在肚脐部位进行微弱呼吸,可以产生巨大的能量,迅速将人体皮肤毛孔打开,从而可以关闭鼻呼吸,此时全身毛孔调畅。平时人体皮肤血管微循环只有20%打开,80%处于休止状态。所以胎息实际是在闭气过程中积极地运用意念调控,以开发人体潜能,进一步吸取大自然之气,以补充内气的不足。练习胎息法的实际意义,也就

诸子百家——医家

是使人能适应低氧条件下的生命调控。

（三）保精防伤

保精就是要求健康合理的性生活，又称为房中术。性活动是人体本能的需要，正常合理的性生活能对身体健康起到积极的作用。

房中术能够养生的主要原因是"得其节宣之和"，使身体不受损害。肾为藏精之府，主骨、生髓，通于脑。脑为髓之海，脑髓充足，则精力充足，劳作持久；脑髓不足，则精力衰退，疲乏无力。而肾又主骨、生髓，所以肾和脑有着很密切的联系，肾精充足则脑髓充足，人的精力就很充沛；肾精耗损则髓海不足，就会出现疲乏、头晕、嗜睡、记忆力减退等病状。而性生活是导致肾精耗损的主要原因，所以葛洪强调"交而节宣"不损精伤髓。"节宣"就是要节制房事，正确控制交合的次数和间隔的时间，不纵情恣欲，这样可以延年益寿。如果性生活过多，则有损精力，一旦失控，就损人寿命。

葛洪不赞同绝欲，绝欲可致阴阳不交，导致壅塞瘀闭之病。幽居独处的男女大多不能长寿。现代医学研究表明，适当而有规律的性生活对人的健康和长寿有益。这是因为性生活使人充满活力，使多余的体力和热量奇妙而适当地消耗掉，并由此刺激各器官和组织的机能，从而改善机体代谢。沉浸在性爱之中有利于体内各种化学物质的调节和良性活性物质的产生，如男性可使睾丸酮的分泌增加，提高骨髓造血功能；女性可增强卵巢的生理功能，减少痛经，延迟更年期等。美满的性生活可以治愈失眠、忧虑、粗暴、唠叨，使人心身愉悦。这些研究表明性生活对人体有一定补益作用，葛氏指出可以"治小疾""免虚耗"，与此相符。

四、孙思邈养生智慧——动静相宜

养生名言

怒甚偏伤气，思虑太伤神。神疲心易役，气弱病来侵。勿使悲欢极，当令饮食均。再三防夜醉，第一戒晨嗔。亥寝鸣天鼓，寅兴漱玉津。妖邪难侵犯，精气自全身。若要无诸病，常当节五辛。安神宜悦乐，惜气保和存。寿夭休论命，修行在本人。倘能遵此理，平地可朝真。

——《养生铭》

养性之道，常欲小劳，但莫大疲及强所不能堪耳，且流水不腐，户枢不蠹，以其运动故也。

——《备急千金要方·养性》

陕西省耀县孙家塬，是唐代著名大医药学家孙思邈的故乡。孙思邈不但医术高明，而且养生有道，活到百岁之上，是我国历代医药学家中的老寿星。在孙家塬的药王山上，后世立有一百多块石碑，其中一块石碑上就刻有孙思邈所著"养生铭"，是养生保健的至理名言。

孙思邈在"养生铭"中首先指出不能"怒而伤气""思虑伤神",以免气机紊乱,血脉失和,脏腑功能失调,导致百病杂生。他十分重视精神调养,认为一个人平时应保持平和、乐观的心态,尽量避免不良精神刺激,勿使悲欢过极;他还指出,保持健康的生活方式是养生保健的重要方面,所以生活起居一定要有规律,要注意节制饮食,特别要防止夜间大吃大喝,甚至酒醉,以免引起伤胃、伤肝等不良后果;在生活习惯上,要注意"节五辛",即少吃刺激性食物,更不可偏食;所谓"亥寝鸣天鼓",即临睡前要叩齿36下,"寅兴漱玉津"是指早上醒来应以舌搅上腭数十次,待津生满口时即可咽下。孙思邈在"养生铭"中最后指出,只要个人保健有方、养生有道,每个人都能长命百岁。

孙思邈根据自然的变化来调理生活,提出了养生要身心并重。他提倡遵循人身心发展的客观规律,主张顺乎天道法则,以少欲而养心,以静而练内,以动而形外。静养阴,动养阳,动静相宜,气血和畅。要经常进行适当的运动,但切记不要过度劳累,适度的运动能使人体的脏器功能得到锻炼和增强。

养生之道——动静相宜

中国有句名言"一张一弛,文武之道也",养生之道讲究的就是动静相宜。孙思邈追求先养性而后养身的境界,倡导天人合一的养生哲学。静是养生的基础,动是养生的途径,动静配合,天圆地方,生命处于最佳状态,自然能更好地实现养生。

(一)静心养性

何谓养性?

如果人能使自己始终保持一种"宁静祥和"的心境,这就是养性。一个人能养性就能够百病不生,健康长寿。

如何养性?

孙思邈强调养性的大要是"一曰啬神,二曰爱气",即指人要节约神气的消耗,使心神常处于宁静祥和的境界,这是养性的首要任务。

精、气、神被誉为"人身三宝",因此善于养生的人,须积气成精,再积精以全神。"啬神"和"爱气"就要求人们要做到"十二少",即"少思、少念、少欲、少事、少语、少笑、少乐、少喜、少怒、少好、少恶性"。孙思邈认为,善摄生者,应该"口中言少、心中事少",因为话多耗气,事多伤神。历代佛家与道家的养生之道,也以安心静坐、少言寡语、清心寡欲、养精存神的方法来安享天年,正是此意。

"养生五难"是东汉名医所言,孙思邈引用它是为了说明养生的注意事项,养生之道首先要淡名利,不怨天尤人;其次要调畅情志,喜怒有常;第三要注意房室有度,节欲保精;第四要饮食有节,淡薄为主;第五不要思虑过度,以免伤神耗精。

现代研究表明,保持积极良好的情绪,像高兴、愉快、喜悦、欢乐,一方面能提高人的大脑及整个神经系统的活力,使体内各器官的活动协调一致,从而有助于充分发挥整个机体的潜能;同时,积极的情绪还可以通过脑下垂体作用,保持机体内分泌的平衡,使人感到精神轻松愉快。

诸子百家——医家

孙思邈用"灯用小炷"这句很形象的话来形容他的养生术。所谓灯用小炷,是说一盏油灯用细的灯芯,灯油就可以烧很长时间,如果用粗的灯芯,灯油很快就会烧完。养生就像灯用小炷,做到了十二少就是节约能量的消耗,就能延长生命,得到健康长寿。

掌握了以上啬神的原理后,这里给大家介绍一种具体的保神方法——内视法。

内视法即禅观法。就是养生者通过"外思其身,内视五脏"的方法来进行养神。这种内视法的练习方法是:闭起双目,想象头顶上空有一片太和元气,四肢百骸、五脏六腑,都有受其润泽之感,就像流水渗透入地下。如此反复操练,每日重复 3~5 次,可以起到身体舒展,面带光泽,鬓发滋润,耳目聪明,精神饱满,气力强健的作用。

(二) 常欲小劳

在养生学说中他曾多次提到运动,把运动与健康、运动与长寿的关系说得非常清楚。

"小劳"就是根据身体情况量力而行,不要过度疲劳,这是许多养生学者的共识。过分安逸、缺乏劳动,会导致人体气血运行不畅,脏腑功能减弱,从而导致各种疾病。俗话说"水停百日生毒,人闲百日生病。"

因此养生要动静并重,运动可以增强体质,延缓人体衰老进程。

现代研究表明适当的劳动或锻炼对健康养生有利。

①加快心律,使心肺得到锻炼,新陈代谢旺盛,各器官系统的功能都得到改善。

②促进饮食的消化,增加冠状动脉的血流量,改善心肌的营养和新陈代谢,增强神经、肌肉的弹性和张力。

③延缓衰老,运动可增加肌肉的新陈代谢,减慢生理性萎缩,从而有效地防止或延迟关节僵直、骨质疏松等衰老现象的发生,为健康长寿打下良好基础。

④缓解疲劳,运动会在大脑皮层中产生新的兴奋灶,而将体力劳动时产生的兴奋点抑制下去,使活动较少的神经细胞开始工作,原已疲劳的神经细胞则得到休息,从而达到缓解疲劳的作用。

古今中外的寿星,大多是勤于"小劳"的实践者。在全国人大代表中,曾有一位农民寿星——冉大姑,直到晚年仍精神矍铄,满面春风。她 105 岁那年参加全国人大会议时,人们问她高寿而健康有何秘诀,她风趣地回答说:"秘方是天天劳动,补药是阳光和风雨。"她一生很少吃药,最后无疾而终,享年 109 岁。

导引按摩的方法在养生中作用很大,如摩面、摩腰、押头、挽发、鸣鼓、松腰、叩齿等。下面介绍《养生铭》中,两个简单且效果显著的小动作,能起到保津和固齿的作用。当然,只有坚持锻炼才能达到良好效果。

一是叩齿:口微微合上,上下排牙齿互叩,无须太用力,但牙齿互叩时需发出声响,做 36 下。这个练习可以疏通上下腭经络,保持头脑清醒,加强肠胃吸收,防止蛀牙和牙骨退化。

二是漱玉津:口微微合上,将舌头伸出牙齿外,由上面开始,向左慢慢转动,一共 12 圈,然后将口水吞下去。之后再由上面开始,反方向做 12 圈。

孙思邈的运动养生法还包括:发常梳、目常运、耳常搓、面常洗、胸常挺、腹常摩、腰常

諸子百家——医家

提、肛常撮、脚常揉等动作。这些方法可以使身体悦泽，面色荣润，鬓毛润泽，耳目精明，气力强健，不易疲劳，延年益寿。同时人们要注意不宜久视、久卧、久立、久坐、久行，否则容易伤血、伤气、伤肉、伤筋、伤骨。

五、李杲养生智慧——补脾益胃

养生名言

黄帝著《内经》，其忧天下后世，可谓厚且至矣，秦越人述《难经》以证之，伤寒为病最

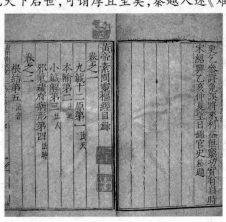

《黄帝内经》书影

大，仲景广而论之，为万世法。至于内伤脾胃之病，诸书虽有其说，略而未详，我东垣先生，作《内外伤辨》《脾胃论》以补之。先生尝阅《内经》所论，四时皆以养胃气为本，宗气之道，内谷为宝。盖饮食入胃，游溢精气，上输于脾，脾气散精，上归于肺，冲和百脉，颐养神明，利关节，通九窍，滋志意者也。或因饮食失节，起居不时，妄作劳役，及喜怒悲愉，伤胃之元气，使营运之气减削，不能输精皮毛经络，故诸邪乘虚而入，则痰动于体、而成痼疾，致真气弥然而内消也。病之所起，初受热中，心火乘脾，末传寒中，肾水反来侮土，乃立初中末三治，及君臣佐使之制，经禁病禁时禁之则，使学者知此病，用此药，因心会通，沂流得源，远溯轩岐，吻合无间。善乎！鲁齐先生之言曰：东垣先生之学，医之王道也！观此书则可见矣。

——《脾胃论·后序》

这是金元时期著名医家罗天益为其老师——"脾胃学说"创始人李杲的《脾胃论》所撰写的《后序》全文。大意如下：

一年四季中，人体的脾胃保养非常重要。人体如果饮食起居不慎、过度劳作、喜怒哀伤过度，就会损伤脾胃，使脾胃不能将食物消化，也就不能把营养物质输送到全身的五脏六腑，造成体虚脏腑失养，容易遭到外邪入侵而形成严重的疾病，最终使人的真气消亡而危及生命。

可以看到，脾胃对人体是多么重要。俗话说得好，人是铁，饭是钢，一天不吃饿得慌。

诸子百家

医家

人类赖以生存的物质来源于大自然,人体必须摄取食物才能获得营养,饮食是人体营养的主要来源。脾胃之气充盛,寿命可以延续长久,反之"内伤脾胃,百病由生"。正因为如此,李杲提出养生在于保养脾胃之气。

养生之道——补脾益胃

中医学认为肾为先天之本,脾胃为后天之本。意思是说,肾中的精气是父母遗传所得,脾胃是人体的消化器官,能将人体所吃的食物转化为营养物质,从而被人体吸收和利用,也就是中医说的脾胃为气血生化之源。

在生活当中,一般来说,脾胃功能好的人很少生病。而生病的人,如果胃口好,能吃得下、睡得香,疾病也容易康复。李杲本人长年生病,脾胃久衰、乏力、精神不足,他通过自己切身的体验分析,发现发病多是由于脾胃亏虚,抗病能力减弱导致。人以脾胃为本,脾胃是供给全身营养的器官,而心、肺、肝、肾的生理机能都必须依赖脾胃吸收的营养精微来支持。脾胃气虚的人,五脏就容易生病。

当然,所谓补脾益胃养生,并非是指要吃健脾益胃的中药才是养生,更重要的是在日常生活中,时时注意贯彻补脾益胃进行养生,时时注意保护脾胃功能,养成科学的饮食习惯,以免脾胃功能受损。

(一)饮食宜忌,寒温适节

饮食养生,要从人的新陈代谢特点出发,实现合理饮食、滋养五脏、补气养血,达到延年益寿的目的。简单来说,一是要求饮食中的各种营养素之间必须保持适当的比例;二是在烹调配餐上应当注意营养的搭配,不要偏食。"五谷为养、五畜为益、五菜为充、五果为助",表明不同营养在体内可以互补。

对脾胃虚的人来说,要注意以下几点。

●宜素少荤,多吃各种蔬菜与水果;

●宜鲜忌陈,新鲜食物所含的营养素多,在饮食中应忌食一切腐败变质的食物及半死的甲鱼、螃蟹;

●宜软忌硬,饮食以松软为好,尤其是早餐时喝粥,有利于养胃,不吃油炸火烤类坚硬的食品;

●宜淡忌咸,在食品的烹调加工上除注意色、香、味俱全外,还应宜淡忌咸。饮食过咸会使钠离子在人体内过剩,致使血压升高,易造成脑血管病变。过甜、过辣的食物则会使身体发胖或胃肠受刺激。

此外,要注意饮食的温度,做到寒温适中,不吃过热或过凉的食物,以免影响脾胃的功能。俗话说"十个胃病九个寒"。夏天天热或运动过后,大汗淋漓,这时一瓶冰冻饮料下肚,口感很好,但这些冰冷的食物会使脾胃的阳气受损和功能失调,从而引起大便不成形、厌食、困乏等症状。而食物过热则会烫伤食管管壁,烧灼胃黏膜,对脾胃造成伤害。此外,对养生来说,在深秋和冬季,宜选择食用具有温补作用的食品与药膳等,以利于保养元气。

諸子百家——医家

饮食小贴士：炎炎夏天，西瓜是消暑佳品。很多人都喜欢将西瓜放入冰箱冷藏后再吃，以求凉快。然而，冰西瓜会刺激咽喉，引起咽炎或牙痛等不良反应。特别是小孩，脾胃功能较弱，但自制力却较差，经常过度食用冷藏西瓜，极易损伤脾胃，影响胃液分泌，使食欲减退，造成消化不良。而老年人消化机能减退，食后易引起厌食、腹胀痛、腹泻等肠道疾病。因此，西瓜最好是现买现吃。

(二) 品质合理，饥饱适宜

饮食要做到饥饱适宜，注意质与量的合理调配。

● 从饮食的质来说，多吃粗粮，少食多餐。

● 从营养上来说，四条腿的（猪、牛、羊）不如两条腿的（鸡、鸭），两条腿的不如一条腿的（菌类），一条腿的不如没有腿的（鱼）。

● 从饮食的量来说，饮食没规律，暴饮暴食或经常挨饿，都会影响脾胃的正常功能，也可以导致其受损得病。

如今，人们生活富足，普通老百姓，往往吃喝不愁，不说餐餐山珍海味，至少顿顿猪肉、青菜，但现代社会却有很多人处于饥饱失常的状态。

有许多年轻的上班族，晚睡早起，很多都不吃早餐；年青的女性朋友，为了美丽动人，也是经常不吃正餐，即使不胖或者已经很瘦弱，也绝不愿多吃；还有一些上网成瘾的人，在电脑前一坐，不吃不喝玩上十几个小时，实在饿极了就吃点饼干、矿泉水。又如现代社会，人际交往，大吃大喝，朋友聚会，拼酒量，赛能耐，不吃主食，这都是很常见的现象。这些不好的饮食习惯都会导致脾胃功能受损，胃黏膜充血水肿，甚至出血、糜烂。

脾胃小知识：胃肠的活动和消化液的分泌都和人体的其他习惯一样，已形成了昼夜的节律。因此，我们必须保证一天三餐的定时定量，才能使人体消化系统的昼夜节律不被破坏。当人们经常暴饮暴食或是经常忍饥挨饿，都会使胃肠道的运动和消化液的分泌出现不规律的变化，日久就会导致胃病的发生。其次，应当养成细嚼慢咽的习惯。现代医学认为，食物咀嚼越细，食物和消化液的混合越充分，越有利于消化，同时能促进唾液腺、胃腺、胰腺的分泌，有助于营养的吸收。

(三) 养护脾胃，因人而异

脾胃病"三分治，七分养"，应根据人体正气虚弱的属性以及身体所缺进补，以食物的四气五味来调养，但要因地、因时、因人、因病制宜。对一些病邪未完全清除的患者，补养品不宜应用过早，如必须要用补品时，要与祛邪药物配合应用，以扶正祛邪，从而达到有益的效果。

1. 根据不同体质调理脾胃

● 脾胃虚弱的人都有哪些症状表现呢？

这类人常有食欲不振、少腹胀、肢体困倦乏力、腹泻、面色萎黄等常见症状。

脾胃虚弱的人如何进行饮食调养呢？

这类人群饮食应以营养丰富、易消化的食物调养。多选用豆制品、鲫鱼、鳗鱼、黄鱼、牛羊肉、瘦猪肉、鸡肉、牛奶、鸡蛋等有补中健脾作用的食品。此外，扁豆、番茄、栗子、桂圆、苹果脯、大枣等水果蔬菜，有补中、益气、健脾的功效，可多食用。胡椒、姜等调味品，既可增进食欲，又能御寒，也可以常用。另外，食粥能和胃、补脾、润燥，因此，可选择茯苓、芡实、山药、小米等食物煮粥食用，疗效更佳。

●胃火旺盛的人都有哪些症状表现呢？

胃火旺盛的人，由于平时饮食中喜欢吃辛辣、油腻，日久易化热生火，积热于肠胃，表现为胃中灼热、喜欢吃冷饮、口臭、便秘等症状。

胃火旺盛的人如何进行饮食调养呢？

这类人群要注意清理胃火。适度多吃些苦瓜、黄瓜、冬瓜、苦菜、苦丁茶等，都是不错的选择。

●脾胃功能减退，消化能力较弱的人有哪些症状呢？

这类人胃中常有积滞宿食，表现为食欲不振或食后腹胀，故应注重消食和胃，适量吃点山楂、白萝卜等消食、健脾、和胃的食物。症状严重者可在医生的指导下服用保和丸、香砂养胃丸等。

●阳虚体质和阴虚体质的人有何症状，如何调养呢？

阳虚体质的人平时一般身体发凉、比较怕冷，可适量补充一些性质温热的食物或药物，如羊肉、狗肉、人参、鹿茸、肉桂等，以温阳祛寒。

阴虚体质的人多表现为五心烦热，所以上面提到的食物和药物对于阴虚体质的人是属于禁用的。阴虚患者的食养方法可参考下一章——朱丹溪养生之道。

健康营养羹：桂圆亦称龙眼，是我国特有的水果，性温味甘。莲子，即睡莲科植物莲的成熟种子。我国有不少莲之名品，如：江西的"广昌通莲"、浙江的"丽水白莲"、湖南的"湘莲"等。两药均含有对人体有益的维生素、蛋白质及矿物质等。将桂圆和莲子放在瓷碗中，加入冰糖及少量糯米，稍炖，即成冰糖桂圆莲子羹。有健脾益胃，养血安神的功效。可沁人心脾，延年益寿。

2.老年人调理脾胃

老年人尤其要注意补脾益胃。人到老年，各脏腑生理功能逐渐衰退，正气虚衰是老年人的主要生理特点，正气虚衰是以脾胃虚弱、肾气衰退为主。肾中的先天之气依赖于脾胃的后天精微不断地充养，人体才能强健，疾病不生。如果脾胃之气虚衰，肾气就衰败，必然会加快人的衰老速度。

老年人由于脾胃功能渐衰，消化、吸收、排泄机能下降，加上饮食起居失常，如果思虑郁闷过度，就会损伤脾胃而出现脾失健运、胃失和降的各种脾胃虚损病症，如临床上常见的头晕、乏力、纳呆、腹胀、身体瘦弱、神疲懒言、大便稀或溏、胃脘隐痛、嗳气泛酸等一系列脾胃病症状。因此，要调养脾胃，养育生机，才能够延年益寿。下面给大家介绍一种非常适合中老年人吃的食物。

●陈皮红枣山楂糕

取陈皮 10 克,红枣 10 枚,山楂 5 克。将上述药物干燥研末,再和入面粉制成发糕。

此糕松软可口,健脾益胃,不仅能治疗食欲不振、消化不良,而且还能化痰活血,治疗咳嗽痰多,是中老年人的滋养佳品。

六、朱丹溪养生智慧——淡薄饮食

养生名言

人身之贵,父母遗体,为口伤身,滔滔皆是。人有此身,饥渴洊(意为再)兴,乃作饮食,以遂其生。眷彼味者,因纵口味,五味之过,疾病蜂起,病之生也,其机甚微,馋诞所牵,忽而不思。病之成也,饮食俱废,忧贻父母,医祷百计,山野贫贱,淡薄是谙,动作不衰,此身亦安。均气同体,我独多病,悔悟一萌,尘开镜净。曰节饮食,《易》之象辞,养小失大,孟子所讥。口能致病,亦败尔德,守口如瓶,服之无虞。

——《格致余论·饮食箴》

这是元代著名医家朱丹溪饮食养生的名言。

人的身体受之于父母,是非常宝贵的。可是却有人为了享一时的"口福"而伤害身体。当然人只有进食才能维持生命,追求美食也是为了更好地保养身体。但如果只以美味为重而忽略健康是万万不可的。所谓"病从口入",不合理的饮食往往导致病菌侵入,疾病发生,就会影响人的健康。朱丹溪发现以粗茶淡饭为主的普通老百姓身体健康,体力不衰,而终日以山珍海味为食的达官贵人却体弱多病。同样是受之于父母的身体为什么会有这种差别呢?原来清淡节制的饮食才是人安身立命的根本。

"民以食为天",说明饮食是保证生存不可缺少的条件。每个人只要活着就要进食。前人描写人们对进食的欲望,有垂涎欲滴或垂涎三尺之说,所以当佳肴美味摆在人们面前时,便食欲旺盛,恣啖狂饮而食不厌饱。要知道任何事物都是有正负两面的。饮食虽然是养生之术,若饮食无度,不知节制,也是伤身的祸根。脾胃的受纳消化功能是有限度的,如纵情于口腹而食不厌饱,使脾胃负担过大,就会因脾胃受伤而百病丛生。

养生之道——淡薄饮食

阴精对人体的作用非常重要,人的一生"阴常不足",因而朱丹溪在治病与养生上都以滋阴为主,非常适合阴虚体质的人养生。养生主要从两方面着手,一是饮食,二是色欲。这是因为他生活的元朝是一个相对平定时期,接触的人既有达官显贵,又有贫穷百姓。一方面,那些富贵的人娇养而体弱,恣食反多病,纵欲早夭;另一方面,那些贫穷一些的人却身体强健,少病长寿。两者对比,他悟出了其中的奥妙,养生之道在于节饮食,戒色欲。

朱丹溪所提倡的淡薄饮食养生究竟是一种什么样的养生方法呢?他根据人体从小儿到老人不同阶段的生理特点,提出饮食养生应因人而异,但总不离养阴抑阳,保护阴精。

（一）儿童饮食应戒"辛辣"

一般而言，人在 16 岁之前气血都很旺盛而阴精往往不足。儿童由于生理上既有脏腑功能发育不完全的一面，又有生机旺盛，发育迅速的一面，所以在病理上就有"易虚易实"和"易于传化"的特点；加上儿童寒温不知自调，饮食上自己也不太会调节，并且从脏腑功能状态与疾病的关系来说，又表现出"脾常不足"，即儿童消化功能薄弱，该吃什么样的食物不能吃什么样的食物就应特别小心。朱丹溪为此撰写了《慈幼论》，指出儿童饮食养生中应该注意的问题。

首先一切鱼肉木果烧炙煨炒，都属于发热难以消化的食品，都不是小儿适宜的。如过多食用发热辛辣的食品，容易上火，耗伤阴气。对于儿童可给予像干柿、栗子、蔬菜、白粥一类的食品。这类食品既不易致病，也不会造成小孩偏食等不良习惯。另外生栗味咸，干柿性凉，又有一定养阴的作用。

栗与枣、柿并称铁杆庄稼，木本粮食。柿全身都可入药，性味甘涩寒凉，能清热润肺止渴。对肺热口渴咳嗽、吐血、口疮等病症十分适宜。柿霜被李时珍称为"柿中精液，入肺病上焦药尤佳"，"其甘能益肺气，其凉也能清肺热，其滑也能利肺痰，其润也能润肺燥。"所以，对肺热痰咳、喉痛咽干、口舌疮炎等病症，都有显著的疗效。

现代研究表明鲜柿子能有效补充人体养分及细胞内液，起到润肺生津的作用；柿子中的有机酸等有助于胃肠消化，有增进食欲的作用。必须指出的是，柿子虽营养丰富，既能食用又能药用，但柿子吃多了也有副作用。尤其是空腹时不能食用柿子，因为柿子中含有大量的柿胶酚和一种红鞣质的可溶性收敛剂，它们遇到胃酸或酸性食物会凝固成块，时间久了会形成"柿石"，将会影响人的身体健康。

注意，栗子生吃很难被消化，熟栗吃多容易导致消化不良，故脾胃虚弱、消化不良的人就不宜多吃。由于小儿的肠胃比较脆弱，所以不宜多吃。

其次哺乳期的母亲在饮食上也要注意，应当重视饮食清淡以养阴。如果乳母饮食不注意，常吃辛辣肥甘，导致母体生热，病气由乳汁传及婴儿，那么婴儿也容易生病。这时候不能单独治疗乳儿疾病，还须调治母体，母安儿亦安。所以要想防患于未然，乳母必须节制饮食。

孕妇养胎的时候，如果母亲在妊娠期间恣食辛辣热物，也会把毒素遗传给胎儿，导致胎儿出生后多患热毒疮疡等症。如果母亲恣食厚味，易导致胎儿肥大难产。所以妊娠期妇女调摄饮食，宜淡薄，不宜浓厚；宜清虚，不宜重浊；宜和平，不宜太寒太热。

一般而言，孕妇容易患痔疮。原因是孕妇的胃酸分泌减少，体力活动也减少，胃肠蠕动缓慢，加上胎儿挤压胃肠，使肠蠕动乏力，常出现肠胀气及便秘，便秘后又易形成痔疮。如何防止这类疾病的发生呢？孕妇每天不仅要有适当的活动量，还要多吃粗纤维较多的蔬菜，如芹菜、韭菜、圆白菜，多吃粗粮，多吃些蜂蜜和水果。

现代医学证明，妊娠期患某些疾病或服用某些药物甚至过量烟酒等都能影响胎儿发育，甚至致畸。而日常饮食中若偏重某些偏性食物，对胎儿也会造成不良影响。

诸子百家 —— 医家

(二) 成人饮食应茹淡

进入中年以后,人无论从体力还是脑力,一方面是稳定而健全的时期,一方面又进入了生理的衰退过程。《黄帝内经》中就说:人到了四十岁,五脏六腑以及十二经脉发育至极,开始由盛转衰,皮肤开始疏松,脸上的光泽开始减退,头发也开始斑白。也就是说人到了四十岁时,阴气已衰减了一半,因而其生活起居能力也感到有些衰弱了。

中年人提倡淡薄饮食,但并不在于少吃,而是不要过分追求美食厚味之品,要甘于淡薄之味,即所谓"茹淡",也就是说要清淡。俗话说:鱼生火,肉生痰,青菜豆腐保平安。

饮食中可以补阴的食物,概括来说有两个特点:其一,指天然绿色之品,而非经过烹调的膏粱厚味;其二,指谷、菜、果等素食。

像大麦与栗子的味咸,粳(稻的一种,米粒宽而厚,近圆形,米质黏性强,胀性小)米与山药的味甘,葱薤的味辛,都是自然之物,对人体有益。朱丹溪尤其推崇粳米,其味甘淡,最善于人体补阴,所以人适宜以它为主食,并以蔬菜为补充,可以使胃肠疏通而易消化。

现代研究表明:粳米米糠层的粗纤维分子,有助胃肠蠕动,对胃病、便秘、痔疮等患者疗效很好;粳米能提高人体免疫功能,促进血液循环,减少人患高血压的机会;粳米能预防糖尿病、脚气病、老年斑和便秘等疾病;粳米中的蛋白质、脂肪、维生素含量都比较多,多吃能降低胆固醇,减少心脏病发作和中风的概率。

中年人的饮食一方面宜清、淡、温、软、简,忌腻、厚、生、冷、杂;同时谷类、蔬菜、水果等甘淡的食物,都是自然之物,含有大量的膳食纤维,对于中年人而言,多食有益。

从现代医学角度来讲,中年人口味过重,加上现代人活动少,工作压力大等因素使各种相关疾病,如高血压病、肥胖症、糖尿病以及心脑血管病的发生率大大提高。清淡饮食是防治这些疾病发生的重要方法。

(三) 老人饮食应重"节养"

人进入老年时期,体质自然有所变化。老年人的气血渐渐衰弱,真阳气减少,"精血耗竭,神气浮弱"。

金元时期人们习惯以壮阳药物用来养老和治疗老年病。而朱丹溪通过观察老人,提出老人多阴虚内热之证,应以滋阴以养老,因而写下了著名的《养老论》。人生六七十以后,精血俱耗,阴虚不足以制阳,虚热内生,所以老人平日没生病的时候已有热证,像头昏目眩、肌痒溺数、涎多少觉、足弱耳聋、眩晕健忘、肠燥面垢、脱发眼花、昏沉欲睡、食而易饥,这是老年人的普遍表现。老年人的阴精既亏虚,饮食就不能再生热助火伤阴。所以对于老人养生,尤其要在饮食上注意。朱丹溪提出"节养",即清淡饮食的意思,尤其忌口香辣甘腻的食物。

现代营养学认为,经高温煎炸、烘烤、熏炙,易使食物焦化,其中产生的有害物质裂变,氨基酸重新组合,可引起人体细胞的突变。糖及脂肪的焦化,易产生有害物质,容易致癌。蔬菜长时间焖炖,也会使其中大量的维生素破坏。

老年人多是阴虚内热的身体,对于乌头、附子等温燥之品不要使用,而辛辣油腻的食品也应当禁忌。凡物性偏热、炭火制作的、气味香辣的、味之甘腻的,都不可以多吃。

这些都是朱丹溪关于老人养生应重"节养"的亲身经历。他到老年时,基本上不吃煎炸熏炙类食品,饮食不用调料,年过七十,仍神清气爽,面色红润、富有光泽。当时人们还奇怪地问他,为何70岁了还有这般容颜,朱丹溪说这是他多吃自然之物的结果。丹溪的母亲也在70岁后用节养之法养生,饮食清淡,老人多年的痰饮之病得以根绝,大便燥结也渐渐痊愈。虽然她形体比较瘦弱,但面色光润,一直到老,无病而终。

七、冷谦养生智慧——导引养生

养生名言

庄子曰,吹嘘呼吸,吐故纳新,熊经鸟伸,为寿而已矣。此导引之法,养形之秘,彭祖寿考之所由也。其法自修养家所谈,无虑数百端,今取其要约切当者十六,修参之诸论,大概备矣。凡行导引,常以夜半及平旦将起之时,此时气清腹虚,行之益人。

——《修龄要指·十六段锦》

这是著名养生学家冷谦创制的一套健身法——十六段锦。冷谦把各种养生健身的方法,加以归纳和总结,定其名为"十六段锦"。并强调练习最为适宜的时间为半夜或天亮前,因为这个时间段人体"气清腹虚",此时锻炼有益强身。

《庄子·刻意篇》有"吹嘘呼吸,吐故纳新;熊经鸟申(伸),为寿而已。此导引之法,养形之秘,彭祖寿考之所由也"的记载。彭祖是传说中的养生家,庄子曾把他作为导引养生的代表人物。早在2300年前,有关"吹嘘呼吸,吐故纳新"的呼吸运动,与"熊经鸟伸"摹仿禽兽姿态的健身运动,已经成为广大人民群众练习健身功法的基本模式。"吹嘘呼吸,吐故纳新"是指通过呼吸吐纳的方法与外界进行气机的交换。"熊经鸟伸"就是摹仿动物熊鸟的运动姿态,分别作扭腰、转身向右侧甩手或抬头,伸颈、折腰、直腿,双手及地等动作,以达到畅通气血、健身延年的目的。

养生之道——导引养生

"八段锦""十六段锦""长生十六字诀""祛病八则"都是冷谦养生方法中最精华的内容,下面将详细介绍。

(一)八段锦

八段锦吸收了中国传统文化的精华,将医疗、运动、养生有机地结合起来,以提高生命质量、完善生命状态为基本目标,通过练习者自我的运动、锻炼,达到身心的和谐统一。

坐式八段锦对于放松身心有良好作用。动静结合,其中,静功锻炼内容包括入静、冥想等,动功锻炼内容包括坐式运用及自我按摩。练习时呼吸、导引、意念相互配合,动作柔和、自然、顺畅,形神兼备。适合不同年龄的人锻炼。长期坚持锻炼可有效地增进身体健康,达到防病强身的作用。

坐式八段锦介绍如下。

第一段,闭目冥心静坐:盘坐,两手握固,宁心静思,意守于内,然后上下齿连叩36次(图9)。

第二段,鸣天鼓:两手交叉,十指紧叉住,抱住后脑,掌心贴置耳根,拇指向下,心平敛气,注意呼吸9次。然后两掌掩耳,叠示指于中指之上,用力击弹后脑,左右各24次(图10、图11)。

图9　　　　　　　　　图10

图11　　　　　　　　　图12

第三段,撼天柱:天柱,指人脖子后颈骨连接的脊梁。摇摆两肩,扭动颈部,即扭颈向左右侧视,肩亦随之摇摆,左右相间,各做24次,以去心火,并祛外邪的侵扰(图12)。

第四段,赤龙搅水津:赤龙,指的是舌头。赤龙搅水津,即搅舌以聚津液。用舌尖抵上腭,先从左方卷向右方,再从右方卷向左方,共36次。随着舌头的频频转动,使津液聚集于口中,然后鼓漱数次,分3口咽下。

我国古代养生家都很重视保护津液,对津液有"玉液""琼浆""吞津养颜"的说法。现代医学研究表明,唾液中含有淀粉酶、溶菌酶、黏液球蛋白、免疫球蛋白、无机盐、碱性离子和多种活性因子,不仅可以帮助消化吸收,改善糖代谢,中和胃酸,保护和修复胃黏膜,还有杀菌、解毒、免疫、促进组织细胞再生和抗衰老的作用。

第五段,搓手热背摩后精门:两手相搓,至发热后以手掌按摩腰部肾区36次。然后收手握固,闭气,意想下丹田(肚脐下三指)如火轮温暖(图13)。

第六段,左右辘轳转:左右两肩旋转摇摆 36 次。然后,将盘叠的双腿慢慢放下,徐徐伸出,至舒直为宜(图 14)。

图13　　　　　　　　　　　　图14

第七段,叉手虚托:两手相互交叉,十指相间,两手上举,翻掌心向上,用力上托,如托重石在手,腰身俱极力上耸,然后徐徐下落至头顶。如此上下连续 9 次。最后握紧拳,放在两膝上(图 15)。

图15

第八段,攀足频:松拳伸指,手掌相对,两臂伸直于前,慢慢将上体俯下,双手攀住足心,使头与臀部平齐,再收足端坐,如此反复操作 12 次(图 16、图 17)。

諸子百家

——

医家

图 16　　　　　　　　　　　图 17

最后收足端身正坐,候口中津液生,再漱再吞,想像丹田之火自下而上遍烧身体,想时口鼻皆须闭气一会儿。

(二)十六段锦

十六段锦是由十六节动作组合而成的一种健身运动方法。十六段锦姿势有坐有立,并结合自我按摩,整套动作协调连贯,兼顾了全身各部位,作用广泛全面。经常操练十六段锦有保健强身效果。尤其是对人体祛除脏腑病邪、防治肢体关节病症,如伤风感冒、落枕项强、肩背疼痛、腰膝酸楚、胸闷胁胀、脘腹不舒、食滞停积等方面,都有好处。

十六段锦功法具体操作如下。

第一段:端坐,闭目,握固,绝想,叩齿 36 遍。接着两手抱项后,使身躯左右旋转 24 次,以去两胁积聚风邪。

叩齿法虽为口腔运动,但随着口唇开合的节律运动,可带动面部肌肉甚至头皮,有健脑坚齿、明目聪耳等作用。再配合浴面等自我按摩法,对口腔及面部乃至全身保健都有好处。可以单独练习。

第二段:两手十指交叉,向上托,然后回按项后,反复 24 次,以除胸膈间邪气。

第三段:两手一前一后,如挽硬弓状,左右交替 24 次,以去臂腋积邪。

第四段:两手交替捶打臂膊腰腿,各 24 次,以去四肢胸臆之邪。

第五段:两手心掩两耳,以食指压中指,弹击脑后 24 次,以除去风池邪气。

第六段:两手外展,颈项左右扭转,后视肩臂,共 24 次,以去脾脏积邪。

第七段:两手互握按于一膝,并向同侧扭转身躯,左右交替 24 次,以去肝脏风邪。

第八段:两手向上如排天,同时身躯向一侧倾斜,左右交替 24 次,以去肺间积聚之邪。

第九段:两手握固,拄撑两胁,耸摇两肩 24 次,以去腰肋间风邪。

第十段:伸两腿,两手向前,低头扳脚 12 次;然后挽一脚,屈腿压在另一腿膝上,按压 24 次,左右交替,以去心胞络邪气。

第十一段:两足互扭前行数十步,然后坐于高凳上,伸两腿,两脚内外扭转各 24 次,以去两腿及两足间风邪。

第十二段:两手按地,收缩身躯,屈曲脊背,使身躯向上挺举 13 次,以去心肝中积邪。

第十三段:起立后两手按床,头向一侧后视其背,左右交替 24 次,以去肾间风邪。

第十四段:起立后缓缓行走,两手握固,左足前踏时,左手前摆,右手后摆;右足前踏时,右手前摆,左手后摆,各 24 次,以去两肩之邪。

第十五段:接上式,反手互握于背上,俯身缓缓左右转动身躯 24 次,以去两胁之邪。

第十六段:端坐,闭目,握固,绝想,舌抵上腭,搅取津液满口,漱 36 次而汨汨咽下。然后闭息,意想丹田之火,自下而上,遍烧身体内外,自己感觉浑身热透就可以停止。

(三)长生十六字诀

长生十六字诀即"一吸便提,气气归脐,一提便咽,水火相见。"

这是非常简单的一套导引方法,实际只有两个操作方法,一是提肛门法;二是吞咽津液法。这里的水火分别是指肾中的阴阳。具体练习方法介绍如下。

微闭双目,自然平卧或坐在椅子上,全身放松,意念到一处,先做漱口状,舌头在口内搅动,舔上腭,促使唾液分泌,待唾液满口时,汨然一声吞下,同时用鼻吸清气一口,想象所吸进的气,帮助将吞下的津液唾液直送入腹脐下一寸三分丹田元海之中,稍停一会儿,便用鼻缓缓呼气,遂用下部提肛,缓缓收缩肛门,如忍大便状,想象气随提肛,进入脐下的丹田,然后气从丹田灌入背脊中的督脉,沿督脉向上进入脑海,如此做 30 遍。每天清晨起床前练,或其他时间也可以。

长期坚持可以治病延年,形体轻健,百病不生,身体有力,精神旺盛;可有效防治感冒、痞积食逆、痈疽疮毒、头晕心痛、心悸胸痛、胆囊炎、慢性胃炎、食管炎、胃和十二指肠溃疡、胃下垂、胃肠功能紊乱、糖尿病等症。

(四)、祛病八则

祛病八则是以自我按摩为主的养生保健法,通过握脚趾、搓脚心、按摩肾俞穴、熨目、端坐伸腰、叩齿、咽津、作汨汨声咽之等一系列动作,达到祛病健身的神奇功效。这套方法的难度不大,效果很好,适合中老年人或一般人日常练习,有益祛病。

● 握脚趾

将双脚向前伸出而坐,屈左膝,将左脚放在右大腿上,用右手握住左脚趾(类似于握手,图 18),进行握、按等按摩刺激 36 次。右脚动作同左脚。

【功效】脚趾平时很少活动,牵引按摩脚趾可以调节下肢足经经脉,而畅通经络气血,改善下肢血液循环。

● 搓脚心

双脚前伸而坐,屈右膝,用左手中指、食指擦右足心(涌泉穴)100 次(图 19)。用同样的操作方法,以右手中食指擦左足心 100 次。擦涌泉时要稍用力,令脚掌发热为度。

【功效】涌泉为足少阴肾经井穴。本法可开窍宁神,交通心肾,因气血下行,可预防高血压,消除头目眩晕等病症。

● 按摩肾俞穴

将两手搓热,捂于双侧肾俞穴上,再以命门穴和肾俞穴为中心左右搓腰 18 次,可上下搓,也可左右搓(图 20)。

　　【功效】腰为肾府,本方法可壮腰健肾、防治腰脊疼痛及痛经、闭经等病症。

　　●熨目

　　两手互搓至热,用手心热烫眼珠 3 次(图 21),用两手中指指腹点揉睛明、鱼腰、瞳子髎、承泣等穴各 9~18 次(图 22)。两目轻闭,眼球顺时针、逆时针各旋转 9~18 次,轻轻睁开双眼,由近自远眺望远处的绿色物体。

图18　　　　　图19　　　　　图20

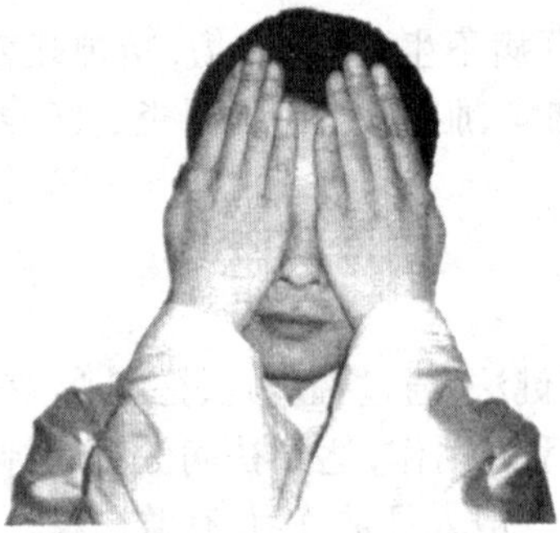

图21 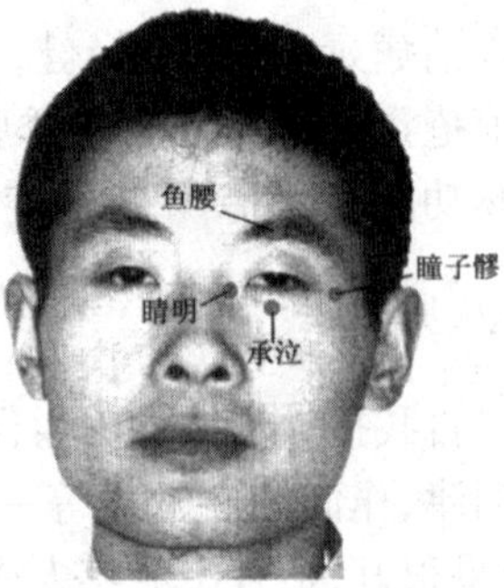　　　　　　　　　图22

　　【功效】此法可显著改善眼部血液循环,加强眼肌的活动能力与神经调节能力。调肝明目、增进视力,防治眼病。

　　●端坐伸腰

　　伸脚坐势,双膝并拢,足尖向上。先吸气,两手心向前,指尖相对,俯身推向足尖,配以呼气(图 23)。推尽即返回,指尖相对,手心向里,身体回正、吸气(图 24),如此往返推 36 次。

　　【功效】腰部的前倾和回正使腰背肌群充分地舒缩,配合呼吸调节交感神经的兴奋性,从而改善血液循环,加强组织代谢,对多种原因引起的腰背痛有较好的防治作用。

　　●叩齿、咽津、作汩汩声咽

　　叩齿,上下牙轻叩 36~72 次。然后用舌在口腔内壁与牙齿之间顺时针、逆时针各旋

图23   图24

转 9~18 次。此时口腔产生津液暂不下咽,将津液鼓漱作响 18~36 次,再将口内津液分 3 次咽下,咽时想象诱导津液慢慢到达下丹田。叩齿时可先叩门齿,再叩大齿,也可以同时一起叩。搅舌时,次数由少到多,不可强求一次到位,尤其是对高龄有动风先兆的人,由于舌体较为僵硬,搅舌较困难,故更应注意。可先搅 3 次,再反向 3 次,逐渐增加以能承受为度。鼓漱动作,不论口中是否有津液,都做出津液很多状的鼓漱动作。

【功效】此法可益肾固本、引津上潮、健脾益气、滋阴柔肝。肾主骨,齿为骨之余。常叩齿可益肾固本;搅舌令口内津液增多,开口于口腔的消化腺(下颌下腺、舌下腺、腮腺等),分泌功能增强,促进食物的消化吸收。

八、万全养生智慧——养生四要

养生名言

养生之法有四,曰寡欲,曰慎动,曰法时,曰却疾。夫寡欲者,谓坚忍其性也;慎动者,谓保定其气也;法时者,谓和于阴阳也;却疾者,谓慎于医药也。

——《万氏家传养生四要》

明代著名医家万全提出养生应遵循四个准则。第一,节制欲望;第二,谨慎行动;第三,顺应时节;第四,去除生病的隐患,即现今提倡的治未病。

寡欲,就是要求人们节制食欲和性欲,使人的性格坚忍不拔,不伤及人的根本。

慎动,是指人们的形体活动和思维活动都应适度,不可以过度,这样才能保养、安定人的元气,从而使人的形体不会损废。

法时,是指调节人体的阴阳之气,顺应天地气候的变化。阴阳调和,就不会被邪气侵袭,达到祛病延年的目的。

却疾,是指在防治疾病的方法和运用医药方面要小心谨慎。治病用药谨慎,就不会遭受药物的毒害,俗话说是药三分毒。

万全十分注重日常生活中的养生保健,活到九十岁,是我国古代为数不多的高寿医家。他的养生方法经验,对于希望长寿的现代人来说,有较高的指导价值。

养生之道——养生四要

养生四要也是我们现代人养生的准则和标准。四要既有注重道德修养的静心养神方法，又有注重导引动形的运动养生方法，还有药食保健方法。通过多种养生保健方法的综合使用，达到最佳的养生效果。

寡欲——节食寡欲，固护脾肾

滋根培本、固护脾肾是十分重要的养生方法。肾主管藏精，肾阴肾阳是人体阴阳的总根本，肾精是人体生命活动的物质基础，肾精的盈亏直接影响人体的生长壮老已；脾胃主管运化谷气，脾胃强则谷气全，脾胃弱则谷气绝，全谷则昌，绝谷则亡。可见脾肾在人体如此重要，人们一定要注重脾肾保养。而固护脾肾的关键是寡欲。

寡欲，不专指房事而言，而包括食和色两方面。

首先，根据人体生理成熟的条件，晚婚是健康的需要。男性如果早婚或纵欲过度就会耗伤肾精。

现代医学研究表明，独身也不利于人体生理和心理的健康发展；而正常的婚姻更有利于人体的健康。对于男性来说，过度地节制性欲，最直接的影响就是造成前列腺的病变；而过度地纵欲会导致性功能障碍，影响家庭和睦，最终影响到自己的身体健康，降低生活质量。

其次，人养脾胃的方法，简而言之为"节其饮食而已"。节饮食包括节制食量，吃各种食物、不偏食。首先饮食要定时定量，三餐之外不可多食。面对美味佳肴要自我约束。其次喜欢吃的东西，不可吃太多。谷、肉、果、菜都是天地所生的食物，各有五气五味，人吃了之后，先进入本脏，然后变成营养物质濡养血脉筋骨。"五味稍薄，则能养人，令人神爽"，就是说清淡的饮食五味，宜于滋养人体，可使人精神爽利。但都"不可过也，过则成病"，即都不能吃得太多，过多就会引起疾病。所以"凡有喜食之物，不可纵口，常念病从口入，惕然自省"，指凡遇到喜爱吃的食物，不要贪吃，时刻警惕病从口入，时刻自我提示。

食物是维持人体生命活动的必需物质。人体构造复杂，对饮食的需要也是多方面的。若过多地偏嗜一味，或不知约束、暴饮暴食，必然会超出肠胃容纳、吸收和消化的限度，从而引起脏气的偏盛、偏虚或损害而引致病变。

（二）慎动——动静适应，调节情志

动静结合是中医养生的基本原则，动则养形，静则养神。万全对此进行了发挥，强调了"和"的作用。

"和"，指的是慎动，即形体活动和思维活动均应适度。人生活在复杂纷繁的社会中，有耳目口鼻之欲、行住坐卧之劳、喜怒忧思之情时刻骚扰形神，如果不懂得节制，就会使形神妄动而暗耗阴精阳气，影响人体健康。因此，万全认为养生的关键是心静。因为心在脏腑中居于统摄地位，五脏藏有的七神，最后都归于心的统摄，心静则各脏腑功能活动适度，才能产生并维持人体生生不息的生理机能。所以心时常保持清静神志就会安宁，

諸子百家——医家

神志安定则人的七神也都安定。这样养生就会长寿,终身没有危险。

但人有七情六欲,时时处于动之中,要想动中求静并非易事。对于治动之法,万全教人采用打坐、调息方法收心养性,以期达到"慎动"的境界。

要领是:微微闭上眼睛,但不要紧闭,闭口,不要用口呼吸,而是用鼻呼吸。打坐并不只是呆坐,而要抛弃一切杂念,定心静志,才有效果。刚练习的人如一时难以收心,可闭目后或解悟经义,或思索诗文,以排除外界因素纷扰心神,久之自然水到渠成。

调息也不只是调呼吸,而要求做到俭其视听、节其饮食、避其风寒、养性收心,心安则气顺,这是调气的要领。调息要调真气,人体的真气,伏藏于命门之中的就是火,它听从于心的指挥,以行心火之令。所以人的心安宁,人的呼吸就会与天共同运行,而不失其常态。如此真气就会成为人体生生不息运动的动力。通过打坐、调息培养主静工夫,使人目常不妄视,口常不妄言,此心自不妄动,这就是万全主张打坐调息的目的。

现代的书法意境与万全的"慎动"养生有很大的相似之处,许多老年人对书法、太极拳、太极剑的爱好,保持良好的心态,其真正的目的就在于此。

(三)法时——顺应四时,调摄阴阳

"天人相应"是中医的一个重要思想,它强调人与自然是一个整体,人应当顺应天地四时,以濡养脏腑形体。

在起居方面,四季的阴阳之气,生长收藏,化育万物,是万物的根本。人如果能顺应四季的阴阳变化,就能同自然界其他生物一样,生化不息,反之则会产生疾病。

早在《黄帝内经》中就主张,人在春夏阴消阳长的季节,多做一些户外活动,可以使人的阳气更加充足;秋冬阳消阴长,肃杀寒冷之季,人体必须注意防寒保暖,使阳气不要外泄。人的起居规律应随着季节的不同而变化,与自然界阴阳之气的消长保持协调统一。根据四季阴阳,春生、夏长、秋收、冬藏的自然界规律,人在春天的时候,要有一种生发之气,披发缓形,是指把头发披散开,穿衣宽松不拘紧,不约束阳气生发,宜早起。冬天不能太张扬、太发散,万物处于闭藏,所以冬天宜早睡晚起。

春温夏热、秋凉冬寒虽属四季正常之气,但如果起居不慎,四季之气也会伤人致病,人们在季节交替的时候尤其应该及时加减衣服。春天虽然温暖多风,但衣服不能太薄;秋天虽然凉爽但秋寒将至,衣服应该渐渐增加。同时人类适应自然环境的能力是有限的,如果遇到气候剧变或反常时,适应能力超过了人体调节机能的限度,就会致病。对此,不能掉以轻心。

在饮食调养方面,要注意春夏养阳,补益阴气,使阳气不至于偏胜;秋冬养阴,补益阳气,使阴气不至于偏胜。而且无论寒性或热性的食物,都不宜多吃,应以不伤脾胃为准。如果夏季吃多了寒凉的食物,如瓜、桃、冰之类就会伤脾,冬季吃多了温热的食物则伤胃。

现代社会人们养生以讲究生活的规律为主旋律,生活起居要有规律,生活饮食也要有规律。

在起居方面,作息应早睡早起,穿着应顺应四季气候,人们春天减衣服的时候不要太快,冬天加衣服不要太快,穿衣服以不冷不热为宜,冷不要太寒,热不要太燥。

諸子百家——医家

在饮食方面,要以瓜果蔬菜为主,以植物蛋白为主,兼有动物蛋白为辅,不可偏食,总体以高蛋白、高能量、低糖、低脂肪饮食为主;在食量方面,以七成饱为好,即以再吃也可,不吃也可为宜。尤其老年人更应该注意这一点。

(四)却疾——防病却疾,要在中宜

所谓"却疾",主要表现在"未病先防"和"既病防变"两个方面。

在疾病预防方面,善于养生的人,应该知道保身的重要。所谓保身就是注重形体和精神的保养,这是养生最重要的一个原则。人们在身体无病的情况下,应尽量避免服用药物,以饮食调养为宜。因为"是药三分毒",药物是用来治疗疾病的,不宜常用。

在疾病的防变治疗方面,一旦疾病发现之后,应及早治疗。疾病早期,病位较浅,还没伤到人的正气,治疗比较容易;若病入膏肓,正气已经衰败,这时治疗非常困难。所以人们一旦发生疾病要及时就医。

万全留下了很多著名的益寿延年秘方,如春寿酒方,常服用可益阴精而能延寿,黑须发而不老,安神志以常清。

● 春寿酒方

【做法】取熟地黄、生地黄、山药、莲子、天冬、麦冬、红枣各 30 克,米酒 2000 克,将红枣去核,与其他各药共加工碎,装纱布袋内,放入盛酒的坛中,加盖,置文火上煮 5~10 分钟,取下放凉,密封置阴凉处 7~10 天,开封后,取去药袋,即可食用。每日 3 次,每次 15~30 毫升。或随量饮,勿醉。

【功效】主治腰酸腿软,神疲乏力,食欲不振,头发早白等症。

现代人十分重视对疾病的防治,"无病早防,有病早治"已深入人心,药膳也慢慢得到了普及,治疗疾病逐步从盲目求医过渡到对医生的选择,有的甚至不惜花重金去聘请医生。当然也有些做法并不科学,如盲目吃补药、喝药酒等,这都不利于人们的养生。

总而言之,万全的养生思想即在综合调理中突出食养,正如他在"养生总论"中指出的,"养生之道,只要不思声色,不思胜负,不思得失,不思荣辱,心无烦恼,形无劳倦,而兼之以导引,助之以服饵,未有不长生者也。服饵之物,谷肉菜果为上,草木次之,金石为下。"就是说养生之道,只要不贪恋声色,不考虑胜负,不计较得失,不关注荣辱,心中没有烦恼,不使身体疲倦,再加上导引锻炼,以及适当的饮食及保健药品,就没有不长寿的。人所吃的食物,主要为谷肉菜果,其次是草木等药物,最后才是金石。

九、李时珍养生智慧——药食保健

养生名言

罗天益《宝鉴》云:粳、粟米粥,气薄味淡,阳中之阴也。所以淡渗下行,能利小便。韩《医通》云:一人病淋,素不服药。予令专啖粟米粥,绝去他味。旬余减,月余瘥。此五谷治病之理也。又张耒《粥记》云:每晨起,食粥一大碗。空腹胃虚,谷气便作,所补不细。

又极柔腻,与肠胃相得,最为饮食之良。妙齐和尚说:山中僧,每将旦一粥,甚系利害。如不食,则终日觉脏腑燥涸。盖粥能畅胃气,生津液也。大抵养生求安乐,亦无深远难知之事,不过寝食之间尔。故作此劝人每日食粥,勿大笑也……此皆着粥之有益如此。诸谷作粥,详见本条。古方有用药物、粳、粟、粱米作粥,治病甚多。

——《本草纲目·谷部》

李时珍在《本草纲目》中介绍了很多食粥养生的方法。粥是日常饮食中最常见的品种之一,主要由米加水煮成,俗称稀饭。药粥,就是以谷类为主,配合水果、蔬菜、鱼肉蛋奶、药物等制成的稀饭。我国药粥疗法可谓源远流长。药粥疗法,是在中医学理论指导下,将药粥用于强身延年、防治疾病的一种饮食疗法。

粥有畅胃气、生津液的作用,适用于各种人群,特别对年老体弱的人,其补益脾胃的食养作用尤为显著。

养生之法——药食保健

李时珍提倡用无毒易食的谷肉和果菜延年益寿,采用辨证抗衰老药食保健的方法延缓衰老。他倡导的药食保健主要具有健脾补肾、安神益智等作用,尤其是流传下来的很多药粥养生秘方,对我们日常应用十分有益。

(一) 健脾补肾

人的衰老从肾精衰枯开始,而脾胃为后天之本,气血生化之源,健补脾胃是抗衰延年的关键。

在《本草纲目》中,李时珍对健补脾胃的方药记载较多,如人参、黄芪、白术、茯苓、黄精、苍术、灵芝、刺五加、甘草等常用药七十余种。元气是人体生理功能的根本,欲健身者,注重脾胃,固其元气,使后天充实,李时珍研制出了"人参膏""参术膏""苍术散""脾虚不化方""薏苡仁酒""术酒"等各种谷食酒和健脾和胃的药物。

脾胃虚弱的人就有一种很好的调养方——参术膏。具有滋补、止久泄痢,治一切脾胃虚弱,补益元气的功效。取白术500克,人参120克,切片,加水适量,浸泡一夜,煎取浓汁去滓,熬膏,加适量蜂蜜。服用的时候每次取1匙,用开水送下,每日3次。

以人参、生姜、蜜组成"脾胃虚弱不思饮食方",可治疗脾胃气虚证;以黄牛肉、山药、白莲子、小茴香等组成的"返本丸"有补益诸虚不足的作用。

现代研究证明,人参抗衰老作用机制主要有两个。

①能延长人的羊膜细胞的生命周期,推迟羊膜细胞的退行性变化;

②能增加机体免疫球蛋白的含量,增加网状内皮系统吞噬的功能,促进健康人淋巴细胞的转化。

另一方面,肝肾功能对健康长寿的影响也很大。肾气虚弱,阳气衰微,阳气不能上达脾胃,则脾胃虚寒,无力行运化水谷的功能,后天匮乏,致使先天肾气失去后天的补充而愈加匮乏。《本草纲目》中记载了很多养肝补肾的药物,如枸杞子、女贞子、菟丝子、紫河车、地黄、鹿茸、山茱萸、刺五加、何首乌、续断、补骨脂、益智仁、肉苁蓉、黄精、狗脊、巴戟

诸子百家——医家

天、淫羊藿、仙茅等三十余种。

《本草纲目》中有一个非常有名的养生长寿方——补肾兴阳方。用虾米500克,蛤蚧2枚,茴香、花椒各120克。并以青盐化酒炙炒,以木香粗末30克和匀,趁热放入新瓶中密封。服用时每次1匙,空腹盐水或白酒送服。主治肾虚阳痿、早泄、性欲减退,以及老年骨质疏松症、小孩缺钙和生长发育不良等症。

有以金毛狗脊、远志肉、白茯神、当归身组成的"固精强骨方",以乌雄鸡与无灰酒煮成的"肾虚耳聋方",以阿胶、葱白组成的"老人虚秘方",以蜀椒、生地黄组成的"椒红丸",以及酒、粥、服食方共75首。这些方药,都有补肾益肝、益阴壮阳、固齿乌发、容颜益寿的功效,是养生增寿的必备品。

李时珍在补益肝肾中尤重肾阳之虚衰,《本草纲目》中温肾药物有很多,如菟丝子、山茱萸、肉苁蓉、补骨脂、仙茅、淫羊藿、巴戟天、冬虫夏草、鹿茸等,有激发、振奋、扶助肾中之真阳的功效。肾阳禀于先天,是人身之根本,能激发他脏,在生、长、壮、老、已的整个过程起决定性的作用。

现代研究发现,肾阳虚证存在下丘脑一垂体一肾上腺皮质、甲状腺、性腺三轴系统功能紊乱,细胞免疫功能低下,内分泌和骨代谢功能失调是肾虚患者不同证型的共性,也是导致人衰老的重要原因。

(二)益智养颜

心主神明。老年人精神方面的衰老与身体衰老基本一致,精神衰老多为记忆力、学习能力减退,思维活动迟钝,除与肾精亏虚相关外,多由心血暗耗,血不养心而致神不守舍。人养心阴既可益智,又可养心神,对延缓中老年期精神衰老作用很大。在《本草纲目》中有不少可以补心安神、益智驻颜的方药,如茯苓、茯神、柏子仁、远志、酸枣仁、龙眼肉、石菖蒲、朱砂、合欢花、琥珀、生地黄、麦冬、玄参、百合等。

琼玉膏是著名的长寿秘方,非常适宜中老年人气阴两虚体质的人服用。取生地黄1000克,茯苓250克,加水适量,浸泡透发,以文火煎煮,沸后30分钟滤取煎液1次,加水再煎,共取煎液3次,合并所有煎液,以文火煎熬至浓稠时加入蜂蜜250克,熬至滴液成珠后,离火,放入红参末30克,搅拌均匀,装瓶备用。每日2次,每次1~2食匙,沸水冲服或含服,其功能重在益气养阴,具有滋肾、益脾、养心、润肺等功能。

以沉香、茯神组成的"朱雀丸",其功效为安神定志;以龟板、熟地黄、猪脊髓组成的"补阴丸",其功效为滋阴补水,填髓益神等,均为中老年人延年益寿的好药。

此外,也有很多美容养颜秘方。如樱花洗面剂,即用樱花研末,同紫萍、牙皂、白梅肉一同研为细末,涂面可去黑斑,使面色红润光泽。

现代研究发现:青少年的血红细胞大都是圆润透亮、大小均匀、分散活跃的,而大多数中老年人的血红细胞往往干瘪灰暗、变异畸形,表现出脱水衰老的状况。这一发现说明了人体的衰老与血红细胞的衰老病变有着密切的关系。由于缺乏活力、变异粘连的血红细胞很难流过人体组织器官的毛细血管和末端部位,就会造成微循环下降,一方面导致人体器官和组织的氧气和养分供应不足,另一方面又会导致体内废物、毒素和杂质无

诸子百家
——
医家

法正常代谢,进而导致人体组织和器官种种衰老、功能异常和病变现象的产生。许多中老年疾病,包括老年期精神障碍、血管硬化、脑栓塞等都与此有密切关系。

(三)食养保健

中医很重视饮食调节、适度营养与健康长寿的关系,主张通过食养疗法,保持身体健康,以延长寿命。李时珍强调要保持健康长寿,饮食上务必讲究卫生,注重饮食营养,并把谷物、肉类、鱼类均列为本草,多达百余种,作为药物予以阐述。常用的有胡麻、黑大豆、薏苡仁、莲子、芡实、谷芽、蜜糖、山楂、鳖肉、牛肉、鸡肉、羊肉等。还讲了很多关于豆腐、米糕、蒸饼等日常食品的制作方法,这些都有益于抗衰延年。

芝麻即胡麻,有"补五脏、长肌肉、填髓海,久服轻身不老"的功效。现代研究证明,芝麻含大量不饱和脂肪酸、芝麻素、叶酸、烟酸、卵磷脂、维生素 E。其中维生素 E 有降血糖、降胆固醇、防治动脉硬化的功效,对抗衰老有显著作用。

酒性善走窜,可宣和百脉、舒筋活络,具有补益功效,故可酌情酿成药酒使用。李时珍在《本草纲目》中介绍有三十余种花果露酒,如人参酒、虎骨酒、五加皮酒、枸杞酒、鹿茸酒、葡萄酒等。

葡萄酒香气馥郁、味道协调、甜度适宜、回味悠长。现代医学证明,适时适量地饮用葡萄酒,可强心提神、助气健胃、增进食欲、促进血液循环、消除疲劳、增强青春活力。

(四)药粥养生

现代医学指出了喝粥的七大好处。

1.容易消化　白米熬煮温度超过 60 摄氏度就会产生糊化作用,很适合肠胃不适的人食用。

2.增强食欲、补充体力　生病时食欲不振,清粥搭配一些开胃小菜,既能促进食欲,又能为虚弱的病人补充体力。

3.防止便秘　稀饭含有大量的水分,能为身体补充水分,有效防止便秘。

4.预防感冒　天冷时,清早起床喝上一碗热粥,可以帮助保暖、增强身体御寒能力、预防受寒感冒。

5.防止喉咙干涩　温热的粥汁能滋润喉咙,有效缓解不适感。

6.调养肠胃　肠胃功能较弱或溃疡患者,平日应少食多餐、细嚼慢咽,很适合喝稀饭调养肠胃。

7.延年益寿　喝粥可以延年益寿。五谷杂粮熬煮成粥,含有更丰富的营养素与膳食纤维,对于中老年人、牙齿松动的人或病人,多喝粥可防小病,更是保健养生的最佳良方。

《本草纲目》介绍了 62 种粥食。大部分以五谷粮食为主制作,适于肠胃消化,能够充分养后天之气,从而补益脾胃运化功能,对老年脾胃多虚,不耐粗杂疾患者,尤为相宜。

粥是人们十分喜爱的常用食品,特别是天气炎热的南方,喝粥的人很多。例如在广州不仅粥店林立,而且粥品的名目繁多,有鱼片粥、肉丸粥、牛肉粥、八宝粥、生菜粥、水蛇粥等数十种不同的药粥。

糯米粥、籼米粥、粟米粥、芡实粥、绿豆粥、茯苓粥、胡萝卜粥、菠菜粥等,能滋养脾胃、固益精气。下面列举几个简单有效的养生粥方供参考。

●胡萝卜粥

【做法】取新鲜胡萝卜、粳米各适量(根据饭量大小而定)。胡萝卜洗净切碎,与粳米一同放入锅内,适量加水,煮至米开粥稠即可。早晚餐时加热食用。

【功效】具有健脾和胃,下气化滞,明目,降血压利尿的功效。

●菠菜粥

【做法】取新鲜连根菠菜 100~150 克、粳米 100 克。将菠菜洗净用手撕开,先放在开水中稍煮片刻以除去草酸,随即捞出。再与粳米放入砂锅内,加清水 800 毫升左右,煮至米烂粥稠。每日早晚餐顿服。

【功效】具有补血、止血和血润肠作用。适用于缺铁性贫血及大便涩滞不通等症,但肠胃虚寒、便清腹泻及遗尿者忌用。

●麦冬粥

【做法】取麦冬 10 克,大米 100 克,白糖适量。将麦冬择净,用布包好,水煎取汁,加大米煮粥。待熟时调入白砂糖,再煮一、二沸即成,每日 1 剂。

【功效】可润肺养阴、养胃生津、清心除烦。适用于肺燥咳嗽、口干口渴、心烦不眠、大便秘结等病症。

●梨汁粥

-【做法】取鲜梨 2 个,大米 100 克,白糖适量。将梨洗净,去皮、核,榨汁备用。将梨皮、梨渣、梨核水煎取汁,加大米煮粥。待熟时调入梨汁、白砂糖,再煮一、二沸服用,每日 1 剂。

【功效】可润肺化痰、清热生津。适用于肺热咳嗽或燥咳,热病津伤口渴或酒后烦渴等。

●瓜蒌粥

【做法】取瓜蒌 15 克,大米 100 克,白糖适量。将瓜蒌择净,水煎取汁,加大米煮粥。待熟时调入白糖,再煮一、二沸即成,每日 1 剂,连续 3~5 天。

【功效】可清热化痰、利气宽胸、润肠通便、解毒散结。适用于肺热咳嗽、胸膈满闷、肠燥便秘及热毒蕴结所致的肺痈、肠痈、乳痈等。

在民间流传着一首健康粥歌,对于养生保健很有帮助。

若要不失眠,煮粥加白莲;

要想皮肤好,米粥煮红枣;

气短体虚弱,煮粥加山药;

治理血小板,花生衣煮粥;

心虚气不足,桂圆煨米粥:

要治口臭症,荔枝能除根;

清退高热症,煮粥加芦根;

血压高头晕,胡萝卜粥灵;

要保肝功好,枸杞煮粥妙;
口渴心烦躁,粥加猕猴桃;
防治脚气病,米糠煮粥饮;
肠胃缓泻症,核桃米粥炖;
头昏多汗症,煮粥加薏仁;
便秘补中气,藕粥很相宜;
夏令防中暑,荷叶同粥煮;
若要双目明,粥中加旱芹。

十、李梴养生智慧——守神养精

养生名言

精神内守,则身心凝定,而无俟(意为等待)于制伏之强,如今之静工也……若不识尽天年度百岁乃去机括,虽终日闭目,只是一团私意,静亦动也;若识透天年百岁之有分限节度,则事事循理自然,不贪不躁不妄,斯可以却未病而尽天年矣……主于理,则人欲消亡而心情神悦,不求静而自静……正思虑以养神。

——《医学入门·保养说》

这是李梴在《医学入门》中对于精神内守以养神的一段养生名言。全文的意思是,精神意识守护于体内,则人的身形与心神合凝而安定,这就不需要让心神与身形相争了,如现今的静养功就能做到这一点。养生者若不能辨识其健康长寿的要素,那他虽然整日闭目修行,也只是一肚子的私心杂念,外表恬淡清静,而内心未静、躁动难安;若已识悟了长命百岁是其心神能节动趋静,则遇到的任何事都能做到循规蹈矩、效法自然的少动多静法则,不贪多、不躁动、不妄为,这样就可以防病治病而健康长寿。李梴倡导用理智和养生之道来驾驭生命,这样就可使难消的人欲自消而心神清静喜悦。到达这种境界时,你虽不求心神清静也会自然清静。这就是李梴所谓的用无私或少私的思虑以养神静心的道理。

养生之道——守神养精

大量饮酒、醉酒入房、起居无常等不良生活习惯是导致人衰老的主要原因,所以只有"饮食有节,起居有常","精神内守"的人才能活到天年,并且这也是保养的根本。

(一)静以养神

《黄帝内经》中所说的"志闲而少欲,心安而不惧"是指人志不贪,心易足,知足常乐,不被外界诸多诱惑左右的"无求"境界,这种心理状态也是人长命百岁的原因。

现代心理学研究发现,当一个人感到烦恼、苦闷、焦虑的时候,身体的血氧化作用就会降低,而人的心情愉快时,整个新陈代谢就会改善。医学研究则表明,癌症、冠心病、高血压病、溃疡、神经官能症、甲亢、偏头痛、糖尿病都与心理因素有关,而其中最主要的心理因素就是不良情绪状态。许多研究证明,紧张、焦虑和恐惧等不良情绪是健康的大敌。

(二)薄味养胃

在饮食方面,早晨起来可以喝一碗粥。粥淡渗下行,能利小便,并且可以养胃气、生津液,令人一日清爽。不要过多食用煎炸油腻、膏粱厚味及一切生冷食物,这些食物都会损伤人的脾胃。饮食中如果能甘于淡薄,则五味(泛指天然健康之品)可以补养五脏,人就能健康长寿。

现代医学指出,饮食应注意多吃蔬菜、水果及较好的蛋白质;少吃高盐的食物如腊肉、香肠,罐头制品(肉酱、花瓜、豆腐乳)及高胆固醇的食物如蛋黄、肝脏、龙虾等。要做到粗细搭配、平衡膳食,多吃维生素和矿物质丰富的牛奶、豆浆、芝麻、百合以及蔬菜水果,少吃动物脂肪和含糖量高的食物。

其次,对酒肉应适量摄入,不能过量。饮酒过量可使人心神迷乱。一般人一定要注意限量,才能保持神志清醒。

现代研究表明,酒既可安神镇静,又能做兴奋剂。饮用含乙醇10%左右的低度酒,可增加胃液分泌,促进食欲;浓度一旦超过20%,则会抑制胃液分泌,减弱胃蛋白酶活性;40%以上的高度酒则对胃黏膜有强烈的刺激作用,可致慢性胃炎。适量饮酒,可促进人体血液循环,让人抒情言志延年益寿,但过量饮酒则会使肝脏代谢功能受损,造成酒精性肝病,损伤中枢神经系统功能,并可增加患各种癌症的概率。

在饮食方面注意不可过饱,即使是喝粥也不能过饱,要遵循"吃得三碗,只吃两碗"的古训。

近代著名画家谭建丞,浙江省湖州人,曾被国画大师李苦禅誉为"江南书画第一擘",95岁后仍有书画大作问世。但是他先天不足,其父母患肺病咯血,比他小2岁的弟弟因肺病夭折,所以人们都认为他活不到30岁。后来就有人向他讨教养生经验,谭老说:"大致有以下几点:一是少吃,二是多动,三是睡足,四是晚餐吃粥。"实际上,第一点"少吃"与第四点"喝粥",是养护后天之本——脾胃的妙法。

十一、龚廷贤养生智慧——形神并养

养生名言

薄滋味,省思虑,节嗜欲,戒喜怒,惜元气,简言语,轻得失,破忧沮,除妄想,远好恶,收视听。又:

惜气存精更养神,少思寡欲勿劳心。食唯半饱无兼味,酒止三分莫过频。

每把戏言多取笑,常含乐意莫生嗔。炎凉变诈都休问,任我逍遥过百春。

——《寿世保元·摄养》

明代杰出的医家龚廷贤在深入研究中医养生理论的基础上,结合自己的养生实践归

诸子百家

医家

纳总结得到了摄养三字真言。

龚廷贤一生探索衰老的规律，寻找健康长寿的方法。提醒人们要顺应自然，按四季养生，遵循作息时间；处理好人际关系，为人谦让，乐于助人；不管发生什么事，顺其自然，保持心灵的宁静；不出狂言，不做妄想，控制自己的喜怒哀乐，不可情绪过激；不要以为小事无益，常做有损身体之事：量力而行，不过劳不过逸；穿着合体保暖即可，不要追求华丽；生活节奏有规律，多做调息；精神有所寄托，可借诗歌、书籍以言志，可游山玩水以怡情；一家人和睦相处，身心安宁；多行善事，帮扶弱者。

这些堪称金玉良言。言简意深、内涵丰富，如果能潜心研究，并按这些方法做，对于养生长寿大有好处。

养生之道——形神并养

在养生方面，龚廷贤主张形神并养，即顺应自然以防疾病，量力而行以防劳伤，清心寡欲以养精神，吟诗写书以怡情悦志，注意饮食以调理脾胃等。

（一）调养脾胃

人衰老的原因之一是脾胃气弱，所以人们想要益寿延年就要时刻顾护脾胃。调理脾胃也是历代名医包括明代名医张介宾等反复强调的养生要点。人们日常生活细节要引起重视，因为平时不注意调理脾胃，也可能因为脾胃功能的紊乱而减寿。

1.脾胃调养的细节

平时人体调养脾胃要注意以下细节。

饮食常宜温服，夏月酷暑，不要贪凉吃过多冷食；

饮食要有规律，吃饭不要吃得过饱，不要饿极了才吃饭；

不要吃过饭马上躺下，也不要终日坐着不动，适量运动；

饭后可以用手按摩腹数百遍，也可以缓慢地行走以促进消化；

饱食后不能奔走跳跃，登高涉险，做一些剧烈的运动：

不宜多吃夜宵；

不要渴极了才去喝水，饮水不要一次饮得过多；

适量饮酒对身体有益，过量会损伤身体。

其实如果平素不注意饮食卫生，不好好调理脾胃，不注重科学营养饮食，反而会加速人体的衰老。

1.暴饮暴食会给身体带来严重损害。美国抗衰老专家希尔严肃地指出："长期饱食是在为自己掘墓，如果你为美食所诱惑，一味追求吃喝，那么它的危害会进入你身体的每一个细胞，最终会将你毁掉。"

2.饮食不规律，会严重损伤肠胃功能，导致慢性胃炎或胃溃疡的发生。而挑食、偏食都是非常不良的饮食习惯，对生长发育极不利。偏食容易导致某些营养素的摄入不足或过量，造成体质虚弱抵抗力差，容易生病或是过度肥胖，影响人体的生长发育和健康状况。

2.老年人调理脾胃的细节

老年人脾胃功能比较虚弱,消化能力较差,因此日常饮食中宜细软,宜少食多餐;

老人大多牙齿不大好,应当少吃或不吃生硬之物,以防止加重牙齿损伤;饮食不可太饱,宁可少吃,切记"不可贪多";进食时要细嚼慢咽;特别注意饮食要温暖,不可过于寒凉。

细嚼慢咽的好处很多。

一是多嚼可以使食物易于消化,又可增强饱胀感,有利于节食减肥;

二是细嚼能锻炼牙齿,可以起到固齿的作用,能防止牙齿过早掉落;

三是细嚼可增加唾液分泌,唾液能消毒杀菌防病,并且可以促进食物消化,十分有利于人体健康。

龚廷贤也有很多益寿延年的秘方流传下来,下面介绍两个方子。

●阳春白雪糕

取白茯苓(去皮)、怀山药、芡实仁、莲子肉(去心皮)各120克,共为细末。陈仓米250克,糯米250克,白糖750克。先将药和米用麻布袋盛放在锅内,蒸至熟透后取出,放在容器中,加入白糖搅匀,揉做一块,用小木模具压成饼子,晒干收贮,制成后无论男女老幼均可食用。

●扶桑至宝丹

取嫩桑叶洗净晒干(打过农药的桑叶绝不可入药),与等量的黑芝麻一起研为细末,加入蜂蜜做成梧桐子大的小丸,每天服药2次,每次100丸,白开水送下。

此方原是"胡僧"(当是少数民族僧人)推荐给相国袁郡的,袁郡服此方颇受益,直至88岁时仍很健康。老人经常服用这个方子,可使步健眼明、须白返黑,又能消痰生津、补髓添精。

(二)动静劳逸

生命在于运动,但凡事都应适度,超出了一定的度就会造成伤害。所谓量力,就是要因人而异。人的体力有强有弱,体质有好有差。而劳动也有脑力劳动和体力劳动的区分。所以要根据各人的不同情况进行劳作运动,或长或短,或快或慢,自我控制,自我调整,原则是不要感觉到太累。

老年人处理日常生活事务要注意量力而行,适可而止,不要勉为其难。不论是外出赴宴或者在家里准备酒食菜肴款待客人,都不要过于劳累,否则就有可能发生意外。

休息过长、睡眠太多,同样会使人身体倦怠。休息、玩耍,这些本来是人们认为的安逸享乐之事,但享之过分,对延年益寿也很不利。所以龚廷贤提出"坐卧顺时,勿令身怠,可以延年"。建议动静结合,养成良好的个人生活习惯,起床、进食、工作、劳动、休息、睡眠要定时定量,形成规律,不要轻易破坏。这也是现代医学生物钟的观点。

诸子百家 —— 医 家

（三）养心调神

精、气、神是人的"三宝"。保精、益气、养神是健康长寿的根本大法。人身之气以顺为健，不顺则病。人的心态的变化有可能会导致人身之气不顺，有损健康。

人有七情六欲，喜、怒、忧、思、悲、恐、惊七情是人之常情。但不论何情，强度过大、突然发作、情绪剧烈，都会损人健康甚至减损寿命。现实生活中因大怒、大喜、大乐、大笑诱发心脏病、脑血管意外而暴死的事例屡见不鲜，要想养生长寿，必须善于控制自己的情绪。在日常生活中如能做到胸怀开阔、宁静淡泊、从容温和，不患得患失、思虑无穷，就能气机舒畅、血脉和利、乐无病生。

现代人生活压力很大，平时生活中可以常读书，多做户外运动，爬山看水，既可使人心旷神怡、心情舒畅，又可锻炼身体、增强体能，一举两得。

闲来与家人、亲朋、好友谈工作、谈生活、谈古今中外趣事，是人生中一大快乐之事。但言多伤气，言谈时要适当控制时间、不说过多的话、控制情绪、防止激动，此为"言谈有节"。

中老年人在处理家庭、子女的关系时要放开胸怀。俗话说"儿孙自有儿孙福"，不要为成败得失或儿孙之事而劳神苦思，应当清心寡欲，安享晚年，不要因为操劳儿孙之事而减损寿数。

由此可以看出，龚廷贤的养生方法涉及自然、社会、家庭、生理、心理等各个方面。他也都曾亲身实践，得益颇多。他活到97岁高龄，足迹遍及全国，在当时是难得一见的健康长寿老人。正如他在《寿世保元·延年良箴》写道：四时顺摄，晨昏护持，可以延年。

孝友无间，礼义自闲，可以延年。

谦和辞让，损己利人，可以延年。

物来顺应，事过心宁，可以延年。

人我两忘，勿竞炎热，可以延年。

口勿妄言，意勿妄想，可以延年。

勿为无益，常慎有损，可以延年。

行住量力，勿为劳形，可以延年。

坐卧顺时，勿令身怠，可以延年。

悲哀喜乐，勿令过情，可以延年。

动止有常，言谈有节，可以延年。

诗书悦心，山林逸兴，可以延年。

积有善功，常存阴德，可以延年。

十二、张介宾养生智慧——护肾保精

养生名言

精不可竭，竭则真散。盖精能生气，气能生神，营卫一身，莫大乎此。故善养生者必宝其精,精盈则气盛,气盛则神全,神全则身健,身健则病少。神气坚强,老而益壮,皆本乎精也。

——《类经》

明代著名医家张介宾的这段话不足百字,却清楚地表达了人身之精对于健康的重要性。人的精气是不可以衰竭的,精衰则真元气散。这是因为精能生气,气能生神,营养和保卫身体,没有比这更重要的了。所以善于养生的人,必然竭力保精,精充盈则气充盈,气充盈则心神安全,心神安全则身体健康。人能够神气旺盛,老年仍然强壮,都是由于精气旺盛的缘故。

中医认为,精是人体内在的精微物质,包括先天之精和后天之精。其中肾中所藏的先天之精是构成胚胎发育的原始物质,又是促进生殖机能成熟的物质基础,直接关系着人体的生长发育和人体的生殖机能。后天之精是由脾胃运化水谷所生成的精微物质,是人的生存之本,用以维持人体的各项生命活动。先天之精必须要依赖于后天之精的充养才能得以维持。因此,一个人既要避免对先天之精的过度消耗,如避免性生活过频或劳累过度等,又要注重后天之精的补充调养。只有这样,才能使精气充沛,机体功能强健而健康少病,最终达到老而益壮,颐养天年的目的。

养生之道——护肾保精

人体肾中先天之精直接影响着人的衰老,先天之精必须要依赖后天脾胃运化的水谷精微,即营养物质的濡养才能得以维持。因此避免先天之精的过度丧失和强调后天饮食是张介宾再三强调的养生之道。

张介宾养生上非常注重保养精血,调理脾胃,前面多位名医养生方法里已经介绍过了,下面将介绍针对中年人养生的方法,即要注意中年修理,再振根基。

中年既是人生的黄金阶段,又是人体生命活动由盛转衰的时期,此时肾中阴精易亏而难补。因此在这一阶段应该重视养生保健,避免阴精和元气的损伤。

许多人在自己年富力强的时候不注重养生细节,如果这时对于一些细小的损害不以为然,听之任之,误认为一怒不足以侵性,一伐不足以伤身,天长日久的积累就会造成身体的大患。

进入中年,自然规律与人为的不注意养生都会造成身体的生理衰退。中年人再振根基,并没有违反自然规律,而是重新挽回一些已失去的东西,也是实现长寿养生的关键,这是人们能做到的。

现代医学证实,中年人正处于一个特殊阶段,承受着比较大的社会、家庭和心理压力,而且经常体力透支。因而就会出现一系列生理机能的变化,这也成为许多老年病的起因。通过正确的饮食调养和体育锻炼,完全能达到保持健康、延缓衰老的目的。

中年人的养生要注意以下几点。

一要劳累适度,劳而勿过,以免伤身;

二要起居有常,合理安排作息,以保持头脑的清醒灵活,五官的灵动敏锐,肢体的强健有力;

三要保持平和的心态，即处世要豁达谦让，和善待人，生活知足，保持自信，勤于用脑。

宋代医家陈直在《寿亲养老新书》中说："自身有病自身知，身病还将心自医，心境静时身亦静，心生还是病生时。"

中国古代许多名人帝王就非常注重中年养生这点。如清代雍正、乾隆年间有名的军机大臣张廷玉，少年时体质很差，弱不禁风，时常生病遭灾，平时言谈举止无力，步行 500 米就感到疲惫不堪。其父张英，清朝大学士，官至礼部尚书，常为他担忧，以为他活不到成年就会早早夭折。但张廷玉十分注重后天养生以弥补先天不足，一方面动以养形，节欲养肾，另一方面十分注意饮食养生。他家虽说山珍海味应有尽有，参茸补品一点不缺，但却从不胡乱滋补，而重视养护脾胃。保全后天之本，最终活至 84 岁的高龄。

十三、汪绮石养生智慧——六节八防

养生名言

其在荡而不收者，宜节嗜欲以养精；在滞而不化者，宜节烦恼以养神；在激而不平者，宜节愤怒以养肝；在躁而不静者，宜节辛勤以养力；在琐屑而不坦夷者，宜节思虑以养心；在慈悲而不解脱者，宜节悲哀以养肺。

所以一年之内，春防风，又防寒；夏防暑热，又防因暑取凉，而致感寒；长夏防湿；秋防燥；冬防寒，又防风。

——《理虚元鉴》

明代名医汪绮石先生提倡未病当先预防，轻病当予早期调养，有六节、八防的预防要点。

六节的节为节省的意思。其实人的情绪都有过激的时候，这时候就要注意节制，要不然就容易致病。而且如果由于这种原因而致病的话，治疗的时候就要依靠患者自己的克制、自己的醒悟，而不是单凭医生的药物就能彻底治好的。根据人的性情不同，分别要注意六个方面的节制：节制性欲，节制烦恼，节制愤怒，节制辛勤，节制思虑，节制悲哀。

八防指的是一年之内要注意防止八种外邪的侵袭而致病，这八种外邪分别是指：在春天防风邪和寒邪；在盛夏防暑邪，在长夏防湿邪，同时又要注意保护人体阳气，防止因避暑而过分贪凉，而伤害了体内的阳气；在秋天防燥邪；在冬天防寒邪和风邪。身体虚劳的人，如果不注意八防，再感受一番伤寒或痢疾之类，就更加承受不起了。

八防不管是患者还是医生都应该知道。医生应根据气候的变化而对患者进行调理，"以补阴阳造化之偏，而制其太过，护其不足"。

养生之道——六节八防

"六节"指的是人们平时要注意节嗜欲以养精，节烦恼以养神，节愤怒以养肝，节辛勤以养力，节思虑以养心，节悲哀以养肺，以防情志、劳伤等因素致病。

"八防"是要人们一年之中根据季节的变换注意防止风、寒、暑、湿、燥等各种外邪的侵袭，以保养身体。具体的方法下面将详细介绍。

（一）六节防内伤

六节当中的节烦恼、节愤怒、节思虑、节悲哀都属于节心理情志的内容，因此，也可以将六节概括为三个方面，即：节情志、节嗜欲、节辛勤。

1.节情志养五脏

人体对客观外界事物和现象都会做出不同的情志反应，一般正常的情志活动不会使人发病。但是如果突然、强烈或长期持久的情志刺激，超过人体本身生理活动的调节范围，引起脏腑气血功能紊乱，就会导致疾病的发生。如，

过度愤怒，影响肝的疏泄功能。会出现头胀头痛、面红目赤、呕血，甚至昏厥猝倒。

过度悲伤会损伤肺气。出现气短、精神萎靡不振、乏力等。

过度思虑，经常为一些琐屑的小事而耿耿于怀，天长日久就会暗耗心血。会出现精神疲乏、健忘失眠、形体消瘦等症状。

知道了这些就可以根据不同的个体差异来调节情志，消除不良刺激，保持良好的心境。

- 烦恼过度而心中苦闷的人，应节烦恼以养神；
- 性格过于偏激而不稳重的人，应节愤怒以养肝；
- 为琐屑小事而思虑过度的人，应节思虑以养心；
- 悲伤过度而不能自拔的人，应节悲哀以养肺。

那么具体如何调节呢？

结合现代人的生活特点，我们可以采取以下方法。

第一，及时疏泄情绪。祖国医学认为"郁则发之"。当情绪不佳时，千万不要把烦恼闷在心里，一定要发泄出来。如果可以痛痛快快地大哭一场，让眼泪尽情地流出来，就会觉得舒服一些。

现代研究发现，因为感情变化而流出的眼泪中含有两种神经传导物质，这两种传导物质随眼泪排出体外后，可减轻痛苦和消除烦恼。美国圣保罗市精神病学研究室主任威廉·弗列有个有趣的实验：在受试的200名男女中，有85%的女性及73%的男性，当痛苦地哭泣之后，自我感觉都比哭之前好得多，而且健康状况之后也有所改进。

第二，移情易性。移情，指排遣情思，使思想焦点转移他处。易志，指改易心志以恢复愉悦和平的心志。如果在工作中遇到困难和挫折，下班回到家里心情仍然不好时，不要一头栽倒在沙发、椅凳或床铺上静坐躺卧，而是应该帮助家人进厨房干干活，或者教小孩识字跳舞，或者打开收音机、电视机欣赏音乐、戏剧，或者串串门、聊聊天。这样，可以自我解脱、移情易性、稳定情绪。

2.节嗜欲以养精

一般而言，自青春萌动，就会出现性欲；进入青年时期，性欲日渐旺盛，并会持续相当

长一段时间;中年以后,性欲日减;进入老年期,才渐渐消失。节制嗜欲,才能使肾中精气经常保持充盈状态,对人体的体力、智力、抗病力的充沛与衰老的延缓都十分有利。

3.节辛勤以养力

《黄帝内经》中说:"久视伤血,久卧伤气,久坐伤肉,久立伤骨,久行伤筋。"人如果过度疲劳,就会造成精气的耗伤。而精血同源,正常情况下可以相互转化,但精不足的情况下也会造成血不足。精血不足就不能濡养脏腑,各脏腑组织器官功能必然减退。如,

头部精血不足可出见头晕、头痛、耳鸣、眼花;

肝精血不足,常表现为眼目干涩、视力减退,甚至出现夜盲症;

筋精血失养,可使血虚生风而见抽搐、肢体麻木等;

心精血不足,则会造成神不守舍而常见惊悸、善恐、失眠、多梦、健忘。

因而,汪绮石提示人们平时不要过于辛劳,以避免损耗精气。经过紧张、劳累的工作之后,应有一定的时间进行休息、放松,以利于身体从疲劳状态恢复到正常状态。如旅游、听音乐、唱歌、跳舞,都是防止疲劳的良药。

根据一家保险公司对6000名已故运动员进行的研究统计,运动员的平均寿命只有50岁,其中大多数是由于运动过量造成的。一项对参加过1998年洛杉矶马拉松比赛运动员的研究发现,赛后病倒的运动员人数约14%,比接受过训练但没参赛者高出近5倍。

(二)八防御外感——四季养生

一年之内季节不同,中医养生家提出了不同的养生方法,如龚廷贤的顺应自然养生法等,要注意防止不同的外邪。

人是和自然界相适应的,四季变化的规律是大自然的客观规律,不以人们的主观意志为转移,因而要按大自然变化规律,顺其变化采取相应的养生方法。只有明白这个道理,人才能够健康长寿。

如,春夏温热宜于养阳,秋冬凉寒宜于养阴。按季节来增减衣着,不可以暴增暴减衣物。

只求"风度"不求"温度",年轻人可能短时顶住,但时间稍长就会致病,中老年人尤不可取。

中老年人的衣着既要避风寒,又要防暑热,千万要小心调理。这是因为中老年人大多患有各种慢性疾病或老年性疾病,身体比较虚弱,应千方百计地防止发生各种外感病,以防因外感招致某些并发症,甚至出现意外。

一日之内,一早一晚气温也有差异,要根据温度更替衣着。

下面详细介绍根据四季的不同特点和容易引发的疾病预防进行养生的方法。

1.各季节养生要点

(1)春防风防寒

"虚邪贼风,避之有时",这是《黄帝内经》中对人们的劝诫。春天的主气是风。与

诸子百家——医家

"风"有关的疾病,在春季都容易发生,比如感冒、气管炎、关节炎、各种慢性病等,因此对于风邪要及时地躲避。春季气温一天相差十几度是经常的事,还可能受到倒春寒的侵袭。因而在早春还不要急于脱下冬装,以"防寒"。

（2）夏防暑热与贪凉

夏季是一年里阳气最盛的季节,气候炎热而生机旺盛。暑为夏季的主气,是火热之气所化生的,是夏季独特的气候特征。中医认为,暑为阳邪,其性升散,容易耗气伤津。

暑邪侵入人体,常见皮肤毛孔张开而多汗,出汗过多导致体液减少,就是伤津的主要原因。津伤时,即表现为口渴引饮、唇干口燥、大便干结、尿黄心烦、闷乱等症。如果不及时救治,毛孔开泄太过,伤津就会进一步发展,出现身倦乏力、短气懒言等一系列症状,甚至突然昏倒而致死亡。由此可见,夏季防暑不可等闲视之。

另外,汪绮石告诫人们在炎热的夏天,不能只顾眼前舒服,过于避热趋凉而引发疾病。如在露天乘凉过夜,或饮冷无度,会导致体内中气方虚,从而使暑热与风寒的邪气乘虚而入。在乘凉时,要特别注意盖好腹部,古人流传下来喜穿"兜肚"的习惯,实际上也是很符合养生之道的。

夏天应谨防冷气病。所谓冷气病,是指由于人们长久处在冷气设备的环境下工作和生活时所患的一种疾病。轻者表现为面部神经痛、下肢酸痛、乏力、头痛、腰痛、容易感冒和不同程度的胃肠病等;重者还会出现皮肤病和心血管疾病。而在老年人中出现的各种症状更加明显。谨防冷气病的办法有:室内外的温差不宜太大,以不超过5℃为好。室内温度不低于25℃。冷气房里不要长期关闭门窗,有条件时要常使室内空气与外界空气流通。当在室内感觉有凉意时,一定要站起来适当活动四肢和躯体,以加速血液循环。如果是患有冠心病、高血压、动脉硬化等慢性病的人,尤其是中老年人,不要长期呆在冷气环境里,患有关节痛的人也不要总在冷气环境里生活。

（3）长夏防湿

一年有四季,然而中医将一年分为五季,并与五行相对应。长夏就是多出来的一季,是指夏秋之交的多雨季节,大约是在阴历七月左右。湿为长夏的主气。在我国不少地方,尤其是南方,夏秋之交既炎热又多雨,空气中湿度很大,再加上外伤暴露、汗出沾衣、涉水淋雨、居处潮湿等因素的影响,所以这个季节中感受湿邪而发病的人是最多的。

有些国家对儿童风湿病的研究证明,50%以上的患儿,是由于住在潮湿的屋内造成的。

湿为阴邪,容易损伤阳气,尤其是损伤脾胃阳气。一旦脾阳被湿邪所困阻,就可能导致脾气不能正常运化而气机不畅,临床常见的症状有脘腹胀满、食欲不振、大便稀溏、四肢不温。尤其是脾气升降失合后,水液随之滞留,常见水肿形成。因此在长夏一定要注意防湿,居室要做到通风、防潮、隔热等。

（4）秋防燥

入秋以后,气候干燥,皮肤黏膜水分加速蒸发,身体容易出现燥热情形,出现皮肤干燥、咳嗽、喉咙发炎、肿痛、口干舌燥等症状。因此秋季一定要注意"防燥"。而秋季盛产的蔬果不但新鲜,也是秋季保养的最佳食品。

（5）冬防寒防风

冬季,风寒之邪最易侵袭人体。冬季一定要注意足部、肩与眉际的保暖,以"防寒,又防风"。

足部保暖应做到三点:

一是要穿好鞋,防过紧、过松、过薄,袜子以保温的棉袜为好。

二是平时多活动脚部,以促进局部血液循环。

三是每晚睡前用温水泡脚(温度以 50~60℃ 为宜),能消除疲劳、御寒防冻,促进睡眠。

2.四季饮食养生

顺天之气养生是许多中医养生家包括后面提到的叶桂的养生精华,这里一并介绍。

（2）春季饮食

我们知道春夏两季天气由寒转暖,由暖转暑,是人体阳气生长的时候,所以应以调养阳气为主。

①春季适合少吃一些酸性食物,多吃一些甘平的食物。因为春天是肝旺之时,多吃酸性食物会使人的肝火偏亢,损伤脾胃,所以此时要多吃一些性味甘平,且富含蛋白质、糖类、维生素和矿物质的食物,如瘦肉、禽蛋、牛奶、蜂蜜、豆制品、新鲜蔬菜和水果等。

②春季饮食应该以平补为原则,但是,早春仍有冬季的余寒,要顺应春升之气,多吃些温补阳气的食物,如韭菜、大蒜、洋葱、魔芋、大头菜、香菜、生姜、葱等。

③给大家介绍一个适合春季保健养生的食疗方——蜜糖蒸萝卜。

●蜜糖蒸萝卜

取大白萝卜 1 个,洗干净,削去外皮,挖空中心,装入蜂蜜,置于碗中,隔水蒸熟。春天气候多风容易感冒,经常吃就可以有效防治感冒、肺结核、咳嗽以及支气管炎等病。

（2）夏季饮食

①夏季人的饮食宜清淡,不可以过寒凉,夏季的解渴消暑食品,如西瓜、绿豆汤等不宜吃冰镇的。

②可以适当食用一些生姜、大蒜、辣椒等辛辣的食物,一是可以增强人体的阳气,二是可以增加食欲,解除食欲不振,三是可以通过出汗达到散热降温的目的。适合夏季的食疗方很多,如山楂冰糖粥。

●山楂冰糖粥

这款粥可以用来解暑气。用生山楂加水煮成浓汁,去掉山楂的残渣后加入快熟的大米粥中,小火继续煮粥,熟后加冰糖搅匀即成。

③阴历七月前后的长夏要注意除湿气。杏仁薏苡仁牛奶是一款非常适合除湿养颜的饮品。

●杏仁薏苡仁牛奶

将薏苡仁粉、杏仁粉和牛奶,加热水,泡成香浓牛奶。有利湿通便、润肤美白的功效。

④夏日的三伏天,每伏食附子粥或羊肉附子汤一次,配合夏季的天气,可以壮人体之

诸子百家 —— 医家

阳,获得较好的效果。"冬病夏治"对于很多疾病的康复都有帮助。夏暑气泄,胃气虚弱者亦需补气阴。

●附子粥

取炮附子 20 克,炮姜 30 克,两药捣细,过箩为末,每次取 10 克,与粳米 100 克同煮为粥,食用的时候要空腹。这款粥主治脾胃虚寒,腹泻,冷痢,饮食不下等病症。

●羊肉附子汤

取炮附子 15 克,先煎 30

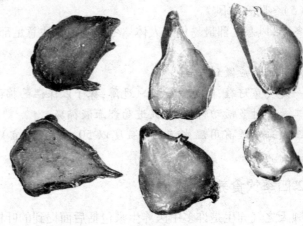

附子

分钟,加入焯好的羊肉 500 克,同炖至熟加适量食盐,适用于面色淡白,手足发凉,小便清长,大便时稀,怕寒喜暖的阳虚体质。

(3)秋季饮食

①秋燥易伤津液、易伤肺,故秋季宜多吃甘润的食物,多吃蔬菜水果,常用的如芝麻、蜂蜜、梨、枇杷、柿子、甘蔗、香蕉、百合、银耳、乳品等。

②秋季可选用以下润燥粥。

●芝麻蜂蜜粥

先将芝麻炒熟,研成细末,待大米煮熟后,拌入芝麻、蜂蜜一同吃。这款粥适用于便秘、肺燥咳嗽、头晕目眩的人食用。

●胡萝卜粥

将胡萝卜用油煸炒后加大米和水煮粥。因胡萝卜中含有胡萝卜素,人体摄入后可转化为维生素 A,有润肤的作用,适用于皮肤干燥、口唇干裂的人食用。

(4)冬季饮食

①秋冬两季,气候逐渐变凉,是人体阳气收敛、阴精潜于内之时,故应以保养阴精为主。

②冬季是补肾的最佳时机,但需因人而异,饮食一般多选用滋阴潜阳、补肾填精、热量较高的食物,如谷类、鳖、龟、木耳、龙眼、大枣、核桃肉、羊肉、牛肉、狗肉等。

③冬季可以喝一些有增强体质功效的养生保健粥;奶汁粥、鸡汁粥就是不错的选择。

●奶汁粥

先将大米煮粥,待粥将熟时,加入新鲜牛奶再煮片刻,早餐时食用即可。此粥有补虚损、润五脏的功效。

●鸡汁粥

取适量的鸡汤同大米一起煮粥,先用旺火煮沸,再用微火煮到粥稠。该粥有滋养五脏、补益气血的功效。

十四、叶桂养生智慧——善调晚年

养生名言

夫肾为先天,坎中真阳,内藏而主封蛰,奇经得司其间,冲阳起由前直。

——《三家医案合刻》

脉神形色,是老年衰惫。无攻病成法,大意血气有情之属,栽培生气而已。

——《临证指南医案》

这是清代著名医家叶桂介绍中老年人的体质特点与相关疾病调养的两段话。

体质是人群及人群中的个体在遗传的基础上,在环境的影响下,在生长、发育和衰老的过程中形成的结构、机能和代谢上相对稳定的特殊状态。这种特殊状态往往决定着人生理反应的特异性及其对某种致病因子的易感性和所产生的病变类型的倾向性。明确和了解体质的意义,对疾病的诊断、治疗、调养等有指导性的意义。

"体质"一词,最早是叶桂开始使用的。他认为老年人体质的首要特点就在于肾气虚,包括了肾阳虚、肾阴虚、肾气衰和肾液耗等方面。老年的生理特点,就像日头西斜时的阳光,温暖却不炽烈,也像秋天的江水,流动而又和缓。"非衰即少,非虚即亏"。

老年人虚损之证,主要表现为下元亏虚、精血耗竭,不同于一般的脏腑功能不足,所以不能使用寻常的草木之品治疗。因为虚损之证,虚在精血,所以叶桂治疗虚损病证是以大量的血肉有情之品填精补髓,培补肝肾之精血。血肉有情之品包括鹿茸、鹿角胶、龟板、龟板胶、紫河车、阿胶、鳖甲、牛乳、人乳、羊肉、鲍鱼、淡菜、鸡子黄,以及猪、牛、羊骨髓等。

养生之道——善调晚年

老年体质,多为精血亏虚,阳明脉衰。老年人生病多由阳化内风,久病入于八脉。因此针对老年体虚方面,补下元之亏时叶桂善用血肉有情之品,而补阳明之虚时力求通补。他还注意到老年人会出现体虚不能耐受药物攻伐的情况,所以一方面用药时注意忌刚用柔;另一方面注意调养久病之体,节制饮食,调畅神志,谨防劳累。

(一)补肾养胃

在我国历史上,曾有"神仙服饵"的方士,多用金石之品进补。这股风气在魏晋时期尤其兴盛,而且一直延续到唐宋时期。这些人想要利用金石的燥热之性来达到强阳而延年的目的,但结果适得其反。直至清代,叶桂在汇聚前人经验的基础上,开始正式提出补肾填精最好用血肉有情之品以及养胃健脾应以柔润养胃为法的理论,并把它贯彻到其理虚养生实践中,自成特色。

1.应用"血肉有情之品"补肾填精

"血肉有情之品"即是动物药(食)(以脊椎动物、有血动物为主)中具有滋补强壮、填精益血等不同功效的药物，如阿胶、鹿角、鹿茸、鹿胶、羊肉、紫河车、龟板、人乳、鸡蛋，以及牛、羊、猪脊髓等，具有补充人体五脏的物质亏损、增强机能活动、改善衰弱状态的功能。

如鹿角味咸、性温，有补肾阳、益精血、强筋骨、调冲任、固带脉的功效。其补火助阳而不燥烈，补益精血而不滋腻，故常用于阳衰精亏的男性性功能减退等病症；也适合于病后、术后、产后调理的患者和慢性虚弱性疾病的患者；当然，更适合用于养生延年和亚健康的人群；而阴虚火旺的人则要慎用。

2.采用甘凉濡润、清养胃阴的方法对老年人进行调养

脾胃同居中焦，为后天之本、气血生化之源。老年人"阳明之脉多衰"，消化功能不足，所以老年人饮食应清淡，戒除酒肉厚味。老年人多有胃阴亏虚、燥热未清，所以在药食调理时，宜使用甘凉濡润法。甘凉可以解燥热，濡润可以养胃阴，达到清养胃阴的目的，常用的药物有北沙参、麦冬、石斛、玉竹、天花粉、生甘草、蔗汁等，也可以使用粳米、糯米、南枣等甘平益胃，补益脾气。

3.老年人神伤思虑，多有肝气郁结的表现

常用阿胶、生地黄、白芍等以养肝柔肝，并用人参、麦冬、知母、粳米、秫米、茯苓、小麦、南枣等益胃养胃。

4.在饮食调养的同时，重视"忌口"

实践证明，"忌口"是科学的。人们平时食用的鱼、肉、鸡、蛋、蔬菜、瓜果、酱、醋、茶、酒等普通食物，也都具有各自的性能，对疾病和药物治疗均能产生一定的影响。

患有疾病就需要忌口。如，

●感冒患者就应以清淡饮食为主。

●胃肠道疾病患者应以易消化的食物为主，忌食很难消化及辛辣刺激性食品。

●肝癌患者忌食油炸食品和酒。

"忌口"的选择，要根据食物本身的四气五味和归经，结合个人体质、疾病情况及天时气候、地理环境、生活习惯诸多因素来实行。中医的治疗原则是"寒者热之、热者寒之"，根据疾病的寒热属性选择食物或忌口。叶桂说"食物宜节气""慎食物气"，但并非强调一切"发物"都不可食，而是在进行日常饮食调养与疾病治疗时，一定要"辨证"吃东西。

营养学家认为，发物可刺激机体产生激发反应，会引起疾病复发或加重疾病。发物按其性能分为六类。

一为发热之物，蕹（即荞头）、姜、花椒、胡椒、羊肉等，阴虚火旺体质的人要慎用。

二为发风之物，如虾、蟹、香蕈、鸡、鹅、鸡蛋等，诸如过敏体质与绝大多数皮肤患者要慎用。

三为发湿热之物，如柑、橘、饴糖、糯米、米酒等，身体肥胖的痰湿体质就要慎用。

四为发冷积之物，如西瓜、梨、柿、冰水等各种生冷之品，脾胃虚弱的阳虚体质应慎

用,特别是慢性结肠炎等大便稀溏的患者应禁食。

五为发动血之物,如海椒、慈菇、胡椒等,虚火旺体质的人一定要"忌口"。

六为发滞气之物,如芋头、羊肉、莲子、芡实等,对于实证病人应慎用,尤其是高血脂,高热的病人。

(二)调神防劳

老年人在精神调摄方面,要开怀静养;在运动方面,要注意动而不疲,谨防劳累。

1.老年人心理调节

老年人气血阴阳并损,对刺激的承受能力差,所以最容易被情绪所伤,而引起脏腑的疾病。老年人要善于控制情绪,做到情绪稳定,避免受到七情的损害。如久别亲人,突然相逢时,由于过度兴奋,可突发脑溢血,带来"乐极生悲"的后果。暴怒之下,也容易突发疾病。如观看一场电视转播的紧张球赛,也可能因激动而发生意外。所以,老年人一定要胸怀开阔,才能益寿延年。

很多人都是由于内伤七情等精神因素引发疾病的。所以对于肝气郁积、肝风动火、肝胃不和的老年病人,应告诉他利害,进行心理疏导,往往会收到良好的效果。

研究证明,失落、孤独、气怒、悲观等不良情绪长期刺激个人,将导致食欲减退、睡眠不好、免疫机能下降、老年性疾病加重,尤其是老年人最常见的心脑血管疾病等不良后果。因此,老年人一定要保持心态平衡,情绪稳定,待人接物应豁达大度,说话行事要光明磊落,想得开,少生气。

2.老年人运动保健

古人非常重视运动保健,"动则不衰"是中华民族养生、健身的传统观点。但老年人积劳内伤者甚多,所以要"节劳",可以选择一些动而不疲、劳而不倦的锻炼方法,以免过劳伤气、积劳伤脾、劳神伤心。老年人参加锻炼要量力而行,不论进行何种锻炼,运动量都不应大,更不能蛮干,呼吸一定要保持均匀、自然,决不能憋气,如感到有胸闷、头晕、眼花或心跳过速等反常现象,应立即停止活动,千万不能硬撑。

老年人如何掌握运动量?

老年人可以根据身体运动后的三个反应来掌握运动量。

1.酸加老年人的身体不如年轻人,在锻炼初期常会出现肌肉酸痛的感觉。这是在运动后肌肉中代谢产物——乳酸积累过多,刺激神经末梢而引起的一种正常的生理反应。只要做到循序渐进地锻炼,使肌肉有适应的过程,肌肉结缔组织逐步完善,酸楚感就会逐渐减轻或消失。这时运动量就可以逐渐加大。

2.痛减有些老年人自身患有各种老年性疾病,如腰腿痛、颈椎病、肩周炎等,在运动后常出现局部疼痛并有逐渐加重感。出现这种情况则说明身体某一部分肌肉或肌腱有隐性炎症反应。此时运动量应减少、减轻,以免炎症扩大。

3.麻停在运动锻炼中,某一部分机体可能会出现麻木不适的感觉。这是局部神经受

诸子百家 —— 医家

压的征兆,也是锻炼方法不当的反应。此时应立即停止运动,查找原因,并改换锻炼方式或项目。

十五、曹慈山养生智慧——积极有为

养生名言

　　心不可无所用,非必如槁木,如死灰,方为养生之道。静时固戒动,动而不妄动,亦静也,道家所谓不怕念起,惟怕觉迟。至于用时戒杂,杂则分,分则劳,惟专则虽用不劳,志定神凝故也。

——《老老恒言·燕居》

　　笔墨挥洒,最是乐事,素善书画者,兴到时,不妨偶一为之。书必草书,画必兰竹,乃能纵横任意,发抒性灵,而无拘束之嫌。

——《老老恒言·消遣》

　　清代著名养生学家曹慈山的《老老恒言》是非常著名的养生书籍。

　　第一段的意思是说心不可没有所用之处,养静固然为养生的首要任务,但不是一定要安静得像枯木、死灰。人需要静时固然要戒动,如果动了,只要不是妄动,也可称为静。道家所说的不怕人有念生起,只怕人觉悟得迟。至于用心的时候一定要注意不可杂,那是因为事情杂了就要分散精力,分散精力就会使人觉得疲劳。只要专心一致,即使用了心,也不觉得疲劳,这是志定神凝的缘故。

　　第二段的意思是说写字作画是人生最快乐的事情。平素善于书画的老年人,兴趣来了时不妨写写画画。曹慈山认为书法必须写草书,绘画必须画兰、竹,这样才能纵横挥洒,任意而为,抒发自己的性灵,而没有拘束。

　　曹慈山是一位非常重视老人养生并且善于调养老人的学者。他把老有所学、老有所为作为老人养生的一项重要内容。其实在中国医学史上,尽管历代养生家都十分强调清心寡欲、恬淡虚无,但这绝不意味着他们主张超尘出世、逃避现实。事实上,精神上的安分健康与积极有为的人生态度并不矛盾。一个人若能有所作为,有所贡献的话,不但有益于社会和他人,同时也有利于自我身心健康。

　　我国是一个发展中的老龄化人口大国。据"中国消费者报"报道:国家统计局数据显示,全国60岁以上人口为1.3亿,占总人口的比例已达到10%。按照国际通行的标准,即按国际惯例,60岁以上为老年人,老年人占人口比例达到10%以上即开始进入老龄时代,中国已正式进入老龄社会。另据中国老年科研中心公布的一项调查显示,目前全国约有1000万80岁以上高龄老人需要照顾。而在被调查的城市老人中,98%的老人依靠自我养老。在这种情况之下,曹慈山的养生经验就更值得各位老人学习了。他认为一个人只要对养生重视,珍惜生命,保养得法,调理有术,就可以健康长寿。

养生之道——积极有为

　　老年人保持积极有为的心态,对于长寿养生有很大帮助。一方面调整心态,老有所为,人才能积极养生;另一方面,通过坚持锻炼坐、立、卧导引法,也可以益寿延年。

(一)老有所为积极养生

中老年人的身体机能虽然发生了一些变化,但必须要保持一种人老心不老的心态,不断焕发年轻人的朝气,对生活充满乐趣,才能延年益寿。

曹慈山防止中老年人不良心理的秘诀是"兴趣广博勤涉猎,月有所学心不老"。他主张老年人应注重培养多方面的兴趣爱好,让精神有所寄托。他本人的兴趣爱好就非常广泛。他善书画,认为写字作画是人生最快乐的事情,并且书法必写草书,作画必画兰竹,为的是能纵横任意,抒发性灵,使自己的心灵无拘无束。他喜观弈听琴,认为"棋可消遣""琴能养性",但不可沉迷,因为棋易动心火,琴易磨指甲,不利于老人养生。他爱好种植花木,不求名贵,只要四季都有就好。他还喜欢养鱼,每日观看鱼儿浮沉旋绕,乐鱼之乐,更是令人心旷神怡。

曹慈山不仅兴趣广泛,而且学而不厌。他 75 岁以后,经史子集的书无所不读,养生保健的书无不仔细钻研。《老老恒言》中说,学习不能因衰老而荒废,浏览书册,可以借以遣闲,所以他终日盘桓,不离书室。他自己常常吟诗作赋,为的只是借此抒发情怀;写字作画,为的是保持聪敏;奏乐鼓琴,为的是愉悦心志;挥笔著书,为的是延缓大脑思维的衰退。

1999 年世界卫生组织总干事发起"积极老龄化全球行动",所谓"积极",是指老年人不断参与社会、经济、文化、精神和公民事务,而不仅仅指身体的活动能力或参加体力劳动的能力。其目的在于使人们认识到自己能够发挥体力、社会、精神等方面的潜能,按自己的权利、需求、爱好、能力参与社会活动,并得到充分的保护、照料和保障。积极老龄化的意义还在于改变人们对"老"的看法,改变传统观点中"老而无用"等歧视老人的消极状态。

现代观点认为:老人应老有所养,是指老人不但要养身,更要注意养心;老有所学,是指既充实生活内容又与时俱进地发展自我,既满足老人终身学习的权利,又有利于提高老人的心智功能;老有所为,是指尽力参与到社会生活中,同时社会也尽可能按老年人的个人需要、能力和选择,提供其参与社会与展现自我的舞台;老有所乐,是指老年人只要无所忧、无所畏、无所愁,充实了精神世界,丰富了精神文化生活,就能感受到幸福快乐。老人如果做到了这些,一定会身心愉快,健康长寿。

研究表明:兴趣广泛的老年人,如果善于学习,就能使生活过得充实而有意义;如果老年人能保持一颗童心,就能延缓机体功能下降,减少慢性病,并能促进社会交流,有利于老年人的身心健康。

原上海师范大学艺术系教授黄若舟,是"汉字快写法"和"书画缘"的创始人。黄老在 90 岁以前没有住过医院,而且身体硬朗。有位医生说他的生理年龄要比他的自然年龄年轻 20 岁。更令人赞叹的是,在他 80 岁高龄时,以惊人的毅力,历时 10 年,创造出前无古人的一种新的艺术样式——"书画缘"。在谈及自己健康长寿的原因时,黄老说,一个人的健康长寿与精神状态很有关系,对事业的追求能使人精神振奋、心情愉快。年龄大了,创造力不一定下降,多动脑、学到老,是生活乐趣所在,也是健康长寿的一个秘诀。

(二)导引健康术延年

曹慈山很重视老年健身导引功的锻炼。在《老老恒言》中他重点提到两个方面的健身锻炼对老年非常有益。

一是散步。普通的散步也分具体的几种方法和注意事项,如,

饭后缓行散步法,可以促进消化,增强胃肠吸收功能;

徐徐行走散步法,选择天气晴朗之日,与二三老友,慢步锻炼,可以增强体力、愉悦心情,注意不要过于疲劳。

二是"导引术"。老年人久坐、久卧在所难免,所以必须辅以导引诸法。《老老恒言》的导引篇中,介绍了几种很适合于老年人操练的气功导引式式,如八段锦、华佗五禽戏、婆罗门十二法、天竺按摩诀之类。曹慈山说,此功法能够宣畅气血,舒畅筋骸,有益而无损。他选择适合老年人做的运动,自行创立了一套简便易行的导引方法,有卧功、立功及坐功三种方法,对老年人养生保健也很实用。

1.卧式

卧功适合于老人早起之前在床上操练。老年人一般都醒得很早,醒后不要立即起床,应在床上躺一会儿,这时脏腑及周身如果有病痛或不舒适之处,就会立即感觉出来。所以起床之前最好先练练导引术。其具体的导引术如下。

仰卧,伸两足,竖足趾,伸两臂,伸十指,俱用力向下,左右连身,牵动数遍。

仰卧,伸左足,以右足屈向前方,两手用力攀至左边,一直攀至胁部;攀左足与上相同,轮流进行。

仰卧,竖两膝,膝头相并,两足向外,以左右手各攀左右足,用力向外,做数遍。

仰卧,伸左足,竖右膝,两手兜住右足底,用力向上,膝头至胸;兜左足,与上相同,轮流进行。

仰卧,伸两足,两手握大拇指,头放在枕头上,两肘放在床席上,微微举腰,摇动数遍。

现代研究证明,老年人在早起之前先在床上练习导引术,活动一下筋骨血脉,然后再缓慢地起床,对防止发生中风等意外情况很有好处。

2.立式

所谓立功,就是站立姿势练习。老年人及中青年人都可以做,工作及课余时间也可以操练。它能使人消除疲劳,恢复精力。在这里介绍几种具体的立功术式。

正立,两手叉向后,举左足空掉(悬空摆动)数遍;掉右足与左相同,轮流进行。

正立,仰面昂胸,伸直两臂,向前,开掌相并,抬起,如抬重物,高度到头部,做数遍。

正立,伸开手掌,一臂挺直向上,如托重物,一臂挺直向下,如压重物,左右手轮流进行。

3.坐式

坐功导引术可在每天晚上睡之前一个多小时内静坐操练,有助于安眠,并能提高睡眠质量。

趺坐,即盘腿而坐,擦热两掌,作洗脸状,眼眶、鼻梁、耳根,各处都要周到,直到面觉微热为度。

趺坐,伸腰,两手掌掌心向上,挺肘用力,一齐向上,如托百钧重物,做数遍。

趺坐,伸膝,两手放置膝上,以腰前扭后扭,复左右侧扭,全身着力,互相轮流进行,不计数遍。

趺坐,伸腰,两手伸开手掌,十指相叉,两肘拱起,掌按胸前,反掌推出,正掌挽回,做数遍。

趺坐,两手握大拇指成拳状,反后捶背及腰,又向前左右交捶臂及腿,直到舒适轻快为止。

趺坐,两手按膝,左右肩前后交替扭动,如转辘轳,令骨节俱响,直到背部微热为止。

上面介绍的这些活动方法活动幅度较小,在室内做即可,很适合老年人健身。只要每日坚持,长年不断,就可以健康长寿。

现代研究亦认为老年人健身运动起点强度应以轻度活动即低能量运动为主。相反,过分的运动会使人体的免疫功能受到伤害。例如人体内有一种自然杀伤细胞(NK细胞),这种细胞是抵抗病毒性疾病的第一道防线,在抵抗癌症中也起到重要作用。当机体长时间运动至力竭时,NK细胞数及其活性均明显下降。有学者研究发现,马拉松运动员在跑后1.5小时内,体内NK细胞活性会下降30.7%。另外人体有一种免疫细胞叫T淋巴细胞,是体内防止癌变和其他许多疾病的防护系统,国外研究证实人在不当运动之后,T淋巴细胞的增殖应答减少,功能降低。

曹慈山在《老老恒言》中介绍的关于老年人养生的观点和方法,在我国社会进入老龄化的今天,更具有现实的指导意义。用曹慈山引宋代学者程颐的话说,老年人就像一个火炉子,放在风中燃料很快烧完,放在密室内则可维持很长时间,所以老年人养生的关键在于保养,只要保养得好,自然可以延年益寿。

诸子百家——医家

第十一章　名家

第一节　名家史话

一、正名

一个物,一件事,一项动作,一种关系,本来只是自如的那么一些客观存在,并没有自带什么名字。只因人们要跟它们打交道,为了分别它们,实际上为了方便自己,才给事事物物取了种种各不相同的名字,作为它们的代号。

事物一旦有了名字,原来的事物本身,仿佛从此找到了一位替身,在很多场合不必亲自出面,而听任名字去代表自己。这时候,人们也惯于利用事物的名字来进行活动,像利用 XY 进行数学运算那样,只是到了需要的时候,才把名字还原为事物,即所谓落到实际,做出实在的处理。

这是人类的一大发明,是人为万物之灵的明证。它使得运思成为可能,行为得到方便。但其中也隐伏着种种危险。危险之一便是,看上去,事物的名字似乎反而显得更重要了,至于事物本身,倒好像可有可无,无足轻重一样。

当然,这只是看上去如此而已,事情的实质并非如此。因为名字终究是后起的,而且是人给它取的。对于同一事物,不同的民族在同一时代或同一民族在不同的时代,往往给它取有不同的名字,这就足够说明,事物本身比事物名字更为根本,或者叫"实"比"名"更占先。这是人们都能接受的普通道理。至于名字之所以能够看上去显得重要,仅仅因为它是事物的代表。这就好像政治生活中,代表常常显得比他所代表的群众更了不起一样。其实,如果没有了群众或群众不再承认这位代表,他就成为空头代表,成为光杆司令,成为幻影了。

遗憾的是,空头代表的事,不仅在政治生活中所在多有,在变动不居的伦常日用中,也不一而足。这就是说,在日常起居和社会交往中,由于生活的发展,事物的变化,有许多"实"已经跟过去不同了,甚至面目全非了;而它们的"名",往往会跟不上变化,墨守成规,还是老一套。这样的名,就是空头代表,就是幻影。

如果人的脑袋是灵活的,能跟随生活的变化而一起变化的,理应毫不犹豫地给变化了的事物另取一个新名字,或者给原名字做出与变化了的事实相称的修饰,或者对原名字赋以新的、与变化了的事实相当的含义。这样,一切就会万事大吉,生活也会平平安安了。但历史显示的情景常非如此。

历史的情景是,一个名字被创立出来后,似乎同时也就获得了一条独立的生命。它不仅充当事物的法定代表而已,还能高高凌驾于事物之上,迫使事物按照它的内容塑造自己,否则似将不能见容于世;如果事物一旦冲破这种束缚,掉头不顾而去,那时节,名字也不肯轻易退出舞台,它宁愿作为一种幻影,在人们脑海里游荡,仿佛在等待时机,寻找力量,重振雄风。而只要社会上有某种不能或不愿随着变化而变化的力量,那就是名字所要寻找的机会。又如果这些名字原来所辖的领域事关重大,这个社会力量现在所居的地位非同小可,二者惺惺相惜,便会闹出种种名实相斗的风波来,直至形成波及文化全局的名辩思潮。

春秋末年,由孔子提出的"正名"问题,便是我们所要说的中国第一场名辩思潮的开端,它在整个中国历史上,都留下了深远影响。

孔子曾说过,如果要他治国,他将从正名开始。因为——

名不正则言不顺,言不顺则事不成,事不成则礼乐不兴,礼乐不兴则刑罚不中,刑罚不中则民无所措手足。①这是说的为什么要正名,或者正名在治国中的重要性。这个问题提出的背景是,当时在社会的经济、政治、文化等各个方面,都出现了新实和旧名不能相符乃至不能相容的混乱现象,用当时的术语说,叫作"名实相怨","礼崩乐坏"。相怨,偏重于认识论方面;崩坏,则是从社会、历史的角度着眼的。名实关系

孔子

中,倒的确包含着这样两个方面。就认识论说,有实先名后、名生于实之类初级层次的问题,和由此派生的名滞后于实、名作用于实之类的更深一层的问题。就社会论说,有约定俗成之类初级层次的问题,也有名实背后所站立的现实力量这样更深一层的问题。孔子提出治国需从正名人手,可能有蔽于名之滞后现象的认识方面的因素在内,但主要的,还是基于社会因素。就是说,那时候,社会发展了,旧的礼乐规范(也就是社会规范)不肯轻易退出舞台,还梦想让新的礼乐现实(也就是社会现实)来就范,这种要求,通过孔子的口说出来,就叫"正名"。我们从引文看到,名正—言顺—事成—礼乐兴—刑罚中—民知所措,一环套一环,前后有着严密的因果关系。最上的一环或最终的原因,是正名。这个所谓正名,是说用名所旧有的内容,去裁定新生的现实,使现实纳入既定的名字范围之中,绝不是鉴于名不副实,据实来端正名的意思。孔子认为当时的根本问题在"名不正",也不是指旧名跟不上新实那样的名不正,而是说新实滥用原有的名字,玷污了原名,造成的原名不正。所以孔子在另一次有关如何治国的问答时,有这么一段对话:

齐景公问政于孔子。孔子对曰:"君君,臣臣,父父,子子。"公曰:"善哉!信如君不君、臣不臣、父不父、子不子,虽有粟,吾得而食诸?"

这次说的是正名的原则，或如何正名的问题。"君君"，第一个君字指现实中的君，或君之实；第二个君字指概念上的君，或君之名。所谓君君，就是说君之实应该像君之名所要求、所规定的样子，否则他就不配叫作君，不像一个君，那叫"君不君"。其他三句也如此理解。

这一来，我们就看得清楚些了。孔子和齐景公，他们重名超过重实，主张用名来矫正实，否则便没有饭吃（虽有粟，吾得而食之乎？）。这倒是实情，因为新实当时正在全面突破旧名，威胁着一大帮靠旧名吃饭、靠旧名作威作福的人，所以他们要出来正名。在生活中，人人都有重名超过重实的时候。譬如说，朋友送来一件小礼物，我们会有礼轻情谊重的感受。这时候，重的便是名，不是实。但这里有个限度，以不妨碍别人，尤其是不妨碍社会进步为度。孔子所要的正名，看来多半显然不在这个限度以内。

所以，我们可以说，中国的名辩思潮，开头便没有开好，第一步就走歪了。不过，事情也只能这样。在社会变动、发展时，代表发展的社会力量，它的注意力首先并主要集中在实际方面，没有多少精力去花在名义上。而那些曾经名正言顺地代表过社会的旧势力，在实的方面虽难免节节败退，但在名的方面，由于名的滞后现象，却拥有无比的传统优势。在名的领域里开辟战场，是孔子的一大聪明战略。战争的场面和结果，则由不得孔子控制了。事实是它大大超出了孔子的意愿。我们从以后的叙述中便将看到。

二、无名

正名的挑战没有在挑战者心目中认定的对象那里得到回应，看来该对象此时的兴奋点不在这里。另外，说真的，他们一时也没有足够的文化水平来进行这种论战。

倒是另有一批人士跳出来拾起了白手套，披挂上阵，格斗起来。他们后来被称之为道家，代表人物是老子和庄子。

道家没有按照常规的要求来进行论战，因为他们压根儿藐视一切规范。他们不去纠缠正名是否有助于治国，治国应否先从正名人手；也不来论证名实先后主次之类的难题。他们不搞扬汤止沸，而是来个釜底抽薪，宣布了一个叫作"无名"的纲领，企图以之证明孔子所提的问题一文不值，并永远结束诸如此类的论争。

老子说：

道可道，非常道。名可名，非常名。

无名，天地之始；有名，万物之母。

道：常、无名、朴，虽小，天下莫能臣。

[万物]化而欲作，吾将镇之以无名之朴。

大象无形，道隐无名。

孔子曾经宣称"名"是最高原则。老子并不针锋相对，宣称最高原则为"实"。因为在道家眼里，任何对立都只有相对的意义；必待超越对立，方是绝对，方能夺取制高点。所以他不跟孔子在一个层次上斗嘴，而是从名实对立状态退回去，退到状态以前，抵达某种无名无实或名实未分的境界。据说在那个时候或那个地方，严格地说是在那个非时空

諸子百家

——

名

家

的时空,无所谓名无所谓实,无所谓有无所谓无,当然更无所谓天地万物之分,只是一片混沌。为着陈述的方便,可以姑且称它为道,也不妨称之为常、朴或无名,以及别的什么,反正都无所谓,因为它本来不可以名,也不需要名;谁要硬给它安上一个名字,并认为非此莫属,那倒把它破坏了,不再是原来的它了。

这种无名的混沌延续了无数亿万年(说延续、说亿万年,都不准确,因为那时并没有时间;为了陈述的方便,只能姑且这么说),只是到了后来某个时候,才有什么阴阳的差别,天地的区分,万物的生成,人类的纷争,乃至名实的怨恨。所以,劳形苦心去争辩那种应该正名还是应该正实之类的低档问题,其离开大道之远,何止十万八千! 君不见,"大道废,有仁义;慧智出,有大伪;六亲不和,有孝慈;国家昏乱,有忠臣"。不是有人痛惜礼崩乐坏吗? 请注意,老子却认为:礼乐还是大道崩坏的根源呢! 制礼作乐的圣人,更是人类的千古罪人!

可以看得出,老子的气派是够大的,而且满以为问题就此都已解决了。但我们总觉得有点不踏实,觉得这个大气派有点空,说得好听点,有点空灵。深究起来便不难发现,他用这种办法来解决问题,其实只是在逃避问题。他原以为,一个"无名",便足以将任何名实之争一笔勾销;一个大道,便足以使任何礼乐制度黯然失色。究其实,无名难道不也是一种名吗? 既已谓之无名矣,便等于承认另有所谓有名的存在。无名和有名,不也是一组对立,从而只有相对的意义吗? 没有任何礼乐制度的大道社会,岂不也是一种"礼乐"制度,即社会制度? 从而,它也只不过是相对的罢了。何曾超越来?

所以,老子只是在逃避现实的名实之争,并未曾超越名实对立之上,只是把活生生的人世间的问题,超升成千巴巴的人世外的玄想而已。这种哲学,对于厌倦了人事纷争的人来说,或许会有某种安慰作用;对于一些既得利益者,或许可以使其知所警觉;至于现实的是是非非,则将仍如旧观,不仅得不到任何解释,而且会以其顽强的现实性,逼迫作者让步,承认它们的存在。

所以,老子在高奏无名畅想曲之余,仍不免时时回到人世间的有名来,说什么:

始制有名。名亦既有,夫亦将知之;知之可以不殆。①

有名的人世虽然很粗俗,远离大道,但还得了解它。为什么? "知之可以不殆"! 不殆就是不困,不危,不至于处处碰壁。墙壁是一堵客观存在物,在哲学意义上,尽可贬它为有名,为俗物;但在生活意义上,却无法无视它的存在,以免碰得头破血流。这就是老子也未能免俗的秘密。

老子的无名玄想和有名策略到了庄子手里,都得到了极度发挥和充分发展。

庄子说:

泰初有无,无有、无名,一之所起。有一而未形,物得以生谓之德。未形者有分,且然无间谓之命。留动而生物,物成生理谓之形。形体保神,各有仪则,谓之性。性修反德,德至同于初,……是谓玄德。①

庄子在这里描绘了一幅宇宙—人生大循环的图像:宇宙最初只是无,它既无有也无名,是"一"(最早的有)所生起的地方。一虽有,却无形,万物得之而后生,以此它也被称作德。这个无形者虽是一,却内含着分;虽内含着分,倒又无间;人们常称之为命。这一切流动起来,有形之物便出现了。有形之物因之是有所禀赋的,其禀赋又奇妙到各不相同,成为它们的性。物修其性,可以回到德,德达到极顶,便又复归到和泰初一样了。

在另一篇中,庄子从治国的角度这样说:

古之明大道者,先明天,而道德次之。道德已明,而仁义次之。仁义已明,而分守次之。分守已明,而形名次之。形名已明,而因任次之。因任已明,而原省次之。原省已明,而是非次之。是非已明,而赏罚次之。赏罚已明,而愚知处宜,贵贱履位,仁贤不肖袭情。必分其能,必由其名,以此事上,以此畜下,以此治物,以此修身,知谋不用,必归其天。此之谓太平,治之至也。

这一席话正好可以同孔子的正名论对照着看。孔子认为,治理礼崩乐坏的办法首在正名;在庄子这里,形名只被列在第五位,高居首席的是天。而庄子所谓的天,则是自然,是未着人工的原始状态,因而也就是上段引文所谓的那个无有无名,或人们应该性修反德所同于的那个泰初。所以,无论从宇宙生成来说,还是从安邦治国来说,庄子所推崇的,也都是无名。被排到第五位的那个形名,是分守已明而后有的形与名,同社会地位(分)和责任(守)相关,相当于孔子的那个"君君臣臣",也是老子所要知之以不殆的诸"有名"中的一个方面。

在应付这种现实的形名方面,庄子比老子更加成熟。他不甚幻想退到"小国寡民,民至老死不相往来"的太古时代。他不惮于混迹"人间世"、就形"应帝王",并美其名曰"不谴是非,以与世俗处",归其咎于"天下沉浊,不可与庄语"。庄子的内心无疑是悲哀的。

我们可以欣赏老庄文章的恣肆汪洋,可以赞叹他们智慧的深邃周详,甚至于在许多方面肯定他们的辩证思维方式。但是他们的无名论,是没有太多正面价值的。作为正名论的对立面,无名论的出现,是必然的。从认识发展史来说,甚至是必要的。因为既然有人把名奉为至尊,也就使名的并不至尊的方面由于受捧而彻底暴露,而成为空子,随之而来的必将是有人出来钻这个空子,把名贬得一文不值。只有经过如此九天之上和九地之下的折腾,人类对于名的认识,庶几乎能够冷静一点,全面一点,并逐渐趋向准确。除此之外,别无良策。

而历史也正是这样向我们展示的。

三、控名

正名、无名之在孔子、老庄思想体系中,都并不占主导地位,只是主导思想所派生出的一个侧面,一个关于名实问题的观点。我们之所以要谈到它,实因为它是中国名辩思潮的开端,或者叫序曲,有不容忽视的地位。真正的名辩大潮,是由所谓的名家人物组成并推动的,他们才是本书的主角。

名家,是司马迁的父亲司马谈"论六家之要指"时对战国时代一些学者的概称;同阴阳、儒、墨、法、道五家并立而六。此后遂沿用下来。其实这些学者在战国当时,并不自称名家,也未被称名家。当时他们的通称是辩者、辩士、察士。

名家这个名字,曾被许多现代学者认为不科学。可能是他们在拿自然科学的分类原

諸子百家

——

名 家

则要求于人文科学的结果,也许还有苛求于古人之处。宽泛一点说,宽容一点看,这个称呼倒不失为一个合适的符号,不妨继续沿用下去。

司马谈对名家是这样评述的:

名家使人俭而善失真;然其正名实,不可不察也。……

名家苛察缴绕,使人不得反其意,专决于名而失人情,故曰"使人俭而善失真";若夫控名责实,参伍不失,此不可不察也。[1]

俭、约束,名家使人约束于名而闹到丢失真实。约束于名也就是专决于名,其表现是苛察,是缴绕;其追求在使人不得反其意;其结果是善失真和失人情。这是名家的弊病。但研究名实关系的学问,还是不可少的。因为它致力于"正名实"。

正名实和正名不一样,它不是以名为本而是要"控名责实,参伍不失"。这个控名的"控"字用得很妙。此字本有两个含义:一是引,如控弦就是引弦开弓;二是止,如控马使之不动[2]。"控名"大概也有这两方面的意思:或引名就实,把那些模模糊糊的名字搞个清清楚楚,宽窄无当的名字使之恰如其分;或责实就名,名字原地不动,改正那些实不当名的现象。通过名与实的如此交互验证,错综比勘,以期既不失真,又不失人情,这就是名家、察士的察之妙用。

当然这只是就名家整体而言。名家中还有不同派别,他们都是要控名,但或失之于引,拿名字当儿戏,小大由之;或失之于止,视名字如化石,风火难犯。以下各章,我们便能一一领教。

名家所得名的"名",不可简单等同于西方的"逻辑"。大家都知道,西方的传统逻辑学是研究思维的形式和规律的科学。所谓思维形式指概念、判断、推理之类,所谓思维规律,有同一律、矛盾律、排中律和充足理由律。同一律是逻辑思维的基本规律,它的公式叫 $A=A$。$A=A$,或白马就是白马,的确是事实,是思维应该遵循的基本规则。但我们总有点觉得,这个公式未免过于浮泛,它不曾给人任何启迪。相反,倒似乎阻碍着人们进一步思索。后来黑格尔大肆抨击形式逻辑,不是没有道理的。名家所考虑的问题,则不是这样,他们不满足于白马就是白马,而是在推敲白马到底是马还是非马。或者,他们不满足于 $A=A$,而要指出在某些情况下 $A=B$。从人类思维能力的发展来说,提出白马是白马,$A=A$,这算一个境界;提出白马是马,A 属于 A,是又一个境界;到了能够并敢于提出白马非马,$A=B$,应该说是又一种境界。它不是要简单回复到第一境界的白马就是白马或简单的等于,也不是对第二境界白马是马或属于关系的简单否定,它实际上是提出了许多更深刻的问题。假如说第一境界是孩提,第二境界是少年,那么这第三境界,便是成人了。

可惜的是,这些成人过于早熟了一点,对事理的了解还不够深透,所以立论多有欠妥之处。但他们提出的问题是深刻的,他们"控名"的种种做法,大有助于促进人类的智慧。

四、一分为三

从儒家的正名,到道家的无名,再到名家的控名,这是名实问题领域中,中国先秦时期思想发展的轨迹,它构成了一个螺旋上升的圆圈。前面说过,正名的结果必然导致无名,无名把正名说得一无是处。正因为极端否定别人和极端肯定自己,无名论也不免将自己的短处暴露于众,而让位于冷眼旁观的后来人。

一般说来,后来者多能绕开前人跌入的陷阱,汲取前人挖掘的清泉,使自己更加成熟一些,如果自己真的是在追求真理的话。倘或前人已成针锋相对之局,则后人将更有坐收渔利的良机,创造出较为全面的说法来,形成黑格尔所谓的正一反一合的图像。可惜的是,后人已不可能亲历前人的生活,而那正是前人之所以如彼思考的温床;相反,后人偏又自有一种生活,左右着自己的视听。于是,后来者也并不必然就高于前人,特别是无法再现前人独有的韵味,虽然所说的话也许与前人无大差异。

拿老子的无名作例。无名原则是对一切有名的否定和贬低,而其所以如此,源于那个作为世界本原和主宰的道,因为道不可言说,道一无所有,道即是无。而他们所以要认道为无,奉无为道,则又跟原始宗教或巫术有关。原来,古巫相信在一切有形有像的背后或上面,居有种种无形无像的主宰者,常人无力感知它们的存在,只有巫会用舞蹈即身体语言和它们沟通。由于这些主宰们无形无像,无法画影图形地用象形文字来描绘,不得已(或者出于惶恐而避讳),便借用和它们沟通的那个动作一舞字(巫)去指事,而那些负责此种沟通的特殊人物一巫,也一并用这个字来代表。所以在起先,舞、巫、巫同用一个字,都作巫或巫。后来事情繁杂了,表达要求更精确,才把巫下画有两只跳动着的脚的字专用为舞,再把巫字抽象化为王,即巫,一个字孳乳为三个字,分别表示出对象、动作和主体。老子的哲学和这些原始信仰有承续的关系,是对它们理性化的改造。老子曾形容他那个道是"视之不见""听之不闻""搏之不得"的混一,那不正就是巫们所顶礼的巫吗?无名的原则,也正是由这条路走下来的。

孔子提倡正名,也有他的背景和渊源。当时社会动荡,精神危机,抗君侮臣,弑父妻母,夺兄攘弟者不一而足。作为一名人文主义者,孔子强调正名,以之为治国行政之本,固有其怀念周初、面向过去的保守情绪,但也不失为一种理性主义的对策,有循名责实的作用。

正名和无名,在名学的意义上给了后来名家以思想资源,使得他们能够控名。只是孔子、老子们的那种精神境界,名家们是难以企及了。这大概也是今天几乎无人不知孔子、老子,而绝少有人知道名家人物的一个原因吧。

当然对名家也不能一概而论。名家中,有的像孔子那样,更重视经验的理性;有的像老子那样,更偏于形上的玄思。纵然在气度上较孔老逊色多了,但在名学领域里,他们还是可以高视阔步而无愧,各领风骚数百年的。

这是因为,人类的认识,就其发展来说,首先注目的是外界,尤其是自然界,如果这时也注意自身的话,那也多限于注意人的自然和人间的自然。后来,才扩展至社会界,认识人与人之间的关系。孔子的正名,实际上是对人与人之间关系的一种认识;老子的无名,则是人对自然与社会的一种态度。只有人类的认识能力足够敏锐了,人类的认识成果足够丰富了,人类方才有可能对认识本身进行再认识,或者叫对认识进行反思;这时候,方才有可能出现以认识为研究对象的名学,出现名家。所以,名家不仅有专属于自己的空

諸子百家——名家

间,也还有专属于自己的时间。在中国,时当战国中后期。在这个时空里,他们是精神领袖。

据东汉人班固在《汉书·艺文志》里著录:名家有七家,共三十六篇。这应该是我们具体论述名家的根据。可惜这三十六篇中,有些今天已不存在了,某些还在的,又像是后人伪造的。真正可依据的,我们今天能看到的,大概只有其中所列的"公孙龙子"一家,而且篇数还不对。

说到这里,让人有点泄气。但是且慢,我们要研究的是一种思潮,既然是思潮,它的出现就有历史上的和认识上的原因,不会无缘无故;它的存在,就将波及赞成者和反对者,不会无声无臭;它的消退,就能遗留下文献的和思想的痕迹,不会无影无踪。因此,即使他们自己写的或学生们写的文字都不复存在了,我们还是能有门路窥见这个思潮的一斑;尽管不那么明朗了,但绝不会一无可知,也不会真让人泄气。

在这方面,《庄子·天下》篇为我们保存了重要的线索和资料。那里提到有一位博学之士叫惠施,拿十个辩论题目向天下挑战。"天下之辩者"用另外二十一个题目"与惠施相应,终身无穷"。仅此便可想见当时的波澜是何等壮阔!在天下之辩者之中,有两位被称作"辩者之囿(尤)"的,名叫桓团和公孙龙。《庄子》的这段记录成为后人公认的了解名家的最可靠准绳。只是对那三十一个辩题,后人的解释却五花八门,几无共识,因而对于名家的派系,也理不出个头绪来。

在这方面,冯友兰教授有过一种说法。他在三十年代之初宣布,所谓的先秦名家,实际上分为两派,一派为"合同异",一派为"离坚白";前者以惠施为首领,注重于个体和变,后者以公孙龙为首领,注重于共相和不变;天下辩者的那二十一个题目,正分属于这两派。这是从认识论、本体论上抓到的一条裂痕,以此作划分根据,自然十分明晰,故颇得一些研究者的赞同。虽然在具体解释时还有各种出入,但从总体上说,对认识的认识,是会有这样两种分歧的,事实上也确实如此。当时或许会有一些游离于二者之间或出入于各派之门的人士,从宏观上看,就无足轻重了。

两派之外,稍后还有另一派,即墨家辩者派。冯友兰说他们与上两派都相反,主张离同异、合坚白,是从感觉来解释宇宙的,与前者之从理智来解释宇宙不同。此说也能成理。如果进而说成墨家辩者是上两派的逻辑发展,是那一"正"一"反"之后必然的"合",或许更能深刻揭示哲学思想自身变化的一些规律;要是更考虑到务实的正名和玄思的无名的传统,则我们对名家三派的离合同异,就会理解得更多了。

第二节　名家人物

任何一种学术思想的产生都有其深刻的社会根源,名辩学也不例外。名辩学主要形成于"百家争鸣"的春秋战国时代,它并不是哪一家、哪一派的学术理论,而是"百家争鸣"的产物。

春秋战国是我国历史上一个重要的社会转型期，也是各种思想火花自由迸放的时期。名辩学就是当时的一朵璀璨的思想之花。

西周末年由于社会矛盾的激化，最终导致"国人"暴动，驱赶了周厉王。自此，周天子过去那种神圣不可侵犯的地位发生了严重的动摇，王权大大削弱，以周礼为核心的西周统治秩序分崩离析。尤其是周礼所规定的那种严格的名分等级制度遭到了严重的破坏，臣弑君、子杀父的各种"乱伦"之事屡见不鲜，过去只能在王宫中才能有的乐舞"八佾"，不仅诸侯家可以演，甚至士大夫家中也可以演。这种"礼乐崩坏"的现实，给当时的世人造成了巨大的思想冲击，他们将这种政治现状成为"名实相怨"。

另外，也是由于王权的衰微，过去那种"学在官府"的情况发生了改变，由官府掌握的文化典籍流入到民间，私学因此得以兴盛，孔子说："吾闻之，天子失官，学在四夷。"一时间学派林立，百家争鸣由此展开：当时的"名实相怨"问题，自然成为各家学派关注的热点问题之一，并为此在学术上展开了激烈的辩论，名辩学就是在这场辩论中形成的。

以邓析的"刑名之辩"为发端，孔子最早提出了"正名"的要求。孔子面对当时礼乐崩坏的严重状况，决心要恢复周礼的神圣。而要实现这一目的，孔子认为最根本的途径就是"正名"。因为孔子认为，当时社会政治和社会道德之所以出现巨大的混乱，最根本的原因就是周礼所规定的名分被搞乱了，所以才能出现了"君不君，臣不臣，父不父，子不子"的名分混乱的情况。孔子认为只有通过"正名"，即确定名分，才能使人们各安其分，杜绝犯上作乱。为此，孔子深刻地阐发了"正名"的社会作用和意义："名不正，则言不顺；言不顺，则事不成；事不成，则礼乐不兴；礼乐不兴，则刑法不中；刑法不中，则民无所措手足，故君子名之必可言也，言之必可行也。"

但是孔子的正名思想在当时已经发生剧烈变化的现实面前，显然难以行得通，并且由于他过于强调正名的作用，自然遭到了其他学派的批判和非难。

与儒家针锋相对展开论辩的是墨家。墨家认为，在"名"与"实"的关系中，最重要的不是孔子所说的"名"，而是"实"。因此要做到名实一致，重要的是要知道"实"，而不是"名"。墨子主张"名"只是"实"的一个反映，一个称谓而已，只知道"名"，而不懂得在实际中对事物进行辨别选择，那就脱离了实际，无法获得正确的认识。

孔子将"仁"作为"正名"的最高原则和标准，要求用实来服从名，只有实符合名的要求，就达到了仁。这种主张实际是把判断的标准主观化了。而墨子认为判断是非的标准应该是客观的"言必立仪，言而毋仪。……是非之辩不可而明知也"。为此墨子提出了"立仪"的三个标准（"三表法"）：

第一，"上本之于古者圣王之事"，即要以历史上圣王的经验为依据；第二，"下原察百姓耳目之实"；第三，"废以为刑政，观其中国百姓人民之利"，即要付诸实施，看他的效果如何。墨子的这三个标准突出了经验的作用，强调了名必须符合实的要求，显然要比孔子的标准具体、实际得多。

孔子重"名"，墨子重"实"，这种在名实观上截然相反的观点引发了"名实之辩"。继孔、墨之后，其他各家都从自己的立场出发参与了这场辩论。随着辩论的深入，各家为了能够在辩论中战胜对方，逐渐开始对辩论的规则等问题展开研究。实际上这也是必然会

诸
子
百
家
——
名
家

出现的一个问题,因为辩论如果没有一定的规则可循,各家在辩论过程中只会各取所需,只及一点而不顾其余,看似对一个问题争得很热烈,实则是各吹各号、各唱各调。正是意识到这一点,当时的学者开始对概念、判断、推理等逻辑问题展开研究,他们不仅注意名实问题,更注意辩论规则、概念和名词的分析。墨家学者、公孙龙、惠施、荀子以及韩非子等等在这方面做出了突出贡献,这样到战国后期,已经形成了一个比较完整的名辩学体系。

名辩学曾风靡于春秋战国时期,其理论体系也基本奠定于此时,但是随着秦始皇的一统天下,这股学术思潮便逐渐沉寂下来。究其原因则是多方面的。首先,名辩学本身就是春秋战国时期各学术流派思想论战的产物,随着百家争鸣学术环境的消失,名辩学走向衰落也是自然的事。其次,名辩学在其形成之初,是由政治伦理领域的正名所引发,但是随着论辩的展开,其政治伦理色彩渐渐剥离,出现了单纯为辩论而辩论的倾向,如后期的"白马非马"论、"离坚白"论即是如此,后期墨家的《墨辩》更是侧重于单纯的思维形势的研究。荀子因此指责说:"好治怪说,玩琦辞。甚察而不惠,辩而无用,多事而寡功,不可以为治纲纪。"也就是说名辩家的思想不可以成为治理国家的原则和纲领。在政治功利浓厚的中国古代社会,学术思想一旦失去为统治者服务的政治功能,就难以得到社会的重视,所以逐渐衰微下来。

一、名家之祖邓析

邓析(前 545 年~前 501 年),春秋末法家先驱,被认为是名家之祖,郑国人。做过郑国大夫,创办过私学,以所作《竹刑》(一部写在竹简上的法律)教人,宣扬法治,"民之……学讼者不可胜数"(《吕氏春秋·离谓》)。他"操两可之说,设无穷之词",对后来辩者颇有影响。他与子产同时,为子产所杀。其被杀原因,正是由于善于推究狱讼语辞中的逻辑漏洞,进而操弄狱讼,《吕览·离谓》言郑国因民众争与之学讼而致"民日乱哗"。

二、庄子的好友名家惠施(惠子)

惠施,又称惠子,约生于周烈王六年(前 370 年~前 310 年),卒于周赧王(前 310年),战国中期宋国人,庄子的好友,著名的政治活动家、哲学家、名家,与公孙龙同为"辩者"的代表人物。曾做过魏国丞相,主张联合齐楚,停止战争,并随同魏惠王朝见齐威王,使魏齐互尊为王。在当时的名辩思潮中,他和公孙龙分别代表名家的两个基本派别:一个倾向于合万物之异("合同异");一个倾向于万物之同("离坚白")。他的"合同异"命题,有"大同而与小同异,此之谓小同异;万物毕同毕异,此谓大同异";"天与地卑,山与泽平","物方生方死","南方无穷而有穷"等(见《庄子·天下》)。认为一切事物的差别、对立都是相对的,归结到"泛爱万物,天地一体"的思想。他在"遍为万物说"的论证中,大量揭露事物的矛盾统一,具有相对朴素的辩证法思想。但由于过分夸大事物相对的统一性的一面,而忽视了事物相对稳定性和本质差别,结果导致相对主义的诡辩。惠施知识渊博，著作甚丰，名声很大，是庄周的好朋友和辩论的主要对手。他的著作已全部失散，只有些事迹和思想保留在《庄子》《韩非子》《吕氏春秋》等书中。

惠施在政治上主张"去尊"（《吕氏春秋·爱类》）、"偃兵"（《韩非子·内储说上》）即停止战争，"汜爱万物"（《庄子·天下》），与墨家政治主张有相同之处，亦有相异之处。但惠施并非墨家，在明辨问题上，他主张"和同异"，与墨家辩者"别同异"形成为对立的两派。据《庄子》记载，惠施做过魏国的相。庄周和惠施辩论过人"有情"还是"无情"，应当"益生"还是不应当"益生"的问题，惠施主张人应该"有情"，应该"益生"。

惠施在学术和政治上都有创新精神。荀子曾指责他"不法先王，不事礼义"（《荀子·非十二子》）。惠施喜欢与人辩论，但他尊重自己的论敌，认为"各是其所是"（《庄子·徐无鬼》）是可以的。惠施死后，庄子很怀念地叹息说，失去了一位可以讨论、质证问题的老朋友。

惠施的学术并不专以"名辩"为限。他知识渊博，对自然万物都充满研究的兴趣。据《庄子·天下》记载，有一个叫黄缭的人向他请教天为什么不会塌，地为什么不会陷，以及风、雨、雷、电形成的原因，惠施连句谦虚的话也不说就来接应，毫不思索就对答起来。他广泛地解说万物的道理，滔滔不绝，说个没完没了还觉得没说够。可见，惠施研究逻辑的目的是为了研究万物，他这种重视万物的科学精神是很宝贵的。可惜由于典籍散失，我们今天已无法知道惠施学说的具体内容了。

三、公孙龙与"白马非马论"

名家之书现存无几，《汉书·艺文志》著录有《邓析》二篇，《尹文子》一篇，《公孙龙子》十四篇，《成公生》五篇，《惠子》一篇，《黄公》四篇，《毛公》九篇。今存者唯《公孙龙子》一书，也只是残本而已。从《公孙龙子》和其他学派对名家学派的驳难评议中可以看出，名家之学纯粹推究语言逻辑与自然逻辑，对政治、社会、道德并无太多兴趣，是以当时被视为"诡辩"之学，名家之学者很少，《汉书·艺文志》所录中，以名家书最少。

《公孙龙子》十四篇，今存《迹府》《白马论》《指物论》《通便论》《坚白论》《名实论》六篇，其中《迹府》为后人编写之传略。今日研究名家思想，此六篇为最确切之质料。

公孙龙，赵国人，曾经做过赵国平原君的门客，以坚白之辩闻名于当时，平原君待之甚厚。公孙龙又与魏国公子牟交好，于是其说乃广传于后世。

其论点主要有二：

一曰白马论，公孙龙言："白马非马"论，其说曰，白马之"白"指示白马之颜色，白马之"马"指示白马之形状，若求一马，则黄马黑马皆可，是以白马非马。这在当时被视为诡辩，而在今日则显然属于物质内涵与外延的一个简单逻辑辨析。

二曰指物论，《指物论》说："物莫非指，而指非指，天下无指，物无可以谓物。"此处利用"指"这个双重词性，一指"认识到成果"，二指"认识的具体过程"，公孙龙子提出这一论点以后，又多次进行自我驳诘，最后摆出"指者天下之所兼"的观点。

公孙龙，约生于周显王四十四年（前325年），卒于秦孝文王元年（前250年），战国时

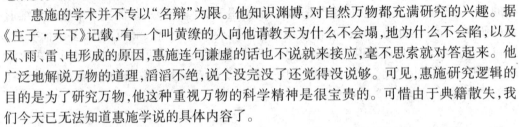

赵国人,与惠施同为以名辩出名的"辩士"。当时的辩士所热衷讨论的,主要是逻辑学与认识论问题。先秦以后,逻辑学衰落,辩士们的著作渐渐散佚,保存下来的也因简牍错乱、文字衍夺、术语特殊而很难读懂。公孙龙的著作,有《白马论》等五篇保存下来,与一篇公孙龙传记一起合称《公孙龙子》。

公孙龙所讨论的主要是"名"与"实"的关系和"指"与"物"的关系这两个问题。"名"是名词,"指"是名词的内涵,即概念。公孙龙在"名、实"关系问题上有唯物主义倾向,认为"名,实谓也"(《公孙龙子·名实论》),"名"只是客观事物的称谓。而在指物关系上又有唯心主义倾向,认为概念可以离开实物而存在,这种存在是一种潜伏的可能的存在。公孙龙在逻辑学和认识论上有一定的贡献,但也有明显的诡辩。"名辩"之学的中绝,是中国哲学发展中的一大损失,对于其中的精粹思想,我们应当注意继承发扬。

四、尹文与《尹文子》

《尹文子》是中国历史上较早的治国谋略文集。

尹文(约前360~前280年),称尹文子,战国时期著名思想家、谋略家。尹文以道家思想为根基,以名家思想为主干,以法家、儒家、墨家思想为支系,在批判继承前人的思想基础上,创立了新的名家思想体系。

创新,是尹文子思想最大的亮点。一部《大道》讲刑名关系,论法术绝学,无不彰显尹文子的谋士风范,给后世启迪良多。

首先,尹文"形以定名,名以验形"两者互为因果的论述,批驳了名不符实的现象,其概念不能混淆的观点,具有重要的逻辑学意义,对后来名家思想的发展影响重大。名家集大成者公孙龙著名的"白马非马"论,就是直接继承了尹文这一思想,将其发展到极端,从而走向诡辩论的道路。

尹文讲刑名关系,更多地赋予了政治内涵,扬长避短,使国家达到全治的目的。同时,尹文正确地回答了名称来源,唯物地解决了刑名关系,区分了具体和抽象两类概念,提出了"刑名互验"的方法,这无疑奠定了尹文子哲学思想的基石。

其次,尹文关于法、术、势的论述,主要表现在如何治理国家方面,其著名的"三讲"与"三论"集中体现了尹文作为谋略家的政治思想:

尹文讲"法",分为"不变、齐俗、治众、平准"四类,坚信"治国无法则乱",只有"以法定治乱"才能国泰民安。尹文还认为"圣法治国优于圣人治国",法治胜于人治,这一思想的闪亮之处,即使以今天的眼光来看,也难能可贵。

尹文讲"术"包括"仁、义、礼、乐、名、法、刑、赏"八法,主张"只能为君主所密用",成为后代帝王治世的秘方。

尹文讲"势",以为"制法之利器",强调权势、地位对统治者的极端重要性,更强调法、术、势的有机结合。尹文把这种整合的优势称为"道用",认为"道不足以治则用法,法不足以治则用术,术不足以治则用权,权不足以治则用势"。"道用"最后归结于"定分",即维护封建社会等级制度的统治秩序,"道"优于"法",这是尹文子政治思想的基本核心。

尹文论"君臣关系"，主张君主要与民同劳逸，君主与臣子要各司其职，互不侵夺。君主治国，"贵能与众共治"，"能鄙不相遗，贤愚不相弃"，这就是"至治之术"。

　　尹文论"君王用人"，主张要善于用人们都努力为自己做事的特点，达到为我做事的目的。具体措施，就是施以俸禄、奖赏以勉励，同时加以名分、法制来监督，从而达到臣民尽心尽力、尽职尽责。可见，尹文的这一"君主统治术"，具有极高的使用价值，而以今天现实的用人方法而言，也应当是最有效、最实用的用人方法。这是尹文子用人思想的特色和贡献。

　　尹文论"贫富贵贱"，认为人贫穷了就抱怨别人，卑贱了就抱怨时世，却没有人抱怨自己，这是人之常情。之所以造成贫穷、卑贱，原因在于"不知乘权籍势"即不通晓事理，不会察言观色，不会迎合上级，太过迂腐。但尹文又强调，"乘权籍势"，就是抓住机遇利用客观条件，发挥自己的主观能动性，以个人的优势，一举取得成功。尹文对主客观辩证法关系的认识，有其合理的因素，值得今人借鉴。

　　再次，尹文子认为，正确的东西与错误的东西，会因时间、地点和情况的不同，而发生质的变化。这时如果人的思想跟不上形势的发生变化，就会优势尽失，招致惨败。尹文这一"得时则昌，失时则亡"的判断是非的客观标准，具有朴素的历史辩证思想因素，应该加以肯定。

諸子百家

名　家

第三节　名家故事

公孙龙子的故事

　　公孙龙，相传字子秉，赵国人，活动年代约在公元前 320 年至公元前 250 年间。他的生平事迹已经无从详知。战国时期哲学家。名家"离坚白"派的代表人物。

　　《汉书·艺文志》中收录了《公孙龙子》十四篇，但现在只保存下来了六篇。作为名家的代表人物，他以"白马非马"论和"离坚白"而著名，他的这些思想分别见于《白马非马论》和《坚白论》中，这是公孙龙名辩思想的核心内容。

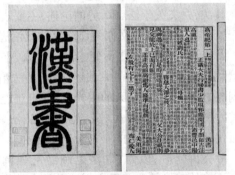

《汉书》书影

白马非马

　　《庄子·杂篇·天下第三十三》中说，"天下大乱，贤圣不明，道德不一。天下多得一察焉以自好。譬如耳目鼻口，皆有所明，不能相通。犹百家众技也，皆有所长，时有所用。虽然，不该不遍，一曲之士也。判天地之美，析万物之理，察古人之全。寡能备于天地之美，称神明之容。是故内圣外王之道，暗而不明，郁而不发，天下之人各为其所欲焉以自为方。悲夫！百家往而不反，必不合矣！后世之学者。不幸不见天地之纯，古人之大体。道术将为天下裂。"

意思是说，当今社会，欲海横流，很多人失去了英雄本色，各国之间互相抢地盘，兄弟手足相残的事情很多，孔子不是去各国推行仁政吗？根本没有人听，妨碍人家扩张、赚钱，人家不耐烦。每个王都想的是如何做大做强，即使有贤明的圣人、智慧的贤王。也不得不选择隐居，不当隐士，小命都保不住。各家各派，公说公有理，婆说婆有理。各修各道，各养各德，学术界已经不开什么会了。开会也是说客气话、套话，大家只看利益、不看友谊了，都忙着爱自己。就像耳目鼻口等器官一样，"皆有所明"，但却不能相通。好像现在的专家一样，都有一技之长，可是他们太专家，听的专门听，看的专门看，闻的专门闻，讲的专门讲，彼此之间隔绝了。所以都很片面，不能沟通了。

在诸子百家里，有一家叫名家。这个名家的意思可不是今天所说"著名作家（画家）"等，而是著名的辩论家。"名家"，也称"辩者""察士"。

有两个著名的名家，我们都很熟悉。一位是惠施，还有一位名家叫公孙龙，赵国人。《史记·仲尼弟子列传》中，太史公认为，公孙龙是孔子的弟子，字子石，楚人或卫人。据说公孙龙游说各国，与人论辩，经常获胜，而庄子评论说："能胜人之口，不能服人之心。"他以"白马非马"而闻名于世。这也是名家最著名的命题。在《公孙龙子》一书中，公孙龙主要研究了概念的内涵和外延，以及事物的共性和个性所具有的内在矛盾，他的特点就是夸大这种矛盾，并否认两者的统一，所以最后得出违背常理的结论。即白马不是普通所说的马，颜色中的白色和质地的坚硬他也人为地分裂开来论述。

据说，公孙龙过关，关吏说："要过关，人是可以的，但马不行。"公孙龙便说白马不是马啊，一番论证，说得关吏哑口无言，只好连人带马通通放过。那么，公孙龙是怎样来论证的？

这个故事源于《公孙龙白马论》。"白马非马"显然是同人们的常识相悖的。但是，为了使这个命题成立，他提出了很多理由。他说："马是指马的形状，白是指马的颜色，颜色既然不等于形状，所以白马也就不等于马。"他怕别人还不明白，又举例说："'买马'，当然买什么马都可以，不拘黄马、黑马。'买白马'，那就不同了。非买白马不可，可见白马非马。"

常识告诉我们白马明明是马，说它不是马肯定错误，没有什么可争辩的。诚然。公孙龙在论证"白马非马"命题时，把"马"与"白"，"白马"与"马"截然分离，绝对对立。例如，他回答"有白马不可谓无马者"时说："离白之谓也；不离者有白马不可谓有马也。"显然。他已经走极端，不承认白马是马，而陷入诡辩。

从内涵来说，公孙龙认为，"马"只揭示了马形，"白马"不仅有"马之形"的内涵。而且还有"白之色"的内涵。所有的马固然都有颜色.但"马"的颜色是不确定的，而"白马""黄马""黑马"等的颜色则是确定的。因此，公孙龙揭示了"马"与"白马"的不同内涵.前者"不取其色"，后者"取其色"。从外延方面看，公孙龙指出，你要一匹"马"，给你牵一匹

諸子百家——名家

2645

黄马或黑马都可以算数;但若你要的是一匹"白马"。那就不能用黄马、黑马来顶数。"马"是包括了黄马、黑马的,而"白马"却不包括黄马、黑马。"白马非马"的命题区分了"马"与"白马"的外延是不等的。

因此,当孔子的七代孙、大名鼎鼎的孔穿为了这事找上门去与公孙龙辩论上述命题时,结果被公孙龙驳得无话可说,吃了败仗。

公孙龙对孔穿讲了一个故事:当年楚王曾经开繁弱弓,装上亡归箭,在云梦的场圃打猎,结果把弓弄丢了。随从请求去寻找。楚王说:"不用了,楚国人丢了弓,楚国人拾了去,又何必寻找呢?"仲尼听了说:"楚王的仁义还没有做到家,应该说人丢了弓,人拾了去就是了,何必要说楚国呢?"

公孙龙评论道:"照这样说,仲尼是把'楚人'和'人'区别开来的。人们肯定仲尼把'楚人'和'人'区别开来的说法。却否定我把'白马'和'马'区别开来的说法,这是不对的。

上述故事说明,公孙龙"白马非马"的命题,是指严格逻辑意义上"白马"的概念而不是"马"的概念.即白马不等于马。

公孙龙和《公孙龙子》

在中国思想史上,春秋战国无疑是一个虎气腾腾的时代。其后两千多年,无论是在文化还是思想方面,都不曾超越那时的辉煌。"名家"是流行于春秋战国时期,提倡"循名责实"学说的流派,他们提倡的"正名实",是要"正彼此之是非,使名实相符"。在春秋战国礼崩乐坏的纷乱里,提出这样的主张非常普通,像儒家有"必也正名乎",法家有"综核名实",墨家有"以名举实",都与之类似。那"名家"又何以为"名家"呢?"名家"与各家不同之处.正是在于"正名实"的方法。他们主要是以逻辑原理来分析事物,辩论的内容,又多半集中于与政治实务无关的哲学问题,由是而有"名家"之名出现。

公孙龙是主张名实相符的。名实不符,就是不当,这是公孙龙所反对的。从表面上看,在名实问题上,他似乎表现了唯物主义的观点,其实并非如此。在如何使名实相符的问题上.公孙龙认为不是使名符合于实,而是使实符合于名,是用名去校正实。《名实论》说:"以其所正,正其所不正,不以其所不正,疑其所正,其正者正其所实也,正其所实者,正其名也。"这就是说。正名的首要任务在于纠正实而不在于改正名。

《公孙龙子》是中国先秦时期名家的主要代表公孙龙的重要著作。该书流传情况复杂,宋代以后有人怀疑它的真实性.认为今本《公孙龙子》是晋朝人根据零碎材料编纂起来的,在一定程度上失去了先秦《公孙龙子》的本来面目。据《汉书·艺文志》记载,《公孙龙子》原有十四篇,后来多数散失。《隋书·经籍志》只在"道家"下列《守白论》。现存的《公孙龙子》一书只有六篇,保存在明代的《道藏》中,其中除《迹府篇》是由公孙龙的弟子后来补录的外,其他五篇,即《白马论》《指物论》《通变论》《坚白论》《名实论》,经多数学者考证后,确认为公孙龙本人所著。《公孙龙子》的注释本,有宋朝人谢希深的注本,以及清朝陈澧的《公孙龙子注》,近代陈柱的《公孙龙子集解》,王启湘的《公孙龙子校诠》也可以参考。

諸子百家

——

名家

惠施的故事

惠施,宋国(今河南商丘市)人,后到魏国。战国时政治家、辩客和哲学家,是名家的代表人物。惠施是合纵抗秦的最主要的组织人和支持者。他主张魏国、齐国和楚国联合起来对抗秦国,并建议尊齐为王。

与庄子成为好朋友

魏惠王在位时,惠施因为与张仪不和而被驱逐出魏国,他首先到楚国,后来回到家乡宋国,并在那里与庄子成为朋友。公元前319年魏惠王死后,由于东方各国的支持,魏国改用公孙衍为相国,张仪失宠离去,惠施重回魏国。

作为合纵的组织人,他在当时各个国家里都享有很高的声誉,因此经常为外交事务被魏王派到其他国家,曾随同魏惠王到齐的徐州,朝见齐威王。他还为魏国制定过法律。

惠施的著作没有能够流传下来,因此他的哲学思想只有通过其他人的转述而为后人所知。其中最重要的是他的朋友庄子的著作中提到的他的思想,最主要的有"历物十事"。他主张广泛地分析世界上的事物来从中总结出世界的规律。除了《庄子》外,《荀子》《韩非子》《吕氏春秋》等书中也有对他思想的记载。

名家惠施经常出现在庄子的文章中。他狡辩的代表作是"子非鱼"。这位梁国相爷,学问渊博,很会玩概念,他的专业是概念学,逻辑学,当官之余,他不是忙喝酒,而是忙着写书。他出版的书能装满五车,是高产大作家。庄周说:"惠施多方,其书五车。"在《庄子·天下篇》中,惠子提出了十个命题,被称为"历物十事"。可惜的是,这十个命题只流传下十句话,并没有具体内容和详细论证。历代学者,都曾根据惠子的逻辑思维,提出自己的看法来论证。在《庄子·天下篇》中,名家还提出了"鸡三足""火不热""矩不方,规不可以为圆""白狗黑"等二十一个命题。

古代学者读书也罢,做学问也罢,绝对倾向于"经世致用",讲究的是"经世致用"。因而名家的名实之辩,古人是不屑讨论的。名家在战国时被人视为"诡辩",汉后成了绝学。

宋钘的故事

宋钘,宋国人,生卒年均不详,约自周烈王六年至郝王二十四年间在世,与齐宣王同时,游稷下,著书一篇。孟轲、庄周都很尊敬他,呼之曰"先生",或称"宋子"。他的思想接近墨家,亦主"崇俭""非斗",故有人误以他为墨翟弟子。过去又有人把他归为名家。

宋钘的故事不好讲,关于他的资料实在太少。学界一般笼而统之地将宋钘和尹文称呼为稷下学派。他们两个都曾经在齐国的稷下学宫讲学、著述。当时的稷下学宫内应聘而来的有各国的学者,被称为稷下先生。史书记载说,稷下先生们"不治而议论""各著书言治乱之事以干世主""不任职而论国事"和"讲集议论"。这些学者中有道家,有儒家,

诸子百家 —— 名家

也有法家、名家、墨家等等。他们在一起切磋久了，观点上相互影响甚至改变都是很正常的，宋、尹学派就既像道家又像名家、儒家和墨家。或者说兼而有之。

"不累于俗，不饰于物"

不累于俗，不饰于物，不苟于人，不忮于众，愿天下之安宁，以活民命，人我之养，毕足而止，以此自心。古之道术有在于是者，宋钘、尹文闻其风而悦之，作为华山之冠以自表。接万物以别宥为始；语心之容，命之曰"心之行"。以聏合欢，以调海内，请欲置之以为主。见侮不辱，救民之斗；禁攻寝兵，救世之战。以此周行天下，上说下教；虽天下不取，强聒而不舍者也。故曰："上下见厌而强见也。"虽然，其为人太多，其自为太少。曰："请欲固置，五升之饭足矣。"先生恐不得饱，弟子虽饥，不忘天下，日夜不休。曰："我必得活哉！"图傲乎，救世之士哉！曰："君子不为苛察，不以身假物。"以为无益于天下者，明之不如已也。以禁攻寝兵为外，以情欲寡浅为内。其小大精粗，其行适至是而止。

诸子百家——名家

这是庄子在《天下》篇里对宋钘、尹文的描写和评价。意思是说，宋钘和他的弟子尹文不盲从大众，谁都不讨好，只愿天下太平，认为养生保命最紧要。他们对生活的要求很低很低，勉强吃饱就行，绝不讲究享受，更不奢侈，让心灵保持干净。宋钘和他的弟子尹文是低碳生活的倡导者和践行者，以能够"淑世"为乐。宋钘和弟子还统一了服装，一律戴上一顶"华山冠"——一种圆筒形的帽子，就像直筒牛仔裤的裤腿一样，高耸在头顶，意味着社会平等的新生活理念。他们想消灭等级差别，主张将心比心，提倡修养内心，该妥协的妥协，能忍的就忍，即使被侮辱了也别生气，和谐你我。一旦看到老百姓打架斗殴，宋钘和他的弟子尹文马上去劝解；两个国家打仗了，也去斡旋。总之要大家和平共处，君子动口不动手。他们到处跑着去管闲事，宋钘的弟子饿得眼冒金花，仍然跑到各国去义务斡旋，他鼓励弟子们：必须活下去。他们以救世主自居，他们讨厌争鸣、讨论，觉得这些强聒对天下和平没用，主张糊涂点好。你整天忙着去证他人之伪，有那工夫，还不如自己闭目养神呢。

宋钘即《逍遥游》中所说的宋荣子，庄子在《天下》篇将宋钘与其弟子尹文一起来讲，是把其作为一个学派来看。《天下》篇对这派思想的概括是："不累于俗，不饰于物，不苟于人，不忮于众，愿天下之安宁以活长命，人我之养，毕足而止，以此白心。古之道术有在于是者，宋钘、尹文闻其风而悦之。"意思是说，宋尹学说主要是针对个人的，每个人在社会上都能够养活自己，如果还可以供养一下别人，足够了，应该适可而止，别存太多的欲望，问心无愧就可以了。

就"不累于俗，不饰于物"而言，宋钘与墨家的观点类似。战国时期的哲学家比如荀况，就认为墨翟宋钘是一派。"其为人太多，其自为太少。"

"禁攻寝兵"

宋钘、尹文这个学派的主要观点是："情欲寡"；"见侮不辱，救民之斗"；"禁攻寝兵，救世之战"；"愿天下之安宁，以活民命；人我之养，毕足而止"。

战争终究是痛苦的，宋钘、尹文继承墨家，宣传禁攻寝兵，"愿天下之安宁以活民命，人我之养,毕足而止。"他们认为天下所以不安宁者,因有"民之斗"与"世之战"。"斗"是个人与个人间的武力冲突,"战"是国与国间的武力冲突。为"救世之战",所以"禁攻寝兵"。这和墨家的"非攻"不是一样吗?区别在于,宋钘以"利"为衡量是非的标准。

庄周说,宋钘"定乎内外之分,辩乎荣辱之境"。宋钘似乎认为荣辱是属于"外"的东西,不应该以此妨害内心的平静。宋钘、尹文认为,争强好胜并不是人心的自然趋向,宽容才是。所以说"语心之容,命之曰心之行"。"心之行"就是心的自然趋向。宋钘、尹文认为,如果人认识到这一点,自然不以被侮为辱;如此人与人自然不斗,国与国自然不战。这是他们对于墨翟"非斗""非攻"所补充的理论。他们主张和平,罢兵活民,主张修身以淡化感情,要克制物质的欲望。宋钘、尹文为墨子"尚俭"补充了一个理论的根据,就是"情欲寡浅"。庄子在《天下》篇里说宋钘、尹文"以禁攻寝兵为外,以情欲寡浅为内"。人类本性就是要少不要多,"五升之饭足矣"。所以荀况批评宋钘说:"宋子有见于少,无见于多。"又说:"宋子蔽于欲而不知得。"就是说,宋钘被为人的要求少这个幻想所蒙蔽了,不知道人是要求多得的。

荀况也对于宋钘的"情欲寡"之说,作了很长的批评。荀况指出,人眼都要看好的颜色,耳都要听好的声音,口都要尝好的味道,鼻都要闻好的气味,身体都要安逸舒服。这是宋钘也不能否认的。既然承认人都"欲"此五者,而又说人不欲多。这就譬如说,人之情都欲富贵,可是不欲财货,都欲美色,可是不欲西施(见《荀子·正论篇》)。意思是说,宋钘肯定一般而否定特殊。

庄子一方面赞扬他们"禁攻寝兵"的救世精神,另一方面又指出他们不知爱己,自为太少的缺点。庄子清楚地看到了宋、尹思想理论的软弱性。所以对他们批评的结论是:"以为无益于天下者,明之不如己也"。就是说,这种思想理论,既然无益于解决"天下大乱"问题,还不如干脆停止上说下教。

尹文的故事

尹文,齐国人,旧列名家。齐宣王、齐湣王时,他们和彭蒙、田骈、慎到等同在稷下学宫游学。宋钘、尹文的思想受到道家和墨家的影响,后人称其为"宋尹学派"。

《管子》中的《心术》上下、《白心》《内业》四篇,刘节、郭沫若等认为是宋尹学派的遗著。

今存《尹文子》,一般认为系后人伪托,今本仅一卷,分《大道》上、下两篇,上篇论述形名理论,下篇论述治国之道。宋尹学派的思想资料,散见于《庄子》《荀子》《韩非子》《吕氏春秋》等书中。

提倡"恕道",重内心修养

尹文的学说,当时很受名家公孙龙的称赞。

庄子也很欣赏宋尹学派,他曾经这样夸奖宋荣子(即宋钘),说他"举世誉之而不加劝。举世非之而不加沮"。意思是说,天下都表扬他,他也不因此而沾沾自喜;天下都骂他,他也不会因此沮丧。表扬也好,批评也好,都不会影响他们的情绪,他们的内心世界的平静如常。

尹文的思想,与宋钘大致相同,都提倡宽容即所谓"恕道"。对待周围的世界、对待人际关系,主张两个字来应对,这两个字就是"宽"和"恕"。"设不斗争,取不随仇","见侮不辱,救民之斗"。在国与国之间也是一样,他主张"禁攻寝兵,救世之战",大家都老实点,别打了,停战吧,今天你发动战争兼并我,明天我再报复,发动战争兼并你,如此攻伐,天下永无宁日。

宋尹学派"救世之战"的目的是"愿天下之安宁,以活民命"。这和墨家的"非攻"相似,他们同样想利天下。宋尹学派思想确实带有不少墨家特点,难怪荀子在《非十二子》中将墨翟和宋钘并列。

如何利天下呢?尹文主张要从内心修养开始,"以情欲寡浅为内",欲要寡而不是多,"人我之养,毕足而止","五升之饭足矣"。这和儒家的安贫乐道不谋而合。

尹文对别人的批评或者谩骂能够做到风过耳,听到了就像没听到一样,心情不会因此受到任何影响。他认为如果大家都能做到"见侮不辱",即使被辱骂,就像没听到一样,听到了也不以为辱,那自然就不会打起来了。"荣辱"是人造出来的概念,属于身外之物,不应以之妨害内心的平静,纵然身陷牢狱之中,也不以为羞耻。

这样的心态能够"救民之斗",天下可望安宁。

如何教化民众呢?尹文主张"上说下教"。所谓"上说",就是对高高在上的国君说,就是周游列国,干谒诸侯,把自己的想法和观点坦诚相告,说不说在我,听不听在他;所谓"下教",就是开门办学,把自己的观点传授给学生,这是"下教"。

第四节　名家典籍

名家以善于辩论、善于语言分析而著称于世。名家将对名的探讨从具体问题中抽象化,并且从更高角度继续阐发其中的政治伦理思想,并且强调端正名实关系,实际上也是希望天下得治。

名家作为一个学派,并没有共同的主张,仅限于研究对象的相同,而各说差异很大。主要有"合同异"和"离坚白"两派。合同异强调事物的统一性,离坚白强调事物的差异性。

所谓"合同异",即认为万物之"同"与"异"都是相对的,皆可"合"其"同""异"而一体视之,以宋国人惠施为代表。惠施提出著名的"历物十事",即"天与地卑,山与泽平""泛爱万物,天地一体"等十个命题。

所谓"离坚白",即认为一块石头,用眼只能感觉其"白"而不觉其"坚",用手只能感觉其"坚"而不觉其"白"。因此"坚"和"白"是分离的、彼此孤立的。该派以赵国人公孙龙为代表,"白马非马""坚白石二"等命题由其提出。

名家的代表人物有公孙龙、宋钘、尹文、邓析、惠施等人。

公孙龙(前320年~前250年),传说字子秉,战国时期赵国人,名家代表人物,其主要著作为《公孙龙子》。

《公孙龙子》是中国先秦时期名家的主要代表公孙龙的重要著作。据《汉书.艺文志》记载,《公孙龙子》原有14篇,后来多数散失。《隋书.经籍志》只在"道家"下列《守白论》。现存的《公孙龙子》一书只有6篇,保存在明代的《道藏》中,该书流传情况复杂,宋代以后有人怀疑它的真实性,认为今本《公孙龙子》是晋朝人根据零碎材料编纂起来的,在一定程度上失去了先秦《公孙龙子》的本来面目。该书是研究公孙龙哲学观点和逻辑思想的重要史料。

宋钘,又作宋牼、宋荣子,中国战国时人,约与孟轲、尹文、彭蒙、慎到同时,曾游于稷下。著有《宋子》18篇。宋钘的学说流派归类,自古以来众说纷纭。《汉书·艺文志》归入小说家,又说"其言黄、老意"则视同道家;荀子将墨翟、宋钘并称,视之为墨徒。不过,今人多依《庄子·天下篇》将宋钘与尹文并称之言,将两人的思想并称为"宋尹学派"。

尹文,中国战国时期人,著有《尹文子》。《尹文子序》称其在齐宣王时,于稷下与宋钘、彭蒙、田骈皆为公孙龙的学生;但是《汉书·艺文志》却说"先公孙龙"。《吕氏春秋》则有其游说齐湣王的记载。

《尹文子》是战国时期齐国人尹文所著。属于古旧列名家,现《尹文子》一书仅存一卷,分《大道》上下两篇。上篇主要论述形名理论,下篇则讲治国之道。其中上下篇中的故事皆善于运动寓言说理,在讲故事的过程中,让人懂得某种道理。此古作值得现代人思考,并研究。

邓析(前545~前501),郑国大夫,名家学派的先驱人物,其主要著作《邓析子》。

《邓析子》两卷,相传为春秋时代名家的邓析所作,但是有人也指出内容掺杂其他家说法,很大可能为后人伪托。《四库全书》将其归入子部法家类。不过关于《邓析子》的真伪,学术界争论不一,也有人以为邓析子一书"虽真而残"。《邓析子》分为无厚篇与转辞篇两篇,无厚篇所强调的是君主与臣民的共生关系,劝勉君王治国时应该以平等的心对待臣民,归结到最后就是无厚,是民本的反映。而转辞篇主要强调"缘身而责名,缘名而责形,缘形而责实,臣惧其重诛之至,于是不敢行其私矣",也就是君王对官员的控制。

惠施,中国战国时期宋国人,与庄周同时,著有《惠子》一篇,已散佚。《庄子》之中保有大量惠施的言谈与学说,著名的有《天下篇》的"历物十事",《秋水篇》的"濠梁之辩"等。

在政治上,惠施主要在魏国进行活动。他主张合纵抗秦,是合纵的始发者和坚定的支持者。他建议让魏国、齐国和楚国联合起来对抗秦国,因而提议尊齐为王。魏惠王时,张仪来到魏国进行连横,惠施因为与张仪竞争失败,而被驱逐出魏国,他首先到楚国,后来回到家乡宋国,并在那里与庄子成为朋友。公元前319年魏惠王死,东方各国极力讲魏国拉入合纵的阵营,于是魏国改用公孙衍为相国,张仪失宠离去,惠施重回魏国,并出任魏相,为魏国制定法律。在政治上,惠施确为一个有能力的执政者,史称惠施为魏相17年,助惠王实施"民人皆善之"的"立法",在外交上组织"合纵",从某种角度上提升了魏国的力量，国内主张"去尊""偃兵"，又尊齐为王，开六国称王之局。而在学术上，惠施更是闻名天下。他是名家名家两个基本派别中的"合同异"（合万物之异）派的领军人物，与公孙龙主张不同。他的"合同异"命题，现在保存在《庄子？天下》中，即"历物十事"。他的学说，认为一切事物的差别，对立都是相对的，归结到"泛爱万物，天地一体"的思想。发现了事物的矛盾统一，具有朴素的辩证法思想。但是从某些方面讲，过分夸大事物之间的"同"，而忽视事物之间的"异"，也忽视了事物的相对稳定性。无论惠施的学术内容为何，我们可以确定的是，首先，惠施博学多识。《庄子》中记载："惠施多方，其书五车"，是当时知名的学者，并且好辩，与桓团、公孙龙辩者之徒，"（惠施）日以其知与之辩""卒以善辩为名"。而他的学说也得到了当时人们的推崇和重视，故而有"儒、墨、杨、秉四，与夫子为五"（《庄子》）的说法。

第五家　名家智慧

一

　　先秦百家争鸣的良好氛围中，有一支以"控名责实"为标志，专门研究逻辑、语言、思维现象的学派，这就是名家，或被人称之为"辩者"。随着"六国灭，天下一"，秦始皇焚书坑儒，百家争鸣的结束，名家也被历史的烟尘湮没了。几千年来，人们对名家或不理解或曲解甚至认为他们完全是无意义的诡辩。但是今天，随着现代学术的发展，名家学说的意义和价值正在被人们重新发现。它在逻辑学、语言学、现象学等领域卓有成就，对思维科学尤其文学艺术都有着实际的方法论意义。面对两千年前的名家学派，我们不能不感叹中国哲人的智慧，感叹他们在生产力低下的时代依然可以在哲学领域"演奏第一小提琴"，同时也感叹他们的思维与现代人相接，诚如苏轼《赤壁赋》所言"自其变者而观之，则天地曾不能以一瞬，自其不变者而观之，则物与我皆无尽也"。先秦名家的思维与我们现代人同在。

　　人们要认识世界，展开思维活动和语言交流，就必然要对客观世界和思维对象进行"命名"。"形（客观事物、思维对象）名（名称、概念、语言）关系"，就必然会进入我们的认识视野。《庄子·天道篇》说："形名者，古人有之。"《荀子·正名篇》也说："刑名从商，爵名从周，文名从礼，散名之加于万物者，则从诸夏之成俗曲期。"可见，形名关系或曰名实关系是人类生活和认识活动的必然产物，是古已有之的命题。

　　儒家学派的代表人物孔子很重视"正名"。《论语·子路篇》载：

　　子曰："必也正名乎！"子路曰："有是哉，子之迂也！奚其正？"子曰："野哉由也！君子于其所不知，盖阙如也。名不正，则言不顺；言不顺，则事不成。"

　　《论语·雍也篇》还记载了孔子曾感叹"觚不觚，觚哉！觚哉！"据说觚是一种用青铜做的有棱角的酒器,那么当它失去了觚的形制,它还能叫作觚吗? 古时的酒器很多,如觥、卣、角、斗等等。如果觚失去了它的个性特征,只剩下共性,那么觚不就可以说成觥或卣或角了吗? 如同今天,我们将杯子和缸子的个性抛开,只剩下共性,岂不是会相互混淆而失去确定性了吗? 孔子正是从"正名"出发,作《春秋》,以"春秋笔法"评述历史事件,其准确运用攻、伐、袭、弑等词汇,据说使得乱臣贼子惧。尽管孔子的落脚点不在思维科学方面,而在社会政治方面,但他对名实关系的重视,对于他所没有深透了解的知识的谨慎态度,或者说他对"名实"之学或名家的尊重,是十分鲜明的。

孟子对名实关系的掌握和运用也十分娴熟。《孟子·梁惠王下》载:

齐宣王问曰:"汤放桀,武王伐纣,有诸?"孟子对曰:"于传有之。"曰:"臣弑其君可乎?"曰:"贼仁者谓之贼,贼义者谓之残,残贼之人,谓之一夫。闻诛一夫纣矣,未闻弑君也。"

这里,纣本是君,但纣失去了"君之性",纣是残贼之人,独夫民贼,所以"诛一夫纣",而非"弑君"。孟子的逻辑正是"君纣非君",所以"诛纣非弑君"。

《孟子·梁惠王上》记载了齐宣王以羊易牛的故事:

"臣闻之胡龁曰,王坐于堂上,有牵牛而过堂下者,王见之,曰:'牛何之?'对曰'将以衅钟。'曰:'易之! 吾不忍其觳觫,若无罪而就死地。'对曰:'然则废衅钟与?'曰:'何可废也? 以羊易之!'不识有诸?"曰:"有之。"曰:"是心足以王矣。……王若隐其无罪而就死地,则牛羊何择焉?"王笑曰:"是诚何心哉? ……"曰:"无伤也,是乃仁术也,见牛未见羊也……今恩足以及禽兽,而功不至于百姓,独何与?"

很明显,孟子的逻辑是,在前提相同的条件下,牛可以为羊,牛羊一焉。当然孟子的目的也不在名实之辩,而在由此及彼,推行他的仁政王道。

道家学派的代表人物老子也很重视名实关系。《老子》说"道可道,非常道;名可名,非常名。"在老子看来,"可言之道"与"恒常之道"是两码事。人们言说的道是人们认识了的道,它只是道的局部或曰一部分,是"属人的"道。而万事万物的总根源和总规律这种恒常之道是人们取之不尽的,并且不只是属人的。因此,对于人类来说,道是有限与无限的统一,是可知与不可知的统一。可言说之道当然也就不能等同于恒常之道。同理,事物可以被言说者,可以被命名者,也不同于事物的常名,或曰本名或本然状态。当人们用名来称说某个事物时,只是就某种角度或者局部来称说的,它与事物本身的无限丰富性是难以等同的。说"这只苹果好"可以采取多种角度,如个头、色彩、形状、水分、口感、营养等等,我们往往从一两个角度,从自我认识出发局部地称说,而它真正的"好"则是综合的甚至是无限可分析的不可穷尽的。我们说"它是红的",而事实上红色可分为粉红、淡红、桃红、橘红、洋红、玫瑰红、紫红、深红等等甚至我们说不上的红来。我们的"可名之红"和"常名之红"显然不是一回事。更何况我们称它红,它只是"属人的"红,蝙蝠看它也是红的吗? 蚯蚓看它也是红的吗? 蜻蜓的复眼看它也是红的吗? 所以"名可名,非常名"。

这种"可名"与"常名"的区别在《庄子》中表现得更为具体生动:

"天之苍苍,其正色邪?"(《逍遥游》)

"民湿寝则腰疾偏死,鳅然乎哉? 木处则惴栗恂惧,猨然乎哉? 三者孰知正处? 民食刍豢,麋鹿食荐,且甘带,鸱鸦耆鼠,四者孰知正味"(《齐物论》)

我们说蓝天，那么蓝色是天的正色吗？处与正处，味与正味，名与常名看起来的确不同。所以《德充符》中庄子的结论是，万物"自其异者视之，肝胆楚越也。自其同者视之，万物皆一也。"《秋水篇》也说："以道观之，物无贵贱。以物观之，自贵而相贱。以俗观之，贵贱不在己。以差观之，因其所大而大之，则万物莫不大；因其所小而小之，则万物莫不小。知天地之为梯米也，知毫末之为丘山也，则差数矣。"

可以看出，道家代表人物很重视名实关系，但他们也只是以此作为认识工具，来求得对道的体认，求得君人南面之术或行己存世之术。

墨家代表人物墨子有《墨辩》六篇，专门研讨名实逻辑问题。墨家的思想主导是兼爱非攻、尚贤节用、明鬼非命，名实问题是墨家关注的问题之一，但非主流。诚如《韩非子·显学篇》所说"孔子墨子，俱道尧舜，而取舍不同。"此外，《管子》《列子》《荀子》《韩非子》《吕氏春秋》都或多或少地论及名实关系或名家论题，但大都是局部的片段的，有些甚至是片面的。

梁启超、胡适认为名家出于墨家。梁启超说："惠施公孙龙，皆所谓名家者流也，而其学实出于墨。《墨经》言名学过半，而施、龙辩辞，亦多与经出人。"（《墨子》学案附录一）胡适说："……公孙龙的前辈，大概也是'别墨'一派。……后来公孙龙便从这些学说上生出他自己的学说来。"（《中国哲学史大纲》卷上第五章 236 页）不错，墨子曾论坚白同异，但其观点多与名家不合。如论马，《墨子·小取》曰："白马，马也，乘白马，乘马也。"就完全不同于公孙龙"白马非马"之说。墨子死后，墨离为三，如《韩非子·显学篇》所说："自墨子之死也，有相里氏之墨，有相夫氏之墨，有邓陵氏之墨。"《庄子·天下篇》也说他们"俱诵《墨经》而倍谲不同，相谓'别墨'。"但是他们都没有成为名家人物。或许他们背叛了墨子，投降于别家。那么他已不能称为"墨家"了。墨家可能对名家有所启发，但名家不能等同于墨家。他们关注的理论视野不同，对同一问题认识的观点相反，都足以说明他们属于不同的学派。

郭沫若则认为惠施公孙龙这样的名家人物属于道家。他说："惠施是道家别派，公孙龙应该也是属于道家的。……单就现存的《公孙》书看来，他的思想也分明是黄老学派的系统。他是把黄老学派的观念论发展到了极端的一个人。"（《十批判书·名辩思想的批判》）照上述思维方法，人们还不妨可以说，名家属于儒家或出于儒家。因为孔子就强调正名。名家也不妨看作"别儒"，因为儒分为八，其中或许会有人（如荀子）研讨过名实问题。并且从儒家名家穿戴行止方面看，也有些相似的。《庄子》逸文中言辩士"其口穷？，其鼻空大，其服博戏，其睫流伪，其举足也高，其践地也深，鹿舆而牛舍。"（见《太平御览》四百六十四及《困学纪闻》卷十引）《荀子·非十二子》言子张氏之儒、子夏氏之儒"弟佗其冠，其辞，禹行而舜趋……正其衣冠，齐其颜色，然而终日不言。"二者举止大略相同。

但是，名家既不属于墨家，也不属于道家或儒家，名家就是名家。我们可以从多种角度论证，但着重点有二：

一、名家自古有之。不仅《庄子·天道篇》《荀子·正名篇》言名家古已有之，《庄子》逸文中载"孔子舍于沙丘，见主人，曰：'辩士'也。"而且名家的论题，古有记载。《论语·阳货》中有"不曰坚乎，磨而不磷；不曰白乎，涅而不淄。"《庄子·天地篇》引孔子问老聃："辩者有言曰，离坚白若悬寓，可以为圣人乎？"《骈拇篇》有"游心于坚白同异之间，杨墨是已。"孔子言"正名"，言"君子于其所不知，盖阙如也"，老子言"名可名，非常名"都表明名家的论题远在老子孔子的时代已客观存在。《墨子·小取》中"白马是马"的论述也表明，"白马非马"说先于墨子，否则墨子的议论不就毫无来由了吗？《墨子·经下篇》引用公孙龙子的论点如"杀狗非杀犬""影不徙"等并加以否定，都表明名家论点在前，而墨子在后。再说，《说文》释士曰"士，从一从十，孔子曰'推十合一为士'。"《玉篇》云："传曰，通古今，辩然不，谓之士。"推十即演绎，合一即归纳，这么说来，名家当是最古老的正宗的"知识分子"。

尽管名家人物古已有之，但没有形成完整统一的思想流派，没有强有力的代表人物，没有将其思想系统地留传下来。《晋书·隐逸传》载《鲁胜〈墨辩注叙〉》言"自邓析至秦时名家者，世有篇籍，率颇难知，后学莫传习，于今百余岁，遂亡绝。"只是到了惠施尤其到了公孙龙，把先前名家的思想加以总结、升华，才形成了足以和儒、道、墨等并列的名家学派。

二、儒、道、墨等学派虽然也谈论"名实"，但他们并不以此为宗，而名家则专门或着重以"名实关系"为务，在思维、语言、逻辑、现象的层面上进行纯学理的探讨。连《荀子·非十二子》也不得不承认"其持之有故，其言之成理"。所以司马迁言名家虽然"苛察缴绕"，但"若控名责实，参伍不失，此不可不察也。"司马谈《论六家要旨》将名家与阴阳、儒、墨、法、道家并列，盖因其门径有别。（见《史记·太史公自序》）吕思勉《经子解题·公孙龙子》一节说："正名之学遂分为两派。（一）但言正名之可以为治，而其所谓名实者，则不越乎常识之所知。此可称应用派，儒法诸家是也。（一）则深求乎名实之原，以求吾之所谓名实者之不误。是为纯理一派，则名家之学是也。天下事语其浅者，恒为人人所共知；语其深者，则又为人人所共骇；……夫学术至高深处，诚若不能直接应用；然真理必自此而明；真理既明，而一切措施，乃无谬误；此故不容以常人之浅见相难矣。"诚哉斯言。名家与其他学派的区别在这里，名家的学术价值亦在此处。

名家的思想东鳞西爪，散见于诸子之书，概括而言，其代表人物有邓析、惠施、尹文、公孙龙，尤以公孙龙为著。

二

尽管在《吕氏春秋》的淫辞篇、应言篇、审应览篇、《史记·平原君列传》等文章中记载有一些公孙龙从事政治活动社会活动的故事，但我们会发现，他的哲学思想是一个相对独立的完整系统，他的政治社会活动只是其哲学思想方法论的具体操作和应用而已。名家的学术视野在于"控名责实"，进行纯学理的探讨，中心问题是"名实关系"。

《尹文子》说"大道无形，称器有名。名也者，正形者也，形正由名，则名不可差。"这是说，世间万物本无名。道昏昏没没，道何言哉？但人们由于认识的需要，必须对万物进行命名。名是用来指实或认形的，形（物）由名来称说，故名不可有差错。《尹文子》又说："名者，名形者也；形者，应名者也。然形非正名也，名非正形也，则形之与名居然别矣。"如果说《尹文子》前一段话强调应当名实相符，这一段话则客观地指出事实上名实难以相符的必然性。名是称形称实的，形（实）是应名的。但名只是一个个符号、一个个概念，形或实是具有无限丰富性的实体，名与形、形与名的非同质和非等量关系是十分明显的。

名实关系的既同一又矛盾的关系是一种客观存在。《墨子·贵义》中有子墨子曰："今瞽曰：'者白也，黔者黑也'，虽明目者无以易之。兼白黑，使瞽取焉，不能知也。故我曰瞽不知白黑者，非以其名也，以其取。"由此可见，名与实的确存在客观差异，知白黑之名不等于知白黑之实。

名家正是从名实关系既同一又矛盾的角度来探讨人们认识和思维的规律，在探讨过程中，名家力求名与实的同一，但他们的深入研究表明，名与实的统一是相对的，而名与实的矛盾则是绝对的，所以他们更多地揭示了名实矛盾的真相，揭示出语言学、逻辑学、现象学、认识论中一些具有根本性意义的问题。

《公孙龙子·名实论》指出，"夫名，实谓也。"天地所生为"物"，物之客观属性为"实"，"名"是对实的称呼。实体相区别的界限叫"位"，位于界限内的名是正名，混淆了位的界限则名即不正。名正与不正的区别在于"其名正则唯乎其彼此焉"。即以不同的名来区别此事物与彼事物。事物的质的规定性有了区别，名亦应随之区别，否则就无法认识事物。公孙龙强调要"审其名实，慎其所谓"，所以才有了"白马非马"等一系列独到的见解。

名家能够独立于世，说到底在于它发现了"名实"关系既同一又矛盾的必然性，从认识论角度为人类的矛盾找到了一个解释和说明的根据。正如鲁胜《墨辩注叙》所说："名必有形。察形莫如别色，故有坚白之辩。名必有分明，分明莫如有无，故有无序之辩。是有不是，可有不可，是名两可。同而有异，异而有同，是之谓辩同异。至同无不同，至异无不异，是谓辩同辩异。同异生是非，是非生吉凶，取辩于一物而原极天下之？隆，名之至也。"

三

我们对名家代表人物的思想意义和价值做简要分析。

《汉书·艺文志》把邓析列为名家之首，并著录《邓析》二篇，刘向叙云校雠为五篇。钱穆《先秦诸子系年考辩》云："《邓析子》乃战国晚世桓团辩者之徒所伪托。"但从《荀子》《吕氏春秋》、唐人李善《文选注》多次引用《邓析子》来看，说它完全是伪造论据不足。今本《邓析子》两篇。其《无厚篇》强调"实"的客观必然性：

天于人无厚也，君于民无厚也，父于子无厚也，兄于弟无厚也。何以言之？天不能屏勃厉之气，全夭折之人，使为善之民必寿，此于民无厚也。……尧舜位为天子，而丹朱、商均为布衣，此于子无厚也。周公诛管蔡，此于弟无厚也。

从"无厚"出发，邓析最早提出"循名责实"。并且指出"名不可以外务"，也就是说名不能到名之外的事物中求得，名必须和它所反映的对象的内涵一致。在已知名家中，邓析最早提出"名实"问题，并且昭示出名实的内在矛盾。

其《转辞篇》已明显揭示出言辞的可转换、变化的特点。诚如《转辞篇》所说，"一言而急，驷马不能及。""故之与先，诺之与已，相去千里也。夫言之术，与智者言依于博，与博者言依于辩，与辩者言依于要。"同一言辞可做不同的理解，同一言辞在不同条件下可以表达完全不同含义的指向，从而揭示出言辞对立统一的矛盾性。《列子·力命篇》说"邓析操两可之说，设无穷之辞"，盖由此也。

什么是"两可之说，无穷之辞"呢？《吕氏春秋·淫辞篇》记载了邓析的故事：

洧水之大,郑之富人有溺者。人得其死者,富人请赎之;其人求金甚多,以告邓析。邓析曰:"安之,人必莫之卖矣。"得死者患之,以告邓析。邓析又答之曰:"安之,此必无所更买矣。"

邓析对买方和卖方都用"放心吧"的同一言辞应对,而买卖双方的立场又是截然相反的,买者只要安于不买,卖者就无法脱手;卖者只要安于不卖,买者也就无法赎得。对不同的双方可以用同一的言辞,这就是"两可之说",同一的言辞可以表达不同的指向,这就是"无穷之辞"。这一故事既能说明同一律、矛盾律等问题,也能说明语言的"转辞"问题,即表达与被表达之间相互转换增值的复杂问题。

语言符号是概念性的,而概念所表达的"实物"是活生生的具有丰富内涵的生命体。以机械的单一的概念去笼套生动的复杂的现象,就好比用一个小小的网眼去捕捉一条鲜活的大鱼。被表达者的丰富性使得人们可以从多种角度加以表达,比如文学作品中出现"牛"这个概念。它可以是褒义的,可以是贬义的,它可以是"顽强的""勤劳的""忍辱负重的""可怜的""倔强的""固执的""顽固的""财大气粗的"等等。同理,象"熊""风""狼""水",哪一个不能构成内涵丰富而又可褒可贬的象征呢?

可见"转辞"是邓析的重大发现。

四

《汉书·艺文志》名家类有《尹文子》一篇。今本《尹文子》分《大道上》《大道下》两篇,《尹文子》的主导思想是"以名稽虚实,以法定治乱"。尹文是战国时齐国人,曾在稷下讲学,是名家代表人物之一。

《尹文子》指出:

"有形者必有名,有名者未必有形。形而不名,未必失其方圆白黑之实,名而不可不寻名以检其差。"

客观事物必然有名称,但抽象的概念也有名,可未必有形。这表明名不仅是对实物的命名,而且包括对抽象概念如"感觉""思维"的命名。

客观事物不加以命名也不会改变它的真实状态,已经命名了的就应当名实相符,循名检实。可是名与实的差距是客观存在的,所以不能不检验名实之差。《尹文子》明确指出名实之差的所在:

"名者,名形者也;形者,应名者也。然形非正名也,名非正形也,则形之与名居然别矣。不可相乱,亦不可相无。无名,则大道无称;有名,故名以正形"

在尹文看来,名只是形(物)的一个替代符号,以表明物的指称。然而事物的内涵和外延并不是名所能完全指称的,名无法完整地表达事物本身的内在丰富性,所以名与形有着明显的区别。名与形不能淆乱等同,又不能不以名代形。因为没有名,人们就无法认识和区别事物,所以人们姑且用名来指称事物。尹文还指出"名有三科",即命名可分三类:

一曰命物之名,方圆白黑是也;二曰毁誉之名,善恶贵贱是也;三曰况谓之名,贤愚爱憎是也。

这三类命名表现出尹文逻辑分类的准确和深入。第一类是"本名",即对客观事物的命名。第二类是"评价名",它取决于事物客观性与评价者主观性的统一。第三类是"态度名"，它取决于主观的好恶，个人的趣味。不仅如此，尹文还在实践中发现了名实之间更为深刻的矛盾。《尹文子》载：

郑人谓玉未理者为璞，周人谓鼠未腊者为璞。周人怀璞，谓郑贾曰："欲买璞乎？"郑贾曰："欲之。"出其璞视之，乃鼠也，因谢不取。

庄里丈人字长子曰"盗"，少子曰"殴"。盗出行，其父在后追呼之曰："盗！盗！"吏闻，因缚之。其父呼殴喻吏，遽而声不转，但言："殴！殴！"吏因殴之，几殪。

这里蕴含着这样一种思想，即命名具有任意性。"鼠未腊者"可以称为璞，"玉未理者"亦可称为璞。命名强盗可以曰"盗"，命名儿子亦可以为"盗"；打这一动作可以为"殴"，人的名字亦可以为"殴"。其次，名与所名（实），指与所指之间并不对等。同一的名表达不同的实，同一的指表达不同的所指，盗之"名"相同，但其"实"强盗和人名不同。璞之"指"相同，但其"所指"玉石和老鼠不同。与之相当，公孙龙亦有"指非指"的命题。

不仅如此，尹文还发现了更为深层的问题，《尹文子》载：

康衢长字童曰"善搏"，字犬曰"善噬"，宾客不过其门者三年。长者怪而问之，乃实对。于是改之，宾客复往。

康衢长的童仆和狗也许都不凶恶，其"实"是善良的，"善良之搏""善良之噬"其名虽不同，但表达的共同性质"善"却是相同的。这表明不同的"名"可以表示相同的"实"。另一方面善又可以表示擅长，一方面名它为"擅长搏斗"，"擅长噬咬"，一方面"实对"并非如此，所以名与实皆非，指与所指错位。

把尹文的思想运用在文学语言的分析中，我们会发现诗性语言正是建立在文字的多义性模糊性基础之上。同一的名可以指代不同的实。如"头"，可表示首级、首领、开端、第一次等等。"熊"可以是一种动物，可以是力大无比的人、蠢笨的人、踏实肯干的人、膀大腰圆的人、一个巨大的拦路的障碍等等。不同的名也可以指代同一的实。如"笑"，可以用笑、解颐、一粲、莞尔等等来表示，至于具体的笑的方式更是姿态万千。名与实的错位更能造成转喻、反讽、倒错、幽默等等艺术效果。诗性语言正是在此基础上显示出隐喻的模糊的象征的发散的特征，才具有了文学语言的丰富性，才使"言有尽而意无穷""不着一字，尽得风流"有了语言表达的可能性。

诸子百家——名家

五

惠施是名家的又一位代表人物。《庄子·天下篇》载他有《万物说》，但今已不存。还说他很有知识，所谓"惠施多方，其书五车。"惠施是庄子的论友，《庄子·徐无鬼》记载惠施死，庄子叹曰："自夫子之死也，吾无以为质矣，吾无与言之矣。"表达了庄子对惠施的钦敬之情。惠施的学说保留在《庄子·天下篇》中，即"历物十事"：

1."至大无外，谓之大一；至小无内，谓之小一。"这是说最大的大是无边无沿的，最小的小是无穷无尽的。"大一"是惠施对时空观的朴素认识，"小一"则是对原子论的朴素认识。宇宙的无穷大，物质的无限可分，在今天已被人们广泛接受。

2."无厚不可积也，其大千里。"几何学中点和面都是无厚的。积点和线无以成面，积面无以成体，即使面大如千里。这已被几何学证明是客观真理。

3."天与地卑，山与泽平。"前人常说天尊地卑，但惠施已揣测到地球是悬浮在宇宙间的球体,天与地相对而存在,从地面往上看,则天在上,地在下;假如往地球的下端来看,岂不是地在上,天在下? 故天与地卑。这种思想对于打破天尊地卑、上尊下卑、神尊人卑具有积极的启发意义。"山与泽平"是讲高与低只有以一定的平面为参照系才能确定,如果脱离了这个参照系,从宇宙的某一点看,则山与泽无所谓高与低。山高泽低是以地面为基点的常识,但若以天为基点,把图画倒过来,则山与泽平。它表明认识问题时立足点和参照系的重要性。

4."日方中方睨,物方生方死。"睨,侧也。太阳逼近正中时侧中有正,正中有侧。看它接近正中了,它侧于此;看它正于此了,它已侧于彼。正中恰是侧向正的发展和正向侧的开始。绝对的正中只是无穷小的一刹那。侧中有正,正中有侧,所以说"日方中方睨"。同样,物生的过程也是物走向死亡的过程? 在统一体中,一些事物不断产生,一些事物不断死亡;新的事物产生了,旧的事物死亡了;新事物产生的过程也是它将发展成为旧事物从而死亡的过程。它深刻地揭示了事物发展运动变化的属性,揭示了事物新旧转化的过程。

5."大同而与小同异,此之谓小同异;万物毕同毕异,此之谓大同异。"同指共同性,异指差异性。在一定范围内,不同的事物之间相同或相异,是小同异。在整个宇宙的范围里所有事物之间的同和异,才是大同异。同时,事物之间不突破质的规定性的同或异是小同异,突破质的规定性的同或异是大同异。惠施已经发现了质与量的区别,但它没有发现"度"的重要性,所以只看见毕同毕异,大同小异,而没有能把握事物性质变化的临界点。这也正表明人类认识有一个发展过程。

6."南方无穷而有穷。"这也是讲事物的相对性和看问题的立足点。以此为基点则南方是不可穷尽的,但在有限范围内南方是可以穷尽的。以彼为基点则原来属南方的可以成北方。南方北方是相对而言的。"南方"这一概念正是有限与无限的统一体,相对与绝对的统一体。

7."今日适越而昔来。"越,是南方之国。由于时差关系,在此地时间是今日到越国,而在彼地却是昨日。一说客观上人是今日到越国,而主观上的心思是昨日已想到越国。表示出主客观的差异,存在与思维的差异。

8."连环可解也。"是说看起来无法解开的连环,但有成必有毁,有始必有终,连环能为人所造,则必能为人所解。这是从事物的生成到结束的必然性角度来论述矛盾运动的规律性。

9."我知天下之中央,燕之北,越之南是也。"地球是圆的,从燕向北走可以到达天下的中央,从越向南也可以到达同一个地方,正如同"条条大路通罗马"。它包含着思维的归一性,在最高的逻辑层面上各种知识和学问具有同一性。

10."泛爱万物,天下一体也。"这是说在最高的逻辑层面上看,万物同一,天下一体,所以要"泛爱万物",不能轻视万物。此思想正如庄子所说,以道观之,物无差别。道无所不在,道甚至在糠秕矢溺。从任何具体都可以发现规律,见天道,因此"天地与我并生,而万物与我为一"。

在惠施"历物十事"中,最重要的思想是万事万物都是相对的,相对中有绝对,绝对中有相对。从不同的观点看事物,得出的结论不同。事物是可以认识的,但认识是无法穷尽的。用惠施的思想方法观察语言和文学现象,我们会发现,语言中的名实关系是相对的,同如南北的指称。文学语言所派生的意蕴是"方生方死",不断变迁、消减、衍生的。

諸子百家——名家

文学作品的意义是可以从多种角度加以解说以至于无穷的。人们所认识的作品意义只能是"此在"的意义,而不可能是"永恒"的意义。作品中的一个词汇甚至可以映照出它的七色光彩。词汇的丰富意蕴是可解与不可解和不必解的统一。文学的想象不受时空的阻隔而可以升天入地,文学世界与现实世界是两个不同的世界,存在着"时空差异"。文学体裁的相区别只是小同异,在大境界上它将消弭界限,此为大同异。在更高的层次上讲,文学将在一定意义上消弭纯文学与人类学、文化学、社会学、哲学、历史学、经济学等等专门学科的界线,在感性现象学即美学的层面上达到多种学科的综合和统一。

六

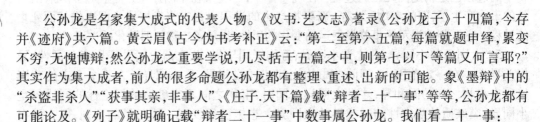

公孙龙是名家集大成式的代表人物。《汉书.艺文志》著录《公孙龙子》十四篇,今存并《迹府》共六篇。黄云眉《古今伪书考补正》云:"第二至第六五篇,每篇就题申绎,累变不穷,无愧博辩;然公孙龙之重要学说,几尽括于五篇之中,则第七以下等篇又何言耶?"其实作为集大成者,前人的很多命题公孙龙都有整理、重述、出新的可能。象《墨辩》中的"杀盗非杀人""获事其亲,非事人"、《庄子.天下篇》载"辩者二十一事"等等,公孙龙都有可能论及。《列子》就明确记载"辩者二十一事"中数事属公孙龙。我们看二十一事:

1."卵有毛。"卵孵出的鸡鸭有毛,那么卵就有毛的种子。没有内在的根据就不可能有外在的现象。这表明事物的内因是根据是根本。

2."鸡三足。"《公孙龙子.通变论》:"谓鸡足一,数足二,二而一故三。"鸡足一说的是同一性,一百只鸡足也只是鸡足。鸡足二,说的是现实客观性,因为鸡都是两只足。鸡足三,说的正是二者之间的差异性。同一性、客观性、差异性,正可谓三。"藏三耳",与之同类。藏,古字通用,谓羊也。一说两耳为形,又有一"君形者",故为三。

3."郢有天下。"郢是楚国国都,麻雀虽小但五脏俱全。由小可以知大,由郢可知天下。共性存在于个性之中,而人们的认识往往是先由个别到一般。

4."犬可以为羊。"第一,以名称物时,名具有任意性,偶然性。在命名之初,犬可以叫作"羊",也可以叫作"dog""cooaka"。第二,在同一条件下,犬羊互等。如《孟子.梁惠王下》以羊易牛,又如《墨子.经说下》"当牛数牛数马,则牛马二。数牛马,则牛马一。"第三,物质不灭,物质相互转换。如《列子.天瑞篇》所说,由蛙到鹑,到乌足,到蝴蝶到虫、到鸟、到腐?、到田鼠,以至无穷。

5."马有卵。"马为胎生,但母马有卵子。胎生和卵生现象有别,而本质同一。

6."丁子有尾。"楚人呼蛤蟆为丁子。蝌蚪有尾,蝌蚪变而为蛤蟆则无尾,但从蛤蟆一生的全过程看,说它无尾是片面的,说它有尾才是全面的。它说明事物是变化的,考察事物要看它的全过程。

7."火不热。"火热与否必须由对象感知,只有在对象化的过程中才能显示事物的性质。火自身不会感知热,只有对象化的感知能力才能感知对象。无生命的事物不能感知热,有生命的事物才能感知。有音乐感的耳朵才能感知音乐,有形式美感的眼睛才能感知美,否则就可能"对牛弹琴"。它表明事物的属性只有对象化的过程中才能确认。

8."山出口。"山再高也源于拔地而起,如竹笋一样经过地面的口子从地底突起,这是说事物的高级形态都是由低级形态发展而成。

諸子百家

——名家

9. "轮不碾地。" 轮与地面相接处只是一个平面，一条线段。从数学逻辑上讲，平面和线段是没有厚度的，所以说轮不碾地。

10. "目不见。" 眼睛看东西必须有光线的反射条件。眼睛看物是必要条件但不是充分条件，否则在黑夜里将会"伸手不见五指"。这说明事物的确认有赖于客观的条件，有赖于必要的充分的条件。

11. "指不至，至不绝。" 一、指，无法穷尽万事万物。语言是思维的工具，指作为语言，只能表达被我们认识了的事物，而我们未认识的事物，恰是我们的语言之指无法表达的。万事万物中有多少仍未被我们认识和表达的事物啊，所以从人的认识无法穷尽世界万物来说，指不至，至不绝。二、指与所指（至）的关系不是对等的。不同的指可表达相同的所指，如荷花、莲花、菡萏、芙蓉表达同一物。一个指也可以表达不同的所指，如"打""打架""打字""打开窗儿""打扮""打油"，"打"的含义各不相同。在这个意义上所谓"至不绝"只是一种夸张，它说明指与所指之时具有明显的差异性。三、指只是抽象概念，所指则是客观实体。指只能是局部的片面的符号化的，所指则是无限丰富生动的，指与所指之间的变量关系有如龟兔赛跑。

12. "龟长于蛇。" 大的海龟比小的蛇长。即使从空间角度比，蛇比龟长，但从时间角度比，龟的寿命比蛇长。这是说比较要有可比性，要有一个同一的基点。否则比较将是无序的、混乱的、准的无依的，当然也就是无意义的。正如《墨子.经说下》所说，"若耳目异，木与夜孰长？知与粟孰多？"

13. "矩不方，规不可以为圆。" 从数学角度讲，现象的方和圆不同于几何定义的方和圆。画出的方和圆必然是有着粗细（厚度）的线段，而在几何原理中方和圆的抽象概念里，"边"则是没有粗细厚度的。有厚度就变成了"面"。它说明了现象与本质的区别。

14. "凿不围枘。" 木匠把榫子打入凿内，即使再紧，依然隔着一个面。即使这个面无厚度，也使二者相区别。这说明不同的事物哪怕再相似，关系再紧密，也总有区别，总有矛盾。

15. "飞鸟之影，未尝动也。" 影子是由光线被遮蔽而形成的。如果光源固定，则影子不动，《墨子.经下篇》有"景不徙"，《列子.仲尼篇》有"影不移"，当与此同。若无光源，则无影，此时若有影，当与鸟保持固定角度。光源的变化使影子角度变化，正如日影三竿的变化。由于地球与太阳运动的结果，使飞鸟之影的角度产生了变化。这表明事物自身并非孤立的存在物，它处于一个系统中，此一因素的性质取决于系统中各种因素的交互作用，其他因素的改变将影响到此一因素的改变。

16. "镞矢之疾，而若不行不止之时。" 事物的运动，既有"不止"的变化的一面，又有"不行"的静止的一面。疾矢的运动过程，乃至一切事物的运动过程，都是静中有动、动中有静，充满对立统一的矛盾过程。

17. "狗非犬。" 一、《尔雅》释犬云："未成毫，狗。"是说同物而大小异名，即小狗不同于大狗，树苗不同于大树。这表明了事物大与小、始与终性质不同的差异性。二、《尔雅》又云"熊虎丑，其子狗。"可知古代熊虎一类动物的幼崽都可称狗。这表明同一之指可以表达不同的所指，名同而实异。三、狗与犬在语言的领域也具有差异性。称自己的儿子为"犬子"是谦称，称他人的儿子"狗崽子"是骂人，不能称他人的儿子为"犬子"，却又能称自己的孩子是"狗儿"。它表明语言是一个符号系统，具体符号的意义有赖于系统中相关符号之间的关系。符号的静态意义不同于符号的动态意义，它的动态意义只有在具体的语境中才能确定。

18."黄马骊牛三。"马和牛虽不同但作为家畜的共性是一,从个性看,黄马、骊牛为二。二而一,合为三。它与"鸡三足"的命题相似但不同,逻辑上更深入一层。它表明看问题的角度不同,对问题的看法就会有不同。从语言的角度讲,语言是一只万花筒,具有无限的可能性,表达和阐释都是如此。我们可以说马牛在某一点以至于无数点上看是一样的,马牛是二,是三,是四,以至于无数点上看是不一样的。同与异都将至于无穷。

19."白狗黑。"一、没有绝对的白,白与黑只是相对的。十只白狗在一起,有黑有白。二、白又具有质的规定性。白狗可以变黑,如泼上墨汁,但即使这样也不改变它作为白狗的性质。三、量变到质变,质的标准或曰出发点决定了质的规定性。黑眼睛的白狗是白狗,白狗是由毛色这一标准确定的。比如"好狗",可从皮毛、重量、机敏、听话等多种不同标准评定。

20."孤驹未尝有母。"孤驹就是无母之驹,它未成孤驹时是有母之驹而不是孤驹,它没有了母亲才使它成为孤驹,所以说孤驹未尝有母。它强调了质的规定性和性质改变的临界点。从语言的角度讲,它强调语言逻辑的准确性,同时又从"悖论""吊诡"的角度揭露了语言现象的内在矛盾性,即"无母何以有驹,孤驹又何以能称有母之驹"。

21."一尺之棰,日取其半,万世不竭。"它表明事物无限可分,永无止境。

在"名家二十一事"之外,我们再看《公孙龙子》的其他一些命题:

1."白马非马。"《白马论》云:

马者,所以命形也;白者,所以命色也。命色者非命形也。故曰:白马非马。

求马,黄、黑马皆可致;求白马,黄、黑马不可致。

这些话包括几方面内容:一、马是一个事物的概念,色是一个事物的概念,马与色是不同的两个事物、两个概念。二、马是一个概念的事物,白马是两个概念的事物,两个概念的事物不同于一个概念的事物。三、马是一个抽象的概念,白马是一个具象的概念,抽象的概念不同于具象的概念。四、马是一个类的概念,白马是一个属的概念,类涵盖属,类不等同于属。很明显,"白马非马"不是说白马不是马,白马不属于马,而是说白马不等同于马,白马的概念有别于马的概念。

2."物莫非指,而指非指。"《指物论》中这个关键句的意思是,认识事物要依赖语言之指,但指不同于所指之物。我们认知的事物都是加以命名了的,但是我们的语言命名并不等同于原物。

3."通变论。"变化了的事物不同于未变化的事物,新旧事物有质的规定性,故曰"二无一""二无左""二无右"。但左与右又构成了一个新的范畴,故可以说左右为二。

4."离坚白。"坚白石中的坚与白不能独自抽象存在,它必须依赖石而表现出坚白的属性。所以说坚白石为二而非三。它强调的是事物不是抽象的孤立的绝对的存在,事物的属性是从事物的本质特点中显示的,并且是通过不同的对象来感知的,所谓"视不得其所坚而得其所白者,无坚也;拊不得其所白而得其所坚者,无白也。"精神具有认识"坚"与"白"的抽象能力,抽象的"坚、白"是精神的认知对象,"离"正是表现了精神的作用。

除《公孙龙子》之外,在《墨辩》《列子》等书中也有一些可能属于或可以归属于名家的论题,如《墨辩.小取》中的"获事其亲非事人""杀盗非杀人""目大非为马大":

获,人也,爱获,爱人也。臧,人也,爱臧,爱人也。此乃是而然者也。获之亲,人也,

諸子百家

——名家

获事其亲,非事人也。其弟,美人也,爱弟,非爱美人也。车,木也,乘车非乘木也;船,木也,入船,非入木也。欲无盗,非欲无人也。

爱盗,非爱人也;不爱盗,非不爱人也。杀盗人非杀人也。

问人之病,问人也;恶人之病,非恶人也。

之马之目盼,则谓之马盼;之马之目大,而不谓之马大。之牛之毛黄,则谓之牛黄;之牛之毛众,而不谓之牛众。

它们表明,个别属于一般,但个别不等于一般。古人骂奴曰臧,骂婢曰获。臧获都是人,这是部分之于整体。获事其亲,则是部分之于部分,其若爱人,当也爱他人,爱其亲而非爱他人,则是"事其亲,非事人也"。统一体中的矛盾因其性质不同而构成了新的关系。美与亲性质不同,所以"爱弟,非爱美人也"。木与车、船已发生了性质的变化,所以"乘车,非乘木也","入船,非入木也"。同理,盗属人,但盗的性质与人的性质不同,所以"杀盗人非杀人也"。整体可以涵盖局部,局部不能涵盖整体,局部更不可以跨越自己所在的统一体而去说明大的统一体,所以"厌恶病"不同于"厌恶人","毛黄"可以称"黄牛","毛多"不能称"牛多"。

从以上公孙龙"白马非马"所代表的名家论题中,我们可以看出名家在现象学的名与实、现象与思维方面,在逻辑学的概念、范畴、推导方面,在语言学的指与所指、符号与符号系统、静态与动态方面,在人类的认识论领域进行了深入的难能可贵的探索,能给我们多方面的思考和启发。仅从文学语言的角度讲,它至少能让我们认识到,文学语言的表达与被表达双方,都处于模糊的、多义的互动状态。诗性语言是定向与不定向,清晰与模糊、单一与复杂、感性与理性的统一体。作品是一个丰富的完整的虚拟世界,它对应于人们的客观世界,但不同于客观世界,正如名与实一样。在这个虚拟的世界中,题材、主题、语言、结构都具有独立的价值和综合的效应。它构成一个系统。系统中的每个成分,比如意象甚至词汇都可能牵一发而动全身。系统如人体是一个有机体,每个细胞都有作用,如果细菌侵入细胞,甚至会危及生命。正如千里之堤,可毁于蚁穴,从而使有机体发生根本变化。从另一角度讲,它又是"一花一世界,一叶一菩提",变化无穷丰富多彩。文学世界的丰富性可感性是批评语言的局部性抽象性无法匹敌的。"生命之树常青,而理论总是灰色的",所以有说不尽的"哈姆雷特"。说不完的《红楼梦》。文学批评自有其价值,它在现实的而非永恒的、相对的而非绝对的意义上获得了把握对象的客观真理性。文学作品与批评的共同点在于,都是可知与不可知、可解与不必解、可说尽与说不尽的统一。

名家是否纯属诡辩,已无须争论。但名家为什么被人误解呢? 大概是认为人人尽知之理无须重复言说,故专门发人所未发,言人所未言,超以象外,得其环中,超出常见,发言惊挺,所以不被人理解,反遭人误会。

名家两千年前的智慧让人赞叹,与现代学术相比,明显表现出不同的时代特点。一般说来,它在感性具体和知性抽象的环节中占有优长,它用具体来说明一般,用经验来表述理论。现代学术则以鲜明的理性抽象和理性具体为特征。名家理论的经验概括和知性分析的特点突出,但还具有揣测的性质,它的全面性概括性深入性还不足。从历史的角度看,我们为它两千年前的思维水平而击节,从现实的角度看,它的"生命之树"的表达方式,直截根源、以具象表现抽象的特征依然有独特的不可替代的价值。我们对它的深刻性的认识,对它所蕴含的真理可能性的认识,也许还只是"此时"的一知半解。

后 记

　　本书在编写过程中,借鉴和参考了大量文献和作品,谨向诸位专家、学者致以崇高的敬意。但由于部分作者的地址或姓名不详等原因,截至发稿之前,仍有部分作者没有联系上,但出版时间在即,只好贸然使用,不到之处,敬祈谅解,在此也敬启作者,见书后,将您的信息反馈与我,我们将按国家规定,第一时间对相关事宜做出妥善处理。

　　联系电话:010-80776121

　　联系人:马老师

诸子百家

——名家